[redacted]

LE ROYAUME DE L'INSOLENCE

MICHAEL BARRY

LE ROYAUME DE L'INSOLENCE

L'Afghanistan (1504-2001)

FLAMMARION

ISBN : 2-08-210102-9

Pour 'Azîza-Djân et le petit Anwar Khân et en hommage aux trois associations médicales françaises humanitaires en Afghanistan : Médecins sans frontières, Médecins du monde et Aide médicale internationale.

دیگر افغانانِ آن سرزمین داستانِ فرمان پذیری در میان
آورده سخن سرائی یکجهتی بُنیاد کردند عیسی همچنانَ گریوه
نشینِ سرتابی بوده نخوت افروزی

Calligraphie de l'auteur

« Les autres Afghans de la contrée mirent en avant un discours de soumission, afin de bâtir en paroles les fondations d'un palais de l'harmonie. Mais 'Îsâ Khân, tout flamboyant d'arrogance, continuait à percher sur la falaise de son insolence. »

Abo-l-Fazl 'Allâmî (1551-1602), scribe impérial moghol, Akbar-Nâma *(« Chronique de l'Empereur Akbar »).*
Texte persan édité par la Bibliotheca Indica, *III, 259, Calcutta, 1881.*

« Alors vint nouvelle que les Afghans de si turbulente nature eurent de nouveau l'idée que leurs montagnes, si dures à franchir, leur serviraient de refuge – et ils y méditèrent insolence. Aussi le *Kôkaltâsh*, le frère de lait de l'Empereur, reçut-il l'ordre d'aller les y écraser. »

Akbar-Nâma, *III, 613.*

« De tous côtés bouillonnaient les Afghans. Takhta-Beg et les autres preux qui formaient l'arrière-garde impériale les repoussèrent durement, puis, épuisés, se regroupèrent, tandis que le mahârâdjah impérial, Kunwâr Mân Singh, tirait sur ses rênes pour ordonner une halte et jeter des troupes fraîches dans la mêlée. A force de tels combats, l'ennemi retira le poing de son insolence – et le râdjah laissa son fils, le prince Djagat Singh, avec une arrière-garde, pour gagner lui-même la piste vers 'Alî-Masdjid. Mais sous peu, de tous côtés, les autres firent de nouveau pleuvoir leurs flèches, et l'affaire devint plus dure. C'est qu'il n'y avait point là de plaine qui se montrât convenable au clair combat de face à face des preux, ni de refuge qui protégeât du jet des pierres et des flèches. »

Akbar-Nâma, *III, 513.*

« Men so singularly situated, that they can look to the hills above them and proclaim them to be Yaghistan or rebel land, while a rich plain studded with villages skirts the lower edge of their own bleak domain, must be expected to exhibit traits of character and temperament peculiar to themselves. »

« Quant à des hommes si singulièrement situés, au point qu'ils peuvent regarder vers ces montagnes qui les surplombent pour les proclamer un *Yâghestân* ou terre rebelle, tandis qu'une plaine riche, constellée de villages, forme en bas comme un ourlet tout autour de leur blême domaine, eh bien, il faut s'attendre à les voir montrer des traits de caractère et de tempérament qui leur sont tout à fait particuliers. »

Capitaine John Wood, A Journey to the Source of the River Oxus,
Londres, 1872.

« The Afghans fought bravely, forming up to receive the cavalry with a steadiness that trained infantry could not have surpassed, and reserving their fire until the horses were close upon them. They sacrifice their lives, satisfied if, before death, they have killed a Kâfir, *and so secured a future reward. Although volleys were fired from the conical hills, and the mountain guns shelled them at short range, they never faltered. They were literally mowed down ; but as one* ghâzî *fell, another sprang to the front. They were fine men and showed utmost contempt for death. »*

« Les Afghans combattirent vaillamment, en se regroupant pour recevoir notre cavalerie avec une fermeté que n'aurait su surpasser une infanterie entraînée, et tout en retenant leur feu jusqu'à l'arrivée sur eux de nos chevaux. Ils sacrifient leurs vies, satisfaits, avant de mourir, s'ils ont tué un *kâfer*, un infidèle, car sûrs alors d'avoir gagné leur récompense future. Malgré les salves tirées sur eux depuis les collines aiguës, et les obus des canons de montagne qui leur tombaient dessus à proche portée, jamais ils ne plièrent. Ils furent littéralement fauchés ; mais quand un *ghâzî* tombait, un autre se jetait en avant. C'étaient des hommes et des braves et qui affichaient le plus complet mépris envers la mort. »

Howard Hensman, correspondant du Times, The Afghan War of 1879-1880, *Londres, 1882.*

« Coming on like capital fellows ! »

« Ils arrivaient en gars superbes ! »

Lieutenant Joshua Duke, Recollections of the Kabul Campaign, *Londres, 1882.*

« Août 1981 : Nous marchons la nuit, profitant de l'obscurité, gravissons la montagne qui sépare le corps principal de la vallée de la petite dérivation où se trouve le village en ruine. Au matin, nous rencontrons les premiers combattants, trente-trois par groupe, sales, épuisés, sonnés par les bombardements. Devant nous, au loin, des hélicoptères MI 24 tournoient comme des oiseaux de proie. Massoud nous a montré des résidus de bombe au phosphore, substance calcinée qui s'enflamme entre ses doigts. Le soir, autour d'une lampe à huile posée à même le sol d'une maison à moitié effondrée, les messagers viennent au rapport, leurs visages se penchent vers le chef, la lumière jaune découpe leurs traits tendus, le bilan de la journée est lourd : trois morts, quatre blessés, pour quelques armes récupérées et une position tenue. Jusqu'à quand ? Demain, il faudra continuer, harceler, se retirer, frapper plus loin, toujours et encore. La guérilla est la guerre des pauvres. Le terrorisme ? Massoud y répugne. “La vie est un don de Dieu, à lui de la prendre, pas aux hommes.” Mais cette étrange veillée faillit nous coûter la vie : en repérant la lumière de la lampe, l'ennemi prit le temps d'ajuster un mortier. Le premier obus nous réveille en sursaut. Nous fuyons, courant sur nos lacets défaits en trébuchant sur les rochers, les obus explosent si près que les éclats de pierre retombent avec un bruit d'averse. Les Soviétiques lancent des obus éclairants, puis tout rentre dans l'ordre de la nuit : grillons et brise dans les feuillages… A l'aube, deux hommes nous proposent de les accompagner : ils vont tendre une embuscade, là-haut, sur la route de Sâlang, par où transitent les convois soviétiques. »

D'après les carnets de Christophe de Ponfilly, cinéaste, Massoud l'Afghan, *Paris, 1998.*

PRÉFACE À LA NOUVELLE ÉDITION (2002)

Le passé, tel un rivage, ne bouge pas en soi. Pourtant il fluctue sous nos yeux à mesure de notre éloignement. Si nous choisissons d'y revenir en historiens professionnels pour en forcer *savamment* quelque recoin, le simple flot du présent nous entraîne – et le dévoile de manière inattendue. Tel accident du paysage, vu de près, nous semblait essentiel ; puis son contour s'estompe pour laisser surgir de lointaines arêtes, autrement importantes. L'histoire se dessine en fonction de notre regard de chaque instant.

Quand parut, il y a dix-sept ans déjà, la première édition de ce livre en 1984, la poussée soviétique en Asie centrale accrochait ce regard. L'Afghanistan fut un brasier de ladite Guerre froide ; nous ne savions pas qu'il serait le dernier. Tourner le cap de 1989, retrait de l'Armée Rouge, bouleverse les perspectives. Ce texte parcourait alors l'histoire afghane à partir de l'année 1504, à la croisée des chemins d'Asie, pour y discerner les stratégies des grandes puissances, en mouvement depuis des siècles pour se heurter sur ce sol – et en broyer les populations. Deux expressions, l'une empruntée de l'usage de l'anglais des Indes, l'autre à un émir afghan, en sont restées dans la presse française : d'abord celle de *Grand Jeu* (« *The Great Game in Central Asia* », inventée par Sir John Kaye en 1859, puis popularisée par Kipling), ensuite celle de *royaume de l'insolence* (ou *Yâghestân*, que l'ethnologue américain Carleton Coon rendit le premier par « Land of Insolence »). Nous avions certes reconnu, du moins pressenti, quelques germes du terrible présent, sinon toutes les fleurs du mal : l'islamisme international radical sunnite ; l'impérialisme régional pakistanais ; et l'étrange alliance entre Washington et la monarchie pétrolière saoudienne, contre Téhéran et aux dépens du peuple afghan d'abord, de l'américain lui-même ensuite. Le corps du texte de ce livre doit rester ici néanmoins ce qu'il fut, sans modification, à soutenir l'assaut du temps. Je ne sais plus quel auteur nous en avertit : un écrivain n'a pas plus le droit de retoucher un texte rédigé par lui-même, mais près d'une génération plus tôt, que le livre d'un autre.

Toutefois, la mise à jour de 1989 a été intégrée, ici, à la suite logique d'un long récit, qui va de la fondation du royaume de Kaboul par Bâbour au XVIe siècle, jusqu'à l'invasion soviétique. Ensuite, l'ajout d'un fort important développement est consacré, dans cette édition, aux événements de la tragique décennie écoulée, notamment cette « guerre civile » de 1992-1996, à Kaboul, dont je fus témoin direct. Ces soubresauts sanglants ont fini par replonger l'Afghanistan, en effet, au cœur le plus douloureux de l'histoire mondiale.

Au moment où je termine ces lignes, ce 16 décembre 2001, Kaboul est libéré depuis plus d'un mois. Un gouvernement national de coalition multi-ethnique et de transition, négocié à Bonn il y a quinze jours sous auspices internationales et promesses tout aussi mondiales d'une assistance qui doit être cette fois massive, y sera proclamé cette journée du 22 : au soulagement de tous et d'abord des Afghans eux-mêmes[1]. Mais le noyau dur des tâlebân aura résisté dans Kandahâr jusqu'à la fuite du mollâ 'Omar le 6 décembre, et il aura fallu les bombes américaines les plus puissantes pour écraser, jusqu'à la reddition de ce 16 décembre, le dernier refuge des partisans d'Osâma ben Lâden, sanctuaire de guerre creusé au plus profond des grottes naturelles de Tôra Bôra, la « sombre roche », à un jet de pierres de la saillie frontalière stratégique pakistanaise de Tîr-é Mangal.

Tôra Bôra se dresse en paradoxe ultime du Royaume de l'Insolence. Culminant à trois mille mètres d'altitude pour déboucher sur les confins tribaux de l'Est, cette citadelle de rocaille évidée à la fin des années 1980 à la dynamite et au bulldozer, et parsemée de gale-

1. Le gouvernement provisoire issu des accords de Bonn de décembre 2001 aura voulu ressusciter les conditions civilisées de la monarchie constitutionnelle de Zâher Shâh. Rabbânî, chef en titre de l'Alliance du Nord, fut contraint malgré ses protestations de céder la présidence intérimaire au pashtoûn libéral Hamîd Karzaï, dans un souci général de réconcilier les ethnies et surtout de ménager le Sud. Signe de rupture avec la folie des tâlebân : une vice-présidence fut octroyée à Mme le Dr Sîmâ Samar. Les ministères furent soigneusement répartis entre les représentants de toutes les ethnies : notamment ceux de la Défense au général Fahîm, de l'Intérieur à Yoûnos Qânoûnî et des Affaires étrangères au docteur 'Abdollâh, soit les trois grands dauphins pandjshêrî de Massoud. Trois maroquins furent en outre réservés à des femmes : dont le ministère de la Santé à Mme Sohayla Seddîqî. Les accords de Bonn prévoyaient, par ailleurs, le retour, à titre honorifique, de l'ancien roi Zâher Shâh, du moins pour présider une Assemblée constituante qui déciderait du régime définitif du pays, lors du nouvel an afghan, soit le 21 mars 2002.

ries, de caches, de garages souterrains, de dépôts d'armes, de munitions, de réserves alimentaires et médicales, dégagées par les volontaires islamistes internationaux de Ben Lâden, devait servir de base arrière et de rempart inexpugnable contre les Soviétiques – avec la bénédiction et le financement des services pakistanais, saoudiens et américains. Du haut de ces falaises, le jeune Ben Lâden en 1989 s'était enivré de la défaite de l'Armée rouge, s'intoxiqua du triomphe de la Guerre sainte, s'était vu lui-même en héros afghan transformant son pays d'adoption en place forte d'une révolution islamique mondiale – dût-elle s'y éclabousser, une nouvelle fois, de sang.

Aussi le militant saoudien s'imaginait-il, revenu en Afghanistan en septembre 1996 pour faire perforer d'un dédale de nouveaux corridors les tréfonds de Tôra Bôra, pouvoir y défier impunément la vengeance des États-Unis, et provoquer dans ces mêmes montagnes une défaite enlisée de Washington encore plus grave que celle naguère essuyée par Moscou : au milieu d'un embrasement planétaire de l'opinion musulmane contre l'Occident. Il est hors de doute que Ben Lâden, avec son charisme, son charme d'ascète, sa culture cosmopolite et ses milliards, sut non seulement acheter mais encore flatter le mollâ 'Omar jusqu'à faire entièrement perdre la tête et tout bon sens à ce sacristain ignare et buté, issu d'un obscur village pashtoûn, soudain proclamé « émir des croyants » (*amîr al-mo'menîn*), c'est-à-dire calife, par des volontaires islamistes aguerris venus du monde entier. Comme l'avouerait en novembre 2001 un membre de la police secrète des tâlebân, Ben Lâden, en transformant le mollâ 'Omar en instrument docile et dupé de sa politique de *djehâd* mondial, se rendit, avec la complicité des généraux intégristes pakistanais, le vrai maître de l'Etat afghan en 1996-2001[1].

Mais Ben Lâden n'était pas afghan et ne pouvait s'arroger durablement la seigneurie du Royaume de l'Insolence, dont il méprisait la fierté nationale, les traditions sourcilleuses et la civilisation profonde au point d'y faire même interdire l'antique fête du printemps – et de pousser à la destruction de tout le patrimoine archéologique en mars 2001. La dictature des tâlebân, en réduisant trop ostensiblement l'Afghanistan au niveau d'un simple protectorat pakistanais régi aux plus hauts échelons par une poignée de militants saoudiens, égyptiens et yéménites, exaspéra la résistance de toutes les ethnies non pashtoûnes. Puis le mollâ 'Omar et Ben Lâden s'interdirent toute possibilité de rallier les Tâdjîks, et scellèrent à terme leur propre chute, en commanditant l'assassinat de Massoud le 9 septembre 2001.

Cette manière de pousser à la mort, à l'irréparable, en supprimant le dirigeant historique des Tâdjîks du Nord, portait bien sûr

1. Voir ici le témoignage de Hâfez Sadîqollâh Hasanî, annexe 5, n° 1, p. 482-486.

toute la marque de l'influence des extrémistes islamistes arabes installés aux marches orientales et méridionales du pays : néfaste inspiration déjà si décelable dans les massacres de soldats communistes afghans faisant reddition lors des combats de Djalâlâbâd en 1989. La coutume afghane, toujours soucieuse de ménager la saine rivalité des chefs, interdit l'extermination des vaincus, préconise la réconciliation au terme des vendettas même les plus féroces : Massoud amnistiera ainsi les officiers communistes de Kaboul en avril 1992, et Hamîd Kârzaï (malgré l'assassinat au Pakistan de son propre père par des sicaires du mollâ 'Omar en 1999) tous les tâlebân ralliés en novembre et décembre 2001. Mais un Osâma ben Lâden, un Mohammad Âtef, un Aymân az-Zawâherî et leur jouet intellectuel, le mollâ 'Omar, épris d'apocalypse, ignoreront pareille notion de réconciliation.

Leur apocalypse survint deux jours seulement après l'attentat contre Massoud. En provoquant gratuitement la colère, et donc une riposte inévitable, des États-Unis par les attaques de New York et de Washington du 11 septembre 2001, le régime rompit, en Afghanistan même, son pacte avec les tribus pashtoûnes du Sud et de l'Est, fussent-elles les plus islamistes. En 1994-1996, le mollâ 'Omar avait promis à celles-ci le rétablissement de leur suprématie politique, de leur sécurité physique, et de la prospérité de leur commerce avec le Pakistan. Au crépuscule de 2001, le sacristain obtus de Kandahâr, en s'inféodant à Ben Lâden et à ses réseaux internationaux d'*al-Qâ'ida*, léguait à ces mêmes Pashtoûns du Sud et de l'Est un rôle vassalisé dans leur propre nation, une guerre ethnique incessante contre tous les autres groupes du pays, des sanctions internationales, la fermeture de la frontière pakistanaise, un blocus économique total, et une pluie de bombes américaines. Rien d'étonnant si ces mêmes tribus, une fois convaincues de la chute inéluctable du régime du mollâ 'Omar en novembre 2001, retournèrent si soudainement leurs fusils contre les vrais étrangers coupables à leurs yeux de la ruine de leur patrie ; et donc pas contre les Américains infidèles – contrairement à ce qu'escomptait l'entourage fanatique de Ben Lâden –, mais contre les Arabes et Pakistanais expatriés.

Toutefois, au grand dam du mollâ 'Omar et d'Osâma ben Lâden, les bouleversements du 11 septembre 2001 allaient transformer la citadelle de Tôra Bôra, non pas en rempart ultime du Royaume de l'Insolence, mais en une sorte de Château d'Alamoût de fanatiques suicidaires, certes recrutés dans le monde entier, mais entièrement isolés de la population environnante[1]. Cela

1. Le château d'Alamoût, perché sur un piton rocheux dans le Nord iranien actuel, fut le dernier repaire de la secte musulmane mystique, messianique mais finalement autodestructrice des soi-disant « Assassins », place-forte réputée inexpugnable avant d'être assiégée et nivelée en 1256 par les Mongols.

n'empêcha pas, bien au contraire, nombre de ces mêmes militants arabes ou pakistanais d'y mourir sous les bombes avec tout le courage désespéré – avouons-le – des derniers défenseurs d'une véritable Massada afghane[1]. Toutefois, pas plus que le mythique château médiéval d'Alamoût, Tôra Bôra n'allait pouvoir se métamorphoser, malgré les espoirs hallucinés des amis de Ben Lâden, en siège apocalyptique d'une « grande résurrection », Qiyâmat al-Qiyâmât. Si les projectiles qui pulvérisèrent Tôra Bôra tombèrent certes d'avions américains, au sol l'assaut fut bien mené par des musulmans afghans, les guerriers des chefs pashtoûns Hazrat 'Alî et Hâdjî Zamân. La présence de ces authentiques *modjâhedîn*, vétérans d'années de résistance, sapa aux yeux du monde la crédibilité islamique des forces de Ben Lâden, les priva de leur légitimité religieuse revendiquée, cassa enfin le ressort de leur idéologie. Ce sont les seuls supplétifs internationaux d'*al-Qâ'ida* que les Afghans haïrent et rejetèrent (et parfois massacrèrent, comme en novembre 2001 à Mazâr-é Sharîf et Koundouz).

Tel fut le vrai miracle politique de l'année 2001. C'est bien la Résistance afghane, celle de l'éternel Royaume de l'Insolence incarné aujourd'hui par les Massoud et les Esmâ'îl Khân, les 'Abd-ol-Haqq et les Hamîd Kârzaï, les 'Abd-ol-Karîm Khalîlî, voire le féroce Dôstom, qui, de l'intérieur, aura encore dit « non » à un despotisme infâme, dont le rayonnement et les ambitions idéologiques eussent pu être planétaires, car à l'échelle de l'Islam. Sans le soulèvement des Afghans au sol, répétons-le, les bombardements américains auraient tué – mais jamais gagné.

Un mot sur la guerre américaine. L'Afghanistan appartient non seulement à l'histoire du monde, mais aussi désormais, de la manière intime, à celle de mon pays d'origine.

Les critiques portées, dans ce livre, contre la diplomatie de Washington à l'égard de l'Afghanistan depuis août 1947 jusqu'en novembre 2001, restent très dures. Mais elles ne sont pas spécifiquement anti-américaines. Elles concernent plutôt l'« Occident » en général, dont Washington est devenu le centre de gravité politique depuis un bon demi-siècle, pour déterminer

1. Dernière place forte, surplombant la Mer Morte et elle aussi réputée imprenable, des ultimes rebelles juifs contre Rome après la destruction du Temple de Jérusalem en 70 après Jésus-Christ ; deux ans plus tard, les défenseurs préférèrent s'y donner la mort, après avoir égorgé leurs familles, plutôt que de se rendre aux légions. (Les ressemblances culturelles, cultuelles et historiques sont d'ailleurs si évidentes, voire flagrantes, entre sicaires musulmans d'aujourd'hui et antiques zélotes hébreux, qu'elles devraient peut-être faire réfléchir en profondeur les inconditionnels de chaque parti dans l'actuel conflit proche-oriental.)

l'essentiel des stratégies proche- et moyen-orientales de ses alliés depuis au moins 1956, et du Nil à l'Indus[1].

Aussi, rappelons-le, la complaisance scandaleuse du gouvernement des États-Unis envers le Pakistan et les tâlebân, entre 1996 et 2001, ne fut-elle remise en question par aucun gouvernement européen : du moins pas sérieusement et certainement pas – gardons-le à l'esprit – par les diplomaties officielles de la Grande-Bretagne ou de la France. Pures inititiatives privées, les grandes protestations féministes qui ébranlèrent l'opinion ne furent pas moins fortes à Los Angeles ou Washington qu'à Bruxelles, Paris ou Londres. Mais elles y retentirent pareillement en vain. Notons en revanche que le Quai d'Orsay, poussé par telles organisations humanitaires obstinées à perpétuer leur présence à Kaboul, reçut en février 2001 le mollâ 'Abbâs, « ministre de la Santé » d'un régime qui persécutait ses infirmières et coupait à la scie chirurgicale les mains et les pieds dans ses stades publics : deux mois entiers avant la visite à Paris d'un commandant Massoud, protocolairement mis sur le même plan et que Jacques Chirac et Lionel Jospin, de concert, refusèrent tout simplement de voir.

Les attentats du 11 septembre 2001 déclenchèrent enfin la vive réaction guerrière américaine. Mais le changement fondamental, dans l'attitude politique de Washington vis-à-vis de Kaboul, n'intervint réellement qu'au lendemain du soulèvement avorté du héros résistant 'Abd-ol-Haqq en zone tribale pashtoûne, dans la province du Lôgar, à la fin du mois d'octobre 2001.

1. Le retrait britannique des Indes en 1947 et de Palestine en 1948, puis le fiasco anglo-français à Suez en 1956, marquent de manière définitive le transfert impérial moyen-oriental de l'Europe aux États-Unis. Toutefois, citoyen américain moi-même et nullement honteux de l'être, j'ai souvent tendance à considérer que l'aventure historique de mon pays – notamment vis-à-vis du monde musulman – prolonge et perpétue pour le meilleur ou pour le pire la dynamique impériale de sa vieille matrice britannique, et que la culture politique de Washington poursuit à bien des égards celle de Londres jusque dans ses plus surprenantes contradictions entre libéralisme et pulsions arbitraires. Le déplacement du siège de la puissance des bords de la Tamise aux rives du Potomac après 1945 n'a impliqué nulle rupture, mais plutôt (à quelques nuances près) une évolution dans la continuité : à l'intérieur d'une identique communauté de civilisation, d'approche diplomatique, de perception du monde. Bref, la succession anglo-américaine reste une affaire de famille et s'apparente tout au plus, dans l'histoire, à celle, disons, de Syracuse par rapport à Athènes à l'aube de l'ère hellénistique, ou du transfert du siège de l'empire romain des rives du Tibre à celles du Bosphore, ou encore à celui du califat de l'Islam entre Damas et Baghdâd. Les analyses du « Grand Jeu » que propose cet ouvrage reflètent, de manière explicite, cette façon de percevoir la reconduite essentielle d'un empire mondial de Londres à Washington.

Tout au long de septembre et octobre 2001, on pouvait en effet craindre du secrétaire d'État, Colin Powell, une simple et désastreuse répétition sur le terrain afghan de sa stratégie contre Saddâm Hussein en 1991 : soit circonscrire une offensive militaire à un but des plus limités (chasser les Irakiens du Koweit, arrêter Ben Lâden en Afghanistan), et s'appuyer sur un allié régional (l'Arabie saoudite, le Pakistan) pour continuer de river un protectorat indirect sur le pays ciblé par les frappes aériennes américaines (un Baghdâd maintenu sous suprématie arabe sunnite pour contenter Riyâdh, et un Kaboul futur assujetti aux tribus pashtoûnes sunnites pour satisfaire pareillement Islâmâbâd).

Tant que Washington continuait de respecter les vœux de l'État-major pakistanais, en refusant d'appuyer l'Alliance du Nord pour privilégier, au contraire, la solution de remplacement d'une opposition méridionale pashtoûne de tâlebân « modérés » amis du régime du président Mosharraf, les tribus de l'Est et du Sud ne bougèrent pas, en pleine conscience que le protectorat d'Islâmâbâd demeurerait cloué sur Kaboul de toute façon, par double volonté américaine et pakistanaise.

Toutefois, la menace d'un enlisement, les critiques mondiales, l'inutilité grandissante des bombardements dans un pays sans infrastructures modernes, inquiétèrent l'administration Bush. Le plus prestigieux de tous les anciens résistants pashtoûns contre l'occupation soviétique, le nationaliste libéral 'Abd-ol-Haqq, voulut briser l'impasse et forcer le destin en gagnant le Lôgar à partir des territoires tribaux pakistanais, pour soulever son ethnie contre les tâlebân et leurs alliés étrangers d'*al-Qâ'ida*. Empâté, handicapé depuis la perte de son pied sur une mine russe en 1988, 'Abd-ol-Haqq ne pouvait circuler qu'à cheval, la prothèse calée dans l'étrier. Qui trahit auprès des tâlebân sa présence aux abords de Kaboul ? Commettre l'irréparable, interdire tout compromis ou possibilité de rechange : ce fut encore là la réaction suicidaire des tâlebân empoisonnés par tant d'années d'influences d'*al-Qâ'ida* – et des officiers de l'Inter-Services Intelligence du Pakistan. 'Abd-ol-Haqq, malgré ses appels de secours par téléphone-satellite aux hélicoptères américains, fut surpris et encerclé par les tâlebân, traîné à bas de son cheval, abattu au fusil mitrailleur, et suspendu le 26 octobre – honte suprême – à une potence. Ses frères, dont Hâdjî Qadîr, ancien et futur gouverneur de Djalâlâbâ, jurèrent que « nous sommes tous des 'Abd-ol-Haqq ».

Les tâlebân, et leurs amis arabes et pakistanais, en pensant verrouiller tout changement par la mort de 'Abd-ol-Haqq et l'outrage à son corps, étaient encore allés trop loin. Washington changea brusquement de stratégie, et enfin – après un demi-siècle d'erreurs – passa du Sud au Nord, cessa d'écouter le

Pakistan. Le 26 octobre, après le 11 septembre, fut la seconde secousse, et fit trembler le sol. Le secrétaire américain à la Défense, Donald Rumsfeld, posa ses avions en Ouzbékistan gagné à la cause occidentale, contacta les seuls partenaires crédibles et possibles en Afghanistan, l'Alliance du Nord, et concentra le feu de ses bombardements sur les lignes de front des tâlebân.

En un peu plus d'une semaine, le destin de la région entière bascula à jamais. Les Afghans pashtoûns qui, jusque-là, avaient continué à soutenir le régime du mollâ 'Omar, comprirent que la future administration de Kaboul – celle qui répandrait toutes les prébendes de l'assistance et de la manne humanitaire internationales – comprendrait forcément une Alliance du Nord désormais soutenue par les Américains. Et les tribus pashtoûnes, dans leur majorité, cessèrent tout simplement de se battre, isolant de la sorte les combattants internationaux d'al-Qâ'ida. L'Alliance du Nord creva les lignes de front et rentra dans Mazâr-é Sharîf le 8 novembre 2001 ; les derniers fidèles de Ben Lâden et du mollâ 'Omar évacuèrent Kaboul dans la nuit du 12 au 13 novembre pour se replier sur Kandahâr ; autour de cette ultime place forte urbaine, le royaliste pashtoûn Hamîd Kârzaï souleva les tribus du Sud contre les tâlebân pour garantir toute leur place légitime dans un régime futur, et (après avoir de peu échappé lui aussi à la mort) investit enfin, dans la matinée du 7 décembre, le palais du mollâ 'Omar, tout dégoulinant de stucs peints et de lustres en faux cristal ; l'Afghanistan était libéré.

Libéré, d'abord et avant tout, parce que Massoud et les siens avaient réussi, opiniâtres, à maintenir contre toutes les pressions, et durant tant d'années, un dernier carré de Yâghestân, de Royaume de l'Insolence, dans le nord-est afghan.

Mais libéré, ensuite, parce que les Américains et leurs alliés britanniques purent *in extremis* prendre appui politique sur ce réduit du Nord pour casser enfin la machine militaire d'*al-Qâ'ida*. L'incursion militaire victorieuse de Washington dans le Royaume de l'Insolence, proprement miraculeuse au regard de l'histoire, fut la brillante exception qui en confirma toutes les règles. Les Etats-Unis firent clairement comprendre à leurs amis afghans au sol qu'ils n'entendaient ni physiquement rester dans Kaboul, ni indirectement occuper leur pays ; que leur appui armé restait indispensable pour chasser de la nation une formation politique haïe et soutenue par un despote étranger (en clair, le Pakistan) ; et que l'assistance économique serait ensuite généreuse pour toutes les composantes de l'Afghanistan. Le martyre de Massoud le 9 septembre 2001 et la mort de 'Abd-ol-Haqq deux mois plus tard renversèrent tous les signes. Le 16 décembre 2001, Donald Rumsfeld était reçu sur l'aéroport de Bagrâm par son homologue en béret roulé, le général Fahîm.

Les Afghans peuvent le reconnaître dans la tranquille assurance de leur propre héroïsme : les parachutages de marines américains et de commandos britanniques sur Mazâr-é Sharîf et Kandahâr auront été aussi nécessaires pour aider à sauver leur pays en 2001 que le débarquement normand de 1944 pour ressusciter la France.

C'est donc pour moi aussi, avouerai-je, sujet de fierté, en fils de capitaine américain dans ce même débarquement normand, que de voir mon pays enfin, et de nouveau, jouer en Afghanistan son vrai rôle libérateur. Mon père est mort à Paris en 1994, pendant que je convoyais des secours médicaux dans Kaboul assiégé. Il n'aura pas vu cette seconde libération. Pas d'ici-bas.

*

Les annexes ont été ici enrichies, à titre d'exemples, de quelques documents importants, mais difficilement trouvables pour le public de langue française aujourd'hui.

Trois autres textes que j'ai pu revisiter eussent exigé, pour leur part, une analyse plus subtile de l'histoire afghane du premier XXe siècle, déjà si lourd de menaces. Ces textes, bien sûr, portent sur la période qui précède la tempête ininterrompue des années 1978-2001, laquelle nous retient avant tout ici. Mentionnons du moins ces trois documents essentiels pour mémoire :

1. Il s'agit d'abord de l'œuvre de l'historien afghan Mîr Gholâm Mohammad Ghobâr (1898-1978), critique acerbe de la dynastie régnante, et démocrate socialisant. Ses écrits – réunis dans *Afghânestân dar masîr-é târîkh, L'Afghanistan dans le cours de l'histoire* (Kaboul, 1968) – reflètent sans aucun doute dans leur vocabulaire cette vulgate marxiste qui imprégnait l'esprit du temps, mais représentent aussi l'équivalent afghan de l'épopée d'un Michelet : le premier effort littéraire national pour doter un peuple entier de la conscience de l'ensemble de son patrimoine commun, depuis la plus lointaine Antiquité jusqu'à l'époque de l'auteur. La génération afghane de l'après-tâlebân, pour renouer le fil de sa mémoire cassée, devra s'en référer d'abord au monument de Ghobâr. Car c'est dans son livre que les écoliers – et écolières – de l'Afghanistan de demain pourront méditer en quoi l'héritage de leurs deux Ages d'Or d'autrefois – celui des Empereurs Koushân à la fois bouddhistes et hellénisés du IIe siècle de notre ère, puis celui des sultans tîmoûrides de Hérât au XVe – pourra continuer à nourrir l'identité, et l'espoir, du pays d'aujourd'hui : malgré l'iconoclasme récent du mollâ 'Omar et de ses maîtres à penser de la mouvance délirante d'*al-Qâ'ida*. Car c'est bien l'entourage transnational de Ben Lâden et de ses lieutenants qui a poussé, semble-

t-il, les tâlebân à dynamiter les trésors archéologiques de leur patrie, en mars 2001.

2. Ensuite, déniché dans les archives de la India Office Library à Londres, le précis L.P. & 5.20 B.305, du diplomate britannique Dundas (je n'ai jamais retrouvé son prénom), en poste à Kaboul en 1929-1930, trahit à mes yeux une clairvoyance proprement saisissante, pour en faire l'un des documents les plus éloquents de l'histoire afghane de la première moitié du XXe siècle. Je résume de mémoire : selon ce rapport secret, les Britanniques n'avaient nullement poussé à renverser le roi réformateur Amânollâh en 1929, mais jugeaient leur intérêt de le laisser croire par la population afghane, « car la main qu'on ne peut même pas discerner, mais qu'on croit deviner, est d'autant plus redoutée ». En réalité, souligne le diplomate lucide, chaque jour qui passe voit se renforcer, en Asie centrale, la puissance bien réelle de l'Union soviétique, et croître la faiblesse d'un Empire britannique à la façade encore imposante, mais inéluctablement destiné à disparaître, dans les proches années, de la scène régionale : « Nous ne tenons plus ici que par le plus pur bluff – *by sheer bluff*. Alors, laissons croire à la simple image de notre force… »

Il serait opportun de publier, traduire et commenter ce second texte, témoignage piquant de cette première Guerre froide anglo-soviétique autour de Kaboul, laquelle annonce de si près celle, américano-soviétique, de notre propre temps.

3. Enfin, la correspondance diplomatique (rédigée en une langue française exquise) entre le ministère des Affaires étrangères de Saint-Pétersbourg et son ambassadeur à Londres (le baron de Staal), au cours des deux dernières décennies du XIXe siècle, jette une lumière rase des plus révélatrices sur la vision stratégique d'ensemble de la Russie impériale en Asie centrale. Plus d'un tiers de cet ensemble de documents, saisis par les Britanniques dans l'Ambassade impériale à Londres qu'ils confisquèrent aux lendemains de la Révolution bolchevique de 1917, reste consacré à l'Afghanistan et ses confins immédiats. S'y dévoile la perception centrale de Saint-Pétersbourg : la Grande-Bretagne, maîtresse des communications maritimes mondiales, peut attaquer la Russie partout ; la Russie ne saurait répliquer qu'en portant l'essentiel de sa pression militaire continentale sur l'unique point réellement vulnérable des frontières impériales britanniques : soit ces confins poreux au nord-ouest des Indes, l'Afghanistan. Toutefois, cette poussée russe en Asie centrale se veut aussi une sorte de vaste diversion pour fixer le gros de l'armée britannique à la frontière afghane, tandis que la clef de la domination mondiale que vise secrètement Saint-Pétersbourg reste bien maritime, pour passer par ces deux détroits méditerranéens qu'il s'agit d'arracher, un jour, à la suprématie de Londres : les

Dardanelles et Suez. (Le soutien de Moscou à Nasser, lorsque ce dernier chassera les Britanniques du canal en 1956, réalisera ce rêve sous auspices soviétiques.)

*

Je commémore toujours, pour cette nouvelle édition, le souvenir de mes deux maîtres afghans assassinés : l'érudit mystique 'Abd-or-Rashîd de la vieille mosquée tîmoûride de Balkh, qui m'initia il y a si longtemps à la poésie persane et au soûfisme, abattu au pistolet en 1979 *par les uns* ; et le professeur Bahâ-od-Dîn Madjroûh, poète et libre penseur, ancien doyen de la faculté de philosophie de l'Université de Kaboul, responsable du Centre Afghan d'Information de la Résistance à Peshâwar, criblé de balles en 1988 *par les autres.* Quant à Massoud : quel compagnon de guerre et de liberté de l'énigmatique et profond *Âmer Sâheb,* « monseigneur commandant », oubliera jamais cette blessure cuisante du 9 septembre 2001, quand la bombe qui le déchiqueta fut aussi le si lourd présage, pour nous tous, d'un désastre mondial deux jours plus tard ?

Enfin, pour la matière du nouveau chapitre de ce livre, je tiens à remercier le précieux concours des deux centres afghans de documentation et d'information animés par MM. 'Omar Samad et Mohammad Es'hâq, à Washington ; la chaleureuse équipe autour de M. Mehrâboddîn Mastân, Mme Shakêba Hâshemî, Mme Pascale Bastide et M. Pascal Avot à l'ambassade afghane à Paris, longue sentinelle de résistance ; et toute l'équipe de la revue *Politique internationale* à Paris, sans cesse ouverte aux meilleurs reportages sur l'Afghanistan et le Pakistan, et qui, depuis 1985, m'aura permis de publier, chez eux, une chronique annuelle, dont cette remise à jour est le fruit – et l'hommage – trop tardif.

Michael Barry, décembre 2001.

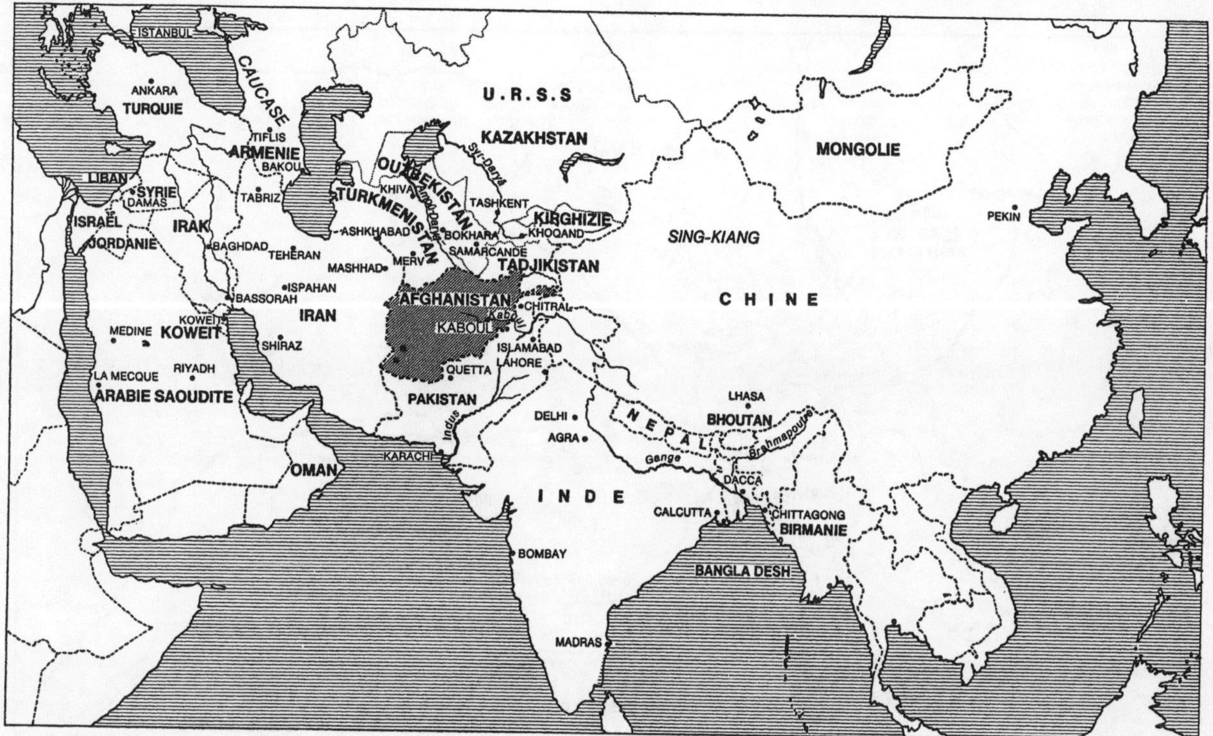

L'Afghanistan dans l'Asie de 1978

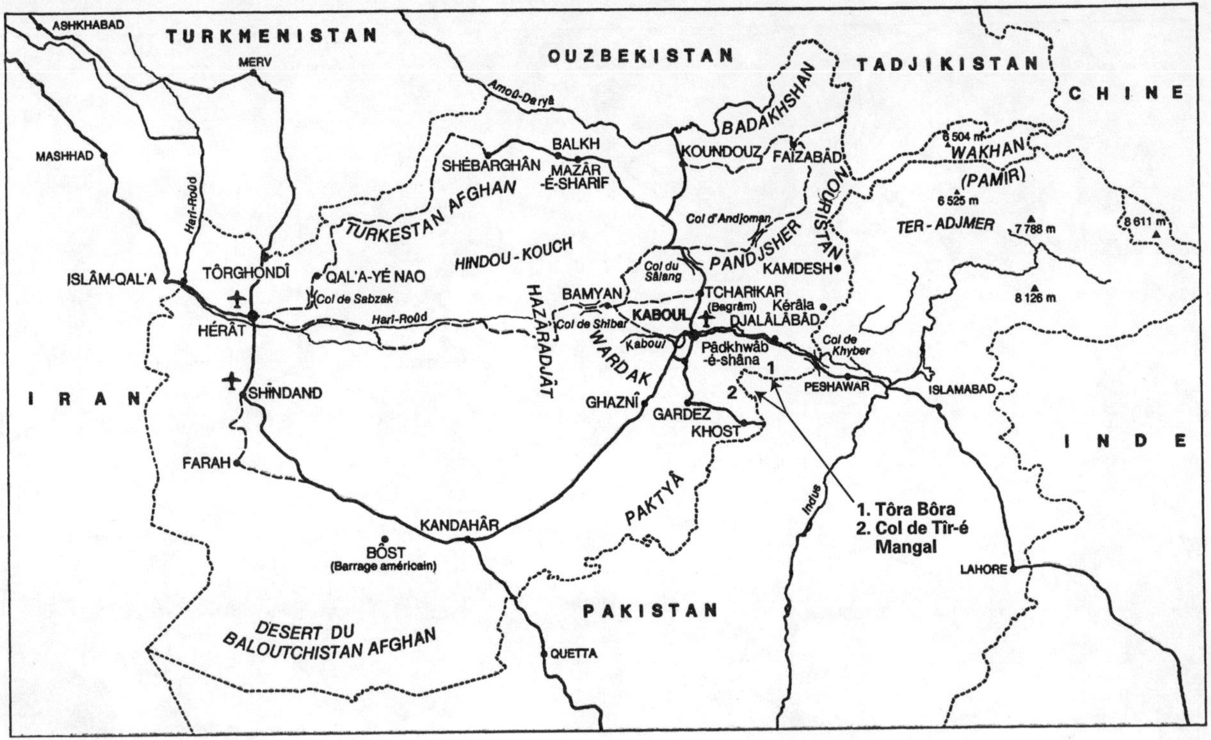
TURKMENISTAN
OUZBEKISTAN
TADJIKISTAN
CHINE
IRAN
INDE
PAKISTAN
ASHKHABAD
MERV
MASHHAD
Amoû-Daryâ
Harî-Roûd
ISLÂM-QAL'A
TÔRGHONDÎ
HÉRÂT
SHÎNDAND
FARAH
QAL'A-YÉ NAO
Col de Sabzak
TURKESTAN AFGHAN
SHÉBARGHÂN
BALKH
MAZÂR -É-SHARIF
HINDOU-KOUCH
HAZÂRADJÂT
BAMYAN
Col de Shibar
WARDAK
KABOUL
Kaboul
Col du Sâlang
TCHARIKAR
(Begrâm)
PANDJSHER
Col d'Andjoman
KOUNDOUZ
FAIZABÂD
BADAKHSHAN
NOURISTAN
KAMDESH
Kérâla
DJALÂLÂBÂD
Pâdkhwâb -é-shâna
Col de Khyber
PESHAWAR
ISLAMABAD
LAHORE
GHAZNÎ
GARDEZ
KHOST
PAKTYÂ
Indus
KANDAHÂR
BÔST
(Barrage américain)
QUETTA
DESERT DU BALOUTCHISTAN AFGHAN
WAKHAN
(PAMIR)
8 504 m
6 525 m
TER-ADJMER
7 788 m
8 611 m
8 126 m
1
2
1. Tôra Bôra
2. Col de Tîr-é Mangal

INTRODUCTION
à la première édition (1984)

L'Afghanistan est entré dans l'histoire du monde au cours de la nuit du 27 décembre 1979, avec l'invasion soviétique. Ce petit pays musulman, retranché dans ses montagnes désertiques au cœur de l'Asie, existait depuis des siècles, mais rares étaient ceux qui le connaissaient. Enclavé entre l'Iran et le monde indien, entre la Chine et l'URSS, coupé de tout accès à la mer et longtemps isolé par ses mauvaises routes et son manque de communications modernes avec le reste de la planète, l'Afghanistan paysan conserva jusqu'à nos jours les mœurs et la civilisation du Moyen Age musulman. Ses dirigeants seuls s'ouvraient à la culture occidentale. Mais leur politique observait une neutralité absolue entre les États-Unis et l'URSS, et l'Afghanistan demeura absent de tous les grands conflits qui ont déchiré ce siècle.

L'invasion soviétique projeta brutalement ce pays à la première page des journaux du globe. L'Armée rouge viola alors l'indépendance d'un pays musulman souverain, neutre, membre officiel du Mouvement des non-alignés, désespérément arriéré et ne présentant aucune menace politique pour qui que ce soit. Par son coup de force, l'URSS choqua l'opinion occidentale, heurta le monde islamique, détruisit la détente et, sur le terrain, s'englue toujours dans la répression d'une résistance populaire généralisée. Pourquoi ce coup de force ?

Deux raisons semblent se dégager sans se contredire. Politique d'abord : il fallait empêcher l'effondrement du gouvernement communiste afghan. En effet, dix-huit mois avant l'invasion – le 27 avril 1978 – un Parti communiste pro-soviétique afghan, infiniment minoritaire, s'empara du pouvoir au moyen d'un coup d'État militaire ; le monde n'y prit pas garde ; pourtant ce régime déclencha à l'intérieur du pays une hallucinante terreur – « Nous ne laisserons qu'un million d'Afghans vivants, c'est suffisant pour construire le socialisme », proclama le commandant du nouveau camp de concentration dans la banlieue de Kaboul. Les tueries du régime provoquèrent des soulèvements à travers tout le pays. L'URSS ne put tolérer l'écroulement d'un régime communiste et allié à ses frontières – « Le processus révolutionnaire est irréversible », dit-elle –, et elle occupa l'Afghanistan avec ses propres troupes.

Deuxième raison de l'invasion : la stratégie. L'Armée rouge, en transformant l'Afghanistan en base militaire, bouleverse le rapport des forces au Moyen-Orient. Des aéroports soviétiques sont installés désormais dans les contreforts montagneux et les sables du Sud afghan. Or, seuls quelques centaines de kilomètres de territoire pakistanais, plats et désertiques, séparent les frontières méridionales de l'Afghanistan de l'embouchure de ce golfe arabo-persique, d'où l'Europe et le Japon tirent l'essentiel de leur pétrole. Le coup d'État communiste afghan était-il planifié depuis longtemps pour permettre à l'URSS de camper ainsi à proximité du goulet d'étranglement du commerce pétrolier mondial ?

Pareilles questions montrent que l'intérêt nouveau du monde pour l'Afghanistan est avant tout suscité par une manifestation insolite et inquiétante de la poussée soviétique en Asie. L'Afghanistan accroche les regards comme cible ou victime russe : le véritable sujet du problème demeure la nature de la menace de l'URSS, pour les stratèges du Pentagone comme pour les socialistes européens procédant à une révision déchirante de leur philosoviétisme traditionnel. Les souffrances du peuple afghan – un quart a fui le pays – lui attirent la sympathie, mais intéressent surtout par ce qu'elles révèlent du comportement de l'Armée rouge en campagne, la manière dont elle domine et comment elle broie. Les spécialistes ou observateurs de l'Afghanistan se muent, par la force des choses, en kremlinologues, mais en kremlinologues par le petit bout de la lorgnette, scrutant la politique soviétique à travers le prisme d'une province nouvellement conquise et brutalement traitée. Nulle part comme en Afghanistan l'URSS ne semble poursuivre l'expansion de la Russie tsariste au siècle dernier de manière aussi ressemblante. Est-ce la poursuite des mêmes buts par les mêmes méthodes, l'accès aux mers libres par la destruction des faibles États musulmans à la lisière sud de l'Empire ? Les spécialistes mettent en garde contre l'assimilation abusive de l'URSS à la vieille Russie, même si l'impérialisme tsariste fournit à celui d'aujourd'hui « autant de recettes et de formes toutes prêtes au réemploi [1] ». Toutefois les desseins de la Russie sur l'Asie du Sud ne datent pas d'aujourd'hui, et l'histoire de sa longue procession impériale vers l'horizon afghan ne manque pas de sombres leçons. En 1900 déjà, un émir afghan s'alarmait de la conquête russe des royaumes musulmans du Turkestan à sa frontière nord, et comparait la progression des généraux du tsar à la démarche d'un éléphant, « qui examine soigneusement le sol avant d'y poser le pied mais, une fois qu'il l'a posé, ne le recule plus ; au contraire, sans se presser d'avancer tout de suite, il pèse de tout son poids sur ce premier pied jusqu'à ce qu'il ait écrasé tout ce qui se trouve en dessous [2] ». L'Afghanistan capte aujourd'hui l'attention du monde à cause du pachyderme qui le foule – mais le pays en tant que tel, avec sa civilisation millénaire ou ses mécanismes tribaux, demeure un sujet d'intérêt pour seuls initiés. A tort.

Car les observateurs de l'Afghanistan sont convaincus qu'il s'y joue une tragédie pesant sur les destins du monde, à quelque distance des plages du golfe Persique. La crise afghane jette une lumière crue sur les mécanismes fondamentaux des politiques étrangères de l'URSS – tenace et entreprenante –, et de l'Occident – conservatrice et molle. Mais la lutte prend en outre une coloration locale, marquée par un terrain et une résistance paysanne à la fois désorganisée et opiniâtre, galvanisée par la ferveur religieuse. Impossible de comprendre les ressorts essentiels du drame sans tenir compte aussi du caractère afghan : jamais sans doute les Soviétiques ne se sont heurtés à un refus aussi net, parfois aussi suicidaire. Politique soviétique dans les États vassaux : verrouiller l'avenir, interdire tout espoir de changement. Plus longuement que les éphémères printemps de l'Europe de l'Est, la résistance afghane, aussi désorganisée qu'elle soit, a ouvert une brèche dans cette muraille de fer. Après avoir jugulé une contestation communiste tchèque et un soulèvement ouvrier polonais, l'URSS s'emploie à écraser une guérilla paysanne asiatique, à fermer encore cette lucarne. L'éventuelle victoire de l'Armée rouge l'encouragera à croire qu'elle pourra vaincre pareille résistance partout.

Les jours de cette résistance ne paraissent pas comptés, mais le peuple afghan redevient très seul. Un moment troublée, l'opinion mondiale se détourne déjà d'un massacre monotone. Après avoir forcé l'admiration par leur courage, les résistants, par leurs divisions et leur apparente absence de cohésion politique, ont lassé la presse. Leur idéologie islamique, qui n'émeut plus guère une communauté arabe préoccupée ailleurs, refroidit nombre de sympathisants occidentaux accablés par le spectacle de la révolution iranienne voisine. Quant aux États-Unis, la conquête soviétique de Kaboul représente un monument – un de plus – dressé à leur propre incompétence diplomatique dans la région ; pour l'heure, face à son fiasco, Washington s'abrite avec un profil bas derrière les protestations européennes et arabes. Comme le rôle d'agresseur de l'Union soviétique face à un petit peuple musulman doit demeurer aussi net que possible aux yeux de tous les observateurs, les États-Unis se bornent à des pressions diplomatiques et à diffuser des informations sur les armes chimiques par exemple, de nature à mettre Moscou dans l'embarras. Armer les résistants ? Les responsables américains sont partagés. Au début de l'invasion, il leur semblait que l'Afghanistan était de toute façon perdu et qu'il était inutile d'y encourager une résistance suicidaire : cinq ans de résistance ont convaincu Washington que les Afghans sont d'un autre mordant que les Est-Européens, mais les officiers du Pentagone n'ont encore qu'une piètre estime pour les capacités stratégiques et techniques des guérilleros. Sensible toutefois au retard imposé à la poussée russe par les résistants afghans, Washington ne voit plus dernièrement d'un œil défavorable un très modeste approvisionnement des maquis en armes et munitions légères de type soviétique, achetées par les résistants eux-mêmes grâce aux fonds pétroliers arabes sur les marchés libres du Golfe et du Pakistan. Cet équipement se confond avec les prises sur le terrain et les complète ; tout juste suffisant pour empêcher la résistance de sombrer corps et âme, il ne l'est jamais assez pour inverser le rapport des forces et dissimuler le caractère unilatéral de l'agression soviétique contre le peuple afghan. Le Kremlin explique-t-il son intervention en prétextant l'équipement des « rebelles » par l'Ouest ? L'Occident, embarrassé par l'argument, prouve que tel n'est pas le cas en n'armant pas, ou fort peu, les résistants – ce qui arrange l'Armée rouge. S'estimant condamné à une défense foncièrement passive, Washington ne cherche qu'à ralentir l'avance russe par de prudentes saignées : banderilles aux flancs du monstre, les résistants afghans ne représentent guère plus au regard froid du Pentagone. L'avenir montrera si la passivité constituait la meilleure défense et si l'Occident n'a pas gâché sa propre sécurité en sacrifiant le seul peuple de la région capable, parce que prêt à mourir, de verrouiller l'approche montagneuse du Golfe aux ambitions du Kremlin.

Et les sanctions morales et économiques ? Elles aussi sont gâchées. En Occident, deux nations sont perçues – à tort ou à raison – comme menant des politiques étrangères d'envergure : les États-Unis et la France, héritière du gaullisme. Quand les États-Unis et la France réagissent de concert, le « monde occidental » fait bloc. Un désaccord franco-américain isole moralement les États-Unis : les éventuelles prises de position pro-américaines des autres démocraties occidentales paraissent alors relever – toujours à tort ou à raison – d'une forme de servilité envers Washington. Ainsi la portée morale du boycott des Jeux olympiques de Moscou en 1980, voulu par les États-

Unis de M. Carter, a été torpillée par les hésitations de la France de M. Giscard d'Estaing.

Quant aux sanctions économiques, elles se sont retournées contre leurs auteurs piégés par les illusions libérales qui nourrirent la « détente ». Les libéraux, tant européens qu'américains, en projetant leurs motivations propres sur le sombre miroir soviétique, s'imaginaient que l'URSS poursuivait le même but qu'eux-mêmes, la prospérité économique, fût-ce par un système planificateur inefficace. Les sociétés libérales crurent contenir l'agressivité de l'URSS en l'associant aux progrès économiques de l'Occident, en enserrant le Kremlin dans des intérêts commerciaux dont il bénéficierait tellement qu'il ne voudrait plus les mettre en péril par quelque aventure étrangère. Au cours de son humiliant voyage à Varsovie en mars 1980, M. Giscard d'Estaing adjura M. Brejnev de ne pas compromettre les bénéfices de la « détente » par son occupation de l'Afghanistan ; libéral convaincu, le président français pouvait-il seulement concevoir que l'Union soviétique n'a pas pour but le profit économique, purement accessoire, mais la puissance, la prise, la conservation et l'extension du pouvoir du Parti, et ce de manière irrévocable ? Vu sous ce jour, le système soviétique fonctionne : l'Afghanistan en fait les frais. Les bénéfices économiques de la « détente » ? Les États occidentaux eux-mêmes s'y sont tellement englués qu'ils ne peuvent plus s'en dépêtrer, fût-ce même sous la menace directe de l'URSS. La relève du personnel dirigeant occidental n'a guère changé le fond des choses, malgré un nouveau réalisme antisoviétique désabusé. L'accord franco-soviétique sur l'importation par Paris de gaz naturel sibérien, signé en hiver 1982, et la suspension de l'embargo céréalier américain peu après, ont marqué la fin des rétorsions occidentales contre le coup de Kaboul et consacré l'impunité de l'URSS en Afghanistan.

Mais le drame se déplace. Le poids des irrésolutions occidentales pèse maintenant sur le Pakistan, État déchiqueté depuis sa création par des conflits ethniques et sociaux, et promis aujourd'hui pour son malheur à un rôle historique de premier plan : il commande l'entrée du Golfe et il abrite sur son territoire l'essentiel de l'énorme diaspora afghane. La masse des réfugiés constitue le facteur négligé du conflit. Par une terreur sélective, l'Armée rouge a provoqué l'exode de près de quatre millions d'Afghans officiellement reconnus par les organismes humanitaires : chiffre le plus vaste du globe à cette heure pour une population déplacée, selon les estimations du Haut-Commissariat des Nations unies aux réfugiés en 1982. Une nouvelle génération afghane croît dans la boue, la misère et l'oisiveté des camps de réfugiés de l'Iran et surtout du Pakistan. L'avenir laisse entrevoir dans ces taudis la montée d'une jeunesse gavée d'amertume et versant dans le terrorisme du désespoir, au cas où le sort de la résistance traditionnelle menée par les aînés paraîtrait scellé sur le sol afghan lui-même. L'URSS devra conjurer, par ses pressions sur le Pakistan par exemple, cette menace qu'elle a elle-même créée. Pourtant situés dans des camps politiquement opposés, Afghans et Palestiniens connaissent un sort en apparence analogue. On pourrait multiplier les références à la société palestinienne de 1948, elle aussi traditionnelle, patriarcale, technologiquement arriérée, puis meurtrie, aguerrie, politiquement mûrie enfin au terme d'une génération d'exil. Notons seulement que le nombre de réfugiés palestiniens en 1948 n'était « que » de quatre cent mille, tandis que les fugitifs afghans d'aujourd'hui sont presque huit fois plus nombreux. La plaie afghane peut longtemps suppurer en Asie du Sud. Mais l'URSS a le temps.

Dernier champ de bataille : l'opinion publique. Ici l'URSS a beaucoup perdu, particulièrement au sein du courant politique auquel les Afghans s'attendaient le moins. La gauche autrefois philosoviétique des pays latins d'Europe a dénoncé l'invasion comme une aventure coloniale, entreprise pour subjuguer et piller un pays type du tiers monde. Le pivotement antisoviétique de la gauche en France et en Italie est un phénomène aux vastes portées. Une partie du mouvement ouvrier européen se débarrasse du poids mort de son philosoviétisme et s'ancre résolument dans la tradition démocratique du meilleur humanisme occidental, qui est sa vraie culture. Prague, Kaboul et Varsovie ont servi tous trois de catalyseurs pour cette révulsion antisoviétique, circonscrite encore à l'Europe du Sud mais destinée à se répandre avec quelques années de retard dans les capitales du tiers monde. Les intellectuels nord-africains défendent encore les positions qui étaient hier à la mode à Paris, mais admettront que l'URSS bafoue le socialisme et piétine de manière coloniale un petit pays musulman lorsque la presse parisienne l'aura suffisamment répété.

La prise de position de la gauche sud-européenne n'est pas, bien sûr, exempte d'arrière-pensées politiques. La critique de l'invasion soviétique faite par des sympathisants de la Chine coïncide avec les inquiétudes stratégiques de Pékin. La fermeté des socialistes à Rome sert aussi à démarquer leur parti de celui des communistes italiens, obligés de durcir à leur tour le ton vis-à-vis de l'URSS pour conserver la crédibilité de leur indépendance. Arrivés au pouvoir à Paris comme à Rome, les socialistes, si solidaires des Afghans dans leurs discours d'opposition pour fustiger la mollesse des libéraux, mesurent désormais avec prudence les perspectives d'un dur affrontement avec Moscou.

Mais les mots restent dits : la condamnation de l'agression soviétique par les porte-parole de la gauche sud-européenne sape un pilier fondamental de la politique étrangère du Kremlin. L'URSS, déshonorée selon des références socialistes aux yeux de socialistes indépendants de son pouvoir, bénéficie moins à l'étranger de cette complaisance avec laquelle une gauche occidentale complexée a si longtemps excusé tous ses crimes. C'est ici que l'attitude antisoviétique des résistants afghans de gauche conforte les analyses de la gauche française, belge ou italienne. Les résistants afghans de gauche sont une infime minorité dans leur pays, où la population traumatisée par son contact avec le soviétisme les rejette avec haine. Mais là ne réside pas leur importance : d'abord ils refusent de collaborer avec l'occupant ; ensuite, ils savent dépouiller l'occupant de sa « légitimité révolutionnaire » par leur dénonciation marxiste aux yeux d'une fraction importante de l'opinion européenne. Ainsi ces Afghans de gauche insistent sur la spoliation économique de sa nouvelle colonie par l'URSS. Démasquée idéologiquement, l'URSS entame-t-elle un déclin historique ? En termes militaires, non. Mais chaque outrage – Budapest, le mur de Berlin, Prague, Varsovie, Kaboul, l'avion de ligne sud-coréen – enfonce lentement la réputation du Kremlin dans l'opinion des gens raisonnablement intelligents de la planète. Les conséquences n'en sont pas prévisibles. Pour l'instant, la position soviétique en Afghanistan se renforce avec le temps, car si les Russes n'ont pas remporté la bataille de l'opinion publique, les Afghans ne l'ont pas vraiment gagnée non plus.

L'opinion intente en effet dans ce conflit le plus étrange des procès, non pas seulement contre l'agresseur, mais aussi contre la victime. Le crime est dénoncé, mais l'arriération culturelle de l'agressé excuserait presque la cruauté du bourreau. Les Afghans sont dépeints dans la presse comme des sous-développés, des fanatiques, des « féodaux » ; les Soviétiques leur apporteraient, malgré tout, une forme de « progrès ». Politologues, experts en guérilla et autres spécialistes de la souffrance humaine n'ont prêté aucune espèce d'attention à l'évolution culturelle de l'Afghanistan depuis un demi-siècle ; ils passent sous silence l'extermination en camp de concentration de l'élite éduquée du pays où l'Afghanistan a perdu ses vrais ingénieurs, médecins, diplomates, officiers, universitaires et chefs spirituels ; mais ils jugent aujourd'hui avec un glacial mépris les paysans qui survivent et qui résistent à la conquête de leurs foyers avec leurs seules institutions villageoises et les pauvres moyens qu'ils connaissent. Sans doute ces fermiers désespérés sont-ils coupables de ne pas maîtriser en professionnels chevronnés la dialectique marxiste-léniniste, l'organisation de commandos de sabotage urbains ou le maniement de télécommunications électroniques. Mais la culture traditionnelle de l'Afghanistan rural a peu de chose à voir avec l'enjeu du problème, qui est l'expansionnisme soviétique.

Cependant le dénigrement systématique de la culture des Afghans, en les dévalorisant (voire en les déshumanisant) aux yeux de l'opinion, finit par masquer la nature même de l'agression dont ils sont l'objet.

Le racisme, manipulé ou inconscient, brouille l'image du conflit. L'Afghanistan musulman est une cible facile en milieu ouest-européen ou nord-américain. Le racisme est un venin du Kremlin, dosé au compte-gouttes de manière officieuse et à bon escient : mesures antisémites, évocation du Péril jaune face à la Chine. Cette arme se retourne contre les Afghans. On voudrait n'évoquer que pour mémoire les justifications pro-soviétiques du Parti communiste français, ses mensonges grossiers, son racisme abject. M. Georges Marchais, à la télévision de Moscou dans les jours qui suivirent l'invasion, félicita l'URSS en termes désormais célèbres de mettre fin en Afghanistan à des pratiques barbares comme « le droit de cuissage » – qui n'a strictement jamais existé dans un pays de pudibonderie islamique prononcée. L'outrance de tels propos et le bas esprit qu'ils trahissent ont contribué pour une part à faire sombrer le PCF au rang de fossile politique et à en faire fuir les meilleurs cerveaux. Mais ces mots ont fait mouche à des niveaux plus vils. Le « droit de cuissage » de M. Marchais mêle en effet de troubles courants de « droite » comme de « gauche ». A « gauche », le secrétaire général du Parti communiste français épingle un abus « féodal » dont l'Armée rouge serait censée libérer un pauvre peuple arriéré, dans la meilleure tradition du triomphalisme colonial. A « droite », M. Marchais vise plus bas, en chatouillant l'imaginaire anti-arabe français avec des fantasmes de musulmans cruels et sexuellement pervers au fond de harems obscurs. Tout est bon pour souligner la sauvagerie des Afghans par rapport aux Russes, Européens malgré tout, porteurs de « la » civilisation. La religion même des Afghans serait une sorte de maladie ; l'URSS, entend-on, se défend contre la « contagion islamique » : évoque-t-on jamais, pour la Pologne européenne, une « contagion chrétienne » [3] ?

L'information soviétique entretient la confusion à plusieurs niveaux, du racisme populaire au progressisme de gauche, en passant par des analyses de haute stratégie destinées à un public raffiné. Les exemples abondent. La violation des droits de l'homme ? L'URSS ne nie plus les crimes affreux commis en Afghanistan, mais les attribue tous aux « excès » du seul dirigeant communiste afghan Hafîzollâh Amîn, dont le bref passage au pouvoir a duré de septembre à décembre 1979 ; les tueries continuent depuis mais, en chargeant Amîn de toutes les atrocités révélées, l'URSS embrouille aux yeux de l'opinion la chronologie des faits qui filtrent, et dégage sa propre responsabilité. L'occupation militaire de l'Afghanistan ? L'URSS ne demande qu'à se retirer, à condition que l'Occident cesse toute « provocation » en bloquant les mouvements des guérilleros ; sans quoi, les « négociations » échoueront et l'URSS occupera pour les années à venir le sol afghan par la seule faute de Washington et d'Islâmâbâd, qui n'auront pas été « raisonnables ». (Des articles sentencieux sous des signatures neutres défendent ce point de vue dans *Le Monde diplomatique* de septembre 1983 : pas un mot dans ces textes sur la paix que l'URSS devrait plutôt conclure avec le peuple afghan lui-même ; en revanche, des paysans résistant à l'invasion de leur patrie réapparaissent sous l'appellation de « rebelles »[4].) Et les droits des femmes ? Une journaliste britannique déplore l'invasion soviétique du point de vue juridique, mais se demande si, en tant que féministe, elle ne doit pas plutôt soutenir l'Armée rouge que des insurgés musulmans prônant le voile[5] ? Question pertinente, mais qui enchevêtre les données du problème : la résistance afghane n'est pas dirigée contre l'émancipation des femmes, mais contre l'occupation étrangère. L'islam traditionnel dégrade le statut des femmes, mais il faut souligner que le régime afghan renversé par les communistes en 1978 n'était pas une théocratie intégriste ; le gouvernement royal était d'inspiration laïque et occidentalisée – les intégristes lui en faisaient d'ailleurs l'amer reproche –, et encourageait avec une prudente lenteur l'émancipation féminine : port du voile rendu facultatif en 1959, multiplication des écoles pour filles, facultés mixtes à l'Université... Depuis vingt ans, la procession de sages écolières en fichu dans les rues de la capitale ne choquait plus personne, même si les couches paysannes opposaient une lente résistance passive à tout ce qui touchait à leurs habitudes. Comme leurs sœurs algériennes de naguère, les femmes afghanes d'aujourd'hui combattent d'ailleurs dans la résistance, paysannes transportant les munitions dans leurs jupes ou écolières manifestant à Kaboul, et s'exprimant avec un patriotisme farouche et souvent une ferveur musulmane effrénée.

Reste qu'un Afghanistan redevenu indépendant trahirait peut-être la cause de ces femmes qui auraient lutté pour lui. La classe libérale afghane, qui défendait le féminisme, est en fuite ou exterminée, tandis que la tendance intégriste, qui réclame ouvertement le rétablissement obligatoire du voile[6], se renforce au sein de la résistance. L'occupant soviétique, par son humiliation coloniale, a engendré un sentiment de rejet unanime dans la population, mais il a aussi bouleversé toutes les données sociales, faussé le jeu politique intérieur, déplacé et durci les tensions nationales : les remises en question tragiquement nécessaires de la civilisation afghane ont été ajournées pour expulser l'ennemi commun. Il est trop tôt pour prévoir les options de la société afghane appelée à lutter pour plus d'une génération ; mais il est certain que l'intervention soviétique, là comme ailleurs, a violemment détourné l'évolution normale d'une société indépendante.

Certaines atrocités perpétrées en Afghanistan rendent dérisoires les ergotages sur le « progressisme », l'« intégrisme » ou les « excès révolutionnaires » : de tels mots abstraits, comme disait Orwell, tombent sur la brutalité des faits comme de la neige molle sur un paysage, en estompant tous les contours[7]. Il ne s'agit pas, loin de là, d'idéaliser la société afghane ; une critique des plus acides est parfaitement justifiée, à condition de reconnaître au peuple formant cette société le droit de la remodeler en demeurant maître de son destin – et non pour excuser sa spoliation. Féodale, la société afghane ? On pourrait s'attarder en ethnologue sur les pauvres hiérarchies du village qui distinguent, notamment, la hutte en boue du métayer de la hutte – en boue aussi, mais légèrement plus grande – de son hobereau. Gardons cependant le sens des proportions. Vu de haut – d'un bombardier, par exemple –, tout cela paraît confondu dans une égale misère et ne donne pas à la *nomenklatura* soviétique le droit divin d'en massacrer les habitants. Renvoyons l'épithète. Pourquoi ne pas décrire comme « féodale » le vasselage de M. Babrak Kârmal envers ses barons, maîtres de cette Armée rouge qui torpille dans le ciel ou écrase sous les chenilles de ses chars les illusions qu'elle souleva autrefois ?

CHAPITRE I

ENQUÊTE SUR UN CRIME DE GUERRE SOVIÉTIQUE EN AFGHANISTAN 1982

La fillette mourut de froid avant l'aube, et les fugitifs durent attendre le soleil pour déblayer la neige et lui creuser une tombe. Les hommes de la famille avaient passé les dernières heures de la nuit dans l'unique auberge, entassés sur des nattes autour du samovar, mais les femmes, par pudeur, s'étaient retirées dans une cabane déserte un peu en dehors du village : le temps pour elles de réchauffer la case de pisé avec un feu d'épines, l'enfant était morte.

Lorsque nous atteignîmes le village à cheval en pataugeant dans la neige boueuse, l'aube dévoilait sous la falaise une rangée de maisons basses pétries en torchis, aux murs crevés çà et là d'éclats de bombes. Un porche intact, avec des colonnettes en bois, signalait la façade de l'auberge.

A l'entrée du bourg, des guerriers emmitouflés de châles priaient sur la tombe neuve, les paumes tournées vers le ciel. A notre passage, un prêtre enturbanné releva sa tête barbue.

Dans la boue glaciale de la ruelle, des familles chargeaient leurs bêtes de somme – mauvais chevaux loués très cher à des maquignons du voisinage – pour repartir de bon matin vers le Pakistan, à une journée de marche encore. La veille, ces réfugiés avaient franchi le col du Sarkaï, à quatre mille mètres d'altitude, à la tombée du soir pour éviter les hélicoptères. La nuit les avait surpris dans la vallée, dans ce village détruit par l'aviation russe et abandonné par ses habitants. Une maison épargnée, chauffée avec un poêle par son propriétaire avisé, servait désormais d'hôtellerie pour les fuyards écrasés d'épuisement en grappes sur les nattes du sol battu. A présent la file de réfugiés s'ébranlait en direction de la frontière, hommes à pied dans la gadoue, femmes voilées et enfants juchés sur les paquetages des montures. Les caravanes passaient devant des masures éventrées aux portes et fenêtres béantes sur fond de neige.

« De quand date ce bombardement ?

– D'avant l'invasion directe ; mais les Soviétiques sont revenus cet été, et ils ont achevé le reste. »

Un bruit de moteur dans le ciel : un avion de reconnaissance décrivit un cercle au-dessus du village dévasté avant de disparaître au-delà des crêtes en direction de Kaboul : rien à signaler, sinon l'incessante hémorragie de populations en fuite vers le Pakistan. En cette fin d'année 1982, tout au long de notre mission d'enquête en Afghanistan oriental, nous devions croiser sur les chemins ces cohortes de fuyards ployés sous leurs besaces, poussant leurs bêtes devant eux et marmottant à notre passage les formules de politesse musulmane de rigueur. Nous vîmes douze villages ; huit étaient vides avec des murs de pisé fondant sous la neige. Le torchis retourne rapidement à la boue dont il est issu. Certains bourgs paraissaient s'effacer à vue d'œil. Seules les solives brûlées émergeant des monticules de boue et les débris métalliques éparpillés dans les ruines trahissaient le passage des bombardiers soviétiques.

Comme les réfugiés, nous voyagions surtout de nuit, à l'abri des hélicoptères. Une neige fraîche recouvrait le désert pierreux. Sous une lune laiteuse, nous découvrîmes dans un ravin le bourg d'Ao-Tchakân, effrayant car intact. Une multitude de pierres tombales couronnait le chemin de crête, mais plus un être humain ne hantait au fond du val la bourgade étirée le long de son cours d'eau. Des ruelles enneigées serpentaient, silencieuses, entre des gourbis vides et des tours de fermes fortifiées ; seul un molosse mourant de faim grondait devant un portail désert. En talonnant nos chevaux jusqu'à la place du village, nous aperçûmes un autobus affaissé dans la neige, plus loin un amoncellement d'épines à brûler contre un mur aveugle. Nous fîmes un feu dans la mosquée abandonnée mais, pour manger, il fallait nous contenter des fruits secs dans les sacoches accrochées à nos selles. Avec une pareille succession de villages morts, grogna le guide en remuant frileusement le feu de son bâton, il allait devenir de plus en plus difficile pour les résistants de trouver à se nourrir et à s'abriter dans la région...

Nous devions rencontrer les survivants de ce village plus tard, campant à même le sol, dans la rocaille trempée par les pluies d'hiver d'un centre de réfugiés au Pakistan. Les femmes drapées de châles nous tournaient le dos, accroupies en cercle avec les enfants. Les anciens avaient délimité l'espace sacré d'une mosquée en alignant des cailloux, et nous reçurent dans cet enclos assis sur leurs capes jetées par terre. Le dos raide, le chef du village raconta leur histoire. Non, les Russes n'avaient tué personne ; simplement, à l'aube du 30 août 1982, ils avaient encerclé le village avec leurs chars, fouillé les maisons et emporté tout : argent, tapis, postes de radio, montres arrachées aux poignets des villageois, et surtout le grain et les animaux entassés dans les camions. Gloire à Dieu, ils n'avaient pas touché à la vertu des femmes, et les garçons s'étaient cachés dans les montagnes pour éviter le service militaire ! Une fois les soldats partis, il ne restait plus pour les villageois laissés sur place qu'à mourir de faim pendant l'hiver. Les anciens délibérèrent pendant la nuit. Le lendemain, le village entier se mit en route vers le Pakistan.

Chaque village abandonné que nous traversions recelait son histoire, avec des vergers muets et des basses-cours pleines de neige. Le guide murmurait un nom et la date d'un bombardement. Une nuit, nous rencontrâmes dans une ruine des réfugiés autour d'un feu ; échanges de salutations, tasse de thé. Des bombardements les chassaient du Nord vers le Pakistan : « Vous ferez bonne route, mais gagnez les collines avant le lever du jour ; les hélicoptères vous massacreront s'ils vous trouvent dans le désert ! » Au terme de plusieurs heures de chevauchée sous la lune entre les ondulations molles d'une steppe neigeuse, toute notre caravane s'assoupissait en selle, malgré la morsure du gel sur les doigts crispés au fusil et les pieds engourdis dans l'étrier. Des ombres nous croisèrent en chuchotant des politesses sur fond de pas feutrés dans la neige ; un rayon de lune coula le long d'un canon de mitraillette ; ces maquisards partaient acheter des munitions au Pakistan. Dans les dernières heures de la nuit, une lumière vive se leva par intervalles derrière une colline ronde accompagnée de grondements bas. « Les modjâhédîn échangent le feu avec la garnison », indiqua le guide du doigt. Enfin parut l'autoroute, lame métallique courant sous la lune vers Kaboul, à cinquante-six kilomètres de distance. La neige n'était pas encore tombée sur les basses terres. Nous traversâmes l'asphalte d'un trot sec pour gagner le refuge des résistants à l'aube. Nous touchions au but : le village du massacre au fond du tunnel.

Avec un quart de sa population en exil, l'Afghanistan se vide sous la pression de l'armée d'occupation soviétique. Mandatée à Paris par le Tribunal permanent des peuples (ex-Tribunal Bertrand Russell), notre commission d'enquête avait pour objectif de retrouver en Afghanistan les preuves formelles d'un crime de guerre de l'Armée rouge. Plusieurs années de recherches dans les camps de réfugiés afghans au Pakistan mettaient à notre disposition un volumineux dossier de témoignages. Toutefois, les récits de paysans traumatisés par leur premier contact avec la guerre moderne étaient souvent désordonnés, contradictoires, chronologiquement flous. Notre but : l'analyse exhaustive d'une seule atrocité choisie à titre d'exemple et examinée à fond – d'abord en recoupant rigoureusement tous les témoignages, puis en enquêtant sur les lieux mêmes du crime. C'était pour mener à bien une telle enquête que le juriste Ricardo Frailé, le photographe Michel Baret et moi-même, en tant que linguiste et spécialiste régional, chevauchions cet hiver de 1982 au sud de la capitale afghane, avec une escorte de résistants armés.

En effet, selon les témoins que nous avions entendus au Pakistan, un massacre aux détails insolites avait eu lieu le 13 septembre 1982, dans la province du

Lôgar, à l'intérieur d'un petit village situé à côté de l'autoroute de Kaboul : Pâdkhwâb-é Shâna. D'après les récits, l'armée soviétique aurait investi le village à l'aube, et une partie de la population aurait cherché refuge dans un canal d'irrigation souterrain. Les soldats auraient alors versé dans cette sorte de tunnel des substances provoquant la mort de tous les fugitifs. Détail préoccupant : les soldats qui versaient les produits revêtaient des masques avec lunettes et tuyau. Des masques à gaz ?

Nous gagnâmes le village au terme d'une attente prudente de plusieurs jours en montagne, dans la nuit du 1er au 2 décembre 1982, après le lever de la lune. Avec nous, un détachement de résistants armés. Barbus et enturbannés, nous nous fondions dans la troupe. Nos gardes inspectèrent l'autoroute luisante dans la nuit, le désert caillouteux, les abords escarpés du village. Non loin scintillaient les lumières électriques de la forteresse soviétique, accrochée à son flanc de colline. Silencieusement, nous traversâmes la route et escaladâmes la piste jusqu'au hameau ; en file indienne, nous parcourûmes les vergers, les ruelles, la place en terre battue enfin. Les résistants nous avaient averti que quelques familles de collaborateurs du régime étaient restées au village, déserté des autres habitants. Mis à part les jappements d'un chien, les cases de torchis semblaient mortes sous la lune. Un vieil officier de la résistance, 'Aïd-Mohammad, qui s'était dissimulé dans le village lors du massacre, conduisait nos pas ; mais c'était le jeune capitaine Mo'men-Âghâ, épaisse moustache et longue chevelure flottante sous le turban, qui commandait l'escorte. Nous aperçûmes les fourches en bois de la poulie si souvent décrite dans les témoignages – celle installée par les survivants pour hisser les cadavres –, puis l'entrée du trou. A la lumière de nos torches, nous y descendîmes. Il y avait bien là un escalier de terre, plus bas les ruines d'un barrage d'argile. L'eau du chenal coulait à nouveau, nous y barbotions. 'Aïd-Mohammad leva la main : parois et plafond du tunnel étaient uniformément noircis d'une couche de charbon. Rapidement, Michel Baret prit des photos au flash, tandis que Ricardo Frailé raclait les parois pour récupérer de la glaise carbonisée. Sans doute possible, tout cela, sur une distance de plusieurs vingtaines de mètres, avait été brûlé par une flamme puissante, dans un milieu pourtant humide et peu aéré ; la boue charbonneuse miroitait sous nos torches, constellée de cailloux noirs. Mais un usage de gaz ? « Gazole, plutôt », nous avait confié le jeune maquisard Ebrâhîm, lequel avait aidé à ensevelir les morts. Au bas mot, c'était avec de la simple essence que les Soviétiques auraient brûlé leurs victimes vivantes dans ce trou. Les masques ? Sans doute de banales combinaisons de pompiers. L'horreur était assez manifeste sans y chercher les armes d'une chimie exotique.

« Dépêchez-vous de remonter, chuchota anxieusement le commandant de l'escorte. Les gens restés dans ce village ne sont pas sûrs, et si les Soviétiques nous surprennent... » Une butte nous dérobait à la vue de la forteresse, mais celle-ci n'était en effet qu'à un kilomètre de distance, à cinq minutes de jeep par la route. Revenus à la surface, nous demandâmes à gagner le cimetière. L'escorte était armée non seulement de fusils, mais aussi de pelles : les religieux du village, à partir du Pakistan, nous avaient donné la permission, inouïe en pays d'islam, de déterrer des morts, de vérifier. Mais le jeune commandant Mo'men-Âghâ nous implora, les larmes aux yeux : « Nous ne pouvons pas commettre ce blasphème. Nous ne le pouvons pas. Et cela prendra des heures, en vue de la forteresse. Si les Soviétiques sont prévenus... Nous ne le pouvons pas... » Puis Mo'men-Âghâ se tourna vers moi pour que je traduise à Ricardo Frailé : « Est-ce que monsieur le juge international nous croit enfin ? Vous avez vu le canal. Est-ce que vous nous croyez enfin ? – Oui, répondit Ricardo Frailé, bouleversé, nous vous croyons. »

Et nous rejoignîmes les chevaux qui nous attendaient, tout sellés, pour nous ramener au Pakistan.

Pour reconstituer le drame, il fallait recueillir et confronter les témoignages dans le camp de réfugiés de Kahi-Kandao, au Pakistan. Situé en zone frontalière, l'accès du camp est en principe interdit aux étrangers, mais, enveloppés comme nous l'étions de châles et de turbans, les patrouilles pakistanaises laissèrent passer notre camionnette sans y regarder de près.

Les pluies avaient détrempé le vaste camp. Cloaque de boue, la plaine parsemée de tentes blanches s'étalait dans un cirque de collines brunes.

Les survivants de Pâdkhwâb-é Shâna, réfugiés récents et clandestins, campaient à vingt par tente sur une butte dominant les flaques. La main sur le cœur, les anciens, témoins du massacre, nous reçurent dans la tente maîtresse, aménagée de nattes et protégée du ruissellement des boues par un muret de torchis. Avec une courtoisie exquise et strictement codifiée, ils penchèrent la tête de côté pour s'enquérir de notre santé selon les formules prescrites ; par la coupe sévère de la barbe, la moustache taillée aux commissures des lèvres et le crâne ras sous le turban, ces vieillards tâchaient de ressembler aussi fidèlement que possible à leur image du Prophète de l'islam. Après nous avoir versé le thé, ils nous racontèrent leur histoire. Nous conjuguons leur récit avec les témoignages recueillis ailleurs, au Pakistan comme en Afghanistan même :

Le 13 septembre 1982, les Soviétiques frappèrent après la prière de l'aube, alors que le village s'animait. Des ouvriers agricoles venus de villages voisins s'affairaient dans les vignobles – c'était la saison des vendanges –, et ʿAïd-Mohammad, vieil officier osseux de la résistance, surveillait la récolte pour en prélever la dîme des maquisards. Des réfugiés arrivés du Nord, mêlés à des jeunes résistants partant acheter des armes, reprenaient la route du Pakistan après une nuit dans la mosquée du village, car Pâdkhwâb-é Shâna constituait une étape sur le chemin de l'exil. Douze anciens, ou Barbes-Grises, bavardaient au soleil devant la mercerie, principale échoppe du village donnant sur la place en terre battue, bordée à l'ouest par des maisons en pisé, à l'est par des vergers. Au milieu de la place s'ouvrait un orifice avec un escalier évidé dans la glaise : l'entrée du *kârêz,* le canal d'irrigation souterrain amenant aux champs l'eau captée à une source dans la montagne ; des puits forés à intervalles réguliers permettaient de puiser dans cette sorte de tunnel destiné à empêcher l'évaporation sous le soleil du désert. Depuis le début de la guerre, les villageois bouchaient la plupart des puits avec des cailloux et de la glaise ; lorsque les hélicoptères survolaient le village, les familles se blottissaient dans l'obscurité, les chevilles dans l'eau sous le plafond bas. Les Russes le savaient.

De tels canaux existent dans tout le Proche-Orient aride et servent aujourd'hui d'abris antiaériens en Afghanistan. Le canal de Pâdkhwâb-é Shâna était localement célèbre. Selon la légende, un Hindou aurait perdu son peigne dans un bassin et l'objet aurait refait surface à des centaines de lieues dans le canal du petit village afghan – d'où le nom *Pâdkhwâb-é Shâna*, « le havre du peigne ». Des poissons sacrés s'ébattaient dans l'eau peu profonde.

Depuis trois ans, les Soviétiques n'avaient jamais été bien loin. Leurs convois armés passaient sur l'autoroute toute proche, tandis que leur forteresse de Pol-é ʿAlam, tenue par plusieurs milliers de soldats, arrêtait les regards des paysans avec ses casernes en ciment au flanc d'une colline pelée à l'horizon. Pourtant les Soviétiques avaient semblé superbement ignorer le petit village dissident à portée de leurs canons.

Mais ce matin-là, entre 6 et 7 heures, les hélicoptères vrombirent au-dessus des toits tandis que les chars arrivés de la route prenaient le village en tenailles. Paniquées, cent cinq personnes, sous la conduite du sacristain de la mosquée, se précipitèrent dans l'escalier du tunnel : des garçons craignant l'enrôlement forcé des ouvriers agricoles, des vieillards, des réfugiés de passage – et douze enfants âgés de moins de treize ans. Pas un fusil dans le lot.

ʿAïd-Mohammad, nez contre terre dans les vignobles, entrevit la suite. Mais les témoins de choix devaient être les douze anciens devant l'échoppe, entraînés par les soldats sous la menace des mitraillettes à côté de l'ouverture du tunnel. Nous retrouvâmes trois de ces Barbes-Grises dans le camp pakistanais : ʿAbd-ol-Qahhâr ; Shams-ol-Haqq ; et Gol-Mohammad.

Les soldats sont tous de type européen, commandés par un officier épais, la cinquantaine, visage rougeaud, cheveux gris ; avec eux, un traducteur afghan. Ce collaborateur ordonne à deux des anciens de descendre dans le trou et d'en faire sortir les fugitifs. Les deux vieillards, bluffant, remontent en annonçant qu'il ne s'y cache personne. Mais soudain, effrayé, un coupeur de bois du village voisin d'Ao-Tchakân, Sayyed Hasan, émerge précipitamment du trou : aussitôt braqué par les mitraillettes, il balbutie qu'une seule autre personne se dissimule avec lui au fond. Qu'il redescende la chercher, exige l'officier. Sayyed Hasan ne remonte plus.

Alors, sous les yeux des témoins, des soldats gantés et masqués, avec œillères de verre et appendices respiratoires, s'avancent pour verser du pétrole dans le trou, au moyen de tuyaux branchés sur un camion-citerne, arrivé là exprès. D'un second camion descendent d'autres soldats masqués, lesquels versent dans l'ouverture « un liquide jaune et blanc, je ne sais pas ce que c'est », selon Gol-Mohammad, à partir de récipients « gros comme des bidons d'essence de cent litres », d'après ʿAïd-Mohammad. Un dernier soldat masqué répand d'un sac ce que Gol-Mohammad appelle « une poudre blanche » ; ʿAïd-Mohammad, de loin, croit reconnaître du « ciment ».

Les gardes font reculer les anciens. Les soldats masqués tirent dans l'orifice des cartouches incendiaires de Kalashnikov – les témoins distinguent la brève trajectoire enflammée. Une explosion secoue le tunnel. Caché dans les vignes, ʿAïd-Mohammad croit à un séisme. Quelques-uns des puits bouchés par les villageois s'ouvrent avec des gerbes de terre et de cailloux, des flammes jaillissent « aussi hautes que les maisons », selon Gol-Mohammad. Sous l'entrée, une partie du tunnel s'effondre et bloque l'écoulement d'eau. Des officiers consultent leurs montres. Les flammes échappées des puits commencent à baisser. les soldats masqués débouchent un puits obstrué en amont et y versent encore de l'essence. Montée des flammes. Lorsqu'elles s'apaisent, les masques remontent la pente, rouvrent un troisième puits, injectent le pétrole ; les autres soldats contemplent, immobiles, jusqu'à l'apaisement de la dernière flambée.

La mise à feu du canal a duré moins d'une heure, mais les soldats demeurent sans broncher sur la place jusqu'au milieu de l'après-midi, sans d'ailleurs inquiéter les villageois cachés dans les vergers ou chez eux. Puis les Soviétiques applaudissent. Les témoins sont formels. « Ils ont fait *tchak ! tchak* avec leurs mains, dit Gol-Mohammad, ils ont manifesté leur joie. »

Et ils partirent avec leurs véhicules.

Gol-Mohammad n'a jamais raconté la suite sans des rigoles de larmes dans la barbe. « Après le départ des Soviétiques, si vous aviez entendu ce cri qui s'est levé dans le village, c'était comme le jour du Jugement ! Hommes et femmes couraient vers le canal. Où est mon enfant ? Là-dedans ! Là-dedans ! »

Il fallut sept jours aux villageois pour récupérer leurs morts. L'odeur du tunnel était infecte. 'Aïd-Mohammad et Gol-Mohammad, descendus parmi les premiers, se trouvèrent mal ; leurs yeux les démangeaient, l'eau tiède où flottait ce qui restait des poissons morts leur irritait les chevilles ; les villageois hissèrent 'Aïd-Mohammad hors du trou, évanoui. Le lendemain, le jeune clerc musulman Sayyed Mortazâ rentra en hâte au village ; commandant des forces de résistance dans la région, il avait emmené ses combattants tendre une embuscade contre un convoi russe sur la route plus au nord, laissant la bourgade sans défense. Écrasé de douleur, il ne rentrait plus que pour dégager les cadavres et réciter l'office des morts. Un paysan conseilla de jeter dans le trou un pneu de bicyclette enflammé, « pour enlever l'odeur ». Dans l'air empoisonné, le caoutchouc incendié provoqua une petite explosion.

Ce deuxième jour, Radio-Kaboul annonça « l'écrasement d'éléments contre-révolutionnaires (*anâser-é zedd-é enqelâbî*) dans le village de Pâdkhwâb-é Shâna, province du Lôgar, par les forces de sécurité ».

Dans le canal, aucun survivant. Les cadavres calcinés, aux visages ravagés, s'accumulaient au fond du tunnel. Seules les figures plaquées par l'explosion contre la boue furent immédiatement reconnues. 'Aïd-Mohammad aperçut « une moitié de visage, avec une moitié de barbe ». Gol-Mohammad identifia une bouillie noirâtre comme étant son frère, grâce à une montre protégée par une gangue de boue. La découverte des douze petits cadavres d'enfants déclencha l'hystérie des femmes.

Des volontaires accoururent des villages voisins pour dégager les morts. Les paysans ouvrirent un puits et plantèrent une poulie pour hisser les dépouilles ; des équipes de quatre hommes chacune se relayèrent pour accrocher aux cordes dix cadavres par groupe de volontaires. ʽAïd-Mohammad accrocha deux amis dont les chairs s'effilochèrent dans les cordages « comme du poulet bouilli ». A cause de l'odeur, les religieux durent psalmodier à tour de rôle au-dessus des victimes à mettre en terre.

Le septième jour, alors que les dernières dépouilles étaient inhumées, le *malek*, ou chef traditionnel du village, arriva enfin de sa lointaine commanderie militaire aux abords de la frontière. Avec une méticulosité obsédée, Habîb-or-Rahmân Hâshemî recensa les morts, identifia les soixante et une victimes du village, dont vingt-cinq membres de sa propre famille, inscrivit dans sa liste par colonnes les noms, patronymes, âges, occupations, et, le cas échéant, les affiliations politiques des disparus. Quant aux autres morts – sauf Sayyed Hasan, le bûcheron effrayé d'Ao-Tchakân –, c'était ces réfugiés venus du Nord inconnus des villageois. Quelques-uns furent enterrés dans les villages voisins, dont quatre à Tcharkh, bourg natal de ʽAïd-Mohammad. Total : cent cinq victimes.

Nous pûmes transcrire la liste du malek dans sa commanderie militaire près de la frontière ; nous marquâmes ensuite d'une ou plusieurs croix les noms des victimes reconnues par les divers témoins interrogés, en Afghanistan et au Pakistan.

Le jeune religieux, Sayyed Mortazâ, porta le premier la nouvelle du massacre au Pakistan. Sur le terrain, les résistants tentèrent en vain de convaincre les paysans paniqués de rester au village. Seuls demeurèrent au pays des vieillards et quelques familles ralliées au régime. But soviétique atteint : les maquisards ne trouvent plus refuge à Pâdkhwâb-é Shâna, village presque désert.

'Aïd-Mohammad combat toujours dans les maquis ; nous ne pûmes le décider à quitter l'Afghanistan.

Mais le 20 décembre 1982, en pleine Sorbonne à Paris, Gol-Mohammad, l'un des douze anciens ; Habîb-or-Rahmân Hâshemî, le malek, ou maire, qui dressa la liste des morts ; et Sayyed Mortazâ, le religieux, témoignèrent devant le Tribunal permanent des peuples, qui condamna l'URSS pour violation flagrante du droit de la guerre.

Notre enquête, première de ce type menée dans un territoire sous occupation soviétique, fit un certain bruit, surtout en Europe. La quasi-totalité de la presse française s'en fit l'écho ; la couverture européenne fut bonne, et les témoins afghans furent reçus par Mme Thatcher en Angleterre, le chancelier Kohl en Allemagne fédérale, le roi Fahd en Arabie Saoudite. Bonne couverture aussi au Canada, mais réaction inégale aux États-Unis où l'opinion, très provinciale, est indifférente aux lointains événements afghans. Si les témoins furent invités à la Maison-Blanche – où ils émurent M. Reagan –, et devaient être longuement écoutés par le *New York Times* et le *Reader's Digest*, le correspondant du *Washington Post* ne se laissa convaincre qu'après avoir manifesté un scepticisme à la limite du mépris, tandis que *Time* ne jugea pas l'histoire d'intérêt commercial. La gauche américaine, sensible aux seules préoccupations domestiques, demeura muette, malgré une sentence prononcée par l'ex-Tribunal Bertrand Russell.

Cependant l'analyse dans un laboratoire en France des fragments rapportés du canal confirma les témoignages au printemps de 1983 : la « poudre blanche » était de la pentrite, produit incendiaire qui permit d'entretenir le feu dans un milieu pauvre en oxygène ; le liquide « blanc et jaune » était du dinitrotoluène, visqueux et hautement combustible en se mélangeant à l'essence. En tout état de cause, un meurtre prémédité, comme le trahissent les tenues de protection et le matériel combustible rassemblés par les Soviétiques ce matin-là dans le petit village afghan.

L'écho du crime exaspéra Moscou et Kaboul. La presse du régime dénonça le Tribunal, « jouet des impérialistes », tandis que le représentant de Kaboul à Paris, M. Hamîdollâh Nezâm, se déshonorait à la radio française le 27 décembre 1982 en proférant une absurdité pour nier le massacre : selon ce diplomate, les plafonds des kârêz afghans n'ayant que quelques centimètres de hauteur, impossible pour des êtres humains d'y pénétrer. (Tous les géographes connaissent les kârêz d'Afghanistan, identiques aux *qânât* d'Iran et aux *foggara* d'Algérie. L'argument est technologiquement grotesque. Avec quels outils les paysans afghans, armés seulement de pelles et de pioches, pourraient-ils perforer et entretenir dans le sol, sur des kilomètres de longueur, et à quatre ou cinq mètres sous la surface du désert, des galeries d'adduction d'eau avec parois en terre de quelques centimètres de diamètre, sans pouvoir y pénétrer ?)

Plus graves furent les répercussions sur le terrain. Selon une source sûre, quatre officiers soviétiques de la forteresse de Pol-é ʿAlam, près du village, furent rappelés à Kaboul pour répondre de leur négligence en laissant des enquêteurs opérer sous leurs murs. On ignore leur sort. Pire fut la détermination du haut commandement soviétique de pourchasser les observateurs étrangers dans ce Lôgar où l'occupant vide les villages pour verrouiller l'accès de Kaboul aux maquisards. Témoins gênants : les médecins volontaires français d'Aide médicale internationale (AMI). Le 16 janvier 1983, après une poursuite de trois jours, les hélicoptères cueillirent le Dr Philippe Augoyard, épuisé dans la neige, non loin de Pâdkhwâbé Shâna.

Procès ; caméras ; condamnation à huit ans de geôle pour espionnage, avec téléfilm des assises accordé à un journaliste canadien enchanté d'être invité pour le scoop ; amnistie au terme de six mois pour récompenser l'aveu télévisé du médecin français d'être « un informateur de la CIA ».

Gol-Mohammad a toujours conclu son témoignage : « Notre village n'est qu'un village d'Afghanistan ; le malheur s'abat sur tous nos petits villages ! »

Par quelle pente tragique l'Afghanistan avait-il dégringolé dans cet abîme ?

II

LE REMPART DE LA FOI
Quelques repères de l'Afghanistan traditionnel

Considérations générales

L'Afghanistan occupe depuis deux siècles et demi un territoire aride et montagneux, légèrement plus grand que la France, au cœur même de l'Asie, aux confins de la Perse et de la Chine, entre l'Empire russe et le sous-continent indien.

État jeune, mais pays vieux. Des civilisations brillantes s'épanouirent dans ses oasis, étapes caravanières sur la route de la soie entre la Méditerranée et la Chine. Le bouddhisme, puis l'islam marquèrent la culture du pays, connu sous le nom de Bactriane par les Grecs de l'Antiquité, sous celui de Khorâsân par les Arabes du Moyen Age. La majorité de la population est de souche iranienne et parle un vieux persan très pur. Alexandre prit femme dans cette province extrême de l'ancien Empire perse. La conquête arabe du VIIe siècle arracha ce pays bouddhiste et hindou à l'univers culturel de l'Extrême-Orient pour le rattacher au monde de l'islam. Le sultanat de Ghaznî au XIe siècle, puis – passée la tourmente mongole du XIIIe siècle – la principauté de Hérât au XVe siècle cultivèrent l'algèbre, la miniature, la spéculation mystique et une poésie en langue persane qui rayonna sur tous les horizons de l'islam.

Le souvenir de ces cours de haute civilisation musulmane imprègne toujours la fierté, la culture, et la politesse exquise des Afghans d'aujourd'hui.

En 1747, des tribus montagnardes de l'Est afghan, souvent semi-nomades, de langue indo-iranienne, d'une foi musulmane sunnite fervente, les Pashtoûns ou « Afghans » proprement dits, se répandirent vers l'ouest du pays, soumirent l'ensemble de ses ethnies et fondèrent le royaume qui porte leur nom. Tout au long du XIXe siècle, ces Afghans repoussèrent victorieusement les Britanniques installés aux Indes – en 1842, les montagnards anéantirent une armée d'occupation anglo-indienne – et protégèrent jalousement leur indépendance. Tandis que le nord de l'Asie centrale tombait sous la domination du tsar et que l'Inde entière devenait anglaise, l'Afghanistan demeurait l'unique pays de la région à ne jamais subir l'humiliation coloniale. Ce fut au prix d'un isolement géographique et culturel qui conserva jusqu'en plein XXe siècle l'aspect archaïque du royaume afghan. A partir de 1919, l'élite de plus en plus européanisée du pays ébaucha une timide occidentalisation ; mais c'est l'ouverture d'autoroutes goudronnées en 1964 qui mit fin à la solitude de l'Afghanistan en le reliant au reste du monde, hâtant une modernisation qui bousculait ses traditions.

Avant l'invasion, l'Afghanistan attirait le regard comme l'exemple d'une société en pénible mutation, où l'impact du modernisme longtemps différé bouleversait déjà une économie pastorale et rurale. Pour reprendre une expression du géographe Pierre Gentelle, le pays n'était pas encore sous-développé, mais non développé[1]. L'urbanisation n'avait pas déraciné les paysans pour les entasser dans des bidonvilles. La mortalité infantile ravageait les campagnes mais mantenait la population à un niveau lui permettant de manger à sa faim, selon les techniques d'une irrigation ancestrale. Sauf en cas de sécheresse exceptionnelle, comme en 1971, l'Afghanistan ignorait la misère noire de type indien. Une hiérarchie très stricte distinguait les villageois, mais une foi religieuse intense nourrissait un sens très vif de la dignité individuelle. Les Occidentaux, charmés par l'Afghanistan, retrouvaient en réalité un reflet de leur propre passé : bœufs dans les champs, lampes à pétrole, foules en houppelandes bariolées se bousculant autour d'ânes et de chevaux dans la poussière des marchés. Déchirée de sourdes rivalités pour la possession des rares terres irrigables, la société rurale afghane n'était pas heureuse. Aucune société ne l'est. Elle était seulement normale dans le cadre de son archaïsme. Son avenir immédiat s'annonçait pire. Avec l'inauguration des autoroutes en 1964, un afflux de pacotille manufacturée étrangère ruina les artisans villageois en l'espace de dix ans. La famine de 1972, que l'État ne sut enrayer, discrédita la monarchie ; les premiers mendiants parurent dans les rues de la capitale. Un coup d'État remplaça la monarchie par une république en 1973. La question fondamentale était celle-ci : la modernisation, inéluctable, réussirait-elle à préserver chez l'individu du peuple afghan le sens qu'il avait de son importance personnelle, de sa valeur au sein de sa société ? Ou bien une industrialisation ratée précipiterait-elle tous ces nomades et paysans dans la clochardisation ?

L'invasion soviétique a rendu cette question secondaire et projette un éclairage nouveau, rétrospectif, sur deux cent trente et un ans d'histoire afghane.

Il apparaît désormais, avec le recul, que les deux siècles et demi d'indépendance afghane ont tenu du miracle dans un cadre géopolitique périlleux à l'extrême. La conquête russe prend un aspect fatal. Ce sont les deux poussées antagonistes des impérialismes russe et anglais, au XIXe siècle, qui se heurtent de part et d'autre de l'Afghanistan pour transformer celui-ci en État-tampon, séparant leurs empires rivaux. La menace étrangère métamorphose l'Afghanistan, simple ligue de conquérants tribaux au XVIIIe siècle, en monarchie sacrée, rempart et espoir de la foi face aux infidèles : bon gré, mal gré, les tribus se rallient à l'émir de Kaboul, dernier souverain musulman indépendant d'Asie centrale en 1885, plutôt que de tomber sous le joug russe ou anglais comme toutes leurs voisines. Mais les émirs savaient que l'autonomie de l'Afghanistan dépendait à long terme de l'équilibre des forces russes et anglaises à leurs frontières. A partir de 1919, les dirigeants afghans croient sauvegarder l'indépendance du royaume en proclamant une neutralité absolue ; l'Afghanistan apparaît comme un précurseur du Mouvement des non-alignés dont il fut d'ailleurs membre fondateur à Bandoeng, en 1955. Neutralité à bon compte, cependant, garantie par le contrepoids britannique à la poussée russe : tant que dura la domination anglaise sur les Indes, il suffisait des avertissements du Foreign Office pour décourager toute velléité de pénétration soviétique en Afghanistan. Le départ britannique des Indes en 1947 laisse dans la région un déséquilibre que les Américains se montrent incapables de corriger et qui, au terme de trois décennies, s'avéra mortel pour l'indépendance de Kaboul. L'URSS s'engouffre dans un vide stratégique. La poussée impériale russe, qui a tant contribué à consolider l'État afghan en le pétrissant dans ses frontières actuelles au siècle dernier, a fini par l'engloutir aujourd'hui, par absence de toute contre-poussée en face.

Pour les Afghans, l'invasion soviétique constitue le plus grave défi de leur histoire, infiniment plus lourd de conséquences que l'expédition anglaise de 1842, les troubles civils de 1929 ou la famine de 1972. L'agression étrangère stimule leurs plus exaltantes qualités, leur amour de l'indépendance et leur abnégation devant la mort ; elle exaspère aussi leurs pires défauts, un orgueil égoïste exacerbé et une tragique incapacité de s'unir. L'Afghanistan survivra-t-il au choc en tant que nation ? Aux Afghans seuls de répondre. Une certitude : le poids de l'occupant a fait voler en éclats les fragiles structures de l'État fondé en 1747 et lentement modernisé à partir de 1919. Le pays en tant que tel s'émiette en factions, chefferies, vallées rivales. L'élite occidentalisée est morte en camp de concentration ou a fui à l'étranger. Demeurent sur le terrain les réalités sociales présentes lors de la naissance même de l'Afghanistan, il y a deux siècles : les solidarités ethniques ou tribales ; les hiérarchies villageoises ; l'islam.

Le pays et sa capitale avant la guerre

A peine plus grand que la France, l'Afghanistan s'enclave entre l'Iran, le Pakistan, et les Républiques musulmanes de l'Asie centrale soviétique. Afin de séparer leurs empires à la fin du XIXe siècle, Russes et Britanniques accordèrent à l'Afghanistan une sorte de doigt de territoire montagneux, qui va toucher la frontière chinoise à quelque sept mille mètres d'altitude dans le massif du Pâmîr à l'extrême nord-est.

Le pays est parcouru sur toute sa longueur par une chaîne de montagnes brunes et déchiquetées, l'Hindou-Koush (en persan, « Tueuse d'Hindous », en souvenir des hordes afghanes qui en dévalèrent pour piller l'Inde au Moyen Age). L'Hindou-Koush se lève brutalement vers le nord-est pour rejoindre le nœud du Pâmîr aux confins chinois ; c'est là le « Toit du monde », dont le plus haut sommet, le Têr-Adjmêr, domine l'Afghanistan, le Pakistan, la Chine et l'URSS à la fois de sa longue crête irrégulière haute de huit mille quatre cents mètres, et qui accroche encore la lumière de ses neiges éternelles lorsque les sommets voisins ont déjà sombré dans la nuit. L'URSS a *de facto* annexé ce doigt de territoire d'une hauteur vertigineuse pour y planter une base aérienne. Plus bas, quand vient l'été, les hauts plateaux désertiques ondulent, gris et caillouteux, entre les chaînes diverses de l'Hindou-Koush. Quelques torrents creusent des vallées profondes, et la vie se presse le long des berges sous les falaises : bouleaux, saules pleureurs, mûriers, platanes, pommiers. Nul palmier : l'hiver est trop froid qui ensevelit l'Hindou-Koush sous quatre mois de neige.

A l'ouest et au nord, une steppe plate et aride ceinture les montagnes. L'été y est brûlant, jaune, poussiéreux et piqueté de touffes d'épines. Mais il neige en hiver, et au dégel succède un bref printemps où la steppe se pare d'herbes et de fleurs. Au sud, la steppe se dégrade en plaines désolées de pierraille jaune, puis en dunes de sable vers le sud-ouest. Les torrents descendus de l'Hindou-Koush y fertilisent quelques oasis avant de mourir, engloutis par les sables ou stagnant en flaques saumâtres aux confins iraniens.

Avec un contraste violent, les sommets de l'Hindou-Koush oriental arrêtent les derniers nuages de la mousson indienne et recueillent leur pluie. C'est ainsi, le long de la frontière pakistanaise, que les montagnes du Nouristan et du Paktyâ se couvrent de sapins, de chênes et de sous-bois touffus comme des coteaux alpestres, aux marches d'un Afghanistan partout ailleurs assoiffé.

Éperon occidental de l'Himâlâya, l'Hindou-Koush est l'unique barrière montagneuse séparant l'Asie du Sud, l'Inde et le golfe Persique des steppes du Nord qui se poursuivent de la frontière afghane jusqu'aux plages arctiques de la Sibérie sans aucune interruption. Tous les envahisseurs nomades du passé se sont faufilés par les divers cols de l'Hindou-Koush – la passe de Khyber à l'actuelle frontière afghano-pakistanaise est la plus fameuse de l'histoire – pour s'abattre sur la plaine indienne. La stratégie anglaise du XIXe siècle considérait l'Hindou-Koush comme le rempart de l'Empire des Indes face à l'expansionnisme russe. Mais le rempart est poreux : Alexandre le força dans l'Antiquité, Tchenggîz-Khân au Moyen Age, l'Armée rouge aujourd'hui.

Les pistes contournent l'Hindou-Koush par le nord ou le sud, ou le franchissent par quelques cols obligatoires. En 1964, Américains et Russes achevèrent d'asphalter un sommaire réseau routier afghan ; les États-Unis pavèrent la piste désertique du sud, mais l'URSS relia Kaboul à la frontière soviétique en perçant le tunnel du Salang à trois mille trois cents mètres d'altitude, avec un portique long de cinq kilomètres pour éviter les chutes de pierres et de neige. Quinze ans plus tard, ce serait là la route de l'invasion.

Une géographie cruelle impose un mode de vie austère. Les paysans afghans arrachent leur subsistance à la steppe en multipliant les canaux d'irrigation à partir des rares cours d'eau : c'est l'agriculture dite *âbî*, « irriguée », au rendement sûr même en cas de sécheresse. Plus aléatoire est l'agriculture *lalmî*, ou « sèche » : à la fin de l'hiver, les paysans sèment la steppe boueuse au-delà des limites de l'oasis, et la récolte pousse dans un paysage revenu à l'état de désert à la fin de l'été ; mais il faut que les neiges d'hiver aient été assez abondantes pour saturer le sol d'humidité. Le blé est la culture de base : les Afghans sont grands mangeurs de pain, une galette souple et épaisse à la campagne, plus fine dans les villes. Des fruits complètent l'alimentation : quelques-uns des meilleurs melons du monde, des raisins aux grappes riches, des mûres dont les paysans tâdjîks confectionnent un gâteau nourrissant qui se conserve tout l'hiver. Le mouton, avec sa toison, sa chair et sa graisse, est source de richesse : les paysans trempent leur pain dans une soupe de beurre de brebis clarifié ; leurs épouses tissent tapis et sacoches à vendre en ville avec la laine. Pour mieux faire paître les troupeaux sur les maigres épines de la steppe, nombre de ruraux transhument. Les *Aïmâq* ou « Tribus » de l'Ouest afghan, Tâdjîks semi-nomades, grimpent dans la montagne au-dessus de leurs villages ; les *Mâldâr* ou « Possesseurs de troupeaux » pashtoûns, surnommés *Koûtchî* ou « Errants » par leur compatriotes sédentaires, partaient avant la guerre par caravanes entières hiverner au Pakistan, avant de regagner leurs pâturages afghans en été ; dans l'ouest, quelques-uns de ces seigneurs nomades pashtoûns possédaient des villages d'hiver à la dure et des clientèles paysannes pour labourer leurs terres. L'invasion a ruiné leur mode de vie.

Partout une même existence spartiate. Pétries de boue et de paille, avec une toiture armée de quelques troncs d'arbre, les cases de torchis se confondent avec la couleur du sol ; fraîches en été, les occupants les déblaient en hiver après chaque chute de neige pour les empêcher de fondre, et il faut les replâtrer chaque printemps de glaise fraîche. Pendant la saison froide, les paysans s'agglutinent autour d'un brasero posé sous une table basse recouverte d'une vaste houppelande molletonnée : toute la maisonnée vient se blottir jusqu'au menton sous cette couverture commune, avec les orteils près du foyer de chaleur. Pas d'autre meuble sur le sol de terre battue couvert seulement de nattes ou de tapis. Quand les Soviétiques bombardent ces villages de pisé, il n'en reste plus rien. Au Nouristan seulement, les forêts permettent de belles maisons à deux étages en bois corroyé, l'usage de tables, de bancs, de tabourets, de coffres. Chez les transhumants, Aïmâq tâdjîks et Hazâra mongols restent fidèles à la yourte ronde en feutre d'Asie centrale ; avant d'être brisés par la guerre, les nomades pashtoûns utilisaient la longue tente noire en poil de chèvre des Arabes. Seul luxe : le thé vert ou noir importé de l'Inde et du Pakistan, bu avec cérémonie à longueur de journée avec force sucre. Pour les grandes occasions, mariages ou festins octroyés par les notables ruraux, de vastes plats de riz couverts de morceaux de mouton bouilli nourrissent plusieurs convives à la fois. Mais le riz, importé lui aussi, doit s'acheter dans les *bâzâr*, c'est-à-dire les villes avec échoppes et marchés.

Dans les oasis plus vastes, aux carrefours des pistes caravanières, reliées aujourd'hui par les routes asphaltées, sont nées les villes de l'Afghanistan dont beaucoup revendiquent un passé prestigieux. Au nord, oasis cotonnière dans une steppe étale comme un plat, Balkh n'est plus qu'une bourgade en torchis autour d'une charmante mosquée médiévale en faïence bleue : mais ce fut Bactres, « mère des villes » de l'antique Empire perse, berceau du prophète Zoroastre et citadelle des rois grecs successeurs d'Alexandre. Tchenggîz Khân la détruisit, mais dans sa banlieue s'élève désormais l'agglomération principale du Nord afghan, Mazâr-é Sharîf, « Sanctuaire noble », bâtie autour du tombeau du calife 'Alî, miraculeusement révélé au XVe siècle – c'est une belle mosquée à triple bulbe et vernissée de céramiques bleues –, et aujourd'hui place forte soviétique. A l'ouest, avec sa citadelle et ses minarets de faïence dominant une oasis de sapins sombres, Hérât, capitale culturelle de l'Asie musulmane au XVe siècle, demeure une cité islamique type : bâzârs couverts, labyrinthes de ruelles serpentines entre des maisons jalousement fermées sur le monde extérieur, vaste cour de la grande mosquée servant de poumon ouvert sur le ciel. Ghaznî dans le Sud-Est, repaire du sultan Mahmoûd qui conquit l'Inde au XIe siècle, est déchue de son ancienne splendeur : deux minarets cassés dans une lande désolée ; une colline recouverte de masures en pisé et coiffée d'une citadelle de tôle et de béton, place forte de l'occupant. Dans les montagnes centrales, Bâmyân n'est plus : une citadelle détruite par Tchenggîz-Khân dresse les moignons de ses tours de pisé[2] – mais deux gigantesques Bouddhas sculptés dans la falaise témoignent encore du rayonnement spirituel de l'Afghanistan pré-islamique. Berceau du royaume afghan dans les steppes du Sud, Kandahâr, deuxième ville du pays, a été ravagée par les bombardiers pour la châtier de ses soulèvements ; au-delà des quartiers asphaltés, tenus par le régime, les ruelles ensablées se tortillent entre des murs aveugles : la maison afghane, un *sarâï* (d'où notre mot, « sérail »), est un enclos tourné vers une cour intérieure mais fermé aux regards de la rue, de l'étranger, de l'occupant.

Avec ses quelque 600 000 habitants en 1978, Kaboul (en persan, *Kâbol*) est la seule grande ville du pays. La capitale afghane, théâtre futur d'atrocités politiques, s'étalait à la fin des années soixante-dix dans une cuvette montagneuse entrecoupée d'éperons rocheux : des falaises brunes s'avançaient en pleine ville et la découpaient en quartiers distincts. D'un côté de ces lames, comme surgies de la steppe environnante, le vieux Kaboul agglutinait ses cases de torchis et ses ruelles de sable le long d'un ruisseau boueux, la Kâbol ; à la hauteur du pont dominé par la grande mosquée moderne à bulbe azur et minaret, toutes les ethnies du pays se bousculaient dans les marchés traditionnels. La ville neuve était plus hygiénique mais moins pittoresque, avec ses rues pavées en damier, ses ministères en verre et en béton, et ses cinémas. Peu de monuments historiques, malgré un passé millénaire : une muraille crénelée du XIIIe siècle courant le long d'une crête ; de surprenants édifices bâtis en style néoclassique par des architectes italiens entre 1919 et 1929, avec colonnettes corinthiennes en stuc et toitures en plomb – une mosquée près de la rivière, un palais dans la banlieue de Dâr-ol-Amân (où Hafîzollâh Amîn devait trouver la mort dans la nuit du 27 décembre 1979), un arc de triomphe romain dans un jardin public sur une colline ; enfin le château royal, mi-gothique, mi-moghol avec donjon et mâchicoulis, datant des années trente. La vraie gloire artistique de Kaboul était son Musée archéologique, reflet des liens commerciaux de l'Afghanistan antique avec la Grèce et l'Inde : monnaies gréco-bactriennes, Bodhisattvas aux doigts effilés, ivoires ciselés de dames de cour aux seins ronds et au déhanchement provocant. Une salle pleine de raides fétiches en bois rappelait qu'une province orientale, le Nouristan, demeura « païenne » et insoumise à l'islam jusqu'en 1895.

Dans la vieille ville, l'étranger ébloui apprenait vite à distinguer dans la cohue les appartenances tribales. Les nomades pashtoûns à la démarche arrogante, une boucle à l'oreille et une crête au turban, le châle drapé sur l'épaule comme une toge, dégageaient une tenace odeur de suint de mouton. Des boutiquiers tâdjîks aux barbes fines taillées en pointe déroulaient la soie des turbans et palpaient l'étoffe des houppelandes. Les marchands turcs des oasis du Nord, venus vendre leurs tapis, promenaient sur les marchés la splendeur de leurs caftans rayés à longues manches pendantes rejetées en cape. Des montagnards noûristânî, au teint très clair et coiffés du béret de laine blanche aux bords roulés, croisaient les portefaix hazâra ployés sous leurs caisses, au visage mongol buriné et patient. L'orgueil des divers costumes proclamait très haut l'affiliation ethnique, même si un vieux veston européen jetait sa note discordante sur la tunique et le pantalon bouffant traditionnels, ou si des chaussons en caoutchouc soviétiques remplaçaient de plus en plus les sandales croisées des Pashtoûns et les bottes en cuir souple des Turcs. Les citadines se glissaient dans la foule comme des fantômes en dissimulant tout : un voile gris-bleu à plis multiples tombait du crâne aux pieds avec grillage à hauteur des yeux. Par contre, les filles nomades, à la chevelure de jais, transportaient leurs jarres pleines de beurre de brebis en équilibre sur de simples voiles de tête. L'œil averti décelait dans cette bousculade médiévale les signes d'une civilisation nouvelle. Des bibelots industriels venus du monde entier pendaient dans les échoppes. Plus de potiers, mais des théières japonaises et des verres Duralex. Plus de cordonniers, mais des espadrilles en plastique pakistanaises, des galoches russes et des bottines d'occasion américaines. Depuis l'ouverture des routes asphaltées en 1964, le flot de produits étrangers avait ruiné les artisans afghans, nullement protégés par leur gouvernement indifférent : l'ancienne caste des fabriquants de chaussures, obligée de travailler de plus en plus vite et mal pour une clientèle gênée et attirée par les produits manufacturés déversés à bon marché sur le bâzâr, dégénéra en dix ans au rang de *pîna-doûz*, de « rafistoleurs » de chaussures occidentales. Le même déclin appauvrissait forgerons, chaudronniers, selliers, menuisiers. Seuls survivants du naufrage : les merveilleux produits de l'artisanat féminin, les tapis ou les tuniques brodées ; quelle usine pouvait rivaliser avec ces tissages réalisés à la main par des ouvrières artistes, pour qui le temps ne comptait pas ? Le tapis rouge sang enroulé sous le bras, ou la tunique à plastron fleuri tenue du bout des doigts, les maris ruraux proposaient les ouvrages de leurs épouses dans les boutiques fréquentées par les touristes.

La ville neuve paraissait appartenir à un autre monde, avec ses restaurants modernes réservés à l'élite « occidentalisée » et strictement interdits aux Afghans du peuple revêtus de leurs habits traditionnels. Le gouvernement imposait le costume européen dans les banques, les administrations et les facultés, mais la jeunesse aristocrate en complet veston aurait cru déroger en s'habillant autrement. Parfois, tel fonctionnaire cravaté arborait une toque d'astrakhan pour rappeler sa fidélité à l'islam, mais l'« occidentalisation » gagnait les mœurs et les idées dans cette partie de la ville, pour le meilleur et pour le pire. L'élite se coupait, avec un snobisme conscient, de son propre peuple. Cependant, le défilé sur les trottoirs de jeunes écolières en fichu et bas noirs, de bourgeoises dévoilées, annonçait le réel progrès de l'émancipation féminine et la libéralisation des esprits parmi les dirigeants.

Mais l'univers rural de l'Afghanistan profond n'était jamais bien loin de cette petite enclave moderne. Tous les matins, poussées par des paysans en chèche, des caravanes de bourricots trottinaient sur la chaussée goudronnée pour emporter dans leurs couffins – fumier destiné aux champs – l'ordure des fosses d'aisance.

Les brochettes fumantes devant les cinémas de la ville neuve, servies par le rôtisseur enturbanné dans une galette souple aux étudiants de l'élite en complet veston, rappelaient par leur riche saveur la proche présence dans la banlieue des tentes noires et des vastes troupeaux de moutons des nomades. Les résidences privées des hauts fonctionnaires continuaient à s'entourer de murs aveugles et jaloux comme dans les campagnes. Les premières tours de pisé des fermes fortifiées surgissaient au bout des dernières rues pavées.

Comme en lien entre deux mondes, les sergents de ville, paysans illettrés conscrits pour deux ans, battaient la semelle dans les quartiers riches et découvraient des horizons nouveaux dont ils raconteraient merveille une fois rentrés au village. Les gamins au crâne ras interrompaient leurs parties de cerf-volant pour taquiner les hippies occidentaux, revêtus de défroques tribales achetées dans les échoppes des antiquaires.

Toutefois, camouflés sous la grisaille du complet veston dans la ville neuve ou affichés fièrement par les costumes de la ville ancienne, les clivages ethniques marquaient toujours profondément la vie sociale afghane.

Les ethnies

En 1978, l'Afghanistan pouvait compter (en l'absence de tout recensement précis) entre 13 et 17 millions d'habitants.

Deux ethnies à peu près numériquement égales formaient le gros de la population, les *Pashtoûns* (environ 40 %) et les *Tâdjîks* (environ 40 %), suivis par l'importante minorité des *Hazâra* (10 %), puis par des *Turcs, Noûristânî, Baloutches,* quelques *Sikhs.* A l'exception surtout des *Hazâra* chiites et bien entendu des *Sikhs* (adeptes d'une secte syncrétiste hindoue), l'immense majorité des Afghans étaient musulmans sunnites, de rite hanéfite et de stricte obédience. Les deux idiomes officiels du pays étaient le *pashtô*, langue des Pashtoûns, et le *persan* (*pârsî* ou *fârsî*), langue

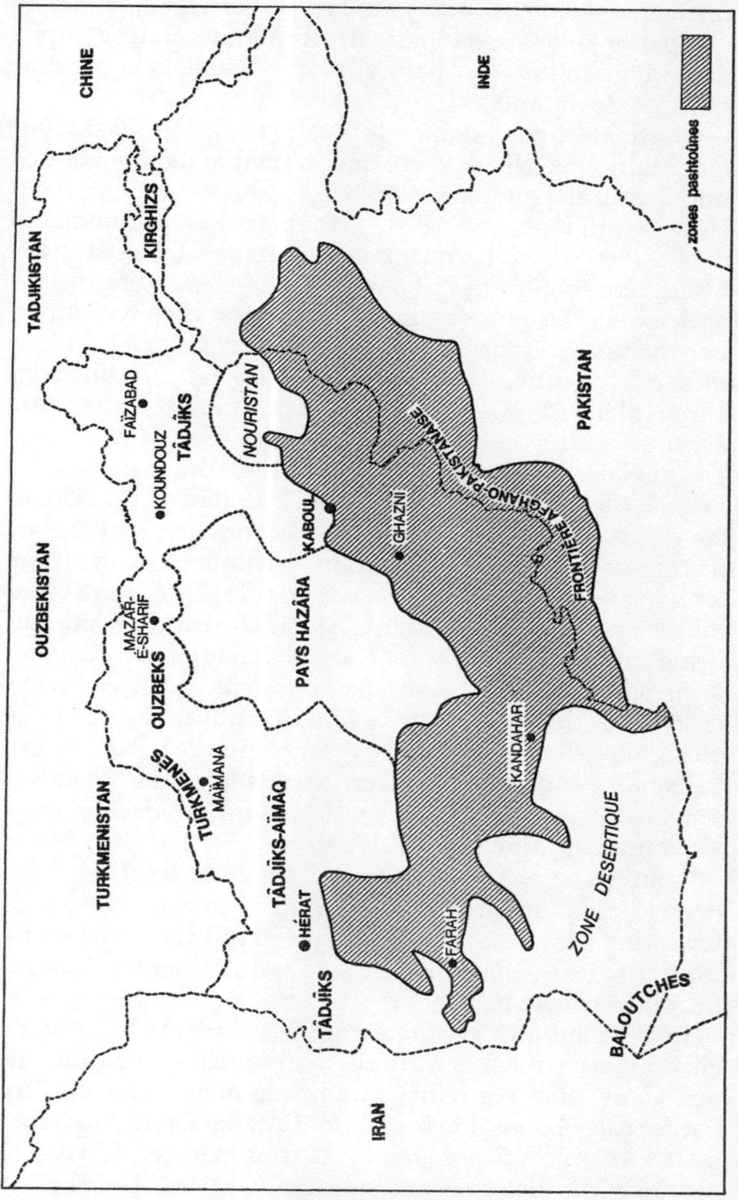
CHINE
INDE
zones pashtoûnes
TADJIKISTAN
KIRGHIZS
FAÏZABAD
KOUNDOUZ
TÂDJIKS
NOURISTAN
PAKISTAN
FRONTIÈRE AFGHANO-PAKISTANAISE
KABOUL
GHAZNI
OUZBEKISTAN
MAZAR-E-SHARIF
OUZBEKS
PAYS HAZÂRA
KANDAHAR
TURKMÈNES
MAÏMANA
TURKMENISTAN
TÂDJIKS-AÏMÂQ
ZONE DESERTIQUE
HÉRAT
FARAH
TÂDJIKS
BALOUTCHES
IRAN

des Tâdjîks et des Hazâra. Le persan d'Afghanistan, aussi pur que les classiques littéraires du XVe siècle, distinct seulement par l'accent et son lexique châtié du parler plus gouailleur de Téhéran, était compris dans l'ensemble du pays, comme d'ailleurs en Asie centrale soviétique.

Maîtres du pays depuis le XVIIIe siècle, les Pashtoûns ou Pakhtoûns (le dialecte méridional « mou » adoucit une gutturale du parler oriental « dur ») étaient peut-être 6 millions en 1978. Montagnards et nomades de l'est et du sud, musulmans sunnites (sauf la tribu frontalière chiite des Toûrî), ils se répandirent il y a deux siècles en suzerains à travers le pays entier, en quête de sources et de pâturages. Leur langue indo-européenne, aux conjugaisons et déclinaisons effroyablement complexes, mêlait à l'oreille de rauques accents arabes à de claires dentales claquant comme en anglais. Comme autrefois toutes les langues de l'islam, le pashtô s'écrit dans l'alphabet du Coran et emprunte énormément de vocabulaire à l'arabe ; il connut une belle effloraison poétique aux XVIIe et XVIIIe siècles, sous l'influence de la littérature islamique persane. Cependant les aristocrates pashtoûns installés depuis 1747 à Kaboul adoptèrent très tôt le persan comme « langue de cour » (*darî*), et commençaient au début du XXe siècle à oublier leur langue d'origine devenue patois compagnard. Par nationalisme, les derniers gouvernements afghans voulaient renverser cette tendance en imposant le pashtô dans les administrations et les lycées.

Tout en subissant l'influence persane, les Pashtoûns demeurèrent maîtres du pouvoir politique depuis la fondation de l'État en 1747 jusqu'à l'invasion soviétique de 1979, en se réservant les plus hautes charges du gouvernement.

Les Pashtoûns reconnaissaient volontiers se diviser en grandes tribus, à l'intérieur desquelles se formèrent des clans plus restreints autour du nom d'un ancêtre patriarcal. Toute l'histoire de l'Afghanistan moderne, du XVIIIe siècle à nos jours, est traversée par la rivalité obstinée de deux tribus pashtoûnes, les Dorrânî et les Ghilzaï, dont la vendetta se poursuit jusqu'au sein du Parti communiste actuel : Tarakî et Amîn étaient des Ghilzaï, Kârmal est un Dorrânî. Cependant, dans la vaste confédération tribale dorrânie, seul le clan des Mohammadzaï, « les fils de Mohammad », était royal et maître du trône depuis 1747.

Autrefois, le terme « Afghan » s'appliquait aux seuls Pashtoûns. Depuis 1919, les gouvernements en avaient étendu l'usage pour désigner tous les habitants du pays, mais l'habitude en entrait très lentement dans les mœurs. En 1978, dans la langue des paysans tâdjîks, « Afghan » signifiait encore un « Pashtoûn ».

Détachés du royaume de Kaboul par les Anglais au siècle dernier, 6 millions de Pashtoûns vivent aujourd'hui dans l'actuel Pakistan, où on les appelle « Pathans ». Lors de l'indépendance du Pakistan en 1947, le gouvernement afghan réclama en vain un statut d'autonomie pour ces frères ethniques.

Tout aussi nombreux que les Pashtoûns, les Tâdjîks, ethnie autochtone de la plus grande part du pays, étaient encore majoritaires dans l'Ouest, le Nord-Est et à Kaboul, bien que politiquement subjugués. Leur langue et leur civilisation imprégnaient toujours la culture commune de l'Afghanistan. Les Tâdjîks sont en réalité des Iraniens d'Asie centrale. Ils se distinguent de leurs cousins de l'Iran proprement dit par leur appartenance à la branche sunnite ou orthodoxe de l'islam, et leur accent persan demeure archaïque. Cette langue persane, indo-européenne mais fortement arabisée, fut l'idiome culturel de l'Asie musulmane du XIe au XIXe siècle, de Delhi à Istanbul, de Samarcande à Madras. Sa situation par rapport à l'arabe dans l'islam d'Orient fut à peu près analogue à celle du français vis-à-vis du latin dans les cours européennes de l'Ancien Régime : le persan devint par excellence la langue des belles-lettres et de la diplomatie, l'arabe liturgique fut réservé aux philosophes et aux théologiens. Tout en conservant la réalité du pouvoir, les Pashtoûns de Kaboul considéraient comme des béotiens les Afghans de la campagne incapables de s'exprimer en persan.

Les Tâdjîks, avant la guerre, étaient boutiquiers dans les grands bâzârs, paysans opiniâtres dans les vallées du Nord-Est. Grâce à leur niveau culturel, ils dominaient le haut clergé et réussissaient dans les facultés et l'administration, en se heurtant toutefois au pouvoir pashtoûn.

Depuis le début de la guerre, nombre de Tâdjîks ont rejoint les mouvements de résistance intégristes, afin de remplacer le nationalisme laïque – jusqu'ici trop favorable aux seuls Pashtoûns – par une idéologie religieuse dépassant les clivages ethniques.

Deux millions et demi de Tâdjîks vivent en Union soviétique depuis l'annexion de l'ancien émirat de Bokhârâ par l'URSS en 1924. L'URSS a falsifié leur langage en le rebaptisant « tadjik », l'a truffé de mots russes et l'a transcrit en caractères cyrilliques pour interdire l'accès à la littérature du passé et surtout aux publications contemporaines de Kaboul et Téhéran. Mais il s'agit toujours du même persan, et l'armée d'occupation recrute l'essentiel de ses traducteurs dans l'élite communiste de la République soviétique du Tadjikistan[3].

Troisième ethnie du pays, les Hazâra, paysans du Centre montagneux mais nombreux à exercer des petits métiers dans la capitale, se distinguaient de la plupart de leurs compatriotes par leur type mongol très marqué et par leur appartenance au rameau chiite de l'islam. Les Hazâra descendraient des pasteurs conquérants du XIIIe siècle, installés en maîtres sur les hauts plateaux du Centre où ils adoptèrent la langue persane et se convertirent à l'islam chiite. (*Hazâra*, mot persan signifiant « millier », traduirait le mongol *tomân*, « millier » aussi : la cavalerie mongole se divisait en cohortes de mille chefs de famille.) Autonomes dans leurs montagnes jusqu'à la fin du siècle dernier, puis vaincus et brisés par une armée pashtoûne, les Hazâra spoliés de leurs meilleures terres sombrèrent au rang de parias du royaume, méprisés par leurs voisins sévèrement orthodoxes pour leur appartenance à l'hérésie chiite. Depuis leur ruine, les Hazâra s'expatriaient de plus en plus nombreux à Kaboul pour y exercer les humbles tâches de portefaix, chiffonniers, éboueurs. Depuis 1919, les gouvernements garantissaient leur égalité devant la loi. Par son sens de l'entraide et de la discipline sociale chiite, la communauté hazâra sut épargner, racheter des boutiques, occuper tout un quartier de Kaboul et envoyer ses premiers étudiants en faculté à la veille de la guerre. L'influence iranienne grandissait en 1978, car nombreux étaient les Hazâra à partir alors travailler dans le bâtiment à Téhéran ou sur les chantiers pétroliers du Golfe.

Depuis la guerre, les Hazâra se dotent d'organisations propres, fièrement indépendantes des partis d'exil pashtoûns ou tâdjîks au Pakistan, mais minées de dissensions entre modérés et extrémistes pro-iraniens.

Dans ses plaines du nord et ses montagnes de l'extrême nord-est, l'Afghanistan d'avant-guerre comptait peut-être un million de *Turcs* : les *Ouzbeks, Turkmènes* et *Kirghizes*. Musulmans sunnites, proches cousins des Turcs du Proche-Orient, identiques avec les peuples des Républiques soviétiques d'Ouzbékistan, du Turkménistan et du Kirghizistan (beaucoup descendaient des réfugiés arrivés en Afghanistan à partir de 1924), les Turcs du Nord afghan conservaient leur type mongol ancestral. Anciens nomades sédentarisés, les Turkmènes étaient célèbres pour leurs bijoux d'argent et surtout pour leurs tapis rouges à lozanges blancs, dit de « Bokhârâ ». Habiles agriculteurs, les Ouzbeks étaient aussi renommés que leurs voisins turkmènes comme cavaliers – les jeux équestres du Nord afghan faisaient autrefois la joie des touristes. Les pasteurs kirghizes transhumaient sur les hauteurs glacées du Pâmîr avec leurs chameaux velus à deux bosses. L'invasion soviétique a précipité de nouveau ces Turcs sur le chemin de l'exil. Les Turkmènes proposent leurs tapis sur les trottoirs de Peshâwar, et la *totalité* des Kirghizes a quitté le Pâmîr occupé, pour se réinstaller en Turquie.

Parmi les petites minorités, chameliers baloutches des déserts du Sud ou boutiquiers sikhs de Kaboul, la plus fascinante était celle constituée par les Noûristânî. Quelques centaines de milliers d'individus seulement, ces montagnards indo-européens de la frontière pakistanaise, souvent roux et les yeux parfois bleus ou verts, vécurent isolés du monde sur leurs collines boisées jusqu'en 1895, réfractaires à l'islam. Les tribus guerroyaient entre elles ou avec les musulmans dans la plaine, sacrifiaient des chèvres et buvaient du vin en l'honneur de leurs divinités aux effigies équestres – Imra, dieu du Tonnerre, G'îsh, dieu de la Guerre, servis par les Djast, la caste des prêtres-nobles – et ciselaient linteaux et meubles de leurs maisons en bois de multiples symboles mystiques. Les musulmans les traitaient de *kâfer*, « païens ». En 1895 enfin, de peur que les missionnaires chrétiens de l'Inde anglaise n'y arrivent avant lui, l'émir de Kaboul conquit la région, y imposa l'islam avec le nouveau nom de *Noûrestân*, « pays de la Lumière », et l'annexa à l'Afghanistan. Devenus musulmans, les *djast*, ou prêtres-nobles, conservèrent cependant leur prééminence tribale.

En 1978, le Nouristan fut la première région du pays à se révolter contre le nouveau régime communiste. Le béret blanc ou beige typique des Noûristânî, plus commode pour la guerre que le turban, tend à se répandre aujourd'hui chez beaucoup de maquisards afghans. Les Noûristânî réfugiés au Pakistan y retrouvent leurs frères ethniques tombés il y a près d'un siècle sous domination anglaise et demeurés « païens » : les quelques milliers de Kâfer de Chitral.

Où situer, dans ce schéma, les dizaines de milliers d'individus de langue persane, de souche iranienne et de confession musulmane chiite que les hasards historiques ont semés à Hérât, à Kaboul, et dans les montagnes du Badakhshân dans l'extrême Nord-Est ? Les regroupera-t-on avec les Tâdjîks sunnites ? Du point de vue strictement religieux, il serait impossible de les considérer autrement que comme des Iraniens, égarés à l'est de leur frontière nationale. Et pourtant, par l'accent, les mœurs, le destin, la revendication actuelle, ces Iraniens chiites d'Afghanistan se considèrent comme « afghans », au même titre que toutes les autres ethnies du pays. Cela pose le problème du sentiment national.

La question nationale

Nombre d'observateurs s'interrogent : cette population si diverse formait-elle une nation ? A l'exception des Hazâra, toutes les autres ethnies se prolongeaient au-delà de frontières apparemment arbitraires : ainsi, autant de Pashtoûns au Pakistan qu'en Afghanistan même.

Une conscience nationale se dégageait pourtant, dans la mesure où tous les ressortissants du royaume afghan partageaient le même cadre étatique, les mêmes préoccupations et la même culture matérielle depuis environ deux siècles. Sans doute, une sourde rivalité opposait à l'intérieur Pashtoûns et Tâdjîks. Toutefois, un voyage à l'étranger, confrontant Pashtoûns et Tâdjîks d'Afghanistan avec leurs frères ethniques du Pakistan ou de l'URSS, les convainquait qu'il s'agissait là-bas, après tout, d'étrangers, sollicités depuis des générations par des destins tout différents. Face au monde, en 1978, Tâdjîks et Pashtoûns de Kaboul se définissaient comme « Afghans », et continuent à le faire en exil.

En outre, depuis 1919, l'élite éduquée cultivait un nationalisme virulent, pour compenser en partie chez elle l'affaiblissement du sentiment religieux. Comme en Europe au siècle dernier, ce nationalisme officiel pouvait épouser des formes puériles, culte idolâtre du drapeau, méconnaissance des liens culturels profonds avec les voisins musulmans, insistance pour appeler le parler de Kaboul le *darî* (littéralement, « langue de cour »), et non plus le persan *(fârsî)*, comme s'il s'agissait d'une langue distincte de celle de Téhéran et non d'une simple différence d'accent ! Mais ce culte de la nation était sincère et l'est toujours : nul ne conteste aujourd'hui le patriotisme brûlant des lycéennes ou des officiers révoltés de Kaboul. Dire que l'Afghanistan a pris conscience de lui-même comme nation du fait d'une minorité d'intellectuels, que la guerre stimule un nationalisme assoupi chez le peuple en général, que l'occupation, tout en entraînant des fraternisations spectaculaires (entre Pashtoûns sunnites et Hazâra chiites, par exemple), aggrave aussi des conflits politiques latents – tout cela consiste à proférer des banalités applicables à n'importe quel pays du monde.

Reste que seuls les intellectuels sont encore prêts à se battre dans n'importe quel secteur du pays. Les paysans demeurent rivés à la défense du terroir qui les a vus naître. Ni l'unité de langue ni celle de religion ne suffisent à définir une nation, même si parfois elles la motivent. L'Afghanistan s'est parfois vu comparé à une Suisse multi-ethnique campant sur ses montagnes au cœur d'un continent. En dernier ressort, l'Afghanistan continuera à exister comme d'autres pays diversifiés de son type, s'il le désire lui-même assez obstinément.

Malgré la multiplicité des appartenances ethniques, un mode de vie presque identique unissait tous ces peuples afghans. On peut opposer un « tribalisme » pashtoûn à une « détribalisation » relative de certaines autres ethnies, mais, au ras du sol, les hiérarchies villageoises, la sélection des notables et l'étouffante solidarité de la famille étaient partout à peu près les mêmes. Dans les villes, presque tous les citadins ressentaient la parenté qui les liait aux membres de leur ethnie restés sur le terroir. Enfin, en 1978, l'Afghanistan trahissait une profonde symbiose entre ses deux peuples principaux, les Tâdjîks et les Pashtoûns. Car si la culture persane des Tâdjîks déteignait sur le pays, il est tout aussi vrai que le code de valeurs des Pashtoûns, le culte jaloux du *nang*, ou nom d'honneur du chef de clan, imprégnait le comportement des hobereaux tâdjîks, hazâra ou noûristânî de l'Afghanistan entier. La résistance en tire aujourd'hui sa force obstinée comme son anarchique faiblesse. Le type d'organisation du village pashtoûn, qui reflète de près l'archaïque schéma conservé depuis des millénaires dans le Nouristan pré-islamique, fournit un bon exemple de la cellule de base de la société afghane telle qu'elle survit dans la guerre aujourd'hui – aussi y reviendrons-nous.

L'islam afghan

Le visiteur le plus superficiel dans le Kaboul d'avant-guerre ressentait très vite que la valeur suprême de la civilisation afghane était l'islam. Nulle part comme en Afghanistan le voyageur ne rencontrait une foi musulmane aussi intense, aussi sûre d'elle-même, aussi peu atteinte par le doute du modernisme.

Nerf central de la culture afghane, religion d'une importance culturelle capitale, l'islam, on le sait, est mal perçu en Occident, où il inspire dans la grande presse un sottisier épais. Les spécialistes méprisent ce sottisier à tort, car ils n'ont pas su communiquer leurs propres connaissances : l'imagerie religieuse islamique n'appartient même pas, fût-ce dans ses lignes les plus grossières, à la culture générale de l'Occidental lettré, au même titre que les imageries grecque, juive et chrétienne. D'ailleurs l'esprit du temps – courants freudiens, marxistes – a interdit de comprendre quelque phénomène religieux que ce soit avec profondeur, *a fortiori* une religion historiquement rivale comme l'islam. Il importe pourtant, afin de voir clair dans la tourmente du Proche-Orient en général comme de l'Afghanistan en particulier, de se dégager du sottisier et de regarder l'islam de près – en évitant le double écueil d'un européanisme méprisant et d'un tiers-mondisme béat.

L'islam afghan, dont les courants reflètent tous ceux du Proche-Orient, est assez riche en lui-même pour fournir toutes les illustrations nécessaires.

A l'exception du Yémen, l'Afghanistan était peut-être le dernier pays du Proche-Orient à perpétuer de manière intacte toutes les formes de l'islam traditionnel. L'isolement croissant d'une Asie centrale coupée du monde depuis le XVIe siècle préserva jusqu'à nos jours une civilisation médiévale en vase clos. C'est lorsque l'Empire iranien embrassa le chiisme, au début du XVIe siècle, qu'une sorte de rideau de fer idéologique s'abattit sur l'Asie musulmane et sépara les sunnites d'Afghanistan et des Indes de leurs coreligionnaires de Turquie et du monde arabe. Cette cloison demeure. Avec le réveil du chauvinisme ethnique à partir de 1918, les Arabes d'aujourd'hui continuent à méconnaître la civilisation de l'islam d'Orient – celui de l'Afghanistan, du Turkestan russe et chinois, de l'Inde et du Pakistan. Dans la conscience populaire arabe, où le nationalisme aigu s'est mêlé aux convictions religieuses, il s'agirait presque là-bas d'un islam de second ordre, de culture dérivée et à l'histoire sans pertinence. Pourtant l'Afghanistan a donné de très grands auteurs de langue arabe à l'islam, le philosophe

Al-Bêroûni de Ghaznî et le mystique Ansârî de Hérât au Moyen Age, le cheïkh réformiste Al-Afghânî au XIXe siècle. Mais les Arabes modernes, si prompts à réclamer la solidarité de l'islam d'Orient quand il s'agit des drames qui les touchent viscéralement, comme l'Algérie ou la Palestine, demeurent de marbre face aux tourments des Ouzbeks, des Pakistanais ou des Afghans. Militant islamiste de longue date, le délégué afghan Gholâm-Rasoûl Sayyâf put mesurer la profonde indifférence du monde arabe à la conférence islamique de Tâëf en Arabie Saoudite en janvier 1981, lorsque les résistants de Kaboul, contrairement aux Palestiniens, ne reçurent même pas le droit de siéger. Il ne put que balbutier sa déception aux journalistes[4].

L'Afghanistan appartient donc à l'islam d'Orient, à l'univers culturel de Samarcande, Lahore et Delhi. Mais son élite religieuse, loin d'imiter la froideur ignorante des Arabes à son propre égard, s'enflamme depuis plus d'un siècle pour les idées et les causes qui agitent le Proche-Orient, du nationalisme anticolonial à l'intégrisme des Frères musulmans. L'occidentalisation forcenée d'une partie de l'intelligentsia afghane doit pour sa part beaucoup au kémalisme turc. Les conflits qui déchirent le monde musulman se répercutent tous, avec plus ou moins de retard, en milieu afghan. Réfugiés aujourd'hui, les intellectuels afghans qui manifestèrent devant l'ambassade de France à Kaboul pendant la guerre d'Algérie s'estiment cruellement payés en retour par le silence de l'intelligentsia maghrébine – le courant de sympathie s'avère désormais avoir été à sens unique.

En 1978, toutefois, de telles inquiétudes effleuraient à peine l'univers mental littéralement suspendu dans le sacré de la majorité du peuple afghan. En pénétrant dans le pays, le voyageur entrait en une espèce de temple.

A l'heure de la prière, les autobus s'arrêtaient pour laisser les voyageurs jeter leurs châles au bord de la chaussée et s'y prosterner avec une joie farouche. Quand démarraient les véhicules, les voyageurs tournaient les paumes vers le ciel en guise de bénédiction. En attendant les clients, les boutiquiers égrenaient leurs chapelets les yeux mi-clos en chuchotant les attributs de Dieu. Les derviches, au voile de tête ceint de la cordelette arabe, tendaient dans les bâzârs leur bol d'aumônes aux pieux passants. Les amis se rencontraient la main sur le cœur, la tête penchée, en louant le Seigneur pour son don de la bonne santé. Les paysans ne montaient sur un cheval, un âne, un chameau, dans un taxi qu'en murmurant le nom de Dieu. Le repas commençait par une invocation divine, la main droite pétrissant en silence les grains de riz ou la boulette de pain parce qu'ainsi avait fait le Prophète, et s'achevait en actions de grâces. La toilette corporelle afghane répondait au désir strict de reproduire, trait pour trait, presque poil pour poil, l'apparence terrestre du Prophète : le crâne rasé, la barbe pas plus longue que le poing, les moustaches très courtes ne débordant pas sur les lèvres, les yeux charbonnés au khôl, les ongles coupés selon un rite très précis en conformité avec la *Sonnat*, l'usage du Prophète.

Chaque geste de la vie était dicté par le rite et s'imprégnait de sacré. Cette existence vécue comme une cérémonie religieuse fut autrefois caractéristique de nombreuses civilisations traditionnelles, et l'imitation afghane du Prophète correspondait à peu près à l'*Imitatio Christi* de notre Moyen Age. Un texte théologique indo-persan du XVIIIe siècle, par l'influent *mollâ* Shâh Walî-Ollâh de Dehli, donne une idée parfaite de la minutie du code qui régissait encore l'action quotidienne des paysans afghans en 1978 [5] :

> Sache que la clef du bonheur consiste à suivre la *Sonnat* et à imiter le Prophète de Dieu en toutes choses, dans ses manières de rentrer chez lui ou d'en sortir, dans ses mouvements comme dans son repos, et même dans sa façon de manger, de se dresser, de dormir, de parler.
>
> Et je ne parle pas seulement de ses observations religieuses – il n'y a aucune raison de négliger les traditions qui nous sont parvenues en ce qui les concerne ! Non, il s'agit des usages et du comportement en toutes choses, car ainsi l'accompagne-t-on pleinement. Dieu a dit : « Dis ! Si tu aimes Dieu, suis-moi et Dieu t'aimera ! » (Coran 3 : 29.). Et Il a dit :

> « Ce que le Prophète t'a apporté, reçois-le, et ce qu'il t'a interdit, évite-le ! » (Coran 59 : 7.).
>
> Il faut donc que tu restes assis quand tu passeras ton pantalon mais que tu te mettes debout quand tu noueras ton turban ; tu commenceras par le pied droit quand tu chausseras tes sandales, et c'est de la main droite que tu mangeras. En te coupant les ongles, tu commenceras par l'index de la main droite en finissant par le pouce. Quant aux ongles des pieds, tu commenceras par le petit orteil du pied droit et finissant par le petit orteil du pied gauche. Et ainsi pour tous tes mouvements comme pour ton repos. Mohammad ben Aslâm refusait même de manger du melon parce qu'il ne savait pas comment s'y prenait le Prophète de Dieu !

Ce texte n'est pas choisi au hasard ; un voyageur averti peut toujours en vérifier chaque détail dans les maquis actuels. Un code tout aussi strict réglait l'usage des femmes sur le modèle idéal de Khadîdja, épouse du Prophète, et de Fâtéma, sa fille. Quant aux melons, les paysans escamotaient la difficulté en les « égorgeant » comme des moutons, d'un coup de canif à l'extrémité. Certes, l'habitude rendait ces usages automatiques, mais la dimension métaphysique du moindre geste de la vie afghane demeurait comme en suspens. La courtoisie afghane, d'une rigidité japonaise, empesait les rapports sociaux comme un corset ; manquer à l'étiquette relevait un peu du blasphème, et l'étranger soucieux de ne point choquer ses hôtes se gardait de la moindre gaffe en se surveillant comme dans une église.

Cette ferveur obsédante pouvait paraître étrange au visiteur européen moderne, mais elle lui renvoyait le reflet de ce que fut la religiosité occidentale tout entière il y a quelques générations encore. Irriguée par une foi sincère, la dure société afghane trouvait dans la ritualisation de sa vie une consolation et un bonheur. Mais perdre sa croyance dans cette ambiance de componction religieuse déclenchait aussitôt un sentiment d'étouffement, entraînait souvent de véritables tragédies personnelles : reniés par leurs familles, les jeunes instituteurs et officiers dont les certitudes se lézardaient en 1978 se jetaient dans l'alcool ou le marxisme, ou parfois dans les deux. L'aristocratie, libérale dans le privé, affichait en public une prudente hypocrisie. Rançon d'une société au sacré trop manifeste, la tartuferie devenait inévitable chez l'élite éduquée à l'européenne. Du moins le gouvernement ne persécutait-il personne pour ses croyances, et la pression religieuse n'était-elle que sociale. Dans le peuple, cependant, et même chez de nombreux fonctionnaires, l'ardeur qui nourrissait les multiples observances divines demeurait intacte : la doctrine de l'amour mystique, ou *soûfisme*, répandait encore dans de nombreux milieux sa chaleur vivifiante sur le rituel. Toutefois, à l'Université, la montée de l'intégrisme – hostile au soûfisme – trahissait les premiers soubresauts sérieux de l'islam afghan sous l'impact du monde moderne ; une réaction blessée devenait inévitable.

Malgré les apparences, l'islam n'est pas une culture exotique et n'appartient même pas à l'« Orient », le vrai, celui de l'Inde et de la Chine. Il s'abreuve aux deux mêmes sources que le christianisme médiéval : les Écritures sémitiques et la philosophie grecque. Il croît dans les anciennes provinces méridionales de l'Empire romain. Sa théologie s'articule selon la logique d'Aristote. Sa mystique prolonge la spéculation néoplatonicienne de Byzance. Sa philosophie élabore en arabe la terminologie grecque de la cosmologie hellène, et veut trouver pour chaque élément de cette cosmologie hellène son équivalent symbolique ou imagé dans le Coran. La philosophie grecque n'est même pas un « emprunt », mais plutôt une aïeule de la pensée musulmane : dès l'époque d'Alexandre, les foyers de spéculation hellénique deviennent Antioche et Alexandrie, dont les populations se convertiront quelques siècles plus tard à l'islam en s'exprimant, non plus en grec, mais en arabe.

L'islam de l'Age d'or est parfaitement conscient de son héritage hellénique. Il le revendique. Au XIe siècle, dans les montagnes du Badakhshân dans le Nord-Est afghan actuel, un des plus grands théoriciens du chiisme ismaélien, Nâser-é Khosrô, rédige en persan « Le Mariage des deux Sagesses » *(Djâmé-ol-Hekmatayn)*, où il souligne la convergence de la sagesse humaine – celle de Platon et d'Aristote – et de la sagesse divine – celle du Coran. La démarche est strictement la même chez les Juifs et les chrétiens de L'Europe médiévale, l'écriture de référence devenant seulement chez eux la Torah ou l'Évangile. Un saint Thomas peut emprunter aux philosophes arabes – traduits en latin par des Juifs d'Espagne – parce que christianisme, judaïsme et islam du Moyen Age sont trois volets d'une civilisation gréco-sémite identique. Leur haine mutuelle trahit leur jalousie d'un patrimoine commun.

L'islam du XIe siècle, en Afghanistan comme ailleurs, se considère comme l'aboutissement de tous les courants de civilisation antérieurs à lui en Grèce et au Proche-Orient. Cette conception orgueilleuse ressemble assez à celle de l'Européen moderne. Maître philosophe de l'oasis de Ghaznî, un Al-Bêroûnî se croit au sommet d'une pyramide formée d'éléments grecs, égyptiens, juifs, iraniens, arabes, qui tous convergent pour former l'héritage global d'un intellectuel type du Moyen Age musulman. Al-Bêroûnî ne connaît pas d'« Occident » – seulement de respectables rivaux byzantins ou des « Francs » pour lui culturellement insignifiants. Ou plutôt, l'« Occidental », c'est lui, et l'islam avec son héritage hellène *est* l'« Occident. » A l'époque d'Al-Bêroûnî, la démarcation entre l'« Occident » gréco-sémite et l'« Orient » hindou passait par les montagnes de l'Est afghan, à quelques lieues de Ghaznî. Écrivant en arabe classique, ce latin de l'islam, Al-Bêroûnî mène à bien une vaste *Histoire de l'Inde,* premier traité sérieux de civilisation comparée : le savant ghaznévide confronte chaque terme spéculatif *sanscrit* avec un possible équivalent *grec.* Pour Al-Bêroûnî, en effet, la pensée grecque n'est nullement étrangère, mais représente au contraire son propre bagage culturel face à l'univers nouveau et différent de l'hindouisme. Al-Bêroûnî s'impose à nous comme penseur « moderne », parce qu'il domine la diversité de plusieurs cultures humaines avec la tranquillité d'esprit de celui qui appartient à une civilisation alors triomphante[6].

On ne saurait assez insister aujourd'hui en « Occident » sur la composante grecque de l'islam, afin de souligner sa parenté avec notre propre culture. Et ce n'est pas nier là son incontestable originalité, mais au contraire la mettre en relief et en saisir la portée. Ainsi, au tournant des XIIe et XIIIe siècles, la spéculation musulmane dépasse le dualisme platonicien pour atteindre un sommet de la spiritualité humaine avec son intuition de l'unité cosmique derrière la multiplicité des formes. Nés ou établis en territoire afghan, un Roûmî au XIIIe siècle, un Djâmî au XVe siècle, un pur Pashtoûn comme Rahmân Bâbâ au XVIIIe siècle encore chanteront dans leurs vers l'ivresse de cette vision panthéiste.

Mais mettre l'accent sur la filiation hellène de la pensée musulmane permet aussi d'accuser le caractère stérile, pathétique de ce combat mené par l'intégrisme islamique pour s'arracher à un Occident dont il veut ignorer qu'il fait, tragiquement, partie.

L'intégrisme islamique s'insurge d'abord contre l'islam traditionnel et contre le soûfisme, l'amour mystique, qui n'est pas une secte mais au contraire l'émotion vécue du rituel musulman. Sans cet amour, la prière n'est que gesticulation, la loi pur formalisme, la lettre des Écritures une simple enveloppe ; selon Roûmî, un croyant privé d'amour est un arbre sans sève, debout mais sec et spirituellement mort. La spéculation panthéiste soûfie n'est nullement réservée aux doctes, mais pénètre l'islam afghan le plus populaire. Impossible de comprendre un poème, un vers, une ligne de prose écrits en Afghanistan avant 1919 sans connaissance du soûfisme. Les chansons folkloriques afghanes sont gorgées de soûfisme.

Une soirée privée dans le Kaboul d'avant-guerre pouvait rassembler une centaine de convives pour une séance de *zekr*, de mémorial mystique. Fonctionnaires en complet veston et marchands enturbannés, avec des souffles rauques, se remémoraient le nom de Dieu sous la direction spirituelle d'un vieux derviche aux paupières lourdes. Après des heures de murmures, des invités s'écroulaient en extase sur les nattes. Le lendemain, boutiquiers et bureaucrates reprenaient leur travail comme si de rien n'était. Hôte de la séance, l'élégant cheikh ʿAbd-or-Rashîd, recteur de la grande mosquée de Balkh et Grand Maître de la fraternité des soûfis Naqshbandiya, évoquait le délire de la veille autour de la figure du vieux derviche, avec un clin d'œil discret : « C'est là le vin que l'on boit dans la taverne des Mages, si tu as lu les poètes... ». Puis, avec une tolérance délicieuse, il dissertait d'un ton bas mais enjoué sur la relativité de toutes les religions. Il est mort exécuté en 1979.

Perception fondamentale de l'islam traditionnel, le soûfisme enseigne l'amour de l'âme envers son créateur. Selon la lecture soûfie du dogme islamique, la création est l'acte par lequel la Divinité suscite l'Univers pour s'y réfléchir amoureusement comme dans une multitude de miroirs. La Divinité se reflète tout entière dans la conscience limpide des Hommes Parfaits. Jusqu'à Mohammad, les Hommes Parfaits furent revêtus de surcroît de la dignité prophétique. Mohammad clôt la liste des prophètes, mais à chaque époque il existe encore un Homme Parfait dont la méditation amoureuse continue à renvoyer l'image divine. Pour les chiites, l'Homme Parfait ne peut être que l'imâm caché, descendant du calife 'Alî ; pour les sunnites, tel mystique soûfi exceptionnel, peut-être connu de ses seuls disciples...

Le soûfisme inspire presque toute l'imagerie des poèmes populaires et y nourrit un érotisme ambigu. L'érotisme mystique de l'islam, dont les courants néoplatoniciens remontent au *Banquet* de Platon, enseigne à contempler et à désirer la beauté divine reflétée dans un visage aimé. Tandis que la morale musulmane, pudibonde, multiplie les interdits sexuels, la poésie exalte la souffrance du désir amoureux contenu et bloqué par l'obstacle et y voit la métaphore de la quête douloureuse de l'âme pour revenir à son principe céleste. Les poètes racontent sans se lasser les amours exemplaires de Madjnoûn et de la belle Laylî : leurs familles rivales les empêchent de s'épouser, mais leur passion inassouvie se sublime en contemplation de la beauté divine en toutes choses. Le poète savant Djâmî de Hérât, au XVe siècle, composa lui aussi un vaste roman courtois sur le thème. Mais les chansons paysannes sont également nombreuses à pleurer sur les deux amants. Le chant musulman est plainte érotique tremblante au bord des sanglots

– l'Andalousie arabisée s'en souvient, qui transmit ces mêmes motifs courtois aux ménestrels de notre Moyen Age. Dans le Nord-Ouest afghan, les paysans ont baptisé une steppe sablonneuse du nom de *Dasht-é Laylî*, le « Désert de Laylî », comme si l'héroïne y avait vraiment vécu (le roman situe en fait les personnages dans l'Arabie antique).

Ce monde mystique s'effondre. Si la catastrophe extérieure est spectaculaire, grave aussi est la ruine d'un univers mental. L'intégrisme islamique, qui colore une bonne part de la résistance, constitue pour l'instant la seule réponse afghane populaire à la crise religieuse effritant toutes ces certitudes.

Cette crise remonte loin, et l'Afghanistan paysan n'y a échappé jusqu'ici que par son isolement.

Au plus fort de son rayonnement culturel, au faîte de sa puissance militaire, la civilisation islamique – on le sait – se saborda dans les premières années du XVIe siècle : refus de l'imprimerie, mépris des découvertes et du renouveau européens, ignorance orgueilleuse de la révolution de Copernic. Or ces bouleversements scientifiques, en détruisant la cosmologie hellénique de la scolastique médiévale chrétienne, ruinaient du même coup la cosmologie de la scolastique musulmane, *puisque c'était la même*. L'Europe s'engagea dans la pénible reconstruction d'un univers logique, pas l'islam, qui choisit de tout ignorer pendant trois siècles. Le choc de la conquête européenne, au XIXe siècle, révéla l'absurdité de l'attitude musulmane. En effet, l'ancien conflit médiéval opposait chrétiens et musulmans sur l'interprétation évangélique ou coranique d'*un même ensemble de données cosmologiques*. A partir du XIXe siècle, l'islam apparaissait désormais aux yeux de ses conquérants comme une culture relevant littéralement d'une autre planète, car accrochée à un cosmos anéanti quelques siècles plus tôt en Europe par des découvertes scientifiques fondamentales. Or, reconnues enfin des musulmans, *ces mêmes découvertes ne pouvaient pas ne pas dissoudre leur propre univers traditionnel* : aux mêmes causes, mêmes effets. Les religions abrahamiques ont un bagage culturel trop identique pour ne pas subir des crises analogues, fût-ce dans la succession des siècles. Au lieu de polémiquer aujourd'hui sur le conflit opposant islam et « Occident », il serait plus lucide d'évoquer une tension entre deux formes d'une même civilisation occidentale, l'une longtemps arrêtée dans sa parfaite synthèse médiévale, l'autre explorant depuis le XVe siècle de nouveaux sentiers. Vu sous cet éclairage relatif, le combat de Khomeynî ne se travestit plus comme celui de l'« Orient » – voir Gandhi pour cela –, mais rappelle plutôt celui, tragique et bien « occidental », d'un Savonarole.

Le désastre intellectuel de l'islam au XIXe siècle aboutit au réformisme du cheikh Djamâl-od-Dîn al-Afghânî, penseur énigmatique et brillant, peut-être d'origine iranienne mais revendiquant une appartenance afghane pour se démarquer de tout soupçon de chiisme, et qui fut conseiller de l'émir afghan Shêr-ʿAlî avant de sillonner le monde musulman de 1870 à sa mort en Turquie en 1897. Son message a marqué toutes les tendances de l'islam actuel. Sur le plan philosophique, Al-Afghânî attribua la décadence des musulmans à leur perte de toute compétence scientifique. Pour y remédier, le Cheikh voulut rebâtir, dans l'esprit de ses illustres prédécesseurs du Moyen Age, une nouvelle synthèse entre la lettre des Écritures et les données scientifiques de son propre temps – celles découvertes par les Européens. Sur le plan politique, Al-Afghânî prêcha l'union de tous les peuples musulmans – au-delà des clivages des États – face au danger impérial européen : le *Panislamisme.* Interrogation centrale d'Al-Afghânî : comment sauver la civilisation de l'islam, conserver son indépendance, arrêter son déclin, ressusciter sa grandeur culturelle passée ?

La guerre de 1914-1918 entraîna la catastrophe ultime, la ruine politique de l'islam traditionnel, l'échec de la solution panislamique d'Al-Afghânî. En 1917, le monde musulman entier sombrait sous la tutelle, le protectorat ou le mandat européens. Les Alliés dépeçaient l'Empire ottoman. Au pire, comme en Asie centrale russe, l'Occupant procédait à une liquidation systématique de la religion musulmane. Au mieux, comme en Iran et en Afghanistan sous influence anglaise, l'étranger tolérait une souveraineté formelle mais contrôlait étroitement les finances et la diplomatie. L'année 1917 traverse aussi l'islam comme un glaive de feu. Plus rien n'y sera pareil après le choc de cette humiliation à peu près totale d'une civilisation entière. Partout, l'islam avait semblé échouer.

Après l'abîme, le sursaut. L'islam traditionnel en fait les frais à travers tout le Proche-Orient. Entre 1919 et 1929, la Turquie, l'Iran et l'Afghanistan recouvrent leur indépendance, tandis que le monde arabe s'agite contre la double domination anglaise et française : mais partout, les élites dirigeantes manifestent un rejet violent de leur civilisation considérée comme responsable d'une faillite flagrante. C'est l'heure de l'européanisation forcenée des constitutions, des costumes, des idées. Le monde musulman se fêle en particularismes arabe, turc, iranien, afghan, comme s'il se repoussait lui-même avec dégoût en optant désormais pour des nationalismes laïques. Les conditions sur le terrain ont beau être très différentes, les élites de la Turquie, de l'Iran et de l'Afghanistan partagent exactement les mêmes idéaux vers 1929 : rattraper la civilisation européenne par une européanisation complète de la vie nationale ; abandonner des signes extérieurs de la culture musulmane comme un vêtement usé ayant fait son temps ; reléguer la religion au domaine du privé et de la conscience individuelle. En Afghanistan, après avoir longtemps défendu les idées réformistes du cheikh Al-Afghânî, l'influent intellectuel Mahmoûd Tarzî (1866-1935) pousse désormais le roi Amânollâh dans la voie d'une européanisation radicale[7]. Héritiers de puissantes traditions militaires, un Atatürk et un Rézâ Shâh broient les résistances conservatrices là où un Amânollâh est contraint d'abdiquer en 1929 sous la pression des mollâ afghans. Mais jusqu'au coup d'État communiste de 1978, l'élite afghane demeure fidèle aux idéaux du roi modernisateur, tout en les encourageant désormais avec une prudente lenteur.

Il s'ensuit, dans les dernières années de l'Afghanistan indépendant, disons sous le gouvernement du prince Dâoûd de 1973 à 1978, que le pays devient religieusement schizophrène, comme d'ailleurs la plupart de ses voisins à la même époque, tels l'Iran ou la Syrie. La mince couche dirigeante est presque totalement européanisée. Sa vision du monde n'est nullement religieuse, mais modernisante et nationaliste. Les dirigeants s'engagent résolument dans la voie du progrès technique et, tout en affichant un respect public passablement hypocrite pour l'islam, en considèrent la plupart des manifestations comme autant de survivances archaïques ou folkloriques. Le peuple, par contre, continue à vivre dans sa chaude atmosphère sacrée. Le gouvernement n'entrave en rien sa vie religieuse, au contraire : il construit des mosquées et les dote. Mollâ et confréries soûfies méditent une cosmologie médiévale à l'abri des sanctuaires sans être nullement inquiétés. L'élite veut croire que les progrès de l'éducation entraîneront une mort douce et lente de la civilisation traditionnelle.

Or l'islam, comme le monde s'en aperçoit, resurgit après une soixantaine d'années de prostration. Il n'a jamais perdu sa puissance auprès des grandes masses de la population. Les idées maîtresses d'Al-Afghânî – une nouvelle synthèse entre le Coran et la science moderne, et le panislamisme de tous les peuples musulmans par-dessus les frontières nationales – sortent de leur état de latence après le sombre discrédit souffert en 1917. Le réveil islamique gagne avant tout les étudiants issus de classes modestes et dont l'ascension sociale est bloquée par l'élite aristocratique européanisée. Entre les mains de ces étudiants, le renouveau islamique devient arme de révolution politique. Après un hiatus de deux générations, un dialogue est renoué entre des intellectuels de formation plus ou moins moderne et la paysannerie.

La renaissance islamique atteint de plein fouet l'Afghanistan – ou plus exactement l'université de Kaboul – au début des années soixante-dix, en débordant de l'Iran et du Pakistan voisins. Mais elle reste un phénomène du monde étudiant en 1978, et soutenir que l'URSS déclenche le coup d'État pro-soviétique pour enrayer une « contagion islamique » est une absurdité, puisque le gouvernement du prince Dâoûd est alors d'une froideur religieuse frisant le mépris. C'est en détruisant l'aristocratie laïcisée que les communistes précipitent l'ascension politique de l'opposition religieuse.

La renaissance islamique de l'Iran (et du Pakistan) fut un phénomène riche et nuancé avant le nivellement de la terreur khomeyniste. Mais l'islamisme politique afghan, dû au très bas niveau culturel des étudiants de Kaboul, en a emprunté surtout les schémas les plus simplistes.

En Iran et au Pakistan, l'aspect le plus raffiné de la renaissance islamique a consisté pour les intellectuels, non pas en un rejet, mais plutôt en un approfondissement de leurs connaissances de la philosophie européenne. Cette pratique plus sûre de la pensée moderne leur permettait de dépasser la superficielle synthèse scientiste, mécanique et un peu artificielle, de l'école d'Al-Afghânî. Comme aimait le répéter le grand iranisant français Henry Corbin, disparu en 1978, « seule peut guérir la blessure l'arme qui l'a causée ». Par cette image puisée dans les romans du Graal, Corbin – dont l'influence sur l'intelligentsia iranienne fut immense – affirmait que seule la maîtrise de la pensée européenne contemporaine pouvait désormais compenser chez les intellectuels musulmans les ravages du premier choc du modernisme. Nulle haine stérile de l'« Occident », mais au contraire redécouverte des grandes sources communes et nouvelle jonction avec la merveilleuse aventure occidentale – au sens large – après quatre siècles d'interruption. Peu de nos philosophes, je crois, peuvent se flatter d'une connaissance de la spéculation grecque tardive comme celle qu'a manifestée un Iranien tel que Sayyed Hosayn Nasr, ou une lecture de Nietzsche comparable à celle du poète indo-musulman Mohammad Eqbâl.

Au cours des années trente, en effet, Eqbâl intégra les intuitions de la philosophie classique allemande dans sa méditation soûfie. Mais c'est à partir de 1960 environ que les subtils esprits de l'université de Téhéran prirent connaissance du courant de pensée qui pouvait vraiment donner un second souffle philosophique à l'islam. Il s'agit de la *psychologie des profondeurs*, la notion de l'inconscient freudien approfondi par les recherches de Jung, où l'imagerie des religions traditionnelles se trouve de nouveau valorisée selon une terminologie psychologique très actuelle. Au lieu d'un assemblage hétéroclite de phantasmes arbitraires et dogmatisés, les grandes religions du passé révèlent à l'œil averti des structures cohérentes, où se manifestent les symbolisations archétypiques de la psyché humaine. Grâce au cheminement conceptuel jungien, et aux pénétrantes études parallèles d'un Eliade ou d'un Campbell, des chercheurs iraniens ont cru retrouver la clef de la lecture soûfie, pour qui l'imagerie du Coran fut toujours avant tout *symbolique des états intérieurs de l'âme*. En outre, l'intuition soûfie de l'Unité cosmique sous le masque des apparences s'est prêtée à merveille à une revalorisation moderne des philosophes musulmans classiques, à la lumière de perceptions actuelles de l'unité moléculaire de l'univers.

C'est cette haute spiritualité islamique moderne, inconnue du grand public, qui semble avoir attiré à l'islam jusqu'au point de s'y convertir d'éminents esprits européens – qui ne croient aucunement trahir par là leur propre héritage culturel. L'avantage de cet *aggiornamento* islamique réside dans sa souplesse : par l'accent mis dans un esprit soûfi sur la dimension intérieure de la foi, il tolère l'abandon de certaines formes extérieures archaïques et souvent cruelles. En clair, l'islam moderne peut-il signifier la méditation des classiques du soûfisme sans s'accrocher à un code pénal suranné ou à la dégradation sociale des femmes ? La transgression de l'enveloppe superficielle de l'islam est déjà une audace intérieure caractéristique du soûfisme depuis un millénaire, appréciée par des esprits contemporains hardis.

Mais cette renaissance islamique-là, par ses exigences intellectuelles, ne saurait être autre chose qu'un prestigieux cénacle de penseurs d'élite. A Kaboul, les intellectuels touchés par cette approche cérébrale pouvaient se compter sur les doigts d'une main en 1978. A Téhéran, le mouvement a été balayé dans la nuit de l'esprit khomeyniste, et les penseurs qui survivent sont aujourd'hui en exil.

Beaucoup plus pertinentes pour l'évolution de l'islam politique afghan ont été les influences pakistanaises. Créé comme État-refuge des musulmans indiens en 1947, le Pakistan fut la grande exception parmi les pays du Proche-Orient à cette époque, puisqu'il se réclamait ouvertement de l'idéal panislamique et non du nationalisme ethnique ou territorial. Les deux grandes tendances de la résistance afghane actuelle, la « modérée » et l'« intégriste », reflètent de près les deux options islamiques qui ont alterné au Pakistan.

La tendance « modérée » pose comme principe que la société est musulmane au départ, dès lors que la majorité de ses membres sont musulmans. L'État, chose humaine et donc nécessairement imparfaite, n'a d'autre but que d'assurer la sécurité et le cadre social nécessaires au bien-être de la communauté, sans revendiquer lui-même un caractère sacré. L'État, par son armée, sa police, ses finances, ses bureaux de poste, ses douanes, défend la communauté et assure les conditions lui permettant de s'épanouir. Il remplit son caractère d'État musulman s'il permet aux fidèles qu'il abrite de vivre pleinement selon leurs convictions religieuses. Les fonctionnaires de l'État ne sont pas des prêtres défendant une théocratie, mais sont censés être d'honnêtes serviteurs de la nation pouvant faire usage de leur libre jugement et de leur bon sens selon les circonstances qui s'imposent – par exemple, lorsque tel ou tel cas juridique n'est pas prévu par la *Sharî'at* ou jurisprudence musulmane classique. Il suffit que ces fonctionnaires soient des musulmans sincères et des individus intègres pour que les solutions trouvées ne contredisent pas les intérêts de la communauté musulmane. La vie religieuse, correctement protégée par l'État national, peut dès lors s'ancrer à sa vraie place, c'est-à-dire dans les consciences individuelles. Dans son beau livre, *Pakistan : A Political Study* (Londres 1956), Keith Callard donne un exemple de cette pensée islamique libérale (p. 214) :

> Même si le Coran n'offrait pas les fondations explicites d'une constitution, il demeurerait possible de créer un État islamique, à condition que des musulmans, agissant consciemment en tant que musulmans, établissent les institutions qui leur sembleraient valables. Cela éviterait la nécessité d'avoir à discuter

> pour savoir si un État islamique doit être de caractère démocratique ou autoritaire, fédéral ou centralisé ; l'État islamique serait celui mis en place par de bons musulmans, selon leurs propres consciences informées et guidées par les principes de l'islam.

Ce libéralisme islamique est conforme à la tradition médiévale, en ce sens qu'il ne revendique pas pour les dirigeants de l'État une infaillibilité divine. Les sultans du passé se posaient en effet en défenseurs de l'islam, mais reconnaissaient la sphère religieuse supérieure des docteurs de la loi et des derviches. Les anecdotes classiques, loin de diviniser l'État, dépeignent au contraire tel sultan prostré dans la poussière devant quelque féroce ascète ; le souverain sanglotait, conscient de ses imperfections en tant que gardien du royaume terrestre avec son cortège de vaines gloires, sans loisir d'atteindre la perfection spirituelle accessible au seul libre derviche dans son désert. Malgré ses traits d'hypocrisie, l'État afghan d'avant 1978 ressemblait suffisamment au modèle islamique libéral pour permettre aux mollâ et derviches traditionnels de s'y sentir à leur aise. Ainsi, un compromis réservait à des tribunaux de type « laïque », européanisé, les affaires criminelles, mais une large part du droit civil relevait encore de la jurisprudence islamique classique ou Sharî'at, sous la responsabilité des juges religieux. Aujourd'hui, la résistance d'inspiration libérale recueille non seulement le suffrage des survivants de l'ancienne équipe dirigeante, ce qui est tout naturel, mais aussi l'adhésion des tribus pashtoûnes, des mollâ traditionnels (que représente bien M. Mohammadî), et des grands maîtres héréditaires de certaines confraternités soûfies (tels MM. Gaylâni et Modjaddedi). Ces dirigeants de la résistance libérale se refusent – selon leurs propres termes – à conduire une « révolution islamique », puisque « les Afghans sont déjà un peuple musulman ». Ils se battent pour restaurer un État *national* servant de *cadre protecteur* à une vie musulmane, non pour instituer un État à prétentions divines. Leur différend avec la résistance intégriste ne relève donc pas seulement de querelles de personnes ou de clivages ethniques

– bien que ces choses existent –, mais surtout d'une radicale opposition idéologique.

L'avantage de l'islam libéral réside dans ses larges espaces de tolérance. La tradition en remonte loin, et en premier lieu au Coran avec son respect pour les communautés juives et chrétiennes du Proche-Orient. (Sous les premiers califes comme lors de l'expansion ottomane, on le sait, la tolérance sans doute méprisante mais bien réelle des dirigeants musulmans envers les minorités religieuses arracha de vastes territoires au totalitarisme du christianisme romain : il semble bien que les Coptes d'Égypte et les Juifs d'Espagne aient accueilli les Arabes en libérateurs.) Aujourd'hui, l'islam libéral tolère l'épanouissement mystique soûfi dans le privé des consciences, et le renouvellement philosophique évoqué plus haut n'est concevable que sous son aile. Il est favorable au dialogue avec l'« Occident » dont il ne se sent pas très étranger – en quoi il a historiquement raison. Enfin, la résistance libérale abrite de nombreux survivants parmi les intellectuels afghans européanisés. Les professions de foi islamique de ces derniers ne doivent plus prêter à sourire : le traumatisme de la dictature communiste a provoqué un choc dans les consciences, et l'identification avec l'islam chez les plus tièdes signifie, au bas mot, revendication d'une certaine décence humaniste fondamentale face à la brutalité des amis de Moscou, ainsi qu'une fierté culturelle afghane.

La faiblesse de la résistance modérée réside dans son libéralisme même. Accueillante et souple, cette résistance ne propose aucun programme, aucune vision d'avenir, mais seulement une restitution de l'indépendance nationale et – au mieux – de futures élections régulières (ce qui n'est déjà pas si mal). Dans la pratique, les états-majors de la résistance modérée reflètent tout le meilleur et le pire de la politique traditionnelle afghane : émulation jalouse des notables, clientélisme, héroïsme individuel dans l'action, générosité parfois magnifique mais souvent intéressée. En face, un rival de poids : la résistance de l'islam intégriste.

L'intégrisme islamique se veut authentique révolution, alternative sociale, et idéal. Avant la guerre, il fut surtout l'expression d'universitaires afghans issus de couches moyennes, révoltés par l'injustice de leur société et par les privilèges exorbitants d'une classe dirigeante déculturée et coupée de son peuple. En 1974, les chefs de file du mouvement intégriste – dont MM. Hekmatyâr et Rabbânî – inquiétèrent suffisamment le gouvernement du prince Dâoûd pour être menacés d'arrestation : aussi gagnèrent-ils le Pakistan, où ils s'opposèrent ouvertement au régime afghan. Cette implantation préalable en territoire pakistanais leur donna vis-à-vis des « modérés » un avantage décisif au lendemain de l'invasion soviétique, quand les premiers réfugiés vinrent chercher des structures politiques d'accueil afin de mener la résistance.

L'intégrisme afghan prend ses sources dans le Mouvement des Frères musulmans, fondé en Égypte en 1927 par le pieux avocat Hasan al-Bannâ, et indirectement dans le puritanisme réformateur du cheikh arabe ʿAbd-al-Wahhâb, dont la doctrine prêchée au XVIIIe siècle devait triompher lors de la fondation du royaume d'Arabie Saoudite après la Première Guerre mondiale. Toutefois, les influences immédiates sont pakistanaises et reflètent surtout l'enseignement du théoricien indo-musulman Aboû-l-ʿAlâ Maoudoûdî (graphies anglaises, *Mawdoodi, Maudoodi)*, né en 1903 et fondateur en 1941 du parti dit *Djamâʿat-é Islâmi* ou « Société islamique ». Maoudoûdî s'opposa avec intransigeance à l'option libérale choisie par le nouvel État pakistanais fondé en 1947, mais il exerça ensuite une influence importante sur le régime d'Islâmâbâd à partir du coup d'État conservateur des militaires en 1977. Enfin, Maoudoûdî vécut tout juste assez longtemps pour peser de ses conseils sur les choix des chefs afghans intégristes lors du désarroi qui précéda l'invasion russe de décembre 1979. Mort dans le courant de l'année 1979, Maoudoûdî est l'intellectuel clef du mouvement intégriste, tant au Pakistan qu'en Afghanistan.

Persécuté comme secte « réactionnaire » en Égypte par un Nasser qui se voulait « progressiste », le Mouvement des Frères musulmans souffrit également en

Afghanistan de l'hostilité implacable du prince Dâoûd, dirigeant laïque et assez pro-soviétique ; en 1974, nombre de militants n'ayant pas eu le temps de fuir au Pakistan se retrouvèrent enfermés dans la prison centrale de Kaboul, Deh-Mazang. D'autres, clandestins, se dissimulèrent dans l'armée, le corps enseignant et les ministères. Leur classe sociale était exactement la même que celle de leurs rivaux, les militants du Parti communiste *Khalq :* officiers subalternes et petits fonctionnaires, au salaire bas et à l'avenir professionnel bouché. Dans le milieu étudiant de Kaboul au cours des années soixante-dix, marxisme et intégrisme s'offraient comme les deux possibles outils révolutionnaires contre l'aristocratie royale qui monopolisait le pouvoir. Aujourd'hui, les militants du Khalq et du *Hezb-é Islâmî* ont beau se haïr, ils partagent souvent la même vision sectaire et intransigeante ; en outre, la plupart se connaissent personnellement pour avoir partagé les mêmes bancs à l'école, les mêmes cantines à l'université ou dans les casernes : l'univers estudiantin et militaire de Kaboul était petit, compact et provincial.

L'intégrisme, assoupi dans le conservatisme social d'une Arabie Saoudite wahhâbite devenue richissime, semblait menacé il y a peu d'années d'une mort lente à travers un monde musulman plus séduit par les idéologies du nationalisme ethnique ou du tiers-mondisme socialisant. L'inflexion intégriste du régime pakistanais à partir de 1977 et surtout la prise du pouvoir par Khomeynî à Téhéran en 1979 ont bouleversé la carte idéologique du Proche-Orient. L'obstination meurtrière de la guerre entre l'Iran intégriste et l'Irak laïcisant traduit aussi la confrontation haineuse entre deux visions réformatrices du monde islamique. Enfin, l'invasion soviétique de l'Afghanistan précipite un nombre toujours plus grand de réfugiés désemparés dans les bras d'organisations intégristes bénéficiant de l'appui pakistanais. Mais, sauf en milieu hazâra chiite, l'influence de Khomeynî est moins déterminante parmi les intégristes afghans que celle du Pakistanais Maoudoûdî.

A l'instar des autres penseurs intégristes, Maoudoûdî récuse le compromis du libéralisme islamique moderne et aussi de la tradition médiévale qui aboutissaient tous deux, sinon dans les dogmes du moins dans la pratique, à une distinction de fait entre l'idéal religieux inatteignable par le corps social et le domaine nécessairement imparfait du pouvoir politique.

Maoudoûdî, au contraire, insiste : le corps social *peut* être régi par la loi divine et former une communauté présentant un caractère parfait. Le modèle existe. Pour le trouver, il suffit de revenir à la case de départ de l'islam, à son *fondement*. Il s'agit de la toute première communauté musulmane, celle de Médine, gouvernée au VIIe siècle de notre ère par le Prophète lui-même sous inspiration divine. Le recueil des lois divinement inspirées s'intitule la Sharî'at. Cette Sharî'at nous est parfaitement connue. Elle nous a été transmise par les premiers compagnons du Prophète. Divine, la Sharî'at ne s'assimile pas à un corps de législation purement humaine, dépendante de circonstances sociales et historiques. Non pas : la Sharî'at est d'application universelle, en toutes circonstances, à toute époque, et pour n'importe quelle société, car il s'agit de la loi de Dieu. Maoudoûdî écrit :

> Enfin, cette loi est également éternelle. Elle n'est pas fondée sur les coutumes ou les traditions d'un peuple en particulier et n'est pas destinée à une période spécifique de l'histoire humaine. Elle est fondée sur les principes naturels mêmes selon lesquels l'homme fut créé. Et comme cette nature reste la même à travers les siècles et en toutes circonstances, la loi qui est fondée sur ses principes purs doit aussi être valable quelles que soient l'époque ou la circonstance [8].

Ce corpus législatif ne saurait être modifié dans le moindre détail. Toujours selon Maoudoûdî :

> Il a été accepté en islam dès le tout début que : les interprétations du Coran et de la Sonnat ayant reçu l'approbation unanime de tous les compagnons, ainsi que les décisions des « quatre premiers » califes concernant les problèmes constitutionnels et juridiques et qui ont été entérinées par les compagnons, demeurent obligatoires pour tous les temps. En d'autres termes, ces interprétations et décisions doivent être acceptées *in toto,* car il s'agit du consensus d'opinion

des compagnons, et tel consensus signifie l'exposition de la loi qui fera autorité[9].

Comme le répète le programme du Hezb-é Islâmî ou « Parti islamique » afghan (ch. I, par. I) : « Le Coran et la Sonnat seront les sources uniques de la législation. »

Bref, l'intégrisme justifie son nom par son désir d'application intégrale de la Sharî'at.

L'intégrisme porte un jugement sévère sur tous les régimes n'ayant pas observé, à la lettre, la Sharî'at, y compris les régimes historiques musulmans qui ont succédé à l'ère des Quatre Premiers Califes jusqu'à nos jours. Par sa dénonciation des castes, du racisme, des inégalités sociales, l'intégrisme sait prendre des accents révolutionnaires, et certaines paroles de Maoudoûdî ont été proprement explosives dans le Kaboul étudiant des années soixante et soixante-dix :

> Les rois et leurs alliés collectent l'argent du peuple par les moyens qu'ils jugent bons et le gaspillent sur des extravagances telles que châteaux, carrosses coûteux, sports de luxe. Les chiens des riches mangent souvent des choses que des millions de pauvres ne peuvent se procurer – ces pauvres créatures qui travaillent durement pour remplir les coffres des riches ! Est-ce là la justice ? Est-ce possible que ce plan soit la création d'un souverain juste qui a le même égard pour les droits et les intérêts de tous les hommes[10] ?

Plus loin, Maoudoûdî dénonce encore les « seigneurs féodaux », les « grands propriétaires terriens », les « magnats du commerce et de l'industrie », enfin les « puissants États qui ont fait des petites nations des esclaves par la force ». La critique du Hezb-é Islâmî afghan est tout aussi dure pour les régimes du roi Zâher et du prince Dâoûd, car les abus de ceux-ci viennent de ce qu'ils n'ont pas intégralement respecté la Sharî'at (programme, intr.) :

> L'Afghanistan est tombé dans ces misères car il s'est écarté de la règle mentionnée plus haut, bien que sa population soit entièrement musulmane. Le Hezb-é Islâmî est déterminé à introduire ce système

> [= l'application intégrale de la Sharî'at] en Afghanistan quels que soient les obstacles à affronter. Un gouvernement corrompu et illégitime ne saurait être bénéfique pour la société.

Cependant l'intégrisme n'épouse pas un radicalisme économique marxiste. Tout en recommandant d'essentielles interventions de l'État, il veut respecter la petite et moyenne entreprise privée (programme du Hezb-é Islâmî, ch. IV, par. 2, vii) :

> Les industries essentielles et celles menacées de déficit seront nationalisées. Une nationalisation de caractère général n'est pas envisagée.

L'intégrisme affiche avant tout un respect absolu pour les formes extérieures de la tradition islamique : costume, toilette, système pénal, morale sexuelle. Cette préoccupation pour la forme s'étend moins vers le fond, le contenu proprement doctrinal ou spirituel. Maoudoûdî consacre peu de pages aux démonstrations scolastiques de l'existence de Dieu. Le soûfisme, dont l'imagerie insuffle une grande partie de la littérature arabe et toute la littérature persane, turque, pashtô, ourdoue d'avant 1917, lui inspire la plus grande méfiance, quand ce n'est pas une franche hostilité. A ses yeux, l'effort du soûfisme pour dépasser la lettre du dogme et le détail du rituel est une inacceptable trahison, puisqu'il sape les formes extérieures. Maoudoûdî distingue les premiers soûfis, qui selon lui ne visaient qu'à accomplir les rites dans un esprit de plus grande sincérité, des soûfis postérieurs dont l'audace s'estimait au-dessus de la loi formelle :

> Malheureusement pour les musulmans, leurs connaissances diminuèrent, puis ils succombèrent aux philosophies perverties des puissances dominatrices d'alors, qui empruntèrent à leur foi seulement pour la déformer et y ajouter leurs dogmes pervertis.
>
> Ils altérèrent la pureté du soûfisme islamique avec des absurdités indéfendables greffées sur la base du Coran et des traditions. Progressivement apparut un groupe de musulmans qui s'estimaient au-dessus des exigences de la Sharî'at. Ces gens n'avaient aucune compréhension de l'islam, car l'islam ne saurait

> admettre un soûfisme qui s'écarterait et dévierait de la Sharî'at. Aucun soûfi n'a le droit d'enfreindre les limites de la Sharî'at ou de traiter à la légère les obligations primordiales, telles que les prières quotidiennes, le jeûne, la dîme d'aumône, et le pèlerinage [11].

Tourné vers le rite, Maoudoûdî évite toute discussion de la cosmologie traditionnelle et de son élaboration symbolique par les penseurs musulmans du passé. Afin de régénérer la puissance politique de l'islam moderne, il recommande dans l'esprit d'Al-Afghânî l'étude assidue des sciences de l'« Occident », mais uniquement en vue de leur application technique. Maoudoûdî ne se pose aucune des questions philosophiques que ces sciences impliquent, ne cherche pas à en explorer les éventuelles dimensions religieuses. Il lui suffit que les musulmans empruntent quelques recettes neuves, à condition de respecter scrupuleusement les *formes* de l'islam traditionnel en se gardant de toute contamination des mœurs de l'« Occident » :

> L'islam considère le savoir et la science comme un bien commun de toute l'humanité. Les musulmans ont toute liberté d'étudier la science et ses applications pratiques de n'importe quelle source. Mais, en ce qui concerne les questions de culture et de civilisation, il leur est interdit d'imiter les modes de vie des autres peuples [12].

Un excellent observateur de l'intégrisme afghan moderne, M. Olivier Roy, trouve une formule d'autant plus saisissante que ses implications philosophiques sont lourdes : « L'islam est plus pensé en termes de modèle politique que de spiritualité [13]. »

Le modèle : le cadre juridique de la Médine du Prophète au VIIe siècle. Contrairement aux tendances de la spiritualité islamique classique, l'intégrisme affirme que le salut de l'homme ne dépend pas de son élan individuel, mais de son encadrement social. Après le plus bref des préambules théologiques, le programme du Hezb-é Islâmî déclare sans ambages (intr.) : « La réforme du gouvernement est la condition préalable à une réforme de la société comme de l'individu. » (Le reste du pamphlet du Hezb se préoccupe justement de détails administratifs pratiques, parfois fort sensés : un nouveau système bancaire, prêts à la paysannerie, mécanisation de l'agriculture, protection de l'artisanat, etc.)

Prenant ouvertement parti pour l'intégrisme islamique comme facteur d'organisation guerrière efficace de la résistance actuelle, M. Olivier Roy semble y voir le moule par lequel pourrait s'effectuer la modernisation de la société afghane. Sans le dire expressément, il donne à comprendre que, par le maintien des *formes* religieuses traditionnelles, les intégristes pourraient faire accepter à la paysannerie de profonds bouleversements administratifs et techniques, refusés jusqu'ici avec horreur à cause de leur enveloppe marxiste [14]. Avec son goût des formules frappantes, très riches d'ambiguïtés qu'il ne peut guère développer dans ses propres textes essentiellement politiques, M. Roy voit dans le fondamentalisme afghan un désir de retour aux origines, une forme de « protestantisme » musulman appelé à dépasser « son propre Moyen Age », enfin un projet de révolution « islamique » et non « rationaliste » permettant de surpasser les clivages ethniques du pays [15]. Les succès militaires de la résistance de la vallée du Pandjshêr, affiliée au parti intégriste de M. Rabbânî, la *Djam'îat-é Islâmî* (« Rassemblement » ou « Société islamique »), convainc d'ailleurs de nombreux observateurs que c'est l'intégrisme qui offre le plus sûr rempart contre l'impérialisme soviétique et l'influence de la pensée marxiste. Les analystes américains partagent de plus en plus ce point de vue. Cette préférence rejoint curieusement l'optique des amis d'un autre intégrisme, celui de l'Iran ou de la Libye, barrage contre l'influence américaine.

Il s'agit cependant de mesurer ce qu'exige l'intégrisme islamique des esprits qui s'en réclament. « Protestantisme » est une analogie juste. L'adjectif « fondamentaliste », appliqué au parti de M. Maoudoûdî dans l'ancienne Inde anglaise, souligne sa ressemblance avec le « fondamentalisme » biblique du protestantisme anglo-saxon, pour qui l'écriture doit être intégralement acceptée à la lettre et non déchiffrée selon une interprétation symbolique. Mais il y a plus. C'est un « protestantisme » qui « dépasse son Moyen Age », dans la mesure où il veut redécouvrir les sources de sa foi en écartant toute la tradition d'interprétation intermédiaire. Comme le protestantisme chrétien balaie saint Thomas d'Aquin, M. Maoudoûdî veut substituer son interprétation propre, neuve, contemporaine et directe des saintes Écritures, sans référence au déchiffrement traditionnel soûfi, disons, d'un Ibn 'Arabî (1160-1240). Comme le protestantisme, l'intégrisme veut retrouver la pureté des institutions primitives afin de les réinstaurer aujourd'hui. Toutefois, cette nostalgie des origines est en elle-même une projection mythique, et l'interprétation « moderne » du texte fondateur n'est pas forcément plus « vraie » que celle d'un glossateur médiéval du point de vue de la pertinence spirituelle (laissons de côté l'aspect archéologique). En prenant pour modèle l'Église des premiers apôtres, ou la Communauté médinoise des premiers compagnons du Prophète, le projet des pères puritains du XVIIe siècle anglais comme des âyatollâhs iraniens d'aujourd'hui consiste à bâtir sur terre l'utopique nouvelle Jérusalem ou République islamique. Mais leur vision de l'Époque des Fondations est aussi fort sélective et réductrice. Dans l'histoire, le siècle du Christ ou de Mohammad fut aussi compliqué et tourmenté que n'importe quel autre, l'hagiographie elle-même en fait foi. La projection puritaine ou intégriste arrache l'époque des Fondations à l'histoire normale, il la suspend dans un Temps primordial parfait, celui des Origines, de la Pureté initiale, d'avant-l'histoire, dont le Legs sacré échapperait aux vicissitudes de l'histoire humaine imparfaite qui a suivi. En fait, aucune Époque parfaite n'a jamais existé et ne peut exister ailleurs que dans la conscience religieuse, où elle trouve sa vraie place. Il s'agit ici de la perception mythique universelle et bien connue de l'*in illo tempore*, du « Dans ce Temps-là » divin qu'a fort bien étudié Éliade[16]. Succédant à des siècles traditionnels, l'intégrisme musulman contemporain, en s'appuyant sur la lettre de l'Écriture, bâtit sa *propre* représentation des institutions de l'origine, et dans ce moule d'apparence superficiellement immuable fait couler *ses propres préoccupations toutes modernes*. Le problème, c'est le poids et la rigidité de ce moule.

Il existe une remarque très fine sur l'intégrisme islamique en général : « Ce sont les scientifiques, les médecins, les étudiants, les prix Nobel – eux les plus sophistiqués d'entre les musulmans – qui souvent se montrent, dans les facultés du monde arabe, les plus intégristes – alors que les étudiants en théologie s'en tiennent à une tradition confortable[17]. » Cette citation s'applique à la lettre à l'intégrisme afghan (sauf pour les prix Nobel inexistants). Comme il ne s'agit pas d'un mouvement proprement spirituel, les soûfis et théologiens traditionnels peuvent s'en offusquer : un soûfî de la vieille école dénoncerait même l'orgueil de s'imaginer pouvoir régir une communauté avec toute la perfection du Prophète. L'intégrisme afghan est au contraire un mouvement social et politique relevant de jeunes ingénieurs, instituteurs ou officiers, voulant vivre selon une pleine modernité technique à l'intérieur d'un *cadre* intégralement islamique. D'où l'accent sur la forme aux dépens du fonds.

Mais la forme est d'une rigidité tellement intransigeante qu'on peut craindre, malgré les réels aspects progressistes ou révolutionnaires de l'intégrisme afghan, un étouffement de la pensée et une tartuferie religieuse largement répandue dans un cadre gouvernemental devenu totalitaire. L'exemple iranien justifie cette appréhension.

On ne peut se faire aucune illusion sur un progrès futur du statut des femmes dans le cas d'un triomphe politique de l'intégrisme. Les textes de Maoudoûdî, ou ceux du *Hezb*, soulignent l'infériorité biologique, sociale et politique de la femme avec une clarté accablante (« le voile pour les femmes sera rétabli », *Programme du Hezb*, ch. I, par. 7, etc.). C'est une des plus étranges manies qu'a l'islam moderne de vouloir à tout prix reconnaître son identité culturelle dans le statut qu'il réserve aux femmes, alors que la tradition islamique est si riche de tant d'autres éléments où les militants actuels pourraient puiser à leur aise pour revendiquer leur spécificité. Bien plus que le Coran, le christianisme de saint Paul ou les traditions hindoues du bûcher des veuves ou chinoises du pied bandé sont dures pour les femmes – pourtant ni les chrétiens, ni les Hindous, ni les Chinois modernes ne s'accrochent à ces prescriptions pour s'affirmer. Il est sans doute plus facile, dans le Téhéran moderne, de jeter du vitriol au visage d'une jeune fille que de déchiffrer dans le texte la *Psychologie* d'Avicenne, ou de réaliser à main levée une calligraphie impeccable [18]...

Il faut cependant distinguer sur le terrain entre intégrismes iranien et afghan. A Téhéran, l'intégrisme, avec son culte effréné du chef suprême et son encadrement de masses urbaines désemparées par l'effondrement récent de leur civilisation paysanne traditionnelle, présente plus d'une analogie avec les totalitarismes de l'Europe au lendemain de la Première Guerre mondiale. Le Proche-Orient fraîchement industrialisé semble vivre l'atroce équivalent de nos années vingt et trente, et le khomeynisme épouse de près l'aspect d'un fascisme vert. Les vociférations continuelles de haine achèvent de dégrader ce qui restait de spirituel dans le mouvement, et il y aurait une curieuse étude de psychologie religieuse à entreprendre sur les sermons d'un prêtre qui n'évoque, à la place de Dieu, de l'amour et de la vie, que les notions obsédées de Satan, de la damnation et de la mort.

Mais l'intégrisme se nuance dans un Afghanistan aux traditions paysannes encore intactes. En outre, le patriotisme est plus vif que jamais chez les cadres intellectuels survivants. Or l'intégrisme dogmatique milite contre le nationalisme laïque de type turc, arabe, iranien, afghan, apparu au Proche-Orient après 1917 ; il ne veut reconnaître d'autre patrie que l'islam, et en cela il reprend une vieille tradition islamique exprimée par le proverbe arabe : *« Hobb al-watan mén al-îmân »*, « l'amour de la patrie vient de la foi » – Khomeynî et les siens n'ont pas de mots assez durs pour le particularisme proprement iranien, l'antique culture préislamique persane, tandis que Maoudoûdî fustige au Pakistan « l'adoration (*worship*) de la nation [19] ». Mais face à la catastrophe de Kaboul, à la fin de 1979, c'est Maoudoûdî *lui-même* qui conseilla aux chefs intégristes afghans de mettre une sourdine à leur panislamisme pour exalter une résistance nationale : c'est seulement en tant que nation indépendante que l'Afghanistan pourra reprendre sa place de rempart de la foi[20]. L'intégrisme afghan a su faire ici bon ménage avec le patriotisme.

En outre, au-delà des états-majors, ce sont maintenant des paysans qui adhèrent aux divers partis intégristes lorsque ceux-ci sont implantés dans leurs régions. Ces paysans, rassurés par le conservatisme de la *forme*, ne perçoivent guère le renouvellement théologique du *fond*. Par leur présence devenue prépondérante, ils finissent par peser sur les structures mêmes des partis. Le cas type est celui de la Djam'îat-é Islâmî ou « Société islamique » de M. Borhânoddîn Rabbânî, lui-même un Tâdjîk du Badakhshân, dont le parti est devenu le pôle de la seconde ethnie afghane : les Tâdjîks de tous bords s'y rallient en masse depuis la fin de 1981, tant, ou plus, par solidarité ethnique que par idéologie. Or le parti de M. Rabbânî a su se faire accueillant, même pour les intellectuels tâdjîks « modérés » : nul ne saurait taxer Khalîlî, le plus illustre poète afghan moderne, de fanatisme borné – mais il a rejoint la Djam'îat. Pour les paysans comme pour les intellectuels de souche tâdjîke, la revendication de la seule légitimité islamique permet en effet de contester celle de la domination politique pashtoûne, et la Djam'îat leur propose un Afghanistan musulman appartenant au même titre à toutes ses ethnies.

Pour sa part, la fraction du Hezb-é Islâmi ou « Parti islamique » dirigée par M. Yoûnos Khâlès puise sa force dans sa solide implantation régionale, avec ce que cela suppose de solidarité tribale en pays traditionnel pashtoûn, aux abords de la ville de Djalâlâbâd entre Kaboul et la frontière pakistanaise. Son représentant, 'Abd-ol-Haqq, a rejoint de très près les thèses « modérées » dans sa réponse aux parlementaires européens à Strasbourg, inquiétés par les excès du khomeynisme, au printemps de 1981 : « Contrairement aux Iraniens, nous sommes *déjà* des musulmans dévoués. Nous n'avons donc pas besoin d'une révolution islamique complète du même ordre. »

Seul le Hezb-é Islâmî de l'ingénieur Golboddîn

Hekmatyâr demeure un parti idéologique pur et dur, sans vraies racines régionales mais réparti à travers le pays grâce à son réseau d'anciens instituteurs et officiers.

La Djam'îat a le vent en poupe. Depuis 1980, la résistance de la vallée tâdjîke du Pandjshêr, autour de son chef djam'îatî Mas'oûd, force l'admiration du pays entier. Le parti de M. Rabbânî concilie dans la pratique une idéologie intégriste proche de celle de Maoudoûdî avec un souffle nationaliste et une marge de tolérance pour un soûfisme respectueux des formes. La poésie mystique de Khalîlî en fait foi, et Roy signale aussi le ralliement à la Djam'îat de confréries tâdjîkes de l'Ouest sharî'ati (respectueuses de la Sharî'at)[21]. Contrairement à son rival, l'ingénieur Hekmatyâr, M. Rabbânî est un authentique théologien de formation classique, attentif à la lecture du poète médiéval Djâmî[22]. Beaucoup voient dans le dynamisme éclectique de la Djam'îat une combinaison des avantages : la discipline et l'idéal des intégristes, la relative tolérance des modérés. Roy veut reconnaître dans la Djam'îat un espoir d'unification pour la résistance entière. C'est peut-être prématuré. La Djam'îat demeure, après tout, un parti intégriste, et de nombreux « modérés » rejettent toujours son programme. En outre, la Djam'îat, en s'identifiant de fait avec l'ethnie tâdjîke, manipule sur le terrain de nombreux leviers politiques tribaux traditionnels – et les chefs pashtoûns rivaux ne s'y trompent pas. Et si les Soviétiques n'ont pas réussi à faire plier les tribus pashtoûnes sous la férule d'un parti unique, il est douteux que la Djam'îat y réussirait à leur place...

Isolé par son intransigeance dogmatique, c'est le Hezb-é Islâmî de M. Hekmatyâr, autrefois le premier parti d'opposition, qui prête le flanc aux critiques en paraissant cristalliser autour de lui tous les griefs adressés à l'intégrisme. Son parti maintient à Peshâwar, au Pakistan, une atmosphère d'intolérance religieuse surchauffée, poussant les partis plus modérés que le sien – y compris ceux de MM. Rabbânî et Khâlès – dans une surenchère de piété affichée : l'ambiance de la résistance en devient proprement irrespirable pour nombre d'Afghans éduqués, croyants mais modérés, dont l'Afghanistan aurait le plus grand besoin mais qui se croient obligés de s'exiler en Europe pour vivre et penser librement. Et il ne s'agit pas là que des « gauchistes ». Le fanatisme du *Hezb* devient un repoussoir ; il refroidit comme à plaisir la sympathie occidentale, dont les Afghans manquent déjà cruellement, par des déclarations haineuses dans le style iranien ; il refuse avec morgue toute assistance infidèle ; et les Soviétiques ont beau jeu de recouvrir les murs de Kaboul de M. Hekmatyâr comme ennemi public numéro un, à la manière d'Emmanuel Goldstein de *1984*, comme s'il incarnait à lui seul l'ensemble de la résistance. Le Hezb travaille-t-il objectivement en faveur des Soviétiques, comme certains observateurs le soupçonnent ? La sincérité de ses militants de base ne saurait être mise en doute, mais lorsqu'il s'avère que le Hezb prend surtout les armes pour s'attaquer à d'autres résistants – des nationalistes du Nouristan aux intégristes plus tièdes de la Djam'îat – le soupçon, forcément, s'épaissit. Il s'épaissit d'autant plus qu'en milieu chiite, le parti pro-iranien *Nasr* affaiblit grièvement la résistance hazâra en agissant exactement de la même façon que le Hezb en milieu sunnite : chasse aux sorcières des cadres éduqués, refus de toute aide occidentale et aliénation volontaire des sympathies étrangères, attaque à main armée contre les groupes plus modérés. Un pourrissement intérieur, dirigé par une manipulation soviétique de l'intégrisme, est l'hypothèse qui s'impose de plus en plus aux observateurs. Mais, par leur choix délibéré de la *haine* comme étrange moteur religieux, ce sont les partis intégristes extrémistes qui s'exposent à ce soupçon qui salit la foi dont ils se réclament.

Mais le refus de cet extrémisme intégriste par l'immense majorité des Afghans est un signe de robuste santé spirituelle. Et l'islam afghan demeure avant tout, comme le judaïsme du ghetto de Varsovie ou l'Église arménienne ou polonaise, un signe de ralliement commun à toutes les tendances, et l'affirmation d'une éthique supérieure face à une tyrannie perçue désormais comme infra-humaine.

Il fallait, pour une fois, retracer les grandes convictions qui inspirent et parfois divisent les résistants afghans. Ce n'est pas pour y nier les influences sous-jacentes des forces sociales sur le terrain – ces rivalités ethniques et tribales qui affectent jusqu'aux communistes afghans – qu'on doit aborder maintenant.

III

LES TENAILLES DU « GRAND JEU » (1649-1978)

La phrase de lord Curzon, vice-roi britannique des Indes de 1899 à 1906, reste toujours citée parce que toujours pertinente : « Turkestan, Afghanistan, Transcaspienne, Perse – pour beaucoup de gens, de tels noms évoquent seulement un mystérieux lointain, le souvenir d'aventures étranges, une tradition romanesque désuète. Pour moi, je l'avoue, il s'agit là des pièces d'un échiquier sur lequel se dispute la partie pour la domination du monde[1]. » Cette partie, Kipling, à la suite de Curzon, l'appellera *The Great Game,* le Grand Jeu anglo-russe impérial, où l'Afghanistan figure comme pièce centrale. Au lendemain de l'invasion russe de décembre 1979, un diplomate américain confiait : « Le Grand Jeu est terminé. Les Russes l'ont gagné. » La Résistance afghane refuse de le croire.

De 1649 à nos jours, l'histoire de l'Afghanistan prend douloureusement forme dans une paire de tenailles plus ou moins resserrée. L'Afghanistan naît d'ailleurs par une sorte de miracle historique : une époque de hiatus entre les dominations des grands empires. Au XVIIe siècle, le territoire des Afghans est encore partagé entre deux grandes puissances musulmanes rivales : à l'ouest, l'Empire iranien des shâhs Séfévides ; à l'est, l'Empire indo-musulman des Grands Moghols. Ces deux Empires se disputent le contrôle de l'Asie centrale et la suzeraineté des tribus afghanes. Or, au XVIIIe siècle, leur effondrement simultané constitue pour les tribus afghanes une chance inouïe. Les Afghans sont libres alors de créer leur royaume propre en 1747. Les deux puissances impériales de l'avenir, la Grande-Bretagne et la Russie, n'apparaîtront sur la scène de l'Asie centrale qu'un demi-siècle plus tard, à partir de 1809, quand le royaume d'Afghanistan aura déjà eu le temps d'affirmer son existence.

Avec l'apparition des Russes et des Anglais, le Grand Jeu impérial millénaire pour la possession de l'Asie centrale pivote. Cette fois, les puissances rivales ne sont plus à l'ouest et à l'est : la Perse et l'Empire moghol se sont effondrés. La lutte pour la domination du cœur de l'Asie reprend, cette fois, entre un Empire russe situé au nord, et un Empire anglo-indien ancré au sud. Pour les Afghans, le croc supérieur de la sanglante tenaille s'est refermé sur eux en 1978.

Dans un environnement géographique aussi hostile depuis des siècles, les tribus afghanes ont perfectionné des mécanismes de résistance. La rébellion contre les grands empires constitue même le motif central de leur histoire. Aujourd'hui, depuis que les Soviétiques ont détruit l'appareil moderne de l'État souverain afghan, les montagnards ont recours aux mêmes mécanismes que ceux qui ont protégé leur indépendance contre les Moghols ou les Britanniques. Quelles que fussent, en effet, les fictives suzerainetés impériales dans la région, aucun envahisseur étranger et même aucun pouvoir central n'a jamais réussi à conquérir et soumettre les montagnes à l'est de Kaboul où l'Afghanistan est né. La question qui se pose aujourd'hui est la suivante : est-ce que ces mécanismes de résistance restent aussi efficaces contre un ennemi de type radicalement nouveau ?

Pour étudier ces mécanismes de résistance, on peut parcourir d'un rapide coup d'œil quatre siècles de rébellion afghane contre quatre grands empires : le moghol, l'iranien, l'anglais, le russe. La comparaison est fructueuse, car jamais l'Afghanistan n'a autant ressemblé à ce qu'il était au moment même de son émergence au XVIIe siècle. La tourmente soviétique a balayé la façade gouvernementale moderne de l'Afghanistan, avec ses postes, ses douanes et son parlement. Restent les tribus, les villages, leurs vieux réflexes de défense. L'invasion soviétique provoque un paradoxe sans doute temporaire mais saisissant : l'Afghanistan à l'agonie d'aujourd'hui reproduit de très près les conditions de l'Afghanistan naissant, à l'état pur, d'il y a quatre cents ans.

A. LA POUSSÉE INTÉRIEURE (1649-1809)

Le berceau de l'Afghanistan

A l'origine, c'est-à-dire avant la fondation du royaume afghan en 1747, le terme *Afghanistan* ne s'applique qu'à une bande de territoire montagneux entre Kaboul et le fleuve Indus, habité par les tribus pashtoûnes. Le terme *Afghân,* d'origine inconnue (des étymologies fantaisistes abondent dans le folklore), a été utilisé par leurs voisins de langue persane depuis le Xe siècle environ [2] pour désigner les Pashtoûns. Au début du XVIe siècle, le nom Afghanistan ne recouvre même pas encore la ville de Kaboul, peuplée alors surtout de Tâdjîks parlant le persan. En 1504, le territoire correspondant à l'actuel Afghanistan est un tissu de races, unies seulement par la foi musulmane et l'usage général de la langue persane, sous le sceptre d'un prince turco-mongol, Bâbour, résidant à Kaboul (la brillante principauté de Hérât était alors gouvernée par des cousins germains de Bâbour). Sous la plume de ce prince Bâbour de Kaboul, à la fois guerrier audacieux et écrivain raffiné, turc par son père et mongol (ou « moghol ») par sa mère, le futur Afghanistan nous apparaît dans toute sa complexité déjà en 1504 :

> Il existe de nombreuses tribus différentes dans le pays de Kaboul ; dans ses plaines et vallées on compte des Turcs, des Aymâq, des Arabes ; dans sa capitale et villages environnants, des Sârt [= Tâdjîks sédentaires], dans les districts ruraux et villages éloignés, les tribus : Pashâï, Parâdjî, Tâdjîks, Bîrkî, Afghans.

> On parle onze ou douze langues à Kaboul : arabe, persan, turc, mongol, hindi, afghan, pashâï, parâdjî, guèbre, bîrkî, lamghânî. S'il existe un autre pays avec tant de tribus différentes et une telle diversité de langues, il ne m'est pas connu [3].

Bien que le royaume de Kaboul coïncidât avec la plus grande partie de l'Afghanistan actuel – du Badakhshân jusqu'à Kandahâr avec des zones de tribus dissidentes incontrôlables comme le Hazâradjât – le prince Bâbour n'emploie le nom d'*Afghanistan* que pour décrire *la ceinture montagneuse tribale* aux abords méridionaux et orientaux de sa capitale.

Jamais Bâbour ne put soumettre cette poche de montagnards rebelles, ni aucun prince avant lui. Cette turbulente patrie de tribus dissidentes qui n'étaient contrôlées par personne était un pur *Yâghestân,* ou « Royaume de l'Insolence ». Ce n'est d'ailleurs pas *par la force* que l'islam s'y implanta. *Aucune chronique ne mentionne de conquête arabe, autrefois, dans le pays proprement pashtoûn.* Les rudes montagnards afghans semblent s'être convertis à l'islam aux environs de l'an mille, à peu près comme leurs contemporains vikings embrassèrent le christianisme, par la seule puissance d'attrait de la civilisation ambiante dont ils admiraient la richesse. Faméliques, barbares, guerriers, libres dans leurs montagnes mais talonnés par la faim, les Afghans du Moyen Age connurent deux moyens pour survivre : attaquer et rançonner les caravanes, ou descendre tenter leur fortune comme soldats mercenaires dans les armées musulmanes de la plaine. « Inutiles et repoussantes » selon le prince Bâbour, ces montagnes arides et d'une pauvreté désespérée servirent toutefois pendant tout le Moyen Age de réservoir de mercenaires pour les divers princes musulmans, turcs surtout, qui conquirent puis régnèrent sur l'Inde.

Les premières chroniques du peuple afghan concernent l'épopée de ces mercenaires pashtoûns sur le sol indien, où ils se taillèrent des domaines à la pointe du glaive alors que leur patrie d'origine demeurait pauvre, obscure, libre et anarchique. Au XVe siècle, des condottieri afghans devinrent même sultans de

Delhi, du Gujerate et du Bengale, mais ne purent jamais courber sous leur joug les arides montagnes dont ils étaient issus. Ce pays afghan, les Hindous et même les Indo-musulmans épouvantés l'appelaient seulement *Rôhh,* la montagne, nid d'aigle de ces rapaces pashtoûns qui déferlaient chaque année, en tant que mercenaires du sultan, pour se déchirer les grasses plaines du Gange. Un chroniqueur écrit : « Quand leur parvinrent les édits impériaux, c'est de tous côtés que les Afghans de Rôhh s'en vinrent comme autant de fourmis et de sauterelles pour se mettre au service du sultan Bahloûl[4]. » Solides guerriers, les mercenaires étaient toutefois rétifs à la discipline et manifestaient même du mépris pour leurs frères de race installés depuis trop longtemps en Inde et amollis : « Un faucon doit-il obéir à un héron ? », demandait l'un d'eux[5].

Ce furent d'abord des cavaliers mercenaires afghans qui vinrent grossir, au début du XIe siècle, les armées conquérantes du sultan turc Mahmoûd de Ghaznî, lui qui le premier porta l'islam au cœur de l'Inde comme un glaive vengeur. Puis, sous les sultans turcs de Delhi, les clans afghans formèrent une caste de prétoriens privilégiés, à qui les souverains distribuaient fiefs et provinces à gouverner. En 1334, le clan afghan des Lôdî se révolta contre son suzerain turc et réclama l'Empire. Le sultan Mohammad ben Toghloq écrasa les rebelles, et son chroniqueur Bârânî nota avec satisfaction : « Leur chef Malek Shâhô Lôdî abandonna la partie après le choc des armées, évacua la place-forte de Multan, et se retira avec ses Afghans en Afghanistan, *bâ Afghânân-é khwod dar Afghânestân raft* » : c'est la toute première mention littéraire du nom du futur pays[6].

Les prétoriens afghans chassés s'obstinèrent et, pendant un siècle, une vendetta sanglante opposa sur sol indien les deux peuples musulmans maîtres des Indes, Turcs et Pashtoûns. En 1451, les Afghans parurent triompher : le chef du clan des Lôdî, Bahloûl, monta sur le trône de Delhi comme sultan, tandis qu'une autre dynastie afghane régnait sur le lointain Bengale. Alors même que le pays afghan originel demeurait insoumis, l'Inde devenait un fief pasthtoûn.

L'Empire afghan en Inde fut aussi éphémère que

ces royaumes berbères décrits par Ibn Khaldoûn, brèves confédérations tribales fondées par un père, maintenues par un fils et perdues par le petit-fils qui n'a plus la poigne de l'aïeul. Malgré les efforts despotiques des sultans Lôdî – Bahloûl, Sékandar, Ebrâhîm –, les classiques disputes des chefs de clan pashtoûns ruinèrent la souveraineté afghane sur les Indes, et l'heure turque sonna à nouveau. Le prince turco-mongol Bâbour, déjà maître de Kaboul et de Kandahâr, médita la destruction complète de la puissance afghane à Delhi. En 1516, avec sa nouvelle artillerie, Bâbour anéantit les éléphants du sultan afghan Ebrâhîm Lôdî sur la plaine poudreuse de Pânîpât aux portes de Delhi, et fonda sa propre dynastie en Inde que l'histoire a consacrée sous le nom d'Empire des Grands Moghols. Malgré quelques rudes soubresauts (le clan afghan des Soûr, avec son chef Shêr Khân – « Monseigneur Tigre » –, chassa les Moghols de Delhi et s'y maintint de 1540 à 1555), c'en était fait de la prépondérance afghane aux Indes. Les clans afghans ne maintinrent leur indépendance que dans leur première citadelle de *Rôhh,* la Montagne que Bâbour et sa succession de Grands Moghols ne purent jamais soumettre. L'Empire avait glissé des mains des Afghans comme un rêve – leur désunion en avait été cause –, et les Pashtoûns redevenaient ce qu'ils avaient toujours été : des *yâghî,* des « insolents », détrousseurs de caravanes ou mercenaires potentiels, toujours en marge des grands empires et de la civilisation. Au XVIIe siècle, le barde afghan Khosh-Hâl Khân Khattak s'exclama douloureusement :

> La Geste des Afghans en tout surpasse celle du Moghol,
> Mais ils n'ont point d'union – ah, grande navrance !
> J'entends pourtant la tradition de Bahloûl et de Shêr Shâh,
> Qui furent, ces Afghans, empereurs des Indes !

Les Lôdî, quant à eux, n'ont pas disparu tout à fait de l'histoire ; leur descendant collatéral, 'Azîzollâh Lôdîn, est aujourd'hui secrétaire politique de l'Alliance de la résistance modérée, à Peshâwar.

Au XVIIe siècle, le destin afghan paraissait plus stérile que jamais. L'actuel Afghanistan se retrouvait partagé entre le Grand Moghol de Delhi, toujours maître de Kaboul, de Ghaznî et du Badakhshân, tandis que le shâh d'Iran contrôlait Hérât et Kandahâr, cette dernière définitivement arrachée au Grand Moghol depuis 1649. Les tribus afghanes, sans être soumises, étaient vassales de l'un ou l'autre de ces potentats rivaux. Pour garantir la sécurité de leurs caravanes le long des axes de communication de cette Asie centrale disputée, les deux empereurs versaient des subsides à certaines tribus alliées pour faire la police des routes et guerroyer contre les autres tribus dissidentes. Mais c'est à la lumière des brusques changements d'alliance, des chantages exercés par les tribus afghanes sur les deux empereurs antagonistes, que l'on obtient pour la première fois de l'histoire une chronique fournie de l'État afghan tribal à la veille de sa naissance. Il apparaît en effet vers 1649 que le nom d'Afghanistan ne se restreint plus aux montagnes dans la banlieue sud-orientale de Kaboul. Un siècle et demi après les notes de Bâbour, les tribus afghanes semblent avoir subi une véritable explosion démographique et, bloquées du côté des Indes, ont essaimé avec leurs troupeaux en quête de pâturages à travers tout le territoire de l'Afghanistan moderne. A la fin du XVIIe siècle, la tribu des Abdâlî campe ainsi autour de la ville de Hérât, aux confins iraniens. Les premières voix poétiques se font entendre, et les dernières années du siècle voient fleurir un Age d'or de la littérature pashtoûne. Enfin, les révoltes pashtoûnes cessent d'être de simples frictions aux frontières pour devenir des crises graves qui ébranlent les deux empires, saignent leurs armées régulières et dévorent leurs trésors publics. Et puis, au début du siècle suivant, c'est littéralement une détonation afghane : les Pashtoûns détruisent l'Empire iranien, abattent la superbe de l'Empire moghol, et fondent enfin leur royaume propre sur leur sol propre. Bref, l'aventure médiévale aux Indes avait été un faux départ. La véritable gestation de l'Afghanistan moderne se situe dans l'obscur XVIIe siècle centrasiatique.

Telles sont, jusqu'en 1649, les premières chroniques pertinentes du peuple pashtoûn. Vengeances tribales, épopée guerrière s'achevant dans le néant, péripéties dynastiques incompréhensibles... Le lecteur moderne, préoccupé de connaître les implications présentes de ces conflits passés, rappellerait volontiers ici la phrase de Shakespeare sur une histoire contée par un fou, pleine de bruit et de fureur et ne signifiant rien. En réalité, ces tumultes révèlent des mécanismes sociaux complexes, profondément ancrés et constants, n'ayant rien perdu de leur actualité. Tout cela, dès la seconde moitié du XVIIe siècle, commence à devenir très clair dans les chroniques, et demeure d'une pertinence brûlante de nos jours. Le problème, pour les observateurs du conflit actuel, c'est que la guerre soviéto-afghane met brusquement en présence une forme raffinée de totalitarisme moderne, et une société aux rouages archaïques dont certains plongent dans le passé le plus ancien de l'humanité.

Si ces mécanismes nous paraissent quelquefois compliqués, ou même déroutants, c'est parce que notre environnement industriel nous a affranchis de certaines conditions communes autrefois à l'ensemble de l'humanité, et que nous avons oubliées. L'important, c'est de reconnaître que le comportement actuel des paysans afghans en guerre n'est pas aberrant, ou le fruit du hasard, mais qu'il reproduit des schémas anciens extrêmement contraignants. La société rurale afghane reflète un environnement hostile au point d'être implacable, et ses réflexes de défense sont parfois assez cruels, mais pas illogiques.

La tragédie d'aujourd'hui, c'est que la société rurale afghane livre un combat où elle est convaincue qu'il s'agit de son existence même, et où elle s'accroche pour survivre à des mécanismes devenus peut-être dérisoires dans une guerre de type nouveau, face à un ennemi d'une puissance de feu totale.

Les mécanismes du Royaume de l'Insolence

Le pays originel des Pashtoûns, que le prince Bâbour considérait si ingrat, consiste en falaises rocailleuses, en steppes arides et ondulantes, en chaînes de montagnes dont les sommets culminent au *Safêd-Kôh*, littéralement « Mont-Blanc », à plus de trois mille mètres d'altitude. La vie permanente n'est possible que le long des rives irriguées des cours d'eau, grossis chaque printemps par la fonte des neiges. Les plateaux sont semés de touffes d'épines.

Pendant les deux tiers de l'année, la couleur dominante du pays pashtoûn est un sinistre mélange de jaune sale et de marron. Depuis des siècles, les guerriers pashtoûns ont appris à se camoufler dans leur aride paysage en revêtant un châle et un pyjama flottant d'une triste « couleur de terre » : en persan et en pashtô, le *khâki*. Adoptée par les troupes coloniales anglaises stationnées au début du XXe siècle sur la frontière indo-afghane, cette teinte terreuse a été depuis adoptée pour les uniformes de toutes les armées du monde. Aujourd'hui, quand passe un hélicoptère soviétique, les maquisards s'accroupissent en se dissimulant sous leurs châles khâki, et du haut des airs ressemblent à s'y méprendre à de vulgaires rochers éparpillés dans le désert.

Les territoires tribaux pashtoûns, de part et d'autre de la frontière moderne afghano-pakistanaise, sont par tradition des zones insoumises. Du côté oriental de la frontière, les Anglais et leurs successeurs pakistanais ont reconnu le caractère autonome des tribus : il s'agit des *Tribal Territories* où l'administration gouvernementale ne s'applique que dans quelques fortins et le long de la surface asphaltée des routes du lever au coucher du soleil. Ailleurs, justice, impôts, police, tout y relève encore des autorités traditionnelles tribales.

Du côté afghan, l'ancien gouvernement royal tolérait lui aussi une pareille autonomie. Ainsi, les tribus du Paktyâ étaient dispensées de service militaire. L'agression soviétique n'est pas la première, mais cherche, par son modernisme efficace et brutal, à être la dernière tentative pour casser cette tradition d'indépendance. Dans le langage du régime de Kaboul, les résistants sont des « rebelles », ou *yâghî*.

Ce mot de yâghî renoue à dessein avec une vieille tradition aussi. Dans le persan classique des cours royales, les termes de *yâghî*, « rebelle », et de *Yâghestân*,

« Royaume de la Rébellion » ou « de l'Insolence », ont toujours servi à décrire ces réduits tribaux insoumis. En 1900, l'émir ʿAbd-or-Rahmân de Kaboul, dans sa correspondance officielle avec les Anglais, emprunte le même mot pour désigner le pays tribal frontalier : « *These frontier tribes known by the name of Yaghistan* » (ces tribus frontalières connues sous le nom de Yâghestân) ; l'émir s'explique lui-même sur le sens du mot : « *the land of the unruly* » (le pays de ceux qui ne se soumettent point à la règle[7]).

Pour l'ethnologue américain Carleton Coon, les « Royaumes de l'Insolence » dans leurs bastions montagneux constituent des données traditionnelles permanentes du paysage social et politique du Proche-Orient. Coon donne trois exemples classiques : les Berbères du Rif marocain ; les Kurdes écartelés entre la Turquie, l'Irak et l'Iran ; et les Pashtoûns aux confins pakistano-afghans. Séparées les unes des autres par des milliers de kilomètres, ces trois populations musulmanes montagnardes présentent des similitudes frappantes, non seulement par leur mode de vie et leur organisation sociale, mais jusque dans l'architecture domestique, le costume et l'aspect physique. Au mot persan de Yâghestân correspond ainsi, en arabe dialectal marocain, le terme de *Bled es-Sîbâ*, « Pays de Dissidence » (littéralement : « pays des lions »), par opposition au *Bled el-Makhzan*, le « Pays du Trésor public » où le souverain lève ses impôts[8].

Cette distinction marocaine s'applique parfaitement à l'Afghanistan traditionnel où l'on retrouve l'opposition des termes parallèles de *Yâghestân* (pays rebelle) et de *Hokoûmat* (pays de gouvernement). D'un côté, dans les oasis de la plaine, le souverain peut lever des impôts et régner sur une population paysanne soumise. De l'autre côté, la Montagne est le refuge de la dissidence. Le contraste entre la Plaine et la Montagne est fondamental dans l'histoire afghane, et le demeure de nos jours où c'est un régime prosoviétique qui broie la Plaine tandis que la résistance tient dans la Montagne.

La civilisation de la *Plaine* est une civilisation d'irrigation. Les premières civilisations sédentaires humaines seraient même nées dans ces plaines du

Proche-Orient désertique, à cause du labeur collectif nécessaire pour organiser sur une vaste échelle de complexes travaux d'irrigation. Le système politique requis pour veiller sur l'énorme complexe de canaux est en général un despotisme, comme l'a noté Wittfogel. La puissance du souverain permet de centraliser sous l'œil vigilant des scribes l'exploitation de l'immense domaine agricole. Massés dans leurs villages situés en rase plaine, privés de toute défense naturelle, les paysans sont aisément soumis et embrigadés par une caste de prêtres, de scribes, de guerriers, afin d'entretenir par leur travail le réseau compliqué des canaux. Sur une échelle sans doute plus restreinte que l'Egypte, la Mésopotamie, l'Iran ou l'Inde, l'Afghanistan aussi a connu ces grandes oasis de la plaine, foyers de civilisations brillantes, comme Bactres dans l'Antiquité et Hérât au cours du Moyen Age musulman.

Toutefois, ces civilisations de la Plaine irriguée sont aussi de pesants Despotismes, perçus comme tels par les paysanneries. A travers le Proche-Orient traditionnel et particulièrement en Afghanistan, le gouvernement du Despote est le plus souvent considéré comme un ennemi, contre lequel les montagnards peuvent se révolter ouvertement tandis que les paysans de la Plaine doivent le subir. Dans la Plaine, les révoltes paysannes ouvertes sont très rares : citons, pour l'Asie centrale, la grande révolte d'Aboû-Moslem au VIIIe siècle qui ébranla le califat de Damas. La règle de conduite, pour les paysans de la Plaine, consiste plutôt à louvoyer, mentir, escamoter les corvées, se montrer servile et flatteur en évitant au maximum de livrer l'impôt exigé. Le meilleur des gouvernements se voit dès son avènement entouré d'un rempart épais de méfiance générale, d'hostilité sourde, de résistance passive. Lors du passage des collecteurs d'impôts et des sergents recruteurs, les fermiers éludent les questions, dissimulent le montant de leurs récoltes, cachent s'ils le peuvent les jeunes gens, endurent parfois avec patience les coups de bâton. Dans la région de Hérât en 1972, mon ami Yâr-Mohammad dégrafa sa tunique pour me montrer avec fierté les cicatrices de sa poitrine et de son dos :

il avait caché son troupeau de moutons derrière un repli de collines, il n'avait rien avoué aux inspecteurs malgré la bastonnade. Par définition, le représentant du régime est un voleur qu'on calme avec de belles paroles et qu'on trompe. Il est aussi corrompu, sujet de plainte pour les paysans qui se hâtent pourtant de le corrompre davantage avec des petits cadeaux, croyant ainsi atténuer la rigueur du Despotisme. Le point de vue des paysans est logique, mais leur instinct politique se borne en général à finasser avec l'autorité pour la rendre aussi inefficace que possible sur le plan local. Imaginer la constitution d'un autre gouvernement, émanant du peuple pour le servir, est une idée accueillie par les paysans avec passablement de cynisme : ils ont vu passer trop de Despotes.

Toute différente est la situation de la *Montagne*, la zone du Yâghestân où la rébellion ouverte est physiquement possible. La difficulté du terrain interdit l'accès aux cavaleries du Despote de la Plaine. En outre, l'étroitesse des vallées, les accidents du sol réduisent forcément les surfaces irriguées et morcellent les champs, empêchent la constitution de trop vastes domaines latifundiaires. L'irrigation est aussi vitale en Montagne qu'en Plaine, mais les conditions despotiques de la plaine sont beaucoup plus difficiles à y reproduire. Les rares ressources provoquent des luttes continues qui sapent tout effort d'autorité centralisée.

Pour le souverain de la Plaine, comme le Grand Moghol au XVIIe siècle ou l'occupant britannique des Indes à une époque récente, les rebelles du Yâghestân sont un sujet de constante irritation. Leur citadelle montagneuse défie la pénétration des armées lourdes et des percepteurs d'impôts. Leur insolente indépendance, qui se manifeste par des pillages de convois ou des razzias contre les villages de la Plaine, nargue le principe même de la souveraineté du Despote. Impossible de les soumettre définitivement, même après les campagnes les plus dures, les représailles les plus atroces, car les rebelles ne possèdent aucune autorité centrale avec qui négocier et à travers qui imposer une pacification politique.

Le Despote de la Plaine apprend donc par expérience

une politique tribale. Pour maintenir ouvertes ses communications routières, il soudoie certaines tribus pour protéger ces routes et pour combattre contre les autres tribus. Son or et ses agents dressent les tribus les unes contre les autres : chose facile, car la pauvreté du terrain entretient déjà une compétition féroce pour la possession des rares vallées irriguées. Enfin, les tribus fournissent au Despote de magnifiques mercenaires, des spécimens guerriers largement supérieurs aux paysans écrasés des villages de la Plaine. Promus officiers et commandants généraux, ces mercenaires tribaux finissent parfois par évincer le Despote en prenant sa place. Il n'est même pas interdit à l'usurpateur tribal de se révéler dans la Plaine un superbe administrateur, soucieux d'efficacité centralisatrice et tout aussi despotique (sinon plus) que son prédécesseur : l'exemple type est celui de l'aventurier afghan Shêr Khân dans l'Inde du XVIe siècle, dont les réformes administratives furent reprises par les Grands Moghols. Mais autre chose, pour l'usurpateur tribal, ou le Despote issu de souche tribale, est d'imposer l'autorité centralisatrice chez les tribus elles-mêmes. Seuls les plus habiles des souverains afghans, le fondateur Ahmad Shâh au XVIIIe siècle ou 'Abd-or-Rahmân entre 1880 et 1901, surent trouver de rusés compromis.

Le heurt est moins âpre, moins intransigeant si le Despote et les rebelles sont tous deux musulmans ; un fossé plus tranché les sépare si le Despote est un mécréant ou perçu comme créature des mécréants. Imposé par les Anglais à Kaboul en 1838, Shâh-Shodjâ' ne sut trouver aucun *modus vivendi*, ne put faire jouer aucune recette de politique tribale face au refus combiné et fanatisé à la fois de la paysannerie de la plaine et des montagnards du Yâghestân. Les Anglais surent ensuite se montrer plus précautionneux, mais les rébellions dans les *Tribal Territories* ne tarirent point jusqu'au départ des Indes en 1947. Sans doute les Britanniques purent-ils recruter de solides soldats « pathans » dans l'armée des Indes mais, contrairement à l'époque des sultans turcs ou moghols, quel officier pashtoûn pouvait songer sous la reine Victoria à devenir général ou vice-roi ? Aujourd'hui, les rapports entre tribus pashtoûnes et administrateurs pakistanais musulmans sont d'une nature beaucoup plus cordiale, même si les éternelles tensions subsistent.

Face au Despotisme de la Plaine, le Yâghestân montagnard prend un aspect romantique sciemment cultivé : amour affiché de la liberté, culte des armes, adoption d'une sorte de code de chevalerie (la *Pashtoûnwalî*). Mais, avant d'idéaliser hâtivement le mode de vie du Yâghestân, il faut prendre en compte les dures contraintes et les rivalités incessantes qui pèsent sur l'univers quotidien de la montagne pashtoûne.

D'abord, le terrain est pauvre, les rives irrigables des cours d'eau sont étroitement circonscrites, parfois limitées par des falaises de part et d'autre du torrent. Au-delà d'un millier de mètres d'altitude, la vallée ne tolère qu'une seule récolte par an. Là où elles ont pu le faire à main armée, les tribus pashtoûnes ont refoulé des ethnies rivales pour occuper les basses vallées plus larges et plus fertiles : ainsi le Kunar, dans l'est, est fief pashtoûn depuis environ un millénaire ; mais, en remontant le cours d'eau, la vallée s'encaisse, les berges rétrécissent, et le voyageur pénètre chez les Noûristânî, repoussés par les Pashtoûns au-delà du millier de mètres d'altitude. Le même processus, bien plus récent, s'observe dans l'Ouest, où les Pashtoûns à l'extrême fin du XIXe siècle ont confisqué la basse vallée plus large du fleuve Morghâb, en ne laissant aux Tâdjîks Aymâq que les gorges étroites du haut Morghâb et de Djawand. L'agriculture irrigée, *âbî*, est la clef de la survie. Les paysans peuvent bien aller semer sur la steppe des hauts plateaux en automne – agriculture « sèche » ou *lalmî* –, mais le blé n'y germera au printemps que si les neiges d'hiver auront été suffisantes, pari toujours hasardeux. Les troupeaux de chèvres et de moutons, friands de touffes d'épines, demeurent le meilleur moyen d'exploiter les semi-déserts. Aussi les pasteurs transhument-ils.

La possession d'un cours d'eau, de terrains irrigués par ce cours d'eau, est l'enjeu de toutes les rivalités. Le village montagnard pashtoûn se divise en deux castes : les propriétaires, et puis les « voisins » (*hamsâya*, littéralement « ceux qui partagent l'ombre ») ou « clients » *(mazdoûr)*. Parfois, les clients ne sont pas des Pashtoûns de souche, mais les descendants d'une ancienne population conquise.

Possesseur d'un cours d'eau, le propriétaire est un petit seigneur, aussi despotique dans son domaine circonscrit que le souverain d'une vaste oasis dans la plaine. L'intendant du propriétaire, le *Mîrâb* ou « émir des eaux », distribue soigneusement l'eau d'irrigation aux clients au moyen de petites écluses en bois : tant de liquide par heure, et à tel prix. Les clients ne sont nullement des serfs ; mais pour « louer » l'eau nécessaire pour irriguer un champ et survivre, ils doivent rembourser le propriétaire en lui versant la moitié de la récolte. Les clients n'ont donc jamais suffisamment de surplus pour engranger une semence pour l'année suivante ; ils doivent ainsi emprunter les semences au propriétaire, et souvent les outils, encore « remboursables » en parts de récolte. Les clients sont libres de semer la steppe sèche mais, s'ils ont emprunté la semence au propriétaire, ils lui en doivent le prix : encore une part de récolte. Les clients n'ont guère d'argent liquide – parfois, leurs épouses tissent des tapis ou des vêtements vendables sur les grands marchés –, et doivent donc « rembourser » en travail. Même restreint aux limites d'une petite vallée, l'entretien du réseau d'irrigation est complexe : il faut creuser, curer, nettoyer les délicats canaux. Autre travail : faire paître les troupeaux. Les pâtres sont généralement de jeunes clients. Mais la terre irrigable entre les mains d'un propriétaire ne demeure pas, contrairement à la féodalité du Moyen Age français, un fief indivisible. Dès la mort du propriétaire, son bien est réparti en *parts égales* entre tous ses fils. Le domaine morcelé n'est plus une garantie de puissance, parfois il n'est même plus économiquement viable. Il s'agit de le reconstituer, d'où une rivalité souvent féroce entre les héritiers. En pashtô, le mot « cousin » est étymologiquement apparenté de très près au mot « vendetta entre cousins » *(tarboûr/tarboûrwalî)* – la plus commune.

En outre, plus le propriétaire devient maître d'un domaine étendu, plus le code tribal exige de lui une conduite et des dépenses souvent très élevées pour maintenir son rang social, mécanisme efficace pour obliger le propriétaire à redistribuer aux villageois les richesses que, somme toute, il leur a prises.

Le code d'honneur pashtoûn, *Pashtoûnwalî* ou *Pakhtoûnwalî,* dicte au propriétaire son comportement au risque de déchoir aux yeux de la communauté. Code oral parallèle à celui de l'islam, il repose sur trois piliers : *mêlmastiâ,* l'hospitalité ; *badal,* la vengeance ; *nanawâtaï,* le droit d'asile, qui tempère la férocité de l'exigence de la vendetta. Les trois piliers de la Pashtoûnwalî répondent aux trois préoccupations majeures du seigneur pashtoûn : *zän, zar, zamîn,* la femme, l'or, la terre.

Prenons d'abord l'hospitalité.

Tout propriétaire digne de ce nom maintient une maison d'hôte, la *hodjra.* La hodjra est une sorte de salon masculin, le centre de la vie sociale du village. Lorsque le propriétaire récupère sous forme de « remboursements » une quantité de grain largement supérieure aux besoins alimentaires de sa famille immédiate – et, privé d'accès rapide à un marché, il ne peut le commercialiser –, il utilise ce surplus de grain comme symbole de sa suprématie sociale. Il donne des festins. Clients, cousins, voisins, hôtes de passage remplissent la hodjra du propriétaire et se goinfrent. Plus les convives sont nombreux, plus grand est le prestige du propriétaire.

C'est à l'afflux de visiteurs dans la hodjra d'un propriétaire que se mesurent sa puissance et sa grandeur. La hodjra est ouverte en permanence. C'est une simple pièce tendue de nattes et de tapis, avec un brasero ou de nos jours un poêle pour l'hiver ; l'été, la hodjra peut se déplacer sur la terrasse devant la maison, à l'ombre fraîche d'un platane ou d'un mûrier. Toute la journée, des hommes gravitent vers la hodjra, s'assoient, bavardent, se reposent, dorment même, sans aucun ordre apparent ; c'est une sorte de club de messieurs, où ceux-ci paraissent entrer et sortir comme dans un moulin. Le voyageur de passage, l'étranger loge à la hodjra et, s'il demeure quelques jours et qu'il est observateur, il pourra d'un coup d'œil calculer le degré d'influence et de prestige du maître des lieux. Les visiteurs qui fréquentent la hodjra représentent la famille, les clients, les amis du propriétaire, dont ils reconnaissent le statut supérieur en réclamant de manière continue son hospitalité. A intervalles irréguliers, un jeune membre de la famille du propriétaire, ou un serviteur si le propriétaire est vraiment un homme puissant, sert du thé et parfois des douceurs aux visiteurs présents. A l'heure des repas, tous les hôtes de la hodjra qui s'y trouvent par hasard reçoivent un plat simple : du pain graissé de beurre clarifié, en général. Les festins proclamés rassemblent de très nombreux convives autour de montagnes de riz et de viande, nourriture de luxe. Les jeunes hommes non mariés passent souvent la nuit à la hodjra, allongés sur les nattes et recouverts de leurs châles.

La hodjra, c'est un peu la cour du propriétaire. Par leur maintien, les visiteurs de la hodjra marquent leurs différences de rang. Les pieds étendus, appuyés sur un coude, divers hôtes montrent qu'ils sont de rang égal et paraissent à l'aise. Surgit le propriétaire, et les dos se redressent, les jambes se croisent ou – surplus de respect – se plient et disparaissent sous le séant dans une position agenouillée. Quand les Grands sont présents – le propriétaire et ses frères, les anciens ou « Barbes-Grises », un visiteur de marque – les jeunes gens et les clients gardent un silence respectueux, ne parlent que s'ils sont directement interrogés.

L'hospitalité prodiguée par la hodjra est un des moyens principaux par lesquels un propriétaire, en compétition ouverte avec les autres propriétaires d'un village, brigue la chefferie du lieu avec le titre de *malek* (littéralement « roi », en arabe), ou d'*arbâb* (littéralement « messeigneurs », en arabe, avec un pluriel de politesse), ou simplement de *khân* (titre général de courtoisie d'origine turco-mongole). Le propriétaire dont les festins sont les plus somptueux, dont la hodjra est la plus fréquentée, est reconnu par le consensus général du village, de la vallée ou de la tribu, comme étant le chef politique. Un propriétaire dont plusieurs centaines de personnes fréquentent la hodjra a évidemment beaucoup plus droit à une reconnaissance comme *khân* que le petit propriétaire dont la hodjra n'accueille qu'un petit cercle de clients, cousins et amis.

La hodjra est d'une importance politique fondamentale en Afghanistan montagneux et tribal. Elle n'existe pas seulement chez les Pashtoûns. La maison d'hôte avec ses festins et ses manifestations d'hospitalité prodigue était déjà présente dans le Nouristan préislamique et s'y est perpétuée depuis la conversion à l'islam. Chez les Tâdjîks et les Hazâra, la maison d'hôte (en persan, *mehmân-khâna*), est le centre de la vie sociale et politique comme chez les Pashtoûns. L'institution de la hodjra présente le plus haut intérêt ethnologique, d'abord comme mécanisme de redistribution alimentaire ; ensuite, les fondements de la puissance d'un chef sont sans doute les tributs, droits d'eau, parts de récolte, corvées, taxes et autres cadeaux qu'il extorque à ses clients ou « voisins », mais il n'est reconnu *politiquement* comme chef que dans la mesure où il *donne,* distribue, dépense, et par conséquent *restitue* au moins une partie de ce qu'il prend. La pression sociale l'oblige à le faire : la critique villageoise, toujours virulente à propos du propriétaire perçu comme ne donnant pas assez, déshonorerait le chef qui se déroberait tout à fait à ses obligations d'hospitalité. Un concurrent se lèverait vite pour revendiquer la chefferie. D'où une tension sous-jacente : le chef, par avarice ou ne serait-ce que pour sauvegarder les intérêts vitaux de sa famille, essaie d'emmagasiner et de conserver un maximum de richesses, mais il lui faut montrer qu'il les redistribue généreusement pour conserver son rang – car, par son rang de chef, un propriétaire possède des leviers de puissance sociale lui permettant de s'emparer de nouvelles sources de richesse. Bref, un chef n'est pas reconnu comme tel par ce qu'il *prend,* mais par ce qu'il *donne.* L'institution de la hodjra constitue toute la différence entre un chef tribal du Yâghestân et le despotisme absolu d'un souverain de la plaine comme le shâh d'Iran ou le Grand Moghol des Indes.

Les ethnologues retrouvent dans la hodjra une des institutions politiques les plus anciennes de l'humanité, semblable au *kraal* généreux des rois nilotiques ougandais ou au *potlatch* extravagant des Indiens de la côte

Pacifique du Canada, avec banquets ostentatoires et distributions de cadeaux afin de revendiquer et conserver la chefferie[9].

Mais, pour les observateurs politiques, la hodjra revêt aujourd'hui une autre importance. En effet, *ce sont les usages et mécanismes de la hodjra qui sous-tendent le fonctionnement des partis de résistance installés à Peshâwar.* Nombre de journalistes s'étonnent devant le désordre apparent de ces « bureaux politiques » des partis d'exil : des foules de maquisards traînent dans les cours et les couloirs ; toutes sortes de personnages siègent apparemment à ne rien faire dans les pièces où les responsables travaillent ; les fouilles à l'entrée sont sommaires ; la sécurité et plus encore le secret paraissent nuls dans le brouhaha où des centaines de visiteurs entrent et sortent ; des journalistes occidentaux descendent les escaliers avec un air important ; et parfois passe un chef de parti avec son escorte de gorilles et des écarts respectueux de la masse. Thé et sucreries sont servis en permanence aux visiteurs dans les bureaux. Les résidences personnelles des chefs ne sont pas plus privées : une armée de visiteurs monte une garde respectueuse dans l'antichambre et mange aux frais du dirigeant politique à l'heure des repas. Un Modjaddedî, un Rabbânî, un Mohammadî, un Lôdîn se tournent vers le visiteur étranger avec un sourire harassé mais satisfait : « Je ne peux pas leur refuser ma porte ! » Et le journaliste mesure l'étendue de leur puissance...

La compétition entre les différents partis de Peshâwar reproduit, sur une échelle politique plus importante, la rivalité des propriétaires d'un village pour obtenir la clientèle suffisante permettant de briguer le statut de khân. Malgré les plaintes des résistants, il n'est pas certain que cette compétition n'arrangeait pas tout le monde dans un premier temps, dans la mesure où la rivalité des chefs les obligeait à se surpasser en largesses et en générosité. L'adhérent insatisfait par ce qu'offrait un premier parti pouvait toujours aller s'adresser à une formation rivale.

Comme lors de la compétition villageoise, où un propriétaire s'incline la rage au cœur devant la munificence supérieure de celui que le village reconnaît comme khân, les différents petits chefs de la résistance intérieure ont vu fondre leur stock de munitions au cours de l'année 1980 et se sont affiliés à l'un ou l'autre grand parti de Peshâwar. Diverses raisons ont dicté le choix de chacun, mais l'idéologie a beaucoup moins joué que les liens familiaux ou ethniques. Et si les partis de Peshâwar l'ont emporté au terme de cinq ans de guerre, c'est par les largesses (non plus en festins mais en armements) qu'ils octroient à ceux qui se reconnaissent comme leurs vassaux. Cela n'est pas un reproche, mais simplement la preuve que les six chefs politiques installés à Peshâwar ont joué et gagné la partie selon les règles implicites de la compétition tribale, avec les moyens à leur disposition. Cependant, il s'agit, le plus souvent, d'une suzeraineté prestigieuse, non d'un contrôle complet. Les chefs militaires locaux, même depuis qu'ils se reconnaissent comme vassaux, conservent une large autonomie.

Une anecdote amusante jette un éclairage satirique sur la compétition politique des khâns villageois. Il était une fois, dit le conte, un khân qui invitait une fois par an à un somptueux festin un paysan habitant à l'extrémité lointaine de la vallée. A la fin du repas, le paysan demandait au khân quel service il était censé rendre en échange de la bonne nourriture : une corvée agricole, ou un coup de main pour une vendetta ? « Mais rien du tout, rien du tout, mon bon ami, protestait le khân. Et, pour preuve de ma bonne foi, je te fais même cadeau d'une roupie ! » Au terme de plusieurs années, le paysan n'y tint plus et exigea de connaître les motivations profondes de la générosité du khân, lequel avoua enfin : « Je ne te demande aucun service. Mais, quand des voyageurs pénétreront dans la vallée en passant par chez toi, il me plaît que tu leur dises seulement : Untel est mon khân, je bénéficie de ses largesses ! Ainsi, ils s'émerveilleront que mon prestige et mon influence s'étendent si loin ! »

A propos de cette anecdote, le philosophe à la mode Bernard-Henry Lévy est allé se promener un jour de 1981 aux confins pakistano-afghans, comme lord Byron à Missolonghi, fine moustache et turban compris. Il a croqué une scène entrevue dans un des bureaux de Peshâwar avec d'autant plus de pertinence qu'il ne pouvait connaître l'anecdote et n'est nullement un spécialiste en sociologie afghane ou même en ethnologie générale – ou est-ce son traducteur local qui possédait un sens pervers de l'humour ? Toujours est-il que, selon B.-H. Lévy, le dirigeant modéré Gaylânî aurait dit à un chef résistant de l'intérieur venu réclamer de l'armement qu'en lui donnant ces armes, il ne lui dictait pas ce qu'il devait faire chez lui, sur le terrain ; il lui demandait seulement de reconnaître et de faire savoir qu'il était le dirigeant politique dont il se réclamait [10].

Les discussions politiques entre résistants afghans et amis étrangers se heurtent en général à un malentendu complet. Les sympathisants occidentaux, y compris certains gouvernements, exigent inlassablement des résistants que ceux-ci se réunissent *pour d'abord élire un chef* (ou organisme) représentatif, afin que les Occidentaux soient *ensuite* en mesure de l'aider. Les résistants rétorquent que c'est aux étrangers de prendre leurs responsabilités en se décidant *d'abord* à fournir une assistance. Ce dialogue de sourds traduit deux conceptions politiques radicalement différentes. Pour les ruraux afghans, en effet, héritiers d'une tradition implacable, *un chef ne s'élit pas de prime abord, mais se fait élire ou plus exactement s'impose parce qu'il a déjà trouvé le moyen de répandre des largesses, prouvé sa capacité de puiser dans une source féconde de revenus.* Les dirigeants de la résistance intégriste, par leur triomphe politique certain, font peut-être grincer les dents de leurs adversaires, ils n'en jouissent pas moins d'un réel respect auprès de tous les résistants pour avoir été ceux qui ont su convaincre les Pakistanais et les Arabes conservateurs du Golfe de leur faciliter les conditions d'assistance. Les « modérés » se heurtent, quant à eux, à l'incompréhension molle des Occidentaux auxquels ils s'adressent. Pourtant, au XIXe siècle, les Anglais, sans faire de sentiment, permirent à l'émir ʿAbd-or-Rahmân d'écraser ses concurrents dynastiques en lui fournissant l'argent et l'armement nécessaires : et l'émir gagna le respect de ses sujets en sachant se procurer les fonds dont il pouvait ensuite répandre les bienfaits parmi les siens. Mais, depuis le départ des Anglais des Indes en 1947, les Occidentaux ont perdu toute notion de ce jeu politique cruel que les Pakistanais et les Arabes, pour leur part, connaissent parfaitement : les Bédouins pratiquent la même impitoyable sélection de leur cheikhs.

La lutte des chefs pour trouver les revenus nécessaires à leur « hospitalité » forme justement le second des grands mécanismes réglant le jeu politique du Yâghestân, lutte qui dégénère souvent en vendetta, *badal*. La compétition pour le pouvoir est en effet une course d'obstacles, parfois désespérément longue, parfois même impossible : toute une partie des mécanismes du jeu tend justement *à empêcher la concentration du pouvoir entre les mains d'un seul homme*, afin de maintenir la concurrence obligeant les propriétaires à répandre les largesses. D'abord, la dislocation du fief dès la mort d'un propriétaire et son partage entre les fils : les frères rivalisent à l'amiable, mais la compétition devient souvent sanglante à la génération suivante, celle des cousins, pour reconstituer le domaine déchiqueté et rassembler les revenus permettant de briguer le statut de khân.

On ne peut qu'évoquer rapidement ici quelques-unes des formes fascinantes que prennent ces luttes, car une seule – l'alliance ponctuelle avec le Despote de la Plaine – est vraiment pertinente pour une compréhension de la situation politique actuelle. Mais la rivalité des khâns sert aussi à expliquer le tragique destin de la femme afghane – au-delà des pseudo-justifications théologiques –, et ce n'est pas sans intérêt.

Par la manipulation du sort de ses filles, le propriétaire peut en effet espérer reconstituer le domaine. Une fille est pour ainsi dire vendue. La famille du gendre est tenue de verser au beau-père un douaire énorme : argent liquide, bêtes, tapis ou autres. Pour y parvenir, la famille doit souvent vendre des lopins de terre irrigable, quand ce n'est pas un lopin qui, lui-même, constitue une portion du douaire. Le poids écrasant du douaire peut retarder le mariage d'un jeune garçon pendant des années. Un arrangement extrêmement fréquent consiste pour deux frères à conclure des mariages entre leurs enfants mutuels : le fils de l'un avec la fille de l'autre, le fils de l'autre avec la fille de l'un, afin de procéder à un échange purement symbolique de lopins de terre. Dans d'autres cas, un dosage savant de mariages entre cousins permet, au terme d'une génération, la reconstruction d'un domaine important.

Il s'ensuit que la vertu des femmes, enjeux des alliances politiques, des contrats matrimoniaux et des espoirs économiques, est une préoccupation capitale pour les hommes qui les manipulent. Une fille déflorée perd sa valeur d'échange, et son châtiment est la mort. Le père comme le frère ou le fiancé ont le droit de la tuer. La société pashtoûne considère la jeune fille avec un mélange de mépris, de respect et d'effroi : elle est à proprement parler à la fois interdite et sacrée, et le terme arabe de *harâm* rend parfaitement ce double sens du mot *tabou*. Les Pashtoûns prennent au plus grand sérieux la passion amoureuse et sexuelle : un échange de regards illicite peut la provoquer, tout peut arriver entre jeunes gens laissés seuls, aussi les précautions se multiplient pour empêcher une femme d'être abordée par d'autres mâles que son père, son frère, son mari ou ses fils. La manipulation politique et économique des femmes n'a rien, bien entendu, de spécifique à l'Afghanistan, comme suffit à le prouver un coup d'œil sur les mariages dynastiques européens. En ethnologie, il est intéressant de constater que dans les sociétés les plus matériellement primitives connues – celles des aborigènes australiens où n'existait strictement aucune forme de richesse palpable –, l'exploitation des femmes par les hommes et l'agencement des mariages constituaient l'unique méthode de compétition politique des mâles. En Afghanistan, le code féminin jure parfois avec celui de l'islam. Ainsi le douaire versé par le gendre est censé comporter le trousseau de la mariée, trousseau qui demeurera sa propriété personnelle en cas de divorce : c'est là la Sharî'at. Mais en Afghanistan rural, pas de divorce : ce serait une insulte au beau-père et le début d'une vendetta. Si une femme est adultère ou seulement soupçonnée de l'être, elle meurt, avec le consentement mutuel du beau-père et du gendre. La mise à mort de l'amant peut être acceptée par la famille de celui-ci dans certains arrangements, ou elle peut servir de prétexte au déclenchement d'une vendetta.

La compétition journalière pour reconstruire le domaine patriarcal est souvent mesquine et fastidieuse, comportant des tricheries de toutes sortes : déplacement nocturne des pierres de borne, empiètement sur le champ d'un voisin en creusant les sillons à la charrue, détournement d'une partie de l'eau des canaux d'irrigation. Parfois, la chance favorise un propriétaire : son frère ou cousin voit sa récolte anéantie par une brusque inondation et doit, pour survivre, travailler comme client chez celui qui émerge comme chef de famille. Enfin, les tensions compétitives explosent en vendettas, véritables guerres entre clans où la mort d'un membre de la famille doit être, sous peine de déshonneur, vengée par la mort d'un membre de la famille adverse, pas forcément le coupable. Le prétexte peut être un outrage à la pudeur des femmes, mais pas toujours. Le meilleur exemple d'une vendetta aux motivations purement économiques que je connaisse est fourni par l'ethnologue André Singer, qui a recueilli ce témoignage parmi les Pashtoûns de l'actuel Pakistan [11] :

> Je m'appelle Noûr Sa'îd. Je vivais avec ma famille à Djanât, où nous possédions plusieurs lopins. La vie était dure là-bas. Il y avait à peine assez d'eau dans les canaux d'irrigation et pendant des années nous devions nous disputer avec le clan situé plus haut dans la vallée pour obtenir notre part d'eau raisonnable. Et puis, une année, ils nous ont complètement coupé notre approvisionnement d'eau. Nous nous sommes plaints, bien sûr, nous avons multiplié les requêtes auprès des autorités et des anciens du village. Mais pendant toute une année, rien. Nous avons continué à perdre de l'eau et par conséquent nos récoltes. J'ai discuté de l'affaire avec mon frère aîné. Pour finir, nous avons conclu que la seule manière d'obtenir justice était de reprendre notre eau par la force. Après tout, il ne s'agissait plus seulement d'une question de ressources. Il en allait désormais de notre honneur [...] Mon frère et moi, nous avons pris nos fusils et nous nous sommes embusqués dans les champs de nos ennemis. Ils ne se sont pas montrés. Alors, nous avons obstrué leurs canaux d'irrigation avec de

> la boue et des pierres. Nous savions qu'ils seraient bien obligés de venir déblayer leurs canaux. Quand trois des leurs ont fini par arriver, c'était la nuit. Mon frère a tiré le premier, mais il a manqué son coup. Alors j'ai tiré, moi. Il faisait peut-être nuit, mais j'en ai eu un et je l'ai tué. Les deux autres ont fui.

Au moment où Singer interrogeait ce témoin, la vendetta entre les deux clans durait depuis des années, avec deux ou trois morts dans chaque camp. Pour mettre fin à ces vendettas une fois que suffisamment de sang a lavé l'honneur de part et d'autre, le Yâghestân reconnaît plusieurs mécanismes. D'abord le Conseil des anciens, la *Djerga*. Participent seuls les propriétaires mâles de plus de trente-cinq ans, lesdites « Barbes-Grises » ou « Barbes-Blanches » (en pashtô, *spîn-g'îraï* ; en persan : *rîsh-safêd* ; dans le Nouristan préislamique, c'étaient les *Djast*). La tenue de la Djerga dans ou devant la maison d'hôte du khân consacre bien sûr, le cas échéant, le prestige de celui-ci. Les médiateurs préférés sont les *Sayyed*, les descendants du Prophète, au caractère sacré. (Il est hautement improbable qu'il existe de véritables descendants du Prophète au sens biologique dans ces villages pashtoûns, et j'ai tendance à croire qu'il s'agit des descendants d'anciennes familles sacerdotales païennes au statut islamisé ; au Nouristan, où l'islamisation est trop récente pour déguiser le caractère des aïeux, les propriétaires les plus prestigieux de la vallée de Kâmdesh descendent comme chacun sait des grands prêtres de G'îsh, dieu de la Guerre). Si aucun Sayyed n'est présent, le chef ou membre éminent d'une confrérie soûfie peut intervenir : les mollâ ou sacristains de la mosquée ne jouissent d'aucune considération particulière parmi les Pashtoûns ruraux. Après d'interminables discussions devant les graves anciens, une réconciliation s'effectue, généralement grâce à un mariage.

Nanawâtaï, le droit d'asile, mitige et met fin à la vendetta selon un mécanisme parallèle. Tout fugitif dans une vendetta peut réclamer le droit d'asile dans la maison de son choix : le propriétaire de ladite maison est tenu de le défendre, soit par les armes, soit par l'intercession. Un fugitif peut même chercher refuge dans la maison de son propre adversaire : s'il atteint le sanctuaire intérieur, l'appartement des femmes, et (scandale des scandales) touche le bas de la robe de la dame de la maison en implorant grâce, le viol du tabou est si énorme qu'il se transforme en bénédiction. Le maître des lieux doit accorder son pardon et respecter la vie du fugitif protégé désormais par la dame. Une fois cette protection accordée, le suppliant devenu sacré se retire aussitôt des appartements féminins.

Parfois la guerre exige la suspension de l'éternelle rivalité des khâns et la conclusion d'alliances : mais celles-ci sont informelles, de simples ententes entre chefs jalousement égaux, et ne débouchent sur aucune unité de commandement. Les deux grandes alliances de Peshâwar, celles des « intégristes » et des « modérés », reproduisent ce schéma. Mais ces confédérations tribales assez puissantes pour interdire, au XVIIe siècle, l'accès d'une vallée aux armées du Grand Moghol, suffisent-elles aujourd'hui à libérer l'Afghanistan du joug de l'URSS ?

Luttes pour la possession de misérables droits d'eau, sordides vendettas, pathétiques mariages conclus entre deux familles adversaires – rien de tout cela ne suffit vraiment à garantir les revenus d'un khân. D'autres sources de richesse s'avèrent indispensables. Une possibilité : piller les caravanes ou imposer aux caravaniers de passage une « taxe de protection » dans le plus pur style de la mafia. Mais c'est là provoquer l'irritation du despote. Si le khân se sent assez en sécurité dans ses montagnes, s'il a pu recruter suffisamment de clients armés grâce au butin de ses pillages, il lance alors des razzias contre les villages de la plaine – c'était le cas des Pashtoûns de l'actuel Pakistan, qui se justifiaient idéologiquement tant que le despote était un Anglais mécréant et que les villages attaqués étaient hindouistes. Aujourd'hui qu'il n'y a plus d'hindouistes au Pakistan et que le despote s'y trouve être un président musulman, les autorités pakistanaises ont restreint les inclinaisons au banditisme des montagnards en développant les travaux d'irrigation : les barrages modernes multiplient les droits d'eau des khâns. Mais une autre possibilité s'offre à un khân, en contradiction complète avec la raison d'être au Yâghestân : servir d'agent de police au despote, toucher son or et répandre des largesses parmi les siens en attaquant les tribus qui se livrent au banditisme contre les convois impériaux. En servant le despote, le khân rallié aux intérêts impériaux poursuit le plus souvent sa propre vendetta contre la tribu désignée comme ennemie de l'Empire. Cette manipulation tribale, pratiquée par les Grands Moghols puis par les Anglais après leur désastre de 1842, fut longtemps la recette préférée du gouvernement royal de Kaboul. Elle ne prenait pas toujours des formes guerrières, mais épousait parfois de torves labyrinthes législatifs. Au cours des années soixante, la collaboration entre khâns tribaux et gouverneurs royaux dans les provinces afghanes se révéla fructueuse pour les deux parties. Nommés propriétaires de l'ensemble des terres d'un village sur les nouveaux cadastres royaux, les khâns étaient en passe de devenir de véritables seigneurs féodaux. Chargés de surcroît de la collecte des impôts, ils en écrémaient les bénéfices en les partageant avec les fonctionnaires. En 1972, lors de la famine, khâns et gouverneurs se livrèrent de connivence au trafic des secours alimentaires internationaux. La vieille distribution de largesses ne prenait plus que la forme stéréotypée des festins dans la hodjra. Bref, sous les progrès de l'administration centralisée de l'Afghanistan à la veille du coup d'État communiste, les antiques institutions du Yâghestân commençaient à perdre toute fonction et à se désagréger derrière une féodalisation croissante des zones rurales. La guerre a enrayé ce processus.

Le vrai problème, c'est que le Yâghestân ne constitue qu'une forme imparfaite de révolte contre le Despote de la Plaine. Il ne propose aucun gouvernement de rechange. Ses mécanismes se réduisent à limiter et à diviser le pouvoir des chefs et à obliger ceux-ci à redistribuer les richesses qu'ils amassent selon des formules quasi rituelles. Le Yâghestân est incapable de créer un nouveau régime. Il reflète toute l'âpreté d'une lutte incessante, dans un milieu d'une pauvreté sans pitié. Son plus grave défaut, c'est qu'il ne se définit que par rapport au Despote de la Plaine. Soit il le rejette, soit il le pille, soit il s'allie avec lui, soit il s'en défend, soit il se vend à lui, soit il le conquiert en s'identifiant aussitôt à lui. « Terre de Rébellion », le Yâghestân suppose toujours qu'il existe, en face, un pouvoir central, contre lequel il se bat, sans doute, mais avec lequel il vit en symbiose. Sans despote de la plaine, sans pouvoir central exécré mais nécessaire, les mécanismes de défense du Yâghestân tournent à vide. Sans les richesses du despote de la plaine, pour lesquelles on vole ou on se vend, les chefs du Yâghestân ne peuvent alimenter leurs maisons d'hôtes.

Aujourd'hui, l'Afghanistan tout entier est devenu un Yâghestân. Aucun chef se réclamant de la résistance ne peut s'allier au Despote de la Plaine qui siège à Kaboul, le régime communiste très sincèrement haï (non pas seulement en tant que pouvoir central, mais par sa stupéfiante brutalité qui a violé les normes pourtant si dures des montagnards). Cependant, les chefs ne voient aucune objection à s'allier avec un autre pouvoir central, musulman et légitime celui-là, le gouvernement du Pakistan. Comme leurs prédécesseurs moghols et britanniques, les responsables pakistanais ont choisi de reconnaître les chefs du Yâghestân qui leur convenaient, et ceux-là sont devenus, de fait, les khâns de la résistance : trois partis « intégristes » choyés, trois partis « modérés » un peu moins favorisés, point final [12]. Les plus lucides des résistants afghans reconnaissent que ce sont leurs propres divisions qui rendent le gouvernement pakistanais arbitre de leur sort, et que la résistance aboutit à un paradoxe : donner à des fonctionnaires pakistanais une puissance d'arbitrage refusée aux fonctionnaires soviétiques de Kaboul. Mais c'est là le legs très lourd du Yâghestân.

La naissance du royaume afghan

Ces mécanismes intérieurs du pays afghan se mettent en branle en fonction des pressions extérieures. Une fois ces rouages compris, l'histoire afghane ne réserve plus guère de surprises. Un rapide survol des faits connus nous permet d'aborder au plus vite la période moderne.

Le royaume d'Afghanistan commence à émerger à partir de 1649, date du partage définitif de l'actuel territoire afghan entre les deux Empires iranien et moghol. Les chroniques iraniennes font état de deux tribus vassales afghanes qui gardent, face aux Moghols, les marches orientales de l'Empire perse à Hérât et à Kandahâr : les Abdâlî et les Ghilzâï (dont la vendetta se poursuivra jusqu'à nos jours dans les querelles du présent Parti communiste afghan). En 1622, pour services militaires rendus au shâh de Perse contre les Moghols, le chef de la tribu des Abdâlî, Malek Saddô, a même reçu du souverain iranien le commandement des auxiliaires frontaliers pashtoûns avec le titre de *Mîr-é Afâghéneh,* « émir des Afghans ». Ce Malek Saddô est l'ancêtre du premier clan royal de l'Afghanistan indépendant, les Saddôzaï ou « fils de Saddô ».

De l'autre côté de la ligne de partage, la tribu afghane des Khattak monte la garde pour défendre les domaines moghols de Ghaznî et Kaboul.

Les chroniques du XVIIe siècle le montrent : le Yâghestân craque de toutes ses fissures sous l'effet du gonflement de la population pashtoûne. Vers l'an mille, un Al-Bêroûnî résidant à Ghaznî, ville alors entièrement turque et persane, mentionnait les « Afghans » comme des tribus encore hindoues du côté de l'Indus. Au XVIIe siècle, Ghaznî est ville pashtoûne. En 1649, une chose est claire : ce sont des mercenaires afghans qui patrouillent les marches des deux empires ; le shâh de Perse contrôle Hérât et Kandahâr, le Grand Moghol règne sur Ghaznî et Kaboul par le bon vouloir des tribus. Les Afghans sont partout, des confins de l'Iran à ceux de l'Inde. Au milieu du siècle se fait entendre le premier craquement grave : Khosh-Hâl devient khân de la tribu pro-moghole des Khattak. La brouille spectaculaire de ce Khosh-Hâl avec le Grand Moghol annonce la naissance de l'Afghanistan.

Khosh-Hâl Khân Khattak est le héros pashtoûn type. Il est le poète fondateur de la littérature pashtoûne, ses odes forment la *Chanson de Roland* de la nation afghane. Chef guerrier, tour à tour mercenaire et rebelle, il illustre tous les possibles comportements politiques d'un seigneur tribal afghan. Les années de sa vie (1613-1689) coïncident avec le réveil de l'ethnie pashtoûne. Son duel avec le Grand Moghol marque la première prise de conscience afghane connue. L'affrontement est tranché : d'un côté, le chef pasthoûn maniant la longue épée droite, emmitouflé dans son terne châle khâki au sein de ses montagnes brunes et mauves ; de l'autre, le Grand Moghol issu de son palais de grès rouge et de marbre blanc, avec ses éléphants caparaçonnés de housses d'or, ses émirs arborant des colliers de perles et des sabres courbes à poignée de jade.

La carrière de Khosh-Hâl est si typique qu'on la croirait inventée.

Qu'on en juge : depuis un siècle, sa famille a reçu du Grand Moghol le plus splendide cadeau que puisse rêver un chef du Yâghestân : la garde du bac d'Attock sur l'Indus, point de passage obligatoire de toutes les communications impériales entre l'Asie centrale et l'Inde, *avec le droit d'en percevoir tous les péages*. C'était là une source de revenus inépuisable, garantissant à la famille de Khosh-Hâl un khânat perpétuel, de père en fils, sur la tribu des Khattak.

En échange, les Khattak sont les chiens de garde de l'Empire moghol dans la zone turbulente des tribus. Ils répriment les clans dissidents, protègent les caravanes impériales, font la police dans les montagnes. Durant toute sa jeunesse, avant de succéder au khânat de son père, Khosh-Hâl sert le Moghol en fringant officier de cavalerie sur les frontières les plus lointaines de l'Empire, se bat contre l'Ouzbek à Balkh et dans le Badakhshân. Entre-temps, le hasard arrange les choses pour la tribu des Khattak. Il se trouve que la tribu rivale détestée des Yoûsofzaï est en dissidence contre l'Empire. Tout en faisant la police de l'empereur, les Khattak poursuivent une savoureuse vendetta personnelle ; sous couleur d'expédition punitive, ils pourchassent le clan rival, le refoulent dans les montagnes les plus arides, arrachent ses points d'eau et ses terres irriguées. Acculés au banditisme, les

Yoûsofzaï détroussent les caravanes commerciales du Moghol, provoquant d'impitoyables représailles de la part de leurs persécuteurs pour qui la guérilla en montagne n'a pas de secret. Et le Grand Moghol attribue en fief aux Khattak les territoires que ceux-ci ont confisqués aux Yoûsofzaï. Aux abois, les Yoûsofzaï font soumission à l'empereur, par l'intermédiaire du gouverneur moghol à Peshâwar.

Et tout pivote. En signe de pardon, le Grand Moghol restitue aux Yoûsofzaï les terres qu'ils ont perdues : habile politique qui rallie un clan redoutable à l'Empire. Mais les Khattak s'estiment lésés : est-ce là le prix d'un siècle de bons et loyaux services rendus par leur tribu au Moghol ? De 1649 à 1661, les Khattak et les Yoûsofzaï assiègent la petite cour du gouverneur de Peshâwar de leurs plaintes et réclamations. En 1661, l'affaire s'aggrave. Un nouveau souverain s'impose, après une longue querelle de succession, comme maître absolu de l'Empire moghol : Aurang-Zêb. Prince cauteleux, froid et calculateur, il n'a pas hésité à détrôner et à emprisonner son père, le magnifique esthète Shâh-Djahân, à faire décapiter ses frères, dont le génial prince mystique et philosophe Dârâ Shékôh ; son étroit rigorisme musulman froisse ses sujets hindous et provoque des troubles qui seront fatals à l'Empire, dont il essaie d'élargir démesurément les frontières ; administrateur cependant consciencieux et maniaque du détail, il mène une vie privée roidement austère de derviche et recopie des corans à la main pour faire contraste avec le luxe effréné de ses prédécesseurs. Bref, le Philippe II de l'Islam. Sa politique tribale sera désastreuse. Khosh-Hâl qualifiera Aurang-Zêb de fratricide hypocrite et de serpent, dans ses poèmes.

Devenu seul empereur, Aurang-Zêb prend une décision retentissante. D'un trait de calame, il abolit les péages sur tout le territoire de l'Empire, afin d'encourager la libre circulation du commerce. Décision sage d'administrateur efficace, mettant fin à des siècles de privilèges locaux abusifs pour le bien de la prospérité collective. Mais c'est, hélas, le type même d'initiative du Despote de la Plaine, dont la portée est incompréhensible pour les petits chefs du Royaume d'Insolence. Pour Khosh-Hâl, chef des Khattak, la coupe est pleine : il n'a retenu de l'édit que la confiscation de ses propres droits aux péages sur le bac de l'Indus. En vain le gouverneur de Peshâwar tente-t-il de convaincre le seigneur tribal irascible qu'il s'agit d'une mesure générale au bénéfice de tous. Khosh-Hâl, aveuglé par ses œillères tribales, rétorque que lui, chef des Khattak, ne peut qu'en déduire une chose : ce sont ses rivaux, les Yoûsofzaï, qui ont intrigué auprès du gouverneur, qui ont empoisonné son cœur pour qu'il prive ainsi de leurs revenus d'honnêtes serviteurs de l'Empire ! Et Khosh-Hâl menace : si l'empereur persiste dans sa décision, eh bien ce sera la révolte des Khattak et de toutes les tribus affiliées : les Afrîdî, les Shinwârî, les Sâfî, les Mohmand ! Excédé, le gouverneur fait arrêter le khân insolent des Khattak et l'envoie en citadelle en Inde, sous escorte et enchaîné, en 1664.

Mais la frontière gronde, des révoltes sporadiques éclatent, et les Moghols relâchent vite Khosh-Hâl pour qu'il rentre calmer les esprits. Le mal est fait. En 1670 a lieu, de la part du gouvernement impérial, la gaffe tellement attendue qu'elle en était devenue inévitable, le prétexte pour déclencher la vendetta anti-moghole. Caroe reconstitue ainsi l'incident, qui explosa de la même manière au même endroit deux siècles plus tard, en 1978, contre le régime communiste de Kaboul [13] :

> Des soldats servant sous un certain Hosayn Beg, lieutenant d'Amîn [en note : le gouverneur moghol !], dans la vallée du Kunar, manquèrent de respect à une femme de la tribu des Sâfî vivant aux environs. Les Sâfî, gens belliqueux, tuèrent trois des soldats, sur quoi Hosayn Beg en appela aux chefs des Sâfî pour s'emparer des coupables et les livrer. Ils refusèrent. Aussi les tribus vassales voisines reçurent l'ordre d'aller brûler leurs villages. Ces tribus durent obéir, car elles étaient sous obligation de rendre des services au gouvernement en contrepartie des *djâg'îr* [fiefs] qu'elles en avaient reçus ; mais, secrètement, elles firent prévenir les Sâfî de l'attaque imminente, leur firent savoir aussi que tous considéraient qu'ils

s'étaient conduits en hommes. Les Sâfî repoussèrent l'attaque, tandis que se levait l'indignation tribale dans toute la région du Kunar à Tîrah.

Le détail de la grande révolte nous importe peu ici. Seuls les Yoûsofzaï, désormais du côté du pouvoir, ne participèrent pas à la confédération rebelle des tribus liées par des obligations de largesses envers les Khattak. Les lourdes armées mogholes périrent dans les cols montagneux à Tahtarra en 1672, à Gandâb en 1673, à Khapakh en 1674.

L'empereur eut beau venir camper en personne avec des troupes fraîches dans la plaine de Peshâwar, il ne put jamais remplacer ses légions mortes, et la souveraineté moghole s'évanouit sur le *Rôhh*. Les tribus avaient désormais tâté de la faiblesse militaire de l'Empire, et le pillage se révélait plus fructueux qu'un vasselage aux profits incertains. Jusqu'à la fin du siècle, une guérilla intermittente saigna les armées mogholes à la frontière, tandis qu'Aurang-Zêb dépensait son or pour tenter de soudoyer les tribus. Cependant l'Empire s'effritait en Inde même, sous le harcèlement de rebelles hindous comme les Sikhs et Mahrattes, futurs rivaux des Afghans lors du dépeçage des domaines moghols.

Le legs le plus important de cette période est la poésie épique de Khosh-Hâl Khân Khattak, trésor national du peuple afghan. Du combat qui ensanglanta les collines brunes entre guérilleros emmitouflés de khâkî et Moghols à aigrettes d'or, Khosh-Hâl tira matière à une brève épopée qui ouvre la poésie pashtoûne avec l'éclat d'une épée au soleil. Khosh-Hâl mêla des thèmes hardis : les tulipes rouges des falaises au printemps et les glaives ensanglantés des jeunes Afghans qui rougeoient dans la poudre. Sur les lames du barde pashtoûn fleurissent des pétales de sang, dans le même esprit de cruelle beauté que la « guerre fleurie » aztèque :

> Nos jeunes Afghans ont encore fait cramoisir leurs doigts
> Comme le gerfaut s'ensanglante les serres en lacérant sa proie :
> Leurs blanches épées fleurissent en roses écarlates

dans les plaies
Et nos tulipes rouges éclosent en plein été !

Ce n'est pas seulement par son imagerie de tulipes rouges et de glaives que Khosh-Hâl s'impose comme le premier poète pashtoûn. Quelque chose comme l'idée d'une conscience nationale semble avoir parfois germé dans son épaisse cervelle de chef tribal barbare. Si les Afghans s'unissaient enfin, écrit-il en effet, s'ils rassemblaient leurs efforts, peut-être pourraient-ils alors former autre chose qu'un conglomérat de guérilleros au courage gâché, peut-être pourraient-ils créer un royaume – le leur – pour remplacer la domination du Grand Moghol :

Par le glaive, les Afghans surpassent les Moghols
Si au moins les Afghans étaient plus réfléchis !
Si au moins les tribus se soutenaient l'une l'autre !
Alors les rois, de choix, se prosterneraient devant elles !

Et puis, en plein envol patriotique, le lyrisme tarit, le poète rumine ses griefs tribaux et le barde inspiré cède la place au chef du Yâghestân vitupérant ses rivaux :

Les chiens des Khattak valent mieux que les Yoûsofzaï,
Et pourtant, par nature, les Khattak valent moins que des chiens !
Vrai, tous les Afghans, d'Attock à Kandahâr,
S'unissent pour l'honneur, ouverts ou clandestins !
Vois, de tous côtés, tant de batailles livrées !
Mais les Yoûsofzaï n'en ont cure...

Mais tandis que Khosh-Hâl Khân, vieux déjà, chante ses vers heurtés sur les falaises du Royaume de l'Insolence, un poète pashtoûn d'un tempérament tout différent médite sur l'amour divin au bord de l'Indus. Aussi passionné d'humilité que son contemporain guerrier est fou de gloire, le jeune Rahmân, véritable François d'Assise ou Jean de la Croix du monde afghan, fait entrer dans la littérature de son peuple la tradition millénaire du soûfisme arabe et persan. Or les Afghans chérissent autant le doux derviche Rahmân, surnommé *Bâbâ* ou « Père », que le fier Khosh-Hâl Khattak, comme si ces deux poètes symbolisaient ensemble, en ce XVIIe siècle finissant, les pôles opposés du tempérament pashtoûn : ferveur mystique et morgue tribale, humilité devant Dieu et ivresse de la vengeance, mépris désabusé des vanités du monde et sensuel amour des tulipes rouges – fussent-elles de sang. Rahmân retrouve dans ses accents le panthéisme extatique et le trouble érotisme des grands mystiques iraniens, toscans et espagnols :

> Je demeure tout le temps assis, la poitrine aride et les yeux embués.
> L'Amour m'a montré la Terre et la Mer entières dans ma petite cellule.
> La blessure de Ton Glaive, je la baise de mes lèvres,
> Je n'ai point trouvé plus grand délice dans les baumes !
> Parce que l'humble Madjnoûn posa sa tête aux pieds
> De la belle Laylî,
> Son chef s'auréola de gloire en Arabie et Perse.
> Partout le despote opprime le faible,
> Mais j'échappe à cette douleur par la Douleur de Ton Amour.

Tandis que la souveraineté moghole vacille chez les Afghans d'Orient, la suzeraineté iranienne s'effondre d'un bloc parmi les Afghans de l'Ouest. Eux aussi sont déchirés par une vendetta séculaire – celle des tribus Ghilzaï et Abdâlî – mais c'est l'Empire iranien qui en fait les frais. Si soudaine est la chute de la Perse que c'est aux Afghans d'Occident qu'il revient de fonder le royaume national. Presque par hasard.

Dans le tourbillon du XVIIIe siècle asiatique – celui de la création du royaume afghan – il faut dégager les repères essentiels. Le lecteur désespéré par la soudaineté des volte-face tribales, la complexité des vendettas, la montée et la chute vertigineuse de royaumes éphémères, l'effacement brusque des empires qui paraissaient éternels, peut songer que le XVIIIe siècle asiatique reproduit à peu près les conditions du Ve siècle européen : l'écroulement de l'Empire romain et son remplacement par de chaotiques royaumes germains. Dans l'un ou l'autre cas, on peut grossièrement déchiffrer le même scénario :

A. Des tribus faméliques mais guerrières dont la population augmente au-delà du supportable se bousculent à la frontière de l'Empire. Les tribus ne veulent pas détruire l'Empire, mais seulement piller ses richesses au cours de rapides incursions.

B. Pour diviser les tribus, l'Empire en soudoie quelques-unes et les installe de son côté de la frontière comme défense contre leurs rivales. Ces mercenaires tribaux sont les hommes les plus aguerris de l'Empire et s'élèvent rapidement aux plus hautes charges militaires de l'État, dont la profonde faiblesse devient évidente.

C. L'Empire a changé de nature. Défendu par une élite étrangère de mercenaires tribaux, il se voit attaqué par d'autres tribus anxieuses de partager les profits de l'Empire et de revendiquer pour elles-mêmes les hautes charges administratives et militaires occupées par leurs rivales. Aucune tribu ne songe encore à détruire l'Empire.

D. L'Empire est en pratique déchiqueté entre tribus rivales, dont chacune se réclame de la légitime autorité de l'empereur afin de supplanter les adversaires. L'administration centrale ne survit pas au choc du partage de fait des territoires entre les diverses tribus. L'empereur lui-même devient un pantin, un jouet prestigieux, otage de l'une ou l'autre tribu. Qu'un accident fasse disparaître l'empereur – un chef tribal décide brutalement de le destituer ou de le tuer –, et c'en est fait de la fiction même de l'existence pâle de l'Empire. Dans les divers territoires issus du partage, les chefs tribaux se retrouvent souverains absolus.

E. Les nouveaux royaumes tribaux sont fragiles. Même si chaque chef a acquis quelques notions administratives impériales, sa propre tribu renâcle devant sa discipline. De fait, les royaumes sont traités comme des chefferies tribales, à partager entre les fils rivaux du père tribal fondateur. Suit une période plus ou moins longue de troubles où la prestigieuse civilisation impériale, pourtant admirée par les successeurs tribaux, commence à s'étioler dans un climat de barbarie – sauf chez une infime minorité de clercs.

Ce schéma est bien entendu outrageusement simplifié et pourrait admettre de nombreuses variantes, mais peut-être permettra-t-il de démêler l'effroyable enchevêtrement des premières années de l'histoire afghane, réduite ici à son expression la plus dépouillée.

– 1707 : l'année clef

En Orient, le Grand Moghol Aurang-Zêb meurt. L'Empire des Indes entre aussitôt en agonie, déchiré par des rébellions ethniques et religieuses. La suzeraineté de l'empereur se réduit au fil du siècle à la banlieue de sa capitale, Delhi, tandis que mahârâdjahs hindous, émirs musulmans, et bientôt aventuriers français et anglais se partagent ses provinces.

Mais le réveil afghan se tourne d'abord, cette année-là, contre la Perse.

En 1707, l'Empire iranien paraît encore stable. Sous le shâh Hosayn de la dynastie chiite des Séfévides, Ispahan est une capitale florissante où s'élèvent les dernières mosquées à bulbe d'azur. Autour du noyau persan et chiite de l'Empire, des peuples vassaux guerriers montent la garde aux frontières. Ces peuples sont des musulmans sunnites, parfois même des chrétiens : Afghans, Kurdes, Turkmènes, Géorgiens du Caucase. A l'horizon du Caucase s'allonge une ombre toute nouvelle, la Russie du tsar Pierre.

La souveraineté iranienne sur Hérât et Kandahâr dépend d'une collaboration étroite entre le gouverneur impérial et la tribu dominante locale : les Abdâlî à Hérât, les Ghilzaï à Kandahâr. Ces deux tribus afghanes sont hostiles l'une à l'autre, mais passablement loyales au shâh de Perse.

En 1707, le gouverneur impérial de Kandahâr se trouve être un prince géorgien chrétien, vassal du shâh, Georges XI. Ce prince chrétien, nommé en plein pays musulman pour l'empêcher de s'entendre trop bien avec la population locale, a reçu pour mission de ramener la tribu afghane des Ghilzaï à une plus étroite obéissance : fournir taxes et soldats à l'armée impériale. Les Ghilzaï se révoltent, Georges XI les réprime durement et envoie leur chef, Mîr Waïs, en prison à Ispahan.

A Ispahan, Mîr Waïs se justifie devant le shâh, distribue des cadeaux à la cour, reçoit son pardon et, après un pèlerinage à La Mecque, rentre à Kandahâr chargé d'honneurs par le shâh, lequel espère que le chef afghan fournira un utile contrepoids au gouverneur géorgien, devenu trop puissant au gré de l'empereur.

Ce jeu impérial consistant à affaiblir à la fois gouverneur et chef tribal en les poussant l'un contre l'autre s'avère imprudent. C'est une vendetta haineuse qui oppose Mîr Waïs et Georges XI. Les Ghilzaï se soulèvent encore, massacrent la garnison géorgienne, se retrouvent seuls maîtres de Kandahâr. Demeurent-ils vassaux de l'empereur ? Quand le shâh proteste contre l'usurpation du gouvernement de Kandahâr par le chef afghan, Mîr Waïs emprisonne les légats impériaux.

Riposte impériale : armer la tribu rivale des Abdâlî. Une guerre fratricide sanglante oppose les deux tribus afghanes, l'une pour le compte de l'empereur, l'autre en rébellion, mais Mîr Waïs tient bon à Kandahâr où il meurt en prince virtuellement indépendant en 1715. C'est le début de la fin pour l'Empire perse, même si Mîr Waïs proteste jusqu'à sa mort qu'il n'est que le *wakîl*, le gouverneur, de l'empereur.

A la mort de Mîr Waïs, les mâles de sa famille se disputent bien sûr sa succession ; son frère 'Abd-ol-'Azîz règne dix-huit mois ; le fils aîné de Mîr Waïs décapite son oncle et devient wakîl à son tour : c'est Mahmoûd, qui se révélera au fil des ans un aliéné mental.

L'incapacité du shâh à remettre la main sur Kandahâr précipite la dissolution impériale. A Hérât, la tribu des Abdâlî, jalouse du succès des Ghilzaï à Kandahâr, se déclare à son tour maîtresse de sa propre oasis. Puis les deux tribus se battent pour s'emparer de leurs fiefs mutuels, tandis que l'empereur assiste au combat, impuissant. Les Ghilzaï sont vainqueurs : Mahmoûd envoie à l'empereur la tête du chef rival des Abdâlî, preuve de sa propre fidélité à l'Empire.

Mais lorsque Mahmoûd cherche à élargir son fief du côté de l'Iran proprement dit, les gouverneurs iraniens résistent. Avec ses troupes afghanes grossies par l'espoir du butin, Mahmoûd pénètre jusqu'à Ispahan, l'assiège comme Alaric le Goth assiégea Rome, et prend la capitale dépeuplée par la famine en 1722. Le shâh Hosayn abdique au profit de Mahmoûd, mais de quoi le chef afghan est-il désormais maître ? Il est lui-même empereur d'Iran, non pas roi d'un Afghanistan encore inexistant ; pour légitimer son titre, il épouse une fille de l'empereur déchu, après avoir massacré avec son propre sabre les princes du sang sous les yeux de leur père. La fin du règne de Mahmoûd sur Ispahan est littéralement un régime de terreur contre une population suspecte : il meurt, peut-être d'une tumeur au cerveau, en 1725. L'écho des événements de Perse parvint jusqu'en France, où Montesquieu, confondant Mahmoûd avec son père, évoqua la capacité de « Mir-Weiss, avec 10 ou 12 000 voleurs, de détruire le formidable Empire de Perse » (*Mes Pensées*, IX).

Ici intervient le déchirement tribal pour s'assurer la succession à l'Empire, où un membre de la famille impériale sert d'otage aux différentes factions. Cousin de Mahmoûd, le chef ghilzaï Ashraf se proclame tour à tour régent, puis successeur du malheureux shâh Hosayn, prisonnier vite encombrant qu'il finit par exécuter. Entre-temps, les tribus turkmènes réclament aussi l'héritage impérial en brandissant leurs propres prisonniers princiers. Le chef turkmène Nâder émerge du chaos : se proclamant régent du prince qu'il détient (avant de le mettre à mort au moment opportun), Nâder rassemble presque tous les groupes armés du pays pour venir à bout de l'influence détestée des Afghans en Iran. Nâder est victorieux : il bat d'abord les Abdâlî à Hérât, puis leur offre de combattre à ses côtés contre leurs rivaux les Ghilzaï à Ispahan. Grâce à cet appui décisif, Afghan contre Afghan, Abdâlî contre Ghilzaï, Nâder anéantit la domination afghane en Perse, et devient le nouveau maître impérial

– il tue son otage princier et ceint la couronne en 1732.

Ce n'est pas ici le lieu de retracer la carrière fulgurante de Nâder Shâh, un conquérant asiatique dans la lignée des Attila et des Tamerlan, ses campagnes éclair qui gorgèrent ses troupes hétéroclites de butin de la frontière turque aux plaines du Gange, son massacre et son pillage de Delhi en 1739 : ce fut là le vrai glas de l'Empire moghol, et Nâder emporta des trésors en joaillerie. L'important, ici, est sa politique afghane : systématiquement, il dressa les Abdâlî contre les Ghilzaï, et les Abdâlî devinrent les véritables gardes du corps de Nâder. Pour Nâder, et aussi pour eux-mêmes, les Abdâlî expulsèrent les Ghilzaï de Kandahâr en assouvissant leur propre vendetta, et, ce faisant, aidèrent leur maître à devenir suzerain de toutes les villes de l'actuel Afghanistan (la présence moghole étant balayée). Aux proches côtés de Nâder galopait partout, de la Turquie à l'Inde, le jeune Ahmad l'Abdâlî, à la fois commandant de la cavalerie d'élite du conquérant, son aide de camp et le chef de sa garde prétorienne afghane. Nâder ne pouvait se douter que ses conquêtes, c'était pour son jeune lieutenant afghan qu'il les avait accomplies.

Nâder fut assassiné dans sa tente un jour de 1747 par des généraux craignant d'être prochainement arrêtés. Aussitôt, son empire éphémère s'effondra. Les troupes du camp pillèrent la tente où le corps décapité de l'empereur gisait encore. Le commandant de la cavalerie afghane, Ahmad, s'échappa avec ses hommes en emportant la part la plus précieuse du butin. Sur sa route, il croisa une caravane apportant un trésor en tribut à Nâder Shâh déjà mort. Ahmad confisqua le trésor et gagna Kandahâr à franc étrier.

– 1747 : la seconde année clef

En Occident, il n'existe plus aucun pouvoir central. Nâder Shâh a écrasé tous ses rivaux en Iran, et Nâder est mort sans successeur.

En Orient, il n'existe non plus aucun pouvoir central. Nâder Shâh a saigné l'Empire moghol et confisqué toutes ses provinces jusqu'au-delà de l'Indus. Or, encore une fois, Nâder est mort sans successeur pour ces provinces orientales aussi.

En pays proprement afghan, la puissante tribu des Ghilzaï a été abattue par l'efficace politique tribale de Nâder.

Enfin, les Européens sont encore loin : les Anglais s'organisent au Bengale, les Russes poussent vers le Caucase.

Bref, la région centrale du continent asiatique connaît un vide politique absolu. Il n'existe plus aucun despotisme contre lequel le Yâghestân puisse se battre. Et la vendetta la plus importante du Yâghestân s'est apaisée avec l'écrasement des Ghilzaï.

Une seule puissance, dès lors : ce jeune commandant de cavalerie qui a confisqué le trésor de Nâder, Ahmad l'Abdâlî. Avec sa troupe aguerrie, sa source de revenus, il ne peut être reconnu que comme chef par les anciens de sa tribu. Mais chef de quoi ? de sa propre tribu ? ou de toutes les tribus afghanes ? Un derviche place sur le turban d'Ahmad une guirlande d'épis de blé : « Voici ta couronne ! » Ce couronnement de Kandahâr est considéré comme l'acte de naissance officiel de l'Afghanistan. Ahmad prend le titre de roi, *shâh*, et le sobriquet honorifique de *Dorr-é Dorrân*, la « Perle des Perles ». Désormais, et jusqu'à nos jours, sa tribu s'appellera non plus Abdâlî, mais Dorrânî, « la Perlée ». C'est le clan royal.

Chef de clan ou roi d'« Afghanistan » ? Ahmad Shâh tranche. Il rassemble autour de lui un très grand nombre de tribus – sauf les Ghilzaï récalcitrants, qu'il écrase encore près de Ghaznî – et reprend pendant vingt-cinq ans l'enivrante épopée de son ancien suzerain Nâder. Il crée non pas un royaume, mais un Empire afghan, de Mashhad en Iran jusqu'au Kashmîr dans l'Inde du Nord. Huit fois il envahit les plaines indiennes, réduisant toujours plus la souveraineté du Grand Moghol, tout en se battant contre des peuples hindous qui disputent sa puissance, tels les Mahrattes et les Sikhs. Les tribus afghanes se gorgent de pillage. Les chefs afghans sont gouverneurs dans les anciennes cités mogholes. Tâdjîks, Hazâra de l'Hindoû-Koush reconnaissent la suzeraineté du prince afghan. Il existe désormais, sur la carte d'Asie, un « Afghanistan » englobant tout le territoire actuel, plus l'ensemble du Pakistan moderne. Et son chef est devenu un des plus puissants rois d'Asie. Après chaque expédition, Ahmad se retire à Kandahâr où il compose des vers mystiques pashtoûns dans le goût persan : avec Khosh-Hâl et Rahmân, le roi Ahmad clôt la trilogie classique de la poésie du siècle d'or de la littérature en pashtô. Les tribus l'appellent *Bâbâ*, « Père ». Il meurt en 1772, le visage rongé par un cancer.

Il laisse un empire, non une nation. Dès que s'arrêtent les expéditions conquérantes, le flot de butin tarit, les forces de division reparaissent. Sous son fils Tîmoûr (1772-1793), prince cultivé s'exprimant plus facilement en persan qu'en pashtô et qui s'installe à Kaboul – c'est le vrai prototype des rois afghans modernes –, les frontières de l'Empire se stabilisent. Aussitôt commencent les rébellions tribales contre le nouveau pouvoir central, celui de Kaboul : Tîmoûr les réprime avec sa garde prétorienne de chiites iraniens, les « Têtes-Rouges » ou *Qyzyl-Bâsh* (ce sont les ancêtres des chiites non hazâra de Kaboul aujourd'hui). Avec la troisième génération, l'Empire lui-même est traité en chefferie à se disputer entre les cousins du clan royal ; Hérât devient fief indépendant ; les provinces indiennes sont arrachées par la nouvelle puissance hindoue des Sikhs ; l'anarchie du gouvernement afghan atteint un tel degré que des *territoires ethniquement pashtoûns* – la plaine de Peshâwar – tombent sous la domination du mahârâdjah des Sikhs en 1823. Entre-temps, le clan royal s'est fissuré irrémédiablement dans une vendetta atroce : les chroniques du temps, d'une saveur mérovingienne, parlent des princes aux yeux crevés – car un aveugle, selon la loi coranique, n'a pas le droit de régner. Shâh Shodjâ', petit-fils d'Ahmad le Grand, perd ce qui reste du pouvoir au profit du chef d'une branche cadette de sa famille, Dôst-Mohammad, et part se réfugier en Inde *sous protection anglaise* en 1826. Shâh Shodjâ' et Dôst-Mohammad : l'archétype du traître et le prototype du résistant dans le drame prochain de la conquête anglaise. Car les temps ont déjà changé, deux nouveaux pouvoirs centraux se lèvent à l'horizon afghan : l'Angleterre et la Russie.

Que retenir de cette soudaine mutation du Yâghestân en Afghanistan, alors que tous les mécanismes du Royaume de l'Insolence fonctionnent pour la résistance, non pour bâtir un État ? D'abord que la prise du pouvoir par Ahmad Shâh est l'exception confirmant la règle. Il crée son royaume lors d'une absence momentanée de tout pouvoir central. En outre, il n'a été en mesure de s'imposer au pouvoir que grâce à son association étroite avec le pouvoir central précédent ; ce n'est qu'en tant que commandant de la cavalerie impériale iranienne qu'il a accès à un trésor d'État lui permettant de financer assez largement l'adhésion des tribus : son triomphe même illustre le parasitisme paradoxal du Royaume de l'Insolence par rapport au despote. Ensuite, c'est que ce premier royaume afghan disparaît de lui-même de la carte d'Asie au terme de trois générations : limite fatidique assignée aux empires tribaux par le génial historien arabe Ibn Khaldoûn. Quand les ressources du pillage tarissent, le roi tribal ne peut plus maintenir son autorité. En 1823, l'Afghanistan est déjà ramené à ses proportions actuelles : vérité cuisante pour les Afghans modernes, c'est au profit des Sikhs indiens, non des Anglais, que l'Afghanistan perd la région de Peshâwar, amèrement revendiquée depuis. La dissolution paraissait inévitable avant la moitié du XIXe siècle. Lorsque Shâh Shodjâʿ fuit chez les Anglais, Hérât, Kandahâr, Kaboul sont des principautés virtuellement indépendantes les unes des autres. Les Tâdjîk-Aymâq et les Hazâra ont rejeté leur vasselage. Le Yâghestân pashtoûn est plus insoumis que jamais.

Comment, dès lors, parler aujoud'hui d'un *Afghanistan* qui a bel et bien survécu à sa période mérovingienne, et où le patriotisme actuel est d'une incandescence rare ?

La vérité, c'est que l'impérialisme anglo-russe transformera par sa pression le caractère même du royaume afghan. Avant le XIXe siècle, les despotes contre lesquels se mesurent les chefs pashtoûns sont des musulmans aussi ; l'épopée conquérante des Ghilzaï et des Abdâlî au XVIIIe siècle traduit une ambition tribale d'avidité pure, toujours aux dépens d'autres musulmans ; l'État afghan vers 1800 n'a d'autre motif que d'assouvir le nouveau despotisme de Kaboul.

Tout autre nous paraît l'État afghan un siècle plus tard, en 1900. Le royaume de Kaboul survit comme dernier État musulman indépendant de la région. Il reste tribal par bien des côtés encore, mais il n'est plus exclusivement un fief pashtoûn : Tâdjîks, Ouzbeks, Hazâra forment ensemble plus de la moitié de la population, tandis que les Pashtoûns de l'Est ne relèvent plus de l'ensemble politique afghan. L'Afghanistan se définit autrement : c'est une monarchie sacrée, une citadelle de l'islam face à l'environnement infidèle. Sa tradition de résistance se double désormais d'une motivation religieuse. L'Afghanistan existe désormais avec un but, un propos : l'indépendance pour les musulmans d'Asie centrale. L'attitude belliqueuse des Pashtoûns a finalement sauvé un îlot de diginité pour l'islam en 1900.

Si l'on poursuit le schéma esquissé plus haut, comparant l'émergence du royaume afghan à la création des royaumes barbares à l'aube de notre propre Moyen Age, on peut se hasarder à signaler quelques convergences entre l'épopée des chefs pashtoûns et l'aventure des Francs. Ainsi :

Au terme de la période de troubles, d'autant plus longue qu'aucune autorité impériale ne cristallise autour d'elle les résistances et convoitises tribales, un clan tribal supplante tous ses adversaires et restaure un semblant d'administration centralisée. L'événement est salué par le soulagement général, d'autant plus que le nouveau clan dominateur, pénétré de respect pour l'ancienne civilisation impériale, s'en considère l'héritier et cherche à en ressusciter les formes. Une symbiose culturelle se réalise alors entre les maîtres tribaux et les anciens sujets civilisés du vieil empire défunt ; leur histoire devient désormais commune. Quel est cependant le facteur dont la gravité permet la concentration du pouvoir entre les mains d'un clan tribal ? Dans l'Europe post-romaine, il semble que ce soit la menace de l'islam d'Espagne : un chef tribal est couronné empereur et symbolise la résistance de l'ensemble de la chrétienté romaine.

En Asie centrale, la double menace anglo-russe transforme les roitelets tribaux en défenseurs de la foi et en symboliques héritiers de la civilisation arabo-persane millénaire de leur région. Symétrie des formules : *Gesta Dei per Francos*, « la Geste de Dieu s'est exprimée à travers les Francs », comme l'écrit un chroniqueur de notre XIIe siècle ; en 1900, celui qui a joué un peu le rôle d'un Charlemagne afghan, l'émir ʿAbd-or-Rahmân, s'intitule dans son arabe prononcé à la mode persane : *Ziâ-ol-Mellat wa-d-Dîn*, « Lumière de la nation et de la foi ». Cependant, le jeu politique afghan conserve ses particularités tribales.

B. LA POUSSÉE EXTÉRIEURE (1809-1919)

Premier Européen reçu à la cour d'un roi afghan, l'émissaire des Indes anglaises Mountstuart Elphinstone parvint à Peshâwar, résidence d'hiver des souverains de Kaboul, en février 1809. Il y vit une mascarade qui ne le trompa point. Shâh Shodjâʿ, dont l'empire se désagrégeait, parut aux yeux de l'ambassadeur britannique comme une sorte d'imitation d'un Grand Moghol ou d'un shâh d'Iran, paré de joyaux au milieu d'une cour immobile [14] :

> La cour était oblongue, avec de hauts murs sur lesquels étaient peintes des figures de cyprès, et au milieu un bassin avec des fontaines. Tout au long des murs se tenaient trois rangées de gardes du roi, et les officiers de l'État étaient disposés dans la cour à plus ou moins grande distance du souverain selon leur rang. Au fond de la cour s'élevait un haut bâtiment ; c'était d'abord un mur aux arcades aveugles, sans portes ni fenêtres, sur lequel était perché un toit soutenu par des piliers et des arcades moresques très ornementés. Sous l'arcade centrale siégeait le roi, sur un très grand trône d'or massif ou doré. Son aspect était magnifique et royal : sa couronne, son vêtement ne formaient qu'un unique flamboiement de joyaux. Il dominait du haut de son trône la tête des eunuques qui l'entouraient, et qui étaient seuls à se tenir sous la voûte où il siégeait : tous demeuraient silencieux et immobiles [...].

> Le roi de Kaboul était bel homme, la trentaine, le teint olivâtre, barbe noire et fournie. Son visage était d'expression digne et avenante, sa voix claire, son ton princier. Au début, nous pensions qu'il arborait une armure de gemmes, puis, en l'approchant, nous nous aperçûmes qu'il portait une tunique verte semée de grandes fleurs d'or et de pierres précieuses, avec un plastron en diamants arrangés comme deux fleurs de lys aplaties ; sur ses cuisses et ses bras au-dessus du coude étincelaient d'autres ornements de ce type, et parmi les joyaux resplendissait sur un bracelet le *Kôh-é Noûr*, qu'on sait être un des plus grands diamants du monde.

Autour de cette espèce d'idole, nota cependant le perspicace diplomate anglais, la cour afghane « présentait moins l'aspect d'un État prospère que celui d'une monarchie splendide entrée en décadence ». Au demeurant, les bijoux de Shâh Shodjâ', comme ce fameux *Kôh-é Noûr* ou « Montagne de Lumière », devaient être confisqués quelques années plus tard par le mahârâdjah des Sikhs avant d'être définitivement récupérés par la Couronne d'Angleterre (où scintille toujours ce diamant qui brilla au poignet du roi afghan).

Décadence ou pas, la mission de Mountstuart Elphinstone auprès du souverain afghan marquait l'entrée du royaume de Kaboul dans la politique mondiale. Motif de l'ambassade britannique : obtenir l'alliance du gouvernement afghan contre la Russie, alliée depuis la paix de Tilsitt signée en 1807 avec la France de Napoléon. Le roi afghan, constellé de joyaux volés par son grand-père Ahmad aux Grands Moghols de Delhi, apprit par la mission britannique à la fois l'existence de la Russie et de la France, et que son propre royaume excitait la convoitise de ces deux puissances ! Le Grand Jeu avait commencé, destiné à pétrir, puis à broyer l'Afghanistan.

Tout au long du XIXe siècle, jusqu'à l'unification définitive du royaume par l'émir 'Abd-or-Rahmân en 1881, l'Afghanistan intérieur se fissure selon ses tensions propres. Après chaque décès royal, frères et cousins du défunt se disputent le royaume comme s'il ne s'agissait que d'une chefferie tribale, où le droit d'aînesse n'est nullement respecté, où le pouvoir revient au plus habile, à celui qui sait par ses dons gagner le plus de clients à sa cause. Le clan royal se déchiquette en vendettas de cousins qui se compliquent avec le passage des générations, et, souvent, des princes du sang rivaux règnent de manière indépendante à Kaboul, Kandahâr et Hérât. Deux vendettas principales déchirent le siècle. Le clan royal Dorrânî lui-même se scinde : les Bârakzaï, les fils de Bârak, chassent du pouvoir leurs propres cousins, les Saddozaï, ou fils de Saddô. Shâh-Shodjâ', le Saddozaï renversé du trône par le fils de Bârak Dôst-Mohammad, va chercher appui contre son cousin chez les Anglais, déclenchant la première guerre anglo-afghane où la haute politique britannique se fourvoie dans une dispute de clans. La seconde vendetta du siècle oppose toujours les Ghilzaï mal jugulés au clan royal des Dorrânî. Cette dispute, loin de s'éteindre, se poursuit encore au sein même du Parti communiste afghan, où les Ghilzaï adhèrent au *Khalq* et les Dorrânî au *Partcham*. Mais ces déchirements internes cèdent en importance à la poussée des forces extérieures, qui déterminent à partir de 1809 l'essentiel du destin afghan : c'est le Grand Jeu anglo-russe, impérial.

Voici les dates clef du Grand Jeu, première manière :

1809 : première ambassade britannique auprès du souverain afghan, pour contrer un projet d'invasion franco-russe des Indes anglaises en passant par la Perse et l'Afghanistan. La campagne de Russie, la chute de Napoléon réduisent à néant ce projet.

Bilan : victoire anglaise.

1828 : traité de Torkmântchâï. La Perse reconnaît la suprématie russe et cède au tsar ses provinces caucasiennes, où la Russie mettra cependant quarante ans pour soumettre la résistance locale.

Bilan : victoire russe.

1837 : la Russie pousse la Perse, réunie sous la dynastie qâdjâre, à envahir l'Afghanistan pour récupérer Hérât. Défendue par une officier anglais (Pottinger), Hérât repousse l'assaut russe et persan.

Bilan : victoire anglaise.

1838 : mission de l'officier russe Vitkévitch à Kaboul auprès de l'émir Dôst-Mohammad. *Casus belli* pour l'Angleterre. Invasion anglaise de l'Afghanistan, occupation de Kaboul, déportation de l'émir Dôst-Mohammad, installation à sa place de l'ancien émir Shâh-Shodjâʿ comme souverain « protégé », sous la surveillance du résident Sir William McNaghten. Le fils de Dôst-Mohammad, Akbar, entre en dissidence. *Première Guerre anglo-afghane.*

Bilan : victoire anglaise.

1842 : soulèvement de Kaboul en janvier. Retraite anglaise vers l'Inde, *massacre dans les défilés de tout le corps expéditionnaire* (16 000 âmes) en une semaine ; un seul survivant, le chirurgien Brydon, rejoint les lignes anglaises. Chute à Kaboul de Shâh-Shodjâʿ. Expédition punitive anglaise à Kaboul au printemps. Entente anglaise avec l'émir Dôst-Mohammad rétabli sur son trône : cessation de toute relation avec la Russie contre un subside anglais et la pleine indépendance intérieure. Dôst-Mohammad réunifie le royaume.

Bilan : victoire afghane.

1856 : guerre de Crimée. L'Angleterre et la France bloquent les visées russes sur la Turquie et les détroits, mais négligent de soutenir au Caucase la résistance anti-russe de l'émir Shâmil et de ses montagnards, battus faute d'assistance matérielle. En revanche, les Anglais débarquent dans le sud de l'Iran et restaurent leur influence jusqu'à Shîrâz. Le shâh renonce officiellement à Hérât.

Bilan : Victoire anglaise, mitigée par la chute du Caucase.

1865-1868 : la Russie occupe l'Asie centrale jusqu'à la frontière afghane. Khîva et Bokhârâ deviennent émirats « protégés ».

Bilan : victoire russe.

1877-1878 : guerre russo-turque ; indépendance de la Bulgarie, arrachée par les Russes au sultan ; la Russie étend désormais son influence sur la Roumanie et la Bulgarie ; l'opposition autrichienne et britannique (une flotte anglaise mouille devant la Corne d'or) empêche la Russie d'occuper Constantinople. Le congrès de Berlin s'ouvre le 13 juin 1878, évitant de justesse une guerre anglo-russe.

Bilan : victoire russe, limitée par l'opposition anglaise.

14 juin 1878 : une mission russe part pour Kaboul ; surpris, l'émir Shêr ʿAlî la recevra mais refusera une mission anglaise analogue. *Casus belli* pour l'Angleterre, *Deuxième Guerre anglo-afghane*, occupation britannique de Kaboul, fuite et mort de Shêr ʿAlî.

Bilan : victoire anglaise.

1879 : humiliation du nouvel émir Yaʿqoûb par le traité de Gandamak, qui cède définitivement aux Anglais les territoires tribaux de Peshâwar. Soulèvement de Kaboul, massacre de la garnison anglaise du résident Sir Louis Cavagnari, réoccupation de Kaboul par lord Roberts, abdication et déportation en Inde de l'émir Yaʿqoûb, anarchie dans les provinces.

Bilan : match nul.

1880 : victoire de partisans afghans commandés par un fils de Shêr ʿAlî, Ayoûb Khân, sur un détachement anglais à Maïwand près de Kandahâr. Les Anglais cèdent le pays à un rival d'Ayoûb, ʿAbd-or-Rahmân, rentré d'exil au Turkestan russe. Marchandage : contre une indépendance intérieure complète et un riche subside anglais en armes et argent, le nouvel émir laisse à Londres le contrôle de ses affaires étrangères. ʿAbd-or-Rahmân jette les fondements de l'État afghan moderne. La Russie reconnaît officiellement l'appartenance de l'Afghanistan à la sphère d'influence anglaise.

Bilan : Double victoire anglaise et afghane.

1884 : riposte russe. Occupation du dernier État musulman indépendant de l'Asie centrale au nord de l'Afghanistan, le khânat de Merv. Vive tension anglo-russe, crise de « mervosité » (*mervousness*) en Angleterre, mais absence de réaction efficace anglaise.

Bilan : victoire russe.

1885 : pour tâter encore la détermination anglaise, la Russie envahit le territoire afghan et annexe le district de Pandjdeh. L'Angleterre cède, humiliation de l'émir ʿAbd-or-Rahmân qui demeure cependant fidèle à son alliance anglaise.

Bilan : victoire russe.

1891 : négociations anglo-russes pour démarquer la frontière russo-afghane. L'Angleterre attribue à l'Afghanistan le corridor montagneux du Pâmîr, qui touche aux confins chinois à l'extrême nord-est, afin de séparer les Empires russe et anglo-indien.

Bilan : victoire anglaise. Avantage afghan nul.

1893 : traité entre ʽAbd-or-Rahmân et l'émissaire britannique lord Durand. Confirmation involontaire mais qui s'avère définitive de la cession par les Afghans des territoires pashtoûns de Peshâwar. L'actuelle « ligne Durand » coupe en deux les territoires tribaux pashtoûns entre l'Afghanistan et le Pakistan.

Bilan : victoire anglaise.

1895 : de peur que les missionnaires chrétiens de l'Inde anglaise n'y arrivent avant lui, l'émir ʽAbd-or-Rahmân conquiert, annexe et convertit de force à l'islam un petit territoire « païen » dans les montagnes orientales : l'actuel Nouristan.

Bilan : victoire afghane.

1905 : victoire écrasante du Japon sur la Russie dans le Pacifique.

Bilan : arrêt de l'expansionnisme impérial russe en Asie.

1907 : entente anglo-russe contre l'Allemagne. Partage amiable de la Perse en zones d'influence.

Bilan : victoire anglaise.

1914-1918 : neutralité pro-anglaise de l'Afghanistan durant la Première Guerre mondiale. Liquidation par l'Angleterre de l'Empire ottoman au Proche-Orient. Effondrement politique de l'islam.

Bilan : apparente victoire complète anglaise.

1917 : effondrement de l'Empire tsariste. Naissance de l'État soviétique. Fin du Grand Jeu, première manière.

Bilan : apparente victoire complète anglaise.

1919 : le nouvel émir afghan Amânollâh dénonce le traité anglo-afghan et déclare la guerre à l'Angleterre avec l'approbation du nouveau régime soviétique. Reprise du Grand Jeu, seconde manière.

Bilan : victoire russe, ou disons soviétique.

Une lecture même superficielle de cette liste de

dates montre combien, jusque dans le tracé de ses frontières, la configuration de l'Afghanistan moderne précommuniste répond à cette double pression anglo-russe. La résistance somme toute victorieuse de l'Afghanistan à cette pression appartient désormais à l'imagerie d'Épinal anticoloniale. Reste cependant à déceler les mécanismes qui sous-tendent cette lutte triangulaire afghane, anglaise et russe, mécanismes de conquête et de résistance toujours pertinents aujourd'hui malgré des changements technologiques certains, puisque d'autres données demeurent constantes.

Les mécanismes du Grand Jeu, première manière

Les enseignements du Grand Jeu anglo-russe pour le contrôle de l'Asie jusqu'en 1919 sont essentiels pour la compréhension du conflit actuel, à condition de les déchiffrer de manière raisonnable.

Il n'est pas nécessaire de voir dans toute action de la Russie tsariste en Asie une préfiguration cauchemardesque de la politique soviétique moderne. L'impérialisme russe à l'ancienne manière n'est pas un animal d'essence radicalement différente des impérialismes européens contemporains, mélanges assez contradictoires de libéralisme modéré et d'autoritarisme raciste. Tout au plus peut-on accorder à Saint-Pétersbourg, contrairement à Londres et Paris, une plus grande constance dans sa politique d'expansion, puisque sa diplomatie n'est pas entravée par l'alternance de partis parlementaires comme chez ses rivaux anglais et français. En ce sens, il existe une évidente continuité avec la diplomatie soviétique moderne. En outre, l'URSS hérite les frontières de l'Empire tsariste, se glisse dans son moule et jouit de ses avantages géopolitiques. Rangeons-nous au point de vue d'Alain Besançon, qui voit continuité territoriale mais non culturelle ou idéologique entre les deux Empires tsariste et soviétique, avec cependant de larges emprunts du second au premier en ce qui concerne des « recettes » de conquête et d'expansion.

La continuité est plus marquée chez le partenaire

anglo-saxon du Grand Jeu, car l'alternance démocratique qui désorganise périodiquement sa diplomatie y demeure la règle. Le grand changement intervenu est le remplacement de la Grande-Bretagne par les États-Unis dans la région en 1947. Toutefois, autant l'URSS hérite de la position stratégique plus forte de l'ancien Empire tsariste, autant les États-Unis reçoivent en partage les désavantages géopolitiques fondamentaux de l'Angleterre dans cette partie du monde. Une limitation anglaise du XIXe siècle demeure contraignante pour les États-Unis au XXe : la répugnance de l'opinion domestique à consentir à une guerre pour défendre des intérêts en Asie. L'ancienne comme la nouvelle Russie ont les mains plus libres, une politique militaire plus souple et musclée.

Enfin, là où la continuité est la plus nette, c'est en Afghanistan même, qui sait toujours éluder l'emprise du despote en lui opposant l'apparente anarchie insaisissable du Yâghestân.

Première donnée : la marche de l'Empire russe vers le Sud asiatique. Cette progression est perçue comme menaçante par toutes les chancelleries européennes importantes de l'époque : Paris, Vienne, Berlin, et surtout Londres. Différence avec la donnée actuelle : le but de cette progression n'est pas alors le Golfe, aux ressources pétrolières dépourvues d'intérêt au XIXe siècle, mais l'Inde, considérée comme la colonie économique la plus rentable du monde.

Seconde donnée : la Russie est en position offensive, l'Angleterre en position défensive. La Russie entreprend, l'Angleterre conserve car elle possède déjà l'enjeu du conflit : l'Inde. Les aventures anglaises en Afghanistan visent à protéger l'Inde en édifiant un glacis en Asie centrale. Mais les aventures anglaises en Asie centrale éloignent les troupes de leur vital ravitaillement maritime, tandis que l'armée russe jouit d'une continuité territoriale ininterrompue. La poussée russe pénètre aux endroits de moindre résistance, mais s'arrête aussitôt qu'une tension trop vive avec l'Angleterre pourrait provoquer la guerre. Pour faire baisser cette tension qu'elle a elle-même provoquée, la Russie se pose comme « modérée » en cessant momentanément son expansion. Toutefois, elle conserve toujours les avantages territoriaux acquis comme prix de cette « modération ». La progression du siècle voit donc une avance continuelle de l'influence russe, un recul correspondant de l'influence anglaise en Asie centrale. Seul un événement extérieur, la victoire du Japon sur la Russie en 1905 et l'ébranlement du régime du tsar, arrête pour un moment l'extension jusqu'alors continuelle de la colonisation russe en Asie.

Cependant un grain de sable enrayant la mécanique du jeu colonial est un Afghanistan récalcitrant. Contrairement aux petits despotismes de la plaine aisément soumis par la Russie et l'Angleterre, khânats ouzbeks du Turkestan et royaumes des râdjahs hindous, l'Afghanistan est un Yâghestân imparfaitement contrôlé par son propre émir. Le despotisme colonial russe et anglais s'exerce à travers des khâns ouzbeks ou des râdjahs hindous sur des paysanneries matées. Les Afghans, eux, secouent la tutelle de tout émir perçu comme inféodé à l'Infidèle. La sagesse, pour les deux grands émirs afghans du siècle, Dôst-Mohammad et son petit-fils ʿAbd-or-Rahmân, consiste à savoir jusqu'où s'allier avec le despote de la plaine – en l'occurrence l'Inde anglaise – afin d'en toucher les revenus nécessaires pour gagner le jeu tribal intérieur, sans paraître inféodé à ce même despote. Après son désastre de 1842, l'Angleterre apprend le jeu tribal. Elle respecte l'indépendance domestique des émirs tout en leur versant de généreux subsides. En échange, elle demande seulement une entente excluant toute influence russe à Kaboul. Ainsi Kaboul préserve sa paradoxale indépendance par son mélange unique de résistance et de parasitisme économique vis-à-vis du despote.

Pourquoi, après l'expérience cruelle de deux guerres anglo-afghanes et la haine générale du peuple envers les Britanniques, les émirs choisissent-ils une entente avec le despote anglais, plutôt que le russe ? Les *Mémoires* parus à Londres en 1900 et attribués à l'émir ʿAbd-or-Rahmân semblent livrer la pensée politique profonde du souverain afghan : selon l'émir, l'Angleterre serait somme toute moins dangereuse pour l'Afghanistan que la Russie, parce que *l'Afghanistan constituerait pour l'Angleterre un rempart à conserver et à défendre, tandis que ce même Afghanistan ne représenterait pour la Russie qu'un obstacle sur sa progression vers le sud à abattre et à anéantir.* D'où l'intérêt pour les émirs afghans et les vice-rois anglais de s'allier plutôt que de se combattre.

a. La poussée russe

Le détail de la poussée russe vers le sud est connu et peut être sommairement évoqué avec l'accent sur la conquête de l'Asie centrale. Cette expansion commence au XVIIIe siècle sous l'aspect d'un trident, dirigé vers :

1. Constantinople et le détroit des Dardanelles ;
2. le Caucase et la Perse ;
3. l'Asie centrale, l'Afghanistan et l'Inde.

Cette triple poussée implique dans tous les cas l'affaiblissement et la destruction des trois États musulmans à la lisière sud de l'Empire russe : la Turquie, l'Iran et l'Afghanistan.

1. La poussée vers *Constantinople,* idéologiquement justifiée comme désir de reconquête de l'ancienne ville sainte du christianisme orthodoxe, répond aussi au besoin de frayer pour la marine russe un chemin vers la Méditerranée, en passant par la mer Noire et le détroit des Dardanelles contrôlé par la capitale turque. L'impératrice Catherine soumet les Tatars musulmans de Crimée, jusque-là vassaux des Turcs, et transforme définitivement la mer Noire en lac russe à partir de 1784. Au XIXe siècle, les prétentions russes sur Constantinople provoquent deux crises européennes, et l'Angleterre protège la Turquie contre la Russie. Tragique épilogue au XXe siècle : la Turquie s'allie avec l'Allemagne contre l'Angleterre et la Russie en 1914. Privé de débouché maritime, l'empire du tsar est économiquement asphyxié, et l'Angleterre enverra des milliers de ses soldats mourir en vain en 1915 pour rouvrir ces détroits qu'elle avait si longtemps défendus.

2. La désintégration de la *Perse* au XVIIIe siècle facilite la poussée russe vers les provinces traditionnelles iraniennes du Caucase. Dans les dernières années du siècle, la nouvelle dynastie des Qâdjâr tente de restaurer l'unité de la Perse. Le roi chrétien de Géorgie, ancien vassal de l'Iran, réclame la protection de la Russie contre les efforts de reconquête du shâh Mohammad Qâdjâr. En 1796, les troupes russes contournent la barrière caucasienne et occupent la ville iranienne de Bâkoû sur la mer Noire, d'où elles ne se retireront jamais. En 1800, la Russie annexe le royaume de Géorgie, légué au tsar par son dernier souverain. L'offensive russe contre l'Iran reprend malgré les garanties de protection anglaise à Téhéran. Arrêtés devant la citadelle d'Erivan en 1804, les Russes débouchent en 1812 sur le fleuve Araxe ; dans une bataille, un des officiers anglais au service du shâh trouve même la mort. Stratégie russe : prouver aux Iraniens que les garanties anglaises sont impuissantes à les protéger. En 1828, l'Iran capitule devant la Russie en signant le traité de Torkmântchâï : Téhéran cède au tsar ses provinces caucasiennes du Dâghestân, d'Arménie, de Géorgie, d'Âzerbaïdjân du Nord. Jusqu'en 1917, le nord de l'Iran, avec sa capitale, demeure sous influence russe ; l'influence anglaise en est bannie.

Pour compenser les pertes territoriales cruelles de son nouveau vassal iranien, et surtout pour gêner l'Angleterre lors de la guerre de Crimée, la Russie pousse par deux fois Téhéran, en 1837 et en 1856, à revendiquer Hérât en Afghanistan. A chaque fois, une dure opposition anglaise empêche le shâh de reconquérir l'oasis. En 1856, les Anglais exercent une pression directe sur le shâh en débarquant sur les côtes du Golfe, ce qui restitue l'influence britannique sur la partie sud de l'Iran. Le rapprochement anglo-russe de 1907 consacre le partage de fait : à l'Angleterre, une zone d'influence sur Shîrâz et le Sud ; à la Russie, une suzeraineté sur le gros du pays – Téhéran, Tabrîz, Ispahan, Mashhad –, qui durera jusqu'à l'effondrement du tsarisme.

Toutefois, le contrôle russe du Caucase se heurte à un obstacle de taille : la résistance des Circassiens. Ces tribus musulmanes interdisent aux Russes l'accès de leurs vallées pendant plus de quarante ans. Au départ aussi désunis que les Afghans, les Circassiens apprennent au terme d'une génération de lutte à se souder derrière un imâm unique, Shâmil. En 1855, le débarquement des Anglais et des Français en Crimée fait craindre aux Russes une assistance des Occidentaux aux maquisards du Caucase. Londres et Paris se contentent d'exprimer des vœux pieux en faveur de Shâmil, mais les Russes inquiets redoublent de brutalité vis-à-vis des Circassiens. En 1859, les troupes du tsar capturent Shâmil et déportent du Caucase la population indigène. Les statistiques sont énormes pour l'époque. Sur un demi-million de Circassiens, 250 000 se réfugient en Turquie, 100 000 capturés par les Russes sont déportés dans la vallée du Kouban, les autres meurent du fait des privations de la guerre. Dans les vallées vidées, les autorités installent des colons russes. Trente ans plus tard, un diplomate autrichien déplore ce massacre et s'étonne surtout de l'étrange passivité des alliés occidentaux, qui manquent une occasion unique, lors de la guerre de Crimée, pour aider ces montagnards à résister :

> Une seule bataille perdue [par les Russes] eût été le signal d'un soulèvement général de la part de ces montagnards belliqueux et insoumis, lesquels auraient pu mettre fin à la domination russe. Ce fut un moment critique, on l'a laissé passer. Le Caucase aux mains des puissances occidentales eût été une barrière insurmontable à l'avance russe en Asie et aurait assuré l'influence des puissances occidentales en Orient, car qui tient fermement le Caucase domine la Perse, la Turquie d'Asie et le Turkestan [15].

Ces paroles prophétiques de Joseph Popowski résonnent un siècle plus tard comme une gifle donnée aux puissances occidentales indifférentes au sort afghan. Commentaire de l'observateur autrichien sur l'anéantissement en 1859-1861 par la Russie du peuple circassien : « De tels procédés ne sauraient bien sûr être approuvés d'un point de vue humanitaire. Mais, dans toute l'Europe, les points de vue humanitaires cèdent de plus en plus la place à l'idée de la toute-puissance de l'État [16]. »

Pour l'opinion russe d'alors, l'alerte de Crimée a été chaude et les apologistes du tsar se félicitent de l'extermination des Circassiens. Vladykine écrit : « Il en allait de la défense, de l'existence même de la Russie en péril. C'eût donc été un crime de ne pas soumettre ces Circassiens ou de les laisser vivre tranquillement chez eux. » Et Fadéiev : « On ne peut le nier, les Circassiens ont beaucoup souffert, mais c'était inévitable... Nous ne pouvions renoncer à la conquête du Caucase pour être agréables aux Circassiens. Il nous a fallu en tuer la moitié pour contraindre l'autre moitié à déposer les armes. » Conclusion de Fadéiev sur le Caucase : « Ce fut le tombeau d'un peuple expirant[17]. »

3. Séparées de la Russie par la steppe kazakhe, les oasis musulmanes civilisées d'*Asie centrale* s'imaginent encore en sécurité à l'aube du XIXe siècle. Gardiennes millénaires d'une culture persane raffinée, les vieilles cités de Khîva, Khoqand, Bokhârâ et Samarcande vivent depuis le XVIe siècle sous la suzeraineté d'une race turque, les Ouzbeks, nomades sédentarisés devenus musulmans sunnites fervents.

Semblable à l'Afghanistan par la culture, deux de ses langues (le persan et le turc-ouzbek), et surtout par sa foi, l'Asie centrale désertique en diffère cependant par les mœurs politiques. Les trois émirats ouzbeks rivaux de Khîva, Khoqand et Bokhârâ sont de classiques despotismes de la plaine, pesant sur des paysanneries soumises d'oasis. Seuls les contreforts montagneux à l'est des royaumes de Khoqand et Bokhârâ abritent des dissidences. Le quatrième État d'Asie centrale est particulier : groupée autour de l'oasis de Merv, la confédération nomade des Turkmènes vit non seulement de l'élevage de chevaux et de moutons, mais aussi de la capture et de la rançon de paysans iraniens chiites – considérés comme hérétiques – enlevés aux confins de l'Empire perse tout proche et réduits à l'état d'esclaves, rachetables sur les marchés de Merv.

Coupés culturellement du Proche-Orient par la barrière de l'Iran chiite, les musulmans sunnites d'Asie centrale communiquent principalement avec leurs coreligionnaires orthodoxes d'Afghanistan et de l'Inde. Pour gagner La Mecque en évitant la Perse, les pèlerins de Bokhârâ passent par Kaboul afin de s'embarquer sur l'océan Indien. Bokhârâ-la-Sainte possède les écoles théologiques les plus prestigieuses de l'islam sunnite d'Orient.

Jusqu'au XIXe siècle, la steppe du Nord forme un rempart étanche contre les Russes. Les nomades kazakhs, turcs et musulmans, interdisent l'approche des oasis du Sud aux infidèles. Ils sont les alliés et les défenseurs du khân de Khîva, généreux fournisseur de subsides. En 1717, l'expédition imprudente de Pierre le Grand contre Khîva s'achève dans le massacre de la troupe du prince Békovitch-Tchékavsky par les brillants cavaliers kazakhs. Dès lors, les Russes fondent en 1735-1743 la puissante forteresse et base militaire d'Orenbourg, au pied des monts Oural et sur la lisière de la steppe, afin de procéder à l'écrasement méthodique des Kazakhs. Lutte longue et frustrante : en 1839-1840, les cavaliers nomades font encore avorter une nouvelle expédition contre Khîva commandée par le général Pérovsky. La déroute de Pérovsky, presque exactement contemporaine de la défaite anglaise dans l'Afghanistan voisin, démontre la capacité de défense des musulmans d'Asie centrale, armés de long mousquets à fourche, contre des soldats européens guère mieux pourvus encore dans cette première moitié du XIXe siècle.

L'heure de la conquête sonne en 1864. Quatre raisons déterminent l'assaut russe final contre l'Asie centrale. D'abord, il apparaît clairement aux généraux du tsar que la soumission des nomades kazakhs n'interviendra qu'après la réduction de leur base arrière, le pays des oasis musulmanes du Sud. Ensuite, l'interruption des exportations américaines de coton pendant la guerre de Sécession fait désormais apparaître comme rentable l'occupation de terres chaudes riches en promesses cotonnières. En outre, bloquées vers Constantinople mais victorieuses au Caucase, les troupes sont libérées pour s'enfoncer en Asie centrale ; le niveau technologique de leur armement dépasse à présent celui des musulmans. Enfin, la nouvelle poussée russe menace l'Empire britannique rival dans son point le plus faible. L'attaché militaire russe à Londres, Ignatiev, écrit en 1858 : « En cas de conflit avec l'Angleterre, il n'y a qu'en Asie que nous serons en mesure de lutter contre elle avec quelque chance de succès et de l'affaiblir [18]. »

En 1864, d'autre part, les émirs rivaux de Khoqand et Bokhârâ se disputent la possession de l'oasis de Tâshkent, fief du premier. La division des musulmans favorise l'invasion russe. Cette fois, l'expédition sera brève et décisive.

Le 15 juin 1865, le général Tchernaïev prend Tâshkent d'assaut. Annexée dès 1866, Tâshkent devient la capitale du nouveau gouvernorat russe du Turkestan et sert de base pour la conquête du reste de la région. Battus en rase campagne, les deux émirs de Khoqand et Bokhârâ font soumission en 1868, acceptent de larges amputations de leurs territoires et deviennent « protégés du tsar » ; lorsque l'oasis bokhâriote de Samarcande, vieille capitale de Tamerlan, se soulève, le gouverneur général von Kaufmann la soumet durement et l'annexe. En 1873, l'émir de Khîva capitule à son tour et devient « protégé », tandis que la diplomatie russe assure l'Angleterre que « l'Afghanistan demeure en dehors de sa sphère d'influence ». Le 1er janvier 1884 enfin, le Conseil des *Âqsaqal*, ou Barbes-Grises, des Turkmènes livre l'oasis de Merv aux Russes : c'est la fin de leur trafic d'esclaves.

Pour éviter d'exaspérer la population locale, les Russes préfèrent laisser ce statut de « protectorat » à Bokhârâ-la-Sainte. Très vite, une collaboration fructueuse s'instaure entre les occupants russes et les émirs vassaux, à travers lesquels le gouverneur général contrôle indirectement les habitants des oasis « protégées ». Un tel arrangement, impossible pour les Anglais en Afghanistan, révèle les conditions politiques despotiques du Turkestan russe. Ainsi, dans l'émirat de Bokhârâ, les montagnards insoumis de l'Est se révoltent à la fois contre les Russes et contre leur émir inféodé aux Infidèles, et c'est *à la demande de l'émir Mozaffar-od-Dîn lui-même* que le général Abramov écrase les rebelles en 1873 : le traité de protectorat attribue à l'émirat ce territoire montagneux jamais vraiment soumis par les ancêtres du prince. (Cependant les Russes confisquent et annexent l'oasis de Samarcande, privant l'émirat de Bokhârâ de toute indépendance économique réelle en contrôlant les sources des cours d'eau qui l'irriguent.)

Scénario analogue dans le khânat de Khoqand, où le khân Khodâyâr, « protégé » par les Russes, en profite abusivement pour alourdir les impôts, provoquant une révolte paysanne générale. *C'est encore à la demande du prince de Khoqand* que le gouverneur général von Kaufmann massacre les rebelles et pend leur chef Poûlâd Khân (« Prince-de-Fer »). Mais telle est la corruption gouvernementale de Khoqand que le gouvernement russe dissout le khânat et l'annexe en 1876.

La colonisation agricole russe fait bouillonner d'autres révoltes paysannes en 1885, en 1898, en 1916. La collaboration étroite de l'émir de Bokhârâ avec l'occupant pour réprimer toute dissidence antirusse soulève une haine tenace envers le souverain dans la nouvelle génération d'intellectuels musulmans – avec des conséquences fatales pour l'islam en Asie centrale après 1917.

Tout comme la colonisation anglaise contemporaine de l'Inde, l'occupation russe du Turkestan est facilitée par une longue tradition de despotisme local ; après sa victoire militaire initiale, l'occupant contrôle la paysannerie par l'intermédiaire des despotes indigènes devenus collaborateurs : tels sont un mahârâdjah du Kashmîr en Inde anglaise ou un émir de Bokhârâ au Turkestan tsariste. C'est l'inefficacité du despotisme en Afghanistan qui bloque pareil arrangement à Kaboul entre Britanniques et shâh Shodjâʿ en 1838-1842, entre Soviétiques et Babrak Kârmal aujourd'hui.

Consciente de l'inquiétude soulevée en Europe occidentale par sa progression impériale vers le sud – inquiétude qui a débouché sur une guerre avec Londres et Paris en Crimée en 1855-1856 –, la diplomatie tsariste fait circuler dans les principales chancelleries européennes une intéressante justification idéologique à la veille de son invasion de l'Asie centrale. Il s'agit du fameux *mémorandum* du prince Gortchakov, ministre impérial des Affaires étrangères, daté de Saint-Pétersbourg, le 21 novembre 1864. Gortchakov se hâte de rassurer les Occidentaux en soulignant l'analogie entre la portée civilisatrice de la colonisation russe parmi de turbulents voisins tribaux et l'expansion similaire des « États-Unis en Amérique, de la France en Algérie, de la Hollande dans ses colonies, de l'Angleterre aux Indes ».

Selon l'argumentation du prince Gortchakov, « la position de la Russie est celle de tous les États civilisés qui entrent en contact avec des tribus demi-sauvages et errantes, ne possédant aucune organisation sociale fixe ». L'expansion russe parmi ces tribus n'est pas dictée par l'« ambition », mais par une « impérieuse nécessité, où la plus grande difficulté consiste à savoir où s'arrêter ».

C'est la fatalité, insiste Gortchakov, qui entraîne la Russie à empiéter toujours plus sur la steppe des nomades kazakhs. L'Empire doit empêcher ses voisins barbares de harceler et piller ses sujets sédentaires et civilisés. Pour ce faire, les forces impériales pénètrent en territoire nomade, et érigent une chaîne de fortins entre lesquels de multiples expéditions punitives brisent l'économie pastorale des barbares et les contraignent à se sédentariser, à se civiliser, à se russifier, sous la protection et le contrôle parternels du tsar.

Une dureté salutaire n'est pas exclue : « Les Asiatiques ne respectent que la force visible et palpable. »

Mais, à peine l'Empire s'est-il étendu pour inclure les nouveaux sujets civilisés, qu'il se retrouve confronté avec d'autres tribus, demeurées barbares. Le processus recommence. Afin de protéger les anciens barbares désormais civilisés, les troupes impériales sont de nouveau contraintes de construire des fortins, d'engager des expéditions punitives, et ainsi de suite, toujours plus loin vers le sud.

But ultime : faire coïncider la frontière impériale avec des États agricoles, sédentaires, civilisés, « à l'organisation sociale solide et compacte – moins fluctuante, mieux régularisée. Cette considération marque précisément la limite géographique où l'intérêt et la raison nous commandent de nous arrêter. »

En théorie, il s'agit seulement pour la Russie d'absorber la steppe kazakhe jusqu'à la *limite* des États musulmans sédentaires du Sud : Khîva, Khoqand, Bokhârâ, envers qui la diplomatie impériale « ne nourrit aucun désir de conquête ».

En pratique, la Russie soumet ces mêmes États dans les quatre années qui suivent la publication du *mémorandum* de Gortchakov.

Par son mélange de machiavélisme grossier et de complaisance culturelle outrecuidante, le *mémorandum* de Gortchakov est un joli morceau d'anthologie de la littérature coloniale du siècle dernier [19].

A en croire Gortchakov, l'expansionnisme russe est purement contraint, défensif, civilisateur et humanitaire, et il peut même « retarder et paralyser notre développement domestique [20] ».

Pour atténuer la portée humaniste des propos de Gortchakov, rappelons que la Russie avait aboli le servage seulement trois ans plus tôt, tandis que les Juifs se voyaient encore mieux traités dans un khânat de type médiéval comme celui de Bokhârâ que sous le gouvernement obsessionnellement antisémite du tsar.

Enfin, le succès de la conquête russe du Turkestan fut si rapide et aisé que les propos des dirigeants se durcirent de façon démasquée et menaçante vis-à-vis de l'Afghanistan et surtout de l'Inde anglaise après la chute de Merv en 1884. Ainsi ces mots du général Sobolev, chef du département asiatique de l'état-major russe, dans une étude consacrée aux *Invasions de l'Inde* publiée en 1887 : « Il est dans la logique des faits que l'Hindoû-Koush, frontière naturelle de l'Inde, devienne bientôt celle de la Russie, et que la province de Hérât tombe entre les mains des Russes. » Plus brutale encore, cette phrase de son collègue Skobélev qui fit scandale au Parlement de Londres en 1888 : « Tous ceux qui auront réfléchi à la question d'une invasion russe de l'Inde tomberont d'accord : il suffit de pénétrer sur un seul point de la frontière indienne pour provoquer un soulèvement général à travers le pays et l'écroulement de l'Empire britannique [21]. »

Illustration concrète du durcissement russe : la violation en 1885 de la frontière afghane, pourtant garantie par les Anglais. Le 30 mars 1885, des troupes russes franchissent la frontière au sud de Merv et, sans provocation de la part des Afghans, ouvrent le feu sur l'armée afghane en l'obligeant à battre en retraite, humiliée, *sous le regard de conseillers britanniques impuissants*. La Russie annexe aussitôt quelques milliers de kilomètres carrés de territoire afghan, le district de Pandjdeh.

C'est presque – mais pas tout à fait – une déclaration de guerre ouverte à l'Angleterre, qui fait savoir qu'une nouvelle avance russe sur Hérât constituerait *la limite à ne pas franchir*. Aussitôt « modérée », la Russie ne marche donc pas sur Hérât (hâtivement fortifiée par les Britanniques)... *mais conserve le district confisqué de Pandjdeh*. Puis, pour interdire une contrepoussée anglaise, la diplomatie russe réussit un chef-d'œuvre : convaincre Londres de tolérer la transformation de l'Afghanistan en État-tampon entre les deux Empires. C'est une façon de calmer la fièvre guerrière de l'état-major anglais (sa crise de « mervosité », selon la plaisanterie de l'époque sur le nom de l'oasis de Merv), état-major freiné de toute manière par une opinion publique hostile à la guerre pour cet Afghanistan lointain. Mais c'est aussi un moyen d'*empêcher l'Angleterre d'occuper encore une portion quelconque de l'Afghanistan avec ses propres troupes* – dans ce cas la Russie *considérerait l'accord comme nul et non avenu* et envahirait le royaume afghan à son gré. La décennie 1885-1895 est un face-à-face des deux Empires de part et d'autre de l'Afghanistan – lequel reçoit ses frontières définitives des deux puissances afin de séparer partout le Turkestan russe de l'Inde anglaise. Londres oblige ainsi l'émir de Kaboul à accepter en 1895 une suzeraineté sur un doigt de territoire montagneux allant toucher la Chine, séparant l'Inde du Nord des frontières extrêmes de l'Empire russe (l'Union soviétique a annexé de fait ce territoire après 1980).

La défaite des Russes de 1905 par les Japonais met fin à cette première guerre froide autour de l'Afghanistan, avec le rapprochement anglo-russe de 1907 qui établit pour de bon – c'est-à-dire jusqu'en 1917 – l'influence de Londres sur Kaboul.

b. La contre-poussée anglaise

Une fois achevée la conquête de l'Inde, l'essentiel de la politique coloniale britannique est une obsession pour défendre toutes les approches du « plus brillant joyau de la couronne impériale ». Sur mer, l'Angleterre du XIXe siècle acquiert ou défend tous les détroits qui y mènent, de Gibraltar à Malacca. Sur terre, il s'agit de fermer l'accès des Indes qui passe par les États musulmans du Proche-Orient, et, en particulier, l'Afghanistan. A feuilleter les documents anglais du XIXe siècle, il apparaît hors de doute qu'ils perçoivent une menace primordiale : la Russie. Autant il semble de l'intérêt de la Russie d'*abattre* les trois États musulmans à sa lisière sud : la Turquie, l'Iran, l'Afghanistan, autant l'Angleterre estime urgente la *défense,* et si possible le *renforcement,* de ces trois mêmes États. Inutile de se demander si cette préoccupation britannique était justifiée : il suffit de constater qu'elle a dicté le comportement des maîtres des Indes jusqu'au milieu du XXe siècle. A Londres, libéraux et conservateurs disputent le degré de la menace russe, mesurent jusqu'à quelle limite reculer les frontières impériales vers l'intérieur de l'Asie centrale afin d'assurer la défense de l'Inde : c'est-à-dire, en pratique, pèsent les implications d'une intervention en Afghanistan. Les conservateurs sont en général plus lucides que les libéraux sur l'impact de la poussée russe. Si des libéraux comme Gladstone minimisent les intentions russes (« sornettes de vieilles femmes »), si un duc d'Argyll s'épand en une sorte de communion mystique coloniale (« Ne regrettons pas la progression de la Russie en Asie, elle sert les intérêts de l'humanité [22] ! »), les remarques de leurs rivaux sont plus sobres et clairvoyantes. Ainsi le diplomate et orientaliste Sir Henry Rawlinson : « L'Inde est un pays conquis, où un certain mécontentement couve toujours sous la cendre et flamboiera de manière chronique à l'approche d'une puissance européenne rivale. » Ou le député Sir Randolph Churchill (père de Winston) : « Sans vouloir prédire l'attitude du peuple indien en cas de guerre future entre l'Angleterre et la Russie, tombons d'accord avec le général Sobolev lorsque celui-ci prédit que plus forte sera la Russie en Asie centrale, plus faible sera la souveraineté britannique sur l'Inde[23]. »

Prépondérante en Turquie, dont elle garantit la capitale contre les Russes en 1856 et 1878, mais éliminée de la Perse par l'influence du tsar (sauf pour l'extrême sud du pays) à partir de 1828, l'Angleterre s'efforce dès 1809 – et jusqu'en 1947 – d'influencer les destinées de l'Afghanistan. Sans exception aucune, à commencer par 1809, chaque initiative afghane de Londres se veut une riposte immédiate à une provocation russe perçue. Politique strictement conservatrice, stratégique et défensive en ce qui concerne l'Afghanistan : le pays ne représente strictement aucun intérêt économique pour les maîtres des richesses des Indes – au contraire, l'occupation ponctuelle de Kaboul se révèle toujours extrêmement coûteuse pour Londres.

Les conservateurs, dès 1838 et surtout entre 1878 et 1893, lient leur nom à la *Forward Policy,* la « politique de l'élan en avant », consistant à pousser les troupes anglo-indiennes le plus loin possible vers le cœur du continent asiatique afin de conjurer la menace russe sur l'Inde : cette politique sombre dans le désastre de la Première Guerre afghane (1838-1842), mais remporte un beau succès dans la Seconde Guerre afghane (1878-1880) et aboutit à l'annexion définitive des terres pashtoûnes de Peshâwar en 1893. Les libéraux préfèrent le renforcement, voire l'achat, de l'émir de Kaboul et des tribus frontalières par de généreux subsides, afin de les rallier de plein gré à une alliance avec l'Inde anglaise. Dans les faits, la politique anglaise oscille entre les extrêmes et poursuit toujours le même vrai but : contrôler la politique étrangère de l'Afghanistan par le relais d'un émir fidèle, capable d'imposer son autorité chez lui. Échec en 1842 : l'émir Shâh Shodjâʿ est trop compromis aux yeux des Afghans par son alliance avec le despote infidèle. Succès en 1880 : l'émir ʿAbd-or-Rahmân négocie avec souplesse l'évacuation totale des troupes anglaises, tout en maintenant une alliance discrète et en imposant grâce à l'argent anglais son autorité chez lui.

Impossible de le nier : seule la présence anglaise

aux frontières de l'Afghanistan l'a sauvé d'une absorption à terme par l'Empire russe. Mais l'Angleterre s'est vue contrainte de jouer le rôle du despote aux yeux de la population afghane en envahissant deux fois le pays et en annexant une partie majeure de son territoire. Malgré toute sa finesse culturelle et diplomatique, l'Angleterre n'a remporté qu'un succès relatif, remis en cause dès 1919 à l'ombre du soviétisme : l'étrange maladresse de Londres provoque un siècle et demi de rancunes antibritanniques tenaces au sein des dirigeants et du peuple afghans, quels que soient les compromis tactiques. L'annexion anglaise de Peshâwar laisse une blessure cuisante dans la conscience nationale afghane naissante, dont les conséquences empoisonneront toutes les relations ultérieures entre l'Afghanistan et le Pakistan. Quant à la Russie, très discrète sauf lors de sa conquête du district de Pandjdeh, elle n'éveille aucune animosité particulière chez les Afghans avant le coup d'État communiste de 1978. En vérité, seuls les deux émirs de génie du XIXe siècle, Dôst-Mohammad et 'Abd-or-Rahmân, comprennent le caractère infiniment plus grave de la menace russe. Lorsqu'en 1919, l'émir Amânollâh rompt l'accord avec Londres et ruine la diplomatie anglaise au moment même où les Soviétiques répriment l'islam au Turkestan, c'est avec enthousiasme que la population afghane accueille le geste pourtant politiquement insensé de son souverain.

L'Afghanistan moderne s'est créé grâce et contre l'Angleterre.

Grâce à l'Angleterre, par exemple, pour le cas de Hérât : pendant une grande partie du XIXe siècle, cette ville majeure de l'Ouest afghan échappe aux princes de Kaboul pour se donner à des dynastes pashtoûns rivaux. Mais l'Angleterre intervient en 1837, en 1856, et en 1885 encore pour empêcher l'annexion de la ville par l'Iran ou la Russie, et pour garantir l'appartenance de l'oasis à l'ensemble politique afghan, même temporairement divisé.

Contre l'Angleterre, l'Afghanistan se forge dans ses guerres de résistance et les escarmouches continuelles des tribus frontalières. Ponctuellement brutale mais foncièrement libérale, prête à céder face à une opposition déterminée, l'Angleterre a probablement offert à l'Afghanistan le repoussoir dont le pays avait besoin pour prendre conscience de lui-même comme nation. Un « afghanologue » aussi fin que Gregorian souligne, pour sa part, la pertinence des thèses de l'historien britannique Toynbee pour le cas afghan : selon Toynbee, c'est dans un savant dosage des défis extérieurs qu'une civilisation trouve l'ambiance nécessaire pour tremper son identité durable. Le défi extérieur doit être suffisamment grave pour stimuler une riposte enrichissante ; mais, si le défi est trop puissant, il écrase au lieu de susciter la résistance et l'espoir. L'Angleterre aurait donc représenté le défi extérieur idéal pour l'Afghanistan naissant (contrairement à l'URSS aujourd'hui)[24]. On peut même dire que la confiscation anglaise des territoires pashtoûns de Peshâwar a laissé un effet bénéfique : privé de majorité pashtoûne, l'Afghanistan moderne est obligé de se redéfinir comme société musulmane pluriethnique.

Première manifestation de la *Forward Policy* anglaise : la Première Guerre anglo-afghane (1838-1842). C'est une riposte britannique à la pression russe en Iran. Flanquée de conseillers russes, l'armée iranienne assiège Hérât en 1837. Pour Londres, la capture de cette place forte permettrait à une armée hostile de contourner l'Hindoû-Koush et d'envahir l'Inde par un terrain plat. Dépêché d'urgence, le lieutenant Pottinger dirige l'artillerie des défenseurs afghans, contraignant les Iraniens à lever le siège. Fin 1837, un émissaire russe, le capitaine de cosaques Vitkévitch, avec des lettres de l'ambassadeur Simonitch à Téhéran, arrive à Kaboul. L'envoyé britannique à la cour afghane, Alexander Burnes, exige de l'émir le renvoi immédiat du diplomate russe. Dôst-Mohammad conserve toutefois Vitkévitch auprès de lui afin de faire pression sur les Anglais. But de l'émir : obtenir des Anglais le retour de Peshâwar au royaume afghan. Pour Londres, la décision de l'émir est une déclaration de guerre.

L'aventure de la Première Guerre anglo-afghane a été racontée en détail ailleurs[25]. Ce fut le plus grand désastre britannique du XIXe siècle. L'épopée de la résistance victorieuse a constitué un des mythes fondateurs de la nation afghane. Dans la terrible retraite anglaise de janvier 1842, seize mille soldats, valets, femmes et enfants fuient vers l'Inde à travers les cols enneigés où les partisans les exterminent au mousquet. Une semaine plus tard, le chirurgien Brydon, seul survivant, gagne les lignes anglaises sur un cheval fourbu.

Moins connue est la suite, tout aussi surprenante. Après une futile expédition punitive contre Kaboul au printemps, les Anglais abandonnent le pays à son premier émir, Dôst-Mohammad, et *lui versent un subside annuel de 200 000 livres sterling,* grâce auquel le prince afghan réunifie le royaume pour la première fois depuis le début du siècle (il reconquiert Hérât et y meurt en 1863).

En retour de l'argent anglais, Dôst-Mohammad devient maintenant un fidèle allié de Londres. Il jouit d'une indépendance intérieure complète, et pas un Anglais ne met même le pied dans son royaume (l'Empire britannique est représenté à Kaboul par un musulman indien) ; toutefois, il aligne sa politique étrangère sur celle de l'Angleterre et rompt toute relation avec les Russes. Il interdit à ses sujets toute manifestation hostile contre l'Angleterre, en les empêchant notamment de porter secours aux musulmans indiens révoltés en 1857. Les notables afghans hostiles aux Anglais – et ils sont nombreux – sont impitoyablement réprimés. Le propre fils de l'émir, Akbar, le héros de la résistance, lui qui a sauvé l'indépendance du pays, meurt prématurément dans des circonstances mystérieuses à l'âge de vingt-neuf ans, en 1845. Par son réalisme cynique, Dôst-Mohammad émerge comme le grand vainqueur de 1842 sur tous les plans, vis-à-vis des Anglais comme par rapport aux tribus que l'argent britannique lui permet de tenir en respect.

De 1842 à 1878, la politique anglaise se définit elle-même comme *« stationary ».* Après le désastre de Kaboul en 1842, les maîtres de l'Inde veulent croire que l'arrangement conclu avec Dôst-Mohammad est satisfaisant. Entre l'Afghanistan libre et l'Inde anglaise, les tribus indépendantes forment un tampon : elles ne relèvent de l'autorité politique de personne.

Londres estime maintenant que c'est en demeurant indépendants que les musulmans d'Asie centrale pourront, par la défense de leur propre liberté, former un rempart contre l'expansion russe en Inde : ainsi pour les Afghans, mais aussi les Ouzbeks, les Kazakhs encore insoumis au tsar. Jusqu'à la fin de sa vice-royauté des Indes en 1869, lord Lawrence souligne que toute occupation directe de l'Afghanistan ne servirait qu'à créer, encore une fois, « irritation, méfiance et haine chez les Afghans, sans renforcer le moins du monde notre capacité d'attaque ou de défense » ; son successeur, lord Mayo, veut convaincre l'émir de Kaboul que « les jours d'une politique d'annexion sont révolus [26] ».

Mais les peuples musulmans, indépendants et guerriers, sur lesquels comptait Londres, sont successivement abattus par la poussée russe entre 1855 et 1868 : les Caucasiens, les Kazakhs, les Ouzbeks de Khîva. Les Afghans sauront-ils y résister mieux ? Cependant l'offensive russe contre la Turquie en 1877-1878 exaspère l'Angleterre, qui envoie sa flotte défendre Constantinople. Le 13 juillet 1878 s'ouvre le congrès européen de Berlin, dont les négociations doivent empêcher la guerre ouverte entre Londres et Saint-Pétersbourg. Le lendemain de l'ouverture du congrès, les Russes se livrent à une ultime provocation pour sonder la détermination des Britanniques, du côté de l'Afghanistan cette fois.

Le 14 juillet 1878, le général Stoliétov et son escorte partent pour Kaboul, porteurs de lettres du gouverneur du Turkestan, von Kaufmann. Informé trop tard de l'arrivée de la mission russe sur son territoire, l'émir Shêr-ʿAlî ne peut lui refuser l'accès de sa capitale. Mais, lorsque le 21 septembre 1878, le vice-roi des Indes, lord Lytton, exige la réception par l'émir d'une contre-mission anglaise, conduite par Sir Louis Cavagnari et Sir Neville Chamberlain (père du diplomate de Munich), les émissaires britanniques se voient bloqués à la frontière par le commandant afghan Fayz Mohammad. Motif du refus de passage : le deuil de la cour après la mort du fils préféré du roi. Les Britanniques délivrent un ultimatum : si le passage n'est pas accordé le 20 novembre 1878, les troupes anglo-indiennes franchiront la frontière de force. L'autorisation *in extremis* de l'émir (datée du 19) n'empêche plus l'entrée simultanée des généraux Browne par Khyber, Roberts par Korram, Stewart par Kandahâr. C'est ainsi que la mission du gouverneur russe du Turkestan provoque la Seconde Guerre anglo-afghane.

Tout aussi importante que la Première Guerre de 1838-1842, la Seconde Guerre de 1878-1880 sollicite la réflexion, car ce dernier conflit voit les Anglais, *victorieux sur le plan militaire,* occuper effectivement le royaume. Pourtant, un désastre politique les contraint à évacuer l'Afghanistan.

Les louvoiements de l'émir Shêr-ʿAlî avaient révélé aux Anglais toute la fragilité de leur influence en Afghanistan après la mort de l'émir Dôst-Mohammad en 1863. La vérité, depuis la percée russe au Turkestan en 1868, était que l'émir Shêr-ʿAlî avait plus peur des Russes que des Anglais. La politique tsariste venait dramatiquement de souligner qu'aucune garantie anglaise, aucune protestation de Londres n'avait pu protéger l'indépendance des royaumes musulmans du Turkestan. Il appartenait au souverain afghan, devenu voisin direct des Russes lors de l'annexion de Khoqand en 1876, de réajuster sa politique étrangère en conséquence. Shêr-ʿAlî s'efforçait, avant tout, de conserver l'indépendance de son royaume. Les Anglais, après tout, pourraient s'avérer incapables de la garantir. D'autre part, il ne fallait pas irriter les Russes, leur donner un prétexte d'invasion. Enfin, en se rapprochant des Russes, Shêr-ʿAlî pourrait se renforcer dans le cas de négociations futures avec les Anglais. Prudent – car il demeurait difficile d'évaluer le rapport réel des forces entre Londres et Saint-Pétersbourg –, Shêr-ʿAlî continuait d'interdire l'entrée de son territoire aux diplomates russes et britanniques. Mais, dès 1875, l'émir communiqua par lettres avec le gouverneur général du Turkestan, von Kaufmann. Les services de renseignements britanniques connaissaient l'existence de cet échange de lettres, mais en ignoraient le contenu (demeuré secret historique dans les archives soviétiques). Toutefois, à Londres, en 1875, l'influent orientaliste conservateur Sir Henry Rawlinson, dans son essai politique *England and Russia in the East,* crut pouvoir prêter les propos suivants à l'émir quant à son attitude vis-à-vis de l'Angleterre [27].

> Les Anglais ne considèrent que leur propre intérêt et attendent leur heure. Ils offrent une amitié temporaire à celui qu'ils perçoivent comme étant le plus fort du moment. Je ne gaspillerai pas mon temps de vie précieux à nourrir de vains espoirs concernant les Anglais, mais je chercherai plutôt à nouer des liens d'amitié avec d'autres gouvernements.

A partir de 1876, le vice-roi des Indes nommé par les conservateurs, lord Lytton, s'employa à faire cesser les tergiversations de l'émir pour amarrer solidement l'Afghanistan à la politique anglaise. La vice-royauté des Indes avait compris en quels termes brutaux se posait le problème : il fallait que l'Angleterre se montre, pour Kaboul, la plus effrayante. Selon un mémorandum de Sir Bartle Frere soumis à lord Lytton en 1876, il s'agissait de faire comprendre à l'émir « que sa position est celle d'une puissance faible entre deux autres extrêmement fortes – un pot de terre entre deux pots de fer [28] ». Pour lord Lytton, « l'Afghanistan est un État trop faible et barbare pour demeurer totalement isolé de l'influence de l'une ou l'autre puissance [...] Nous ne pouvons le laisser subir l'influence d'une puissance dont les intérêts sont directement contraires aux nôtres [29]. » Bref, le temps de l'indépendance absolue était passé. Kaboul devrait maintenant accepter un envoyé britannique permanent, conclure une alliance militaire directe contre les Russes, s'intégrer dans le dispositif de défense anglo-indien. Quant aux tribus frontalières, leur autonomie devenait intolérable, on ne pouvait plus leur laisser la liberté de choisir en cas de percée russe de s'allier selon leur convenance avec l'une ou l'autre puissance. L'Angleterre devait étendre son contrôle sur ces tribus, afin que les limites de la tolérance anglaise soient claires pour tous : l'émir, les tribus, et les Russes. C'était cela la *Forward Policy,* la politique de l'élan en avant [30].

Pour lord Lytton, l'émir avait commis l'irréparable en accueillant la mission de Stoliétov de juillet à août 1878, tout en refusant celle de Chamberlain et Cavagnari. Shêr-'Alî, par là, trahissait-il ses véritables options ? Lytton avait envoyé ce télégramme à Londres[31].

> Il ne nous reste plus que trois, je dis bien trois possibilités. Par la crainte ou l'espoir, nous scellons avec l'émir actuel une alliance qui exclura de façon efficace et permanente toute influence russe en Afghanistan. Si cela n'est pas possible, nous morcelons le royaume afghan. Ou alors nous faisons la conquête de l'Afghanistan en en gardant le strict nécessaire pour protéger de manière permanente notre Frontière du Nord-Ouest. En accord avec vos instructions, je me propose d'envoyer une mission à Kaboul.

Cette mission refusée, l'Angleterre déclara la guerre.

Pour l'émir Shêr-'Alî, la guerre ne fut qu'une déroute. Depuis deux décennies, le souverain afghan avait essayé d'équiper un embryon d'armée moderne pour défendre sa capitale et imposer un semblant d'autorité centrale au pays. Il avait, bien entendu, refusé d'armer les tribus. Or celles-ci, comme le note l'historien américain Fletcher, « constituaient la véritable force du pays mais, n'ayant pas reçu d'armement moderne, n'étaient encore équipées que de coutelas et d'antiques mousquets[32] ». L'armée gouvernementale prit la fuite devant l'avance anglaise, tandis que les tribus ne purent l'enrayer.

Après avoir vainement sollicité un appui russe, fugitif, brisé, Shêr-'Alî mourut le 21 février 1879 à Mazâr-é Sharîf, dans le Turkestan afghan.

Restait son fils, Ya'qoûb, proclamé émir à Kaboul. Le 26 mai 1879, il signait avec Sir Louis Cavagnari le traité de Gandamak, qui transformait l'Afghanistan en protectorat virtuel de la Couronne britannique. Aux Anglais, Ya'qoûb cédait tout : contrôle britannique de ses affaires étrangères, annexion des territoires tribaux frontaliers, présence diplomatique à Kaboul à l'exclusion de toute autre, libre circulation des marchandises et des commerçants britanniques en territoire afghan, installation d'un réseau télégraphique britannique, et ainsi de suite. Sir Louis Cavagnari devenait résident. L'Angleterre avait gagné le Grand Jeu. Un émir à elle gouvernait l'Afghanistan pour elle.

C'est alors que l'Afghanistan redevint tout entier Yâghestân et s'effrita comme une motte de terre sèche entre les doigts des occupants. Le gros des troupes britanniques était à Kandahâr ; Sir Louis Cavagnari avec trois officiers anglais et soixante-quinze soldats indiens résidaient au château royal de Kaboul, sous la garantie de protection de l'émir Ya'qoûb. Or un des régiments de l'émir, qui n'avait pas été payé depuis huit mois de troubles et de guerre, manifesta son indignation le matin du 2 septembre 1879 en ne recevant du trésorier royal qu'un unique mois de salaire. Trois autres régiments, qui n'avaient pas été payés du tout, se joignirent aux manifestants. La garde personnelle de l'émir bloqua l'accès aux appartements royaux. Les mutins rentrèrent dans leurs casernes chercher leurs armes et munitions, une foule se mit en marche derrière eux dans le marché, et bientôt toute une partie de la population de Kaboul se porta avec rage du côté des appartements de la mission britannique, accusée de toutes les humiliations subies par le royaume. Peu après midi, tandis que l'émir atterré ne pouvait que les laisser faire, les mutins massacraient Sir Louis Cavagnari et les siens.

Le 27 septembre, l'armée du châtiment du général Roberts entre dans Kaboul. Occupation immédiate et efficace de tous les postes clefs, démantèlement du château royal, installation d'un camp puissamment fortifié dans la plaine de Shêrpoûr à l'entrée de la ville, exécution sommaire de responsables afghans considérés comme les « meneurs » de la mutinerie du 2 septembre : en quelques jours, le général Roberts « contrôle » la capitale.

Mais il ne contrôle rien. L'émir Ya'qoûb *abdique et se place sous la protection britannique,* conscient de l'hostilité de son propre peuple après sa soumission aux infidèles avec le traité de Gandamak. Plus d'émir, plus d'administration centralisée, plus de structures royales : Ya'qoûb ainsi se venge en laissant l'armée britannique camper au milieu d'une anarchie généralisée, dont l'émir se refuse à endosser la responsabilité politique. Effarés, les Britanniques ne savent que faire de Ya'qoûb ; ils finissent par l'expédier avec sa famille aux Indes. Mais il n'y a plus de royaume afghan, plus d'État contrôlable, plus de leviers de commande. L'Afghanistan se défend en se transformant en sable.

Sans doute les Anglais fortifiés à Shêrpoûr sont-ils inexpugnables. Fusils à répétition, artillerie lourde interdisent toute approche afghane du camp. Les Britanniques ont confisqué l'arsenal moderne de l'émir, les tribus n'ont que des mousquets. Cela n'empêche pas, en décembre 1879, une série d'attaques populaires, tribales, désorganisées et parfaitement suicidaires. Plusieurs dizaines de milliers de Ghilzaï, de Tâdjîks, de Safî, de Wardak, chargent aveuglément le camp et meurent dans la neige rougie, fauchés par les mitrailleuses du général Roberts. Les officiers britanniques expriment leur surprise admirative devant le courage des assaillants : *« Coming on like capital fellows ! »* (« Ils arrivent en gars superbes ! »), s'écrie Joshua Duke. Et Howard Hensman : *« They were fine men and showed the utmost contempt for death »* (« C'étaient des hommes et des braves, et ils affichaient un complet mépris envers la mort ») [33]. Le lendemain de l'assaut du 23 décembre, les tribus se retirent dans leurs villages avec leurs morts et leurs blessés. Les renforts du général Gough arrivent dans une ville silencieuse. Pénétré cette fois de respect militaire devant la vaillance de l'ennemi, Roberts n'ordonne aucune représaille et proclame une amnistie générale pour tous les participants au combat.

Si les Anglais tiennent Kaboul, une vague confédération tribale, le Parti national, se rend maîtresse de Ghaznî toute proche. Le Parti national proclame sa fidélité à l'émir déchu, considéré comme un martyr depuis sa déportation, mais souffre d'un manque de discipline et d'unité autour de chefs reconnus. Des personnalités éminentes du Parti, acceptées comme telles par les tribus, sont le très vieux mollâ surnommé Moshk-é 'Âlam (« Musc du Monde ») dans le domaine spirituel, et le chef de la tribu des Wardak, Mohammad-Djân Wardak (proche aïeul du chef résistant actuel, Amîn Wardak), pour les affaires militaires : le chef Wardak s'est en effet couvert de gloire lors de l'assaut contre les Anglais à Kaboul. Mais leur autorité est limitée, même sur le plan strictement local.

Dans les autres provinces, le frère de l'émir déchu, Ayoûb, se cramponne à Hérât où il revendique la souveraineté légitime du royaume. Les Anglais ont investi Kandahâr. Les chefs du Centre montagneux, des plaines du Nord se retrouvent de fait pleinement indépendants. Si les Anglais veulent posséder l'Afghanistan, il leur faudra reconstituer par les armes, sans garantie de succès, un domaine éclaté. Lord Lytton y renonce ; le vice-roi des Indes opte pour la seconde des solutions qu'il avait envisagées : la partition de l'Afghanistan.

Lytton prévoit d'empêcher à tout jamais le retour sur le trône d'un prince régnant sur l'ensemble de l'Afghanistan. Kaboul et Kandahâr doivent former deux principautés distinctes, sous protectorat anglais. Les territoires frontaliers utiles seront annexés par l'Empire des Indes. Hérât sera donnée à la Perse : ce cadeau de choix facilitera le rétablissement de l'influence anglaise à Téhéran.

Reste que la situation britannique en Afghanistan en février 1880 est un désastre politique coûteux. Le prince collaborateur de Kandahâr ne peut collecter ses impôts que dans quelques villages de sa banlieue, sous la protection immédiate des troupes d'occupation. A Hérât, Ayoûb, le frère prestigieux de l'émir, menace de marcher sur Kandahâr. Le nouveau résident britannique à Kaboul, Sir Lepel Griffin, échoue à trouver un candidat indigène pour le trône de la capitale. Le général Roberts engage dans ce sens des pourparlers avec le Parti national à Ghaznî, mais les nationalistes ne veulent entendre parler que d'un rétablissement sur le trône de l'émir Ya'qoûb et de l'évacuation complète du territoire afghan par les troupes britanniques ; le royaume doit retrouver toute son intégrité, et l'Empire britannique ne saurait y être représenté que par un musulman indien ; en somme, les nationalistes réclament un retour à la case de départ. Lord Lytton refuse leurs exigences.

Entre-temps, à Londres, l'opposition libérale se déchaîne contre la politique afghane du gouvernement.

La chute du régime conservateur, entraînant celle de la vice-royauté de lord Lytton, n'est plus qu'une question de mois, les administrateurs anglo-indiens le savent. De fait, le cabinet Disraëli tombera en avril 1880, remplacé par les libéraux de Gladstone, qui désavouera lord Lytton et le remplacera par un nouveau vice-roi, le marquis de Ripon.

C'est au moment où l'Angleterre se trouve le plus empêtrée dans l'anarchie afghane qu'elle a elle-même provoquée, où la chute des conservateurs radicalement antirusses paraît imminente, que le gouverneur général du Turkestan tsariste choisit de poser au cœur de l'échiquier la pièce qu'il détenait depuis douze ans en réserve : un prince afghan du plus haut sang, exilé en territoire russe, ʿAbd-or-Rahmân.

c. La résultante afghane : ʿAbd-or-Rahmân (1880-1901)

Au début du mois de mars de 1880, le prince ʿAbd-or-Rahmân, avec une centaine de cavaliers, passait le fleuve Amoû-Daryâ ; après douze ans d'exil à Samarcande, dans le Turkestan tsariste, un candidat au trône rentrait en Afghanistan.

Il était le fils d'Afzal Khân, demi-frère de l'émir Shêr-ʿAlî. Après la mort de leur père Dôst-Mohammad, les deux demi-frères s'étaient disputé l'héritage. Shêr-ʿAlî avait su gagner le vice-roi des Indes à sa cause, en 1867, et la reconnaissance et l'argent des Britanniques lui permirent de triompher de son rival (c'est seulement vers 1874 que Shêr-ʿAlî penchera vers les Russes). Afzal Khân mourut soudainement, et son fils ʿAbd-or-Rahmân, avec ses derniers compagnons fidèles, s'enfuit au Turkestan russe en 1868.

Le gouverneur général von Kaufmann assigna le prince fugitif afghan à résidence à Samarcande, où il lui versa une pension pour lui et les siens. Il fallut attendre 1878 pour que von Kaufmann trouve le moyen d'utiliser son otage. La guerre entre l'Angleterre et la Russie menaçait en Europe, et von Kaufmann à Tâshkent reçut de Saint-Pétersbourg un ordre de mobilisation au Turkestan. C'est dans ce contexte qu'il envoya, en juillet, cette mission de Stoliétov à

Kaboul qui fut fatale au trône de l'émir Shêr-ʿAlî. Pour intimider Shêr-ʿAlî et l'obliger à accueillir la mission, von Kaufmann fit savoir à l'émir qu'en cas de refus de passage, il enverrait le prince ʿAbd-or-Rahmân en Afghanistan réclamer le trône de Kaboul, *avec l'appui militaire de la Russie*. Shêr-ʿAlî, comme on sait, accueillit Stoliétov.

Deux ans plus tard, alors que l'Angleterre se débattait dans le bourbier politique de Kaboul, von Kaufmann fit savoir à ʿAbd-or-Rahmân que l'heure était venue pour lui de retourner dans son pays. Dès les derniers mois de la vice-royauté de lord Lytton, l'Inde anglaise arrêta la politique qu'il appartiendrait au nouveau vice-roi, le marquis de Ripon, d'appliquer, en maintenant à Kaboul le résident Sir Lepel Griffin pour conduire à terme les négociations : annexer quelques territoires frontaliers, *évacuer Kaboul et Kandahâr en octobre 1880 au plus tard,* trouver vite et à tout prix deux princes indigènes amis de l'Angleterre mais acceptables pour leurs propres sujets afin d'administrer ces deux villes sous forme de royaumes distincts. Malgré les objections de la reine Victoria, convaincue que les Afghans voulaient conserver « les avantages d'une souveraineté chrétienne » *(« the benefits of Christian rule »),* Whitehall renonçait à annexer le pays au prix d'années de pacification sanglante. Pour Kandahâr, les Anglais avaient trouvé un candidat princier, impopulaire il est vrai, le notable local Shêr-ʿAlî-Khân. Mais pour Kaboul ? Il fallait envisager ʿAbd-or-Rahmân.

Poussé par von Kaufmann, accompagné de cent cavaliers équipés de fusils et de munitions russes, avec en poche une promesse écrite pour deux mille fusils à répétition et 35 000 roubles, ʿAbd-or-Rahmân entrait en mars 1880 en territoire afghan, dans un bouillon de culture politique dont ce prince allait se révéler le maître sorcier.

L'Afghanistan de 1880 était revenu à son point de départ tribal du début du XVIIIe siècle : un effondrement de l'autorité, un retour au Yâghestân absolu, l'incapacité totale des tribus ayant recouvré leur autonomie complète d'imposer une solution politique résultant d'un accord populaire. Les mécanismes du

Yâghestân avaient admirablement fonctionné : les Anglais s'étaient emparés du pouvoir central, les Afghans avaient d'eux-mêmes sabordé ce pouvoir central et opposé à l'occupant l'émiettement anarchique du Yâghestân. Les Anglais avaient violé la règle du jeu : le despote de la plaine ne doit pas imposer sa domination directe et physique. Un chef politique afghan trop évidemment soumis au despote de la plaine est intolérable au Yâghestân. L'émir Ya'qoûb l'avait compris et avait abdiqué de son plein gré : *ce roi lui-même liquida son administration centrale.* Ce geste rachetait aux yeux des nationalistes la capitulation du traité de Gandamak et parait Ya'qoûb de l'auréole du martyr : aucun roi afghan n'avait mieux compris, dans les circonstances, où était son véritable rôle.

Mais dès que les Anglais faisaient connaître leur décision de partir, dès que le despote de la plaine reculait en deçà du seuil du tolérable, la révolte du Yâghestân tournait à vide. Maintenant devait s'imposer un chef dont les revenus et les largesses surpasseraient ceux de tous ses rivaux : c'est-à-dire un chef subventionné par une puissance extérieure, par le despote de la plaine lui-même. Pour réussir dans l'Afghanistan de 1880, un postulant au pouvoir suprême devait être, paradoxalement, à la fois un résistant et un collaborateur. Il devait tout faire pour que l'occupant s'en aille : en cela, il serait résistant. Mais, en même temps, il lui faudrait s'imposer comme l'interlocuteur privilégié de l'occupant, comme celui jugé digne de recevoir son appui financier : en cela, il serait collaborateur. La contradiction illustre le dilemme fondamental du Yâghestân : il veut résister au despote de la plaine, mais sa pauvreté en fait un parasite économique et dès lors politique. Seuls de très, très rares chefs tribaux ont su résoudre le dilemme, trouver le moyen à la fois de résister et d'alimenter leur pouvoir en parasites économiques, *sans pour autant paraître des parasites politiques trop étroitement inféodés au despote.* C'est pourquoi ces régions montagneuses du monde musulman correspondant au type du Yâghestân (l'Atlas berbère, le pays kurde, etc.) n'accèdent guère à l'indépendance politique véritable et demeurent des zones de dissidence en marge.

L'Afghanistan de 1747 avait bénéficié d'événements extérieurs exceptionnels pour naître. Pour survivre en 1880, il lui fallait trouver son chef tribal de génie. Car les règles du jeu tribal sont implicites – aucun code ne les expose – et tous les chefs tribaux ne les maîtrisent pas avec la même habileté. Comme ailleurs, c'est aussi un jeu politique passablement cruel, où celui qui l'emporte n'est pas forcément le héros populaire de la résistance, mais le diplomate le plus cyniquement lucide parmi les chefs tribaux.

Or, au printemps de 1880, trois candidats principaux briguent la souveraineté du Yâghestân :

– A Kandahâr, *Shêr-'Alî-Khân*, le notable local, ceint de l'épée royale par les Anglais, règne sous la protection de leur garnison. Son autorité ne s'étend pas jusqu'aux limites de son oasis.

– A Hérât, *Ayoûb*, frère de l'émir déporté, très populaire, concentre les espoirs du Parti national. En juillet, Ayoûb remportera la seule victoire militaire éclatante de la Seconde Guerre anglo-afghane, en rase campagne, à Maïwand près de Kandahâr, contre les forces anglaises. En toute logique, Ayoûb, résistant par excellence, devrait l'emporter dans la course à la souveraineté. Mais il est inacceptable pour l'occupant. Les Anglais n'admettent pas un retour sur le trône de l'un ou l'autre des deux fils de l'émir Shêr-'Alî, Ya'qoûb le déporté ou son frère Ayoûb. Ayoûb ne peut donc devenir l'interlocuteur des Anglais, recevoir leurs subsides, et par là s'imposer chez lui.

– Enfin, chevauchant lentement vers Kaboul, *'Abd-or-Rahmân* est la donnée neutre, ni résistant ni collaborateur. Son génie sera de devenir les deux en quelques mois et sans livrer une seule bataille. Aux Anglais qu'inquiètent ses attaches russes, 'Abd-or-Rahmân fait comprendre qu'il y renonce et gouvernera le pays dans l'intérêt de Londres. Les Anglais insistent-ils pour diviser l'Afghanistan en deux principautés, l'une à Kaboul, l'autre à Kandahâr ? 'Abd-or-Rahmân, après un refus initial, se montre raisonnable, accepte, assouplit ses exigences, fait tout pour obtenir le trône de Kaboul au plus vite et hâter le retrait des Anglais, quitte à reconquérir le reste de l'Afghanistan plus tard. ʿAbd-or-Rahmân arrache ainsi l'essentiel, argent et munitions, sans jamais paraître aux yeux des siens comme inféodé : au contraire, il obtient, lui seul, le vrai départ physique des troupes d'occupation. Et les Afghans admirent ʿAbd-or-Rahmân comme celui qui a su se faire reconnaître par le despote, qui en a reçu des ressources pour distribuer des largesses aux tribus, et qui l'a *fait partir.* Muni d'argent et d'armement anglais, ʿAbd-or-Rahmân peut procéder jusqu'à la fin de son règne à l'écrasement méthodique de tous ses rivaux ; les premières batailles que livrera le nouveau roi, après le départ des Anglais, seront dirigées contre d'autres Afghans, à commencer par Ayoûb. « A pays dur, ricane-t-il après avoir soumis son royaume à vingt et un ans de régime de supplices et de fer, émir dur. » Quant à sa politique étrangère, elle a consisté à trahir les Russes qui l'avaient poussé et à s'allier aux Anglais dont il a précipité le départ, en défendant l'intégrité territoriale et l'autonomie politique absolues de son royaume. ʿAbd-or-Rahmân est le plus pur chef-d'œuvre politique jamais produit par le Yâghestân.

Le commentaire du plus grand historien afghan vivant, Hasan Kâkar (emprisonné par le régime depuis 1982), est remarquable ; son texte date de 1971 [34] :

> Sauf pendant de courts intervalles, l'opposition générale à l'occupation britannique de Kaboul fut continuelle. Seules les villes de Kaboul, Djalâlâbâd et plus tard Ghaznî étaient aux mains des Britanniques. Tous les efforts, y compris l'offensive du printemps, pour soumettre l'ensemble du pays avaient échoué. [...] Embrasés par le sentiment religieux, les mouvements populaires antibritanniques s'opposaient à une domination étrangère infidèle et défendaient leur indépendance. Mais, contrairement à une idée reçue qui veut que les circonstances produisent immanquablement des chefs, il est à noter, que la résistance prolongée s'était jusque-là montrée incapable de produire un tel chef avant l'apparition de ʿAbd-or-Rahmân.

Dans l'absence absolue de tout autre scénario historique permettant de nous faire au moins une vague idée de ce que pourrait devenir l'Afghanistan en cas de retrait russe aujourd'hui, on peut jeter un coup d'œil sur les circonstances du retrait anglais de 1880. Un siècle plus tard, malgré un rapport de forces bien plus défavorable et des données techniques bouleversées, il n'en demeure pas moins que la société afghane n'a pas encore suffisamment changé pour que le canevas de 1880 ait perdu toute son actualité.

En mars 1880, ʽAbd-or-Rahmân a une quarantaine d'années ; puissamment bâti, la barbe noire et épaisse, la paupière lourde, il cache sous ses allures de prince assyrien une profonde perspicacité politique, nourrie par les observations accumulées durant les cinq ans de revendication du trône par son père entre 1863 et 1868, suivis par douze ans d'exil en territoire russe de 1868 à 1880. Patient et dissimulateur dans les négociations, il sait réprimer toute révolte chez les siens avec une brutalité confinant parfois au sadisme (ses cages de fer seront célèbres). Il a un sens de l'humour sardonique et grinçant. Il fit jeter un seau d'eau froide sur un de ses administrateurs qui profitait de ses fonctions pour séduire les filles de Kaboul ; c'était une nuit d'hiver, et le supplicié, déshabillé, mourut transformé en glaçon : « Encore un qui ne s'échauffera plus », rit l'émir. Aux Indes, au cours d'une réception officielle, l'émir s'étonna de la présence de femmes auprès des fonctionnaires anglais ; quand le vice-roi expliqua que l'usage britannique voulait que les épouses sortent dans le monde, l'émir parcourut l'assistance du regard : « Au moins vous cachez celles qui sont jolies. » Avec cela, un tempérament mystique et visionnaire : les saints de l'islam, le Prophète lui apparaissent au cours de ses veilles, et quand il entra à cheval en territoire afghan en 1880, il crut entendre à ses oreilles le tambourinement de milliers de cavaliers fantômes, esprits envoyés par Dieu pour lui ouvrir le chemin du trône.

Dès son arrivée en Afghanistan, ʽAbd-or-Rahmân met à profit ses fonds russes pour imposer son pouvoir aux chefs locaux du Nord, puis il communique avec le Parti national et les tribus dissidentes autour de Kaboul en faisant clairement savoir qu'il vient pour participer au *djéhâd,* la Guerre sainte. En même temps, il trouve moyen de faire connaître aux Anglais à Kaboul qu'il en brigue le trône ; quant à la Russie : « Je n'ai signé aucun accord écrit ou secret avec les Russes. Je ne suis lié à eux que par des sentiments de gratitude. J'ai mangé leur sel et joui de leur hospitalité pendant douze ans[35]. » Pour achever de rassurer les Anglais, 'Abd-or-Rahmân ira jusqu'à dire qu'il avait été plus le « prisonnier » que l'« hôte » des Russes. D'emblée, 'Abd-or-Rahmân échappe aux desseins de von Kaufmann : ce que veut le prince, c'est l'Afghanistan tout entier, en passant par un accord indispensable avec les Anglais.

Le 10 avril 1880, un cavalier apporte dans le Nord le premier message du résident à Kaboul, Sir Lepel Griffin. 'Abd-or-Rahmân fait lire le message devant tous ses partisans, d'une part pour bien montrer que l'occupant le reconnaît, *lui*, et d'autre part pour bien montrer qu'il ne lui est *pas inféodé*. La description par 'Abd-or-Rahmân lui-même de sa première victoire politique illustre savoureusement les règles élémentaires du jeu[36].

Le contact avec les Britanniques désormais solidement établi, 'Abd-or-Rahmân entra dans la seconde phase de son double jeu. Ses échanges de lettres avec Sir Lepel Griffin se poursuivirent pendant plus de trois mois. 'Abd-or-Rahmân demandait le détail des exigences anglaises en ne paraissant y céder que peu à peu : séparation de Kaboul et Kandahâr, relations extérieures avec la Grande-Bretagne seulement ; en échange, le prince obtenait la reconnaissance de son titre, une riche promesse de fonds et le retrait complet des Britanniques : comme du temps des émirs précédents, seul un musulman indien représenterait à Kaboul les intérêts de la Grande-Bretagne. Mais 'Abd-or-Rahmân, avec une lenteur calculée qui exaspéra Griffin, trouva tous les prétextes pour retarder une entrevue directe : il ne fallait pas que le prince soit *perçu* par les siens comme entretenant des relations trop étroites avec les Anglais. Il était reconnu par eux, soit ; il n'était pas leur créature. Par ailleurs, 'Abd-or-Rahmân multiplia les messages d'encouragement aux résistants : au Parti national, le prince recommanda d'éviter les attaques de places fortes mais de harceler au contraire les convois et les communications ; aux paysans du Kôhestân au nord immédiat de Kaboul, il fit savoir qu'il approchait avec armes et munitions, que tous devaient se tenir prêts pour un soulèvement général ; aux chefs du Turkestan afghan, il se déclara venu « pour libérer l'Afghanistan des mains des Anglais [37] ». Griffin à Kaboul était conscient de la menace potentielle présentée par 'Abd-or-Rahmân : le prince voulait bien se montrer conciliant, mais savait aussi être formidable. Les tribus de l'Est afghan commençaient à voir dans ce prince du sang royal un chef possible ; le guide spirituel du Parti national, le mollâ Moshk-é 'Alam, lui apporta son adhésion ; enfin l'intransigeant résistant Mohammad-Djân Wardak, après une longue méfiance de cet homme « envoyé par les Russes », donna sa caution à une assemblée des tribus des Ghilzaï et du Lôgar qui proclamèrent que si les Anglais ne reconnaissaient pas 'Abd-or-Rahmân comme émir, « tous les Afghans à la fois se soulèveraient pour chasser les Anglais [38] ». Griffin redoutait une jonction des forces de 'Abd-or-Rahmân avec Ayoûb dans l'Ouest. Le 20 juillet, il acquiesça, et 'Abd-or-Rahmân fut proclamé émir par une assemblée tribale à Tchârikâr, au nord immédiat de Kaboul. Le 22 juillet, le nouvel émir était reçu par Griffin dans la capitale.

Il était grand temps. Dans le Sud, les tribus rejoignaient celui qui incarnait le plus authentiquement la résistance, Ayoûb. Celui-ci, parti de Hérât où il avait durement écrasé toute révolte contre son autorité, marchait sur Kandahâr, tenue par les Anglais et leur créature, le notable Shêr-'Alî-Khân. Ayoûb déclarait « mener une guerre religieuse pour chasser les infidèles du pays [39] », et les villageois nourrissaient gratuitement en chemin les guerriers de l'islam, renforcés tout au long de leur route par de nombreux irréguliers ainsi que par les déserteurs de la garnison anglo-afghane de Kandahâr. Les Anglais du général Burrows tentèrent d'intercepter les forces d'Ayoûb, et la rencontre inattendue eut lieu en plein désert, près du village de Maïwand proche de Kandahâr. Les artilleurs des deux camps ouvrirent le feu, les Anglais furent surpris par la précision du tir afghan. Mais ce fut la charge héroïque, aveugle, suicidaire des irréguliers tribaux surgis d'un oued pour se jeter sur les baïonnettes qui déclencha soudain la panique des deux compagnies de Jacob's Rifles, lesquels refluèrent en désordre sur les Bombay Grenadiers rejetés à leur tour contre le 66ᵉ régiment ; le 66ᵉ combattit jusqu'au bout et mourut sur place, le reste de la troupe s'enfuit vers Kandahâr en une course affolée par le soleil et la soif. Une jeune villageoise, Malâlaï, brandit son châle comme une oriflamme pour encourager les *modjâhédîn* en chantant des couplets guerriers. (Presque exactement cent ans plus tard, au printemps de 1980, les écolières du lycée Malâlaï de Kaboul sortirent défier les troupes soviétiques dans la rue ; la jeune Nâhîd, frappée d'une balle au front, a désormais remplacé Malâlaï dans la mythologie patriotique afghane.)

Pendant que les hommes d'Ayoûb assiègent en vain les Anglais retranchés dans Kandahâr, la nouvelle du désastre bouscule les arrangements politiques de Kaboul. Pour Griffin comme pour ʿAbd-or-Rahmân, il devient clair qu'un séjour prolongé des Anglais à Kaboul ne pourrait qu'affaiblir la position du nouveau roi, soupçonné de mollesse vis-à-vis de l'occupant au moment même où les modjâhédîn meurent à Kandahâr. Le départ des Anglais de Kaboul est fixé au 10 août, à la grande joie des habitants. Quant à Ayoûb le Victorieux, le *Ghâzî*, ʿAbd-or-Rahmân se surpasse en duplicité. Publiquement, il ne dit pas un mot contre Ayoûb, au contraire. Avant de quitter Kaboul, Griffin propose à l'émir de régner aussi sur Hérât : ʿAbd-or-Rahmân refuse, cette ville relève de son « cousin ». En réalité, ʿAbd-or-Rahmân réussit un double exploit : il fait totalement évacuer Kaboul par les Anglais le 10 août – ce qui assure sa popularité – et il obtient des tribus Ghilzaï qu'elles ne harcèlent pas les troupes du général Roberts sur leur chemin de retour vers l'Inde. Or le chemin du retour choisi par Roberts passe par Kandahâr ! Arrivées le 30 août au terme d'une marche forcée, les troupes de Roberts culbutent les assiégeants, contraignent Ayoûb à se replier vers Hérât, s'emparent de son arsenal. Sans assumer le crime, ʿAbd-or-Rahmân s'est en quelque sorte servi des Anglais pour se débarrasser de son gênant cousin. Le 21 avril 1881, les Britanniques se retirent de Kandahâr. Leur vassal, Shêr-'Ali-Khân, juge plus prudent d'abdiquer et de rentrer en Inde avec eux. Aussi est-ce *à un général de 'Abd-or-Rahmân* que les Anglais, faute de mieux, remettent officiellement la ville, oubliant leur politique visant à séparer Kandahâr de Kaboul. La patiente souplesse de 'Abd-or-Rahmân lui a livré le Sud afghan. Maintenant il ne lui reste qu'à affronter Ayoûb. Une fois les Anglais partis, la guerre civile perd son aspect de sacrilège.

Cette guerre civile, 'Abd-or-Rahmân s'y préparait depuis son entrée dans Kaboul le 22 juillet 1880. Les archives britanniques, consultées par Kâkar, préservent l'étonnant dialogue – véritable marchandage de bâzâr – où le nouvel émir fait pression sur Griffin pour lui livrer le maximum d'argent et de munitions, clefs de son futur triomphe politique. La conversation eut lieu du 30 juillet au 1er août 1880[40].

Paradoxalement, à peine partis, les Britanniques redevenaient les arbitres politiques de l'Afghanistan. Le but poursuivi par le Yâghestân est l'indépendance, pas l'unité ; une fois levée la menace d'une occupation étrangère directe, les différentes factions s'apprêtaient pour la guerre civile en sollicitant chacune l'appui de la Grande-Bretagne. Le khân du Kunar, vallée pashtoûne frontalière non loin de Peshâwar, offrit son alliance à l'Angleterre si le vice-roi l'armait et lui permettait de faire sécession du royaume de Kaboul. Les Hazâra chiites, appréhendant un retour au pouvoir des Pashtoûns, contactèrent également les Anglais. Ayoûb lui-même, le résistant, multiplia les messages au résident britannique à Kandahâr, Saint-John, à partir de novembre 1880. Ayoûb exprimait ses regrets pour le sang versé dans le passé, s'affirmait un ami sincère de la Grande-Bretagne, demandait que Londres reconnaisse le partage de fait de l'Afghanistan entre lui-même et 'Abd-or-Rahmân, espérait que lors du retrait anglais de Kandahâr en avril 1881, la ville serait remise à un de ses propres représentants. Les réponses de Saint-John furent froides et évasives : Kandahâr avait déjà été assignée à 'Abd-or-Rahmân ; quant au reste, fit-il savoir, « je n'ai pas reçu d'instructions », « *I have no instructions*[41] ». Les envoyés d'Ayoûb, rentrés bredouilles auprès de leur maître, sapaient gravement son crédit : Ayoûb n'était pas reconnu par le despote. Les Hazâra et le khân du Kunar se heurtèrent à une pareille fin de non-recevoir des Britanniques. Les Anglais, au terme de quarante ans d'expérience de l'Afghanistan, en étaient enfin devenus des experts. Ils avaient décidé que 'Abd-or-Rahmân gagnerait la partie, et il la gagna.

Le conflit éclata dès le départ du dernier soldat anglais. L'enjeu était Kandahâr. Ayoûb ne pouvait rivaliser de largesses auprès des tribus comme 'Abd-or-Rahmân, abondamment pourvu par les Anglais. Pourtant, fort de sa popularité de *ghâzî*, de champion de la foi, Ayoûb remporte la première manche, chasse en juillet 1881 le gouverneur de 'Abd-or-Rahmân de la ville de Kandahâr, sous les acclamations de la population et des mollâ pour qui l'émir de Kaboul est un « infidèle ». La riposte de 'Abd-or-Rahmân est foudroyante. D'abord, l'émir comprend que son adversaire a laissé sa base arrière de Hérât vide de défenseurs pour mieux investir Kandahâr. 'Abd-or-Rahmân ordonne à son gouverneur du Turkestan de contourner les montagnes par le nord et de prendre Hérât à revers : la ville tombera aux mains du représentant de l'émir le 2 octobre 1881. Entre-temps, 'Abd-or-Rahmân purge Kaboul des principaux sympathisants d'Ayoûb : le prestigieux Mohammad-Djân Wardak lui-même est arrêté (il ne sera pas relâché vivant). Enfin, l'émir gagne à sa cause la tribu toujours puissante des Ghilzaï par des dons d'une prodigalité proprement inouïe, comme l'Afghanistan n'en avait sans doute plus vu depuis l'époque héroïque des pillages aux Indes : suppression d'impôts, distribution d'argent, de fusils, de caftans d'honneur, banquets à nourrir des camps entiers, y compris le bétail. L'agent secret britannique des *Political and Secret Letters and Enclosures received from India*, consultées par Kâkar sous la date du 16 août 1881, trouva la formule drôle qui reconnaît implicitement la profonde parenté politique existant en Afghanistan entre la maison d'hôte du village et la pratique des grands dirigeants : ʿAbd-or-Rahmân, nota l'observateur de Londres, a ouvert pour les Ghilzaï *a free restaurant*, « un restaurant gratuit [42] ».

Utilisation par l'émir de la vieille vendetta des Ghilzaï – les clans des Hôtaki, des Tarakî et autres – contre les Dorrânî de Kandahâr ? C'était l'opinion des meilleurs observateurs britanniques de l'époque, que Kâkar voudrait nuancer en soulignant que certains clans demeuraient partagés entre partisans et adversaires de l'émir. En tout état de cause, le soutien des Ghilzaï fut suffisamment solide pour permettre à ʿAbd-or-Rahmân d'affronter les troupes d'Ayoûb près de Kandahâr le 22 septembre 1881. Les largesses de l'émir avaient-elles pénétré jusque chez les soldats d'Ayoûb ? En pleine bataille, le régiment de Hérât, sur qui Ayoûb comptait pleinement, ouvrit soudain le feu par-derrière sur les défenseurs de Kandahâr et les partisans irréguliers, provoquant la déroute du parti d'Ayoûb. Le vainqueur de Maïwand dut abandonner Kandahâr à l'émir de Kaboul et regagner sa base de Hérât à franc étrier. Mais c'était trop tard, la ville venait d'être prise par les hommes de ʿAbd-or-Rahmân et, au milieu d'octobre 1881, Ayoûb se réfugiait en territoire iranien. (Il y demeura jusqu'en 1888, puis s'installa en Inde à Rawalpindi, proche du pays pashtoûn, jusqu'à sa mort en 1914.)

Cette fin pathétique d'Ayoûb, incarnation d'une résistance, inspire à un patriote afghan moderne comme Hasan Kâkar la remarque désabusée : « Le héros de Maïwand, dont le nom est resté jusqu'à nos jours un symbole de la fierté et de l'honneur de la nation, dut s'enfuir à Mashhad pour terminer sa vie en exil [43]. » Pourtant, note l'éminent historien amèrement mais lucidement : « Avec le retrait des troupes britanniques, le plus grand danger pour l'unité de l'Afghanistan était représenté par Ayoûb (le préféré de la plus grande partie du peuple), lorsqu'il défia l'émir. Son défi n'était pas seulement une menace pour ʿAbd-or-Rahmân, c'en était une aussi pour le gouvernement des Indes dont la politique était désormais de favoriser un Afghanistan uni et fort sous l'émir ʿAbd-or-Rahmân [44]. »

d. Le bilan du Grand Jeu, première manière

Pendant les quinze années qui suivent sa victoire, ʿAbd-or-Rahmân guerroie contre les dissidents et les soumet, manipulant les vendettas tribales, les haines entre sunnites et chiites ; il abat la morgue des Ghilzaï révoltés, puis les envoie conquérir le pays des Hazâra ; en 1895, il annexe et convertit à l'islam les dernières vallées orientales où survit le paganisme ancestral, en leur donnant le nouveau nom de *Noûristân*, « Pays de la Lumière ». Il crée une vraie capitale, un véritable gouvernement, un embryon d'industrie. Les structures administratives de l'Afghanistan moderne, et même communiste, sont celles qu'il a imposées. L'État afghan dans ses frontières actuelles est sa création. L'argent anglais lui permet toutes les audaces : une bonne armée permanente, une police, un réseau d'espions l'affranchissent des tribus et transforment le gouvernement afghan en un despotisme digne de ce nom. La main de l'émir est lourde, souvent cruelle : « Chaque prêtre, chaque mollâ, chaque chef de chaque tribu et de chaque village se considérait comme un roi indépendant, écrit-il ; depuis deux cents ans, la liberté et l'indépendance de beaucoup de ces prêtres n'avaient jamais été brisées par les souverains[45]. » ʿAbd-or-Rahmân les brisa. Le spécialiste américain Louis Dupree pense qu'en d'autres temps, un dirigeant tribal de la trempe de ʿAbd-or-Rahmân aurait emmené les siens à la conquête des Indes et de la Perse, à la manière médiévale d'un Mahmoûd, d'un Ahmad Shâh ; les contraintes coloniales anglo-russes l'auraient obligé à se contenter d'un « impérialisme intérieur[46] », notoirement plus difficile compte tenu du caractère afghan. Mais ʿAbd-or-Rahmân jouit de trois avantages qu'aucun conquérant étranger de l'Afghanistan ne peut posséder : il est lui-même un chef tribal afghan, fier de sa patrie, jaloux de son indépendance, maître de la politique tribale ; il puise à une source de revenus intarissable, la garantie anglaise ; et c'est un musulman irréprochable. Seule une poignée de techniciens et médecins anglais est tolérée dans sa capitale d'où les missionnaires chrétiens sont bannis ; il islamise le Noûristân ; en 1896, l'assemblée des anciens à Kaboul le sacre « Lumière de la foi et de la nation ».

L'importance de son règne est primordiale pour l'histoire de l'Afghanistan. Le réseau administratif dont il recouvre le pays est si imposant que ses successeurs en oublient souvent les tendances profondes, cachées mais très vives, de la société afghane. Son fils Habîbollâh, qui règne de 1901 à 1919, peut gouverner dans le cadre des structures étatiques léguées par son père en en modifiant seulement l'apparence ou en en adoucissant les angles trop durs : premier des souverains afghans à subir l'influence de la culture occidentale, l'héritier de ʿAbd-or-Rahmân se vêt en lord anglais, importe une automobile et une imprimerie, et, surtout, supprime les séquelles de l'esclavage aboli sous ʿAbd-or-Rahmân ainsi que la torture et les châtiments corporels vers 1905. C'est encore sur l'État édifié par ʿAbd-or-Rahmân que s'appuient pour leurs projets de réformes tous les dirigeants afghans modernes – Amânollâh (1919-1929), Nâder (1929-1933), Zâher (1933-1973), Dâoûd (1973-1978), Tarakî (1978-1979), Amîn (1979), Kârmal (1979- ?). L'accent des historiens de l'Afghanistan au XXe siècle a porté presque tout entier sur l'État : sa lutte pour s'imposer, pour centraliser l'administration, pour briser les particularismes, pour occidentaliser les mœurs, et cela bien avant le coup d'État communiste de 1978, comme si la toute-puissance de l'État s'identifiait nécessairement à la santé culturelle d'une nation et constituait un but en soi, une valeur absolue. Quoi qu'il en soit, l'échec de l'État afghan à embrigader la société du pays profond s'est révélé plutôt un avantage en 1978, quand la capture des rouages administratifs par les communistes et leurs alliés soviétiques n'a pu empêcher le passage des campagnes à la résistance. Le fait est que les plus imprudents des dirigeants afghans de ce siècle ont méconnu la réelle fragilité de leur État formel, dont l'équilibre dépend beaucoup du flair politique et de l'habileté traditionnelle tribale du souverain en titre du moment. L'impatient modernisateur Amânollâh d'abord, et un demi-siècle plus tard les chefs communistes Tarakî et Amîn irritent les tribus au-delà du tolérable et provoquent la chute de leurs propres régimes, bien moins solides qu'ils ne l'imaginaient. Cet aveuglement de l'État afghan quant à sa force réelle remonte peut-être à l'émir Shêr-ʿAli, au XIXᵉ siècle, attentif à se constituer une armée professionnelle en négligeant d'équiper les tribus : au moment du heurt avec l'Angleterre en 1878, l'armée se débande, seules résistent les tribus, en une persistance de l'Afghanistan profond au-delà des débris de l'État. Aujourd'hui, Babrak Kârmal, porté au pouvoir par les Soviétiques en décembre 1979, a achevé de détruire l'œuvre de ʿAbd-or-Rahmân : l'Afghanistan est redevenu Yâghestân, tandis que Kârmal cumule deux impossibilités pour un chef afghan – régner sous la protection d'étrangers sur le sol national, et n'être pas musulman. L'État en a volé en éclats.

Mais si durables, pour le meilleur et le pire, qu'aient été les traces laissées à l'intérieur par le régime de ʿAbd-or-Rahmân (unification administrative au prix du despotisme de l'État et de l'écrasement des principales minorités ethniques), c'est par ses options internationales que l'émir a laissé de riches leçons. Tyran habile et opportuniste, si l'on veut, mais il n'en a pas moins sauvé l'indépendance de l'Afghanistan face à deux voisins redoutables. L'erreur mortelle – c'est le cas de le dire – des derniers dirigeants de l'Afghanistan indépendants vient peut-être de leur mépris des recettes diplomatiques léguées par l'Émir de Fer pour le Grand Jeu.

Le bilan du rapport des forces au cours du siècle du Grand Jeu autour de l'Afghanistan – 1809-1919 – fut dressé dès 1890 par le diplomate autrichien Josef Popowski dans un ouvrage fondamental publié à Vienne, *Antagonismus der Englischen und Russischen Interessen in Asien*, presque aussitôt traduit en anglais pour l'India Office à Londres en 1893, sous le titre : *The Rival Powers in Central Asia*. Le propos de l'auteur était de convaincre Londres de l'utilité d'une alliance entre l'Angleterre et les Empires autrichien et allemand contre la Russie ; l'entente anglo-russe de 1907 devait ruiner cet espoir, mais les remarques de Popowski concernant l'ascendant des Russes sur les Anglais en Asie centrale et méridionale n'ont rien perdu de leur pertinence. Pour Popowski, la Russie jouit de l'initiative, de communications terrestres ininterrompues, du contrôle de régions assez peu peuplées dont elle peut mater la résistance en en russifiant définitivement les indigènes. La Grande-Bretagne, en revanche, règne sur de vastes populations inassimilables, ses communications sont ténues, ses troupes ne peuvent avancer au-delà d'une certaine zone en Asie centrale sans perdre contact avec leurs bases arrière. En outre, le caractère parlementaire du régime britannique interdit une politique offensive soutenue et impose une position purement défensive. Par l'intimidation, la Russie est en mesure de convaincre les États musulmans à sa périphérie méridionale que l'Angleterre est impuissante à garantir leur indépendance. Enfin, si l'Angleterre est incapable d'occuper l'Asie centrale ou de menacer la Russie dans ses territoires du Turkestan, la Russie, en revanche, peut menacer l'Asie méridionale et l'Inde. Pour l'auteur, les acquis asiatiques des Russes sont permanents ; ceux des Anglais – il le prévoit en 1890 ! – seront transitoires[47].

Popowski trace un parallèle entre les politiques de la Russie en Europe et en Asie, où il conclut à la passivité fondamentale de l'Autriche en Europe et de l'Angleterre en Asie vis-à-vis du même adversaire. L'intérêt d'une étude sur la Russie en Asie, écrit-il, c'est que « son action y est moins connue, elle a moins besoin de la dissimuler et de la limiter. Moins cachée, l'activité de la Russie en Asie peut être observée de manière plus claire, et cette activité nous donne une meilleure appréciation de sa façon d'agir vis-à-vis de l'Europe[48] ». Une guerre, pense Popowski, n'est plus qu'une question de temps ; la presse russe aime à répéter que « le vingtième siècle nous appartiendra » ; mais l'Angleterre et l'Autriche sont comme paralysées[49].

Les conclusions de Popowski sont foncièrement pessimistes ; « La Russie menace par son avance les possessions anglaises en Asie, tandis que l'extension de la souveraineté anglaise en Inde est une chose parfaitement indifférente pour la Russie[50]. » D'ailleurs, la fin se laisse déjà entrevoir : « Chaque pas en avant de la Russie affaiblit l'autorité de la Grande-Bretagne, la situation des Anglais s'aggrave, et la dernière heure de leur puissance aux Indes n'apparaît plus forcément si lointaine[51]. » Pour Popowski, une évidence s'impose : une invasion russe de l'Asie du Sud n'est qu'une question de temps ; elle commencera par Kaboul et passera par Kaboul.

Les observations faites en 1973 sur le Grand Jeu par l'Américain Léon Poullada, sans doute le meilleur spécialiste occidental de la politique de l'Afghanistan au XXe siècle, aboutissent à des conclusions complémentaires, bien que dépourvues, à l'époque de la « détente » où elles furent écrites, de tout esprit polémique. Poullada reprend les arguments de deux penseurs de la géopolitique mondiale d'avant 1914, le Britannique Sir Halford Mackinder et l'officier de marine américain Alfred Mahan. Selon Mackinder, la masse terrestre constituée par l'Eurasie et l'Afrique représenterait l'« Ile Mondiale » ; la puissance qui contrôlerait le cœur de l'île serait en mesure de faire pression puis d'imposer sa domination sur la périphérie et ses péninsules : l'Europe occidentale, l'Arabie, l'Inde, la Corée finiraient ainsi par subir le redoutable rayonnement de la Russie. Mahan enrichit cette thèse en faisant remarquer qu'une puissance maritime, maîtresse des mers du globe, pourrait endiguer et contenir l'expansion de la puissance continentale en l'encerclant grâce à des bases et des points d'ancrage fortifiés sur le pourtour de l'« Ile Mondiale ». Mahan pensait bien sûr à l'Angleterre et à sa grande base navale de l'Inde, mais sa thèse pouvait s'appliquer aussi à la stratégie américaine après la Seconde Guerre mondiale : Poullada souligne l'influence des idées de Mahan sur Foster Dulles, par exemple. Puissance maritime ancrée aux Indes, barrant la route à l'expansion de la puissance continentale dans sa marche vers la périphérie, c'est en ces termes que les observateurs anglo-saxons du début du siècle déchiffraient la politique de l'Angleterre vis-à-vis de la Russie en Afghanistan.

Car c'est en Afghanistan qu'eut lieu le heurt, de manière presque inévitable, puisque c'est par les cols montagneux afghans que s'effectue le passage de l'Asie continentale du Nord vers l'Asie maritime du Sud. Il est répétitif de dire que toutes les communications terrestres de l'Inde avec le reste de l'Asie ont transité par l'Afghanistan car, plus à l'est, l'Himâlaya oppose une barrière autrement plus difficile à franchir. Les envahisseurs, jusqu'à l'époque des expéditions maritimes européennes, ont déferlé sur l'Inde sans exception aucune par la trouée afghane de Khyber : les pasteurs Âryâ, les Perses, les Grecs d'Alexandre, les musulmans turcs et afghans du Moyen Age, les Grands Moghols. Caravanes et courants religieux empruntèrent le même chemin, même pour se rendre en Chine. Le bouddhisme gagna d'abord les vallées afghanes avant d'obliquer, par les steppes qui contournent le Pâmîr et l'Himâlaya, vers le Nord-Est chinois. Au VIIe siècle de notre ère, le pèlerin chinois Hsüan-Tsang dut suivre le même détour afghan pour faire le chemin inverse et visiter les lieux saints du bouddhisme en Inde. Si l'Afghanistan est la porte de l'Inde, les Afghans, rudes portiers retranchés dans leurs montagnes, ont le plus souvent laissé s'écouler les flots envahisseurs par les vallées, soucieux seulement de protéger leur sourcilleuse autonomie.

Poullada, à la suite de bien d'autres, attire cependant l'attention sur le fait que tous les empires historiques de l'Inde ont cherché à se garantir des invasions en étendant leur contrôle jusqu'à l'Afghanistan pour verrouiller les cols. Ainsi avaient fait les Moghols au XVIIe siècle, lesquels, pour protéger Lahore et Delhi, pratiquèrent une politique tribale compliquée afin de s'assurer la suzeraineté de Kaboul et de l'Est afghan. Les Anglais, successeurs impériaux des Moghols, reprirent une politique identique. Toutefois, en cas de dissolution des Empires indiens et de fragmentation politique du sous-continent, ce protectorat défensif sur l'Est afghan s'évanouissait et de nouveaux envahisseurs franchissaient les cols. L'effondrement moghol au début du XVIIIe siècle fut aussitôt suivi par le déferlement dévastateur de l'Iranien Nâder et de son prétorien Ahmad. Pareilles invasions succédèrent à l'écroulement des dynasties Maurya, Koûshân, Goupta dans l'Antiquité. Trente ans après le retrait britannique et l'éclatement du sous-continent en plusieurs États faibles et rivaux, ces cols afghans que ne garantissait plus aucune puissance indienne se voyaient-ils donc pour cette raison livrés aux chars d'une nouvelle espèce d'envahisseurs ?

Poullada remarque, six ans avant le coup de Kaboul de 1979[52] :

> Historiquement, il s'est avéré que les irruptions et invasions venues du cœur de l'Asie centrale n'ont été endiguées que lorsque des puissances fortes étaient établies dans la péninsule et contrôlaient les voies d'accès passant par le territoire de l'actuel Afghanistan. Un tel endiguement avait le plus souvent pour résultat un équilibre politique et militaire, le long d'une ligne traversant cet Afghanistan à un endroit ou à un autre. Si la puissance péninsulaire s'affaiblissait, les pressions exercées à partir du cœur de l'Asie centrale étaient généralement assez fortes pour se frayer un chemin d'invasion, et, dans presque tous les cas, ce chemin est passé par l'Afghanistan.

A sa manière truculente, l'émir ʿAbd-or-Rahmân semble nous avoir laissé son propre point de vue sur la relation triangulaire entre l'Afghanistan, l'Angleterre et la Russie. Je dis *semble*, car l'autobiographie de l'émir, publiée en anglais à Londres en 1900 par les soins de son secrétaire indo-musulman Soltân Mohammad, ne coïncide qu'en partie seulement avec le manuscrit persan d'une authenticité certaine, conservé à la Bibliothèque nationale de Kaboul. Il est raisonnable de penser que l'émir destinait certaines réflexions au seul public anglais – ʿAbd-or-Rahmân était un maître du double langage – et c'est pourquoi son agent Soltân Mohammad fut autorisé à soumettre un texte légèrement différent à l'éditeur britannique. Hautement cultivé, parlant et écrivant avec élégance à la fois le persan et l'anglais en plus de sa langue maternelle, l'Indien Soltân Mohammad fut le confident et le secrétaire d'État – véritable ministre des Affaires étrangères – de l'Émir de Fer. Le texte anglais qu'il a préparé à partir des notes et propos dictés par son maître reproduit bien le ton et le langage imagé de ʿAbd-or-Rahmân : c'est un véritable petit chef-d'œuvre de la littérature anglo-indienne du début du XXe siècle. Reste qu'après la publication de ce brûlot, Soltân Mohammad ne fut pas autorisé à rentrer à Kaboul par le successeur de ʿAbd-or-Rahmân, Habîbollâh, en 1901, sans doute pour éviter d'offenser dangereusement le voisin russe. Quelle que soit la part de l'émir ou de son ministre, il n'en demeure pas moins que cet intéressant document reflète de vraies convictions des années 1896-1901. La pratique de ʿAbd-or-Rahmân, la fermeté de son alliance avec l'Angleterre sont en tout cas en pleine conformité avec les propos que lui fait tenir son ministre, même si l'anglophilie en a peut-être été un peu accentuée pour séduire l'India Office.

En bref, l'analyse politique du texte est la suivante : malgré toutes les déceptions causées par l'Angleterre, et malgré même le ressentiment très vif du peuple afghan, Kaboul doit s'allier avec Londres contre Saint-Pétersbourg, tout en évitant de provoquer la Russie : il y va de la survie du pays. Car le but ultime de la Russie est la destruction de l'Afghanistan, obstacle sur sa route vers le sud. L'Angleterre, en revanche, a tout intérêt à renforcer l'Afghanistan à la manière d'un rempart.

Ainsi, une bonne partie du texte de l'émir (ou de son ministre) consiste à vouloir convaincre l'Angleterre de cesser d'offenser, d'humilier, d'affaiblir inutilement son allié naturel, le royaume afghan. L'émir le rappelle : aux yeux du peuple, l'ennemi immédiat a toujours été l'Angleterre. Si, en 1885, les troupes russes ont occupé sans provocation le district afghan de Pandjdeh, contraignant la garnison de l'émir à évacuer l'oasis tandis que Londres se bornait à enregistrer une protestation inutile, ce sont bien les Anglais qui ont envahi le cœur même de l'Afghanistan, saccagé sa capitale et surtout annexé près du tiers du royaume : le pays tribal de l'est et du sud, avec la grande ville de Peshâwar. En 1893, ʿAbd-or-Rahmân a été contraint d'en ratifier la cession dans un traité signé avec lord Mortimer Durand : l'absurde frontière afghano-pakistanaise actuelle, une ligne de crêtes qui coupe en deux les ethnies, les tribus, parfois même les pâturages, s'appelle toujours la ligne Durand. L'émir avait protesté, prophétisé que ces terres arrachées à l'Afghanistan empoisonneraient la vie politique future : de fait, à partir de 1947, l'acharnement de Kaboul à vouloir récupérer ces régions héritées par le Pakistan provoquera le fatal rapprochement afghano-soviétique. Mais les Anglais de l'époque impériale, obsédés de sécurité pour l'Inde, ne voulurent pas renoncer à ces conquêtes de la Forward Policy.

En 1898, lord Roberts « of Kandahar », l'ancien gouverneur militaire de Kaboul en 1878-1880, venait de convaincre ses pairs à la Chambre des lords de la nécessité de l'annexion. D'abord, il fallait à tout prix empêcher les tribus de se joindre aux Russes en cas de conflit[53] :

> Autrefois, nous n'avions pas à nous inquiéter de savoir si les deux cent mille guerriers à notre frontière se battraient pour ou contre nous. Mais aujourd'hui, la Russie est notre voisine proche. Son moindre mouvement est observé avec le plus grand intérêt de Peshâwar jusqu'au cap Comorin ; elle est en mesure de pénétrer en Afghanistan dès que cela l'arrange, dès qu'elle le désire ; la possibilité d'une attaque russe contre nous est une chose qui fait l'objet de discussions dans tous les bâzârs de l'Inde.

Roberts venait de trahir la hantise des maîtres anglais de l'Inde : un vaste soulèvement populaire, encouragé et aidé par la Russie. Ensuite, la seconde partie du discours de Roberts constitue le curieux reflet britannique de la thèse impériale du Russe Gortchakov : l'Empire civilisé qui jouxte des populations tribales est contraint d'étendre son contrôle sur elles, afin de protéger ses propres sujets sédentaires et pacifiques contre les pillards insoumis. Seule une note humaniste dans le discours de Roberts, qui n'est pas entièrement hypocrite, tranche sur la brutalité exprimée dans la thèse du ministre du tsar :

> Les adversaires de la Forward Policy veulent nous faire croire qu'il suffit d'appliquer le système en place depuis cinquante ans, de laisser les tribus tranquilles, quelles que soient les atrocités commises, tant qu'elles ne nous dérangent pas ; si par contre leurs actions réclament un châtiment, il suffit d'avoir recours à

> une expédition punitive. Mais ce sont ces expéditions punitives qui nous ont déjà coûté tant de sang et d'argent, et qui ont de plus infligé une cruelle misère aux familles innocentes des coupables. Il peut être nécessaire, il peut être justifiable de brûler des maisons, de détruire des récoltes, mais si de telles mesures ne sont pas suivies d'une forme quelconque d'autorité responsable et de juridiction, cela implique la famine pour les femmes et les enfants de l'ennemi. Quant à nous, nous en récoltons une riche moisson de haine et de vengeance, de coups de main d'un courage toujours plus audacieux, dès lors que les tribus se remettent d'une défaite toujours temporaire.

En un siècle plus cruel, les généraux de Brejnev, Andropov et Tchernenko, ne s'embarrasseront pas de telles considérations. Quant à la solution de lord Roberts, soumettre et contrôler ces tribus musulmanes, l'émir ʿAbd-or-Rahmân réplique que c'est un projet illusoire ; selon la règle du Yâghestân, seul un chef tribal et musulman peut à force d'habileté y obtenir le pouvoir et gagner une entente avec le despote de la plaine (*Mémoires* de l'émir, II, 157-158).

Pourtant, l'Afghanistan n'a d'autre choix que de s'allier avec l'Angleterre contre la Russie. L'émir n'est pas personnellement hostile à la Russie ; il a mangé de leur sel, dit-il, il n'est pas un ingrat, il n'y a jamais eu de guerre entre Russes et Afghans, « mais je n'ai pas le droit de vendre mon pays et mon peuple aux Russes en compensation de ma dette toute personnelle envers eux » (*Mémoires* II, 126). Le peuple, bien sûr, n'a conscience que de l'ennemi britannique : « Mon peuple est ignorant et fanatique. Si je montre publiquement mon penchant envers les Anglais, mon peuple me traitera d'infidèle qui s'est joint à des infidèles, et déclarera contre moi une guerre sainte » (II, 117-118). Néanmoins, « il y va de l'intérêt de l'Angleterre et de l'Afghanistan de nouer des liens d'amitié » – c'est une recommandation que l'émir adresse « à mes fils et successeurs » –, car « les saluts de l'Inde et de l'Afghanistan sont imbriqués, leur force vient de leur union, leur faiblesse de leur désunion » (II, 115). Pour l'émir, la « politique générale » de la Grande-Bretagne demeure axée sur le principe suivant : « Les gouvernements islamiques, qui sont une barrière et une muraille puissante entre l'Inde et la Russie d'Asie, doivent exister et voir leur indépendance fortement maintenue, afin de continuer à servir de rempart solide contre l'avance russe vers l'Inde[54]. »

Quant à la politique russe en Asie, son vœu « est d'absorber et d'avaler la Perse, la Turquie et l'Afghanistan ». Selon l'émir, « la tactique d'agression russe est la suivante : attaquer le pays faible, laisser le pays fort tranquille » ; puisque, en 1900, les Anglais garantissent la Turquie et occupent Chitral et le Cachemire, puisque l'Afghanistan est pourvu d'un « émir fort » *(« a strong Amir »)*, la Russie s'en prend pour l'instant à la Chine et à la Perse ; « mais elle attend anxieusement l'occasion d'attaquer l'Afghanistan après ma mort ou à tel autre moment favorable » (II, 298).

Le texte de l'émir reconnaît précisément qu'une partie importante et influente de l'opinion britannique n'est nullement convaincue de cette agressivité politique russe (II, 270-271) :

> Quant aux gens qui soutiennent que la Russie n'a nulle intention d'attaquer l'Inde ou l'Empire britannique en Orient, je les classerai sous les quatre catégories suivantes :
>
> D'abord, il y a ceux qui ne sont pas des politiques. Ce sont des gens si simples qu'ils ont beau avoir à l'esprit l'exemple de douzaines de traités et d'engagements rompus par la Russie, ils continuent à placer toute leur confiance dans les déclarations russes en faveur de la paix et autres fausses promesses. Ils sont incapables de comprendre que la politique russe consiste justement à rompre traités et engagements dès lors qu'il apparaît utile de le faire. Dès qu'ils s'emparent d'un nouveau pays, ils font de nouvelles promesses, et sont encore crus par certains dirigeants britanniques, lesquels se souviennent mal des promesses russes précédentes.
>
> Deuxièmement, il y a le groupe qui est directement ou indirectement inspiré par la politique russe afin d'en plaider la cause.
>
> Troisièmement, il y a le groupe de ceux qui sont si fiers de leur grand empire de Grande-Bretagne,

qui se font de telles idées de leur propre grandeur qu'ils s'imaginent qu'il est impossible pour la Russie de penser jamais s'opposer à leur imposante puissance.

Quatrièmement, il y a le groupe de gens qui se désignent eux-mêmes comme épris de paix *[who call themselves lovers of peace]*. Ils voient la Russie engloutir l'Asie centrale de province en province, et empiéter peu à peu jusqu'aux frontières de l'Inde : ils ont vu les différents plans et complots russes du passé visant à l'invasion de l'Inde se confirmer pleinement dans les faits. Et pourtant, même en le sachant, ils persistent à croire que si l'Angleterre conservait sa politique de ne pas s'opposer à l'agression russe, que si l'Angleterre faisait semblant de penser qu'il n'existe aucune intention russe d'envahir les Indes – eh bien, dans ce cas, la Russie n'envahirait jamais les Indes. Le poète persan Ferdaoussi, l'auteur de la *Shâh-Nâma* (« La Geste des rois »), nous dit que si tu montres à ton ennemi que tu n'es pas préparé à faire la guerre mais au contraire que tu la crains, tu l'invites à t'attaquer. L'exemple de ce dernier groupe me fait penser à la fable du chat et du pigeon : le pigeon vit le chat s'approcher de lui, et ferma les yeux, convaincu que si lui ne voyait pas le chat, le chat, à son tour, ne pourrait pas le voir ; mais le chat le vit bel et bien, et l'attrapa, et l'engloutit.

La description faite par l'émir de la technique de conquête russe, directement observée par lui-même au Turkestan de 1868 à 1880 et aux dépens de la province afghane de Pandjdeh en 1885, est souvent citée depuis (mais seulement depuis) le coup de Kaboul de 1979 ; elle est en passe de devenir une référence classique de la littérature afghane actuelle de résistance (II, 123-124 ; l'émir vient d'évoquer la confiscation russe de sa province de Pandjdeh, coïncidant « avec une époque de relations tendues entre la France et l'Angleterre » qui créait pour la Russie « une occasion favorable pour ses desseins ») :

Je crois nécessaire de faire remarquer ici que la politique d'agression russe est une chose lente et régulière, mais ferme et inchangeable. Une fois leur décision arrêtée sur un projet, il n'y a plus moyen de les en empêcher ou de leur faire changer d'avis. Ce n'est pas le cas chez eux, comme dans certains autres pays où le parti qui arrive au pouvoir peut défaire la politique du parti précédent. Leur manière d'avancer ressemble à celle de l'éléphant, qui examine soigneusement un endroit avant d'y poser le pied. Mais, une fois qu'il l'y a posé, il ne le retire plus en arrière. En outre, au lieu d'avancer d'un autre pas hâtivement, il appuie d'abord de tout son poids sur le pied déjà posé, de façon à écraser tout ce qui se trouve en dessous.

La Russie, depuis soixante ans, se déplace et avance vers l'Inde lentement mais fermement. Elle n'a jamais occupé un lieu sans d'abord être sûre du succès. Dès qu'elle s'empare d'un nouveau territoire, elle proclame à grand bruit son désir de préserver la paix ; elle signe de nouveaux traités et engagements, jurant par tous les principes qu'elle n'avancera plus jamais au-delà. Ces engagements durent juste le temps – et pas plus – qu'il faut, pour fortifier solidement le territoire nouvellement annexé afin d'y accueillir les troupes nécessaires et d'y répandre complètement l'influence russe. Alors la Russie s'empare d'un autre territoire qui peut se situer à côté du premier, sans encore avancer bien loin, mais sans reculer non plus. Une fois ce nouveau territoire convenablement absorbé, elle passe à un autre encore, qu'il existe ou non un traité !

Je ne vais pas jusqu'à dire que lorsque la Russie rompt ses engagements et viole ses traités, elle n'énonce pas des explications ou des prétextes. Mais, selon le dicton, « les traités sont conclus pour être violés ».

Quand les nations puissantes veulent violer un traité, elles n'ont pas à chercher un prétexte bien longtemps.

Aussi, dans ce testament politique destiné à ses fils, l'émir met-il l'accent sur la défense de l'Afghanistan. Son royaume est un pays faible et pauvre, il le sait ; ses mines pourraient être exploitées et l'enrichir, un réseau de télégraphes et de chemins de fer mettraient l'Afghanistan et ses produits en communication avec le reste du monde. ʿAbd-or-Rahmân va jusqu'à prédire, dans ce cas, un essor du tourisme comme celui qui devait effectivement fleurir entre 1965 et 1978 ! (« Viendra alors le jour où l'Afghanistan, dont le climat en été est délicieux avec ses fruits de saison et son air vif, sera un centre pour les voyageurs et les gens riches en quête de santé ou d'amusement » ; ce serait fort profitable, « car les voyageurs amènent de l'argent dans un pays et l'y dépensent ; ils louent des chevaux et des fiacres et achètent des produits et curiosités fabriqués localement » ; l'émir voit même l'attrait de l'Afghanistan dépasser celui de la Suisse ! II, 209.) Mais, en attendant ces jours lointains, l'Afghanistan doit d'abord songer à survivre. L'Angleterre est passive et changeante, la Russie redoutable. Aussi le royaume doit-il faire un choix. Il n'aura pas avant longtemps une véritable armée moderne, mais il possède un terrain accidenté et une population résolue à défendre son indépendance. Là, l'émir exhorte ses fils, là se situe la vraie force du pays. L'heure n'est pas encore aux chemins de fer, car ce ne pourrait être que des chemins d'invasion. Déjà le chemin de fer construit par les Anglais jusqu'à la frontière sud « me pénètre comme un poignard dans les entrailles » (II, 159). Le pays doit instantanément pouvoir couper toutes ses communications, chaque colline se transformer en redoute, chaque Afghan se battre et mourir pour sa nation et sa foi (II, 77) :

> La plus grande sécurité de l'Afghanistan est constituée par sa situation naturellement imprenable. Dieu nous a donné, dans chacun de nos sommets montagneux, une forteresse naturelle, et les étrangers savent que les Afghans sont nés guerriers, qu'ils peuvent continuer à se battre toujours et toujours, tant qu'ils peuvent se cacher derrière leurs rochers et ne pas affronter l'ennemi en terrain découvert. Sans doute viendra le jour où chemins de fer et télégraphes seront fort bénéfiques, où le pays les accueillera avec bonheur, mais ce jour-là, c'est que nous aurons une puissante armée, capable de combattre nos voisins. Mais en attendant d'être aussi forts par nous-mêmes, il ne faut pas affaiblir la force de notre pays montagneux de nos propres mains.

Enfin, l'émir de l'*ʿIslâm-Qal'a,* de la Citadelle de l'Islam, énonce ce qui aurait dû être encore une évidence en 1979 (II, 172) :

> Un autre grand secret, la cause de la force du gouvernement afghan, c'est que le peuple partage une religion commune – l'islam [...] Le peuple d'Afghanistan est viscéralement prévenu contre la domination de tout souverain qui ne serait pas de la même foi que la leur, car ils considèrent les rois relevant de toutes les autres religions comme des infidèles ; et hommes et femmes prendront les armes pour combattre pour leur foi, convaincus s'ils meurent au combat contre l'infidèle d'être reçus au Ciel. C'est pourquoi c'est la constante prière de tout homme et de toute femme en Afghanistan : « Dieu ! Donne-moi une mort de martyr ! » En vérité, ils sont amoureux de liberté, d'indépendance, d'émancipation ; à peine s'ils tolèrent de se soumettre à un prince de leur propre foi : ils n'accepteront jamais la domination d'un autre.

C. LA FAUSSE INDÉPENDANCE (1919-1978)

Avant sa mort en 1901, l'Émir de Fer avait laissé deux conseils primordiaux pour ses successeurs au XXe siècle. L'Afghanistan n'étant « qu'une chèvre entre deux lions » (II, 280), il ne fallait « jamais agir de manière à provoquer l'un ou l'autre de ses voisins » ; tout en se montrant apparemment amical envers la puissance du nord, car « ce serait l'extrémité de la folie pour les Afghans que de provoquer les Russes », il incombait cependant pour un souverain de Kaboul d'« éviter des relations trop étroites avec les Russes, et de suivre plutôt la voie la plus sûre, qui est celle du juste milieu » (II, 282-283). En outre, s'il s'avérait un jour indispensable pour des raisons économiques d'ouvrir des voies de communication modernes – l'émir pensait aux chemins de fer – il fallait à tout prix éviter que ces voies débouchent sur les frontières d'une puissance voisine toujours potentiellement hostile ; les concessions pour construire de telles voies ne devraient jamais être accordées à des étrangers, ou alors seulement à des ressortissants de pays aussi lointains que possible (II, 209-210).

L'histoire de l'Afghanistan indépendant du XXe siècle, depuis la mort du fils et successeur de l'Émir de Fer, Habîbollâh, en 1919, jusqu'à l'invasion du pays soixante ans plus tard par l'Armée rouge en décembre 1979, peut se résumer par l'incapacité grandissante des dirigeants afghans à appliquer ces deux recettes du fondateur de leur État.

A l'exception d'une infime poignée de spécialistes régionaux, l'Afghanistan cesse totalement de préoccuper les observateurs de relations internationales à partir de l'entente anglo-russe contre l'Allemagne en 1907. Cette myopie durera jusqu'en 1979. Même les travaux d'amis occidentaux de l'Afghanistan consacrent le caractère apparemment exotique et marginal du royaume. En dehors des récits d'aventures et d'exploration, les principaux ouvrages traitant de l'Afghanistan entre 1907 et 1979 s'adressent à des problèmes d'ordre culturel – d'ailleurs fascinants comme l'archéologie, l'ethnologie ou l'impact de techniques modernes sur une économie rurale et pastorale –, sans tenir très sérieusement compte des contraintes géopolitiques environnantes, pourtant toujours aussi sourdement menaçantes que par le passé. Les événements brutaux de 1978-1979, qui mirent fin à la détente politique internationale en même temps qu'à l'indépendance de Kaboul, furent un brusque réveil pour tous, et en premier lieu pour les dirigeants afghans et les quelques connaisseurs du pays épars à travers le monde.

Après l'entente anglo-russe de 1907, l'effondrement du tsarisme en 1917 fermait évidemment l'ère du Grand Jeu dans sa première manière. Mais dès la prise du pouvoir par les Soviétiques, qui dénoncent les engagements du gouvernement russe impérial envers la Grande-Bretagne en Asie, le Grand Jeu renaît sous une nouvelle forme et se poursuit, depuis le retrait britannique des Indes en 1947, avec un nouveau partenaire américain. Il est légitime de parler d'une certaine continuité par les Soviétiques de la politique tsariste en Asie, dans la mesure où l'URSS refusa de concéder leur indépendance aux musulmans du Turkestan, annexés de force en 1924. La nouvelle coloration idéologique de la politique russe n'est pas seulement un camouflage, toutefois, mais bien une modification profonde de sa nature, même vis-à-vis des musulmans d'Asie centrale. Les implications d'une domination soviétique sont évidemment très graves – pour les droits de l'homme et l'identité religieuse, notamment. La conquête tsariste du Turkestan n'avait pas cherché à y effacer l'islam, seulement à y étendre une puissance économique et militaire analogue à celle de l'Angleterre aux Indes ou de la France au Maghreb. En revanche, la conquête soviétique de l'Afghanistan, outre des motifs impériaux classiques, subit la contrainte idéologique de l'*irréversibilité.* Radio-Kaboul a forgé un nouveau mot persan depuis 1978 et le martelle dans le cerveau de ses auditeurs : « Le processus révolutionnaire est *irréversible (bâzgashtnâpazîr).* » Les connaisseurs de l'Union soviétique se rappelleront sans peine de l'équivalent russe, tchèque, hongrois ou polonais de cette pénible boursouflure linguistique persane. La dynamique en est triple : il faut convaincre une population soumise que son horizon historique est désormais bouché par un Parti communiste *irréversible ;* pour ce faire, il ne suffit pas d'une répression intérieure, il faut encore étendre la puissance du Parti à de nouveaux horizons géographiques, boucher les perspectives voisines, prouver une extension *irréversible ;* mais la nouvelle conquête est condamnée à être un succès, la chute d'un parti communiste installé aux frontières représenterait par son exemple un trop grave danger pour le principe de l'*irréversibilité* du Parti, la victoire, quelle qu'en soit le prix, doit être *irréversible.* Fût-ce au prix du dernier Afghan.

Voici les dates clefs du Grand Jeu seconde manière :

1917 : Révolution russe. Défaite de l'Empire turc, allié de l'Allemagne, par l'Angleterre ; désarroi des musulmans sous domination anglaise ; protestations en Afghanistan contre la neutralité pro-britannique de l'émir Habîbollâh. En Asie centrale, les émirats de Khîva et Bokhârâ, anciens protectorats du tsar, proclament leur entière indépendance, tandis qu'un congrès musulman à Khoqand réclame l'autonomie pour l'ensemble du Turkestan russe.

1918 : Refus d'une autonomie « bourgeoise » et « anti-prolétarienne » par les bolcheviks pour le Turkestan.

– Janvier : massacre des autonomistes à Khoqand. Début de la guérilla des *Basmatchi* ou maquisards paysans du Turkestan contre les Soviétiques.

– Mars : Bokhârâ repousse une offensive soviétique partie de Tashkent.

– Août : renforcement des combattants musulmans antisoviétiques d'Asie centrale par les troupes anglo-indiennes du général Mallesson, arrivé de Mashhad (Perse) et accueilli à 'Eshqâbâd (Ashkhabad dans l'actuel Turkménistan soviétique).

– Novembre : séjour à Tashkent, en territoire contrôlé par les Soviétiques, du nationaliste anti-britannique afghan 'Abd-or-Rahmân Lôdîn.

1919 : le retournement anti-britannique de l'Afghanistan coupe l'Inde anglaise du Turkestan et y permet la consolidation du pouvoir soviétique.

– 20 février : assassinat de l'émir Habîbollâh par 'Abd-or-Rahmân Lôdîn. Saisie immédiate du pouvoir par le second fils de l'émir, Amânollâh, qui écarte son oncle et son frère. Lôdîn n'est pas inquiété.

– 1er mars : Amânollâh dénonce la tutelle britannique et proclame l'entière indépendance de l'Afghanistan.

– Fin mars : lettre officielle du gouvernement soviétique à Amânollâh, annonçant l'arrivée imminente de l'envoyé Mikhaïl Bravine et la rupture de tous les engagements tsaristes envers la Grande-Bretagne.

– Avril : lettres officielles d'Amânollâh à Lénine, scellant l'établissement de relations diplomatiques. (La réponse de Lénine date du 27 mai.) Famine, épidémies et graves troubles en Inde (massacre des nationalistes d'Amritsar le 13 avril par les troupes du général Dyer).

– 3-28 mai : *Troisième Guerre anglo-afghane.* Attaques d'irréguliers afghans, suivis par les troupes du général Nâder, contre des convois britanniques en territoire indien tribal ; Nâder investit le fortin britannique de Thal ; le soulèvement général des Indes ou au moins des territoires tribaux, escompté par Amânollâh, n'a pas lieu ; reprise par les Anglais du fortin de Thal, bombardement aérien britannique d'installations militaires afghanes à Kaboul et Djalâlâbâd, demande d'armistice par le gouvernement afghan.

– 8 août : traité de Rawalpindi. Les Anglais renoncent à leur tutelle sur les relations extérieures afghanes et reconnaissent l'entière souveraineté de Kaboul. Victoire diplomatique afghane, le 8 août devient fête nationale. Amânollâh troque progressivement le titre d'émir (« grand-duc ») pour celui de shâh (« roi »).

– Fin août : retrait des contingents anglo-indiens du Turkestan russe ; ils sont évacués par la Perse.

– 12 septembre : arrivée à Kaboul de l'envoyé soviétique Bravine, accompagné du nationaliste indo-musulman et antibritannique Mawlwî Barâkatollâh.

– 27 novembre : seconde lettre de Lénine à Amânollâh, affirmant une communauté d'intérêts.

1920, été : quelque vingt mille musulmans indiens « émigrent » en Afghanistan pour afficher leur opposition au gouvernement britannique (ils resteront plusieurs mois).

– 1er septembre : les troupes soviétiques occupent l'émirat de Bokhârâ ; l'émir fuit pour se réfugier en Afghanistan ; les réformistes musulmans de l'émirat, ou « Jeunes Bokhâres », acceptent de former un gouvernement pro-soviétique dans l'espoir de conserver une certaine autonomie. Au congrès de Bakou, les réformistes musulmans de l'Empire russe, les *Djadîd* (« Renouvelés »), adhèrent au Parti communiste mais réclament l'indépendance nationale et le maintien de l'islam pour ses valeurs morales et culturelles ; leur théoricien, Sultan-Galiev (Soltân ʿAlî), défend la thèse que le peuple musulman entier constitue une classe exploitée.

– 13 septembre : traité soviéto-afghan, ratifié par les Soviétiques le 28 février 1921 et par les Afghans en août 1921. En remplacement de l'assistance britannique interrompue, les Soviétiques s'engagent à fournir une aide d'un million de roubles par an, à installer un émetteur radio à Kaboul et à mettre sur pied une force aérienne afghane avec avions et pilotes soviétiques, tout en consentant le libre passage des marchandises et importations afghanes par le territoire soviétique. En échange, les Afghans permettent l'ouverture de cinq consulats soviétiques dans le royaume, et réclament le respect par les Soviétiques du statut indépendant de Khîva et Bokhârâ.

1921, printemps et été : établissement de relations diplomatiques entre l'Afghanistan et la Turquie, la Perse, la France, l'Italie et l'Allemagne. Les États-Unis reconnaissent l'indépendance afghane mais ne nouent pas de liens.

– 16 mars : normalisation des relations entre la Grande-Bretagne et la Russie soviétique. Londres proteste contre l'utilisation de l'Afghanistan comme base des agents soviétiques pour déstabiliser l'Inde.

– 21 novembre : normalisation des relations entre l'Afghanistan et la Grande-Bretagne. Londres promet le libre transit des marchandises et importations afghanes par l'Inde. Les Afghans s'inquiètent de la répression antimusulmane en Asie centrale soviétique. La population afghane protège les maquisards *basmatchi* qui cherchent asile.

Bilan des années 1919-1921 : Nette victoire soviétique.

1922 : début d'un vaste programme de modernisation puis d'occidentalisation par le roi Amânollâh. Assistances turque, allemande, française, italienne et soviétique. Influence d'Atatürk.

1923 : Atatürk proclamé président de la République turque.

1924 : Atatürk abolit le califat. L'URSS annexe les territoires de Khîva et de Bokhârâ, répartis entre les nouvelles « républiques » d'Ouzbékistan, du Tadjikistan et du Turkménistan. Premières révoltes tribales dans l'Est afghan ; dénonciation par le clergé des réformes occidentalisantes du roi (émancipation des femmes, etc.) ; bombardement des rebelles par des pilotes allemands et soviétiques, remplacement de l'armée en déroute par des milices tribales favorables au roi, écrasement de la révolte en janvier 1925.

1927 : chez les Pashtoûns du côté anglo-indien, fondation par ʿAbd-ol-Ghafar Khân d'un mouvement indépendantiste allié au Congrès de Gandhi ; les autorités britanniques accusent le mouvement d'affiliations pro-soviétiques ; rupture des relations diplomatiques entre Londres et Moscou.

1927-1928 : tournée internationale du roi Amânollâh

– visite de l'Inde anglaise, de l'Égypte, de l'Italie, de la France, de la Grande-Bretagne, de l'Allemagne, de la Pologne, de l'URSS, de la Turquie et de l'Iran. De retour à Kaboul, Amânollâh accélère le programme d'occidentalisation. Révolte tribale généralisée.

1929 : écroulement de l'État et retour au Yâghestân général.

– 14 janvier : Amânollâh évacue sa capitale et fuit vers Kandahâr. Un bandit tâdjîk, chef de pillards des montagnes au nord de Kaboul, entre en maître dans Kaboul ; son surnom : Batcha-Saqao, « le Fils du Porteur d'Eau ».

– 27 janvier : Batcha-Saqao se proclame émir sous le nom de Habîbollâh II, premier et unique non-Pashtoûn à régner sur l'Afghanistan. Amânollâh en appelle à la fidélité des notables pashtoûns de Kandahâr.

– 8 mars : les Britanniques autorisent le passage de la frontière par le général Nâder, rentré en hâte de son exil en France avec ses frères 'Azîz, Hâshem et Shâh-Mahmoûd, pour tenter de soulever les tribus pashtoûnes de l'Est contre le tâdjîk Batcha-Saqao.

– 1er avril : la presse soviétique dénonce Batcha-Saqao comme un réactionnaire placé sur le trône par la Grande-Bretagne, et proclame son soutien à Amânollâh. Gholâm-Nabî Tcharkhî, ambassadeur d'Afghanistan en URSS, rentre dans le royaume avec huit cents volontaires « afghans » équipés d'armement soviétique et flanqués du conseiller Primakov, ancien attaché militaire à Kaboul, pour soutenir la cause d'Amânollâh. La troupe soviéto-afghane occupe Mazâr-é Sharîf.

– 26 avril : échec de l'offensive d'Amânollâh contre Kaboul à cause de l'hostilité des Ghilzaï. Amânollâh craint de rentrer à Kandahâr, où les Dorrânî le rejettent. Il fuit vers l'Inde anglaise ; écroulement de sa cause ; dans le Nord, Gholâm-Nabî Tcharkhî se retire en URSS.

– Août : les Britanniques autorisent officieusement le recrutement par le général Nâder des tribus du côté anglais de la frontière.

– 9 octobre : les tribus pashtoûnes de l'Est entrent

dans Kaboul et se paient en mettant la capitale à sac ; Batcha-Saqao fuit vers les montagnes.

– 16 octobre : les tribus et les notables, à Kaboul, reconnaissent le général Nâder comme roi. Batcha-Saqao est rattrapé et exécuté.

Bilan de la chute d'Amânollâh et de l'avènement de Nâder en 1929 : avantage britannique.

1929-1933 : Nâder rétablit les structures de l'État et reprend les réformes d'Amânollâh avec la plus prudente lenteur. Il expulse tous les conseillers et experts soviétiques d'Amânollâh, mais n'autorise pas leur remplacement par des Anglais, préférant faire appel à des techniciens et professeurs français, allemands et italiens. Satisfaits de la stricte neutralité de Nâder, les Anglais lui fournissent dix mille fusils pour son armée et 180 000 livres sterling. Gholâm-Nabî Tcharkhî est autorisé à rentrer d'URSS.

1931 : troubles antibritanniques à Peshâwar parmi les tribus pashtoûnes du côté anglais. Nâder refuse de les soutenir, manifestant sa bonne volonté envers les Anglais. En même temps, Nâder confirme le traité soviéto-afghan. L'armée afghane pourchasse le chef *basmatchi* Ebrâhîm Beg sur son territoire et le refoule vers l'URSS, où il est capturé et mis à mort. Agonie du maquis basmatchi en Asie centrale soviétique.

1932 : accusé de comploter contre le roi, Gholâm-Nabî Tcharkhî est mis à mort.

Juin 1933 : 'Azîz, frère de Nâder, ambassadeur en Allemagne, est assassiné par l'étudiant afghan Kamâl Sayyed, qui accuse la dynastie d'être inféodée aux Britanniques.

8 novembre 1933 : Nâder est assassiné par l'étudiant Mohammad Khâleq, fils adoptif de Gholâm-Nabî Tcharkhî, au cours d'une manifestation sportive, à Kaboul.

Bilan du règne de Nâder : avantage britannique. Mais la fermeture définitive de la frontière afghano-soviétique condamne la résistance basmatchie en URSS.

1933-1973 : règne nominal de Zâher Shâh, fils aîné

de Nâder Shâh. Mais Zâher n'a que dix-neuf ans lors de son avènement, et son règne se subdivise en régences successives jusqu'en 1963.

1933-1946 : régence autocratique de Hâshem, oncle du roi.

1933-1939 : absence de pressions soviétiques (gravité de la situation européenne). Présence à Kaboul de techniciens et agents de l'Axe, allemands et italiens. Inquiétude britannique.

1940 : malgré les encouragements de l'Axe, le gouvernement afghan refuse d'engager des hostilités contre l'Inde anglaise pour récupérer les territoires pashtoûns de Peshâwar et proclame sa neutralité absolue. Kaboul espère, en revanche, une compréhension britannique des revendications afghanes sur Peshâwar après la guerre.

1941 : occupation de l'Iran par les Alliés, qui somment Kaboul d'expulser tous les ressortissants de l'Axe en Afghanistan.

1942 : première mission diplomatique des États-Unis à Kaboul.

1945-1946 : le gouvernement britannique décide d'octroyer leur indépendance aux Indes, sans tenir compte des aspirations afghanes, considérées comme ridicules tant par le Congrès de Nehru (qui défend l'unité de l'Inde) que par la Ligue musulmane de Jinnah (qui exige la création d'un État distinct pour les musulmans indiens, le Pakistan). A Peshâwar, majorité pro-Congrès aux élections de 1945 ; en octobre 1946, l'imminence de la partition fait opter la majorité des Pashtoûns indiens pour la Ligue musulmane et le Pakistan, malgré les vœux de Kaboul qui réclame l'autodétermination pour la province de Peshâwar ; rapprochement tactique entre Kaboul et le Congrès contre la Ligue musulmane ; manifestations contre la visite de Nehru à Peshâwar, où l'influence tant du Congrès que de Kaboul paraît désormais nulle.

1946 : les États-Unis brandissent la menace atomique pour contraindre l'URSS à évacuer l'Azerbaïdjan iranien. Les États-Unis remplacent la Grande-Bretagne comme protagoniste anglo-saxon du Grand Jeu.

1946-1953 : régence de Shâh-Mahmoûd, autre oncle du roi.

1947 : le 15 août, retrait britannique officiel et proclamation de l'indépendance et de la partition de l'Empire des Indes entre le Pakistan et l'Inde. L'Afghanistan est l'unique État au monde à voter contre l'entrée du Pakistan aux Nations unies. Entente entre Kaboul et Delhi contre le Pakistan, soutien de Delhi pour les revendications de Kaboul. En octobre, les tribus pashtoûnes pakistanaises combattent dans les rangs de l'armée du Pakistan au cours du conflit pour la possession du Cachemire. En revanche, les tribus du Baloutchistan refusent leur incorporation dans l'État pakistanais, réclamant un statut indépendant équivalent à celui du Népal. Massacres entre hindous et musulmans à travers le sous-continent.

1948 : l'armée pakistanaise conquiert et annexe de force de Baloutchistan.

Bilan des années 1945-1948 : effondrement de l'édifice impérial anglo-indien, archétype d'une décolonisation hâtive et ratée s'achevant dans un bain de sang. La Grande-Bretagne lègue aux nouveaux États de la région des problèmes frontaliers et des conflits ethniques non résolus. Le seul Pakistan, écartelé entre deux ailes distantes de mille sept cents kilomètres l'une de l'autre, devient par la force des choses un État reposant pour sa cohésion sur l'armée et la bureaucratie, essentiellement d'ethnie pandjâbie, aux dépens des Sindhi, Baloutches et Pashtoûns à l'ouest, et surtout des Bengali (60 % de la population totale) à l'est ; son idéologie est l'islam, mais un de ses plus intransigeants adversaires est le gouvernement musulman d'Afghanistan ; le Pakistan, avec la province de la frontière du nord-ouest, est l'État successeur qui hérite tous les problèmes de défense de l'ancien Empire des Indes, sans jouir de sa profondeur géographique. Création d'un axe Kaboul-Delhi contre Karachi : les aspirations de l'Afghanistan et du Pakistan apparaissent inconciliables. Avantage de l'URSS.

1949 : prise du pouvoir par les communistes en Chine. L'URSS et la Chine sont désormais les deux grandes puissances en Asie centrale ; l'influence des États-

Unis se substitue à celle de la Grande-Bretagne en Iran ; vide du pouvoir en Asie du Sud.
1950 : fermeture temporaire des frontières afghano-pakistanaises ; Kaboul ne peut plus importer de marchandises ; signature d'un traité soviéto-afghan prévoyant le transit par l'URSS du commerce extérieur afghan.

Bilan : victoire soviétique, première exploitation fructueuse par Moscou du conflit frontalier afghano-pakistanais laissé par le retrait britannique.

1953-1963 : ministère de Dâoûd, cousin du roi, anti-pakistanais.
1953 : les États-Unis refusent de financer plusieurs projets de développement afghan. L'URSS accorde à Kaboul un crédit de 3,5 millions de dollars, payables à terme en produits naturels (coton, etc.). L'URSS entreprend de paver les rues de Kaboul.
1954 : les États-Unis et le Pakistan concluent une alliance militaire. Les États-Unis refusent en conséquence d'équiper l'armée afghane. Pipeline pétrolier soviéto-afghan.
1955, juin : les autorités afghanes encouragent des manifestations à Kaboul contre les établissements diplomatiques pakistanais.

– Juin-novembre : fermeture de la frontière.

– Août : l'aviation soviétique écoule les exportations de primeurs afghanes, menacées par le blocus pakistanais.

– Novembre : pression américaine sur le Pakistan pour rouvrir la frontière.

– Décembre : visite à Kaboul de Khrouchtchev et Boulganine. Appui total de l'URSS à l'Afghanistan pour ses revendications sur les territoires pashtoûns du Pakistan. Accords économiques et *militaires* entre Kaboul et Moscou. L'Afghanistan, à la conférence afro-asiatique de Bandoeng, devient membre fondateur, avec l'Inde de Nehru, l'Égypte de Nasser et la Yougoslavie de Tito, du Mouvement des non-alignés.
1956 : Dâoûd accepte que l'*URSS équipe entièrement l'armée afghane* et *forme ses officiers supérieurs en territoire*

soviétique. Projets de constructions routières pour relier l'Afghanistan à l'URSS.

Les États-Unis, inquiets, offrent leur propre assistance économique. Le gouvernement afghan se félicite de son « neutralisme positif » qui lui permet de bénéficier de la surenchère Est-Ouest.

1959 : visite du président américain Eisenhower à Kaboul. Le port du voile devient facultatif pour les femmes ; le gouvernement encourage l'émancipation féminine.

1960 : nouvelle visite de Khrouchtchev à Kaboul. Dâoûd refuse l'exigence soviétique de placer des conseillers dans chaque ministère.

1961-1963 : intensification par Dâoûd de la propagande antipakistanaise, rupture des relations diplomatiques et fermeture de la frontière entre l'Afghanistan et le Pakistan. Coupé de la mer, l'Afghanistan dépend entièrement pour son commerce du transit soviétique.

1962 : conflit entre l'Inde et la Chine. Rapprochement entre la Chine et le Pakistan.

Mars 1963 : le roi, Zâher Shâh, exige la démission de Dâoûd. Rétablissement des relations afghano-pakistanaises.

Bilan : le « neutralisme positif » de Dâoûd consacre l'avantage décisif de l'URSS par rapport aux États-Unis en Afghanistan. Le Grand Jeu se complique par l'adjonction de nouveaux partenaires : un axe d'entente URSS-Afghanistan-Inde s'oppose à un axe Chine-Pakistan-USA (même si la Chine et les États-Unis, tous deux alliés du Pakistan, sont eux-mêmes encore ennemis).

1963-1973 : règne personnel de Zâher Shâh. Ouverture vers l'Occident et rétablissement de l'équilibre entre URSS et USA.

1964 : « expérience démocratique ». Le roi octroie une Constitution, interdisant aux membres de la famille d'occuper des fonctions gouvernementales (la mesure exclut Dâoûd du pouvoir). Yoûsof, membre de la nouvelle intelligentsia occidentalisée de Kaboul, devient Premier ministre.

Inauguration de la grande route Kaboul-URSS par le tunnel du Sâlang. Les Américains assurent le pavage des routes du Sud, reliées par bretelles à l'Iran et au Pakistan. Début du tourisme.

1965, 1er janvier : fondation du Parti populaire démocratique d'Afghanistan (Parti communiste) – Mîr Akbar Khaïbar, Noûr Mohammad Tarakî, Hafîzollâh Amîn, Babrak Kârmal et sa compagne Anâhîta Râtebzâd. Kârmal et Râtebzâd, élus au Parlement, critiquent le régime et conduisent une manifestation d'étudiants le 25 octobre, sur laquelle la police ouvre le feu, tuant trois jeunes gens (massacre sans précédent selon les références afghanes d'alors). Scandale et démission de Yoûsof ; Maïwandwâl devient Premier ministre.

Guerre entre l'Inde et le Pakistan : l'URSS offre son arbitrage (conférence de paix de Tashkent). Refroidissement des relations entre le Pakistan et les États-Unis, accusés de ne pas avoir soutenu leur allié.

1967 : éclatement du Parti communiste en deux factions, le *Khalq* (« Peuple »), dirigé par Tarakî et Amîn, et le *Partcham* (« Drapeau »), dirigé par Kârmal, du nom de leurs journaux respectifs. Les deux factions sont pro-soviétiques.

1968 : agitation politique à l'université de Kaboul. Nouveau parti communiste, la *Sho'la-yé Djâwêd,* ou « Flamme éternelle », est maoïste.

1970 : heurts à l'université de Kaboul entre marxistes et intégristes musulmans.

1971 : éclatement du Pakistan. L'aile orientale devient République indépendante du Bangla-Desh. Bhutto prend le pouvoir à Islâmâbad.

1971-1972 : sécheresse et famine. Kaboul s'avère incapable d'acheminer des secours alimentaires vers les provinces.

1973, 16 juillet : coup d'État de Dâoûd, soutenu par les officiers gagnés à la faction Khalq du Parti communiste. Abdication du roi (aujourd'hui en exil en Italie), proclamation de la république dont Dâoûd devient président pour une période indéterminée. Dictature militaire de fait.

Bilan : échec de l'ouverture démocratique en Afghanistan, apparent triomphe de l'influence soviétique. Impopularité des États-Unis dans un Pakistan amputé de 60 % de sa population. L'Iran du shâh, fort de ses revenus pétroliers, émerge comme bref partenaire du Grand Jeu. Les États-Unis s'effacent du premier plan.

1973-1978 : dictature de Dâoûd. Dernières années de l'indépendance afghane.

1973 : 20 octobre, exécution dans sa cellule de l'ancien Premier ministre Maïwandwâl, connu pour ses options démocratiques.

1974 : inauguration à dix kilomètres à l'est de Kaboul du centre pénitentiaire de Pol-é Tcharkhî.

Agitation contre Dâoûd des mouvements intégristes islamiques, à Kaboul et dans le Pandjshêr, vallée tâdjîke au nord-est de la capitale. Après la répression de Dâoûd, fuite des principaux opposants islamiques au Pakistan. Le président pakistanais Bhutto leur accorde asile, afin de se ménager des soutiens afghans en cas de confrontation renouvelée entre le Pakistan et l'Afghanistan. Début de l'organisation d'une opposition islamique d'exil à Peshâwar.

Au Pakistan, Bhutto écrase dans le sang la dissidence du Baloutchistan avec l'aide décisive des bombardiers iraniens ; le shâh d'Iran s'impose comme garant de la stabilité régionale ; fuite de dirigeants politiques baloutches en Afghanistan.

A Kaboul, Dâoûd prend ses premières distances vis-à-vis de l'URSS. Purge de plusieurs de ses ministres communistes. Juillet : signature d'un premier accord avec le shâh, prévoyant une assistance iranienne de *un milliard de dollars.*

1975 : réconciliation discrète afghano-pakistanaise sous l'égide de l'Iran. Effondrement américain en Indochine.

1976 : échange de visites entre Dâoûd et Bhutto. L'assistance de l'Arabie Saoudite s'ajoute à celle de l'Iran.

1977, janvier : visite de Dâoûd à Moscou. Brejnev, irrité, lui demande de « chasser du pays tous ses conseillers impérialistes ». Refus de Dâoûd : « Quand nous n'aurons plus besoin d'experts étrangers, nous les chasserons tous. »

– Juillet : réconciliation des deux factions pro-soviétiques afghanes, le Khalq et le Partcham.

– 5 juillet : coup d'État militaire du général pakistanais Ziâ-ol-Haqq, avec l'appui idéologique du parti intégriste *Djamâ'at-é Islâmî* de M. Maoudoûdî.

– 1978, 17 avril : assassinat par des inconnus de l'idéologue du Parti communiste afghan, Mîr Akbar Khaïbar. Une dizaine de milliers de manifestants dans Kaboul accusent la CIA. Dâoûd fait arrêter des responsables communistes.

– 27 avril : coup d'État communiste, grâce aux officiers *khalqî* de l'armée de l'air. Dâoûd et sa famille passés par les armes : le plus jeune enfant a trois ans. Noûr Mohammad Tarakî se proclame président le 30 avril ; l'URSS le reconnaît le même jour.

Bilan : aveuglé par son chauvinisme pashtoûn et sa soif du pouvoir, Dâoûd a livré l'Afghanistan à l'emprise soviétique ; quand il s'aperçoit du danger, il est déjà trop tard pour secouer la tutelle de l'URSS sur l'armée afghane. L'URSS a gagné le Grand Jeu. Les années qui suivent voient la destruction physique de l'Afghanistan, redevenu Yâghestân dans son effort désespéré de résistance.

Cinquante-neuf ans d'aveuglement

Dâoûd, et avant lui Amânollâh, les deux plus importants chefs d'État afghans du XXe siècle, sont les principaux responsables de l'occupation soviétique de leur pays. Nullement des traîtres, mais au contraire des patriotes fervents, ils ont cru pouvoir manipuler l'URSS pour leurs propres fins nationales. Préoccupés jusqu'à l'obsession par le colonialisme britannique et ses séquelles, le détachement du Pashtoûnistân de la mère-patrie, ils ont parié sur une communauté d'intérêt entre eux-mêmes et l'Union soviétique en négligeant toute précaution vis-à-vis du voisin du nord. Leur interprétation de la politique soviétique, nullement absurde mais au contraire à la fois fine et complaisante, ne retenait que ce qui pouvait leur sembler raisonnable. L'URSS, voulaient-ils croire, ne se montrait parfois agressive que dans un esprit purement défensif. Un Afghanistan neutre et même amical, en rassurant les Soviétiques, jouirait d'excellentes relations avec eux ; Moscou aurait tout intérêt à respecter l'indépendance afghane, véritable exemple de bon voisinage ; sous Dâoûd, le gouvernement afghan aimait se citer comme modèle universel du véritable non-alignement et comme vitrine de la coexistence et de l'émulation pacifiques des deux Grands en vue de développer l'économie d'un inoffensif petit pays d'Asie. Peu après son accession au pouvoir pour la première fois en 1953, Dâoûd avait tenu devant l'observateur américain Arnold Fletcher un discours dont Fletcher résume ainsi la teneur [55] :

> La politique étrangère de Dulles (secrétaire d'État américain à partir de 1953) ne peut encore être évaluée dans son ensemble, mais les Afghans n'ont aucun doute sur un de ses piliers – cette décision de bloquer l'expansion soviétique vers le Moyen-Orient par un système d'alliances renforcé par une puissante assistance militaire. Pour les Afghans, ce concept dit du « rempart au Nord » représente le sommet de la folie. A leur avis, aucune assistance militaire américaine envers des pays aussi faibles que l'Iran, le Pakistan ou l'Irak ne peut faire autre chose que d'agacer une armée soviétique dans son avance. Or les Afghans sont convaincus que l'Union soviétique n'a aucune intention d'avancer.

Mais l'Afghanistan n'avait-il pas dû aussi son indépendance à la contre-poussée britannique ? Qu'adviendrait-il après le retrait anglais ? Dâoûd pensait que la disparition de toute menace anglaise enlevait du même coup toute raison pour une poussée russe :

> La Grande-Bretagne est maintenant partie de l'horizon afghan ; à sa place, il y a l'Inde neutraliste et le Pakistan instable. Aucun de ces pays ne représente une menace pour la sécurité soviétique. Bien sûr, le retrait britannique a enlevé une digue traditionnelle contre l'agressivité soviétique, mais ce retrait en lui-même a rendu une attaque soviétique tellement impro-

> bable que les dirigeants afghans ne prennent même pas celle-ci en considération. [...] Les responsables soviétiques sont des gens raisonnables. Leurs intérêts ne pourraient être que lésés par une attaque de l'Afghanistan. Le pays représenterait un poids économique pour l'URSS. Le contrôler coûterait cher et serait difficile. Surtout, une telle agression aurait un impact désastreux sur les nations neutres d'Asie et d'Afrique.

Oui, Dâoûd avait « entendu parler de la Tchécoslovaquie », de sa conquête par coup d'État communiste interposé en 1948, mais les Afghans avaient remarqué que les dirigeants communistes d'Asie « sont surtout des intellectuels frustrés, incapables de se réaliser dans les affaires ou une carrière publique et exaspérés par le spectacle de la misère humaine qui les entoure ». Or de telles conditions et de tels hommes n'existaient pas, selon Dâoûd, dans un Afghanistan musulman et égalitaire où les extrêmes de la misère ne se manifestent pas, « un pays qui n'a jamais connu de famine ».

Commentaire d'un autre observateur américain, Poullada, trente ans plus tard[56] :

> Dâoûd n'aurait pu se laisser piéger par les Soviétiques sans l'approbation et le soutien enthousiaste d'une grande partie de l'élite intellectuelle, aujourd'hui le plus souvent en exil, mais qui hier se frottait les mains en se félicitant de son flair au moment où les dollars et les roubles pleuvaient. Cette élite n'avait cure des avertissements américains et se laissait caresser par les Soviétiques dans le sens du poil. Aujourd'hui, c'est avec amertume qu'ils se plaignent de l'invasion soviétique, mais ils ont largement contribué à l'extinction de leur propre liberté. Les Afghans paient le prix de leurs propres erreurs.

Il est cependant facile de faire remarquer après coup que les Afghans vivaient dans un rêve politique. Sans doute, au moment où le roi Amânollâh dressait dans Kaboul un monument représentant, au pied de la colonne nationale, des lions britanniques enchaînés, c'était les avertissements du Foreign Office qui décourageaient toute velléité soviétique d'invasion. La fière neutralité afghane était en réalité garantie par la présence britannique aux Indes, et l'indépendance du pays n'aura duré que trente et un ans après le retrait anglais. On peut soutenir que les Afghans étaient frappés d'amnésie en oubliant si vite le sort de leurs coreligionnaires d'Asie centrale ; on peut aller jusqu'à accuser Amânollâh et Dâoûd d'être des irresponsables chez qui le patriotisme orgueilleux afghan s'est mué en mégalomanie, habilement flattée par la diplomatie soviétique ; comment, se demande-t-on, des dirigeants de Kaboul pouvaient-ils se tromper sur les procédés traditionnels de l'impérialisme russe, même transfigurés par une idéologie nouvelle ? La vraie réponse, c'est que les dirigeants afghans faisaient à peu près la même analyse que devaient partager la plupart des observateurs, dirigeants et intellectuels occidentaux eux-mêmes, lors de la « détente », en projetant leurs propres désirs sur le miroir lisse et sombre offert par la diplomatie du Kremlin. Pour s'en tenir aux seuls spécialistes occidentaux de l'Afghanistan, il est instructif de relire leurs ouvrages écrits au cours des années soixante et soixante-dix : sans exception aucune, le ton est à la « détente », nul ne croit à une menace sérieuse de l'Union soviétique pour l'Afghanistan, et même le thème du Grand Jeu est traité sur le mode badin, comme s'il s'agissait d'une obsession maniaque des coloniaux anglo-indiens, largement démentie par les événements actuels. (Quelques auteurs britanniques, les Fraser-Tytler, les Ian Stephens, qui s'inquiétaient encore au début des années soixante du rapprochement soviéto-afghan, passaient auprès de leurs collègues américains ou français pour des nostalgiques attardés d'une réalité impériale révolue.) Mon propre petit ouvrage, paru en 1974, baigne dans le même esprit d'optimisme.

L'examen de la chronologie 1919-1978 dissipe en tout cas une illusion : celle que l'Afghanistan d'avant 1978 représentait un danger quelconque pour la stabilité politique de l'Asie centrale soviétique. L'Afghanistan d'avant 1978 était un État laïque, ne tolérant guère d'opposition intégriste musulmane, officiellement neutre, complaisant envers l'Union soviétique dont il ne contestait nullement les frontières ou la domination sur d'autres musulmans. Si l'Afghanistan avait un ennemi au monde, c'était du côté du Sud-Est qu'il fallait le chercher, chez le maître politique des terres pashtoûnes de Peshâwar : britannique jusqu'en 1947, pakistanais ensuite. Les efforts de Dâoûd à partir de 1974 pour diversifier ses sources d'assistance étrangère et réduire le nombre de communistes prosoviétiques dans son cabinet et son état-major ne sauraient, en eux-mêmes, être qualifiés de *menaçants* pour l'URSS : au contraire, Dâoûd comprenait enfin combien l'URSS le menaçait, lui. L'Union soviétique avait gagné cet ascendant en abondant dans le sens de toutes les aspirations politiques de l'élite afghane. Dire que l'URSS avait pris les devants pour bloquer la montée de l'intégrisme musulman n'a pas de sens ; en abattant Dâoûd, elle a renforcé plutôt une contestation islamique qu'elle avait jusque-là tendance à sous-estimer ; tout au plus le coup d'État communiste a-t-il été hâté pour empêcher l'Afghanistan d'échapper en dernière heure à l'emprise de l'URSS.

L'invasion soviétique de décembre 1979 a révélé au monde, et à l'élite afghane elle-même, un Afghanistan profond occulté depuis trois générations : celui des montagnards, seuls capables de mener la résistance parce que prêts à se battre et à mourir. L'élite afghane, responsable de la catastrophe nationale, a fui le pays dont elle a dirigé la désastreuse politique, en l'abandonnant à ces paysans qu'elle dédaignait tant naguère. L'Afghanistan détruit est d'abord celui de l'élite.

Dès les premières années du siècle, sous le règne de l'émir Habîbollâh, la classe dirigeante afghane s'ouvre à la culture occidentale. La tendance s'accentue sous Amânollâh (1919-1929). Les enfants de l'élite s'habillent à l'européenne et pratiquent la monogamie ; garçons et filles de l'aristocratie reçoivent une éducation occidentale ; trois lycées de la capitale, Habîbia, Esteqlâl et Nedjât, donnent leurs cours respectivement en anglais (les professeurs sont indiens), en français et en allemand. Cultivés, cosmopolites, tolérants voire sceptiques en matière de religion, plus à l'aise dans un salon parisien que dans la maison d'hôte de leurs propres villages, les aristocrates afghans du XXe siècle vivaient mentalement à des années-lumière de distance de l'univers traditionnel de leur paysannerie. Tout ce qui pouvait être modifié et occidentalisé dans la Constitution et les mœurs – sans brusquer la population – avait été entrepris sous les règnes de Nâder (1929-1933) et Zâher (1933-1973) ; ainsi, en 1959, alors que Dâoûd était Premier ministre, les filles de l'aristocratie reçurent-elles l'autorisation de quitter le voile en public ; une voiture de police suivit dans les rues la courageuse Sophia Ziâï, en imperméable et en fichu, mais l'absence d'incidents prouva l'évolution des mœurs. De même, depuis les années quarante, des lycées pour filles s'étaient ouverts dans la capitale, et un réseau d'écoles rurales apparaissait dans les chefs-lieux de province. Au Parlement de 1964, les délégués ruraux réclamaient l'extension du système scolaire. Le régime royal était loin d'être parfait : hautain, privilégié, souvent corrompu. Mais il était loin aussi d'être cet abîme de barbarie que se complaisent à dépeindre aujourd'hui les communistes afghans. En outre, la royauté, depuis 1905, avait aboli la torture, et même les châtiments corporels prévus par la Sharî'at étaient tombés discrètement en désuétude : le régime communiste, sur ce plan, représente une régression sauvage.

Le but du régime royal, de 1919 à 1978, est triple : d'abord assurer la perpétuation de son propre pouvoir ; ensuite exalter le nationalisme afghan, idéologie qu'il veut substituer aux traditionnelles références islamiques ; enfin, moderniser une société dont l'arriération technique est ressentie comme une véritable honte. Mais la poursuite de ce triple but est conditionnée par la double contrainte d'une société rétive à l'intérieur, d'une menaçante pression géopolitique à l'extérieur.

Pour 'Abd-or-Rahmân et Habîbollâh, émirs encore traditionnels du tout début du siècle, les priorités sont claires : d'abord assurer le pouvoir et l'indépendance de la dynastie, quels que soient les compromis. Père et fils ont vécu l'anarchie tribale, savent combien la royauté repose sur un consensus social fragile, combien son indépendance dépend du bon vouloir de redoutables voisins. Aussi 'Abd-or-Rahmân et son successeur sacrifient la modernisation de l'Afghanistan aux exigences de sa sécurité : ils refusent le chemin de fer. Et ils cèdent à l'Angleterre le contrôle de leurs affaires étrangères et les pays pashtoûns de Peshâwar, afin d'être protégés des Russes et de jouir d'une indépendance intérieure.

Le jeune Amânollâh (1919-1929), en revanche, appartient à la troisième génération après 'Abd-or-Rahmân. Ce roi a entièrement grandi dans le cadre imposant et trompeur des structures étatiques léguées par son terrible aïeul. Il est né dans un palais, entouré d'une armée. Des gouverneurs royaux administrent ses provinces. Il n'a aucun contact direct avec l'Afghanistan tribal et profond.

En outre, il appartient à cette génération d'intellectuels musulmans des lendemains de la Première Guerre mondiale, traumatisés par la défaite de la Turquie et par l'échec de tous les espoirs du panislamisme. Ce n'est qu'au tout début de son règne qu'Amânollâh, fort du prestige acquis par sa victoire diplomatique sur l'Angleterre en 1919, caresse l'idée de jouer un peu le rôle d'un calife pour un islam régénéré, pôle d'espoir pour les musulmans opprimés des Indes et du Turkestan. Car très vite, après s'être résigné à la répression russe au Turkestan, il rejoint le courant modernisateur qui gagne alors la Turquie et l'Iran : au début des années vingt, en effet, il apparaît désormais sans espoir de vouloir ressusciter une civilisation moribonde, humiliée par la défaite, aux yeux des élites d'Istanbul, Téhéran et Kaboul. Le programme d'Amânollâh est foncièrement le même que ceux d'Atatürk et de Rézâ Shâh : faire basculer son pays d'une civilisation à une autre, occidentaliser les mœurs pour arracher son peuple à sa stagnation culturelle. Amânollâh, lui aussi, impose le costume européen (du moins dans sa capitale) et veut supprimer le voile des femmes. A l'instar d'Atatürk et de Rézâ Shâh encore, Amânollâh veut substituer aux références islamiques une nouvelle idéologie, celle du nationalisme laïque fondée sur la communauté de langue. Cette idéologie sera celle de l'État afghan jusqu'en 1978 ; c'est elle qui pousse des dirigeants comme Dâoûd à réclamer de manière obsessionnelle les territoires de langue pashtoûne de Peshâwar.

Mais Amânollâh commet deux erreurs, dont les conséquences seront héritées par ses successeurs. Il engage le pays dans une voie d'hostilité unilatérale vis-à-vis de l'Angleterre, en s'imaginant avoir levé l'hypothèque impériale. Or sa « victoire » n'était qu'une illusion ; elle n'était pas militaire – Amânollâh fut celui qui demanda l'armistice –, mais le résultat d'une décision politique des Anglais eux-mêmes, inquiets du réveil nationaliste des musulmans en Inde. En réalité, Amânollâh, en croyant à la sincérité du soutien russe contre les Anglais, est le premier à placer son pays dans la mouvance de l'Empire du Nord. Amânollâh ne sait pas que seul le contrepoids anglais protège son royaume de l'absorption par la Russie.

En outre, en imposant des réformes impopulaires à la manière d'un Atatürk en Turquie ou d'un Rézâ Shâh en Iran, il oublie que son appareil d'État n'est pas aussi solide ni son armée aussi puissante que ceux des dictateurs d'Ankara et de Téhéran. De 1924 à 1929, des révoltes tribales de plus en plus nombreuses bousculent son administration dans l'Est afghan ; les bombardements opérés par des pilotes soviétiques, en 1925, entament gravement son prestige ; quand ses armées s'enfuient ou passent avec leurs armes à l'ennemi, il est obligé d'en appeler à la loyauté des dernières tribus fidèles, qui sentent sa faiblesse et le rejettent ; Amânollâh a épuisé son trésor par des dépenses de modernisation de sa capitale, et ne peut acheter des guerriers ; les mollâ, enfin, irrités par la tiédeur islamique du roi, confèrent à la révolte tribale le titre de guerre sainte. Envers ce roi brouillon, généreux mais inapte à manipuler la politique tribale dont il découvre enfin le rôle essentiel dans les derniers mois de son règne, l'Afghanistan réagit en devenant Yâghestân, en se dissolvant dans l'anarchie, en refusant l'obéissance.

L'historiographie afghane accuse l'Angleterre d'avoir fomenté la révolte tribale contre Amânollâh. Il est certain que les dirigeants anglo-indiens n'aimaient pas Amânollâh, s'inquiétaient de son prosoviétisme apparent et qualifiaient ses tentatives d'occidentalisation intempestive de « grotesques » *(pre-*

posterous). En coupant toute assistance financière, les Anglais ne faisaient rien pour l'aider. Mais aucun document n'indique que l'Angleterre ait cherché à renverser Amânollâh en risquant de voir le royaume se disloquer. L'accusation afghane trahit cette tendance parasitaire du Royaume de l'Insolence à toujours chercher la source de ses conflits internes dans une intervention du despote extérieur, intervention qu'il finit par provoquer à la longue. Après la chute d'Amânollâh, les Anglais permettent seulement au général Nâder de recruter parmi les tribus pashtoûnes du côté indien : cette marque de faveur du despote suffit pour convaincre les tribus de l'Est afghan de rallier Nâder et le sacrer roi.

Nâder Shâh (1929-1933) est presque le troisième fondateur de l'État afghan, après Ahmad le Grand et 'Abd-or-Rahmân. Il manipule parfaitement les tribus qu'il vient de mener à la victoire, se fait reconnaître leur roi et les pousse à évacuer rapidement Kaboul. Les mollâ le sacrent musulman authentique. Les Anglais l'appuient et l'assistent financièrement. Sa *Realpolitik* lui dicte de ne regarder qu'à la sécurité de l'État afghan, en dehors de toute considération sentimentale ou idéologique. C'est lui qui livre aux Soviétiques le dernier des grands résistants basmatchî, Ebrâhîm Beg, pour ôter à l'URSS tout prétexte à intervention dans son pays ; en même temps, il expulse tous les conseillers soviétiques de son prédécesseur Amânollâh et fait sommairement exécuter l'ancien ambassadeur afghan à Moscou, Gholâm-Nabî Tcharkhî, accusé de complot contre la sûreté de l'État. Nâder multiplie les gestes pour apaiser les inquiétudes religieuses de ses sujets : le voile redevient obligatoire dans la rue, par exemple. Mais le roi, comme tous les aristocrates de sa génération, reste intimement convaincu du bien-fondé et de la nécessité des réformes intérieures entreprises par Amânollâh : seulement, il entend les réintroduire avec lenteur et prudence. En quatre ans, Nâder réalise l'impossible : il restaure les structures de l'État, ébranlées par l'anarchie de 1929 ; il recrée un embryon d'armée ; il rassure à la fois les tribus rétives, les mollâ conservateurs et l'aristocratie libérale ; il place de nouveau l'Afghanistan sous discrète protection anglaise et maintient des relations correctes mais froides et très, très distantes avec l'URSS, dont il bannit l'influence pour deux décennies. Son assassinat en 1933 par un membre de la famille de Gholâm-Nabî Tcharkhî intervient déjà trop tard pour remettre en cause son œuvre.

Sous Nâder s'instaure ce délicat équilibre culturel qui conservera la paix intérieure de l'Afghanistan jusqu'aux années soixante. Tandis que le peuple poursuit son mode de vie traditionnel, l'aristocratie de Kaboul demeure fidèle au projet d'Amânollâh : c'est derrière les hauts murs de pisé des résidences nobles que les jeunes filles quittent le voile et se mêlent librement à la vie sociale et aux réceptions de l'élite, vêtues à la mode de Paris et s'exprimant dans un français parfait – mais loin des yeux des ruraux. Nâder, en effet, rouvre les trois lycées étrangers et rappelle les experts allemands, italiens et surtout français. Méfiante vis-à-vis des Anglais, l'élite afghane des années vingt et trente opte pour la version française de la culture occidentale et devient largement francophone (l'école archéologique afghane est virtuellement un fief français) : cette francophilie de Kaboul portera ses fruits un demi-siècle plus tard, quand il s'avérera que l'opinion française sera presque seule au monde à s'émouvoir du drame afghan. Charmante et raffinée, cette aristocratie s'isole cependant dangereusement de son propre peuple. La famine de 1971, avec ses secours insuffisants, devait cruellement révéler l'indifférence hautaine des nobles envers les souffrances de la paysannerie, qui seule se bat aujourd'hui.

L'édifice de Nâder survit à son assassinat ; ses deux frères Hâshem (1933-1946) et Shâh-Mahmoûd (1946-1953) assurent une sorte de régence au nom du fils aîné de Nâder, Zâher, proclamé roi le jour même du meurtre. Agé de dix-neuf ans au moment de son accession au trône, Zâher sera le dernier roi d'Afghanistan. Mais il n'exercera directement le pouvoir qu'entre 1963 et 1973. Entre-temps, son oncle Hâshem préserve la neutralité du royaume durant les années de guerre et gouverne en autocrate ; son deuxième oncle, Shâh-Mahmoûd, esquisse une timide ouverture libérale, associant au gouvernement les fils de notables et hauts fonctionnaires qui ne sont pas de sang royal, et adopte cette fatale attitude anti-pakistanaise au moment de l'éclatement de l'Empire des Indes en 1947 ; son cousin Dâoûd, enfin, rétablit l'autocratie de la famille royale avec la même poigne que l'oncle Hâshem, tout en libéralisant la condition des femmes (port du voile rendu facultatif en 1959) et en nouant des liens de plus en plus étroits avec l'URSS pour servir sa querelle vis-à-vis du Pakistan (1953-1963). La démission de Dâoûd et la prise en main directe du pouvoir par Zâher, en 1963, signifient avant tout que le clan royal est résolu à rétablir un équilibre politique trop compromis en faveur des Soviétiques. Les dix années du règne effectif de Zâher, 1963-1973, coïncident aussi avec l'émergence d'une nouvelle classe sociale afghane, fruit de quarante ans de lente mais de sûre scolarisation à Kaboul et dans les chefs-lieux de province : les enfants des classes moyennes urbaines, avides maintenant de participer au pouvoir.

Dans le souvenir des Afghans d'aujourd'hui, les dix années de Zâher Shâh commencent à apparaître comme la Belle Époque qui précéda la tourmente. En tout cas, le règne marque l'âge d'or du neutralisme afghan, aussi équidistant des Russes que des Américains. La coopération, ou plutôt l'émulation, des assistances techniques de l'URSS et des États-Unis semblent sur le point de tirer le pays de son sous-développement. Certes, le gouvernement afghan devient le type même du régime tiers mondiste, parasitaire de l'aide économique d'une ou plusieurs grandes puissances, mais le pays semble en profiter : l'Afghanistan se transforme, avec ses nouvelles routes asphaltées, l'électricité dans ces centres urbains, le défilé d'écolières sans voile dans ses premières facultés mixtes et son afflux de touristes. A l'extérieur, Zâher Shâh, sans renoncer aux revendications afghanes, met une sourdine aux disputes avec le Pakistan. Le régime s'annonce comme celui de la modération en toutes choses.

A peine sorti de l'ombre où l'ont si longtemps relégué ses oncles et son cousin, le roi paraît aspirer à y rentrer. Très lettré, pratiquant à la perfection le français (appris au lycée Jeanson-de-Sailly, à Paris où son père Nâder était ambassadeur d'Amânollâh), il cultive des goûts simples de gentilhomme campagnard, préférant sa ferme modèle au nord de la capitale à ses séjours au palais. Ce souverain discret ne parle jamais sur les ondes, ne se montre guère en public. On peut dire qu'en quarante ans de règne nominal, de 1933 à 1973, la figure de Zâher Shâh n'aura jamais été autre chose pour la paysannerie afghane qu'un portrait sévère sur les billets de banque, reproduisant les traits du roi tels qu'ils étaient devenus vers 1952 : le front chauve, le regard courroucé, la courte moustache militaire, le buste sanglé dans un uniforme.

L'effacement voulu du monarque se traduit par la Constitution de 1964. Le roi octroie, pour la première fois dans l'histoire du pays, la démocratie formelle. La loi garantit désormais un parlement électif, une presse libre, et écarte du pouvoir tout membre de la famille royale hormis le roi lui-même – manière élégante d'évincer le cousin Dâoûd. Élus par les circonscriptions urbaines ou par les provinces, les députés – intellectuels urbains ou notables ruraux – apprennent vite à user de la liberté de parole pour lancer des questions pertinentes (et impertinentes) aux Premiers ministres nommés par le roi, et qui le représentent, tandis que Sa Majesté demeure occulte : non plus des aristocrates du sang, mais des hommes nouveaux, issus de la bourgeoisie occidentalisée.

Si la politique extérieure du roi est placide, son règne direct voit à l'intérieur la fermentation de forces sociales en pleine mutation. Car la nouvelle classe suscitée par la scolarisation, à côté des aristocrates et grands bourgeois détenteurs du monopole des hautes charges de l'État, est surtout une masse de semi-éduqués, petits fonctionnaires, policiers et instituteurs de province, détachés de l'univers traditionnel de la paysannerie mais dotés de salaires très bas, avec un avenir professionnel bouché. C'est parmi eux et parmi leurs fils à l'université de Kaboul que monte la contestation. Ceux dont les certitudes islamiques se lézardent optent pour l'une des fractions du Parti communiste ; d'autres, tout aussi révolutionnaires, ne voient le salut que dans un retour à l'intégrisme musulman. Dès le début du règne personnel de Zâher Shâh, les bagarres entre adversaires idéologiques secouent l'Université. Le danger, c'est que ces partis mordent sur la caste des officiers de l'armée. C'est une règle, dans les pays du tiers monde, pour qui l'armée constitue une échelle de promotion sociale, et où elle s'empare du pouvoir lorsque l'élite traditionnelle s'avère incapable d'assurer une modernisation rapide. L'armée afghane est une exception dans la mesure où le rang d'officier, interdit aux conscrits paysans, est réservé aux cadets issus des académies militaires. Or l'élite des officiers, depuis cette décision fatidique de Dâoûd en 1955 que Zâher ne révoque pas, est formée en Union soviétique ; si certains militaires se prononcent en rentrant pour l'intégrisme islamique, la crème des officiers est gagnée au Parti communiste Khalq.

Peut-être Zâher Shâh eût-il pu tenir en laisse ces forces dissidentes s'il n'avait manifesté à la fin de son règne la curieuse passivité de son caractère, ainsi que cette apparente impassibilité des aristocrates afghans devant les malheurs de leur paysannerie.

Il révèle souvent un désir de déléguer ses responsabilités ou de ne strictement rien faire, tout en trouvant pour hésiter d'intelligentes rasions (actuellement, s'il hésite tant de son exil à Rome à s'engager de manière effective dans la résistance, c'est pour « ne pas irriter les factions afghanes » et « se garder en réserve » en vue d'éventuelles négociations sérieuses). La carence psychologique de ce monarque par ailleurs si hautement civilisé aboutit à la catastrophe de la fin de son règne.

La sécheresse de 1971, les neiges de 1972 ravagent l'agriculture afghane. Le gouvernement ne prévoit aucune mesure efficace pour enrayer la famine ; au contraire, des fonctionnaires royaux dans les districts atteints emmagasinent le blé envoyé des États-Unis pour le revendre jusqu'à huit fois son prix normal aux populations désespérées.

Face à la corruption de ses représentants et à la mort de plusieurs milliers de ses sujets, Zâher Shâh ne fait d'abord rien, ne dit rien, ignore. Il faut que de jeunes coopérants étrangers dénoncent le scandale pour que le monarque « autorise » la distribution urgente de vivres – encore l'ambassadeur américain dut-il convaincre Sa Majesté à plusieurs reprises de sa nécessité. Zâher Shâh craignait-il un regard étranger sur les aspects cruels de sa société ? Toujours est-il que l'amertume des coopérants dont j'étais, acheminant des secours dans la montagne, fut grande quand nous apprîmes que le monarque choisissait pareil moment pour un nouveau voyage de santé en Italie – sans un geste de la main, sans un message à la radio pour son peuple éprouvé. Tel geste, telle parole lui eussent peut-être sauvé le trône. Dans la nuit du 16 au 17 juillet 1973, alors qu'il séjournait une nouvelle fois en Italie, son cousin Dâoûd le renversait par un coup d'État militaire, au milieu de l'indifférence générale.

Durant les cinq années du crépuscule afghan (1973-1979), c'est au tour de Dâoûd de figurer sur les billets de banque : crâne rasé, lippe boudeuse, menton énergique, il ressemble à un prince sumérien, au buste de Goudéa. Son tempérament est à l'opposé de celui de son cousin Zâher : orgueilleux, volontaire, bourru, autocratique. Très sincèrement patriote, il ne tolère aucune critique et jugule la démocratie. Il fait arrêter deux anciens Premiers ministres du roi connus pour leur attachement au parlementarisme, Moûsâ Shafîq et Mohammad Hâshem Maïwandwâl ; le plus dangereux, parce qu'il est populaire et aspire lui-même au pouvoir, est Maïwandwâl ; le 20 octobre, il est étranglé dans sa cellule. C'est la première exécution politique en Afghanistan depuis quarante ans, signe de la croissante brutalisation du régime.

En 1974, la main lourde de Dâoûd s'abat sur les intégristes islamiques. Le roi avait toléré la contestation islamiste, Dâoûd l'interdit. Le Parti islamique de Golboddîn Hekmatyâr s'est infiltré parmi des instituteurs, des officiers ; Dâoûd en jette trois cents dans la vieille prison de Deh-Mazang, à Kaboul. Les responsables islamistes, qui deviendront les chefs de partis de la résistance, s'enfuient au Pakistan, où Bhutto les accueille : Rabbâni, Modjaddedî... Dâoûd étouffe une première flambée de rébellion islamiste parmi les Tâdjîks du Pandjshêr. Il n'y en aura plus d'autre jusqu'à la fin de son règne.

La même année, Dâoûd inaugure à l'adresse des opposants une nouvelle prison à dix kilomètres à l'est de Kaboul, près du petit village de Pol-é Tcharkhî (« Le Pont qui Tourne »). Entourée d'une haute muraille perçée d'une grille, la prison consiste en une série de « blocs » en ciment, rayonnant à partir d'un centre à la manière d'une étoile. Lors de la visite inaugurale, Dâoûd remarque le manque de dispositions sanitaires et lance cette plaisanterie à ses ministres : « Il faudrait tout de même arranger cela. On ne sait jamais. Peut-être un jour nous retrouverons-nous tous ici. »

Pour empêcher à jamais le retour du roi, et pour colorer son régime d'une teinte « progressiste », il proclame une République afghane dont lui-même, pourtant prince du sang, devient le premier président. Son mandat n'est pas clair : se considère-t-il président à vie ? La commission constitutionnelle n'a pas terminé ses travaux au moment du coup d'État communiste d'avril 1978.

Dâoûd est porté au pouvoir par les officiers prosoviétiques de l'armée, et son premier cabinet ministériel comporte une proportion importante de communistes déclarés ; ce n'est qu'après 1974 qu'il limoge Né'matollâh Pajwâk, ministre communiste de l'Intérieur, Pâtchâ-Gol Wafâdâr, ministre communiste des Tribus et Frontières, 'Abd-ol-Hamîd Mohtât, ministre communiste des Communications, Gholâm Djaylânî Bakhtârî, ministre communiste de l'Agriculture, et Fayz Mohammad, second ministre communiste de l'Intérieur, affecté ensuite aux Tribus et Frontières et enfin envoyé en ambassade en Indonésie en 1976. Mais il élève le ministre communiste des Finances Sayyed 'Abdolélâh au rang de vice-Premier ministre, et le ministre communiste du Commerce Mohammad Djalâlar conservera son poste jusqu'à la fin du règne sans être inquiété. (Protégé des Soviétiques, Djalâlar, un Ouzbek du Nord afghan, sera la seule figure communiste afghane à conserver le même poste ministériel sous Dâoûd, Tarakî, Amîn et Kârmal successivement, tandis que ses collègues meurent dans les purges.) Dâoûd, au moment où les communistes viennent lui apporter leur soutien pour s'emparer du pouvoir en 1973, s'imagine utiliser leurs services et se débarrasser d'eux, ou les maintenir sous contrôle, une fois à la tête de l'État. Mais lorsqu'il procède à l'arrestation des membres du Parti en avril 1978, il est déjà trop tard pour enrayer le processus de prise du pouvoir établi de longue date : le soir du 25 au 26 avril, Hafîzollâh Amîn, pourtant en résidence surveillée, fait aisément passer par ses fils, avec la permission complaisante de ses gardes, une série d'instructions aux officiers communistes : le matin du 27, les colonels du Parti tuent Dâoûd et précipitent leur pays dans la tempête.

Dâoûd lui-même n'est nullement communiste, ni même ce qu'on pourrait appeler un « homme de gauche ». Prince imbu de son lignage, il partage ce trait si désagréablement répandu parmi les membres de l'ancienne aristrocratie afghane : une condescendance à la limite du mépris pour le gros du peuple et ses coutumes archaïques. Certes, son attachement au modernisme lui donne un air « progressiste », et c'est lui, après tout, qui permit aux femmes des villes de se dévoiler en 1959. Mais la passion qui le domine est un chauvinisme afghan ombrageux. Son désir : rendre à sa patrie ses anciennes frontières et hisser l'Afghanistan au rang des nations modernes et respectables du siècle. Irrité par des siècles de domination culturelle de la langue persane, il voudrait rendre à la langue pashtô son rang et sa noblesse, l'impose aux fonctionnaires, dans les postes, à l'école, sans aucun égard pour les 60 % de la population qui ne sont pas pashtoûns. Pour réaliser son rêve, il n'hésite pas à s'allier au plus dangereux de ses voisins. En 1963, il précipite son pays pourtant déjà si pauvre dans l'effondrement économique en s'acharnant contre le Pakistan : or le fait est que les Pashtoûns du Pakistan, une des ethnies privilégiées de ce pays, n'ont guère montré d'empressement à se rattacher à l'État afghan ; l'un des leurs, Ayoûb Khân, devint même dictateur militaire du Pakistan de 1958 à 1969, et *c'est à ce Pashtoûn pakistanais* que Dâoûd, pour comble d'ironie, voulait arracher la « liberté » pour le « Pashtoûnistân ». Quand Dâoûd revint au pouvoir en 1973, le président pakistanais Bhutto, prudent, multiplia les routes, barrages et canaux d'irrigation pour faire plaisir à « ses » Pashtoûns. Aveuglé par ses songes, Dâoûd n'en voyait plus l'évidence : l'Afghanistan est un État multi-ethnique dont une des références communes est la défense d'un islam indépendant, et dont les populations ont prix l'habitude de vivre ensemble dans des frontières données depuis deux siècles.

L'opposition islamiste de 1974 qualifiait Dâoûd de *kâfer*, d'« infidèle », et en un sens elle n'avait pas tort. L'idéologie de Dâoûd, le fondement de son patriotisme exacerbé se ramenaient à la pure exaltation du sang, de la race, de la langue et du sol, une sorte de sous-fascisme qui colore aussi les nationalismes turc, arabe et iranien dans le Proche-Orient d'après 1914-1918. Le terme n'est pas exagéré pour le plus virulent des partis nationalistes afghans fondé dans les années soixante, l'*Afghân Mellat* ou « nation afghane », qui inculquait la splendeur de la race pashtoûne et le mépris tant des valeurs démocratiques occidentales que de l'élément culturel islamique et arabe. Il est difficile de voir en quoi le projet national de Dâoûd se distinguait de celui de l'Afghân Mellat. La vraie formation de Dâoûd remonte aux années trente, quand la jeunesse nationaliste et anglophobe de Kaboul (et de tant d'autres capitales du Proche-Orient) subissait la trouble fascination de l'Allemagne nazie. Pour l'anecdote, rappelons qu'un chroniqueur afghan à la cour moghole du XVIe siècle inventa, à la manière de Virgile, une jolie légende pour expliquer les origines de son peuple : ils seraient descendants d'un certain Afghâna, officier du roi Salomon, dont les fils seraient venus conserver la Vraie Foi dans les montagnes de Kaboul jusqu'à la révélation du Prophète arabe ; les Afghans seraient donc d'authentiques Banî-Esrâïl, des « fils d'Israël ». En 1940, les nationalistes afghans s'empressèrent de se souvenir qu'ils étaient plutôt des fils d'Âryânâ, berceau de la race aryenne... Quoi qu'il en soit, il est certain que le chauvinisme pashtoûn de Dâoûd aura beaucoup fait pour pousser l'ethnie frustrée des Tâdjîks dans l'intégrisme islamique, dont le message du moins transcende les races. Et il reste que ce pays qu'il croyait tant aimer et défendre, Dâoûd l'aura déséquilibré et détruit.

Londres et Washington : les deux vaincus du Grand Jeu

Les années 1919-1947 sont pour l'Afghanistan une fausse indépendance. Le royaume de Kaboul survit parce qu'il peut jouer l'un de ses puissants voisins contre l'autre. Le départ de l'un des voisins fausse le jeu ; les États-Unis se révèlent d'une incompétence caractéristique dans la diplomatie de la région ; les années 1947-1978 voient l'absorption rapide de l'Afghanistan dans l'orbite soviétique par quatre étapes décisives : l'accord militaire de 1955, la route URSS-Kaboul inaugurée en 1964, le coup d'État de Dâoûd associant des ministres communistes au pouvoir en 1973, et le coup d'État des militaires communistes en 1978. Une seule donnée empêche le vainqueur de digérer sa proie : l'autodissolution de l'Afghanistan en Yâghestân, la résistance traditionnelle des paysans et montagnards.

Jusqu'à la fin de leur domination sur l'Inde, les Britanniques surveillent l'activité soviétique en Afghanistan avec inquiétude et lucidité. Les années 1919-1933 sont pour Londres les plus dangereuses, celles où l'impact du discours révolutionnaire et anticolonialiste des Soviétiques se fait puissant parmi les nationalistes indiens et aussi afghans. L'accalmie du Grand Jeu à partir de 1933, et jusqu'en 1945, coïncide avec la montée du danger nazi en Europe finissant par transformer l'URSS et la Grande-Bretagne en alliées. Une même accalmie était intervenue lors de l'entente anglo-russe contre l'Allemagne en 1907, qui durera jusqu'en 1917. Par deux fois, de lointains événements européens ont desserré les tenailles du Grand Jeu sur l'Afghanistan. Les derniers administrateurs britanniques des Indes, entre 1945 et 1947, sont de nouveau attentifs à la pression soviétique exercée à travers l'Afghanistan, mais, déjà, ils sont surtout occupés à liquider de la manière la moins désastreuse possible leur écrasant héritage colonial.

Un document révélateur des préoccupations britanniques par rapport à l'Afghanistan et à l'Union soviétique est la lettre officielle soumise au représentant russe L.B. Krassine par Sir Robert Horne, lors de la signature de l'accord commercial anglo-soviétique du 16 mars 1921 (reproduit en annexe, p. 456).

Cette lettre, que le gouvernement britannique choisit de rendre publique dans le *Times* du 17 mars 1921, ne constitue sans doute que le sommet de l'iceberg de cette guerre froide livrée dans l'ombre par les agents anglais et soviétiques autour de l'Afghanistan de 1919 à 1933. Un très lourd soupçon en milieu afghan a toujours pesé sur les services spéciaux anglo-indiens dans l'affaire du renversement du roi Amânollâh. Paranoïa ? Seul le coup de pouce donné par les Anglais à la candidature au trône de Nâder est absolument sûr. Quant aux Soviétiques, outre leur appui à Gholâm-Nabî Tcharkhî suivi du trouble assassinat du roi Nâder en 1933, la question se pose désormais sur leur rôle dans la mort soudaine de l'émir Habîbollâh en 1919, qui permit à Amânollâh de s'emparer du pouvoir et de déclencher aussitôt la Troisième Guerre anglo-afghane. L'assassin Lôdîn, qui avait séjourné en territoire soviétique en 1918, n'avait nullement été inquiété sous Amânollâh ; il faudra attendre l'avènement de Nâder en 1929 pour que le régicide soit arrêté et exécuté. Arnold attire l'attention sur le fait que Lôdîn s'est soudain trouvé l'objet de louanges pour son rôle révolutionnaire dans la presse communiste afghane de 1978, sur le fait aussi que l'ambassadeur soviétique à Kaboul dans les années 1922-1924, Raskolnikov, devait écrire en 1929 : « Après la Révolution d'octobre, l'Union soviétique se trouvait pratiquement en guerre avec la Grande-Bretagne. Habîbollâh ne sut pas tirer parti de cet affrontement pour favoriser les intérêts nationaux de son propre pays, et cette incompétence, il la paya de sa vie[57]. »

Mais ce que la note anglaise révèle de plus important, au-delà des sourdes empoignades des agents secrets, c'est un mélange de perceptions traditionnelles et très nouvelles de la part des Anglais des Indes. Perception traditionnelle : l'Afghanistan n'a aucune importance en soi, mais c'est la voie d'approche pour qui veut menacer l'Asie du Sud. Perception neuve : les Soviétiques ont déjà, en 1921, réussi cette habile confusion entre leurs propres visées impériales et les aspirations à l'indépendance des peuples de cette Asie du Sud, Afghans, Indiens, etc. Alors que les Russes manient désormais une arme idéologique redoutable, les Anglais sont acculés dans une position de strict conservatisme, battue en brèche tous les jours un peu plus par les revendications nationalistes de leurs sujets. Empire libéral, parcouru de contradictions légales, le *Râdj* britannique des Indes ne pouvait survivre qu'à condition que l'Angleterre elle-même cessât d'être une démocratie. Le 20 février 1947, le gouvernement travailliste de M. Clement Attlee nommait lord Mountbatten dernier vice-roi des Indes, afin de procéder à la liquidation de l'Empire en quelques mois. On peut même se risquer à dire que par sa perte du Grand Jeu, l'Angleterre travailliste de 1947 s'est montrée une civilisation d'un niveau infiniment supérieur à celle de la Russie soviétique, qui conserve et étend son empire d'Asie centrale au prix d'un despotisme de cauchemar.

On ne saurait trouver de mots assez durs, en revanche, pour flétrir la précipitation irresponsable du retrait britannique, l'atroce partition des Indes qui a entraîné un bain de sang entre hindous et musulmans. Pour ne s'en tenir qu'au seul Pakistan, cet étrange État, écartelé entre deux ailes distantes d'un millier de kilomètres, est dominé par une bureaucratie d'ethnie essentiellement pandjâbie, ce qui provoque le ressentiment des Sindhis, Bengalis et autres qui forment l'écrasante majorité de la population. Les Baloutches, sous protectorat distinct à l'époque britannique, sont annexés de force au Pakistan en 1948. La force principale du nouvel État est constituée par l'armée, fraction détachée de l'ancienne armée des Indes et toujours en bon état de marche. Les Britanniques avaient surtout recruté, pour leur armée des Indes, dans le vivier de ce qu'ils appelaient les « races martiales » : sikhs et musulmans du Pandjâb,

Pashtoûns ou « Pathans » de la North-West Frontier. Tandis que les officiers sikhs optent pour l'Inde, c'est tout naturellement que l'état-major des musulmans pandjâbî et pashtoûns se prononce pour le Pakistan musulman, dont ils finiront par dominer la vie politique. Les Pashtoûns ne sont pas, loin de là, la plus défavorisée des ethnies pakistanaises, ce qui émousse considérablement la portée de la propagande de Kaboul à leur adresse, surtout quand le maréchal pashtoûn Ayoûb Khân devient chef de l'État pakistanais en 1958.

La ligne Durand est le legs empoisonné des Britanniques aux Pakistanais et aux Afghans. Dans la controverse, les Anglais ont donné toute leur préférence au Pakistan – dont les institutions sont largement leur œuvre –, en traitant les Afghans avec ce qu'il faut bien appeler de la désinvolture. Le résultat : toute la rancœur antibritannique de la classe politique afghane a explosé contre les Pakistanais, héritiers de l'Empire. Comment pouvait-il en être autrement, à la lumière de remarques comme celle de Sir Olaf Caroe, dernier gouverneur britannique de Peshâwar, qui parlait couramment la langue des Pashtoûns de l'Est et ne voyait d'autre avenir pour eux qu'au sein du Pakistan[58] :

> Les Pathans, et pas seulement ceux des districts administrés, ont incontestablement appris à se tourner vers l'Est pour tout ce qui touche à l'éducation, les services publics et les choses supérieures de la vie ; les idées sociales, économiques et politiques de la dynastie des Dorrânî sont devenues pour eux un anachronisme. Pour eux, l'irrédentisme de Kaboul est vide de sens ; un amalgame politique, s'il devait venir un jour, prendrait une tout autre forme.

C'est Peshâwar qui absorberait Kaboul, et non Kaboul Peshâwar.

Les Anglais ne sont cependant pas aveugles à la nouvelle distribution des cartes du Grand Jeu causée par leur départ. L'Inde et l'Afghanistan s'allient diplomatiquement contre le Pakistan dès 1947 ; Kaboul et Delhi adhèrent en même temps au Mouvement des non-alignés et cultivent les mêmes bonnes relations avec l'URSS. Mais c'est une alliance de gouvernements, pas de peuples. Les Afghans musulmans, quelle que soit la rhétorique de leurs dirigeants, sympathisaient plutôt avec leurs frères en religion pakistanais. Delhi s'entend avec Kaboul, d'ailleurs, quel que soit le gouvernement de Kaboul ; aujourd'hui que le gouvernement de Kaboul est soviétique, Delhi se montre « compréhensive » à son égard. Les diplomates afghans en exil découvrent aujourd'hui, enfin réveillés de leur naïveté, tout ce que l'« amitié » de l'Inde envers Kaboul contenait de cynisme, strictement dictée comme elle l'était par une politique systématiquement antipakistanaise. Typique des prises de position indiennes, cette déclaration d'Indira Gandhi au *Nouvel Observateur* (6 avril 1984), aboutissement logique de trente-sept ans d'entente indo-soviétique aux dépens du Pakistan :

> Nous avons des liens d'amitié avec l'URSS, mais pas de relations plus privilégiées qu'avec la France ou d'autres pays amis. Les Soviétiques nous ont aidés à une époque où les autres nations occidentales refusaient de le faire : ils n'ont pas cessé leur collaboration quand nous nous sommes trouvés en difficulté, par exemple lorsque le Pakistan nous a attaqués. De plus, les Soviétiques semblent attacher plus d'importance à la coopération avec l'Inde que les principales nations occidentales. A l'ONU, ils donnent d'ordinaire leur appui aux pays en voie de développement, sur les questions touchant au colonialisme [...] Pour ce qui concerne l'Afghanistan, nous n'avons pas approuvé l'action que l'URSS y a entreprise, et nous avons clairement déclaré que ses forces devaient se retirer. Mais nous disons aussi qu'il faut mettre un terme à d'autres présences et faire cesser l'assistance élaborée fournie aux rebelles.

Quelles autres présences ? Quelle assistance élaborée ? Quels « rebelles » ? L'Inde, fidèle à ses perceptions géopolitiques, fut un des rares pays non communistes à refuser de condamner l'invasion soviétique de 1979, invasion qui contribuait à ébranler un peu plus la stabilité de sa rivale pakistanaise. (La Realpolitik indienne surprend souvent les observateurs occidentaux, car elle se présente enveloppée d'une rhétorique mystico-moralisatrice, comme si les froids politiciens du Congrès étaient des Tagore, des Mahatma Gandhi ou des Krishnamurti !)

Les derniers administrateurs et diplomates britanniques à avoir conservé des attaches avec le Pakistan voyaient pourtant avec une prophétique clarté, au début des années cinquante, à quelle catastrophe pouvait mener le flirt indo-afghan avec l'URSS dirigé contre le Pakistan. Sir Kerr Fraser-Tytler, ambassadeur à Kaboul du temps de Nâder, notait que la poussée soviétique de l'après-guerre n'était plus tant dirigée vers l'Inde que vers la plage du golfe Persique : « Il n'y a qu'un port vers lequel on se fraie un accès facile à partir de l'Asie centrale soviétique, et ce port, c'est Karachi. » Fraser-Tytler déplorait le différend afghano-pakistanais ; les deux pays, pensait-il, étaient liés par le destin et devraient collaborer : « L'Afghanistan et le Pakistan, qui devraient s'unir de près pour former un puissant bastion [...], sont divisés et affaiblis par leur inimitié et leur méfiance. Au-delà des montagnes, les communistes attendent leur heure. » Un arrangement routier et douanier pour permettre au commerce soviétique de déboucher sur Karachi ? Oui, à condition que les deux pays permettant ce passage soient « forts, amicaux, unis », sans quoi « le contrôle de l'Hindou-Koush passera dans d'autres mains ». Pessimiste, Fraser-Tytler concluait son ouvrage par ce sombre pressentiment, épitaphe de l'Empire des Indes[59] :

> Parfois je me demande si les ombres ne s'allongent pas au-dessus du grand sous-continent des Indes, et sur le pays de l'Hindou-Koush. Nous le verrons dans les années immédiatement à venir. Nous, qui avons servi l'Inde pendant cent cinquante ans et avons protégé sa sécurité, ne pouvons que prier pour que ses hommes d'État comprennent le danger avant qu'il ne soit trop tard.

Vaine prière. En 1963, l'ancien directeur de l'Information de Delhi au temps de la vice-royauté, Ian Stephens, s'exaspérait d'une « politique étrangère afghane d'une stupidité presque suicidaire », car « derrière l'Afghanistan se profile la Russie soviétique[60] ».

Mais déjà les Anglais avaient été remplacés comme protagonistes du Grand Jeu par les Américains.

Ou plutôt remplacés par personne car, en règle générale, la politique régionale des États-Unis a été d'une ineptie frôlant la nullité. Certes, il ne fallait pas demander aux Américains des diplomates du calibre d'un Sir Olaf Caroe, dernier gouverneur britannique de Peshâwar, capable de reconnaître ses zones tribales à cheval, d'écrire une étude sur la politique d'assimilation soviétique au Tâdjîkistan, et de traduire pour s'amuser des pièces lyriques du XVIIe siècle pashtoûn en *latin* (en pastichant Horace). La Grande-Bretagne n'a guère douté de la loyauté foncière de ceux d'entre ses fonctionnaires qui se passionnaient pour telle ou telle civilisation locale au point presque de s'y fondre. La diplomatie américaine pécherait plutôt par l'excès contraire : rotation tous les deux ans de son personnel afin justement d'empêcher les diplomates en poste de nouer trop d'attaches locales, de peur qu'ils ne perdent la fraîcheur de leur point de vue spécifiquement américain. Inutile de chercher la moindre compétence linguistique ou une notion de culture islamique de quelque profondeur chez ces attachés d'ambassade cloîtrés dans leurs quartiers diplomatiques, et bien en peine ne serait-ce que pour glaner la rumeur publique au cours d'une promenade au bâzâr. Deux exemples régionaux accablants : à Téhéran, tout au long de cette année 1979 qui vit tomber le shâh et investir l'ambassade des États-Unis, pas un membre de la mission américaine ne comprenait le persan : tous dépendaient des traducteurs locaux. Pire : à Kaboul, en automne 1980, quand un soldat soviétique chercha refuge dans l'ambassade américaine, pas un membre de la mission ne parlait le *russe* ! L'ambassade dut faire venir un traducteur de Washington. Au bout de trois jours, le soldat, interrogé, déclara avoir fait une folie sous l'influence de l'alcool, et vouloir réintégrer aussitôt son unité. Embarrassés, les Américains ne purent que le laisser repartir sans déceler la ruse grossière du KGB. Le lendemain, il n'était question dans le bâzâr que de la terreur des Américains qui avaient livré leur réfugié aux Soviétiques sans oser le défendre.

Inutile, en concluaient les maquisards, d'aider les déserteurs soviétiques à gagner les ambassades occidentales de Kaboul.

Ce n'est pas que les États-Unis ne possèdent quelques excellents orientalistes, mais ceux-ci, toujours soupçonnés d'« indigénisme » (*going native*), sont relégués dans la vie universitaire pour n'être consultés qu'à de rares occasions par Washington, quand des débâcles comme celles du Liban, de l'Iran ou de l'Afghanistan démasquent trop cruellement l'incompétence des bureaux proche-orientaux du Département d'État.

Un des meilleurs connaisseurs universitaires américains de l'Afghanistan, Leon Poullada dresse le déplorable bilan de la diplomatie régionale des États-Unis depuis les années quarante jusqu'à la déroute de 1979, en fouillant dans les archives restées longtemps secrètes de Washington[61].

Poullada met l'accent sur le mépris ignare manifesté par le Département d'État envers l'Afghanistan depuis l'indépendance formelle de 1919. Au début des années trente, Wallace Murray, « expert » du Département pour les affaires proche-orientales, peut encore dire que « l'Afghanistan est sans doute le pays le plus fanatique et le plus hostile du monde ». (Que disait donc Murray de l'Allemagne nazie ?) Washington ne reconnaît le gouvernement afghan qu'en 1934, n'ouvre une mission à Kaboul qu'en 1942, et encore, uniquement pour faire transiter en cas de besoin du matériel de guerre vers l'URSS.. Après la guerre et le retrait britannique, le ministre afghan de l'Économie, 'Abd-ol-Madjîd Zâbolî, plaide en vain auprès de Washington, de 1948 à 1949, pour une assistance économique et *militaire*, en soulignant la dangereuse proximité de l'URSS. Il n'obtient d'assistance que d'une compagnie privée pour financer le développement d'un projet d'irrigation dans le Sud afghan. Tout armement lui est refusé.

Les États-Unis considèrent que le Pakistan est l'État important de la région, l'Afghanistan n'étant pour eux qu'une quantité négligeable ne méritant pas d'irriter Karachi. Le Pakistan adhère en 1954 aux pactes de l'OTASE et du CENTO ; allié militaire américain, il voit ses forces armées équipées par le Pentagone. Or le Pakistan fait savoir au Département d'État son objection catégorique à toute fourniture d'armes américaines à Kaboul. Les deux pays montrent alors une égale intransigeance sur la question du « Pashtounistan ». Au lieu d'aider à chercher une solution de compromis, la diplomatie américaine envenime le conflit en prenant fait et cause pour le seul Pakistan, en condamnant l'« irrédentisme » de Kaboul – ce qui n'est nullement servir le réel intérêt géopolitique du Pakistan pour qui un Afghanistan réconcilié et amical aurait dû constituer un rempart. Le choix du Pentagone est arrêté en 1953. Poullada note ce texte du haut commandement américain dont le secret n'a été levé qu'en 1979, seize ans plus tard :

> L'Afghanistan n'a qu'une importance stratégique faible, voire nulle, pour les États-Unis. Son emplacement géographique, ainsi que la compréhension des dirigeants afghans en ce qui concerne la puissance des Soviétiques, tout cela laisse présager un contrôle soviétique du pays dès que la situation s'y prêtera. Il serait souhaitable que l'Afghanistan reste neutre, car autrement, subjugué, il pourrait servir de voie d'accès vers le sous-continent indien. Une telle neutralité sera beaucoup plus possible si l'Occident ne fait rien pour s'opposer au communisme en Afghanistan, car une telle opposition en elle-même pourrait précipiter des initiatives soviétiques pour contrôler le pays.

Autre document du Conseil de sécurité nationale cité par Poullada :

> Le Kremlin ne semble pas accorder une attention sérieuse aux ressources relativement maigres de l'Afghanistan et croit probablement pouvoir s'emparer aisément de l'Afghanistan au cas où cela servirait ses intérêts plus larges. Il y a peu de doute que l'Afghanistan pourrait être conquis quelle que soit sa volonté de résistance. En cas d'invasion, il est possible que certains éléments, notamment les tribus afghanes, continueraient de résister.

La défaillance fatidique du Département d'État

intervient en 1954, au moment où Dâoûd est au pouvoir depuis un an et que sa dispute avec le Pakistan atteint une acuité virulente. La maladresse diplomatique américaine touche alors, peut-être, le fond de son abîme.

En octobre 1954, Dâoûd envoie son frère Na'îm, ministre des Affaires étrangères, à Washington, afin de solliciter encore l'assistance militaire des États-Unis pour équiper et moderniser les forces armées afghanes. Deux mois plus tard, en décembre, le secrétaire d'État John Foster Dulles commet l'irréparable. *Il rejette définitivement la demande militaire des Afghans, et trahit le secret diplomatique en communiquant le texte de son refus au gouvernement pakistanais*. La connaissance de ce texte, qui a proprement fait basculer le destin de l'Asie du Sud, fut communiquée à Poullada par le prince Na'îm lui-même au cours d'une interview à Kaboul le 12 décembre 1976 :

> After careful consideration, extending military aid to Afghanistan would create problems not offset by the strength it would generate. Instead of asking for arms, Afghanistan should settle the Pushtunistan dispute with Pakistan.
>
> Après mûre considération [il nous apparaît que] l'octroi d'une assistance militaire à l'Afghanistan donnerait lieu à des problèmes nullement compensés par la puissance qui pourrait en résulter. Au lieu de demander de l'armement, l'Afghanistan devrait plutôt résoudre son contentieux concernant le Pashtounistan avec le Pakistan.

Outré par le viol du secret autant que par le refus des Américains, c'est en janvier 1955, c'est-à-dire *un mois plus tard*, – Poullada le souligne –, que Dâoûd se tourne vers les Soviétiques, et accepte leur offre jusque-là esquivée d'*équiper entièrement l'armée afghane et d'en former l'état-major*. Le Conseil national afghan entérine la décision. La visite à Kaboul en décembre 1955 de Khrouchtchev et Boulganine scelle l'accord militaire soviéto-afghan. Trois politiques étrangères, celles de l'Afghanistan, du Pakistan, et des États-Unis pour l'Asie du Sud, venaient de se saborder.

Malgré l'assistance économique octroyée de 1956

à 1978, surnommée *a dollar for every ruble*, les États-Unis ne parviendront jamais à contrecarrer l'avantage décisif que constitue pour l'Union soviétique la mainmise sur l'armée afghane. Même au cours de la décennie légèrement pro-occidentale de 1963-1973, les dirigeants afghans, convaincus des bonnes intentions des Soviétiques à leur égard et persuadés de leur immunité de « neutres », s'imaginent suffisamment en sécurité pour continuer à laisser la formation et la fourniture de leurs forces armées au monopole des Soviétiques.

Le matin du 27 avril 1978, alors que Dâoûd croyait avoir neutralisé la direction du Parti communiste afghan en faisant arrêter ses porte-parole civils, le lieutenant-colonel 'Abd-ol-Qâder, commandant en chef de l'armée de l'air, les commandants du 4e escadron de chars Aslam Watandjâr, Shâh-Djahân Mazdoûryâr et Assadollâh Payâm, et le chef de bataillon Sayyed Mohammad Golâbzoy, s'emparaient du pouvoir et transformaient l'Afghanistan en satellite soviétique.

« Si tu pars en guerre, emmène-moi, mon chéri ! Je ramasserai tes douilles vides sur le champ de bataille. Va à la guerre et deviens martyr, et j'étendrai mon propre châle sur ton tombeau devenu sanctuaire... Un bruit : ils ramènent mon bien-aimé sur une civière ; mon cœur frémit : et si c'est sur son dos qu'il porte ses blessures... ? C'est avec le glaive ensanglanté qu'il est revenu, mon jeune homme ! C'est avec mes lèvres rouge sang que j'essuierai son glaive ! »

Landaï : *chants des filles tribales pashtoûnes.*

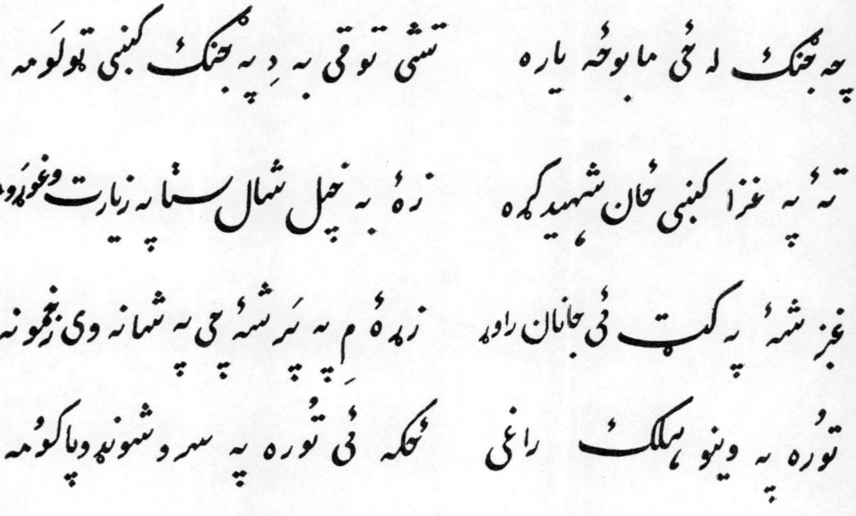

Calligraphie de l'auteur

IV

L'AFGHANISTAN CONCENTRATIONNAIRE (1978-1980)

L'URSS a mis trente et un ans pour se saisir des rouages de l'État afghan. Son erreur aura été de juger suffisant, dans cette deuxième moitié du XXᵉ siècle, de contrôler le gouvernement et l'armée de l'Afghanistan pour prendre en main tout le pays. Les militaires de Kaboul étaient censés occuper leur propre pays, à la manière notamment des dirigeants du Yémen du Sud. Or le pays réel s'est dérobé à leur emprise pour retrouver, dans un sursaut désespéré, les réflexes du *Yâghestân* de 1842 et 1879. L'URSS s'est donc vue contrainte d'engager ses propres forces pour mater le Yâghestân du 27 décembre 1979 : invasion politiquement catastrophique, tant sur le terrain qu'auprès de l'opinion mondiale, mais que l'URSS ne pouvait plus éviter, piégée par son dogme de l'*irréversibilité révolutionnaire* comme recette de son despotisme. On savait, en 1980, que l'URSS se montrerait cruelle pour écraser toute contestation de son *processus irréversible*. Jamais le Yâghestân n'a affronté d'adversaire aussi implacable. Mais contre l'attente de beaucoup, le Yâghestân aura tenu au moins cinq ans, et seul : assez pour égratigner le mythe de l'invincibilité militaire soviétique, assez pour que le peuple afghan s'installe désormais – fût-ce souvent en exil – dans une patience de guerre très longue, à l'échelle d'une génération ou plus. Ce n'est pas un vœu pieux. C'est la constatation d'une haine sourde, butée, elle aussi irréversible. Une très grande partie de la population afghane dût-elle en mourir.

Le vainqueur du Grand Jeu

L'URSS a acquis sa position dominante dans la politique afghane par son appui total aux revendications nationalistes des dirigeants de Kaboul.

Le processus a commencé très tôt, comme en témoigne la lettre de Lénine au roi Amânollâh datée du 27 novembre 1919, où le chef de la Révolution soviétique évoque la possibilité d'une lutte commune russo-afghane contre les Britanniques aux Indes : « Votre pays, écrit Lénine, est le seul État musulman indépendant du monde [1], et le destin donne au peuple afghan la grande tâche historique de rassembler autour de lui tous les peuples musulmans asservis pour les conduire sur la voie de la liberté et de l'indépendance [2]. » C'est apparemment sans ironie qu'un dirigeant soviétique pouvait écrire une telle phrase en 1919.

Les traités d'amitié entre Kaboul et Moscou furent signés en septembre 1920 et en août 1921. Toutefois, le texte de ces traités stipulait la reconnaissance par l'URSS de l'indépendance de deux petits États musulmans d'Asie centrale au nord immédiat de l'Afghanistan, Khîva et Bokhârâ.

L'évolution de la situation en Asie centrale russe avait en effet de quoi inquiéter les Afghans, si proches des musulmans de l'autre côté du fleuve Amoû-Daryâ par la religion, la culture et une langue commune majeure, le persan. De nombreux intellectuels musulmans d'Asie centrale avaient même subi l'influence du journal réformiste afghan, *Sérâdj-ol-Akhbâr*, publié par Mahmoûd Tarzî (futur beau-père du roi Amânollâh) avant la Révolution de 1917. Au cours de la période très confuse de 1919-1920, quand il semblait possible pour les musulmans d'Asie centrale de retrouver leur indépendance, Amânollâh lui-même avait cherché à jouer le rôle de parrain spirituel pour l'émancipation de la région, en appuyant ouvertement les revendications autonomistes du Turkestan. Il s'agissait pour les Soviétiques, tout en ménageant les susceptibilités de leur précieux interlocuteur afghan, de limiter les possibilités d'influence réelle de Kaboul sur le cours des événements en Asie centrale. Car la détermination soviétique de maintenir les musulmans d'Asie centrale sous domination russe se révéla rapidement et brutalement.

La similarité des situations du Turkestan russe entre 1917 et 1924 et de l'Afghanistan depuis 1978 est superficielle et s'est révélée trompeuse, y compris pour les Soviétiques eux-mêmes. La conquête russe du Turkestan a été rendue possible par deux collaborations importantes et successives : celle des émirs, « protégés » mais confirmés dans leurs privilèges par le tsar entre 1868 et 1917 ; et celle des intellectuels nationalistes et révolutionnaires, cyniquement exploités pour être l'objet de purges ensuite, entre 1917 et 1924 ; la paysannerie fut laissée seule pour mener la lutte de résistance. L'immense différence présentée par l'Afghanistan, c'est le manque à peu près complet de collaborateurs pro-soviétiques dans une région qui n'est pas un traditionnel despotisme de plaine comme l'ancien Turkestan, beaucoup plus aisément contrôlable par sa géographie.

Quand la Russie tsariste avait conquis le Turkestan en 1868, elle avait directement annexé certains territoires, mais laissé subsister deux émirats à l'état de protectorats : Khîva et Bokhârâ. Au cours des années 1868-1917, un puissant mouvement à la fois réformiste et nationaliste gagna les intellectuels musulmans du Turkestan, tant dans les régions annexées que dans les deux protectorats. Ces intellectuels se dénommaient eux-mêmes les *Djadîd*, ou « Renouvelés », et reprochaient aux émirs leur soumission au tsar et leur collaboration avec l'Empire russe. Peu à peu, dans une haine commune du tsarisme, les Djadîd nouèrent des liens avec de nombreux révolutionnaires russes.

La Révolution bolchevique de 1917 souleva d'immenses espoirs auprès de la population musulmane d'Asie centrale annexée ou « protégée », convaincue que le nouveau régime allait lui octroyer sa pleine indépendance. Lénine multiplia les déclarations en ce sens ; ainsi, le 24 novembre 1917, les Soviétiques proclamèrent, à l'intention des musulmans de l'Empire : « Vos croyances et vos coutumes, vos institutions nationales et culturelles sont désormais libres et inviolables. Organisez votre vie nationale librement et sans entraves. »

Aussi, à la fin de l'année 1917, en Asie centrale « annexée », un Conseil du peuple musulman rassemblé dans la ville de Khoqand proclama l'autonomie du Turkestan. En janvier 1918, après avoir qualifié cette revendication de « bourgeoise » et d'« antiprolétarienne », les Soviétiques investirent Khoqand et massacrèrent une partie de sa population (réduite de près de 50 % par rapport à 1911 à en croire les statistiques des années vingt et trente). Cette répression dressa contre le nouveau régime de nombreux paysans musulmans qui prirent le maquis (l'historiographie soviétique les désigne, avec mépris, du nom local de *basmatchî* ou « bandits »). L'Armée rouge ne parvint à écraser tout à fait cette résistance paysanne cramponnée aux montagnes du Sud-Est qu'en 1936. Toutefois, de nombreux intellectuels du mouvement djadîd restaient persuadés de la nécessité d'une collaboration provisoire avec les bolcheviques ; en échange de leur adhésion massive au Parti communiste soviétique au congrès de Bakou, en septembre 1920, ils crurent obtenir la promesse d'une indépendance nationale et du maintien de l'Islam comme valeur morale et culturelle ; le Tatar Sultan-Galiev, principal théoricien djadîd, défendit la thèse que le peuple musulman tout entier constituait une classe défavorisée.

Grâce au concours involontaire de ces Djadîd devenus plus ou moins provisoirement communistes, les Soviétiques liquidèrent la résistance nationale du Turkestan. En 1917, les protectorats de Khîva et Bokhârâ avaient proclamé leur pleine indépendance, et même repoussé une offensive soviétique partie de Tashkent en mars 1918. Les Russes décidèrent d'appuyer les factions locales du mouvement djadîd, les « Jeunes Khîviens » et « Jeunes Bokhâres », en dissidence contre leurs émirs. Le 1er février 1919, les troupes soviétiques envahirent Khîva et installèrent les Jeunes Khîviens au pouvoir ; Lénine proclama solennellement que Khîva était un État indépendant, mais n'en retira pas l'Armée rouge. A Bokhârâ, les Jeunes Bokhâres s'opposèrent à l'idée d'une invasion de l'émirat. Mais le rapport de forces au Turkestan avait pleinement basculé en faveur des Russes depuis le retournement antibritannique de l'Afghanistan et le repli sur l'Iran des troupes d'intervention anglo-indiennes du général Malleson. Le 2 septembre 1920, l'Armée rouge envahit Bokhârâ et mit l'émir en fuite. Devant le fait accompli de l'occupation russe, les Jeunes Bokhâres acceptèrent de former un gouvernement, dans l'espoir de conserver au moins les lambeaux d'une certaine autonomie politique. Comme pour Khîva, l'URSS reconnut formellement la souveraineté de l'État bokhâre, sans pour autant en retirer ses troupes.

C'est ici qu'il faut citer un document fort intéressant, trouvé en été 1981 dans les archives du ministère afghan des Affaires étrangères (document officiel soviétique n° 165), et remis à la résistance par un sympathisant infiltré dans le ministère. Il s'agit de la lettre officielle remise au gouvernement afghan par l'ambassadeur soviétique Raskolnikov *le 20 février 1922*, pour répondre aux protestations émises par le gouvernement de Kaboul après l'entrée des troupes russes sur le territoire de Khîva et de Bokhârâ. Le texte de la note ressemble presque mot pour mot aux déclarations faites soixante ans plus tard par Leonid Brejnev concernant la présence des troupes soviétiques en Afghanistan :

> En ce qui concerne la question du statut indépendant de Khîva et de Bokhârâ, celle-ci a fait l'objet d'une clause dans le traité arrêté et signé par les deux gouvernements de Russie et d'Afghanistan. Le gouvernement que je représente a toujours reconnu et respecté l'indépendance des deux gouvernements de Khîva et de Bokhârâ.
>
> La présence d'un nombre limité de troupes relevant du gouvernement que je représente est due à des impératifs provisoires et répond à une requête formulée par le gouvernement lui-même. Cet accord prévoit que, lorsque le gouvernement de Bokhârâ en formulera

> la demande, plus aucun soldat russe ne demeurera en territoire bokhâriote. L'octroi de cette assistance amicale ne constitue en rien une ingérence dirigée contre l'indépendance de l'État souverain de Bokhârâ. Dès lors que le gouvernement de Bokhârâ retirera sa requête et cessera de se montrer satisfait d'une poursuite de cette assistance fraternelle, le gouvernement que je représente retirera aussitôt ses troupes.

Inutile de préciser que la Russie ne retira jamais ses troupes de Khîva et de Bokhârâ. En 1924, les deux États sont annexés à l'URSS et leurs territoires répartis entre les « républiques » nouvellement créées d'Ouzbékistan, du Turkménistan et du Tadjikistan. Leurs langues, le turc et le persan, sont officiellement abolies et remplacées par des pseudo-langues confectionnées par des linguistes russes : l'« ouzbek » et le « tadjik », c'est-à-dire des variantes locales du turc et du persan, mais truffées de mots russes et retranscrites en caractères latins, puis cyrilliques, pour empêcher la lecture des classiques du passé, ou la compréhension des journaux d'Ankara, de Téhéran ou de Kaboul, par les nouvelles générations. Les mosquées sont fermées ou transformées en musées et l'éducation coranique supprimée (en 1980, il ne reste que deux *madrasa* ou séminaires coraniques pour 40 millions de musulmans soviétiques). Enfin, dans leur quasi-totalité, les Djadîd, Jeunes Bokhâres et Jeunes Khîviens sont exécutés entre 1938 et 1940 pour « déviationnisme nationaliste bourgeois ». Sultan-Galiev est un des derniers à être physiquement liquidé, en 1940. Ces collaborateurs de la première heure, devenus encombrants, sont remplacés par de jeunes fonctionnaires formés dans les écoles soviétiques. La monoculture du coton imposée par les Soviétiques entraîne la disette au cours des années trente, mais les paysans ouzbeks ou tadjiks qui protestent « qu'on ne peut pas manger du coton » sont fusillés. En 1944, enfin, lors de la reconquête soviétique de la Crimée sur l'armée allemande, la population musulmane tatare locale est accusée de « collaboration » et déportée dans sa totalité (238 000 âmes).

L'impact de ces événements sur l'opinion musulmane extérieure est à peu près nul. Comme le notent les spécialistes de la question, Alexandre Bennigsen et Chantal Lemercier-Quelquejay, c'est un peu comme si, une fois absorbés par la Russie, ces peuples de vieille culture musulmane « par un étrange phénomène cessaient de faire partie du *Dar-ul-Islam*, c'est-à-dire du monde musulman, et tombaient dans l'oubli. Oubliés ils le furent donc de leurs frères en religion restés au-delà des frontières de l'Empire russe, oubliés aussi du grand public de l'Europe et de la Russie elle-même, voire des orientalistes[3] ». L'oubli des lointains Arabes est explicable sinon excusable, mais le désintérêt pour le sort de l'Asie centrale par l'opinion d'Iran et – jusqu'en 1978 – d'Afghanistan, est surprenant. (Les Afghans ont désormais peur de tomber à leur tour dans cet oubli.)

En 1980, pourtant, les contingents d'origine musulmane de l'Armée rouge, jugés encore trop peu sûrs, sont retirés d'Afghanistan après plusieurs exemples de fraternisation et de collaboration avec la résistance.

Maîtres colonisateurs de l'islam d'Asie centrale, les Soviétiques comptent aussi – du moins jusqu'à leur invasion – parmi les plus fins observateurs de la réalité sociale afghane, tout autant que les Britanniques. Un exemple frappant : dans son étude de la révolte populaire contre Amânollâh en 1928, Gregorian cite les analyses tant britanniques que russes de l'époque[4]. Les adversaires du Grand Jeu, que tout semble opposer – l'idéologie, les intérêts –, tombent remarquablement d'accord malgré les différences de langage : la révolte contre Amânollâh n'est que superficiellement « réactionnaire ». Les Anglais, qui n'aiment pas Amânollâh, font remarquer que le roi finance la modernisation de son élite urbaine aux dépens de la paysannerie qu'il écrase d'impôts. Les Soviétiques, qui soutiennent Amânollâh, sont tout aussi froidement lucides.

Ainsi l'Anglais Wild :

> Les collecteurs d'impôts se sont faits plus pressants qu'ils ne l'ont jamais été dans le passé. Pas un mois n'est passé sans l'annonce d'une nouvelle dévaluation. Il y a eu de nouvelles taxes sur les maisons, de nouvelles exigences lors des mariages, des obsèques,

des cérémonies villageoises. On aurait parfois dit qu'il y avait plus de percepteurs que de contribuables. Peu à peu le paysan s'est rendu compte du revers de la médaille des « réformes ».

Ainsi la *Pravda Vostoka :*

> La plus grande partie des impôts, accrus d'année en année pour développer l'industrie et maintenir les bureaux et l'armée de l'État centralisé, doit être versée par la paysannerie. Les paysans mécontents, incapables de formuler leurs exigences, suivent les éléments féodaux et cléricaux – qui les incitent à agir contre le gouvernement.

Or le gouvernement afghan d'après 1955 se trouva soudain suffisamment riche pour lancer des projets de développement sans pousser sa paysannerie à la révolte. Pourtant, au bord de la guerre avec le Pakistan, asphyxié économiquement par la fermeture de sa frontière orientale, repoussé dédaigneusement par les Américains, l'Afghanistan de 1955 semblait au bord de la ruine. C'est dans ce climat de frustration désespérée pour le gouvernement de Kaboul que l'URSS choisit son heure. Tout ce que Dâoûd désire, Moscou le lui offre. D'abord, les gestes spectaculaires. Avec la frontière pakistanaise fermée, la récolte fruitière afghane d'exportations risque de pourrir dans les entrepôts ? Moscou l'achète en totalité et l'évacue par voie aérienne. Les Américains ont refusé, avec indifférence, de contribuer au financement du pavage des rues principales de Kaboul ? Des techniciens soviétiques les pavent, aux frais de l'URSS. Moscou donne en outre à Kaboul un vaste silo à grain, des autobus, un hôpital de cent lits – autant de modifications immédiates, tangibles, visibles, agréables, bénéfiques, du paysage urbain de la capitale.

Après le superficiel, l'essentiel : facilités de transit gratuit par le territoire soviétique entraînant la réorientation du commerce extérieur afghan, financement de Plans quinquennaux, prêts sans intérêts, et surtout l'effort colossal de la route URSS-Kaboul, qui perce l'Hindou-Kouch par le tunnel du Sâlang inauguré en 1964. Chaque année, plusieurs centaines d'étudiants afghans partent en URSS avec des bourses. Enfin, on l'a dit, Moscou équipe l'armée.

Comme le note Poullada, « une analyse soigneuse des vastes projets économiques, militaires, et culturels mis en place par les Soviétiques au cours du premier régime de Dâoûd, entre 1953 et 1963, révèle un plan cohérent, intégré, et prémédité, ostensiblement offert pour répondre aux besoins que les Afghans eux-mêmes auraient fait connaître, mais en réalité visant à servir d'abord et avant tout les intérêts politiques, économiques et stratégiques des Soviétiques [5] ». Un exemple mineur mais assez scandaleux concerne l'exploitation du gaz naturel afghan, dans la plaine du Nord. Pour se rémunérer de leur assistance, les Soviétiques obtiennent l'usufruit exclusif du gaz afghan – pompé dans sa totalité vers l'URSS –, et ne le paient qu'à 50 % du taux mondial, depuis la mise en service de gazoduc soviéto-afghan en 1968. (A partir de l'invasion de 1979, les Soviétiques déduisent à leur profit le prix du gaz, décompté de la dette de Kaboul : comme on l'ignore trop souvent, *le coût de l'occupation militaire de l'Afghanistan est facturé par les Soviétiques au gouvernement de Kaboul, qui rembourse avec ses ressources naturelles, comme le gaz.)*

La seule assistance économique majeure à laquelle l'URSS n'aura en rien contribué aura été l'envoi massif de blé – essentiellement américain – pour enrayer la famine de 1972. Il est vrai que cette famine attisait le mécontentement et déstabilisait le gouvernement royal.

Mais l'important est le militaire, ou ce qui peut facilement le devenir : après 1955, les Soviétiques réalisent les routes nord-sud, les flanquent de réservoirs d'essence, créent pour l'armée afghane des bases aériennes à Shindand dans l'ouest et Bagrâm à l'est, améliorent les pistes d'atterrissage de l'aéroport de Kaboul. Enfin alertés, les services de renseignements américains estiment, en 1980, à plus de 20 000 le nombre de jeunes Afghans formés en URSS entre 1955 et 1978, parmi lesquels 3 725 officiers [6].

Le rôle central accordé à l'outil militaire pour prendre le pouvoir en Afghanistan et le transformer en État communiste ressort clairement de la *Biographie* officielle du dirigeant pro-soviétique Tarakî, publié après le coup d'État d'avril 1978[7] :

> Le camarade Tarakî avait analysé la société afghane sur des bases scientifiques ; il avait fait comprendre au Parti, après le coup d'État [de Dâoûd] en 1973, qu'il était possible en Afghanistan, pour le peuple, de s'emparer du pouvoir par un raccourci. En effet, la voie classique, dans laquelle les forces productives passent par des stades successifs avant d'aboutir à la construction d'une société basée sur le socialisme, risquait de prendre beaucoup de temps. Le raccourci pouvait passer par un travail accompli exclusivement au sein des forces armées. Auparavant, l'armée n'était considérée que comme un instrument de dictature et de despotisme au profit de la classe dominante ; on n'avait pas encore imaginé de s'en servir avant même d'avoir renversé son employeur.

Mais pour se servir de l'outil militaire, encore fallait-il une impulsion politique, une force directrice et un vivier de collaborateurs : le Parti communiste afghan.

Le Parti communiste afghan, 1965-1978

Les origines du Parti communiste afghan sont d'abord à chercher dans la société afghane, même si le marxisme afghan – en comptant *toutes* ses factions et ses sympathisants – n'a jamais compté plus d'une quarantaine de milliers de partisans. En tout cas, la manifestation monstre de la gauche afghane du 19 avril 1978 à Kaboul rassembla, selon les observateurs diplomatiques, dix à quinze mille participants. Beaucoup d'officiers et de sympathisants en province ne purent se joindre, bien évidemment, à ce cortège. En revanche, le noyau dur des deux factions principales du PC afghan, le *Khalq* et le *Partcham,* rassemblait en 1978 environ 5 000 membres. Tous les Afghans formés en URSS n'ont pas adhéré – loin s'en faut – au PC. En réintégrant leurs familles, nombre d'officiers se retrouvaient plongés dans une puissante atmosphère de piété traditionnelle ; certains ont rejoint le parti intégriste islamique de Golboddîn Hekmatyâr.

En revanche, bien des Afghans rentrés de pays non communistes sont devenus des léninistes fervents : il suffit de citer les deux dirigeants de la faction Khalq, Tarakî et Amîn, formés respectivement en Inde anglaise et aux États-Unis. Les événements tragiques écoulés depuis 1978 ont singulièrement affaibli le Parti : combien d'étudiants de Kaboul, devenus *khalqî* par enthousiasme révolutionnaire, ont retrouvé sinon leur foi religieuse du moins un patriotisme brûlant après les massacres du Parti et l'invasion russe de la nation ! En outre, le PC afghan, dès sa formation, a été en butte aux attaques de ses dissidents de « gauche » ou « maoïstes ».

Cette gauche afghane, même en comptant au plus large, ne représentait bien sûr en 1978 qu'une infime minorité dans un pays de dix-sept millions de paysans aux convictions musulmanes solides. Mais il serait imprudent de tenir cette minorité pour négligeable – ce fut d'ailleurs l'erreur fatale de Dâoûd –, sous prétexte qu'elle ne serait qu'un phénomène urbain extrêmement restreint, ne reflétant nullement les réalités et les croyances de l'Afghanistan « profond ». Sans doute cette minorité était-elle numériquement faible – de surcroît, seuls les quelque 20 000 employés d'une poignée d'industries légères pouvaient être qualifiés de « prolétaires » dans l'Afghanistan de 1978 –, mais cette même minorité était implantée dans le cœur et le cerveau de l'État : la bureaucratie, l'état-major et l'Université. Ces effectifs ont été suffisants pour faire le malheur de la population et en envoyer au moins un quart se réfugier à l'étranger. C'est évidemment le bilan globalement accablant de la gauche afghane. Mais il surnage aussi un curieux petit effet positif. Des débris de la gauche afghane, pour la plupart réfugiés en Allemagne car rejetés de la population (qui éprouve désormais pour le discours marxiste un sentiment voisin de la nausée), ont joué un rôle historique beaucoup plus important qu'on ne le croit : en refusant de cautionner l'occupant soviétique, en critiquant l'exploitation politique, stratégique et économique de l'URSS selon une grille d'analyse marxiste, les dissidents de gauche afghans ont sérieusement entamé la crédibilité de Moscou auprès d'une certaine gauche européenne. Leur opposition sert à dépouiller l'URSS de sa « légitimité révolutionnaire » aux yeux de ceux pour qui ce concept signifie encore quelque chose. La dissidence afghane de gauche a des défauts souvent énormes : un sectarisme parfois fanatique, une mégalomanie qui l'a poussée à prétendre représenter sur le terrain des effectifs manifestement surévalués. La majorité du peuple afghan est convaincue, probablement non sans raison, que si la gauche dissidente venait au pouvoir, elle se comporterait avec la même intransigeance maniaque que ses rivaux pro-soviétiques. Reste qu'il faut rendre lucidement aux dissidents de gauche cette justice, l'abnégation patriotique. Il est trop facile d'oublier que n'importe lequel d'entre les exilés de gauche peut, s'il le veut, le jour qu'il veut, téléphoner à l'ambassade afghane de Bonn ou Paris pour annoncer son ralliement, et se voir offrir dans la semaine qui suit un poste dans un ministère. L'occupant soviétique manque cruellement de collaborateurs locaux, et c'est cette collaboration que la gauche dissidente lui refuse. Plus courageux encore sont les gauchistes dissidents qui se battent : quelques centaines de guérilleros urbains issus du milieu universitaire, garçons et filles, qui luttent dans Kaboul contre l'occupant et sont en butte à la haine de leurs propres compatriotes tout en étant victimes d'une répression particulièrement féroce ; l'URSS mesure tout le danger politique que représente pour elle une contestation marxiste, fût-elle le fait de quelques dizaines d'individus.

Or, dans ses entretiens avec l'Américain Fletcher cités plus haut, Dâoûd avait confié ses raisons de croire vers 1955 que le Parti communiste ne pourrait jamais s'implanter à Kaboul, puisque l'Afghanistan, contrairement à tant d'autres pays d'Asie, n'avait pas de ces « intellectuels frustrés, incapables de se réaliser dans les affaires ou une carrière publique et exaspérés par le spectacle de la misère humaine qui les entoure ». La remarque trahit, encore une fois, toute la suffisance aveugle du principal architecte du désastre afghan. C'est justement parmi les intellectuels frustrés de Kaboul qu'est né le Parti communiste afghan.

Les encouragements prodigués par l'État afghan à l'éducation depuis 1901, et surtout depuis 1919, avaient pour but de donner à l'Afghanistan les techniciens, officiers, fonctionnaires et instituteurs dont le royaume manquait si cruellement. Les trois lycées de Kaboul des années trente et quarante étaient ouverts non seulement aux fils de l'aristocratie royale, mais aux enfants des fonctionnaires moyens. A partir de 1946 commença à s'étendre un réseau de lycées dans les principales villes de province, et d'écoles primaires dans de nombreux chefs-lieux. Les résultats étaient encore très modestes en 1975, à en croire les statistiques de la *United States Agency for International Development* (USAID) : 87,8 % de la population était toujours illettrée. Néanmoins, un lent progrès était sensible. A la veille du coup d'État communiste de 1978, le pays comptait déjà 3 728 établissements scolaires, dont 273 écoles de filles ; 24 % des enfants âgés de six à quatorze ans allaient à l'école, même si la hausse était plus nette en zone urbaine que dans les régions rurales : la réclamation de nouvelles écoles par les délégués ruraux était un motif constant de débats au Parlement de Kaboul de 1964 à 1973.

Cette scolarisation pourtant modeste a suscité une nouvelle classe afghane. Jusqu'à la Seconde Guerre mondiale, l'Afghanistan ne comptait que deux catégories de lettrés : les clercs islamiques traditionnels et la haute aristocratie européanisée. Or ces élèves issus des écoles secondaires n'appartiennent à aucune de ces deux catégories. Leur instruction était suffisante pour les détacher de l'univers traditionnel de la paysannerie, et parfois même pour ébranler leurs convictions islamiques, mais pas assez développée pour leur donner accès aux plus hautes charges de l'État, monopolisées par les aristocrates. La nouvelle classe des semi-éduqués n'était destinée qu'à des emplois de fonctionnaires subalternes ou d'instituteurs de province, avec des salaires très bas et sans espoir de vraie promotion. Le sort d'un jeune maître d'école formé à Kaboul et envoyé dans un centre provincial assoupi était proprement suffocant ; tel intellectuel orgueilleux frotté d'un vernis de culture moderne, habillé à l'occidentale pour se démarquer des ruraux, ne logeait souvent que dans une médiocre baraque de pisé, ne touchait qu'un traitement dérisoire lui permettant tout juste de se nourrir et de se vêtir, se morfondait sans pouvoir communiquer avec ces paysans qui appartenaient à un autre univers et dont certains jouissaient d'un niveau de vie plus élevé que le sien. Le pire était l'absence de toute perspective d'avenir. Aigris par leur échec social, ulcérés par les privilèges des aristocrates de la capitale et des notables de la province, ces quelques dizaines de milliers de jeunes gens ressentaient l'injustice de leur sort et s'irritaient du sous-développement de leur pays, cause de misère et d'humiliation. Il n'est nullement étonnant qu'ils soient devenus révolutionnaires.

Le Mouvement intégriste islamique fit énormément d'adeptes parmi les étudiants de cette classe sociale avec son message de purification religieuse révolutionnaire. Mais c'est dans la même couche sociale que le marxisme-léninisme se propagea rapidement à partir des années soixante. Pour les jeunes gens issus de milieux modestes qui avaient le malheur de perdre la foi, l'épaisse atmosphère religieuse de la famille ou du village représentait une chape étouffante. *Le Manifeste du Parti communiste*, ou *Que faire ?* de Lénine, traduits en persan et diffusés sous le manteau, apportaient à ces esprits à peine sortis d'un univers sacré des explications claires, logiques, satisfaisantes du monde moderne. Avec une amertume cuisante, les marxistes de l'université de Kaboul considéraient leur pays comme en étant encore au stade *féodal* de l'Histoire. Le mot revient sans cesse dans l'œuvre de l'historien marxisant Ghobâr, *Afghânestân dar masîr-é Târîkh,* « l'Afghanistan au cours de l'Histoire », publiée à Kaboul en 1968 : *fiyoûdâl.* Cet emprunt aux langues européennes était sans doute plus commode que la traditionnelle expression persane, *rawâbet-é arbâbî-molkî* ou « relations propriétaires terriens-métayers », mais elle escamotait toute appréhension profonde des réalités sociales afghanes en plaquant, sur la complexité des relations tribales modifiées par la législation islamique en matière d'héritage, un concept de l'Europe des XIe et XIIe siècles. Tout n'était pas juste dans la société traditionnelle afghane – loin de là –, mais l'incarnation verbale se substituait beaucoup trop facilement à l'étude et à l'analyse dans les cercles marxistes de Kaboul entre 1965 et 1978. Certes, la tradition afghane a connu de réels aspects féodaux – l'octroi du *djâg'ir,* ou fief, par lequel le Grand Moghol rémunérait ses chefs guerriers tribaux, par exemple –, mais le terme *fiyoûdâl* dans la bouche des manifestants de 1965 à Kaboul n'était pas une description technique, seulement une insulte.

La première contestation moderne du régime royal remonte aux années 1947-1951, quand un petit groupe, composé de fils de hauts fonctionnaires, profite de la tolérance du Premier ministre Shâh-Mahmoûd pour former le « parti » dit le *Wîkh-é Zalmâyân,* le « Réveil des jeunes ». Le Wîkh-é Zalmâyân, assemblage de tendances très diverses, accepte la nécessité du maintien du régime royal mais réclame sa libéralisation ainsi qu'une représentation plus élargie des différentes composantes du peuple afghan au sein du gouvernement. En fait, le Wîkh, en réclamant des élections et la liberté de la presse, préconise la fin du monopole du pouvoir par la famille royale. Shâh-Mahmoûd interdit le mouvement en 1951, et tout parti politique reste prohibé sous le despotique ministère de Dâoûd de 1953 à 1963. L'octroi de la démocratie formelle par le roi Zâher avec la Constitution de 1964 libère l'expression de forces politiques en lente gestation depuis plus d'une décennie. Quelques-uns des ministres de Zâher Shâh au cours de la période constitutionnelle de 1964-1973 étaient des anciens militants du Wîkh[8]. Mais une autre force politique était prête à voir le jour. Le 1er janvier 1965 était fondé, dans la maison de Noûr Mohammad Tarakî à Kaboul, le Parti démocratique populaire d'Afghanistan (PDPA).

Quelques-uns de ces tout premiers communistes afghans étaient en fait des anciens de l'aile gauche du Wîkh-é Zalmâyân. Cette aile gauche, dirigée entre 1947 et 1951 par Mahmoûdî et l'historien Ghobâr, s'était exprimée à travers deux journaux successifs, *Watan* (« La Patrie »), puis *Nédâ-yé Khalq* (« La Voix du peuple »), dont le tirage n'a jamais dépassé quelque 1 500 exemplaires. Les jeunes Tarakî et Babrak Kârmal n'étaient alors que d'obscurs militants du mouvement. En 1952, Shâh-Mahmoûd fit arrêter les chefs de l'aile gauche, lesquels languirent en prison (ou y moururent) tout au long du ministère de Dâoûd (qui ne montrait alors guère de tendresse envers ses compatriotes marxistes au moment même où il commençait son flirt avec l'URSS). Le libéral Zâher Shâh les relâcha en 1963, mais leur santé était brisée ; Mahmoûdî mourut peu après, Ghobâr observa une prudente retraite. L'heure était venue pour les Tarakî et les Kârmal d'assurer la relève.

Principal membre fondateur du Parti communiste afghan, *Noûr Mohammad Tarakî* – par une étrange série de coïncidences – est né en 1917 dans le village de Soûr-Kalaï (« Châteaurouge »), dans la province de Ghaznî. Il appartient à la tribu pashtoûne des Ghilzaï, sous-clan des Tarakî ; son père est un fermier assez aisé pour l'envoyer à l'école ; de 1932 à 1939, il est commis de la compagnie d'exportation « Pashtoûn » de Kandahâr, qui l'envoie dans sa succursale de Bombay en Inde où il apprend l'anglais et s'initie au marxisme ; de retour en Afghanistan, il est accepté comme fonctionnaire et envoyé dans une sous-préfecture du Badakhshân (Nord-Est afghan) ; à la fin des années quarante, il milite dans le Wîkh-é Zalmâyân et écrit quelques nouvelles paysannes misérabilistes dans le style du romancier révolutionnaire indien Prem Tchand. Lors de la répression du mouvement Wîkh-é Zalmâyân en 1952-1953, il n'est pas considéré comme assez important pour être arrêté ; au contraire, Shâh-Mahmoûd l'envoie comme attaché de presse à l'ambassade afghane de Washington ; dans la capitale américaine, Tarakî tient une conférence de presse où il attaque la monarchie et le système social de son pays. Dâoûd le rappelle et le renvoie de la bureaucratie gouvernementale, sans l'inquiéter autrement. Il domine suffisamment l'anglais pour ouvrir un bureau de traduction, le « Noor Translation Bureau ». A deux reprises, de 1955 à 1958 puis de 1962 à 1963, il réussit à se faire engager comme traducteur par les représentants américains, d'abord par la mission d'assistance économique, ensuite *par l'ambassade des États-Unis elle-même* (mai 1962 – septembre 1963). Que les diplomates américains à Kaboul, dont *aucun* ne parle le persan ou le pashtô au cours de cette décennie cruciale du rapprochement soviéto-afghan, aient eu recours aux services d'interprète de celui qui va fonder le Parti communiste pro-soviétique d'Afghanistan le 1er janvier 1965 souligne de manière assez plaisante le degré de compétence atteint par les bureaux asiatiques du Département d'État.

Deuxième membre fondateur du Parti par son importance historique, *Babrak « Kârmal »* est né en 1929 à Kaboul. Par ses origines sociales, il se situe aux antipodes de Tarakî. C'est un aristocrate *Dorrânî*, lié à la famille royale. Son père, le général Mohammad Hosayn Khân, finit par devenir gouverneur de la province du Paktyâ. Babrak reçoit son éducation au lycée allemand de Kaboul. Il poursuit ses études à la faculté de droit et de sciences politiques à partir de 1951. Militant en vue de l'aile gauche du Wîkh-é Zalmâyân, il est arrêté en 1953. C'est en prison qu'il se lie d'amitié avec un autre militant du Wîkh un peu plus âgé que lui, Mîr Akbar Khaïbar, qui l'initie au marxisme. Relâché en 1956, Babrak se choisit un nouveau « nom de famille », *Kârmal*, l'« ami des travailleurs ». Lui aussi connaît assez bien l'anglais et l'allemand pour travailler comme traducteur. Il obtient enfin son diplôme de la faculté de droit et de sciences politiques en 1961. Reçu au service de traductions du ministère de l'Éducation, il passe la même année au ministère du Plan. C'est un pur produit de la classe occidentalisée de Kaboul. Sa vie privée serait même inconcevable en dehors de l'élite de la capitale, puisqu'il est de notoriété publique que sa compagne de lutte politique, Anâhîta Râtebzâd, épouse du très complaisant médecin de la famille royale le Dr Qamroddîn, est aussi sa maîtresse (elle serait en outre une fille naturelle du roi Amânollâh). Selon Vladimir Kouzitchkine, transfuge du KGB passé à la Grande-Bretagne en juin 1982, Kârmal aurait été un agent du KGB « depuis de nombreuses années ». (Ces révélations de Kouzitchkine, très intéressantes mais à traiter avec précaution, ont été rendues publiques dans le numéro de *Time* daté du 22 novembre 1982.)

Les observateurs se plaisent à faire remarquer le contraste entre ces deux hommes, rivaux pour la direction du Parti communiste, l'un issu du monde des fonctionnaires modestes, l'autre un aristocrate ; Tarakî est un Ghilzaï, la tribu exclue du pouvoir depuis le XVIIIe siècle, tandis que Kârmal est apparenté au clan royal qui monopolise la direction de l'État depuis plus de deux cents ans. Leur inimitié, qui va déchirer le Parti communiste, semble en tout point perpétuer sous un déguisement marxiste la plus ancienne vendetta de l'Afghanistan.

Tous deux, en tout cas, cultivent malgré leurs engagements révolutionnaires une apparence extérieure aussi peu populiste que possible : costume bien coupé et cravate, tête nue et menton rasé (Tarakî s'autorise une petite moustache), c'est l'uniforme de l'élite de la capitale, qui tranche avec cette tunique flottante, ce pantalon bouffant, ce port du turban et de la barbe propres aux masses rurales.

Bien qu'absent de la maison de Tarakî en ce jour historique du 1er janvier 1965, *Hafîzollâh Amîn* est le troisième architecte du Parti communiste afghan. Amîn a les mêmes origines sociales et ethniques que Tarakî, dont il sera l'allié contre Kârmal. Il est né à Paghmân, dans la banlieue nord-ouest de Kaboul, en 1929. Son père, d'origine pashtoûne ghilzaï, comme Tarakî donc, est lui aussi un modeste fonctionnaire. Hafîzollâh lui-même est destiné à devenir instituteur ; il est formé au Lycée des instituteurs, ou *Dâr-ol-Mo'allemîn*, de Kaboul, où il apprend l'anglais, puis obtient son diplôme de la faculté des sciences en 1951 ; s'il sympathise avec le Wîkh-é Zalmâyân, il est trop obscur pour être alors inquiété par les autorités ; de 1951 à 1957, il enseigne dans différents lycées de Kaboul ; de 1957 à 1959, puis de nouveau de 1962 à 1965, il reçoit des bourses pour étudier aux États-Unis sous un programme d'assistance américaine aux enseignants afghans. C'est à l'université du Wisconsin qu'il découvre le marxisme et adhère au Socialist Progressive Club. Selon une interview accordée par Amîn au *New York Times* le 9 septembre 1979, c'est alors qu'il comprend quelle est « la situation de mon pays où prédominait un système socio-économique féodal[9] ». Sans pouvoir terminer son doctorat à Columbia, il rentre en Afghanistan en 1965, où il doit accepter un poste assez mineur au ministère de l'Éducation. Mais, devenu membre du Parti dès son retour à Kaboul, c'est au sein du mouvement communiste afghan qu'il va connaître sa fulgurante ascension.

L'ouverture démocratique de 1963-1973 allait permettre aux communistes afghans d'étendre leur influence parmi les étudiants et l'intelligentsia de la capitale. But immédiat des dirigeants du Parti : se faire élire au Parlement, y faire de l'obstructionnisme, et contribuer à jeter le discrédit sur la politique libérale du roi avant qu'elle n'ait le temps de porter ses premiers fruits. Babrak et sa compagne Anâhîta Râtebzâd sont élus pour leurs circonscriptions de Kaboul au Parlement de 1965 ; Tarakî et Amîn sont battus.

Une fois dans la place, Kârmal précipite le premier scandale du nouveau régime. En prenant directement le pouvoir en 1963, le roi avait nommé un « homme nouveau », c'est-à-dire un haut fonctionnaire qui n'appartenait pas à la famille royale, le Dr Mohammad Yoûsof, au poste de Premier ministre. Au cours de l'automne 1965, Kârmal organise une campagne de diffamation contre Yoûsof, l'accusant en plein Parlement de corruption notoire. Yoûsof réplique en exigeant une commission d'enquête, ce qui fait taire un moment Kârmal. Puis Yoûsof demande au Parlement de se prononcer dans un délai de trois jours pour confirmer ou invalider son gouvernement une fois pour toutes. Le 24 octobre 1965, jour où le Parlement doit se réunir pour le vote, Kârmal conduit une manifestation d'étudiants de gauche dans l'enceinte du bâtiment et empêche le déroulement de la procédure. Le lendemain, 25 octobre, le Parlement se réunit à huis clos et confirme Yoûsof à une écrasante majorité. Kârmal, resté dehors à dessein, prend la tête du cortège de manifestants. La police fait une gaffe fatale : elle ouvre le feu, tuant trois étudiants. C'est une catastrophe politique. Les étudiants portent les corps de leurs camarades en triomphe comme autant de martyrs. La popularité de Kârmal dans l'Université est à son comble (il sera réélu au Parlement jusqu'en 1973). Yoûsof donne sa démission, le Parlement doit confirmer Maïwandwâl à sa place. A peine le nouveau régime a-t-il accordé la liberté de parole et d'association, pour la première fois dans l'histoire de l'Afghanistan, qu'il se fait traiter de fasciste. Cette affaire sordide n'eut que peu d'échos auprès de la paysannerie, mais elle conserve un énorme retentissement dans la mythologie de la gauche afghane, où on l'appelle *Sewwom-é 'Aqrab,* le Trois du Scorpion, ou 25 octobre, selon le calendrier astrologique toujours en usage en Afghanistan.

Malgré cet important succès, les dissensions entre Kârmal et Tarakî vont faire éclater le Parti communiste dès les premières années de son existence. Le journal de Tarakî, *Khalq* (« Le Peuple »), est interdit au bout de six numéros par le gouvernement en 1966. Kârmal propose aussitôt de créer un nouveau journal, *Partcham* (« Drapeau » ou « Bannière »), et d'obtenir la permission de le publier grâce à une attitude plus conciliatrice envers le gouvernement ; Babrak pousse l'esprit de compromis jusqu'à déclarer en plein Parlement, à la stupeur des délégués, que « Zâher shâh est le roi le plus progressiste d'Asie[10] » ; cette volte-face lui attire l'indulgence du régime ; et, en 1968, il peut faire paraître *Partcham* avec ses collaborateurs et amis Solaymân Lâeq et Mîr Akbar Khaïbar. Entre-temps, il s'est brouillé mortellement avec ceux qu'on appelle désormais l'équipe du *Khalq*, l'ancien journal fermé qui n'obtient plus, pour sa part, la permission de paraître. Tarakî, Amîn et leurs collaborateurs se veulent des révolutionnaires intransigeants, purs et durs du Khalq, par rapport aux mous complaisants du Partcham de Kârmal. En réalité, la brouille, définitive dès 1967, permet à chacun de ces deux dirigeants ambitieux, Tarakî et Kârmal, d'être maître absolu de sa petite clique.

De nouvelles fissures affaiblissent encore le Parti en 1968. Si la sourde hostilité Partcham/Khalq traduit la vieille rivalité des Dorrânî et des Ghilzaï au sein même de l'ethnie pashtoûne, les ressortissants marxistes des autres ethnies afghanes refusent la prédominance de l'un ou l'autre de ces deux clans et forment leur partis propres. Le Tâdjîk du Nord-Est,

Tâher Badakhshî, fonde le *Sétam-é Mellî* ou parti de l'« Oppression nationale » pour protester en termes marxistes contre le chauvinisme pashtoûn. Les communistes de l'ethnie hazâra, pour leur part, rejoignent encore une quatrième faction, le parti de la *Sho'la-yé Djâwêd* ou « Flamme éternelle ». Le trotskiste pakistanais Tariq Ali écrit que les communistes du Sud asiatique (Inde et Pakistan) adoptent vis-à-vis de leurs régimes respectifs des attitudes confuses, contradictoires et illogiques, uniquement « en fonction des politiques étrangères de la Chine et de l'URSS »[11]. En Afghanistan, il n'est pas exagéré de dire que les différentes factions communistes ont opté pour les politiques étrangères de la Chine ou de l'URSS en fonction des origines ethniques de leurs propres membres. Ainsi le Khalq et le Partcham, essentiellement des clans pashtoûns, sont pro-soviétiques, car l'URSS soutient les revendications afghanes sur le « Pashtounistan ». Le Sétam-é Mellî et la Sho'la-yé Djâwêd, en revanche, formations d'étudiants tâdjîks et hazâra qui récusent tous deux l'hégémonisme pashtoûn, deviennent des partis maoïstes : comme par hasard, la Chine défend l'intégrité territoriale du Pakistan contre les réclamations des Pashtoûns de Kaboul et de leurs amis soviétiques. Les observateurs étrangers avaient quelque excuse à ne pas vouloir prendre au sérieux ces pathétiques querelles de groupuscules universitaires, infimes minorités de la population afghane. Aux élections parlementaires de 1969, la représentation communiste est réduite. Amîn du Khalq et Kârmal du Partcham sont tous deux élus, mais se haïssent et s'opposent. Les manifestations de commémoration du Trois du Scorpion à Hérât en 1971 dégénèrent en bagarres : le Khalq accuse ses rivaux maoïstes de la Sho'la d'être responsables de la mort d'un de ses manifestants. Est-ce la fin de la flambée communiste au sein de la jeune intelligentsia afghane ?

Nullement, car l'important est ailleurs : le noyau pro-soviétique des officiers de l'état-major. Parmi ceux-ci, Hafîzollâh Amîn du Khalq jouit d'un ascendant décisif. Patiemment, il élabore avec eux une technique de prise du pouvoir par coup d'État. En juillet 1973 a lieu le premier des deux coups d'État, celui que Dâoûd croit réaliser de sa propre initiative alors que ce sont les officiers communistes qui le poussent en avant, à la manière d'un écran. Dâoûd rend aux deux factions du Khalq et du Partcham plusieurs immenses services : il installe leurs membres au rouages de l'État, il brise la continuité légitime et traditionnelle du gouvernement afghan en abolissant la monarchie. En 1977, les deux factions communistes sont à égalité : le Partcham est solidement implanté dans les ministères, mais le Khalq tient l'armée. En juillet 1977, Partcham et Khalq se réconcilient officiellement pour recréer un parti unique, avec un comité central unique, comprenant tout autant Kârmal que Tarakî. Une tension subsiste : le Partcham veut continuer à gouverner derrière la façade de Dâoûd, pour ne rien brusquer ; mais Amîn du Khalq, qui représente les officiers, préconise la prise du pouvoir par coup d'État direct. Tous ses préparatifs sont en place ; en juillet 1978, au cours d'une conférence de presse à Belgrade, Amîn devait révéler la date prévue pour son coup d'État : avril 1980. La réconciliation Khalq/Partcham enveloppe désormais le gouvernement de Dâoûd dans les mailles d'un filet très serré.

Les dernières mesures politiques de Dâoûd représentent-elles un effort pour échapper à la nasse ? Toujours est-il que les événements du printemps de 1978 précipitent la mise en action du plan de Hafîzollâh Amîn.

En mars 1978, Dâoûd met un terme à sa vieille hostilité envers le Pakistan, grâce aux bons offices du shâh d'Iran. L'Iran impérial se veut le garant d'une nouvelle stabilité régionale, sous les auspices de Téhéran. L'aviation iranienne a déjà aidé le Pakistan à écraser la dissidence baloutche en 1974. En ce printemps de 1978, contre une promesse d'assistance économique importante de Téhéran, Dâoûd négocie sa réconciliation avec le président pakistanais Ziâ-ol-Haqq. Kaboul promet d'expulser avant le 30 avril les dissidents pakistanais baloutches ou pashtoûns qui irritent Islâmâbâd. Trente et un ans d'efforts diplomatiques soviétiques en Asie du Sud risquent d'être ruinés si la politique étrangère de l'Afghanistan bascule, si une nouvelle coalition défensive sous l'égide du shâh et formée de Téhéran, Kaboul et Islâmâbâd se solidifie à la frontière sud de l'URSS. Mais l'Union soviétique a un atout : les trois régimes sont contestés de l'intérieur et Moscou entretient des liens privilégiés avec beaucoup de ces contestataires.

La Révolution du Taureau, ou le coup d'État du 27 avril 1978

Le 18 avril 1978, Mîr Akbar Khaïbar, l'ami fidèle de Babrak Kârmal, est assassiné. L'identité de l'assassin reste inconnue jusqu'à ce jour. Est-ce Amîn qui l'a fait tuer, comme le suggère le journaliste indien Kuldip Nayar[12] ? Ou s'agit-il du premier meurtre d'une série par laquelle Dâoûd espère se débarrasser des dirigeants communistes, comme tend à le penser l'Australienne Beverley Male, très proche du Khalq et de ses dirigeants par sympathie politique[13] ? La suite des événements fait plutôt pencher pour la première hypothèse, car de tels meurtres continuent aujourd'hui entre rivaux du Khalq et du Partcham.

Toujours est-il que, le 20 avril, les deux factions organisent pour ses obsèques une manifestation monstre : 10 000 à 15 000 participants, selon tous les observateurs. Un baromètre de l'influence communiste à Kaboul ou un prétexte de protestation populaire contre le régime répressif de Dâoûd ? La vérité tient un peu des deux. Venant en tête du cortège, les dirigeants du PDPA réunis crient des slogans accusant directement la CIA d'avoir assassiné Khaïbar.

Dâoûd est interloqué par l'ampleur de la manifestation. La lenteur de sa réaction donne à penser qu'il n'a pas encore eu vent du complot tramé contre lui ; toutefois, il apparaît clairement qu'il est résolu à se débarrasser politiquement de ces dirigeants communistes capables de réunir une telle foule dans la ville.

Le soir du 25 au 26 avril, peu après minuit, la police de Dâoûd arrête Tarakî, Kârmal et les autres membres du comité central. Mais pas Amîn. La police se contente de placer d'abord le lieutenant général du Khalq, celui qui a coordonné tous les plans d'un soulèvement militaire, sous discrète résidence surveillée. Pendant les dix heures et demie de la nuit et du matin du 26, avant son départ en prison, Hafîzollâh est libre d'écrire et de communiquer avec le monde extérieur. La police fait semblant de confisquer quelques livres et papiers : Amîn a largement le temps de confier à sa femme la liste de tous les conjurés, qu'elle va cacher dans la chambre des enfants durant la fouille toute symbolique. Comme ne peut s'empêcher de commenter l'universitaire pro-khalqie Beverley Male, « Amîn avait la chance d'être gardé par des policiers de toute évidence pleins de sympathie à son égard [14] ». Amîn envoie son fils aîné, ʿAbd-or-Rahmân, lui-même membre à part entière du Parti, aux informations ; les policiers le laissent circuler librement. ʿAbd-or-Rahmân rentre à 6 heures du matin avec la nouvelle de l'arrestation de Tarakî et des autres. L'arrestation de Tarakî est le signal convenu avec les officiers pour l'insurrection générale. Amîn rédige ses instructions : le soulèvement doit commencer le lendemain matin, c'est-à-dire le 27 avril, à 9 heures. Entre-temps, entre 7 h 30 et 8 heures de cette matinée du 26, deux membres du comité central du Parti communiste, Faqîr Mohammad Faqîr et Mohammad Zarîf, sont encore autorisés par les policiers à venir voir Amîn chez lui. Amîn distribue ses instructions écrites. Ses fils Abd-or-Rahmân et le jeune Khwazak vont porter quelques messages supplémentaires après le départ des deux visiteurs, et tout cela sous le nez des policiers bienveillants. A 10 h 45 du matin seulement, trois voitures de police viennent chercher Amîn pour l'emmener en prison. Mais le coup d'État, avec les messages d'Amîn, est lancé. (S'il est vrai, selon Dupree, que les messages sont arrivés à leurs destinataires dans les premières heures du matin du 26 sous forme de *photocopies*, cela tendrait à impliquer l'ambassade soviétique dans le déclenchement de la phase finale [15].)

Le coup d'État du 27 avril, programmé depuis longtemps, est un modèle d'efficacité militaire. Le commandant de bataillon Sayyed Mohammad Golâbzoy sert d'agent de liaison entre les différentes unités ;

Watandjâr commande les chars, ʿAbd-ol-Qâder l'aviation. L'attaque commence à 11 h 30. Watandjâr cannonne le ministère de la Défense avec 250 blindés, tandis que ʿAbd-ol-Qâder se rend maître de l'aéroport. Peu après midi, la 7e division du général Rassouli, fidèle à Dâoûd, abandonne le ministère de la Défense aux insurgés. A 16 heures, le palais présidentiel est la cible d'une double attaque des chars et de l'aviation ; Radio-Kaboul tombe à 17 h 30. Au même moment, une unité de tankistes délivre les dirigeants communistes de leur prison. Alors qu'Amîn et Tarakî se félicitent déjà de la victoire, Kârmal demande si celle-ci est vraiment sûre ; « Si vous n'y croyez pas, dit sèchement Amîn à son vieux rival du Partcham, vous pouvez toujours rester en prison. » Les dirigeants, à peine arrivés à la radio, se disputent encore pour savoir si Tarakî du Khalq ou Kârmal du Partcham doit lire le communiqué. Tarakî propose un compromis. A 19 heures, ce sont les deux commandants Watandjâr et ʿAbd-ol-Qâder qui annoncent, en pashtô et en persan, que l'Afghanistan a un nouveau régime. Mais que faire de Dâoûd ? Celui-ci est toujours barricadé avec sa famille à l'intérieur du palais présidentiel. Kârmal ne veut pas qu'on le tue. Les officiers du Khalq, si. Les derniers gardes de Dâoûd résistent à l'intérieur du palais jusqu'aux premières heures du 28. Dâoûd et toute sa famille – y compris dix femmes et plusieurs enfants dont le plus jeune a trois ans – se sont regroupés dans une seule pièce. L'officier khalqî ʿEmâdoddîn somme Dâoûd de se rendre. Dâoûd, pour toute réponse, blesse l'officier à l'épaule d'un coup de pistolet. Les insurgés massacrent alors à la mitraillette non seulement Dâoûd mais tous les occupants de la pièce. L'Afghanistan indépendant vient de mourir avec eux.

Le communiqué lu à la radio le soir du 27 avril était le suivant :

> Pour la première fois dans l'histoire de l'Afghanistan, les derniers restes de la monarchie, de la tyrannie, du despotisme et du pouvoir de la dynastie du tyran Nâder Khân sont abolis. Tous les pouvoirs de l'État sont entre les mains du peuple de l'Af-

ghanistan. Le pouvoir de l'État repose pleinement sur le Conseil révolutionnaire des forces armées.

Le 30 avril, Tarakî fut déclaré président de la République démocratique d'Afghanistan. Vice-président et vice-Premier ministre : Babrak Kârmal. Deuxième vice-Premier ministre et ministre des Affaires étrangères : Hafîzollâh Amîn. Première déclaration de Tarakî à l'intention du monde : l'Aghanistan démocratique poursuivra sa politique de stricte neutralité. Premier État à reconnaître le nouveau gouvernement, le même jour : l'URSS, par la bouche de son ambassadeur à Kaboul, Pouzanov.

La mythologie communiste afghane consacre le coup d'État sous le nom de son mois astrologique : c'est l'*Enqelâb-é Saour,* la « Révolution du Taureau ».

Les cornes en seraient sanglantes.

La plongée dans l'abîme (1978-1980)

Le coup d'État communiste du 27 avril 1978 devait être la fin d'un processus : la prise en main de l'État afghan par l'armée et le Parti, une auto-occupation garantissant à l'URSS un allié sûr et soumis à sa frontière sud, l'offrande à l'armée de l'air soviétique des vastes bases aériennes de Shîndand et Bagrâm qu'elle avait fait construire dans les années soixante. Dès le coup d'État, ces aéroports sont devenus des enclaves entièrement russes : pas un Afghan, fût-il membre du Parti, ne peut aujourd'hui pénétrer dans Shindand, sentinelle aérienne du Golfe et de l'Asie du Sud. Base aérienne soviétique, l'Afghanistan est aussi un refuge pour les adversaires du régime pakistanais. Indifférents au sort de leurs frères afghans, des dirigeants baloutches comme Atô-ollâh Mangal et Ghaous Bakhsh Bizendjo appellent au soulèvement de leur peuple contre le despotisme d'Islâmâbâd et placent leur espoir dans une victoire soviétique en Afghanistan. Avec ses frontières qui longent l'Iran et le Pakistan, approchent du golfe Persique, et par les montagnes de l'extrême nord-est surplombent la Chine, l'Afghanistan est la plaque tournante de l'Asie.

Pékin ne s'y est pas trompé, qui a vu avec inquiétude l'Armée rouge déloger de leurs hauts pâturages les quelques milliers de nomades kirghizes du Pâmîr pour y installer peut-être la plus redoutable de ses bases, à la lisière de la Chine, au cœur même du continent. Quelles que soient les protestations internationales ou les soubresauts de la résistance afghane, l'URSS ne voudra pas lâcher ces bases puissamment fortifiées, dont elle sait que les maquisards ne pourront plus la déloger.

Mais l'échec politique du Parti communiste afghan, incapable de mater sa population, a mis l'Union soviétique dans un embarras imprévu.

Le bilan humain catastrophique depuis le 27 avril 1978 en Asie centrale est largement connu. Contentons-nous de le résumer.

Le Parti communiste afghan a tenté l'impossible : briser les structures traditionnelles d'une civilisation en deux ans, en soumettant cette même civilisation à une domination étrangère. Un Pierre le Grand, un Meïdji, un Atatürk ont pu transformer leurs sociétés, parce qu'ils étaient reconnus comme des défenseurs de la grandeur et de l'indépendance nationales. Mais le propos de Tarakî : « consolider, élargir et étendre en tous points nos relations amicales avec notre grand voisin du nord, l'Union soviétique » (programme gouvernemental de 1978, article 25) a été perçu par la population afghane pour ce qu'il voulait dire : la satellisation de l'Afghanistan.

Contrairement à une idée reçue, la brutalité du Parti communiste afghan n'a pas été provoquée par son impatience devant les réticences populaires à accepter ses réformes, agraires, scolaires ou autres. Les premières mesures du Parti ont d'abord été dictées par son souci d'asseoir durablement son *pouvoir*, par l'élimination physique de ses adversaires potentiels. Les arrestations d'intégristes musulmans, d'intellectuels occidentalisés, d'officiers croyants et de clercs islamiques traditionnels ont commencé dès les premiers jours du nouveau régime. Puis la cruauté du régime a très vite convaincu les Afghans que ce n'était pas de ces mains-là qu'ils voulaient recevoir des réformes.

Les attaques des dirigeants contre la religion musulmane ont été le principal détonateur de la révolte. Ces attaques étaient politiquement une insanité : arrestations de clercs en pleine mosquée, fermeture et profanation des lieux du culte, suppression des livres religieux dans les écoles, mépris affiché par les dirigeants pour la prière et le jeûne. Tout fonctionnaire coupable de dévotion était considéré comme membre des *Ekhwân*, des Frères musulmans, et traité comme tel, c'est-à-dire arrêté. L'obsession antireligieuse d'un Tarakî ou d'un Amîn traduisait peut-être un désir longtemps réprimé de rébellion contre une société saturée de sacré. Mais c'était aussi une mesure politique visant à écraser un possible contre-pouvoir spirituel.

La répression du régime s'est d'abord faite la plus lourde en zone urbaine, à Kaboul. Principal centre de détention : la prison de Pol-é Tcharkhî, à dix kilomètres à l'est de la ville, transformée en camp de concentration. Les individus soupçonnés d'opposition active étaient d'abord interrogés dans les sous-sols du ministère de l'Intérieur : coups de gourdin ou de câble, chocs électriques, suspension au plafond par les poignets. Si les bourreaux et les interprètes étaient afghans, les interrogateurs étaient soviétiques. Après la torture, transfert à Pol-é Tcharkhî, où une section spéciale était réservée aux femmes (avec leurs enfants en bas âge) des familles destinées à l'extermination. Les cellules manquaient de tout ameublement, chauffage ou disposition sanitaire. La torture ordinaire de Pol-é Tcharkhî était l'humiliation des détenus au moyen de leurs propres excréments. Les prisonniers n'avaient le droit de se soulager dans les fosses d'aisance qu'une fois toutes les vingt-quatre heures, parfois seulement toutes les quarante-huit heures. Tout détenu qui souillait sa cellule entretemps était battu sous les rires et les quolibets des gardes. Le châtiment suprême de la prison était l'enterrement vivant dans la fosse d'aisance (témoignage de Mohammad Ashraf, mars 1980).

Le commandant de la prison en 1978-1979 était l'officier Sayyed 'Abdollâh, apparemment un déséquilibré mental. « Vous êtes ici, disait-il aux prisonniers, pour être réduits à l'état d'ordure » (*ganda shawîd*). C'est lui aussi qui proféra à plusieurs reprises la fameuse phrase, entendue par tous les survivants du camp : « Nous ne laisserons qu'un million d'Afghans vivants, c'est suffisant pour construire le socialisme[17] ! » Il fut lardé de coups de couteau par un détenu à la fin de 1979.

A raison de plusieurs centaines par nuit, les détenus avaient les mains liées et les yeux bandés pour être transportés par camion au champ de tir du Polygone. C'est là qu'eurent lieu les exécutions massives. Les cadavres et les agonisants étaient enterrés au moyen de bulldozers. Le 15 août 1979, trois cents membres de l'ethnie hazâra (arrêtés arbitrairement dans leur quartier de la capitale, par mesure de représailles lors d'une attaque par quatre ressortissants de leur ethnie contre un commissariat) furent châtiés au Polygone de manière exemplaire. Cent cinquante d'entre eux furent enterrés vivants par les bulldozers ; ceux de l'autre moitié, arrosés d'essence et brûlés vifs. Ce fut la première atrocité du régime à filtrer à l'étranger (*Le Monde* du 17 août 1979). Les paysans des villages voisins de Deh-Sabz, témoins des exécutions du Polygone, devaient évoquer « les cadavres empilés comme du bois mort », dans les charniers : « Ils les recouvraient de terre, mais les pieds dépassaient. On voyait des jambes en *darîshî* [pantalon européen], des jambes en *kâlâ* [pantalon bouffant afghan], des bottes de soldats. » Après l'exécution des trois cents Hazâra, « l'essence versée sur des gens vivants, ils faisaient craquer des allumettes et les jetaient sur eux, et eux se débattaient, essayaient de courir » (témoignages recueillis en mars 1980). En septembre 1979, les autorités affichèrent dans les bureaux de poste de Kaboul une liste de douze mille noms, pour signifier aux familles qu'il était inutile de porter des paquets pour eux à Pol-é Tcharkhî. Ils étaient morts. Amîn rendait ainsi responsable de leur extermination son prédécesseur Tarakî. Mais, en janvier 1980, lors de la brève amnistie suivie de l'ouverture du camp, plus de quinze mille détenus manquaient à l'appel. Bilan des deux premières années du régime : vingt-sept mille exécutions confirmées pour le seul camp de concentration de Pol-é Tcharkhî en une période de dix-huit mois. Il n'y a pas de statistiques pour les camps de concentration régionaux de Djalâlâbâd ou Mazâr-é Sharîf.

A partir de l'occupation soviétique directe, c'est Vatanshâh, un Tâdjîk soviétique d'une quarantaine d'années né à Tchaghâniân (République soviétique socialiste du Tadjikistan), qui a pris en main le service de torture et d'interrogatoire dans les locaux du Khâd (équivalent afghan du KGB) : électrochocs, privation de sommeil, postures tordues dans des « cages de Louis XI » (témoignage des sœurs Sâhebzâda, février 1983). Pour impressionner les lycéennes, les bourreaux les emmènent dans des « chambres d'horreur » (*otâq-é wahshî*) où les résistants sont suppliciés ; Farîda Ahmadî voit des membres coupés et épars dans la « chambre » du Khâd (témoignage de décembre 1982) ; Tôba Hamîd est torturée sur une chaise électrique dans la « chambre » de Pol-é Tcharkhî, dont le sol est jonché de phalanges coupées (témoignage de février 1983). Ces victimes sélectives du monde étudiant sont parfois relâchées pour semer l'effroi parmi leurs camarades, que leurs témoignages avertissent. (L'impact de leurs témoignages est de toute façon très faible en Occident.)

A Kaboul, la situation politique s'est détériorée dès le lendemain du coup d'État. C'est essentiellement la faction du Khalq, avec ses militaires, qui a réalisé la « Révolution » ; Tarakî et Amîn s'irritent des prétentions de Kârmal et des hommes du Partcham à s'approprier la direction de l'État. La dissension éclate en juillet 1978. Les ministres du Partcham sont écartés, certains pour être expédiés à leur tour en camp de concentration. Kârmal, protégé par les Soviétiques, est envoyé comme ambassadeur à Prague.

La résistance contre le régime commence à la fin de l'été 1978 et prend toute son ampleur au printemps de 1979. Dans les campagnes, armés seulement de leur fusil de chasse ou de leur pelle et de leur faux, les paysans massacrent les fonctionnaires communistes et pillent les armes des postes de police. La première manifestation de ce genre éclate au mois d'août 1978 au Nouristan, après que le nouveau gouverneur communiste eut publiquement raillé le jeûne du ramadan. Réplique du gouvernement : le bombardement du chef-lieu de la province (où ses troupes ne purent jamais remettre les pieds). En quelques mois, la dissidence gagna tout l'Est afghan. En mai 1979, le commandant de la garnison d'Asmâr, dans la vallée du Kunar, exécuta de sa main quatre officiers khalqîs et distribua son arsenal à la population. Des soulèvements armés de ce type se répandirent dans tout le pays au cours du même mois.

Cette dissolution de l'armée sape les fondations mêmes du régime. La révolte de la garnison de Hérât en mars 1979 entraîne le soulèvement de la ville ; une quarantaine de conseillers soviétiques sont lynchés par la foule ; l'Armée rouge intervient avec ses chars à partir de la frontière toute proche (route de Torghondî) et rétablit l'ordre. Le 5 août 1979, c'est la garnison de Kaboul elle-même, cantonnée à Bâlâ-Hésâr (vieille forteresse royale), qui se prononce contre le régime. Les officiers, pourtant tous formés en Union soviétique, veulent rétablir un gouvernement nationaliste, musulman et authentiquement neutre ; ils sont prêts à négocier le retrait des conseillers militaires soviétiques, à garantir l'ordre intérieur et le statut non aligné de l'Afghanistan. L'aviation soviétique intervient et bombarde Bâlâ-Hésâr ; les mutins sont massacrés jusqu'au dernier. Ils formaient pourtant le dernier groupe capable de maintenir la cohésion étatique de l'Afghanistan et de négocier sur des bases acceptables un désengagement soviétique. C'est précisément pourquoi l'URSS les tue : elle ne veut plus lâcher l'Afghanistan. Cette intervention soviétique du mois d'août 1979 rend l'invasion de décembre 1979 inéluctable.

Mais l'URSS veut d'abord élargir les bases d'un régime communiste afghan attaqué de toutes parts. Tarakî, revenu d'une conférence des « non-alignés » à La Havane, est reçu par Brejnev au Kremlin. Leur plan : déclarer Amîn responsable de tous les « excès » du régime, le dénoncer comme agent secret de la CIA, le destituer afin de regagner un peu de popularité dans le pays. Mais Amîn prend conscience que l'URSS veut lui confisquer « sa » révolution : quand Tarakî rentre à Kaboul, Amîn prend les devants et le tue ; le 16 septembre, l'URSS se voit obligée de reconnaître Amîn comme chef de l'État. Pas pour longtemps. L'armée d'Amîn se désagrège à force de désertions : de quatre-vingt mille hommes en 1978, elle tombe à trente mille fin 1979. Amîn, méfiant, se refuse à appeler officiellement l'intervention de l'Armée rouge, mais ne peut décliner l'offre de renforts « fraternels » : vingt bataillons entrent en Afghanistan le 3 novembre ; des troupes aéroportées débarquent à Kaboul les 3, 4 et 7 décembre. Mille cinq cents parachutistes soviétiques occupent la base aérienne de Bagrâm. Entre le 22 et le 25 décembre, les services de renseignements américains constatent une activité aérienne « anormale » entre l'URSS et Kaboul. Dans la nuit du 26 au 27 décembre, Babrak Kârmal annonce de la radio de Tashkent, en Asie centrale soviétique, qu'il vient de devenir président de l'Afghanistan, il affirme parler de Radio-Kaboul. (Le mensonge est flagrant ; Radio-Kaboul était encore aux mains des partisans d'Amîn, comme en témoigne le directeur de Radio-Kaboul lui-même, Fazl Akbar.) Les troupes soviétiques lancent un assaut contre le palais de Dâr-ol-Amân, où Hafîzollâh Amîn, tel Dâoûd avant lui, se retranche avec sa famille. Amîn aussi meurt abattu. Erreur tactique : il devait être capturé vivant pour être jugé par un « Conseil révolutionnaire » mystérieux, qui aurait lancé l'appel à « l'aide fraternelle de l'URSS ». Responsable de la gaffe, le général Papoutine se suicide.

Kârmal dénonce les « excès » d'Amîn, amnistie les détenus de Pol-é Tcharkhî, mais échoue à mettre sur pied un gouvernement viable, à réconcilier au sein de son régime les deux factions communistes. Les officiers du Khalq ne lui pardonnent pas sa trahison de « leur » révolution. Partchamî et Khalqî se livrent une sourde vendetta. Quant aux autres marxistes afghans, l'exécution par Kârmal du guérillero gauchiste Madjîd Kalakânî, du groupe maoïsant Sâmâ, en mai 1980, indique clairement que le régime ne leur fera pas de quartier non plus. Le véritable espoir du gouvernement Kârmal : la formation d'une nouvelle génération, engagée de force dans l'armée ou scolarisée en URSS, afin de donner enfin à l'occupant une classe de collaborateurs.

Car c'est en opposant à l'Armée rouge l'arme la plus antique du Yâghestân, le manque de collaboration, que la résistance afghane, réalité multiple et protéiforme, échappe à son emprise et la maintient en échec. Les intellectuels grâciés par Kârmal en janvier 1980 ont préféré s'enfuir au Pakistan plutôt que de lui servir de fonctionnaires. A l'intérieur même du gouvernement, officiers et fonctionnaires sabotent le régime, préviennent les résistants, leur font parvenir des armes et, surtout, *liquident systématiquement les collaborateurs véritables*.

Dans les campagnes, l'armée soviétique utilise une savante alternance de la terreur, massacre la population d'une vallée en épargnant la vallée voisine, cherche selon la vieille recette tribale du despote à gagner un chef local pour le diriger contre les autres. L'infiltration des mouvements intégristes islamiques extrémistes, lesquels tirent parfois plus souvent contre d'autres résistants que sur l'occupant, camoufle d'une façon particulièrement habile ce vieux procédé. Mais c'est une méthode qui a ses limites : le jeu tribal ne tolère pas, en effet, la collaboration avec le despote infidèle installé sur le territoire. Au cours de l'été 1979, le gouvernement communiste a tenté d'acheter le chef Amîn Wardak avec une livraison de fusils, à utiliser contre les maquisards voisins. Amîn Wardak fit semblant d'accepter le marché, pour retourner aussitôt l'armement contre le régime.

L'Afghanistan profond, privé de son élite intellectuelle et de ses officiers nationalistes par les massacres de Pol-é Tcharkhî, résiste avec les vieux moyens du Yâghestân, mais il ne se veut pas Yâghestân. Il se veut *national* et *musulman*. « Le régime nous traite à la radio de *yâghî*, devait dire le chef nourîstanî Anwar Khân, mais nous ne sommes pas des *yâghî*. Nous sommes des musulmans et des Afghans, et nous défendons notre *Watan*, notre patrie, notre nation. »

Pour le meilleur et le pire, pourtant, l'Afghanistan qui vit et qui se bat s'organise – au moins pour la génération présente – selon les règles non écrites du Yâghestân. Face à un despote plus féroce qu'aucun despote de son histoire, l'Afghanistan oppose l'insaisissable de l'éternel Royaume de l'Insolence.

Le cruel paradoxe, c'est que l'autorité que les Afghans refusent au despote de Kaboul – infidèle, inacceptable – ils l'accordent au despote d'Islâmâbâd, musulman et respecté. Le gouvernement pakistanais, pour qui la politique tribale n'a aucun secret, a reconnu à Peshâwar sept chefs de « Parti ». Ces mêmes chefs ont su s'imposer comme interlocuteurs du despote, reçoivent les libéralités du monde extérieur et les redistribuent aux résistants dans leurs « Bureaux » qui sont autant de hodjra. Les résistants, après avoir longtemps maugréé (ce qui est traditionnel), les respectent de fait. Et ces mêmes résistants reconnaissent une vérité politique profonde de leur propre société quand ils disent si souvent : « Si le Pakistan le voulait, c'est demain que la résistance pourrait s'unifier. Il suffit au gouvernement pakistanais de fermer six bureaux ; nous irions tous devant le septième. » Aucun mécanisme ne prévoit la création par le Yâghestân d'un centre politique autonome sans référence à une puissance extérieure, la reconnaissance de l'étranger lui demeure essentielle. Et c'est ainsi que le gouvernement pakistanais, en autorisant sept partis concurrents, s'impose comme unique porte-parole officiel en cas de négociations ; pour Islâmâbâd, qui navigue à vue dans un environnement politique redoutable, c'est un atout diplomatique majeur.

Avant 1980, cependant, et surtout au long de l'année 1979, l'Afghanistan était redevenu un Yâghestân intégral. Par la capture des postes de police et surtout grâce à l'autodésintégration de l'armée – par milliers, les déserteurs passent à la résistance avec armes et bagages –, les différentes régions s'équipent pour la guerre avec du matériel soviétique de récupération. Le cas d'Amîn Wardak est exemplaire. Fils de chef tribal, éduqué à Kaboul et parlant le français, il refuse la fuite de tant de membres de l'élite pour rentrer se battre chez lui, parmi les siens et comme les siens dont il reprend jusqu'au costume. Jusqu'en 1980, il se suffit à lui-même ; la tribu qu'il a pu fournir généreusement en munitions est indépendante du monde entier ; elle représente une résistance intérieure complète. Puis l'occupation se prolonge et les munitions tarissent. Amîn Wardak doit alors reconnaître une autorité supérieure, à Peshâwar. Pashtoûn modéré et nationaliste, il opte pour le parti de Gaylânî.

Les Pashtoûns du Lôgar, musulmans très traditionnels mais non intégristes, se tournent ainsi, selon leur affinité, vers le parti de Mohammadî.

Les Tâdjîks du Pandjshêr, pour leur part, se prononcent pour le fondamentalisme en réalité très pragmatique de Rabbânî, avec sa vision d'un État musulman transcendant toutes les barrières ethniques. L'organisation exemplaire de la vallée par le commandant Mas'oûd, la résistance soutenue par le Pandjshêr contre de multiples assauts soviétiques sont en passe de faire de Mas'oûd un peu l'*Akbar* ou l'*Ayoûb* de cette guerre. Il est le résistant par excellence. De plus, en concluant avec les Soviétiques un éphémère cessez-le-feu en 1983, il s'est même imposé comme le seul guerrier de l'intérieur à devenir, ne fût-ce qu'un bref instant, l'interlocuteur du despote combattu, celui que le despote *reconnaît.* (Les pourparlers occasionnels entre résistants et représentants de Kârmal ne comptent pas ; le régime de Kaboul n'a aucune consistance ; le triomphe de Mas'oûd fut de contraindre les *Russes* à lui parler directement.) L'occupation militaire du Pandjshêr, au terme du dernier assaut soviétique au printemps 1984, n'entamera vraisemblablement plus le prestige de Mas'oûd et des siens repliés dans la montagne.

Cette guerre d'enlisement entre deux adversaires également obstinés connaîtra de multiples épisodes, à propos desquels les spécialistes régionaux pourront épiloguer sans fin. Ces péripéties ne doivent pas faire oublier l'essentiel.

Le peuple afghan a terriblement souffert mais continue à se battre, contraignant l'adversaire à choisir entre une poursuite accablante de la guerilla, ou une boucherie générale.

Le peuple afghan, rural et démuni, avec ses pauvres moyens de résistance que sont ses armes de récupération et ses mécanismes politiques tribaux, est seul au monde à se battre ainsi. Il inflige une profonde leçon d'humilité. Face à un despotisme maniaque *irréversible*, le Royaume de l'Insolence est seul au monde à *mourir* pour pouvoir lui dire non.

Dans sa foi – et quel *djéhâd* de l'histoire musulmane fut jamais comparable en courage au djéhâd désespéré des maquisards afghans ? –, dans sa foi, le Royaume de l'Insolence puise avant tout ses valeurs humaines, très ordinaires et essentielles. Si le premier choc de l'invasion est passé, si les paysans afghans se sont endurcis face à une horreur que leur naïveté ne leur avait jamais permis d'imaginer (le totalitarisme moderne sous son visage le plus laid), ils se souviennent que ce n'est pas contre n'importe quoi qu'il leur a fallu ressusciter les méthodes de résistance du Yâghestân. Cette guerre n'est ni exotique ni pittoresque ; ce n'est pas une curiosité folklorique. Je prends l'exemple de la vallée orientale du Kunar. Depuis 1978, cette vallée martyre, autrefois perdue au fond du monde, a connu tout ce que notre siècle propose de plus atroce. En mars 1979, le village de Kérâla fut le théâtre de l'Oradour-sur-Glane de l'Afghanistan : mille sept cents adultes et enfants, toute la population masculine du village, rassemblée sur la place et mitraillée à bout portant. Les morts et les blessés enterrés les uns sur les autres dans trois fosses communes, avec un bulldozer. Les femmes effarées voient, pendant de longs moments, les monticules de terre trembler, car les enterrés vivants essaient de se dégager. Puis plus rien. Les mères et les veuves sont toutes parties au Pakistan. Elles témoignent, pathétiques « contre-révolutionnaires-féodales-vendues-aux-intérêts-chinois-et-américains », avec des hoquets de douleur dans leurs gourbis de réfugiées. Il y aurait eu, selon elles, un officier russe auprès des soldats communistes afghans, « un homme grand avec des yeux verts », et conseiller militaire au fort voisin de Tchogha-Sarâï de l'autre côté du pont, qui aurait donné les ordres ce jour-là. Elles se trompaient. Des officiers soviétiques au fort de Tchogha-Sarâï, ce jour de mars 1979, il y en aurait eu *cinq*. Deux Russes, trois Centrasiatiques. 'Abd-ol-'Azîm les a vus. Il était soldat dans cette garnison. Après le massacre, il a craqué. Il a déserté et il a rejoint la résistance de sa vallée à lui, le Pandjshêr. Il s'est battu en brave et a perdu son bras droit en 1982. En juin 1983, il m'a raconté son histoire.

Fazl Manân Pâtchâ, chef tribal du Kunar, la soixantaine robuste, crâne ras et barbe blanche, a peut-être parlé pour son peuple entier en évoquant l'anéantissement de tous les villages de sa vallée par l'Armée rouge en février-mars 1980 : (témoignage enregistré en mars 1980).

> « Je parle d'une chose mauvaise. Ce qui s'est passé dans le Kunar. Les pauvres gens. Les *modjâhedîn*. Je parle d'abord de ce qui s'est passé avant. Les gens du Kunar se sont dressés contre le gouvernement de Tarakî, ils ont été les premiers.
>
> (C'est presque exact ; la dissidence éclata en automne 1978 dans le Nouristan, au nord immédiat du Kunar – mais nombre d'habitants du Kunar sympathisèrent aussitôt.) Un an et demi s'est écoulé, et les gens du Kunar se battent contre Tarakî, contre Hafîzollâh Amîn, contre Babrak, contre les Russes. Des difficultés sans nombre, des conditions mauvaises nous ont atteints. Dans beaucoup d'endroits des gens furent capturés par le gouvernement et tués par groupes, çà et là.
>
> Mais ces jours-ci, le gouvernement russe, le... le 26 février, dans la vallée du Kunar... Ils sont venus avec des tanks, des avions, des hélicoptères, des Mig, et toutes sortes d'armes modernes. Une division de l'armée russe. Puissante. Ils commencent le matin, à 6 h 30. D'abord ils bombardent toutes les bourgades, tous les villages, les petits hameaux sur les collines et dans la vallée. A cette heure, les gens étaient tous dans leurs maisons. Ils vivaient leur vie. Les enfants ont été bombardés. Les femmes tuées. Tous ces gens tués. Les jeunes gens qui pouvaient se battre à partir d'abris se battaient. Ils tiraient sur les chars et sur les soldats de l'Armée rouge. Beaucoup furent tués sur place par les Russes. Beaucoup de Russes aussi furent tués. Par endroits les soldats russes entraient dans les maisons. Ils étaient déposés par les hélicoptères sur les toits, deux cents d'entre eux. Comme ça ils entraient dans le village et combattaient dans les maisons, et les villageois leur résistaient dans leurs propres demeures. Beaucoup de morts, les Russes et les nôtres. Femmes et enfants aussi. Une scène terrible, terrible, je ne sais pas comment dire. Partout des

blessures. Des petits enfants et des femmes. Partout des pleurs et des pleurs.

Les gens résistèrent tant qu'ils avaient des munitions. Après ça ils ont lancé des pierres sur les chars, et des bâtons. Mais quand ils n'eurent plus rien, les gens de la vallée s'enfuirent. Maintenant encore, nul ne sait où sont ses enfants, son épouse, ses parents. Tous dispersés dans les montagnes et les vallées. Des gens de ce côté-ci ont pu s'échapper. Tout ce que ces pauvres gens avaient dans leurs maisons est détruit. Maintenant ces gens n'ont rien, n'ont aucun moyen de vie.

Le bombardement qui eut lieu avant le début des combats, c'était avec toutes sortes de bombes. De grosses bombes. Des fusées. Une sorte de bombe qui faisait une très, très grosse chaleur, et partout ça prenait feu. Une autre sorte de bombe qu'ils ont jetée dégageait une très mauvaise fumée, une douleur dans la tête, un très mauvais goût dans la bouche, une terrible douleur dans les jambes.

Maintenant tous les endroits principaux du Kunar, comme Asmâr, Shîgal, comme la vallée de Dângâm, tout est aux mains des Russes. Tous, tous les gens qui vivaient dans cet endroit sont complètement, complètement partis. Partout où vous regardez il y a la mort, la mort, aucune vie ; rien que des tanks, des camions de soldats russes. Je ne sais pas ce qui va arriver à l'Afghanistan, ce qui va arriver aux *modjâhedîn*. Les Russes n'ont aucune idée de... de la vie humaine.

Nous avons perdu nos amis, nos chers, chers amis. Nous luttions tous ensemble, cachés derrière les mêmes pierres. Maintenant... éteignez une minute.

(Il pleure en silence.)

Les gens de ces vallées, ils étaient très pauvres. Mais leur vie était heureuse, avec leurs familles, leurs enfants. Maintenant toute leur vie a été écrasée, balayée par l'armée russe. Pour rien. Toute leur vie est perdue. Et maintenant ils errent et leur vie n'a plus de sens. Je ne comprends pas ces Russes, ces gens. Je ne comprends pas ce qu'ils veulent de l'Afghanistan. Pourquoi ils, nous rendent la vie si dure. Pourquoi ils tuent ces gens qui se battent pour leur pays. Pour leur foi. Pour leur liberté. Je ne sais pas ce qu'ils veulent. »

V

LUMIÈRE DANS LA NUIT

Chronique du printemps 1989 et du retrait soviétique

Les premiers chapitres de ce livre étaient écrits dans l'âpreté de la lutte et criés avec froid désespoir devant la mort apparemment imminente d'un peuple. Mais, entre 1984 et 1989, une courte décennie, l'histoire du monde a basculé. Parmi ses soubresauts, un fait saillant : l'URSS a perdu sa guerre d'Afghanistan, entre l'été de 1987 et le 15 février 1989. Sans que les maquisards, d'ailleurs, la gagnent.

Ce livre des premières années de la guerre débutait avec le récit d'un massacre commis par des troupes soviétiques dans un village au sud immédiat de Kaboul, le long de la grande route asphaltée, dans la province du Lôgar, le 13 septembre 1982. Chroniqueur d'une horreur du début de la guerre, je voulais revenir sur les lieux mêmes, le long de cette même route, avec les survivants et témoins de ce même massacre devenus chers amis, pour voir et vivre avec eux la fin de l'épreuve, espérais-je : comme pour assister à une fête. En 1982, je vins chez eux à cheval, de nuit. En février 1989, nous franchissions les landes enneigées, et même plusieurs hauts cols, en jeep, en plein jour, jusqu'à rejoindre la route de Kaboul dans la plaine : vingt-quatre heures depuis la frontière pakistanaise, et non plus une semaine.

Se faufilant entre les pentes, la bande d'asphalte noir rapidement atteinte courait sous une froide lumière vers Kaboul, à douze kilomètres au-delà des proches falaises gelées, découpées par l'hiver en tranchantes lames de neige. Plus de blindés pour patrouiller cette route, ni d'hélicoptères pour la tenir comme autrefois, en vrombissant, sous surveillance de l'aube au crépuscule. « Ils sont partis ! » Neuf ans d'occupation soviétique tiraient à leur fin. Les dernières troupes soviétiques allaient s'envoler de l'aéroport de Kaboul le 15 février prochain, en quelques jours à peine. Gorbatchev l'avait encore confirmé à la radio.

Joyeux, encore un peu incrédules de pouvoir rester ainsi, sur la route, à découvert, jusqu'au lever du jour et bien au-delà, les maquisards, emmitouflés de châles à franges, la mitraillette en bretelle, marchaient pour se réchauffer en soufflant dans leurs mains, les moustaches pleines de glaçons, en se saluant avec des éclats de rire au milieu d'une chaussée trouée de cratères d'obus et bordée de masures éventrées. « Au printemps, dès la fonte des neiges, nous pourrons tenir sur les crêtes. De là-haut, nous mitraillerons la capitale. Alors nous la prendrons ! En attendant, nous allons les affamer ! »

Devant nous, à droite, une casemate gouvernementale abandonnée jalonnait mornement la route, bas édifice carré en ciment gris, dépouillé de ses meubles, portes et volets, avec des pièces vides envahies de neige et une grossière caricature de Gorbatchev imprimée au Pakistan clouée par les *modjâhédîn* sur le mur extérieur. Un maquisard me fit l'honneur des lieux. « Pendant trois mois, nous échangions des coups de feu avec eux. Les gouvernementaux ne pouvaient plus sortir. Nous nous embusquions ici, tu vois, juste là derrière ce rideau de peupliers : il y a sept ans, nous t'avons fait passer dans le noir à cheval plus loin, là, pour éviter ce secteur. Eux, ils avaient enterré leurs chars autour de la casemate, dans ces grands trous, ils se défendaient en désespérés. L'automne dernier, ils se sont tous rendus. Nous les avons bien traités. Ils se sont déclarés bons musulmans. Ils ont rejoint nos rangs. » Nous nous promenions sur le champ de bataille comme des touristes. La peur, qui tordait les entrailles de tous — *modjâhédîn* et humanitaires étrangers confondus — à chaque voyage clandestin en Afghanistan occupé, s'était enfin évanouie.

Derrière nous, un autre fortin tenait encore, plus important, la commanderie de Pol-é 'Alam, grosse teigne de ciment gris et de barbelés noirs accrochée à son flanc de colline. Onze ans durant, depuis le coup d'Etat communiste du 27 avril 1978 et surtout depuis l'occupation soviétique du 27 décembre 1979, les soldats de Pol-é 'Alam avaient régné par la terreur sur toute la province du Lôgar. Aujourd'hui, nous approchions d'eux à cinq cents mètres, cachés dans les ruines d'une ferme, pour entrevoir leurs sentinelles perchées sur le mur et leur char tourner inlassablement autour des remparts. Pol-é 'Alam ne contrôlait plus que deux kilomètres carrés de sa province. Sur une quarantaine de kilomètres, toute la route appartenait aux *modjâhédîn*. Au nord, une première ligne de défense gouvernementale protégeait Kaboul masqué par ses falaises. « Tous les quinze jours, un hélicoptère de Kaboul ravitaille la garnison de Pol-é 'Alam », indique un maquisard. « Mais il se pose de nuit, de peur de nos missiles. » Rire du maquisard : « Aujourd'hui, nous sommes maîtres le jour, eux se terrent et sortent la nuit. Nous ne prendrons pas le fort d'assaut. Nous attendrons. Plus de Russes avec eux, ils n'ont plus le moral. » Notre groupe sur la route est soudain rejoint par deux cyclistes, membres de la minorité mongole chiite, hommes râblés et d'âge mûr, aux bonnets d'astrakhan enfoncés frileusement sur les oreilles et aux châles claquant sous le vent, descendus à ma stupeur de la forteresse elle-même. « Les boutiquiers de la garnison, explique le maquisard ; ils passent entre les lignes avec la permission de tous, de nous comme des gouvernementaux ; ils vendent des petites choses aux soldats, et ils nous rapportent les nouvelles. » Les boutiquiers bavardent un moment avec les maquisards.

Le jour se réchauffant, la route s'anime de promeneurs goûtant à la flânerie de la paix proche. Un vieil autobus peinturé de couleurs vives bringuebale vers nous, en provenance, lui, de Kaboul. Les maquisards arrêtent le véhicule d'un geste, montent à bord, inspectent, redescendent, laissent passer. « Que des femmes, des enfants, des vieillards. Ils viennent retrouver leurs familles à la campagne. Le gouvernement les laisse sortir, autant de bouches de moins à nourrir, ils peuvent aller jusqu'au Pakistan s'ils veulent, mais nous ne leur permettrons pas de rentrer à Kaboul avec des victuailles, ce soir ou jamais. Dans la capitale, il faut qu'ils aient faim, il faut qu'ils manquent même de bois de chauffage, pour que le peuple se soulève et oblige enfin ce régime à se rendre. C'est peut-être cruel — tu es des Nations Unies ou médecin français, toi ? — mais il faut que ce régime tombe. Vite. Sans quoi il n'y aura jamais la paix. Ce printemps peut-être... »

La guerre d'Afghanistan, à la veille du retrait soviétique, semble se résoudre en attente suspendue, en glaciation des campagnes armées autour des villes réduites à la misère, avec contacts discrets entre maquisards et soldats gouvernementaux. Sera-ce la reddition rapide du régime une fois les derniers Russes partis ? Plus rien en ces jours de février 1989 ne paraît entamer la confiance et l'orgueil de ces hommes rudes, dévots, tenaces, butés, vainqueurs de l'Armée Rouge malgré toutes ses bombes à fragmentation et les massacres de ses patrouilles au sol. Un maquisard raconte : « L'été passé, les chars des Russes n'arrêtaient pas de rouler vers Kaboul, ils évitaient la route pour foncer à travers le désert entre les montagnes pour gagner la capitale au plus vite ! Sais-tu ce qu'ils avaient monté sur leurs chars ? Des haut-parleurs pour diffuser des messages en notre langue, en persan : " Ne tirez pas ! Nous rentrons chez nous ! Nous aussi, chez nous, nous avons pères et mères, femmes et enfants ! Nous ne reviendrons plus ! Ne tirez pas ! " »

Vrai ? « *Aw !* Vrai ! hochent de la tête les maquisards. Nous tenions la route ! » Le narrateur, enjoué, se frotte les mains. Sattâr, ancien clerc de mosquée, bourru et gai, sans délaisser ses prônes du vendredi a pris les armes avec la Résistance ; il y est passé sous-commandant ; sa prunelle bleue, sa barbe rousse sous la mentonnière de son turban aujourd'hui chaudement noué autour des oreilles, l'ont fait surnommer par ses camarades : " Pandjshêr ", du nom de cette vallée du Nord-Est afghan dont les habitants passent pour avoir le teint clair et dont la résistance sous leur célèbre commandant Mas'oûd est entrée dans la légende. Pourtant ce Sattâr était natif, comme tous ses compagnons à prunelle plus sombre, de cette même province du Lôgar, banlieue sud de Kaboul, province martyre entre toutes d'Afghanistan.

Nulle part comme ici, dans ce Lôgar livré sans défense parce que plaine ouverte au pied des montagnes-refuges, les patrouilles soviétiques arrivées de la capitale en blindés n'ont-elles autant ratissé, massacré, terrorisé les habitants pour les expulser en longues colonnes de réfugiés vers la frontière pakistanaise et nettoyer ainsi les abords de Kaboul. C'était ici, sous ces canons de Pol-é 'Alam, à deux pas de cette route pavée que nous arpentions désormais avec tranquille sécurité en hiver 1989, que la centaine de paysans furent brûlés vifs au pétrole dans un canal d'irrigation en septembre 1982 ; ici encore, la poursuite du médecin français Augoyard à travers les neiges par les hélicoptères en janvier 1983 ; toujours ici, le mitraillage à bout portant, par des

Russes embusqués de nuit, d'une pathétique colonne de soixante-dix vieillards, femmes, enfants de Qal'a-yé Wazîr partis se réfugier au Pakistan en septembre 1985 ; à l'aube, les maquisards avaient trouvé pour uniques survivants un garçonnet tentant vainement de réveiller sa mère et son petit frère, nourrisson qu'il aidait à sucer les gouttes de sang qui coulaient seules encore du sein. Sattâr lui aussi avait souffert dans sa chair : pris dans la rafle de 1983 qui suivit la capture du docteur Augoyard, « Pandjshêr » avait essuyé, avant d'être relâché faute de preuves, quatre mois de détention et de tortures à Pol-é 'Alam, avec pour seul compagnon de cellule le vieux gardien de mosquée saisi avec le docteur Augoyard et qui fut abondamment rossé à coups de crosse par les soldats avant d'être exécuté.

Rien ne paraissait de ces tourments passés sur les traits lisses, rieurs, comme insouciants, de Sattâr. Mais il s'était vengé. Les premiers missiles portables sol-air — *Blowpipes* (« Sarbacanes ») des Anglais, *Stingers* (« Dards de guêpes ») des Américains — avaient été livrés aux chefs des partis de Résistance, installés au Pakistan, dès 1986. Sattâr avait reçu son lot de dards américains durant l'été 1987, saison qui vit l'hécatombe de l'aviation soviétique et la véritable défaite du corps expéditionnaire de l'URSS en Afghanistan. « J'ai abattu huit hélicoptères », dit-il en se caressant la barbe. L'un de ses compagnons nous décrivit une embuscade des maquisards contre un char arrêté ici même, trois mois plus tôt, « là, devant toi », sur la route, d'un tir de roquette, avec deux soldats russes blessés qui s'étaient hissés de la tourelle et laissés tomber sur le sol pendant que leur véhicule brûlait, avant d'être achevés par des *modjâhédîn* à coups de fusil. « Voici une de leurs kalashnikovs ! » Le maquisard agita sa prise de guerre, ornée de petits pompons en verre coloré enluminés de formules coraniques.

Mais la plupart des combattants de Sattâr étaient las de faits d'armes, d'atrocités vécues, de récits de guerre. Le soir, dans l'une des rares fermes fortifiées restées debout dans la vallée, les notables à la clarté fumeuse d'une lampe à pétrole s'assirent sur des nattes autour de la chaleur d'un grossier samovar en fer — l'usage afghan en est emprunté à la Russie du XIXe siècle — pour discuter de leurs projets de paix. L'étiquette commandait d'abord un silence grave pendant le repas servi à même les nattes, avec plateaux de riz fumant mêlé de mouton bouilli, que les convives roulaient habilement en boulettes au creux de leur main droite avant de les porter à leur bouche. Les langues se délièrent seulement après grâces rendues au Seigneur et dégustation rituelle du thé. « Vous nous aiderez à construire un hôpital ? Nous vous donnerons l'un de nos châteaux forts pour nous faire notre hôpital ! Il nous faut cet hôpital ! Vous pourrez réserver une aile pour vos femmes-médecins et y donner les soins à nos femmes, jamais nous ne nous sommes opposés à cela ! Quant à nous, nous enverrons des Barbes-Grises à Kaboul chercher du ciment pour les sols et du verre pour les fenêtres, pour tout remettre en état. » Chaque notable, enthousiaste, voulait participer à sa façon à l'édification de cet Hôpital du Lôgar, symbole d'avenir et de paix retrouvée.

Visage fin et courte moustache grise, vêtu comme tous les convives présents d'un pyjama et du châle traditionnels, mais seul à se raser le menton dans cette assemblée de longues barbes, un ancien professeur de mathématiques du lycée local (détruit dans un échange de tirs au début de la guerre) traçait devant moi les plans du futur hôpital. Intellectuel afghan de moyenne formation, cet *Ostâd* (« maître ») frotté de sciences modernes dans la capitale toute proche ne pouvait malheureusement — comme nombre de ses collègues qui survivent encore en Afghanistan — communiquer directement avec le monde extérieur, faute de posséder l'anglais ou le français. Mais parce que je maîtrise correctement le persan, il put rédiger pour moi un descriptif de la surface des pièces. « Mais il n'y a pas que la médecine, ajouta-t-il. Il faut surtout nous aider pour l'agriculture, remettre les canaux en état. Sans quoi comment pourrons-nous nourrir les réfugiés quand ils rentreront ? Pourrez-vous nous trouver des vétérinaires, puis même en former chez nous ? Il n'y a plus d'éducation. Ce pays est ruiné. Mais nous allons le reconstruire. » L'Afghanistan allait-il vraiment renaître, au printemps de 1989, comme on pouvait un instant le croire à écouter ces espoirs exprimés dans cette petite pièce chauffée par un unique samovar, illuminée par une seule lampe à pétrole, au cœur d'une nuit d'hiver sur les hauts plateaux de Kaboul ?

La conversation glissa vers la politique et les songes de paix s'évaporèrent. Un chef de guerre, couturé de rides profondes sillonnant son visage jusque dans sa barbe gris de fer, parla crûment. « Oui, le pays est ruiné. Toutes les factions vont se disputer le pays après la chute de Kaboul.

Pas seulement ethnie contre ethnie. Les nationalistes devront lutter pour empêcher les *Ikhwânî,* les Frères, de s'accaparer tout le pouvoir. »

Le terme *Ikhwânî,* « Frères », en Afghanistan désigne vaguement et généralement tous les « Frères Musulmans », c'est-à-dire tous les adhérents de cette mouvance internationale des intégristes partisans d'une révolution théocratique à la manière des Frères Musulmans d'Egypte, de la *Djamâ'at* pakistanaise, des émirs wahhâbites d'Arabie saoudite ou des mollarques iraniens (l'ancienne distinction théologique entre sunnites et chiites s'efface au sein du mouvement intégriste islamique moderne).

Le commandant de maquisards pointa un index énergique. « Il nous faudrait le roi. Le roi devrait revenir d'exil, là-bas, de Rome. Lui seul se situe au-dessus des factions et pourrait rassembler le pays. Mais les *Ikhwânî,* évidemment, le rejettent. Ils veulent le pouvoir pour eux seuls. Et ils sont appuyés par les généraux pakistanais et par les Arabes saoudites. Ce sera encore la guerre... »

Le discours du chef de guerre s'adressait surtout à moi, car tous les convives présents connaissaient et partageaient de longue date son raisonnement. Membres du parti modéré nationaliste *Harakat,* « Mouvement », les dirigeants traditionalistes de cette partie du Lôgar récusaient l'intégrisme extrémiste d'une partie de la Résistance et usaient volontiers d'un langage de tolérance aux accents assez modernes. « Nous voulons continuer à travailler avec vous, chrétiens et juifs, comme nous Peuples du Livre et adorateurs du même Dieu, dit Sattâr le clerc. Mais tout le monde en Afghanistan ne le veut plus... »

En fait, c'est parce que ces mêmes dirigeants étaient issus des anciennes confréries religieuses d'Afghanistan, et restaient imprégnés de la vision mystique de l'Islam médiéval *soûfî,* avec sa recherche de l'Union en Dieu au sein d'un panthéisme d'une tolérance hardie pour toutes les formes de quête divine, qu'ils refusaient avec horreur la déviation intégriste moderne que certains partis de la Résistance voulaient leur imposer. Seul un retour du roi semblait garantir à ces maquisards modérés le rétablissement de l'ancien Afghanistan traditionnel, mystique et débonnaire qu'ils avaient tant aimé, pour lequel ils avaient versé leur sang, mais qu'ils craignaient fort de ne plus jamais revoir. Etaient-ils une majorité, dans le pays, à réclamer ainsi le retour du roi et du bon vieux temps? « Oui, nous sommes les plus nombreux! » Comment en être sûr? Déjà la guerre civile pointait; c'étaient les intégristes du *Hezb-é Islâmî* ou « Parti Islamique », murmuraient les milieux nationalistes, qui assassinaient les plus éminentes personnalités modérées afghanes en exil au Pakistan parce que trop favorables au roi : ainsi le poète et universitaire Bahâ-od-Dîn Madjroûh en février 1988, ou bientôt encore le docteur 'Abdollâh Lôdîn en juin 1989.

De fait, malgré le retrait complet des troupes terrestres soviétiques le 15 février 1989, le printemps de 1989 n'apporterait ni chute du régime, ni retour de la paix, ni rentrée des réfugiés, ni manne charitable des Nations Unies, ni rétablissement de la monarchie constitutionnelle, ni élagage des canaux, ni même un petit hôpital de volontaires français pour les maquisards modérés, et vite déçus, du Nord-Lôgar.

Le printemps, l'été, l'automne de 1989, ce serait encore la guerre. Une guerre perdue à la fois par les Russes et les Afghans. Le *Grand Jeu* afghan s'embrouille à plaisir, son damier si net s'est nappé de sang, le monde extérieur se lasse à le vouloir comprendre. Qui aider? Qui soutenir? Qui, d'ailleurs, aimer? L'Afghanistan, exsangue après dix ans d'occupation soviétique, rejoint-il Liban et Cambodge dans la liste des nations d'Asie engouffrées dans un trou de désespoir fatigué général?

*
**

Pour la Russie, le conflit afghan aura peut-être été l'une de ces guerres qu'un pays gagne à perdre, pour se libérer d'une obsédante illusion historique. L'Afghanistan, Algérie ou Viêtnam de l'URSS? Le parallèle viêtnamien est aujourd'hui publiquement accepté en Union Soviétique.

Trois mois avant le retrait final, à l'importante conférence internationale sur l'Afghanistan réunie par la School of Oriental and African Studies de l'Université de Londres en novembre 1988, un jeune et bouillant journaliste soviétique de la revue contestataire *Ogoniok* prit la parole, d'ailleurs surveillé et approuvé du coin de l'œil par d'autres Russes présents — tous fonctionnaires éminents, dont un ancien et redoutable conseiller de Brejnev aux affaires indo-pakistanaise désormais rallié à Gorbatchev. Le jeune journaliste osa reconnaître face aux diplomates et observateurs britanniques et américains dans la salle : « Il nous fallait écouter les bulletins d'information étrangers pour apprendre comment notre propre pays menait sa guerre là-bas : oui, l'Afghanistan a été notre Viêtnam à nous. Nous n'avons pas fait mieux là-bas que vous. »

C'était l'aveu. Pourtant, les Afghans proches de la Résistance présents dans la salle s'étranglaient d'indignation et de haine rien qu'à devoir écouter en silence — règlement du *fair play* britannique oblige — un Soviétique toléré, voire encouragé dans cet aveu par le pouvoir de son pays : fût-il lui-même jeune et sans tache. Non, les Afghans ne pardonneraient pas. Quand le règlement permit à la salle de riposter, ce furent des auditeurs occidentaux qui prirent d'abord la parole. Mais ceux qui avaient vu, de leurs yeux vu, la guerre afghane, ne se contentaient pas, eux non plus, des quelques mots d'excuse du courageux jeune Russe à la tribune. Sans nier My-Laï, ces auditeurs évoquèrent les pires atrocités soviétiques en Afghanistan : les enterrements vivants au bulldozer, les jouets piégés, les enfants arrosés d'essence...

Le journaliste n'y répondit vraiment qu'après la séance officielle, lors du repas informel, à voix contenue mais le visage en feu : « Oui, tout cela est vrai, c'est notre honte. Mais les nôtres ? Et les nôtres ? Comprenez-vous la réaction, la colère des nôtres quand ils découvraient l'un des leurs écorché vif par les rebelles, puis laissé mort sur la piste, la peau de sa poitrine tirée comme ça, au-dessus de sa tête, comme une chemise ? Nos conscrits, croyez-vous qu'on leur avait demandé leur avis avant de les envoyer là-bas ? Pour leur faire vivre ça, et subir ça ? » Les yeux du journaliste brillèrent. Jeune — moins de trente ans —, il avait déjà malgré ses traits réguliers cette étrange et poignante laideur qui afflige tant de Soviétiques modernes, déjà un peu obèse, avec des dents gâtées et une peau jaune pâle comme morte mais couperosée d'acné sur les pommettes : la rançon d'années de mauvaise nourriture à base de conserves et de féculents, aggravées de mauvais savon, de mauvais rasoirs, de mauvais alcool, d'un cruel manque de soleil. Aussi, durant la conférence, le contraste avait-il été pénible à voir entre ce jeune Russe livide criant sa foi en la démocratie, et les quelques jeunes Afghans de bronze dans la salle, drapés dans leur silence douloureux et hautain ; ces derniers, même en exil européen, gardaient tous quelque chose de leur apparence de montagnards nourris de beurre de brebis, tannés de vent et de soleil, souples comme des chats. Cependant le plaidoyer du journaliste, de toute évidence venu du cœur, troubla visiblement ses compagnons de table occidentaux du soir, sans toutefois les convaincre. Alors l'homme d'*Ogoniok* ajouta, de son timbre égal mais ému, et en son anglais irréprochable (un peu américanisé) à peine mouillé de labiales slaves : « Je sais ce que vous me répondrez. Nous n'étions pas dans notre pays. Eux, ils étaient chez eux. » Cette parole ébranla la tablée. Un Occidental hasarda : « Alors maintenant, en Russie, vous commencez enfin à reconnaître les choses, vous commencez à renouer...

— Avec le cours normal de la civilisation humaine, oui, après soixante-quatre ans d'interruption », dit le correspondant d'*Ogoniok,* de son accent précis. Il s'attirait ce soir-là les cœurs de tous les Anglais et Américains attablés. « Je crois en notre *perestroïka ;* il faudra la mener jusqu'au bout », ajouta-t-il, en portant sur ses deux compatriotes à table un regard de résolution tranquille, mais ferme. Un défi ?

À la conférence même, lorsqu'il prit à son tour la parole à la tribune, l'ancien conseiller de Brejnev, la soixantaine vigoureuse, posa, lui, un regard officiel, intensément froid et comme pétillant de joyeuse et intelligente cruauté, deux yeux slavissimes d'un bleu azur irréel à la manière de deux petites pointes d'acier, sur quelques délégués blêmissants du gouvernement de Kaboul, groupés sur une même rangée. L'homme de Brejnev semblait parler au pupitre à leur intention seule, avec une ironie effilée : « Nombre de dirigeants africains ou asiatiques au cours de ce siècle se sont réclamés d'une inspiration léniniste : prenez Nehru en Inde. Nasser en Egypte. Ou Soekarno en Indonésie. Mais cela n'en faisait pas pour autant des communistes. » Une pause appuyée. « *En Afghanistan, je ne vois pas de communistes. Aucun communiste.* » L'expert soviétique baissa le regard sur ses notes comme un couperet s'abat.

Elégante exécution politique ? Abandon des marxistes afghans à leur sort après le 15 février ? Si les dirigeants de Kaboul n'étaient plus considérés par Moscou comme d'authentiques communistes, cela ne semblait-il donc pas dispenser Gorbatchev de les soutenir au-delà du retrait ?

Le dogme soviétique précise, et Radio-Kaboul l'avait assez martelé dans la tête de ses auditeurs pendant plus de onze ans : « Le processus révolutionnaire est *irréversible* » (en russe : *biez-pavcrotnii,* « sans retour », rendu par Radio-Kaboul en un néologisme persan presque imprononçable : *bâzgashtnâpazîr.*) Toutefois, si ces MM. Tarakî, Amîn, Kârmal, Nadjîb et autres Communistes afghans n'avaient jamais été vraiment des Communistes, l'URSS pouvait-elle dès lors se retirer de chez eux sans dommage idéologique : point de « retour » s'il n'y avait jamais eu de « départ » ?

Les dirigeants de Kaboul, se bornait à conclure l'ancien expert de Brejnev, n'étaient que des « révolutionnaires-nationalistes-asiatiques » agissant « dans le cadre de l'édification-de-l'Etat » comme « progressistes-sociaux-démocrates-bourgeois ».

Libre aux auditeurs occidentaux d'interpréter ce morceau de casuistique marxiste à leur guise. Ce que voulait signifier l'expert de Brejnev, croyaient comprendre un certain nombre d'Occidentaux dans la salle, c'est que les Russes se lavaient les mains des maladroits dirigeants de Kaboul cyniquement désavoués : ceux-ci pouvaient tous se faire fusiller par les maquisards islamiques le lendemain même du retrait, le 16 février, sans remettre en question le dogme de l'infaillibilité communiste.

La réalité de l'après-retrait, cependant, allait se révéler plus complexe encore que le jargon marxiste-léniniste d'un ancien conseiller de Brejnev.

***

Pour déchirante du point de vue politique ou même psychologique que soit la révision soviétique sur l'Afghanistan, il reste d'abord que ce retournement sans précédent est dû à une défaite militaire, causée en 1987-1988 par l'introduction d'une arme, une seule, parmi les Résistants afghans : le missile sol-air chercheur portable, dit Stinger ou Blowpipe, fronde désormais empoignée par David qui lui permit de frapper Goliath au front.

De 1980 à 1986, les Russes portaient le feu et le fer dans le guêpier au sud de leurs frontières, certes, mais sans que les guêpes — si l'on ose dire — bourdonnant autour d'eux avec tant de rage et de douleur puissent leur faire grand mal.

L'embarras des Soviétiques était, dans un premier temps, avant tout politique, non militaire. A l'extérieur, le 14 janvier 1980, une résolution votée en session extraordinaire des Nations unies condamnait l'invasion et exigeait le retrait des troupes soviétiques par un score accablant de 104 voix contre 18 (cette condamnation internationale serait renouvelée à New York chaque année dans des proportions semblables, pour atteindre le 10 novembre 1987 le record de 123 voix de protestation contre l'Union Soviétique contre 19 voix seulement en sa faveur et 11 abstentions). Une conférence de 36 pays islamiques rassemblée au Pakistan le 27 janvier 1980 portait cette condamnation, soulevait pareille exigence, au nom d'une vaste partie du Tiers Monde. Mais l'URSS, une fois engagée dans son coup de force, préféra encaisser les coups diplomatiques portés par l'étranger sans broncher, sans vaciller, sans modifier d'une ligne son comportement sur le terrain : dans l'espoir, si souvent justifié dans le passé, que la communauté internationale finirait dans la lassitude et le réalisme par accepter et même entériner le coup de force. Dès 1981, la plupart des pays arabes — y compris certains des plus conservateurs — avaient renoué prudemment leurs relations diplomatiques avec Moscou.

A l'intérieur même de l'Afghanistan, un second embarras politique entravait les efforts soviétiques. La désobéissance passive ou active de la majorité écrasante de la population, la désertion de la plus grosse partie de l'armée gouvernementale afghane (descendue de 80 000 à 30 000 hommes au courant de l'année 1979), le refus de collaboration politique opposé par presque tous les survivants de l'ancienne élite, rendait pour un temps la nouvelle conquête soviétique ingouvernable, incontrôlable. L'Afghánistan traditionnel opposait au conquérant son éternel refus de se soumettre, son émiettement, privait l'occupant d'un nombre suffisant de collaborateurs indigènes pour administrer efficacement sa conquête.

Mais la force, jusqu'en 1986, était réellement du côté des Russes. Les maquisards ne pouvaient en aucune façon chasser les Soviétiques de leurs forteresses urbaines. Et l'état-major soviétique entendait bien relever le défi contre lequel Perses, Moghols et Britanniques s'étaient autrefois cassé les dents, en créant de toutes pièces une classe de collaborateurs indigènes là où ceux-ci n'existaient même pas encore, afin qu'ils soient prêts à assurer la relève de l'occupation dès la fin des années 80.

Bref, il s'agissait pour l'Armée Soviétique de tenir un minimum de place fortes inexpugnables pour gagner à tout prix du temps. Les années d'occupation ainsi grignotées seraient mises à profit par les Russes pour expédier en Union Soviétique quelque 10 000 jeunes Afghans, afin qu'ils y suivent une formation poussée militaire, technique ou administrative. Entre-temps, l'Afghanistan insoumis profond serait laissé dans son ignorance, sa barbarie et son isolement, en attendant qu'il sombre dans la misère, la lassitude et le désespoir et finisse par rendre les armes.

Pour cela, le haut commandement soviétique activa, en Afghanistan, la stratégie qui avait été la sienne durant la pacification communiste du Turkestan russe durant les années 1920, et qui se résume en trois verbes : « Encercle, isole, ensuite seulement écrase. »

Dans les conditions afghanes, donc, il fallait pour les Russes avant tout encercler et isoler les maquis les uns des autres en attendant — avec toute la patience nécessaire — de les écraser chacun leur tour. Ici, Moscou était cette fois largement servi par l'incohérence politique, la désastreuse désunion des groupes de maquisards combattant chacun pour leur seul terroir, leur seule vallée, sans stratégie d'ensemble pour l'ensemble du sol national. En outre, l'état-major russe n'avait qu'à suivre le tracé de la grande route asphaltée circulaire pour élaborer sa stratégie d'isolement. La route afghane contourne et encercle le massif montagneux qui forme le noyau central du pays. La tâche militaire des Russes n'était pas seulement le contrôle absolu de cette route circulaire en la faisant parcourir par des chars survolés d'hélicoptères de l'aube au crépuscule. Il leur incombait en outre de *dépeupler* cette route, c'est-à-dire de chasser des abords de l'axe asphalté les habitants de tous les villages que cette route traversait, sur la plus large bande possible, et par tous les moyens nécessaires. De surcroît, l'Armée Rouge ne pouvait verrouiller les confins afghano-pakistanais et afghano-iraniens qu'une fois les provinces frontalières totalement dépeuplées à leur tour. Ainsi s'achèverait la mise en place d'un double cordon sanitaire désertifié, les frontières mortes s'ajoutant à la route circulaire stérile, enserrant la montagne centrale et l'isolant du reste du monde en attendant qu'elle soit réduite à son heure.

Ce programme de dépeuplement était vaste, car le gros de la population d'avant-guerre vivait précisément le long des routes et dans les riches provinces frontalières. Le programme s'accomplit, pourtant, entre 1980 et 1986, avec une monotone cruauté : tel village près de la route était soudain investi par les chars et hélicoptères, les défenseurs du village s'égaillaient dans la montagne, un massacre ponctuel et ciblé sur la place du hameau semblable à celui décrit au début de ce livre achevait de convaincre la population non combattante que ses guerilléros étaient incapables de la protéger, et pour quelque cent ou deux cents morts, un millier de civils prenaient le chemin de l'exode. Au terme de sept années de pression, l'Afghanistan avait perdu le tiers de sa population, soit plus de cinq millions d'âmes en exil en Iran et au Pakistan, équivalant à la *moitié* de tous les réfugiés recensés dans le monde. Le terme « phénomène de réfugiés » est d'ailleurs un euphémisme, typique du jargon des fonctionnaires internationaux. Tel déplacement de populations provoqué par une terreur aussi délibérée, drame sans doute analogue à certains tristes incidents palestiniens de 1948 et surtout à la tragédie arménienne de 1915, mais d'une ampleur infiniment supérieure encore à ces deux catastrophes humaines précédentes, se définirait plus justement comme une *déportation.* Les familles fugitives afghanes, éperonnées par la crainte des hélicoptères de jour, se bousculant de nuit sur les hauts cols montagneux pour gagner l'autre versant de peur d'être surprises sur les hauteurs par les bombardiers à l'aube — aucun survivant de l'attaque du 14 septembre 1986 sur le col de Pakhar'aï n'oubliera jamais ces rochers nus sur le sommet flambant comme des torches sous les coulées de phosphore — épargnaient surtout à l'Armée Rouge le coût de leur propre transport vers le Pakistan.

En automne 1985, au cours d'une mission clandestine à cheval dans quatre provinces de l'Est et du Centre effectuée pour la Fédération Internationale des Droits de l'Homme et Médecins du Monde, le docteur suédois Johann Lagerfelt et moi-même réussîmes à recenser vingt-trois villages et à y évaluer un taux de dépopulation de l'ordre de 56,3 %. Mais ce n'étaient plus tant les frontaliers orientaux qui fuyaient désormais ; de nombreux villages de l'Est étaient à cette heure entièrement vides, une succession de gourbis béants et de vergers ensablés d'oasis en oasis abandonnées. Une large ceinture de territoire retournait déjà au désert entre la frontière pakistanaise et la bande routière. Une zone d'habitation plus dense n'apparaissait plus qu'au-delà de la ceinture routière, dans l'intérieur montagneux, là où les villageois s'imaginaient déjà presque libres et victorieux alors que les Soviétiques les épargnaient encore seulement à dessein. Dans la zone de la terreur, depuis le Pakistan jusqu'aux confins des plateaux du Hazâradjât, les paysans demeurés toujours sur place se blottissaient dans leurs cahutes de l'aube au crépuscule pour n'émerger et cultiver leurs champs que la nuit, afin de laisser croire aux patrouilles aériennes que leurs villages étaient morts.

La plupart des fugitifs rencontrés en 1985 provenaient à présent du lointain Turkestan afghan, au Nord le long des confins soviétiques, à plus d'un mois de marche par les plus hauts cols de l'Hindou-Koush, chassés par des massacres répétés dans leurs villages tout au long de l'année 1985, et hâtés encore dans leur fuite sur les hauts plateaux de Hazâradjât par le harcèlement des bombardiers. Après l'Est, le Nord se vidait sous l'inexorable pression soviétique. Les fugitifs devaient éviter le Lôgar, bloqué par les embuscades soviétiques, pour gagner le Pakistan en un détour rallongeant leur marche forcée d'une semaine supplémentaire de souffrance. Le col de Pakhar'aï restait dangereux, les caravanes attardées à l'aube pouvaient s'y faire mitrailler aux premières lueurs par l'aviation, mais le passage y demeurait libre durant les heures d'obscurité. De fait, à même de déposer des commandos héliportés là où ils cherchaient réellement à boucher les issues — comme au Lôgar — les Soviétiques fermaient ou laissaient ouvertes ces sorties frontalières à leur guise, comme autant de robinets, pour contrôler et ainsi canaliser sous leur étroite surveillance aérienne le flot de réfugiés qu'ils forçaient à s'écouler d'un Afghanistan de plus en plus exsangue. Le flux de réfugiés atteignit sa plus haute intensité durant les années 1985-1986, parfois au rythme de 10 000 fugitifs pénétrant au Pakistan par *mois*. Ces mêmes années, qui accusèrent le nadir absolu de la Résistance afghane et le plus haut crescendo de violence de la part de l'occupant — les bombes tombèrent avec une précision meurtrière jusque sur notre hôpital de Médecins du Monde le 10 octobre 1986 —, devaient correspondre curieusement à l'arrivée de Mikhaïl Gorbatchev au pouvoir en URSS. L'état-major de l'Armée Rouge voulait-il convaincre le nouveau secrétaire général de l'imminence de sa victoire militaire en Afghanistan ?

Face au déluge du phosphore et des bombes à fragmentation, les maquisards armés demeuraient comme impuissants à protéger leurs propres populations civiles. Plus aucune vallée d'Afghanistan n'offrait de sanctuaire à l'abri de l'aviation soviétique. L'hélicoptère au ventre blindé de titanium restait invulnérable aux tirs des armes légères des *modjâhédîn* sur leurs crêtes. Certes, rompus aux méthodes de résistance traditionnelle, les maquisards bénéficiaient de complicités étroites au sein de l'armée et du gouvernement afghans, et pouvaient encore entraver la mise en place du système répressif. Nombre d'officiers et de fonctionnaires du régime nourrissaient une sympathie secrète pour la Résistance et avertissaient par une multitude de canaux clandestins les maquisards de leur propre tribu ou ethnie des attaques ou embuscades prochaines des Russes. Durant l'offensive du général Osmanov dans la région de Ghaznî en automne 1985, nombre de villageois purent s'enfuir avec un jour d'avance sur l'arrivée des chars grâce aux messages des officiers afghans dans l'entourage du commandant soviétique. Dans la vallée du Pandjshêr, au Nord-Est, le célèbre commandant de maquisards Mas'oûd avait toujours réussi, entre 1980 et 1984, à échapper aux attaques soviétiques et à la capture grâce aux renseignements fournis par ses collaborateurs jusque dans le sein de l'état-major gouvernemental. Les Soviétiques au milieu des années 1980 étaient certes conscients de ce pourrissement au cœur de leur appareil d'Etat communiste afghan, mais sans doute en estimaient-ils le prix assez faible et attendaient-ils leur heure pour remplacer les éléments douteux par les nouvelles recrues formées en URSS à la fin de la décennie. Du reste, si les maquisards savaient rester des irritants épineux au flanc de l'Armée Rouge en faisant sauter ses convois ou ses dépôts de munitions, s'ils évitaient presque toujours de tomber dans ses traquenards et réussissaient presque en toute occasion à s'égailler sains et saufs dans la montagne, ils ne pouvaient empêcher la destruction de leurs villages, la dévastation de leurs champs, l'exode forcé de leurs familles.

Aussi fallait-il tout l'optimisme tenace des maquisards pour croire encore en une victoire possible de la Résistance entre 1984 et 1986. Le 21 avril 1984, au terme d'une quatrième offensive, les chars soviétiques, appuyés par des bombardements à haute altitude et des commandos héliportés déposés sur les crêtes, forçaient enfin l'entrée de l'étroite vallée escarpée du Pandjshêr et contraignaient Mas'oûd et ses hommes — avertis à temps — à évacuer toute leur population dans les montagnes voisines. Avec ses cahutes écrasées sous les chenilles des chars et ses arbres fruitiers coupés au pied, la riante vallée du Pandjshêr fut réduite à la mort. Le 14 décembre 1984, le meilleur commandant des maquisards de la plaine du Nord, Zabîhollâh, du parti Djam'iyat, roulait en jeep sur une mine russe ; son trépas jeta la résistance du Turkestan afghan dans la désorganisation et l'effondrement. En avril 1986, les troupes soviétiques investissaient et détruisaient la puissante base résistante du commandant Djalâloddîn Haqqânî à Jawar, à la frontière pakistanaise dans le Paktyâ. En été 1986, les jours de la Résistance armée paraissaient, sinon comptés, du moins dépourvus d'espoir.

C'est alors que l'arrivée des nouvelles armes antiaériennes devait tout bouleverser.

*
**

Les services de renseignements soviétiques avaient-ils déjà eu vent, en 1985, des projets anglo-américains de livrer des missiles antiaériens aux maquisards ? Tous les observateurs indépendants l'avaient suffisamment répété, écrit : seule la maîtrise absolue du ciel permettait aux forces soviétiques de dominer de leur feu ces montagnes indomptées jusqu'alors depuis le début de l'histoire ; si les maquisards, toutefois, réussissaient seulement à interdire le ciel au-dessus de leurs crêtes à l'aviation ennemie, leurs montagnes redeviendraient d'inviolables sanctuaires que l'Armée Rouge ne pénétrerait plus. Jamais, alors, l'URSS ne pourrait occuper le sol afghan. Washington ne l'ignorait plus. Moscou en avait toujours été conscient.

Dès l'automne 1985, en tout état de cause, les pilotes soviétiques commençaient à craindre l'arrivée des dards de guêpe américains, à redouter leur présence possible dans les vallées. Telle fin d'après-midi d'automne 1985, le Dr Lagerfelt et moi-même fûmes surpris par une patrouille de chasseurs bombardiers avec notre groupe de maquisards roulant imprudemment en camion, au cœur de grandes volutes de poussière, dans une vallée rocailleuse du Paktyâ. A peine eûmes-nous le temps de rouler dans un fossé, camouflés sous nos châles couleur de terre pour ressembler à des rochers, que les avions étaient revenus, zébrant le ciel entre les falaises, suivis bientôt d'hélicoptères bourdonnant au-dessus de nos têtes. Par bonheur, le camion s'était immobilisé dans l'ombre très noire d'une très haute falaise. Manifestement, les pilotes peinaient à nous retrouver dans la lumière coupée de violents pans d'obscurité de ce jour déclinant peu à peu dans les montagnes. Qu'avaient-ils donc vu bouger dans la poussière au fond des gorges ? Soudain, les ailes des bombardiers chasseurs semblèrent s'épanouir en gerbes de feu. Couchés immobiles sur la rocaille dans l'espoir de survivre jusqu'à la tombée du soir, nous nous donnions pour morts, les pilotes nous tiraient dessus... Non pas, ces explosions épanouies en tous sens étaient des leurres, des fusées lumineuses et brûlantes, tirées par les appareils pour éloigner les éventuelles têtes chercheuses de missiles. Les pilotes avaient craint quelque armement antiaérien là, sous eux, dans l'ombre trompeuse des falaises, et avaient préféré jouer de prudence plutôt que de lancer des roquettes au hasard contre un ennemi inconnu. Ils avaient eu aussi peur de nous que nous d'eux. Personne, ce jour-là, n'avait voulu mourir, ni n'était mort.

L'administration Reagan devait livrer les premiers missiles Stinger à certains groupes de la Résistance en mars de 1986, comme les Soviétiques en furent très vite informés. L'usage des missiles parmi les maquisards se généralisa, toutefois, seulement au printemps de 1987, avec des conséquences soudain catastrophiques pour l'aviation soviétique. Rustiques, infaillibles, et faciles à manier, les dards à têtes chercheuses américaines et britanniques entre les mains calleuses des *modjâhédîn* commencèrent à abattre *un appareil soviétique par jour* durant l'été de 1987. Même les avions à la base de Bagrâm, près de Kaboul, devaient s'efforcer de décoller le plus vite et le plus verticalement possible pour échapper aux dards tirés par les maquisards embusqués trop près de l'aéroport. Afin d'éviter la mort, les pilotes de bombardiers et d'hélicoptères, en automne 1987, abandonnèrent les vols de jour pour ne plus circuler dans le ciel afghan que de nuit, s'interdisant désormais toute vision du sol. La guerre venait de pivoter. Les *modjâhédîn* au sol devenaient maîtres du jour, les Russes dans le ciel n'y sortaient plus que la nuit.

C'est durant la bataille pour Khôst, citadelle gouvernementale âprement disputée dans l'Est afghan, entre novembre 1987 et janvier 1988, que la défaite militaire soviétique parut tout d'un coup consommée. L'intervention anglo-américaine avait été décisive : ce simple choix de Londres et

Washington d'équiper les *modjâhédîn* de missiles portables suffit à anéantir la supériorité technique de l'Armée Rouge entre les falaises afghanes. Plus aucun chef afghan important, en 1987, ne circulait plus dans les maquis sans ses gardes du corps tout autour de lui portant sur l'épaule, comme des hallebardes, les longs tuyaux à gâchette soigneusement enveloppés de bâches pour les protéger de la poussière, prêts à abattre en flammes le premier avion en vue.

La perte soudaine de leur maîtrise du ciel, en été 1987, avait aussitôt replongé les troupes d'occupation dans les conditions d'un combat afghan des plus archaïques, dans ce fourvoiement de haute montagne qui avait causé la perte de tous les envahisseurs d'autrefois. L'infanterie soviétique, privée de sa couverture aérienne, n'osait en effet plus se risquer de jour et encore moins le soir dans les défilés ou le long des routes où s'embusquaient les maquisards, se claquemurait passivement dans ses fortins, n'attendait plus son ravitaillement que de nuit : désormais, pour éviter les tirs antiaériens, c'était seulement à la tombée de l'obscurité que les hélicoptères s'envolaient de Kaboul vers les garnisons disséminées pour y distribuer nourriture et munitions. Cependant les maquisards, sans abandonner les sentiers des crêtes, se risquaient de semaine en semaine toujours plus bas, jusque dans les vallées et les plaines, non plus seulement à pied ou à cheval, mais même en jeep ou en camion. L'initiative de la guerre passait aux Combattants-Saints. Dès la fin de l'été 1987, de lourds véhicules achetés par les partis des *modjâhédîn* au Pakistan, bourrés de mitrailleuses et de munitions, roulaient depuis la frontière sans plus craindre d'attaques aériennes vers les fortins gouvernementaux que les différents groupes choisissaient de harceler. Entre-temps, le flot de réfugiés s'était tari enfin : de vastes zones montagneuses, leur ciel une fois nettoyé, redevenaient des sanctuaires pour les populations paysannes. Les maquisards étaient enfin libres du souci de protéger leurs civils des représailles aériennes.

L'apparition des missiles rendait nouvellement vulnérables non plus les seuls convois sur la route, mais encore et surtout les fortins provinciaux, points d'ancrage de l'occupation soviétique, citadelles jusque-là imprenables quand elles étaient ravitaillées et protégées sans problème par les flottilles d'hélicoptères dépêchées des grandes bases. Avec ses hélicoptères maintenant cloués au sol de l'aube au crépuscule, en novembre 1987 se profila pour l'état-major russe une menace précise : celle de la chute d'une forteresse majeure, Khôst, aux abords de la frontière pakistanaise. Désormais indélogeables par l'aviation russe, les maquisards commandaient à présent toutes les communications entre Kaboul et Khôst, occupaient les crêtes surplombant le filet de route entre la capitale et l'une de ses plus grandes garnisons frontalières. Les *modjâhédîn* de divers partis accourus du Pakistan scellaient des alliances pour renforcer leurs diverses positions sur les falaises, hissaient leur nouvelle artillerie de provenance chinoise, ou britannique, ou américaine, par les sentiers muletiers. Les mules mêmes, en 1987, étaient américaines, bêtes envoyées au charnier par avion du Tennessee jusqu'à la frontière pakistanaise pour transporter les canons des *modjâhédîn* sur les sommets. Mal adaptées au climat et surtout à la dureté de leurs palefreniers afghans, ces mules américaines moururent en quelques mois, pas avant d'avoir achevé leur tâche autour de Khôst. Calant leurs lance-roquettes, leurs mortiers et leurs missiles antiaériens sur des supports de rocaille, les maquisards mitraillèrent la forteresse pendant des semaines sans discontinuer, d'une aube à l'autre. Pour sauver la garnison, les Soviétiques durent se résoudre à envoyer leurs chars rouvrir la route sans couverture aérienne, sous le feu des crêtes.

Aussi, en cette fin d'année 1987, à Khôst, le plus récent conflit afghan revêtit sous nos yeux sa médiévale allure d'éternelle confrontation entre Despote de la Plaine et Insolence de la Montagne. Le hasard voulut que quelques Occidentaux clandestins soient témoins d'un aspect ou deux de cette bataille qui mit un terme à l'invasion soviétique de l'Afghanistan : petite troupe à cheval de volontaires de Médecins du Monde et Vétérinaires Sans Frontières, nous rentrions par les montagnes au Pakistan (avec nous, nos présidents Bernard Kouchner et Jean-François Cautain, enturbannés comme les autres). Pour franchir la zone de guerre, nos guides nous firent gravir les falaises dominant la plaine de Khôst. A nos pieds, à mille mètres en contrebas, serpentait entre les murailles de roc cette même piste (aujourd'hui goudronnée) où moururent autrefois les armées du Grand Moghol. Successeurs modernes des éléphants de guerre, les pesants chars soviétiques au fond du gouffre allaient rouler deux mois durant poursuivis par la mort avant de gagner la garnison, agonis tout au long du chemin par le tir des roquettes et le feu roulant des mitrailleuses perchées. La garnison, prêtant main-forte aux troupes qui tâchaient de la secourir, arrosait elle-même d'obus à longue portée les montagnes environnant la route à des kilomètres à la ronde. Par une belle et froide matinée de décembre, notre prompte escalade des falaises sous la houlette de nos guides ne nous sauva pas pour un temps d'un mitraillage de projectiles gouvernementaux sifflant juste au-dessus de nos têtes pour s'écraser en petites fontaines de poussière, à flanc de colline, d'abord devant nous, puis tout autour de nous. Campant cette nuit-là sur une crête enneigée, nous vîmes l'obscurité autour de Khôst éclaboussée de fusées éclairantes, tandis qu'au-dessus de nos têtes vrombissaient les hélicoptères invisibles, libérés de leurs bases par la tombée du soir.

La puissance de feu soviétique, les bombardements des chasseurs volant à très haute altitude au-delà de la portée des missiles, permirent aux Soviétiques malgré des pertes sévères de disperser les concentrations de *modjâhédîn* sur les crêtes et de lever le siège de Khôst à la fin du mois de janvier 1988. L'état-major russe avait donc encore prouvé sa capacité à se cramponner de toutes ses forces dans toutes ses forteresses afghanes, même au bout des pistes les plus raidement encaissées. Mais depuis la livraison des Stingers aux maquisards, toute possibilité de conquête soviétique des réduits montagneux se trouvait exclue. En outre, la stratégie des déportations successives pour isoler et asphyxier les maquis était à présent interdite pour Moscou, car toujours contrecarrée par les missiles. La position militaire des Soviétiques en Afghanistan ne pouvait donc plus que se résigner à une passivité stagnante, renonçant à toute initiative, condamnée à un cul-de-sac entre les montagnes. D'ailleurs, au courant de l'année 1988-1989 à venir, le Ministère de la Défense soviétique allait reconnaître la perte de plus de 13 000 de ses soldats dans le conflit afghan, et une dépense de 5 milliards de roubles par an. Ces chiffres pouvaient encore s'élever brusquement sous la mitraille des missiles. Dès lors, une occupation désormais enlisée ne compensait plus l'hostilité américaine, chinoise, européenne et islamique provoquée par le coup de Kaboul, opprobre international encore renouvelé par la condamnation record déjà mentionnée ci-dessus (123 voix contre 19 avec 11 abstentions) prononcée aux Nations Unies le 10 novembre précédent.

Le 15 février 1988, Mikhaïl Gorbatchev annonçait le retrait définitif des troupes soviétiques du territoire afghan dans un délai d'un an, soit le 15 février 1989, sur la base d'un accord qui serait signé avec les Etats-Unis et le Pakistan à Genève, les 14-15 avril 1988.

L'URSS reconnaissait-elle avoir perdu la guerre d'Afghanistan ? Ou chercherait-elle surtout, pour reprendre une vigoureuse expression anglaise, à arracher la victoire diplomatique des mâchoires d'une défaite militaire ?

***

Restait à Gorbatchev, en attendant la date devenue diplomatiquement contraignante du retrait du 15 février 1989, à trouver une porte de sortie honorable. Des indices devenus pour nous soudain très clairs semblent traduire le désir de Gorbatchev de s'extraire du guêpier afghan, ou du moins sa volonté de faire habilement face ou volte-face devant tout retournement soudain de la situation sur le terrain, dès son arrivée au pouvoir le 10 mars 1985. Nombre de signaux en provenance des Etats-Unis, en effet, avaient nettement averti les Soviétiques de la prochaine assistance militaire massive de Washington aux maquisards afghans : le 4 octobre 1984, déjà, du temps du moribond Tchernenko, la résolution Tsongas au Sénat des Etats-Unis autorisait l'administration Reagan à fournir une aide de 285 millions de dollars à la Résistance. L'enlisement politique de l'expédition afghane, la menace militaire pointant à l'horizon, le différend durable causé par le coup de Kaboul avec la communauté internationale, tout cela rendait fort lourd et trop lourd, pour le nouveau secrétaire Mikhaïl Gorbatchev, l'héritage de Brejnev en Asie. Enfin, malgré son redoublement de violence sur le terrain entre 1984 et 1986, l'Armée Rouge n'avait pu briser définitivement l'échine de la Résistance avant l'arrivée si redoutée des Stingers et des Blowpipes en 1986-1987, lesquels mettraient un terme fatal à l'aventure militaire. Faute de l'avoir gagnée, Gorbatchev se devait de terminer la guerre afghane avant la fin de 1989 au plus tard, pour que l'équipée devenue sanglante et ratée restât attachée au seul nom de son prédécesseur Léonid Brejnev, par ailleurs désavoué et déshonoré... et non pas au sien.

Gorbatchev s'efforcerait, néanmoins, de sauver du désastre un élément peut-être encore le plus viable de la stratégie brejnévienne : gagner suffisamment de temps pour reconstruire, pour renforcer l'armée et le gouvernement des communistes afghans, afin que ceux-ci puissent tenir seuls face aux maquisards désorganisés et démoralisés.

Pour fléchir la détermination des *modjâhédîn* tout en semant le trouble dans leurs esprits, Gorbatchev avait inauguré sa nouvelle politique afghane dès l'automne de 1985. Le 14 octobre de cette même année, il est enjoint au chef du parti communiste afghan, Babrak Kârmal, de lancer une vaste campagne de réconciliation nationale. Le caractère communiste du régime est mis en sourdine, voire nié, Kârmal met l'accent sur l'identité islamique, nationaliste de son gouvernement et offre la paix des braves aux chefs des tribus, les invitant à se rallier. Les *modjâhédîn,* bien entendu, rejettent son offre avec mépris.

Mais Gorbatchev persévère. Le 4 mai 1986, coup de théâtre à Kaboul. Babrak Kârmal, l'homme qui incarne l'échec brejnévien en Afghanistan, est contraint de démissionner de son poste de secrétaire général du parti avant de s'envoler un an plus tard, exilé, en URSS. Son successeur est un jeune médecin bourru de trente-neuf ans, bâti comme un taureau, col épais, épaules massives, sourcils toujours froncés et la moustache courte et noire barrant une lippe boudeuse, Tout l'Afghanistan le surnomme d'ailleurs *Gâw,* le Taureau. Il s'appelle en réalité Nadjîbollâh, « Noble en Dieu », mais exige d'être appelé par ses amis marxistes, tout simplement, « Camarade Nadjîb », afin d'effacer la composante divine de son nom (il rétablira officiellement l'*Ollâh* en 1989, après le retrait, pour afficher prudemment son caractère de « bon musulman » aux yeux de tous). Dès son entrée en fonctions, le Camarade Nadjîb, issu de la faction *Partcham* du parti, exige l'unité de tous les communistes et, surtout, réitère inlassablement l'appel de son prédécesseur Kârmal en faveur de la « réconciliation nationale », allant jusqu'à proposer un cessez-le-feu avec les *modjâhédîn* le 15 janvier 1987, et plaçant la nouvelle Constitution proclamée le 29 novembre 1987 sous l'invocation de « Dieu clément et miséricordieux. »

En vain. La Résistance rejette toutes les offres de Nadjîbollâh avec une haine plus prononcée encore envers lui qu'envers son pathétique prédécesseur. On comprend cette haine. De janvier 1980 à mai 1986, le même Dr Nadjîb était directeur du KHAD, les services de la police secrète de Kaboul, branche afghane du KGB. C'est sous son ordre et sa responsabilité immédiate que furent perpétrées les tortures dénoncées aux Auditions Internationales d'Oslo en mars 1983 par le haut commandant de police nouvellement réfugié en Occident, Ayoûb Asîl : entre autres sévices, ces entonnoirs enfoncés de force dans la bouche des lycéennes de Kaboul arrêtées après les manifestations antisoviétiques du printemps 1980, pour que les policiers urinent dedans... Etrange choix, en vérité, que celui de ce tortionnaire principal du régime pour prêcher la réconciliation nationale, mais les Soviétiques semblent apprécier son habileté politique et sa poigne. En outre, son détestable passé vis-à-vis des Afghans le rend incapable de toute velléité d'indépendance vis-à-vis des Russes quand ceux-ci seraient contraints aux décisions difficiles : à un retrait, par exemple. Homme des Russes, Nadjîb ne saura leur dire non. En fin de parcours, les Soviétiques pourraient un jour rapatrier Nadjîbollâh en URSS sans difficulté, si un remplaçant s'imposait.

Tandis que le gouvernement de Kaboul multiplie les appels à la paix tout en tapissant la campagne de bombes, Gorbatchev esquisse les premiers gestes, au début assez contradictoires, d'un véritable retrait militaire, en séduisant et désorientant à la fois l'opinion occidentale. Le 10 octobre 1986, le jour même où ses bombardiers piquent sur l'hôpital clandestin de Médecins du Monde dans l'est du pays, Gorbatchev annonce le retrait de six régiments de Hérât, dans le nord-ouest, sous l'œil des journalistes occidentaux spécialement invités. Propagande? Les services spéciaux pakistanais croient pouvoir affirmer que 15 000 hommes viennent discrètement remplacer à Kaboul les 8 000 soldats retirés en fanfare de Hérât.

Mais plus aucun observateur ne nie la réalité effective du retrait à partir du 15 avril 1988; la moitié du corps expéditionnaire soviétique a déjà quitté le sol afghan à la mi-août 1988, et si le mouvement de troupes est gelé durant quelques semaines d'automne 1988 pour faire front aux menaces d'encerclement de Kandahâr par les *modjâhédîn*, il reprend pour s'achever entièrement le 15 février 1989. Tout au plus la Résistance évoque-t-elle de manière hypothétique en mars 1989 le maintien à Kaboul (et à Djalâlâbâd) de troupes d'élite d'origine ethnique centrasiatique, camouflées dans des uniformes afghans, pour expliquer ses propres échecs. Mais le fait est là : l'armée russe, en tant que telle, a reculé non seulement devant les maquisards afghans, mais pour la première fois en deux cents ans devant une résistance islamique en Asie centrale. Seulement, force est aussi de le constater : le régime de Nadjîbollâh réussit à se maintenir au pouvoir dans toutes les villes afghanes pendant les premiers mois qui suivent le retrait. Là encore, Gorbatchev a-t-il gagné son pari ?

Le retrait militaire s'est accompagné d'un net recul idéologique. Sincère ou pas, la marche arrière opérée par l'apologétique officielle soviétique sous Gorbatchev à propos de l'affaire afghane est d'une immense portée historique. Deux jours après la première annonce de la décision de retrait par Gorbatchev le 15 février 1988, soit dès le 17 février 1988, la très officielle *Literatournaïa Gazëta* publiait, sous la plume d'Alexandre Prokhanov, un document essentiel. C'est une justification embarrassée de l'expédition de secours des Soviétiques en Afghanistan pour contrecarrer les « menées étrangères », mais s'accompagnant d'une dénonciation sévère des carences et incapacités du PDPA (Parti Démocratique Populaire d'Afghanistan, ou parti communiste) en voulant instaurer de force le « socialisme » dans un pays trop arriéré pour pouvoir le recevoir. Prokhanov critique surtout les attaques suicidaires contre l'Islam au début du régime communiste en 1978-1979. Quelques extraits de son style analytique et sentimental à la fois (traduction Maurice Martin, Bureau International Afghanistan, Paris) :

> « Pourquoi avons-nous introduit des troupes ? Quels buts poursuivions-nous ? Ces buts ont-ils été atteints ou non ? Qu'y aura-t-il après le départ des troupes ? Quel est le sens de la présence en Afghanistan de notre contingent militaire limité ? Toutes ces questions seront posées rudement, et les réponses créeront, je le prévois, le champ douloureux d'une longue polémique qui ne s'apaisera pas. »

Certes, il s'agissait d'abord de défendre une révolution socialiste née à la manière d'une « nouvelle Cuba » au Sud immédiat des frontières soviétiques :

> « Quand le malheur a menacé le drapeau rouge sur Kaboul, et quand se sont mis à tirer sur lui non pas seulement des canons antédiluviens et des arquebuses à

pierre, mais des armes américaines infaillibles, des mitrailleuses chinoises, des fusées infrarouges anglaises, quand l'intervention du Pakistan devint réalité, et se mit à menacer de renverser l'Etat, alors nous avons fait intervenir nos troupes, nous n'avons pas violé la frontière, mais avons répondu à l'appel à l'aide de l'Etat, et Dieu seul ainsi que les politiciens les plus haut placés savent, combien déchirante a été cette décision. »

Toutefois, l'intervention a constitué une erreur, avec « beaucoup d'illusions effacées », parce que « le PDPA n'est pas devenu une force reconnue dans le pays ».

« Donc, pourquoi ? Des erreurs dans la ligne politique, de fausses recettes pour l'implantation du socialisme dans une forme " non afghane ", " non islamique ", qui a offensé la tradition, et a conduit à la violence et à la répression. En persécutant les mollahs, en piétinant les rites.

« La lutte fractionnelle au sein du parti, le rongeant, le démoralisant, le paralysant, apportant le chaos, l'égoïsme et l'impatience, et comme résultat — des répressions internes au parti, les liquidations et les mutations des dirigeants, une peur engourdissante, un défaut de créativité, sur le fond desquels la bureaucratisation, le refus de se sacrifier au nom de la révolution, la crainte d'aller vers les foules de la paysannerie musulmane, l'incapacité de trouver le dialogue avec le peuple — toutes ces déficiences d'une certaine fraction du parti ont entraîné et aggravé ce drame politique.

« D'ailleurs, une structure socialiste authentique est-elle possible dans un pays, où une quantité immense de tribus, de populations nomades, d'agglomérations, de chefs et de satrapes, forme un épais brouet, un bouillon social visqueux, où les bulles crèvent instantanément ? Seules quelques structures conformes à la vie moderne émergeaient de cette pâte médiévale, et c'est sur ce marécage qu'on a pensé construire l'édifice du socialisme.

« Depuis les jours de décembre où les troupes d'URSS sont entrées en Afghanistan, le cours de la politique du gouvernement de Kaboul a changé plusieurs fois. Les prières des mollahs ont remplacé les forums de l'Etat. Le drapeau a cessé d'être rouge, et a inclus un fragment du vert islamique. L'étoile a disparu des armes du pays. Le parti a cessé de parler de la construction d'une société socialiste. Il a renoncé au monopole du pouvoir. Il a annoncé le pluralisme. Il a invité l'opposition combattante de l'étranger à participer au gouvernement ; on élabore le retour possible dans le pays du vieux roi, qui a été renversé en son temps non par Tarakî, mais par Dâoûd — le retour aux principes du XVe siècle. Et surtout — la politique annoncée de réconciliation nationale, un compromis sans précédent avec les ennemis, où l'on est prêt à voir en eux non pas des ennemis, mais des patriotes, collaborant dans un futur Afghanistan traditionnellement islamique, non aligné, guérissant lentement des blessures de la guerre.

« Tout cela permet de dire : les buts initiaux proclamés par le PDPA n'ont pas été atteints. Le parti lui-même, le gouvernement révolutionnaire lui-même y ont renoncé. Et s'il en est ainsi, la présence des troupes soviétiques dans le pays perd son sens. Le départ est inévitable et logique. »

Déplorant le « faux pronostic » de 1978-1979 qui peut faire poser au lecteur la question si l'intervention fut « vaine », Prokhanov tient cependant à rassurer ses lecteurs que le futur Afghanistan ne deviendra ni une base américaine, ni « un régime musulman à tendance extrémiste, prêt à introduire sa propagande et sa pratique dans le territoire de nos républiques d'Asie centrale ». Mais si « le départ de nos troupes n'est pas une défaite » car simple choix politique « organisé », il reste que « chaque maison détruite par hasard, chaque habitant pacifique qui a péri innocemment nous a fait mal, a été un drame pour tous ». Enfin, « l'Afghanistan a marqué une grande partie de notre génération, a fait naître la tragédie et la souffrance dans nos familles. »

Les critiques ultérieures qui paraîtront tout au long des années 1988 et 1989 ne pourront guère aller plus loin, sinon pour fustiger nommément la politique étrangère de Brejnev ouvertement reconnu coupable d'avoir provoqué la détérioration des relations avec les Etats-Unis, puisque ceux-ci, « paralysés par la catastrophe viêtnamienne, ressentirent douloureusement l'extension de l'influence soviétique en Afrique, au Proche-Orient et dans d'autres régions, particulièrement l'Afghanistan », (Viatcheslav Dachitchev, *Literatournaïa Gazëta* du 18 mai 1988, cité dans *Le Monde* du 25 mai 1988). Le plus pessimiste de tous les commentaires officiels soviétiques sur l'Afghanistan fut peut-être celui du général Tsagolovov, prononcé sur place le 24 juillet 1988, lequel portait un doute public sur la possibilité même de survie du régime de Kaboul au lendemain du retrait : « A mon avis, la direction afghane sous-estime le danger qui menace le parti et l'Etat de l'intérieur. Vu l'état de l'armée afghane, je n'ai pas de certitude. »

Le départ soviétique d'Afghanistan semble avoir mis un terme à ces accents d'un messianisme colonial triomphant, relevant d'une idéologie mêlant nationalisme russe et marxisme-léninisme dans une mixture exacerbée qualifiable de véritable national-bolchévisme et qui, sous Staline, Khrouchtchev et Brejnev encore, autorisait les expansions russes présentes et futures et allait jusqu'à justifier *a posteriori* les anciennes conquêtes tsaristes en Asie centrale et dans le Caucase. Nul, plus que l'orientaliste soviétique N. A. Smirnov en 1963, n'a cru autant légitimer les deux siècles de continuelle expansion russe en Asie en direction des confins afghans à la lumière de cette espèce de « marxisme » mystique, porté comme un flambeau futur par le peuple russe depuis la nuit des temps grâce à « la fusion des mouvements paysans nationaux aux régions frontalières avec le mouvement prolétarien de la Russie » (*Myouridism na Kavkaze,* Moscou 1963, pp. 222-223, cité dans H. Seton-Watson, *The Russian Empire 1801-1917,* p. 292 n., Oxford 1967). Depuis 1988 seulement, le nouveau discours gorbatchévien ne revendique plus ce rôle messianique pour les marxistes-léninistes russes en Afghanistan.

Retrait idéologique, retrait impérial aussi, le tout premier pour les Russes en Asie centrale depuis la pénétration initiale des troupes du Tsar dans le nord-ouest du royaume d'Afghanistan en 1885, et leur confiscation définitive du vaste district afghan de Pandj-Deh (aujourd'hui incorporé au Turkménistan soviétique) malgré les protestations de l'Angleterre du temps. La diplomatie russe d'alors, il est vrai, parlait le langage brut de la force, sans barbouillages idéologiques. Ecrivant à son Ministère des Affaires étrangères à St. Pétersbourg à propos de cette première invasion victorieuse des Russes en Afghanistan en 1885, le Baron de Staal, ambassadeur impérial à Londres, exprima le fond de sa pensée dans ce français châtié, exquis, et musclé, seul utilisé pour la correspondance diplomatique entre hauts fonctionnaires tsaristes au XIXe siècle :

« Nous avons profité de nos avantages, c'était notre droit; nous avons humilié l'Angleterre, c'est notre *jeu,* et aussi peut-être (bien entre nous), je crains, notre joie; n'empruntons pas le langage du loup dans la fable : l'agneau pourrait en rire, et mettons gaîment flamberges au vent. Allons, c'est dit ! »

Toutefois, une ligne plus loin :

« Vous avez raison, il y a un " Anglisky Bog " (Dieu anglais), je le vois avec peine. Il protège... »

(22 juillet/3 août 1885, *Correspondance diplomatique du baron de Staal,* I, 252, § 143, confisquée par les Anglais dans l'ancienne ambassade russe impériale à Londres en 1918, publ. Londres/Paris 1927).

Un siècle et neuf ans plus tard, le recul russe d'Afghanistan s'esquissait enfin face à la riposte décisive des Anglo-Saxons dans la région, Washington cette fois mais encore appuyé par Londres, l'*Anglisky Bog* sous la forme de missiles vengeurs effaçant l'humiliation incessante depuis 1885. Mais le recul était-il définitif, la vengeance anglo-saxonne sans appel? Dès les premiers jours qui suivirent le retrait du 15 février 1989, en fait, rien n'était moins sûr...

***

Trois semaines après le retrait soviétique, la Résistance afghane, ayant gagné sa guerre, ratait sa paix. En retirant ses troupes au terme d'une décennie d'assauts brutaux contre la société d'un petit pays d'Asie, Gorbatchev laissait ce pays se débattre dans les décombres : cruel mais habile cadeau à une opposition afghane restée sans cohérence ni maturité politique. L'Afghanistan post-soviétique s'enfonce durablement dans un chaos que l'on qualifiera de plus en plus, et avec beaucoup de justice, de « libanisation ». L'échec politique de la Résistance afghane, toutefois, n'est pas seulement le sien. Il est aussi imputable, en très large mesure, aux deux principales puissances qui l'ont soutenue : le Pakistan et les Etats-Unis. En fait, Islamabad et Washington paient aujourd'hui en Afghanistan tout le prix d'un primitivisme tribal, d'un fondamentalisme religieux et d'un anti-intellectualisme politique suicidaire qu'ils y ont complaisamment entretenu.

Au lendemain du 15 février, les divers groupes de la Résistance portaient leur assaut principal contre un chef-lieu majeur de l'Est afghan, à mi-chemin sur la courte route entre

Kaboul et le Pakistan, Djalâlâbâd : dans l'espoir d'en faire la première ville libérée du pays et le siège de leur gouvernement provisoire. Assaut facile, croyait-on : tous les indices concordaient pour faire état de défections massives à la Résistance de l'armée gouvernementale aussitôt les Soviétiques partis. Trois mois plus tard, après des combats furieux de part et d'autre, la Résistance échouait encore à prendre Djalâlâbâd, et les soldats gouvernementaux contre toute attente luttaient contre les maquisards avec acharnement. En juin 1989, aucune ville d'importance n'était passée à la Résistance — ou fallait-il désormais la qualifier seulement d'« Opposition » ? La sympathie de l'opinion publique mondiale, acquise aux résistants afghans avant le 15 février 1989, s'était déjà évanouie à la fin du mois de mars. Enfin, et c'est là la haute et significative dimension historique : le gouvernement communiste de Kaboul, le premier et le seul menacé réellement de renversement militaire imminent parmi tous les régimes communistes mis en place à leurs frontières par les Soviétiques depuis 1945, non seulement n'est pas tombé, mais renforce son assise.

Bref, ce sont les Occidentaux et leurs alliés afghans qui, au lendemain d'un triomphe militaire contre l'URSS sans précédent, ont réussi à arracher des mâchoires de leur victoire leur propre déroute politique.

Aussi, après les Russes, vainqueurs politiques soudains et inattendus de cet après-retrait, est-ce aux Occidentaux de se demander maintenant, durement et sans complaisance : Pourquoi ?

Toute l'analyse contenue dans le livre, déjà publié en 1984 au cœur même de la guerre soviéto-afghane, tâchait de répondre à l'avance à cette question en avançant les cinq règles suivantes :

1° La société afghane refuse toute domination extérieure directe, toute occupation étrangère physique de son sol, certes. Elle accepte en revanche la domination indirecte : elle ne peut même pas s'en passer.

2° Dans le jeu politique tribal, aucun chef ne peut s'imposer aux siens s'il n'est pas en mesure de distribuer à sa tribu des largesses sous forme d'argent, d'armes, de nourriture. Un chef qui ne peut distribuer ces largesses est remplacé par son rival plus généreux. L'Afghanistan étant un pays pauvre, aucun chef ne trouve de quoi redistribuer des largesses suffisantes à sa tribu sans subvention extérieure. Aussi tous

les chefs afghans d'une quelconque importance à émerger sur la scène politique du pays depuis cinq siècles ont toujours étroitement dépendu d'une subvention impériale extérieure : perse, moghole, britannique, russe, pakistanaise ou américaine. Ainsi toutes les puissances étrangères intéressées par l'Afghanistan ont-elles appris à manipuler les chefs des tribus qu'elles subventionnaient selon leurs besoins propres.
3° La société afghane traditionnelle sait lutter contre toute domination étrangère en lui refusant sa collaboration, en s'auto-détruisant en tant qu'entité politique unitaire, en s'éparpillant en chefferies rivales, en se désintégrant ; toutefois, elle ne possède aucun mécanisme politique pour susciter une nouvelle unité en son sein ; l'unité ne peut renaître, c'est là tout le paradoxe, que sur intervention décisive d'une puissance étrangère, laquelle devra appuyer de tout son poids — *mais sans jamais pénétrer physiquement en Afghanistan* — l'une des chefferies rivales. C'est le corollaire de la règle énoncée ci-dessus.
4° Autre corollaire : la société afghane traditionnelle, malgré la farouche défense de son autonomie interne, se place toujours en situation de parasite économique et politique envers l'une des puissances étrangères qui l'entourent ; si elle est envahie par l'une de ces puissances, elle gagne l'alliance de l'autre ; mais aucun chef n'émerge seul des rivalités internes sans l'appui économique et militaire de la puissance extérieure qu'il se choisit. D'où la responsabilité engagée de la puissance extérieure dans le destin politique intérieur afghan.
5° Dernier corollaire : la société afghane elle-même, par ses rivalités internes, invite donc l'ingérence étrangère dans ses affaires. Toute puissance extérieure intéressée par les affaires afghanes se voit dès lors entraînée, fût-ce malgré elle, dans le jeu afghan interne, y engage sa responsabilité, se voit acculée à faire elle-même les bons choix pour faire émerger en Afghanistan un pouvoir politique unitaire acceptable par la population. En cas de mauvais choix, si la chefferie afghane appuyée par l'intervenant étranger reste inacceptable pour la population, il en résulte des années de guerre intestine, jusqu'à ce qu'un nouveau chef *acceptable,* mais toujours appuyé par un agent extérieur, impose sa domination par la force.

Enoncées ainsi, brutalement, ces règles d'un jeu tribal d'une haute antiquité sont difficilement acceptables

pour une conscience européenne moderne. Mais ces mêmes règles régissent obstinément le déchirement politique et militaire au cœur de l'Asie actuelle entre Pakistan, Iran, URSS, Chine, Etats-Unis et Afghanistan. Nous tâchons d'élucider ces règles tribales afghanes dans ce livre. Car toute l'histoire afghane, de la fin du XVIe siècle à nos jours, illustre ces théories de manière concrète, vivante et cruelle. Redoutant le chaos actuel, nous nous étions penchés sur l'anarchie si analogue qui régna en Afghanistan au lendemain de l'occupation et du retrait britanniques de 1878-1880. L'Afghanistan est demeuré si archaïque que les leçons du siècle passé restent encore contraignantes à l'heure des missiles sol-air.

Le désastre politique actuel de la Résistance afghane, à l'intérieur du pays, est le résultat direct des choix stratégiques externes retenus par le gouvernement militaire du Pakistan, lui-même soutenu par les Etats-Unis, au lendemain immédiat de l'invasion soviétique du 27 décembre 1979.

Le Pakistan a accueilli d'une façon exemplaire la masse de réfugiés la plus importante au monde : trois millions et demi de fugitifs afghans. A ce titre, le Pakistan mérite certes la gratitude non seulement des Afghans, mais encore de la communauté internationale. Toutefois, la manière dont le Pakistan du général Ziâ a pesé sur le cours de la guerre et sur l'évolution politique interne de l'Afghanistan appelle quelques réserves graves.

La dictature militaire pakistanaise du général Ziâ-ol-Haqq, qui renversa et emprisonna le président élu 'Alî Bhutto en 1977 avant de faire pendre celui-ci en 1979 tout en maintenant le pays sous loi martiale durant onze ans, s'appuyait ouvertement sur les forces les plus réactionnaires du Pakistan. Parmi celles-ci, non seulement un secteur de l'état-major, mais encore le parti fondamentaliste musulman local ou « Parti de la Société islamique », *Djamâ'at-é Islâmî,* lui-même subventionné par le gouvernement de l'Arabie saoudite, lequel cherche à propager chez ses voisins sa propre version du fondamentalisme islamique, le *wahhâbisme.* Fidèle à sa propre vision fondamentaliste de l'Islam, le régime pakistanais du général Ziâ, depuis 1980, a dès lors systématiquement appuyé aussi les forces les plus intégristes, voire les plus obscurantistes, parmi les partis de la Résistance afghane voisine.

Les orientations du général Ziâ se sont fait sentir jusque dans le village le plus reculé de l'extrême nord-ouest de l'Afghanistan. Depuis sa capitale d'Islamabad, le chef de l'Etat pakistanais a joui d'infiniment plus de pouvoir, fût-il indirect, sur la population afghane, qu'aucun des quatre présidents communistes afghans qui se sont succédé à Kaboul depuis 1978.

Soucieux de se ménager le Pakistan comme indispensable couloir d'acheminement d'armes à la Résistance afghane, les Etats-Unis ont entériné passivement les choix intégristes du général Ziâ.

Ziâ savait, bien sûr, que tous les résistants afghans n'étaient pas en faveur d'un régime intégriste pur et dur chez eux. Loin de là. Nombre de chefs résistants, et la majorité absolue de la paysannerie, auraient préféré dans un esprit conservateur une restauration de l'ancienne monarchie constitutionnelle renversée en 1973, avec un retour du roi Zâher aujourd'hui en exil à Rome. Aussi, à côté des quatre partis intégristes afghans, divisables en deux « durs » et deux « plus mous », Ziâ a-t-il permis en outre à trois partis « modérés », c'est-à-dire nationalistes-conservateurs et plutôt partisans de la monarchie, d'ouvrir leurs bureaux au Pakistan.

Toutefois, ces *sept* partis de la Résistance autorisés par le gouvernement pakistanais sur son sol divisaient ainsi habilement les allégeances de la population afghane elle-même : laissant au gouvernement d'Islamabad le rôle d'arbitre suprême de la Résistance afghane. En effet, les sept « chefs » reconnus de la Résistance étaient eux-mêmes otages sur sol pakistanais, se disputant selon les vieilles règles du parasitisme tribal les faveurs du général Ziâ, passé maître en matière de politique afghane. Ecartelée entre sept partis idéologiquement déchirés entre intégristes et conservateurs malgré une « Alliance » formelle, la Résistance afghane n'a jamais réussi à échafauder une plate-forme politique unitaire viable. Les conséquences en seront catastrophiques au lendemain du retrait.

En outre, le général Ziâ a soigneusement écarté du devant de la scène les personnalités afghanes véritablement intellectuelles et de premier plan — les universitaires et diplomates de l'Ancien Régime — qui survivaient encore en 1980 et avaient pu se réfugier au Pakistan après les purges sanglantes des communistes de Kaboul. Il a délibérément préféré pour interlocuteurs des personnalités d'éducation moyenne ou insuffisante, de culture infiniment plus étroite : les « sept chefs » imposés par lui-même à la tête de la Résistance. L'ancien roi Zâher, par exemple, ne reçut jamais l'autorisation de Ziâ de poser le pied sur le sol pakistanais. Quant aux intellectuels, ils n'avaient que le choix de se rallier à l'un ou l'autre des partis, ou de s'exiler en Occident. Les meilleurs esprits ont rejoint, soit le parti du très modéré Modjaddedî, malheureusement très minoritaire, soit le parti numériquement le plus important de tous, celui du « fondamentaliste mou » Rabbânî représentant sans doute le centre de gravité absolu de la Résistance afghane actuelle. Le gouvernement du général Ziâ n'a donc eu aucun mal à coiffer l'hétéroclite et médiocre « Alliance » des *modjâhédîn* et à parler en son nom sur la scène internationale. (La philosophie politique et la base ethnique de chacun des sept partis se trouvent décrites dans le corps de ce livre.)

La réussite paradoxale du général Ziâ fut de faire parvenir plus de la moitié de l'assistance militaire et financière des Etats-Unis au plus irréductiblement fondamentaliste et même ouvertement anti-occidental des partis afghans, le seul *Hezb-é Islâmî* ou « Parti Islamique » de l'ingénieur Gol-ba-Dîn Hekmatyâr. Son sectarisme extrême rend le Hezb certes minoritaire en Afghanistan, mais c'est le mieux structuré et le plus dynamique de tous les partis afghans, tout en étant aussi grâce aux largesses du général Ziâ le plus riche et le plus redoutablement armé.

Ziâ fut toujours suffisamment habile, toutefois, pour ne pas acculer les autres partis afghans au désespoir, en tâchant de leur distribuer le reste de la manne américaine. Mais il fit tout pour assurer la prédominance du parti de l'ingénieur Hekmatyâr.

Le but ultime de Ziâ n'était pas seulement idéologique. Par l'entremise du parti d'Hekmatyâr, le général espérait, pour garantir à tout jamais la sécurité du Pakistan sur son flanc nord-ouest, assurer un perpétuel protectorat pakistanais sur l'Afghanistan de l'après-retrait, comparable au rôle joué par la Syrie dans les affaires libanaises.

Au début de l'an 1988, tout était donc mis en place pour pousser la politique intérieure afghane dans le cul-de-sac désespéré de 1989. L'immense majorité du peuple afghan avait beau récuser le parti de l'ingénieur Hekmatyâr, celui-ci bénéficiait du soutien déclaré, effectif, de l'état-major pakistanais. En face, la population rejetait certes la domination communiste, mais l'URSS brandissait triomphalement ce portrait de l'ingénieur Hekmatyâr — placardé en affiches sur tous les murs de Kaboul depuis le début de la guerre — en s'en servant comme repoussoir. La population afghane, brutalisée, désorganisée par dix ans de guerre, privée de son élite par les massacres ou l'exil, accrochée faute de mieux à ses seules ressources politiques tribales et donc incapable de susciter une formation gouvernementale viable en son propre sein, se retrouverait le 15 février 1989 piégée entre deux alternatives également détestables.

En 1988 et 1989, au Pakistan, d'éminents intellectuels afghans en exil, libéraux ou favorables à un retour du roi, étaient les cibles d'une série d'attentats. L'aile modérée de la Résistance afghane impute tous ces assassinats, non pas au KGB, mais aux exécuteurs de l'ingénieur Hekmatyâr. Dans un entretien enregistré le 8 mars 1988 par le Bureau International Afghanistan (Paris), le dirigeant afghan libéral Modjaddedî exprimait à Peshâwar la colère rentrée et le désespoir des siens :

> « Nous approchons de la fin de la lutte : les Russes vont se retirer. Nous devons prendre de bonnes décisions. Or, les Pakistanais veulent donner au problème une réponse fondamentaliste en favorisant les quatre partis extrémistes de l'Alliance, ce qui va achever de détruire l'Afghanistan. Nous avons déjà perdu plus d'un million des nôtres. Ça suffit ! Ce sont des extrémistes, des fanatiques qui veulent confisquer la lutte de tout un peuple. Leur intransigeance est inacceptable. Deux exemples : alors que nous recevons l'essentiel de notre aide des Etats-Unis, ils ne pourraient pas, selon eux, serrer la main de Reagan. Notre cause a obtenu une très large majorité aux Nations unies, mais lorsque le médiateur de l'ONU vient à Peshâwar, ils refusent de le rencontrer. Par qui ont été tués les journalistes, les membres des missions humanitaires en Afghanistan ? Qui a tué le professeur Madjroûh (le directeur du Centre Afghan d'Information de Peshâwar, assassiné le 11 février 1988 après avoir effectué un sondage dans les camps de réfugiés établissant l'immense popularité du roi) ? Les gens du monde libre doivent connaître la vérité. Qu'arriverait-il le jour où ces partis auraient le pouvoir à Kaboul ? Personne parmi ces fondamentalistes n'a souffert autant que moi pendant le règne de Zâher Shâh : j'ai passé des années en prison. Mais si, aujourd'hui, les Afghans

souhaitent son retour, nous devons l'accepter et ne pas penser seulement à nos intérêts personnels. »

Lorsque sonna l'heure du retrait soviétique, initié à partir du 15 avril 1988, le général Ziâ et sa cellule de crise afghane au sein de l'état-major pakistanais, l'ISI *(Inter-Services Intelligence)*, s'assignèrent deux objectifs.

Le premier : assurer, par l'assistance militaire, la prédominance politique absolue en Afghanistan du Parti Islamique de l'ingénieur Hekmatyâr, dès l'achèvement du retrait.

Le second, en partie corollaire du premier : faire prendre de force une ville par la Résistance afghane, de préférence absolue avec le parti d'Hekmatyâr, avant même l'achèvement du retrait, afin d'y installer un gouvernement provisoire. Cette étrange obsession du général Ziâ, de vouloir s'emparer d'un centre urbain sans attendre le 15 février 1989, impliquait manifestement son désir d'humilier ouvertement l'armée soviétique, de démontrer à la face du monde que l'URSS reculait sous le coup d'un échec militaire patent, cuisant, aux mains des *modjâhédîn* de l'Islam.

Le projet de prendre une ville d'assaut avant le 15 février ne séduisait pas tous les *modjâhédîn*. Quelques-uns des meilleurs commandants de l'intérieur, tel 'Abd-ol-Haqq aux alentours de Kaboul, étaient plutôt partisans de maintenir la pression sur les centres urbains pour l'instant, en en bouclant les pourtours, puis négocier la reddition des villes après le départ des Soviétiques pour éviter les effusions de sang et les destructions inutiles. Par ses tracts envoyés à l'intérieur de la capitale, 'Abd-ol-Haqq tâchait au contraire de rassurer les citadins, garantissant la sécurité des gens et des biens sous le règne prochain des *modjâhédîn*, ne voulant pas récupérer une capitale détruite. Toutefois, Ziâ exerça une forte pression sur les *modjâhédîn* pour tenter au moins deux assauts au cours de l'été 1988 : contre les villes de Kandahâr au Sud, de Koundouz au Nord-Est.

Ce défi était inacceptable pour l'Union Soviétique. Il devait causer la mort du général Ziâ.

Trois mois après le début du retrait, et alors qu'une moitié des 130 000 soldats d'occupation avaient déjà quitté le pays, soit en juillet 1988, un conseil tribal des divers groupes de *modjâhédîn* du Sud, pour la plupart conservateurs-nationalistes et monarchistes d'ailleurs, encerclait Kandahâr, seconde ville du pays, et tentait d'en négocier la reddition avec des miliciens du régime. Pour pousser les *modjâhédîn* à rompre ces pourparlers et passer à l'attaque pour faire tomber la ville de force, tout en assurant une participation plus importante aux hommes de l'ingénieur Hekmatyâr, le général Ziâ fit convoyer les maquisards du *Hezb-é Islâmî* vers la frontière dans les camions de sa propre armée et commit, aux yeux des Soviétiques, l'irréparable : faire franchir cette frontière par des officiers pakistanais pour participer directement aux combats. A coups de bombardements à haute altitude et de centaines de morts dans les rangs des *modjâhédîn,* Soviétiques et gouvernementaux réussirent à faire échouer l'assaut contre Kandahâr.

Le 10 août 1988, toutefois, Koundouz, siège d'une importante préfecture dans le Nord-Est, était investie par les maquisards du *Hezb* et de la *Djam'îyat* qui pendant quarante-huit heures pillèrent les boutiques et brutalisèrent les habitants, lesquels manifestèrent en réclamant avec rage le retour des gouvernementaux pour les protéger. Les malheureux citadins furent exaucés par le bombardement gouvernemental de leur centre ville et la reprise sanglante de la préfecture par l'armée soviéto-afghane au prix de centaines de morts dans chaque camp comme parmi les civils. Depuis lors, instruits du drame de Koundouz, type même de boucherie inutile, les boutiquiers des *bâzârs* afghans, jusque-là farouchement opposés aux gouvernementaux, se sont mis à redouter aussi l'arrivée dans les centres urbains de ces maquisards sauvagement descendus de leurs montagnes, incapables d'assurer l'ordre, pillards devenus incultes et indisciplinés au terme de dix ans de guerre incessante. Aussi est-ce la stupide effusion de sang de Koundouz qui commença à dissoudre cette longue solidarité qui avait uni, pendant une décennie, citadins et montagnards d'Afghanistan contre l'occupation russe et le gouvernement communiste de Kaboul.

Le 17 août 1988, les Soviétiques ont-ils tué le général Ziâ ?

C'est le scénario plausible. Durant toute la première quinzaine du mois d'août, en effet, la presse soviétique menaçait un gel de son retrait et multipliait les mises en garde contre les ingérences inadmissibles du Pakistan qui pourraient avoir pour Islamabad les « conséquences les plus graves ». Le 17 août, peu après avoir décollé de la base militaire de Bahawalpur où une nouvelle livraison de chars américains M-1A1 avait été offerte à l'inspection du général

Ziâ, l'avion présidentiel tombait brusquement du ciel pour s'écraser et exploser au sol, avec à son bord non seulement Ziâ-ol-Haqq mais encore l'ambassadeur des Etats-Unis Arnold Raphel, son attaché militaire le général américain Herbert Wassom, et vingt-huit officiers haut placés de l'état-major pakistanais, tous tués sur le coup. L' « accident » décapitait l'armée pakistanaise et neutralisait sa diplomatie au moment critique où les Soviétiques se préparaient à évacuer leurs dernières troupes d'Afghanistan. L'enquête officielle américano-pakistanaise publiée par Islamabad le 16 octobre 1988 concluait à une explosion à faible intensité à l'arrière de l'appareil, suffisante toutefois pour immobiliser la queue de l'avion et lui faire perdre sa direction, tandis qu'un gaz incapacitant libéré au moment même de l'explosion rendait l'équipage incapable de réagir. Tout devait faire croire à l'accident. (Cf. l'étude de Yossef Bodansky, « Who Killed President Zia — and How? » *Freedom at Issue,* Freedom House, New York, mars/avril 1989.)

La transition miraculeuse vers la démocratie au Pakistan sous la présidence intérimaire du général Gholâm Es'hâq Khân, l'élection le 16 novembre 1988 et l'entrée en fonctions le 1er décembre 1988 de Bênazîr Bhutto, fille de 'Alî Bhutto et première femme à gouverner un pays d'Islam en son nom depuis les règnes des sultanes Shadjarat-od-Dorr d'Egypte et Râziya de Delhi au lointain XIIIe siècle, appartiennent sans doute plus à l'histoire générale de ce même Pakistan et du monde musulman en pleine mutation qu'au seul Afghanistan. Toutefois, aucun changement de régime au Pakistan ne peut manquer d'affecter l'évolution intérieure de l'Afghanistan, tombé durablement sur la majorité de son territoire au rang de simple vassal d'Islamabad, même si Mme Bhutto insiste publiquement : « Le Pakistan n'a nullement l'intention de s'immiscer dans les affaires internes de l'Afghanistan. Nous savons, par expérience, qu'aucun peuple n'aime être soumis à des pressions extérieures. Nous ferons tout notre possible pour que les groupes afghans déterminent entre eux, et entre eux seuls, le type de régime qu'ils souhaitent adopter. » (Entretien dans *Politique Internationale,* Paris, printemps 1989.)

Les maquisards afghans, consternés par la disparition soudaine du général Ziâ, qui avec tous ses défauts les avait cependant soutenus sans faille, sont d'abord restés dans une prudente expectative vis-à-vis des intentions à leur égard de

Mme Bhutto, qui dans l'opposition s'était montrée très critique à l'égard de la politique afghane de son prédécesseur. Elle était surtout redoutée par les fondamentalistes afghans, d'abord horrifiés dans leurs obsessions viriles par l'accession au pouvoir d'une femme en pays d'Islam, gifle à leurs conceptions étriquées, et ensuite très liés à ces islamistes pakistanais qui manifestèrent toute leur haine de Mme Bhutto et leur intense nostalgie du général Ziâ dans les rues d'Islâmâbâd en février 1989 lors de l'affaire des *Versets Sataniques* de Salmân Rushdie. Toutefois, Mme Bhutto a redéfini sa politique afghane avec le plus prudent réalisme dès son arrivée au pouvoir, en ménageant toutes les parties.

Mme Bhutto n'est pas dupe de ses vœux pieux : elle sait combien les maquisards afghans dépendent de l'état-major pakistanais, connaît le poids politique exercé par le Pakistan sur son petit voisin. Si « notre unique souci est de voir émerger de la tourmente un Afghanistan indépendant et modéré », elle est consciente qu' « il serait puéril d'ignorer les préoccupations spécifiques des militaires, et nous en tenons compte ». Dès lors, en prenant ses fonctions, « nous demeurions fidèles à nos engagements : premièrement, obtenir l'évacuation complète des troupes soviétiques ; et deuxièmement, favoriser la formation d'un gouvernement bénéficiant du soutien le plus large possible de la population afghane ». Pour former ce gouvernement, « le seul point de repère certain est que la Résistance a constitué un cadre au sein duquel se trouvent peut-être les germes des futures institutions ». Mais tel gouvernement, insiste-t-elle, doit comprendre « toutes les composantes de la population afghane », y compris des éléments « neutres » de Kaboul qualifiables de « bons musulmans » mais à l'exception évidente des collaborateurs du régime communiste (« il faut comprendre la haine qui anime les Résistants à l'égard de ceux qui ont collaboré avec l'Occupant »), si ce gouvernement « veut bénéficier d'une bonne crédibilité » ; sinon, avertit-elle, « la guerre civile prendrait probablement des proportions encore plus vastes ». *(Politique Internationale, ibid.)*

En fait, mal assurée encore en son nouveau pouvoir, et bien placée pour craindre la possibilité d'un nouveau coup d'Etat militaire comme celui qui avait coûté la vie à son propre père, Mme Bhutto a préféré dans un premier temps négocier une sorte de partage des responsabilités avec les chefs de son état-major, survivants toujours redoutables du régime de Ziâ. Aux militaires, elle aurait accordé par exemple le soin de la défense nationale, la vigilance vis-à-vis de l'Inde, et surtout la poursuite de leur gestion des affaires afghanes. Sans plus jamais démordre de son nouvel engagement de défendre les *modjâhédîn* contre le gouvernement de Kaboul — elle a encore plaidé en ce sens auprès de l'administration américaine au cours de son voyage à Washington au début du mois de juin 1989 —, il semble selon les meilleures sources diplomatiques recoupées d'informations provenant du terrain que Mme Bhutto n'aurait accordé que trois mois — pas plus — aux militaires pakistanais pour régler à leur guise l'affaire afghane : afin de permettre aux trois millions et demi de réfugiés de rentrer enfin chez eux.

Toujours est-il que, durant trois mois avérés, de la fin du mois de février à la fin du mois de mai 1989, le général pakistanais Hamîd Gol, chef de l'*Inter-Services Intelligence,* a reçu carte blanche pour mener la guerre afghane selon ses vœux.

Obsédé d'en finir au plus vite, Hamîd Gol a repris à son compte la stratégie qui s'était pourtant rélévée désastreuse pour Ziâ-ol-Haqq à la fin de sa vie : pousser les *modjâhédîn* à s'emparer d'une ville de force, sans attendre, sans lentement négocier une reddition, et à y installer leur gouvernement provisoire en humiliant le régime de Kaboul. Hamîd Gol, maître des distributions d'armes, persuadait les sept partis des *modjâhédîn* à se lancer contre Djalâlâbâd, la ville principale de l'Est, facilement atteignable (et donc contrôlable) depuis le Pakistan. Dès la fin du mois de février 1989, les *modjâhédîn* sur les crêtes et autour de l'aéroport de Djalâlâbâd tentaient de couper les communications routières avec Kaboul et faisaient pleuvoir obus et roquettes sur la ville assiégée.

Le désastre ne fut pas que militaire. Dispersés en groupes sans cohésion stratégique, indisciplinés, dépourvus de commandement unifié, simple alliance de chefs tribaux égaux entre eux et tous jaloux de leur autorité respective comme aux plus beaux siècles médiévaux du Royaume de l'Insolence, les *modjâhédîn* débusqués de leurs montagnes pour se battre en rase campagne se révélèrent techniquement incapables de capturer une place forte majeure moderne. Les bombardements à très haute altitude — les maquisards parlèrent de pilotes indiens ou soviétiques déguisés — finirent par contraindre les assiégeants au retrait, en juin 1989. Mais ce n'est pas pour simple incapacité militaire que les maquisards ont perdu la partie. C'est parce que la garnison gouvernementale s'est battue pour sauver sa vie.

Les meilleurs responsables de la Résistance de l'intérieur comme de l'extérieur — les 'Abd-ol-Haqq, les Ahmad Shâh Mas'oûd, les Modjaddedî — l'avaient pourtant assez répété en février 1989. Tous les soldats gouvernementaux faisant reddition devaient être accueillis à bras ouverts, comme des frères retrouvés, pour hâter leur désertion et la désintégration du régime de Kaboul. L'heure devait être à la réconciliation nationale, pas à la vengeance; seuls les plus hauts dirigeants communistes afghans, les responsables des crimes les plus atroces contre l'humanité, seraient justiciables de la colère du peuple.

Démoralisés, nombre de soldats de Kaboul, isolés dans leurs diverses garnisons, songeaient déjà, dès le mois de février, à négocier leur passage chez les *modjâhédîn*. Les citadins, quant à eux, attendaient ces redditions anxieusement, redoutant les pires excès — effroyables furent les pillages et exactions sans retenue des maquisards dans les petites bourgades libérées du Kunar ou du Hazâradjât en février 1989 — et en espérant malgré tout un transfert en bon ordre du gouvernement communiste démissionnaire aux nouveaux responsables du gouvernement islamique provisoire de l'Alliance.

Dans la première semaine de mars 1989, quelques jours seulement après le début du siège, un premier bataillon de deux cents soldats gouvernementaux de la garnison de Djalâlâbâd se rendaient pacifiquement aux *modjâhédîn*, avec leurs armes comme offrande.

Les deux cents soldats furent répartis comme un butin entre les divers groupes de l'Alliance. Soixante-quinze d'entre eux, pour leur malheur, tombèrent entre les mains d'un commandant local dépendant du parti fondamentaliste de Yoûnos Khâlès, au Pakistan.

Tous les témoignages concordent : ces hommes furent massacrés de sang-froid. D'aucuns témoignages ajoutent le détail atroce de leur mise à mort, l'état des cadavres renvoyés dans des sacs à leurs camarades de la garnison de Djalâlâbâd.

Mutilations corporelles et exécutions sommaires, tel fut

aussi le sort des soldats gouvernementaux du poste-frontière de Torkham, sur la ligne pakistanaise, capturés par les hommes du *Hezb-é Islâmî* de l'ingénieur Hekmatyâr.

A travers tout le pays, les gouvernementaux résolurent de vendre chèrement leur peau : d'autant plus que leur défense victorieuse de Djalâlâbâd leur fournissait la preuve que le triomphe militaire des *modjâhédîn* n'était nullement inévitable.

Avec sa mentalité conservatrice notoirement étroite, Yoûnos Khâlès, au Pakistan, n'a semble-t-il même pas exactement compris en quoi ses hommes avaient mal agi en s'amusant à se venger sur les personnes de leurs prisonniers mécréants. Toujours est-il qu'il n'a pas songé même à destituer le commandant responsable.

Les massacres de Torkham et Djalâlâbâd ont pourtant condamné l'Afghanistan, en toute probabilité, à des années supplémentaires de souffrance et de guerre.

Le commandant résistant 'Abd-ol-Haqq, aux alentours de Kaboul, pourtant membre du parti désormais déshonoré de Yoûnos Khâlès, fut peut-être le plus désespérément lucide de tous, déclarant avec une amertume épouvantée au Centre Afghan d'Information à Peshâwar en mars 1989 déjà, telle fut la rapidité de la catastrophe politique de la Résistance :

« Les gens pillent tout pour leur usage personnel. Les équipements matériels de l'Etat sont vendus pour un profit personnel. Des actes tels que la mise à mort de prisonniers et autres incidents de ce genre qui ont eu lieu à Koundouz, à Torkham, dans le Nangarhâr (province de Djalâlâbâd), dans le Kunar et autres régions libérées, doivent être empêchés. Une répétition de tels actes ne peut que nuire à la cause de la Résistance. Le régime de Kaboul a déjà su utiliser ces incidents comme moyen de propagande efficace contre la Guerre Sainte. Ces tueries, ces pillages ont lieu en grande mesure à cause de la présence d'éléments irresponsables. Certains agissent ainsi de façon consciente et délibérée, d'autres les suivent sans réfléchir. De tels éléments craignent de n'avoir aucun avenir en Afghanistan. Pour garder leur influence, ils veulent encourager l'anarchie. Si cela continue, cela poussera la population civile dans les bras du régime. Les gens qui vivent dans les villes vont prendre les armes pour se défendre. Déjà, des comités d'autoprotection se sont formés dans les villes... »

Gagnés par la démoralisation ambiante, les divers groupes

de maquisards au cours du printemps ont commencé à s'affoler, à lutter seulement et sauvagement pour préserver leur coin de terroir, leur autonomie militaire vis-à-vis des autres groupes. Le pays profond s'effiloche entre « seigneurs de la guerre », à la manière de la montagne libanaise ou de la Chine des années trente, avec un pouvoir urbain détaché des campagnes mais suffisamment solide pour se défendre pendant très longtemps. La minorité chiite (10 %), à la manière libanaise, a fait sa sécession complète dans les montagnes centrales, se réclame comme le Hezbollâh libanais de l'Iran seul, constitue une enclave au cœur même d'un pays brisé. Tel est le legs d'onze ans de destruction sociale et d'occupation étrangère. Signe des temps : le désarroi croissant des groupes humanitaires occidentaux sur le terrain, jusque-là si sûrs de leur mission, désormais en proie au doute et cramponnés à une seule certitude : leur tâche de soulager la misère des populations civiles. Mais comment réagir quand certains chefs maquisards, trahissant leur désir cru de manipuler les secouristes médicaux comme autant de ressources politiques personnelles, se mettent à interdire à ces mêmes médecins d'aller porter leurs secours chez d'autres groupes de maquisards ou d'autres populations civiles, pas moins dans le besoin ? Tel commandant autrefois « modéré », et nouvellement rallié à Khâlès, osa même interdire aux médecins français — qui avaient soigné les siens durant des années — d'aller soulager la misère encore plus vive des habitants du nord-Lôgar, sous prétexte que ces modérés-là n'appartenaient donc pas à son nouveau parti : sans quoi, il chasserait les médecins français de chez lui. Ce genre de dilemme posé, ces chantages très réels, sont en eux-même symptomatiques de la crise morale noire dans laquelle s'enfonce désormais l'Afghanistan.

Une solution s'esquisse, mais seulement si le problème est énoncé en une série de termes clairs. Le régime de Kaboul, désormais, peut tenir. Mais s'il tient, la guerre d'Afghanistan se poursuivra, dans une croissante indifférence mondiale, pendant des décennies peut-être, villes contre campagnes. Pour ramener la paix, ce régime doit se dissoudre et se rendre. Toutefois, il ne peut se rendre qu'à un semblant de gouvernement civilisé garantissant la sécurité des personnes et des biens. Tel gouvernement civilisé semble-t-il pouvoir être autre chose qu'une monarchie constitutionnelle ? En février-mars, le gouvernement de Kaboul faisait savoir qu'il souhaitait négocier avec l'ancien monarque constitutionnel, Zâher. Au même moment, nombre de résistants, sans se faire grande illusion sur la personnalité si modérée mais aussi si effacée et passive de Zâher Shâh, exprimaient ouvertement leur désir de voir le roi revenir comme symbole et garant d'unité nationale, au-dessus du conflit des partis, des clans, des ethnies, des tribus. Seuls s'opposaient d'ailleurs au retour du roi les plus durs parmi les fondamentalistes, les Hekmatyâr et les Sayyâf, lesquels dépendent toutefois étroitement des orientations du Pakistan. Mais serait-il déjà trop tard ?

Le 26 mai 1989, la tragédie afghane paraissait consommée. Le pays sombrait dans sa libanisation. Cinq millions de réfugiés restaient bloqués aux frontières d'Iran et du Pakistan. L'URSS, grande gagnante de l'opinion publique, n'avait plus à craindre la chute de son régime allié ou la résurgence d'un pouvoir islamique fort au sud de ses frontières. Sanctionnant trois mois de catastrophes ininterrompues en Afghanistan, Bênazîr Bhutto, ce même jour du 26 mai, destituait son chef d'état-major, le maître de l'ISI, le général Hamîd-Gol.

Lumière dans la nuit ?

VI

NUIT SANS LUMIÈRE L'AFGHANISTAN POSTSOVIÉTIQUE, 1989-2001

Chronique d'automne 2001

De février 1989 à septembre 2001, il n'y eut pas de lumière dans la nuit. A la fin de l'année 2001, quand les pilotes des bombardiers et avions de secours américains – libérateurs enfin – survolaient, à la tombée du soir, le territoire afghan, ils s'effaraient pareillement de découvrir, sous leurs ailes, une sorte de trou noir géographique, ténèbres privées de ces festons électriques qui scintillent joyeusement dès le crépuscule à travers tout le reste du monde : *the black hole that is Afghanistan* – le mot récurrent venait des aviateurs américains eux-mêmes. Ce trou noir, les Américains eux-mêmes – et surtout les Pakistanais et Saoudiens sous leur aile – avaient pourtant contribué largement à le creuser.

Dix-sept années ont passé depuis la première édition de ce livre. La mort qu'il annonçait comme un nuage de plomb, suspendu sur la tête du peuple afghan, s'est matérialisée : dans les chairs meurtries, éclaboussées de sang. Pas seulement à Kaboul. A la veille des attentats anti-américains du 11 septembre 2001, l'Afghanistan avait sombré au rang de pays le plus malheureux de la planète. L'explosion des avions détournés par les pirates suicidaires d'Osâma ben Lâden contre le World Trade Center transforma de nouveau Kaboul en épicentre d'un séisme mondial. Le retrait soviétique de 1989 n'aura donc marqué qu'un palier, comme chez Dante, d'une descente aux enfers.

De nombreux signes inquiétants, décelables dès les années 1980, annoncent cette catastrophe. Les projecteurs médiatiques d'alors, braqués sur le conflit contre l'URSS, les masquaient. La fin du communisme commença à les révéler.

Les bévues de l'intervention militaire pakistanaise – à commencer par l'attaque ratée contre Djalâlâbâd en mars 1989 – assurèrent au régime prosoviétique de Kaboul comme une étrange survie posthume. Le gouvernement de Nadjîbollâh, naguère si honni, se cramponna au pouvoir jusqu'en avril 1992, huit mois après la disparition de l'URSS elle-même.

Le retrait de l'Armée Rouge fit en effet permuter tous les signes. Le 15 février 1989, le maréchal Gromov franchit symboliquement à pied, en queue de cortège, dernier de tous ses soldats, le pont international entre la province afghane de Mazâr-é Sharîf et le port fluvial de Termez, en Ouzbékistan. Devant les caméras, l'officier soviétique se retourna une dernière fois, contempla la rive afghane, et dit : « Nous sommes partis. » Théâtre politique : par ce geste, le maréchal laissa derrière lui un Kaboul qui aussitôt, et paradoxalement, se transforma en *citadelle d'indépendance* de l'État afghan face au nouvel agresseur impérial, le *Pakistan.*

En outre, dès que le maréchal Gromov posa le pied sur le sol ouzbek, la Résistance afghane se scinda aussi, au même instant et le long d'une ligne de fracture déjà très prévisible, en deux factions irréconciliables, l'une nationaliste et musulmane traditionnelle, l'autre se réclamant d'une « révolution islamiste » extrême ; et l'une opposée, l'autre assujettie au Pakistan.

Ces factions se glissèrent dans les failles ethniques : la tendance extrémiste finit par s'identifier – selon une interprétation un peu abusive – aux Pashtoûns du Sud, et à son opposition aux ethnies tâdjîke, ouzbèke et hazâra.

Le heurt de ces deux grandes factions – qualifié par la presse étrangère de « guerre civile » – détruisit physiquement Kaboul entre 1992 et 1996. Le triomphe de la faction pakistanaise entre 1996 et 2001 riva sur l'Afghanistan un régime « islamiste » encore plus messianique, halluciné et cruel – et de plus longue et atroce durée – que la dictature communiste de Hafizollâh Amîn. Ces douze années de tourmente postsoviétique de 1989-2001 achevèrent la ruine d'un Afghanistan de nouveau replongé dans l'oubli médiatique. Mais le règne des tâlebân, aiguillonné par une pensée totalitaire aussi implacable – et planétaire dans ses ambitions – que l'idéologie des anciens dirigeants marxistes-léninistes, allait de nouveau, en automne 2001, focaliser sur Kaboul le feu des projecteurs – et des bombardiers – internationaux.

Avec l'effacement de la puissance russe de l'horizon régional, les douze années 1989-2001 correspondent à l'ombre noire – ou face cachée – d'une ère de prédominance américaine dépourvue de contrepoids stratégique au Moyen-Orient. La manière dont Washington y usa et abusa de sa puissance, avec la complaisance ou dans l'indifférence de ses démocraties-sœurs (Londres, Paris), interroge nos procédures, nos approches et nos visions du monde. La catastrophe du 11 septembre 2001, en ramenant les regards des démocraties vers Kaboul, nous gifla tous. Car elle imposa aux démocraties de s'impliquer en retour, vis-à-vis de Kaboul, pour la démocratie, en défense de leur propre essence.

En réalité, puisque leur impact fut mondial, les événements afghans de la longue décennie 1989-2001 ne se déchiffrent pleinement que dans un contexte moyen-oriental élargi, qu'il faut d'abord examiner. La montée de l'intégrisme *sunnite* y joue un rôle central.

A. LE THÉÂTRE MOYEN-ORIENTAL

La stratégie du « double endiguement » : la prédominance moyen-orientale de Washington et son alliance avec Riyâdh contre Téhéran

Comme toujours depuis la naissance du royaume, la tragédie afghane se noue à travers deux logiques inséparables, l'une interne et régionale, l'autre mondiale. Les préoccupations stratégiques et économiques des États-Unis dans toute cette région moyen-orientale qui va de l'Euphrate à l'Indus déterminent désormais, de manière prioritaire, le cadre du drame.

Le retrait soviétique tourne l'attention de Washington vers l'Iran. La catastrophe afghane, perpétrée par les services secrets pakistanais, apparaît alors comme le pendant oriental (aux conséquences humaines négligées par Washington comme épisodiques) d'une politique américaine plus générale d'endiguement, dirigée avant tout contre la République islamique de Téhéran. Le poids écrasant de l'Iran, dans la pensée stratégique des États-Unis, faisait peser bien légèrement le destin de l'Afghanistan, plus guère qualifié par les diplomates de Washington, à la fin du XXe siècle, sinon comme un « *failed State* » : un État failli.

L'Iran loge en effet au cœur de la vision régionale américaine durant toute la seconde moitié du XXe siècle.

Dans l'architecture stratégique moyen-orientale de la Cento ou Central Treaty Organization, conçue par Washington dans les années 1950 pour endiguer l'URSS de la Turquie au Pakistan, l'Iran impérial formait déjà la pièce à son tour absolument centrale – et ce plus encore à partir du retrait militaire britannique des émirats du Golfe en 1971. Le Shâh n'avait pas tort de jouer sur les mots, pour affirmer si fièrement en 1972 : « Aujourd'hui, à parler en termes géographiques et stratégiques, il ne serait pas exagéré de qualifier l'Iran de centre de la Cento. Et puisque la Cento est au centre de l'Otan-Cento-Otase, mon pays se trouve en quelque sorte former la clé de voûte de la structure entière [1]. »

C'est sur la puissance du Shâh que les États-Unis des années 1970 voulaient compter pour assurer en grande mesure la sécurité de la région comprise entre l'Euphrate et l'Indus. Selon la « doctrine Nixon » inspirée par Henry Kissinger et formulée par le président à Guam en 1969, Téhéran devait jouer le rôle d'un gendarme régional appuyé par les Américains pour assurer face aux subversions communistes voisines un relais militaire dissuasif – et sans que Washington, échaudé par son désastre viêtnamien, n'ait à engager ses propres troupes au sol. Durant les dernières années de l'indépendance afghane, en 1973-1978, l'armée impériale iranienne contribua ainsi de manière décisive à juguler une guérilla marxiste en Oman, et l'aviation du Shâh à écraser au Pakistan un soulèvement baloutche politiquement soutenu par Moscou.

L'effondrement de cette pièce centrale iranienne, avec la révolution de l'âyatollâh Khomeynî à Téhéran en février 1979 – alors même qu'un pouvoir communiste se renforçait à Kaboul –, ouvrit un vide béant dans le dispositif stratégique régional américain. Face à « l'arc de crise » (*arch of crisis*) – l'expression est de Zbigniew Brzezinski, conseiller du président Carter – désormais déployé de l'Euphrate à l'Indus, il importait à Washington de consolider en hâte les deux barrages qui demeuraient de part et d'autre de l'embouchure du Golfe : l'Arabie saoudite et le Pakistan.

Toutefois, l'ennemi à contenir n'était plus seulement l'URSS, mais aussi l'Iran lui-même, l'ancien cœur du système défensif. D'où, durant toutes les années 1980, l'échafaudage américain d'un système moyen-oriental de barrages beaucoup plus complexe, qui prit le nom de « double endiguement », *dual containment*. Cette expression, certainement destinée à devenir aussi célèbre dans l'histoire de cette partie du monde que celle de « Grand Jeu » ou *Great Game* inventée en 1859 par Sir John Kaye, est sans doute empruntée, *stricto sensu,* au jeu cynique occidental qui consista, entre 1980 et 1988, à armer l'Irak contre l'Iran, tout en surveillant le premier, afin que chacune de ces deux puissances régionales, inquiétantes, endiguât l'autre par une barrière de sang.

La formule, en ce sens restreint, resta d'usage courant dans la diplomatie de Washington au moins jusqu'à l'élection du modéré Mohammad Khâtamî à la présidence de la République iranienne le 25 mai 1997 : durant l'été 1995, l'ambassadeur américain en Israël, Martin Indyk, répétait ainsi à qui voulait l'entendre qu'« il faut à tout prix développer la stratégie du double endiguement, c'est-à-dire tout faire pour affaiblir l'Irak et, surtout, l'Iran, avant que ces États ne menacent sérieusement Israël, le monde arabe et les intérêts occidentaux au Proche-Orient ». Mais dans un sens plus large, c'est toute une série de « doubles endiguements » américains qui encerclent, voire étouffent, la région entière à partir de 1979 pour se renforcer encore, en murailles de fer, après le retrait soviétique de Kaboul, contre Téhéran.

L'Afghanistan postsoviétique va payer le prix fort humain, à se voir assigner ainsi le rôle de véritable *pan oriental* de la digue contre l'Iran. Washington dans les années 1980 y pratique en effet déjà une version très particulière du « double endiguement ». Pour y contrer à la fois l'influence marxiste de Moscou et celle, tout aussi redoutée, de la République islamique chiite de Téhéran, les États-Unis laissent Riyâdh et Islâmâbâd y financer, armer et entraîner des groupes islamistes fondamentalistes sunnites – obscurantistes, certes, mais, par haine sectaire, aussi farouchement anti-iraniens qu'anticommunistes. Ces islamistes sunnites extrémistes, sous le nom de Tâlebân, occuperont enfin une capitale afghane dévastée le 27 septembre 1996. Ricochet cinglant de la stratégie américaine : si attentif à contrer l'« islamisme terroriste » de Téhéran, Washington aura favorisé à terme l'entrée dans Kaboul en 1996 des fondamentalistes musulmans les plus réactionnaires de la planète. La tragédie afghane des années 1990 prend un relief accru, à considérer le *pan occidental* de ce même système de digues : soit l'Irak.

Les acteurs-relais de Washington, dans le déroulement des tragédies-sœurs que sont les drames irakien et afghan, joués de part et d'autre de l'Iran, sont, encore une fois, l'Arabie saoudite et son partenaire pakistanais. Ces deux puissances verrouillent l'entrée du Golfe. Elles en interdisent l'entrée jusqu'en 1991 à la flotte soviétique et continuent de la sorte à endiguer l'expansion russe à l'intérieur des terres. Elles y enferment et bloquent aussi les navires et le commerce maritime de l'Iran.

Riyâdh et Islâmabâd forment les deux battants de la présence américaine au Moyen-Orient. Ils sont indissociables. Si, tout au long des années 1990, l'Arabie saoudite, sous bénédiction américaine, dicte dans une grande mesure le destin de l'Irak, elle en fait autant, mais cette fois en étroite collaboration avec le Pakistan, concernant le sort de l'Afghanistan. Confronté en Afghanistan comme partout ailleurs au Moyen-Orient à une double menace soviétique et iranienne, Washington joue une variante de ce qui est, en réalité, une identique stratégie, non seulement militaire, mais aussi idéologique, d'endiguement duel.

Face à Moscou, le Département d'État utilise notoirement, et ce dès la visite de Nixon en Chine en 1972, « la carte de Pékin ». Washington s'immisce de la sorte dans la rivalité de deux frères idéologiques ennemis, afin d'appuyer l'un pour entraver l'autre à travers l'espace asiatique – sans d'ailleurs éprouver pour autant la moindre sympathie pour l'une ou l'autre école de pensée. Pékin, pour sa part – et sans plus d'état d'âme –, croit jouer Washington contre Moscou. Alliée privilégiée du Pakistan dans une commune hostilité envers l'Inde amie de Moscou, la Chine aura ainsi soutenu, de manière explicite, tant par ses discours qu'à travers des fournitures d'armements aux maquisards, l'effort d'endiguement antisoviétique de Washington, Islamabâd et Riyâdh dans l'Afghanistan des années 1980.

Or, dès 1979, la fracture historique entre les « islamismes » de Téhéran et Riyâdh va s'avérer aussi grave, profonde, douloureuse et centrale pour l'avenir que ce schisme sino-soviétique au sein de la mouvance internationale marxiste. Et Washington va pareillement jouer la carte *sunnite* de Riyâdh contre celle, dite « *chiite* », de Téhéran, pour casser l'influence iranienne en Irak comme en Afghanistan et, plus généralement, à travers le monde musulman – jusqu'à l'explosion en retour de cette stratégie dans les attentats de New York le 11 septembre 2001.

Si les fondements intellectuels de l'intégrisme islamique moderne étudié ci-dessus [2] – promulgué par le Pakistanais Maoudoûdî (mort en 1979), l'Égyptien Sayyed Qotb (mort en 1965) ou l'Iranien Khomeynî (mort en 1989) – restent partout à peu près les mêmes, de l'Algérie au sud des Philippines, la mouvance s'est néanmoins fissurée en 1979 le long d'une faille historique, celle du sunnisme défendu par Riyâdh, face au chiisme assez abusivement identifié au seul régime de Téhéran.

Il y a là, bien sûr, contresens, dans la mesure où l'ancien et très subtil différend spirituel entre sunnisme et chiisme – uniquement compréhensible pour des théologiens en dehors de certains détails superficiels de rite – n'a plus grande pertinence par rapport aux nouvelles idées toutes fort semblables agitées par les militants intégristes contemporains. L'idéologie d'un Khomeynî chiite, on l'a vu, ne diffère en aucun point essentiel de celle, sunnite, d'un Maoudoûdî.

En revanche, l'appartenance identitaire détermine encore bien évidemment, à travers le Moyen-Orient moderne, des solidarités sociales et souvent aussi de très vives inimitiés traditionnelles. Fort peu de sunnites et de chiites modernes sauraient gloser en profondeur leurs distinctions dogmatiques – pas plus que ne sauraient d'ailleurs le faire la plupart des catholiques et protestants d'Irlande, ou catholiques et orthodoxes des Balkans. Mais l'ignorance, loin d'émousser d'antiques ressentiments, semble aiguiser les haines.

Le chiisme en lui-même n'est pas iranien. Il est aussi ancien que l'Islam lui-même. Il exprime l'une de ses tendances messianiques fondatrices. Sa théologie s'est élaborée en langue *arabe* en Mésopotamie, il a connu ses premiers triomphes politiques au Maghreb et en Égypte, avant d'être porté au pouvoir en Iran par la dynastie séfévide (d'origine turque) en 1501. Les Séfévides ne voulaient pas restreindre, encore moins identifier, le chiisme au seul plateau iranien, mais l'étendre à l'espace islamique entier. C'est la contre-poussée des puissances sunnites du XVIe siècle, surtout l'Empire ottoman et l'émirat ouzbek de Bokhâra, qui aggrava ce différend en guerre de religions aussi haineuse que les conflits sectaires qui ensanglantaient alors l'Europe de la même époque. Il est d'ailleurs piquant de noter que ce furent deux puissances catholiques du temps, Venise et le Portugal, qui choisirent de fournir des mousquets et des instructeurs militaires aux Shâhs séfévides pour prendre les Ottomans sunnites à revers, et qui permirent probablement ainsi au chiisme de survivre et s'enraciner durablement en Iran.

Au-delà des frontières iraniennes, le chiisme reste toujours majoritaire en Irak (51 %) comme à Bahrein (60 %), et très vivant en Arabie Saoudite (5 %), au Pakistan (20 %) et au Liban (31 %). Au moins 15 % de l'Afghanistan est chiite aujourd'hui. Mais cette double présence chiite en Irak et en Afghanistan aggravera leur malheur moderne.

Presque cinq siècles après le premier débarquement des Portugais à Ormuz pour soutenir, contre les sunnites d'Istanbul et Bokhârâ, l'armée chiite séfévide et garantir la prépondérance de Lisbonne dans le Golfe, les Américains allaient se mêler, de manière paradoxale mais très curieusement analogue (bien qu'à revers), d'un contentieux sectaire musulman qui ne les concernait nullement, du moins en principe. Les États-Unis des années 1979-2001, toutefois, vont appuyer, contre l'Iran chiite, le sunnisme de Riyâdh. L'acharnement saoudien à endiguer partout la révolution messianique de Téhéran va comme reproduire, à la fin du XXe siècle, le rôle défensif autrefois joué en Islam, contre l'expansionnisme séfévide, par l'Empire conservateur ottoman.

Cet archaïque conflit religieux entre Riyâdh et Téhéran, si étranger, croirait-on, aux grandes préoccupations politiques et économiques du monde contemporain, sous-tend la guerre entre l'Irak et l'Iran des années 1980 et va contribuer à engloutir l'Afghanistan postsoviétique de la décennie suivante.

Répétons-le : la pensée de l'âyatollâh chiite Khomeynî ne diffère pas de manière essentielle, du moins au départ, des représentations mentales des intégristes sunnites d'Égypte ou du Pakistan. Le triomphe en février 1979 de la révolution islamiste à Téhéran porte au pouvoir, en quelque sorte, une espèce de chapitre iranien des Frères musulmans.

Le message révolutionnaire de Khomeynî ne se veut pas, en effet, chiite, mais *islamiste.* L'âyatollâh s'adresse à l'ensemble de la communauté musulmane. Il entend dresser l'*Oumma*, sous la conduite de Téhéran, dans une révolution globale : contre la conspiration mondiale « judéo-chrétienne » incarnée à ses yeux avant tout par Washington, plus encore que par Moscou – en dépit de l'invasion soviétique de l'Afghanistan voisin (de là ce slogan iranien « ni Est et Ouest » qui extasia pour un temps une intelligentsia parisienne désorientée).

La révolution islamiste de Téhéran se coule pourtant, fût-ce malgré elle, dans le moule historique du chiisme. Or le chiisme s'est doté d'une structure cléricale hiérarchique rigide qui rappelle l'organisation catholique romaine, tandis que le sunnisme, plus souple, pourrait suggérer la fluidité des Églises protestantes rassemblées autour de pasteurs influents. Aussi, dans les pays sunnites, les mouvements intégristes, faute de structure ecclésiastique, s'organisent-ils en partis et cellules politiques de type « moderne », de modèle fasciste ou léniniste. Le mouvement radical de Khomeynî, en revanche, investit une

Église chiite fonctionnelle en écartant, au besoin, ses prélats les plus modérés (tel l'âyatollâh Sharî'at-Madârî au début des années 1980).

Mais en se fondant dans le moule chiite, la révolution de Téhéran, tout en s'en défendant sur le plan doctrinal, hérite, sur le plan intérieur, de tout le particularisme politique et culturel iranien. La richesse intellectuelle de la vieille civilisation persane a vite tempéré, par bonheur, les excès des premiers militants : pas de renvoi de femmes au foyer ni de destruction de monuments préislamiques – comme à Kaboul sous les tâlebân, par exemple.

En outre, la « révolution islamique » iranienne de 1979 répond à un tout autre propos politique que l'ordre « musulman » du Kaboul des tâlebân dont l'objet sera de plier le pays sous la férule indirecte des généraux pakistanais. Les signes, encore une fois, permutent. L'identification islamique de l'Iran, au début du régime de Khomeynî, comme celle de l'insurrection afghane au cours des années 1980 affirmaient au contraire un sursaut national.

Très différent en cela de l'Algérie ou du Pakistan, l'Iran (comme l'Afghanistan) n'a jamais été une colonie européenne avouée ou directe. En revanche, une succession de puissances étrangères – la Russie impériale de 1828 à 1907, la Grande-Bretagne à travers l'Anglo-Iranian Oil Company jusqu'en 1953, enfin les États-Unis de 1953 à 1979 – dictent indirectement leur volonté à l'Iran par le biais de l'institution monarchique indigène laissée délibérément en place. Perçue, dès lors, comme instrument de contrôle indirect au service de forces extérieures, cette monarchie focalise contre elle les ressentiments des libéraux nationalistes, des opposants marxisants comme des éléments cléricaux – dont les plus réactionnaires. Or la répression policière du Shâh dans les années 1953-1979 ne laisse d'autre espace de contestation que la mosquée.

Les retombées des revenus pétroliers, la réforme agraire, la modernisation effrénée, voire les manifestations nationalistes les plus spectaculaires (comme les fêtes de Persépolis) du dernier shâh, n'arrivent pas à gommer, dans l'opinion populaire iranienne, le souvenir de son intronisation à la place de son père (trop favorable à l'Axe) par les Anglo-Américains en 1941, ni de son rétablissement au pouvoir par la CIA en 1953. Khomeynî capte le mécontentement général en 1979. Mais les premières outrances de la révolution iranienne « islamiste » traduisent aussi une véritable déclaration de dignité patriotique, le défoulement d'un ressentiment populaire accumulé durant près de deux siècles d'humiliation vis-à-vis de tous les suzerains étrangers de la monarchie nationale – amertume rassemblée et tout entière cristallisée, en 1979, contre les seuls États-Unis.

Moscou, engagé en Afghanistan, eut la sagesse dans les années 1980 de laisser la révolution de Téhéran suivre son cours et canaliser toute cette colère iranienne contre Washington. Sur le plan extérieur, l'Église de Téhéran aux mains des révolutionnaires reçoit aussitôt, en legs historique, l'allégeance des autres Églises chiites de la région – ailleurs toutes assujetties, cependant, à des gouvernements sunnites. Mais ce legs est pesant : car il reste lesté de toute la haine sectaire, pluriséculaire, qui oppose les chiites aux sunnites les plus intransigeants et antichiites du monde : les *wahhâbites* d'Arabie Saoudite.

Paradoxe de la Révolution iranienne : le panislamisme doctrinaire, si voisin de l'enseignement des Frères musulmans sunnites égyptiens, qu'invoque l'âyatollâh Khomeynî pour soulever le monde musulman contre Washington, n'arrive pas à surmonter la fissure de l'ancien schisme sunnite-chiite. Au contraire, Khomeynî commet l'erreur fatale d'*aggraver ce schisme.*

Dès sa prise du pouvoir, l'âyatollâh lance des anathèmes contre la famille royale saoudienne, l'accuse d'hypocrisie religieuse, de corruption des mœurs, d'asservissement de l'Islam aux intérêts américains, et appelle ouvertement à son renversement. Ce message est entendu à la fois par les cinq cents rigoristes sunnites insurgés, conduits par le jeune Djohaymân al-Otaybî, qui saisissent la Grande Mosquée de la Mecque le 20 novembre 1979, et par la minorité chiite d'al-Hasa sur la plage du Golfe – là où se trouvent les puits de pétrole du royaume – soulevée contre Riyâdh de novembre 1979 à février 1980.

Riyâdh ne le pardonnera pas. Ébranlée dans sa légitimité fondamentale, la dynastie devra faire appel à la gendarmerie française pour exterminer les insurgés dans la Grande Mosquée, et écrasera sous les chars la contestation des chiites d'al-Hasa. Puis, tout comme la diplomatie du

Pakistan s'est acharnée depuis 1947 contre l'Afghanistan pour laver l'affront du refus par Kaboul de la « ligne Durand », la politique saoudienne, à partir de 1979, va se venger, pour sa part, de Téhéran, afin d'en contenir la révolution : sur le flanc occidental à travers l'Irak, et sur le flanc oriental à travers l'Afghanistan. Son arme idéologique, brandie de part et d'autre de l'Iran : le *wahhâbisme.*

Forme aujourd'hui la plus connue (superficiellement) de l'intégrisme sunnite, l'idéologie puritaine prêchée en Arabie par le réformateur 'Abd al-Wahhâb (1703-1792) puisait sans doute dans la pensée légalitaire et violemment opposée au soûfisme du prédicateur médiéval syrien Ibn Taymiyya (XIVe siècle), mais s'inspirait tout aussi bien des réactions rigoristes – anti-hindoues – des radicaux musulmans sunnites contemporains en Inde voisine. Les relations sont depuis lors restées proches entre fondamentalistes sunnites des deux côtés du Golfe : les Britanniques connaissaient déjà et surveillaient, dès l'aube du XIXe siècle, les outrances anti-hindoues des *wahhâbites* de leur Empire. Les liens étroits politiques, économiques, stratégiques, militaires, forgés depuis 1947 entre le Pakistan et l'Arabie saoudite, sont, en quelque sorte, organiques. Riyâdh, riche capitale d'un royaume sous-peuplé, finance Islâmâbâd, qui lui fournit, en retour, une main-d'œuvre pléthorique, qualifiée, bon marché, docile, musulmane sunnite, utilisable dans tous les secteurs de l'économie saoudienne, et qui sert même, avec l'envoi de mercenaires pakistanais, à suppléer les carences des forces armées saoudiennes.

Adopté comme idéologie officielle par la petite famille princière saoudienne dans l'émirat centrarabique du Nadjd au XVIIIe siècle, le *wahhâbisme* s'impose par conquête guerrière à la plus grande partie de la Péninsule avec la fondation du royaume d'Arabie saoudite en 1924. Si l'austérité conservatrice, le légalisme intransigeant des wahhâbites de Riyâdh semblent anachroniques dans l'atmosphère kémaliste de l'Islam international des années 1920, l'avènement de la dynastie saoudienne est au contraire salué comme porteur des plus grands espoirs par le penseur fondamentaliste syrien Rashîd Ridâ et les théoriciens des Frères musulmans égyptiens. Les Frères soulignent – et depuis n'ont cessé de le marteler – la convergence croissante, voire la fusion, entre leurs idées et celles prônées dans les mosquées de Riyâdh. Il n'existe donc plus de différence théologique essentielle entre Frères égyptiens, Deobandî-s pakistanais ou *wahhâbites* saoudiens, dans la mesure où toutes les tendances anciennes – Deobandî-s des Indes ou Wahhâbites d'Arabie – embrassent désormais le modernisme technologique promu par l'intégrisme militant de type « égyptien » d'aujourd'hui.

La Russie postsoviétique qualifie ainsi systématiquement ses insurgés islamistes tchétchènes de « wahhâbites ».

L'afflux des pétrodollars, à partir des premiers forages de l'Aramco (Arab-American Company) en 1939, et surtout après la Seconde Guerre mondiale, semblait toutefois devoir dissoudre, dans la vie privée toujours plus laxiste des dirigeants, le puritanisme *wahhâbite* de Riyâdh sous un formalisme de pure façade. C'était vite oublier que le wahhâbisme cimente la légitimité du royaume, et que bien des princes du sang y souscrivent toujours avec ferveur. La prise de la mosquée de la Mecque en novembre 1979 par des contestataires rigoristes – dont des membres de l'élite royale elle-même – terrifiera les dirigeants et les rappellera à l'ordre. Riyâdh n'a cessé, depuis, de s'efforcer de rétablir, dans le royaume, la stricte observance et toute la rigueur de la Règle, pour calmer la surenchère des militants wahhâbites les plus intransigeants du pays – d'ailleurs en vain, comme le révélera la carrière exemplaire d'un Ben Lâden.

Tout aussi anti-« chrétienne » et anti-« juive » que les Frères musulmans égyptiens, mais avant tout opposée au marxisme, l'Arabie saoudite en Guerre froide choisit son camp prioritaire. Jusqu'en 1991, c'est d'abord contre l'URSS et ses alliés régionaux – du Sud-Yémen à l'Afghanistan – que Riyâdh dirige la sainte colère de ses militants *wahhâbites :* et cela agrée aux Américains.

Mais l'Arabie *wahhâbite,* championne du plus roide sunnisme, fustige de surcroît le chiisme comme hérésie presque aussi honnie que le judaïsme ou le christianisme. La dynastie saoudienne a d'ailleurs un vieux et solide contentieux historique avec l'Islam chiite en général, et l'Iran en particulier. Le *wahhâbisme* prêche violemment contre le chiisme dès les origines. Les premiers partisans *wahhâbites* se signalèrent à l'attention du monde musulman par des rezzous puritains en territoire irakien (alors ottoman) pour y saccager les grands sanctuaires chiites dès 1802. Fondateur du royaume saoudien moderne, le roi 'Abd al-'Azîz ibn Sa'oûd répète ce geste, et horrifie Téhéran (dont l'armertume perdure) en démantelant tous les sanctuaires chiites de Médine et de la Mecque annexées par ses troupes en 1924.

Riyâdh a toujours traité en citoyens de seconde zone les membres de sa propre minorité chiite – quelque 5 % du royaume – dans la province d'al-Hasa, pétrolifère et riveraine du Golfe, et dont la contestation fut si durement réprimée entre novembre 1979 et février 1980. Le soutien de la révolution voisine iranienne, dès février 1979, à ces chiites d'Arabie saoudite épouvanta Riyâdh.

Stratégie saoudienne, face à la « menace » de l'Iran de 1979 à nos jours :

a) jouer sur l'opinion sunnite mondiale pour dépeindre Téhéran comme foyer d'hérésie, restreindre son influence aux seuls ghettos chiites, isoler ceux-ci ;

b) réaffirmer sa primauté spirituelle sur l'Islam sunnite mondial, par le financement des régimes conservateurs comme des formations intégristes et par la propagation de l'enseignement *wahhâbite* ;

c) exaspérer l'ethnocentrisme, le chauvinisme linguistique, voire le racisme « arabes » contre les « persans ».

La tragédie irakienne, pendant occidental du drame afghan

Sur le flanc *occidental* de l'Iran, cette stratégie saoudienne, mortifère, se traduit par les deux actes de l'interminable tragédie irakienne – dont l'horreur ne le cède en rien aux pires souffrances afghanes.

Premier acte : le régime dit « laïc » de Baghdâd, dictature militaire d'une minorité arabe sunnite rivée depuis soixante ans sur une fraction du peuple kurde et notamment sur une majorité arabe chiite, déclenche contre l'Iran, de 1980 à 1988, avec un financement essentiellement saoudien, une guerre sanglante sous prétexte de contentieux frontalier, mais dont le but ultime est le renversement du régime de Téhéran. Cette stratégie irakienne dérape.

L'assaut de Saddâm Hussein renforce au contraire, dans un sursaut patriotique, le jeune gouvernement iranien, lequel porte à son tour la guerre sur le territoire irakien pour y abattre le régime de Baghdâd, dans l'espoir de crever la digue anti-« persane » arabe élevée par les Saoudiens, et assurer déjà, sur les rives du Tigre, le triomphe d'une révolution islamiste mondiale dirigée par Téhéran.

Une telle victoire des forces de Khomeynî eût non seulement porté au pouvoir à Baghdâd la majorité chiite de l'Irak, mais réuni – contre l'Arabie saoudite – les gigantesques ressources pétrolières de la Mésopotamie et du plateau iranien à la fois.

Pour conjurer ce cauchemar, les puissances occidentales – Washington, mais aussi Londres et Paris – rejoignent Riyâdh pour soutenir, avec massives livraisons d'armements, la défense militaire du régime « laïc » de Saddâm Hussein. La propagande « laïque » de celui-ci contre Téhéran, ne pouvant se réclamer de la « religion », a d'ailleurs souvent recours au racisme le plus éhonté, comme dans ce titre de pamphlet officiel – de lecture obligatoire pour tous les fonctionnaires du régime – rédigé en 1980 par Khayrallâh Tolfah, l'oncle du dictateur irakien : « Les trois catégories d'êtres que Dieu n'aurait jamais dû créer sont les Juifs, les Perses et les mouches » (on y apprend notamment qu'un « Perse est une bête à morphologie humaine »). Mais le racisme officiel de Baghdâd ne s'en est jamais tenu aux seuls mots, pour souvent accuser ses propres citoyens arabes de confession chiite d'une origine « perse » détestée. Dès 1969, 24 000 chiites irakiens, soupçonnés de dissidence, étaient déportés vers l'Iran – c'est-à-dire embarqués par camion et jetés à la frontière – en tant que « Perses ». Autre cas attesté : les 60 000 membres de la tribu des Fâ'ilî – doublement vulnérables puisque Kurdes et chiites à la fois – étaient boutés hors d'Irak entre 1970 et 1980, après avoir été dépouillés de tous leurs biens. Les chiites d'Irak ressentent d'autant plus cruellement cette injustice qu'ils ne se perçoivent nullement comme iraniens, mais bien citoyens à part entière du pays où il leur a été donné de naître. La majorité d'entre eux combattit, du reste, avec une loyauté exemplaire lors de cette première guerre du Golfe [3].

La boucherie enlisée qui s'ensuivit dans les tranchées irakiennes – façon guerre de 1914-1918, gaz de combat compris – détourna complètement l'attention de Téhéran du conflit soviéto-afghan en cours, et contraignit Khomeynî, peu avant sa disparition, à accepter un cessez-le-feu avec Baghdâd qui signifia, pour l'âyatollâh de Téhéran, la mort de son projet de révolution mondiale : « C'est une coupe de poison. » Le barrage irakien brisa bel et bien la déferlante iranienne.

Second acte : présumant de son rôle indispensable dans la stratégie américano-saoudienne d'endiguement occidental de l'Iran, et se croyant dès lors invulnérable, Saddâm Hussein s'annexe les ressources pétrolières du Koweït en 1990. Dans un Moyen-Orient où le contre-poids soviétique disparaît, la coalition militaire américano-saoudienne l'en refoule aisément en 1991, mais Riyâdh, une fois sa frayeur passée, exige néanmoins de Washington le maintien au pouvoir d'un Saddâm sagement contenu dans ses frontières, afin d'assurer une répression continue de la majorité chiite d'Irak jusqu'à nos jours. Accablée de sanctions économiques qui permettent tout juste au régime de Baghdâd de conserver une force armée répressive (c'est le but), la population méridionale de l'Irak – coupable de chiisme – meurt de pauvreté, dans l'indifférence lasse d'une opinion occidentale rendue muette de perplexité.

Car si l'opération américaine « Provide Comfort » sauve les populations kurdes et sunnites de l'Irak du Nord de la répression de Saddâm à partir du 6 avril 1991, le premier président Bush ordonne dès le mois de mars l'arrêt net de ses chars dans le désert du Sud, pour laisser les troupes de Baghdâd y massacrer impunément ces chiites qui crurent que Washington soutiendrait leur soulèvement, encouragés dans leurs illusions par les tracts trompeurs de l'US Air Force. Depuis cette date, la persécution irakienne antichiite s'est étendue jusqu'à l'écologie des marais à l'embouchure du Tigre et de l'Euphrate, qu'assèchent les ingénieurs de Saddâm Hussein tout en y déversant de la mort aux rats, pour empêcher les dissidents méridionaux d'y trouver refuge.

En outre, l'étrange blocus occidental qui prive depuis 1991 les Irakiens du Sud d'aliments et de médicaments – pour punir un peuple du dirigeant que Washington et Riyâdh, de concert, continuent eux-mêmes de lui imposer – permet à un Saddâm Hussein endigué de répéter à satiété, à ses concitoyens comme à l'ensemble de l'opinion musulmane, que l'embargo américain est la seule cause de la misère nationale.

En réalité, Baghdâd dirige les ressources alimentaires et médicales qu'il possède – et il en a – vers les localités sunnites les plus fidèles au régime, même si la pénurie frappe l'immense majorité de la population, sunnites et chiites confondus. Car, malgré les dénégations publiques, la production et l'exportation de pétrole irakien n'ont jamais cessé, pour se maintenir à 550 000 barils par jour acheminés par camions-citernes vers la Turquie et la Jordanie. En plein blocus, l'Irak possède donc de quoi entretenir toujours 380 000 soldats, dotés d'un budget annuel d'environ 2,6 milliards de dollars. Le montant des troupes irakiennes reste trois fois supérieur au chiffre des forces armées de l'Arabie saoudite (de l'ordre de 105 000 soldats environ). Dans la région, seuls l'Iran, avec 513 000 hommes sous les drapeaux, et l'Egypte, forte de 436 000 hommes, disposent d'effectifs supérieurs [4]. Le régime de Saddâm, indirectement perfusé par l'entente américano-saoudienne, a donc joui largement de toutes les ressources militaires nécessaires pour écraser ses propres zones chiites – lesquelles meurent non seulement sous « double endiguement », mais sous double imposture.

Les humanitaires occidentaux, déroutés par la perversion politique de leurs propres chancelleries, n'ont pu qu'aligner de sombres chiffres face au délabrement des hôpitaux du pays depuis la seconde guerre du Golfe : l'espérance de vie moyenne en Irak, de l'ordre honorable de 61 ans pour les hommes et de 64,5 ans pour les femmes en 1990, était ainsi tombée à 46 ans pour les hommes et 57 pour les femmes en 1995, avec une montée en flèche du marasme, du kwashiorkor, de la typhoïde et du choléra [5].

De son côté, et toutes sectes confondues cette fois, l'opinion internationale musulmane, effarée à juste titre par le sort du peuple irakien, mais très mal informée, voire absolument aveugle quant au rôle essentiel joué dans cette catastrophe humanitaire par la diplomatie féroce de

Riyâdh, en accuse la seule sinistre hypocrisie de Washington – ce qui nourrit, là encore, les ressentiments intégristes. En outre, comble de l'imposture, c'est le principal bourreau désigné pour cette tâche de répression intérieure, Saddâm Hussein, qui passe, aux yeux des banlieues arabes, pour une victime, un héros, un Saladin de la résistance antiaméricaine. Hosnî Mobârak d'Égypte aurait lui-même averti le premier président Bush de ne pas renverser Saddâm Hussein, de peur de le faire passer pour un martyr dans les perceptions régionales [6].

Pour sa part, refoulé d'Irak, l'Iran révolutionnaire dûment endigué ne pouvait plus espérer surmonter la barrière « sunnite » et « arabe » de Riyâdh, sinon par des appels panislamistes internationaux toujours plus stridents. Khomeynî, à sa mort en 1989, lègue ainsi à la République islamique la gêne de sa *fatwâ* contre Salmân Rushdie. Téhéran sera aussi, sans doute, la dernière capitale musulmane du monde à reconnaître l'État d'Israël : ce refus est devenu presque l'ultime oriflamme d'une révolution iranienne assagie depuis l'élection « thermidorienne » du président Mohammad Khâtamî le 25 mai 1997 [7].

L'« endiguement » américano-saoudien de l'Iran semblait dès lors, sur ce flanc occidental du moins, avoir réussi puisque l'incendie de la Révolution iranienne s'éteignait – fût-ce dans le sang du peuple irakien.

A la veille des explosions du 11 septembre 2001, Riyâdh recueillait par ailleurs un substantiel avantage, et pas seulement politique, idéologique et militaire, du « double endiguement » de l'Iran et de l'Irak. Dans les années 1970, l'Iran, l'Irak et l'Arabie saoudite étaient les trois plus gros producteurs de pétrole de la planète. En 1989 encore, l'Iran pompait plus de 1 milliard de barils de brut (27,2 % de ses revenus annuels) ; l'Irak, 1 milliard de barils (88,5 % de ses revenus annuels) ; et l'Arabie saoudite, près de 2 milliards de barils (72,8 % de ses revenus annuels). Baghdâd à la veille des années 1990 exportait ainsi quelque 138 millions de tonnes par an, soit 3 millions de barils par jour.

Le « double endiguement » des années 1990 entrave les exportations de Téhéran, interdit celles de Baghdâd, et rejaillit donc sur Riyâdh, principal allié régional de

Washington. La part de marché saoudienne s'est dès lors sensiblement accrue, la hausse de sa production annuelle atteignant quelque 154 millions de tonnes, tandis que les recettes pétrolières passaient de 24 milliards de dollars en 1989 à 41 milliards en 1995. Ces sommes servent non seulement au remboursement de la dette militaire de Riyâdh envers Washington – qui lui facture le coût de *Desert Storm* –, mais aussi à l'acquisition massive d'armements américains. De plus, après la disparition de l'adversaire soviétique, la mise hors la loi simultanée de Téhéran et Baghdâd, désignés par Washington comme menaces permanentes, renforce à son tour les achats d'équipements militaires occidentaux par Riyâdh [8].

Même si l'or noir reste notoirement plus épais que le sang, tant de cynisme chez Washington ne pouvait échapper à tout le monde : et surtout pas, à l'intérieur du royaume saoudien, aux regards avertis de nombreux membres de l'élite gouvernante et commerçante elle-même. Le scandale humain irakien, et l'installation à partir de 1991 de bases militaires américaines permanentes sur un sol saoudien considéré par les plus pieux comme une sorte de vaste mosquée sacrée, choquèrent comme autant de blasphèmes, et dans leur tréfonds, les *wahhâbites* les plus sincèrement dévots.

Avec toute sa *realpolitik*, la stratégie américaine du « double endiguement » aura été dévastatrice aussi sur le plan intellectuel – au point de ruiner ses propres fondations politiques.

Les conséquences religieuses moyen-orientales du « double endiguement »

L'effacement régional soviétique fit en effet resurgir, à travers le nouveau ressentiment populaire anti-américain des *wahhâbites* saoudiens en 1991, un aspect jusque-là fort occulté de la pensée intégriste sunnite – aspect, en tout cas, que Washington avait préféré ignorer. Les écoles de Maoudoûdî au Pakistan ou de Sayyed Qotb en Égypte, leurs équivalents *wahhâbites* d'Arabie, et enfin leurs futurs relais afghans comme Hekmatyâr ou les tâlebân, répétons-le, auront toujours été aussi foncièrement « antioccidentales », c'est-à-dire antijuives et antichrétiennes, qu'antimarxistes. C'est aussi le cas de l'intégrisme professé à Téhéran : sens réel du slogan révolutionnaire iranien de 1979, « ni Est ni Ouest », qui fit l'extase d'une intelligentsia parisienne égarée quant au véritable propos de cette « troisième voie ». Seulement, de 1979 à 1991, les partisans de Riyâdh choisissaient de mettre l'accent, et la priorité, sur l'anticommunisme, ceux de Téhéran sur l'antiaméricanisme, d'un même corps de doctrine de l'histoire.

La vision « islamiste » de l'histoire est paranoïaque, mais, comme toute paranoïa, puise suffisamment d'éléments dans la réalité pour se convaincre de son propre bien-fondé.

L'histoire universelle, selon l'enseignement des *wahhâbites* ou des Frères égyptiens tout comme dans les écrits de l'âyatollâh Khomeynî ou dans la perception des tâlebân, doit se déchiffrer comme le récit d'une vaste conspiration mondiale ourdie depuis des siècles contre l'Islam – conspiration qui s'appelle la « Croisade » – par une alliance des juifs et des chrétiens, secrètement ligués, éternels ennemis de l'humanité. La « Croisade » médiévale, sous son visage ouvertement judéo-chrétien, n'aurait pas réussi dans un premier temps à vaincre une communauté musulmane soudée dans la discipline de la *sharî'a.* Aussi nombre de juifs et de chrétiens auraient-ils fait semblant de se convertir, pour introduire des innovations blasphématoires en Islam, et pourrir ainsi la communauté des croyants de l'intérieur. Ces faux musulmans formaient parmi les vrais croyants une cinquième colonne, en attendant l'assaut renouvelé des forces du mal.

Ce second assaut aurait pris au cours des deux derniers siècles l'aspect impie, athée, des impérialismes capitaliste puis marxiste. Mais ces deux impérialismes étaient eux aussi secrètement ligués, puisqu'on trouvait des juifs et des chrétiens dans les deux camps ; leur Guerre froide était un leurre destiné à égarer leur unique ennemi, l'Islam ; ils complotaient de se partager un monde musulman trompé par leur nouveau masque. Sans doute, ces voleurs se disputaient parfois, les bons musulmans pouvaient alors exploiter leurs contradictions. Depuis l'effondrement du marxisme, toutefois, la « Croisade » mondiale antimusulmane réapparaît sous son vrai visage, celui de l'éternelle alliance impie judéo-chrétienne.

La crise irakienne de 1990-1991 força Riyâdh d'accepter sur son sol des bases militaires américaines. Or l'arrivée de troupes américaines sur territoire saoudien pour diriger une guerre contre un autre peuple musulman, l'irakien, réveilla et exaspéra cette vision du monde, certes proprement délirante, comme autant de pétrole versé sur les flammes. Les prédicateurs saoudiens les plus convaincus de parler au nom de Dieu appelèrent aux manifestations contre les bases de l'US Air Force, et aussi contre la trahison du régime saoudien lui-même, accusé de livrer ainsi le sol sacré de la patrie à des infidèles. Parmi les manifestants, des jeunes militants comme Ousâma ben Lâden, prêts à reprendre le flambeau des 500 insurgés de la Grande Mosquée de la Mecque du 20 novembre 1979.

C'est dans ce contexte tourmenté de 1991 que le radicalisme sunnite de type saoudien, si longtemps soutenu par Washington, commence à se retourner – pas seulement dans les têtes, mais dans les faits – contre Washington. Après la crise de la Mecque en 1979, Washington, puissance séculière, avait trouvé son paradoxal intérêt, on l'a vu, à voir renforcée, vis-à-vis de Téhéran, la légitimité religieuse, donc islamique, du régime saoudien. Paradoxe seulement apparent : durant toutes les années 1980, le Département d'État considérait comme désormais inévitable la montée régionale de l'idéologie islamiste. Washington préféra donc que Riyâdh coiffât, contrôlât et canalisât tous les mouvements intégristes sunnites de la zone, à la fois contre l'Iran chiite et contre l'URSS marxiste. C'est pourquoi les Américains minimisèrent la portée tout aussi anti-occidentale qu'anticommuniste de la mouvance, au regard des exigences politiques et militaires de l'heure.

Cauteleuse et très consciente de ses actes, la monarchie saoudienne du roi Fahd et de son régent 'Abdallâh savait fort bien sa propre dépendance vis-à-vis de cette même protection militaire américaine (si vitale pour la survie d'un royaume entouré d'ennemis de l'Iran chiite au Sud-Yémen communiste). Aussi sut-elle détourner, de 1979 à 1991, la rage de ses militants *wahhâbites* les plus sincères contre le marxisme-léninisme régional comme cible prioritaire. Or l'Afghanistan communiste offrait aux plus dangereux idéologues saoudiens un terrain de combat idéal, et au gouvernement de Riyâdh une providentielle soupape de sécurité. Aussi les autorités saoudiennes, à travers une opération complexe dirigée par le prince de sang Torkî al-Faysal, encouragèrent-elles tout au long des années 1980 le départ vers les maquis afghans de leurs jeunes idéalistes les plus assoiffés de guerre sainte.

Né en 1957 à Riyâdh d'une riche famille d'origine yéménite dont les membres acquirent une fortune colossale dans le royaume comme entrepreneurs de travaux publics (dont la réfection de la Grande Mosquée de la Mecque), Ousâma ben Lâden est exemplaire de cette génération saoudienne perdue. Revenu à la foi *wahhâbite* après une jeunesse dorée, il gagne les maquis afghans les plus radicaux du Sud-Est dès 1980, et y fonde son organisation, *al-Qâ'ida*, la « Base », en 1988 – en s'adjoignant des militants islamistes venus de nombreux pays : dont ses lieutenants égyptiens Aymân az-Zawâherî, l'un des commanditaires de l'assassinat du président Sadate en 1981, et Mohammad Âtef. Les liens entre radicaux *wahhâbites* et Frères égyptiens se resserrent ainsi sur le sol afghan.

En étroite intelligence avec les services saoudiens, la CIA de William Casey sous la présidence de Ronald Reagan va pourtant faciliter vers l'Afghanistan insurgé le transfert d'armes et de fonds à travers les réseaux islamistes tant sunnites égyptiens du cheikh 'Omar 'Abd ar-Rahmân que saoudiens d'Ousâma ben Lâden (les deux futurs commanditaires des attentats respectifs, l'un bâclé, l'autre horriblement réussi, contre le World Trade Center en 1993 et 2001). Encore une fois, aux yeux de Washington dans les années 1980, pareille islamisation sunnite pro-saoudienne du paysage insurrectionnel afghan devait à la fois y interdire l'influence de Téhéran et en refouler celle de Moscou. Mais les militants islamistes saoudiens ainsi expatriés en Afghanistan, et les camarades afghans qu'ils financent, ne sont pas dupes pour autant. Le chef des tâlebân, Mollâ 'Omar, a évoqué volontiers cette période de collaboration islamiste purement opportuniste avec les États-Unis, ainsi dans cet entretien accordé au quotidien iranien *Entekhâb* daté du 29 septembre 2001 : « Je fis mes études religieuses et participai au djehâd contre les Soviétiques.

Les Américains étaient alors autant les ennemis du communisme que de l'Islam. Leur intérêt à l'époque, croyaient-ils, était de nous aider. Maintenant ils pensent que leur intérêt est d'être nos ennemis. »

Dans les camps afghans des années 1980, les idéologies professées par Maoudoûdî, Hekmatyâr, les Frères égyptiens ou les militants saoudiens *wahhâbites* achèvent leur complète fusion intellectuelle, mais pour se radicaliser en nouveaux canaux. C'est le militant palestinien 'Abdallâh 'Azzam, à Peshâwar (où il fut assassiné dans des circonstances mystérieuses le 24 novembre 1989), relais du pouvoir saoudien et l'un des maîtres à penser d'Osâma ben Lâden, qui mit l'accent, avant tout, sur l'obligation du *djehâd* international : la guerre d'Afghanistan constituant, au même titre que la libération de Jérusalem, un *fard'* ou obligation rituelle pour tout croyant, de quelque origine qu'il fût.

Après la « trahison » saoudienne de 1990-1991, les radicaux du royaume, qui, comme le jeune Osâma, s'insurgent contre la présence des bases américaines sur leur sol, se réclament d'un « islamisme » toujours plus *djehâdî* (c'est leur terme), axé sur une guerre sainte mondiale. Ils flétrissent désormais le *wahhâbisme* perverti des soi-disant *shaykhî*, ceux qui « adorent » les cheikhs de la dynastie saoudienne. La mouvance d'Osâma se rapproche aussi des Égyptiens les plus extrémistes, ceux qui dénoncent la tiédeur des Frères musulmans désormais cooptés par le pouvoir, et qui, au sein du *Tanzîm al-Djehâd*, ou « Organisation de la Guerre sainte », assassinèrent Sadate en 1981. Les deux lieutenants d'Osâma, Aymân az-Zawâherî et Mohammad Âtef, en sont issus. Enfin, Osâma et ses amis exigent l'observance stricte du rituel intégral des « ancêtres », les *salafî* : les premiers compagnons du Prophète. Aussi, dans le jargon islamiste, le double terme arabe par lequel se désignent les militants internationaux qui appuieront les *talebân* est-il, très exactement, celui de *djehâdî salafî* : « partisan de la Guerre sainte, adepte de l'usage des Ancêtres ».

C'est en référence à la vision historique d'un éternel complot judéo-chrétien qu'Ousâma ben Lâden lancera des années plus tard, le 23 septembre 2001, son appel au *djehâd* diffusé par la chaîne de télévision *al-Djazîra* du Qatar :

« Nous incitons nos Frères musulmans au Pakistan à empêcher de toutes leurs forces les Croisés américains d'envahir le Pakistan et l'Afghanistan. Je vous assure, chers Frères, que nous nous tenons fermes sur la voie du jihâd au nom de Dieu qui inspira Son Prophète, la paix soit sur lui, et pour la défense du peuple afghan héroïque et fidèle, sous la conduite de l'émir des croyants, le mollâ Mohammad 'Omar, afin qu'il triomphe des armées infidèles et des forces de la tyrannie pour détruire la nouvelle campagne de Croisade juive sur le sol du Pakistan et de l'Afghanistan. Nous espérons que ces Frères [quatre militants intégristes tués la veille dans une manifestation à Karachi] seront les premiers martyrs de la bataille de l'Islam en cette ère. La nouvelle campagne de la Croisade juive est menée par le plus grand des Croisés, Bush, sous la bannière de la Croix. »

Revenu en Arabie saoudite en 1989 après la défaite soviétique, Ousâma ben Lâden constate et condamne en 1991 – comme tant d'autres jeunes saoudiens – la dérive proaméricaine du royaume, qu'il juge impie. Toutefois, la monarchie ménage prudemment les militants de ce type, dont beaucoup (comme Ben Lâden) sont très riches et dont elle respecte scrupuleusement les avoirs et réseaux financiers, car elle sait combien leur audience reste large dans le peuple comme chez l'élite. Tout au long des années 1990, Riyâdh va donc s'efforcer de jouer un double jeu périlleux pour contenter ses propres extrémistes en les dirigeant vers des exutoires étrangers (et notamment toujours vers un Afghanistan désormais déchiré par sa « guerre civile »), tout en se gardant prudemment de froisser l'allié américain. Le 28 juin 1996, sur sol saoudien, un attentat coûta la vie à dix-neuf soldats américains sur la base militaire d'al-Khobar. Riyâdh, pour rassurer Washington, en accuse Téhéran, et l'administration Clinton croit, ou feint de croire, selon un communiqué de presse dicté le 5 août suivant, que l'Iran reste « l'un des deux plus dangereux soutiens du terrorisme [avec la Libye] dans le monde ». Toutefois, il est désormais hors de doute – et Washington l'admet depuis le 11 septembre

2001 – que l'attentat fut perpétré par les contestataires d'Ousâma ben Lâden. Le milliardaire se transforme en meneur et archétype de l'intégrisme sunnite.

Les mesures prises par Riyâdh contre Ben Lâden resteront toujours beaucoup plus symboliques que réelles : formellement expulsé en 1992, privé de passeport saoudien et déchu de sa nationalité en 1994, Ben Lâden conserve à la fois toutes ses facilités bancaires et ses relais mondiaux. Installé à Khartoûm sous la protection de l'islamiste soudanais Hasan at-Torâbî de 1992 à 1996, il finance les attentats antiaméricains en Somalie en 1992, contre le World Trade Center de New York (une première fois : six morts) en 1993, contre la garde nationale saoudienne à Riyâdh (sept morts) en 1995, et contre les troupes américaines en Arabie saoudite (dix-neuf morts) en 1996, date à laquelle il rejoint les camps d'entraînement de ses partisans autour de Khôst, dans l'Est afghan, en alliance avec une nouvelle force locale : les tâlebân. C'est à partir de ce repaire que Ben Lâden commandite les deux attentats du 8 août 1998 contre les ambassades américaines de Nairobi et Dar-es-Salaam : deux-cent vingt-quatre morts. Piqûre sanglante qui provoqua le 20 août suivant un lancement de missiles de croisière sur ses camps afghans par une administration Clinton enfin alertée, et qui fit mettre à prix par le FBI la tête de Ben Lâden. Mais la révision déchirante de la politique moyen-orientale américaine ne viendra vraiment qu'après le 11 septembre 2001.

Ben Lâden devient le principal maître à penser des tâlebân au moins à partir de 1998. Installé à Kandahâr avec ses milices islamistes provenant de toutes nationalités – algériens, soudanais, tchétchènes, pakistanais, oïghours –, et qui dictent de plus en plus leur loi à leurs *frères* afghans, Ben Lâden se marie avec la fille de mollâ 'Omar, qui à son tour épouse la sienne. Son idéologie va faire désormais partie de l'histoire tragique de l'Afghanistan.

Selon la version de la philosophie des Frères telle que Ben Lâden la comprend et l'inculque aux tâlebân, la pleine libération de l'Islam, asservi par les occidentaux depuis la destruction de l'Empire ottoman en 1917, exige non seulement la défense contre les infidèles extérieurs, mais aussi de démasquer et punir les musulmans « modérés » ou traîtres intérieurs pour mieux chasser les influences judéo-chrétiennes et instaurer un ordre mondial juste et heureux dans l'obéissance de la Règle. Le bien-être matériel et physique n'est cependant pas le propos de la Règle. La Loi réclame des sacrifices pouvant aller jusqu'à l'offrande de sa vie. Il s'agit d'assurer le salut de l'âme dans l'au-delà en accomplissant ici-bas la volonté du Seigneur, telle que les Frères savent la lire dans une Écriture immuable.

Pour Ben Lâden comme pour Maoudoûdî, les lois édictées à Médine il y a quatorze siècles ont valeur universelle, pour tous lieux et temps, et ne sauraient souffrir la moinde dérogation. Les châtiments sacrés même les plus sévères en apparence – fouet, amputation, lapidation – sont curatifs et, en réalité, « miséricordieux », car ils s'apparentent à une vigoureuse médecine spirituelle : même astreignants, pénibles ou douloureux, ils garantissent la pureté des mœurs (dont une séparation des sexes obsessionnelle), la bonne santé sociale, et une salutaire discipline quasi militaire de la Communauté. La flagellation inflexible des individus étourdis pris par exemple à boire (comme l'a aussi souligné Khomeynî dans une phrase typique) prévient les ravages sociaux de l'alcoolisme. C'est selon cette vision pour ainsi dire médicale que les tâlebân aimeront qualifier leurs mesures religieuses, même les plus vexatoires, de « vaccinations ».

Idéologie de législation des mœurs, d'organisation politique et militante, et surtout de combat guerrier, l'« islamisme » de Ben Lâden ne se préoccupe guère – pas plus que celui de Maoudoûdî ou des Frères égyptiens – de ce qui constitue à proprement parler la spiritualité, la mystique ou la philosophie : sa mouvance en désapprouve ouvertement toutes les manifestations traditionnelles (poésie soufie, vénération des tombeaux des saints, concerts de musique dévotionnelle).

En revanche, pour Ben Lâden comme pour les militants égyptiens ou pakistanais, l'étude de la science et de la technologie modernes, fussent-elles de provenance occidentale, reste hautement préconisée, comme arme essentielle à retourner contre l'oppresseur. De cette préoccupation de combat provient l'étrange alliage, si manifeste dans les discours et les actes d'un Ousâma ben Lâden, entre une pensée magique, obsédée par le rite divin pour rétablir la pureté et la splendeur ancestrales, et la maîtrise des instruments de guerre d'aujourd'hui.

Tourné vers la préparation de la guerre apocalyptique pour hâter le triomphe du royaume des saints dans ce monde-ci ou dans l'autre, l'islamisme de Ben Lâden – il l'a assez montré par son indifférence à la misère matérielle où il a plongé Kaboul – ne s'embarrasse guère de l'organisation proprement sociale, terrestre et pratique des êtres humains du présent et de l'avenir. Le bonheur, après tout, est affaire de rite, de magie – non de législation syndicale. En dépit de leurs vociférations anti-« impérialistes » ou de leurs soupes populaires de quartier, les réseaux islamistes qui appuient Ben Lâden ne sont absolument pas « de gauche ». Dans la pratique, les régimes « islamistes » au pouvoir réglementent sévèrement les mœurs, mais laissent toujours subsister, dans un complet laisser-faire, la pleine liberté du commerce : à Téhéran sous Khomeynî comme à Khartoûm sous Torâbî ou Islâmâbâd sous le général Ziâ. Aussi, à condition d'observer l'étiquette religieuse de rigueur, les hommes d'affaires s'en accommodent-ils. Les prescriptions coraniques contre l'usure restent en pratique lettre presque morte (les banques « islamiques » trouvent toujours les contorsions techniques qu'il faut pour éluder l'interdiction sur les « intérêts »). Riche de ses pétrodollars, le royaume saoudien a plaqué l'observance du rituel sur un capitalisme florissant ; les tâlebân prononceront leurs interdits au milieu d'un pays mourant de faim. Le souci premier de l'islamisme n'est pas la vie mais la guerre.

Cette guerre est internationale. Pour les Frères comme pour Ben Lâden, le nationalisme territorial, linguistique ou ethnique est une innovation blasphématoire de provenance occidentale, introduite parmi les musulmans pour mieux les diviser. Un vrai musulman n'a d'autre vraie patrie que l'*Oumma*, la Communauté des croyants. Son devoir est de défendre et propager l'Islam partout : aujourd'hui, donc, un Frère algérien combattra au Cachemire ou en Bosnie, un Jordanien en Tchétchénie, sans observer des frontières artificielles et impies. Les nouvelles technologies de communication du monde occidental moderne offrent, ici encore, une arme à retourner, aujourd'hui, contre les « judéo-chrétiens », pour mieux ressouder les liens de l'*Oumma.* Kaboul, sous les tâlebân du mollâ 'Omar, devient la place forte d'une brigade armée islamiste internationale qui tient le haut du pavé dans la capitale afghane et terrorise la population locale, sans souci des sentiments patriotiques ou de la culture traditionnelle du cru si ceux-ci contredisent les enseignements de l'« Islam » tel que Ben Lâden et son conseil d'expatriés arabes le conçoivent.

Contemporain, quand il éclôt, du léninisme comme du nazisme naissant, l'islamisme égyptien, engeance bien de son temps, et en cela suivi plus tard par ses multiples épigones dans bien d'autres pays – du Maghreb à la Malaisie –, s'organisa dans le Caire des années 1920 et 1930 en puissant parti politique d'extrême droite, structuré autour d'un comité central et d'un chef charismatique. Jusqu'à nos jours, les divers partis islamistes égyptiens continuent de peser sur la vie politique nationale, critiquent vertement les écarts et mœurs des gouvernants, récupèrent et donnent voix aux mécontents, s'investissent dans l'action caritative et recrutent leurs adhérents surtout parmi les étudiants et enseignants, cadres moyens, petits fonctionnaires, sous-officiers : soit toutes les couches sociales inquiètes, amères et exclues de la prospérité des classes dirigeantes occidentalisées. La garantie financière de l'avenir de familles pauvres par les réseaux terroristes permet ensuite le recrutement, et la motivation, des candidats au suicide. L'assassinat au Caire du président Sadate en 1981, par un groupe détaché du rameau original des Frères, aurait dû révéler clairement aux démocraties toute l'ampleur, la menace, la détermination de la contestation « islamiste » en pays non pas iranien et chiite, mais sunnite. A son tour, « la Base », ou *al-Qâ'ida*, de Ben Lâden reproduira à la perfection les méthodes des Frères égyptiens, guère différentes de celles du Komintern : propagande simpliste martelée, cellules secrètes, ramifications internationales.

Aujourd'hui, à travers la plus grande partie du monde musulman, la tendance des pouvoirs en place, pour la plupart « laïcs » et plutôt militaires et autoritaires, devient un double jeu qui rappelle la pratique ambiguë de Riyâdh : juguler par la force où ils le peuvent une contestation islamiste trop violente, tout en tâchant d'amadouer certains éléments « islamistes » plus « modérés » par une progressive « réislamisation » de la législation, de l'éducation, du contenu des télécommunications, dans un climat de terrorisme intellectuel diffus. C'est le cas des dirigeants algériens, dont le souci vital n'est pas, après tout, de conserver une laïcité socialisante héritée du passé, mais les rênes et la réalité du pouvoir, ici et maintenant. En offrant à certains partis islamistes un espace de partenariat politique, les gouvernants d'autres pays arabes – Égypte et Jordanie notamment – ont ainsi obtenu de leurs Frères musulmans – sous ce nom officiel – une suspension de leur opposition armée. Mais aussitôt renaissent, sous d'autres noms, d'autres groupes contestataires encore plus violents, proches d'al-Qâ'ida sinon affiliés à elle, lesquels s'abreuvent aux mêmes sources vives, tant sociales que doctrinales et guerrières.

Né dans la rancœur, l'islamisme s'en nourrit – et dans une grande mesure, s'en réjouit. Car toute injustice sociale ou politique qui alimente durablement tel ressentiment – le bouclage des territoires palestiniens, la catastrophe humanitaire irakienne, la répression en Tchétchénie – gonfle ses rangs en désignant l'unique ennemi responsable : le complot mondial judéo-chrétien, dont les chefs-lieux politiques et économiques, après avoir été Londres, Paris, Moscou, sont désormais Washington et New York.

Assécher par une politique humaine les principaux marais de cette rancœur – Palestine, Irak, Tchétchénie – devrait, en toute logique, guérir la fièvre islamiste. A terme, oui, mais très lentement : ainsi l'intervention occidentale qui sauva les musulmans des Balkans se voit-elle déjà occultée par une propagande islamiste acharnée à dénicher, partout, de frais motifs d'irritation.

Le conflit israélo-palestinien, humiliation centrale des perceptions musulmanes modernes, présente un cas exemplaire. Les souffrances qu'il engendre sont réelles, expliquent largement les soulèvements locaux. Mais un mollâ 'Omar, du fond de son bunker afghan de Kandahâr, ne connaît nullement la Palestine réelle, ni d'ailleurs ne s'en soucie. C'est à la fois pour justifier sa vision métaphysique et pour se gagner les sympathies du monde musulman qu'il veut identifier sa « résistance » à la fois à celle d'un Saddam Hussein et – abusivement – des jeunes lanceurs de pierres de Gaza, selon son communiqué diffusé ce 25 septembre 2001 : « Si l'Amérique veut que cesse le terrorisme, elle devrait retirer ses forces du Golfe et mettre un terme à sa politique partisane en Palestine. » Le heurt israélo-palestinien reste fantasmagorique, mythifié aux yeux des lointains intégristes afghans ou pakistanais, lesquels reprochent surtout aux soldats israéliens d'être des juifs opprimant des musulmans – et n'ont cure, par exemple, des griefs des Arabes chrétiens (et encore moins des autres musulmans du monde tyrannisés par des coreligionnaires). Le soutien d'un mollâ 'Omar (qu'il ne demande pas) gêne visiblement un militant laïc comme 'Arafât, en le mettant en porte à faux par rapport à ses propres rivaux intégristes du *Hamas,* dont le propos, pareillement, est de mener une guerre apocalyptique religieuse, non de parvenir à un quelconque accord de compromis permettant à chacun de vivre.

Aussi les accusations de « racisme » que portent les islamistes contre Israël rendent-elles un son ambigu. Chaque bévue ou énormité d'Israël exaspère une haine hallucinée du « complot juif » qui ne le cède en rien, par l'outrance, à l'antisémitisme européen le plus vil. C'est certes parce que l'idiome du Coran est une langue de racine sémitique qu'on ne saurait strictement parler d'un « antisémitisme » islamiste. Mais l'« antijudaïsme » de ses textes – lesquels citent largement les *Protocoles des Sages de Sion* et autres écrits de ce type – va au-delà de toute opposition politique à Israël, pour relever d'une paranoïa meurtrière forcenée, de même nature foncière que la rancœur hitlérienne. Les enregistrements de Ben Lâden rendus publics le 10 novembre 2001 répétaient combien « le lobby juif a pris en otages l'Amérique et l'Occident », tandis que « tuer des juifs est le premier des objectifs [9] ».

L'extraordinaire alliance entre une diplomatie occidentale agnostique et une théocratie pétrolière islamiste, et qui vit un pouvoir laïc américain partir dangereusement se mêler du conflit théologique qui opposait les membres d'une tout autre religion, aboutit ainsi à accoucher d'un monstre qui allait montrer toute sa hideur en Afghanistan.

Le bilan du « double endiguement »

On peut tirer le bilan suivant de la politique américaine vis-à-vis des trois pays moyen-orientaux majeurs à l'ouest de l'Afghanistan, soit l'Iran, l'Irak et l'Arabie saoudite, durant les deux dernières décennies du XXe siècle et jusqu'aux attentats du 11 septembre 2001 :

1. Plus que son fanatisme (dont ils s'accommodent fort bien dans les pays sous influence saoudienne), c'est sa remise en cause radicale de la suprématie américaine dans le monde musulman que les États-Unis reprochent à Téhéran.

2. Circonstance aggravante : la prise du pouvoir par l'âyatollâh Khomeynî coïncide avec l'ultime soubresaut de la Guerre froide soviéto-américaine – le coup de Kaboul – pour le contrôle du Moyen-Orient. Le retournement stratégique de Téhéran en 1979, au plus fort de cette crise géopolitique, sa complaisance envers l'URSS malgré Kaboul, enfin les anathèmes réservés aux seuls États-Unis : chacun de ces éléments a été perçu, outre-Atlantique, comme autant d'actes iraniens de guerre.

3. Quelque légitime qu'elle pût être, la contestation par Téhéran de l'hégémonie américaine s'est accompagnée d'une série d'atteintes graves aux fondements mêmes de l'ordre international : violation des usages diplomatiques lors de la prise d'otages de l'ambassade américaine en 1979 ; assassinats d'opposants réfugiés à l'étranger dans les années 1980 et 1990 ; appel au meurtre de l'écrivain Salmân Rushdie en 1989 ; remise en question officielle, par les autorités de la République islamique, en 1993, de la validité de la Déclaration universelle des Droits de l'homme de 1948. A ce titre, c'est l'ensemble de l'opinion occidentale qui s'est sentie agressée en son tréfonds par l'attitude de l'Iran ; cette même opinion s'est alors retournée massivement contre l'Iran, pour tolérer les pires atteintes contre la souveraineté de cet État – et notamment l'attaque militaire irakienne en automne 1980.

4. L'affaire des otages, les incessantes outrances diplomatiques et les insultes verbales de Téhéran ont eu pour effet d'humilier, en tant que tel, le peuple américain, dont l'hostilité à l'égard de l'Iran est devenue, à son tour, viscérale. Ce ressentiment populaire partagé par l'en-

semble des opinions occidentales, et aussi cette méfiance populaire vis-à-vis de l'Islam en général, s'estompaient à partir de l'élection de Mohammad Khâtamî à la présidence iranienne le 27 mai 1997 ; ils se sont réveillés, cette fois contre Ben Lâden, depuis le 11 septembre 2001.

5. L'Iran du début de ce XXIe siècle émerge enfin d'une longue période, deux fois centenaire, de profonde humiliation nationale. Saint-Pétersbourg, Londres puis Washington de 1953 à 1979 ont tour à tour exercé sur le pays une hégémonie indirecte, d'autant plus difficile à ébranler qu'elle s'exerçait surtout par le contrôle économique. Les écrits des intégristes iraniens, ou ceux des « islamistes » sunnites ailleurs, sont sans aucun doute un tissu d'aberrations paranoïaques ; il n'en reste pas moins que la proclamation de la République islamique à Téhéran a correspondu, jusque dans ses excès, à une véritable affirmation d'indépendance nationale.

6. L'« endiguement » de l'Iran par les États-Unis reprend, sous une torsion « islamiste », une stratégie conçue dans un premier temps contre l'URSS, pour empêcher un régime perçu comme mortellement hostile d'étendre son influence, en le *contenant* dans ses frontières par un dosage de pressions militaires et économiques, jusqu'à ce qu'il s'« assagisse » ou implose.

7. Toutefois, les efforts de Washington pour contrer une influence redoutée de Téhéran sur Baghdâd ou Kaboul atteignent un degré de férocité frisant l'absurdité politique, au point de brouiller entièrement la ligne de démarcation démocratique entre partisans et adversaires des Droits de l'homme au Moyen-Orient.

8. Washington et ses alliés occidentaux ont soutenu contre l'Iran une agression militaire caractérisée – celle de l'Irak appuyée par l'Arabie saoudite – qui provoqua en huit ans plusieurs centaines de milliers de morts, tout en renforçant dans un sursaut patriotique le régime des âyatollâhs : perversité de l'endiguement.

9. De même que Washington, depuis la disparition de son adversaire soviétique, a renforcé, à l'ouest de l'Iran, le despotat de Saddâm Hussein, l'une des pires dictatures de la fin du XXe siècle, la diplomatie américaine a pareillement favorisé l'émergence, à l'est de l'Iran, d'un régime confinant à l'aliénation mentale.

Pourquoi ? Le 5 août 1996, l'administration Clinton paraphait la loi D'Amato (du nom du sénateur conservateur Alfonse D'Amato), préconisant de sanctionner toute entreprise, fût-elle étrangère, qui investirait plus de 40 millions de dollars dans l'exploitation des hydrocarbures iraniens. Le 25 mai 1997, les élections iraniennes portaient à la présidence le clerc « modéré » Mohammad Khâtamî, prêt au « dialogue » avec l'Amérique et « toutes les civilisations ». Endiguement réussi ?

Privée de menace soviétique ou iranienne, tournant désormais à vide, comme par inertie, la stratégie américaine de l'« endiguement » continuerait à s'imposer, pourtant, bien au-delà du tournant du siècle – en broyant l'Afghanistan.

B. LE DERNIER ACTE DE LA TRAGÉDIE AFGHANE

A la poursuite de ses propres objectifs, Osâma ben Lâden se fait l'instrument volontaire de la politique pakistanaise de vassalisation de l'Afghanistan postsoviétique.

Le retrait de l'Armée rouge dévoile lentement – trop lentement – aux observateurs internationaux la détermination de l'état-major pakistanais à imposer son propre pouvoir à Kaboul. Les tueries de l'ère postsoviétique, de déchirements ethniques en massacres sectaires, dénoncent, comme autant de symptômes, une constante pression d'Islâmâbâd – avec l'agrément de Washington et Riyâdh – pour peser sur une société afghane meurtrie par l'épreuve communiste, afin de plier à sa volonté le pays voisin, ruiné et réduit à l'état de protectorat. Profondément avertis en termes d'ethnographie et de politique tribale afghane, rompus aux recettes du clientélisme de la *hodjra*, et surtout aux discrets procédés du contrôle indirect, les services secrets pakistanais ou ISI, Inter-Services Intelligence, pervertissent, à leur usage, la fierté des clans et la ferveur de leur foi. Mais pour aboutir à ses fins, et surtout pour les financer, les officiers pakistanais s'allient à la mouvance militante de Ben Lâden, et permettent à celui-ci de transformer l'État croupion afghan en sanctuaire d'une guerre terroriste internationale – déclenchant de la sorte le feu du ciel, et par ricochet la catastrophe finale de la stratégie d'Islâmâbâd.

Le recours à la référence « islamique » par les autorités pakistanaises vise à remplacer le patriotisme proprement afghan par une idéologie transnationale se réclamant du Coran. Aussi les milices « islamistes » installées à Kaboul en 1996 ont-elles pour but de démanteler toutes les structures administratives de l'ancien État d'Afghanistan mises en place depuis un siècle à partir des règnes de l'émir 'Abd-or-Rahmân et du roi Amânollâh en 1919 : institutions encore maintenues sous forme fossile par les communistes entre 1978 et 1992, et défendues – dans le chaos civil du Kaboul post-soviétique – par Massoud entre 1992 et 1996.

Les élucubrations des tâlebân à Kaboul entre 1996 et 2001 ne sont donc pas si saugrenues, à y regarder de plus près. L'appel par Islâmâbâd et les tâlebân à la haine ethnique – Pashtoûns contre Tâdjîks et Hazâra – cherche à faire éclater le sentiment patriotique, saper les fondements des Constitutions royales de 1923 et 1964 qui voulaient désigner comme Afghans tous les citoyens du royaume, sans distinction d'origine. L'interdiction faite aux femmes d'étudier et de travailler provoque l'effondrement de l'administration de la capitale, assurée à près de 50 % par un personnel féminin jusqu'en 1996. Même les destructions archéologiques de la fin de l'hiver 2000-2001 visent à anéantir le souvenir d'une identité culturelle et territoriale afghane distincte d'un « panislamisme » pur enseigné dans les collèges théologiques pakistanais et par les amis de Ben Lâden.

Si les officiers des services pakistanais, souvent eux-mêmes pashtoûns, retournent, pour la manipuler, la morgue des tribus pashtoûnes du Sud contre les ethnies du Nord – Tâdjîks, Hazâra, Ouzbeks –, la résistance de celles-ci déplace le *Yâghestân*. Massoud et ses alliés, sur le versant septentrional de l'Hindoû-Koush, incarnent désormais, face au Pakistan et ses supplétifs internationaux « islamistes », le Royaume de l'insolence.

Quand les tours jumelles du World Trade Center s'écroulèrent sous l'impact des avions-suicide de Ben Lâden, le 11 septembre 2001, c'est l'accumulation d'un demi-siècle de tensions régionales à l'autre extrémité de la planète qui, ce jour-là, explosa à Manhattan. L'épicentre du tremblement de terre – les observateurs avertis le devinèrent aussitôt – était bien Kaboul. Deux lignes sismiques s'y sont croisées pour se renforcer à l'échelle planétaire : d'abord, bien sûr, l'idéologie extrémiste de l'« islamisme » cristallisée, à cette heure, autour de la figure de Ben Lâden ; mais aussi l'ambition territoriale et froidement stratégique de la stratocratie pakistanaise, devenue l'alliée plus ou moins opportuniste de Ben Lâden, aux dépens de l'Afghanistan.

Comme les déchirements balkaniques ou le conflit israélo-palestinien, la persistance depuis 1947 du contentieux frontalier afghano-pakistanais autour de la « ligne Durand » a fini par s'internationaliser dans l'affrontement des puissances – en attendant de s'« islamiser » aux dimensions du monde. Car s'il est une leçon que les États assimilent dans la douleur depuis le début du XXe siècle, c'est qu'il n'est plus de grande dispute territoriale, ethnique ou confessionnelle régionale qui ne finisse par contaminer, du moins potentiellement, le reste de la planète. C'est pourquoi les divisions linguistiques ou affrontements sectaires de deux pays d'Asie centrale – l'Afghanistan et le Pakistan – se sont chargés de menaces aussi universelles, et pertinentes pour le bonheur de tous, que les rancunes particulières des Balkans.

La « drôle de guerre » : la survie du régime de Nadjîbollâh, février 1989-avril 1992

Rencontré un jour de printemps 1991 à Peshâwar, au Pakistan, un résistant pashtoûn modéré, proche du roi Zâher, médusé par la prodigieuse survie politique du dirigeant communiste Nadjîbollâh après le retrait militaire soviétique du 15 février 1989, confiait à l'auteur de ces lignes : « Il est comme une ancienne prostituée. Je l'aime, mais je ne peux pas m'afficher avec lui. » Certes, l'ancien médecin bourru et moustachu que ses adversaires surnommaient « le taureau », tortionnaire du régime communiste comme chef de la police secrète entre 1980 et 1986, puis président de la République, inspirait toujours l'effroi dans les campagnes, mais aussi une sorte de respect stupéfait, reflété dans un nouveau proverbe rural : « Malin comme un diable, finaud comme un Nadjîb. » En se proclamant, non plus marxiste, mais nationaliste et de surcroît « musulman modéré » lui-même, et désormais favorable au multipartisme et au commerce privé, l'homme fort de Kaboul cherchait à rallier ouvertement nombre d'anciens opposants à l'intervention soviétique : en se présentant comme le dernier garant de l'identité territoriale et de l'autorité étatique de l'Afghanistan – que les groupes islamistes, dirigés de Peshâwar, se proposaient précisément de détruire au bénéfice du Pakistan.

Les Russes avaient quitté le pays, mais Nadjîbollâh recevait et redistribuait toujours leurs subsides, équipements, fournitures : aussi croyait-il pouvoir revendiquer toute la légitimité traditionnelle d'un chef afghan.

Ainsi, dans un entretien avec le journaliste français Alain Chevalérias au cours du même printemps 1991, soit quelques semaines avant la disparition de l'URSS, Nadjîbollâh insistait : « Nous étions musulmans et nous le restons. Seuls les ennemis de l'Afghanistan nous accusent d'être communistes ; cette propagande mensongère sert leurs intérêts. Depuis la politique de réconciliation nationale, nous n'avons cessé de proposer le dialogue et la négociation. Notre but : un gouvernement de coalition auquel pourraient participer toutes les tendances politiques du pays [10]. »

Mais le bilan de l'ancienne terreur communiste ? Et les atrocités soviétiques ? « Des erreurs. C'est précisément pour éviter leurs conséquences néfastes que nous avons élaboré, dès 1986, le plan de réconciliation nationale... Les troupes soviétiques sont rentrées chez elles. Tous les événements que vous venez d'évoquer appartiennent au passé [11]. »

Et Nadjîbollâh de pointer un doigt accusateur vers le nouvel agresseur étranger : « Nous informons les Nations unies des interventions pakistanaises sur notre sol... Une force étrangère ne doit pas être relayée par une autre, une ingérence passée en justifier une nouvelle. La présence soviétique en Afghanistan a provoqué un tollé général, mais le monde reste étrangement silencieux face à l'agression pakistanaise [12]. »

Agression « pakistanaise », non pas « américaine » : le maréchal Gromov avait à peine traversé sans retour le pont frontalier soviéto-afghan que les États-Unis cessaient brutalement leur assistance à toutes les organisations caritatives non gouvernementales européennes dans les maquis, et abandonnaient la gestion de la guerre à poursuivre contre le régime de Kaboul à leurs seuls alliés pakistanais et saoudiens.

Pour l'état-major pakistanais, l'intervention indirecte dans la crise afghane demeurait une priorité absolue dans sa gestion des affaires étrangères, et un domaine politique strictement réservé aux officiers de l'Inter-Services Intelligence, dirigé de 1980 à 1987 par un général Akhtar pour qui le combat de l'islam contre l'URSS à Kaboul représentait la grande affaire de sa vie, et qui périra dans l'explosion de l'avion du président Zîa en août 1988. Durant son bref interrègne libéral de décembre 1988 à août 1990, le gouvernement civil de Bênazîr Bhutto put remplacer son successeur, le général Hamîd Gol, ouvertement islamiste, par le général Asad Dorrânî, à la tête de l'ISI – mais sans nullement en contrôler les activités afghanes. L'ISI poursuivit encore sa politique de soutien à Hekmatyâr, en toute autonomie, sous Nawâz Sharîf (1990-1993). Le retour de Bênazîr Bhutto au pouvoir (1993-1996) décida celle-ci à confier la stratégie afghane à un autre général, non affilié à l'ISI : Nasîrollâh Bâbar, officier de souche pashtoûne, et l'inventeur des tâlebân. Les premiers succès, foudroyants, de ceux-ci sur le terrain, convainquirent l'ISI à son tour de lâcher Hekmatyâr, pour appuyer les « séminaristes » découverts par le général Bâbar. L'ISI perpétua cette nouvelle approche sous le second mandat de Nawâz Sharîf (1996-1999), et sous le directorat de son général Mahmoûd Ahmad, participa au coup d'Etat du 12 octobre 1999 qui porta au pouvoir le général Pervêz Musharraf (Parwêz Mosharraf).

Une récente formulation, très précise et critique, de l'orientation afghane fondamentale du Pakistan, pour l'ensemble de la décennie qui nous préoccupe, parut dans l'influent quotidien anglophone de Karachi, *Dawn*, daté du 29 mai 2001, et rédigé par l'éditorialiste M.P. Bhandara :

« L'Inter-Services Intelligence (ISI), après une période sceptique initiale, décida enfin [en 1994] de soutenir les tâlebân. Il y avait pour cela de bonnes raisons. Il fallait payer tout le prix pour garantir un régime propakistanais à Kaboul, lequel ne soulèverait plus jamais le lièvre du "Pashtoûnistân", et ne nous créerait plus de problèmes sur notre frontière du Nord-Ouest. Certains de nos planificateurs militaires, encore affligés par la fièvre de la guerre soviéto-afghane, ont dès lors conçu la notion d'une "profondeur stratégique" [*strategic depth*]. Cette théorie, défectueuse, postule qu'en cas de guerre avec l'Inde l'Afghanistan pourrait nous fournir un sanctuaire pour notre aviation militaire, et servir de base de riposte. Mais si nos ennemis frappaient nos bases ici, qu'est-ce qui les empêcherait d'aller détruire nos avions cachés en Afghanistan ? Car enfin, tout est de bonne guerre, *all is fair in war* ! »

« Ce que l'on ne saurait nier, en revanche, c'est qu'une sécurité à assurer sur deux fronts pose un sérieux problème aux forces armées pakistanaises. Si notre frontière occidentale se voyait troublée durant une guerre avec l'Inde, nous aurions besoin de l'équivalent de deux armées. En outre, souvenons-nous qu'au cours de l'histoire aucune armée n'a réussi à discipliner l'Afghan rebelle. Aussi, conserver l'Afghanistan comme allié ou comme État amical dépendant [*as a dependent friendly State*] est-il un impératif stratégique. Bref, tant que le problème du Cachemire ne sera pas résolu, nous devons nous représenter l'Inde comme un ennemi potentiel, et l'Afghanistan comme un allié. Mais la question qui nous préoccupe maintenant concerne le coût physique, psychologique, géopolitique d'un tel état de confrontation avec l'Inde, d'un tel maintien de l'Afghanistan comme Etat ami. »

Au lendemain du retrait soviétique, on l'a vu, les conseillers militaires d'Islâmâbâd espéraient toujours installer à Kaboul un régime appuyé sur l'ethnie pashtoûne et affilié étroitement au principal parti islamiste du Pakistan, la Djamâ'at-é Islâmî ou « Rassemblement islamique » de Qâzî Ahmad Hosayn, disciple et successeur de Maoudoûdî. Dans le pire des cas, soit l'impossibilité de renverser dans un proche avenir le gouvernement de Nadjîbollâh, l'ISI se proposait de continuer son harcèlement du régime communiste toujours cramponné à Kaboul, afin d'empêcher le contrôle de celui-ci sur la plus grande partie d'un Afghanistan éclaté dont les principaux maquis demeureraient sous l'influence d'Islâmâbâd.

C'est pourquoi l'ISI continuait de canaliser l'essentiel de son aide militaire – et celle des Saoudiens – aux chefs pashtoûns les plus fondamentalistes : Gol-ba-Dîn Hekmatyâr d'abord, puis Yoûnos Khâlès, et enfin le *wahhâbite* Gholâm-Rassoûl Sayyâf, en ne laissant que la portion congrue aux modérés : Rabbânî, Gaylânî, Mohammadî, Modjaddedî.

Ce dernier restait président en titre d'un Afghan Interim Government fantomatique regroupant les sept partis autorisés par Islâmâbâd : formation cependant dépourvue de légitimité suffisante, puisque la minorité chiite afghane en restait toujours obstinément exclue. Comme le confiait dès 1989 le fanatique sunnite Khâlès, truculent seigneur de guerre à la large barbe teinte au henné, au coordinateur interloqué des secours humanitaires des Nations unies, le prince Sadruddîn Âghâ Khân (lui-même d'origine chiite ismaélite) : « Trois catégories d'Afghans ne jouiront d'aucun droit politique dans notre futur gouvernement : les communistes, les chiites et les femmes ! »

Le modéré Modjaddedî, pour sa part, dut licencier la moitié de son personnel en janvier 1991, faute de crédits, en se plaignant ouvertement à la presse étrangère du favoritisme d'Islâmâbâd envers ses collègues fondamentalistes. Pour la poursuite de la guerre proprement dite, l'ISI bloqua, dès le printemps 1989, toutes les fournitures d'armements à Mas'oûd dans le Nord-Est tâdjîk, afin, là encore, d'appuyer les maquis fondamentalistes pashtoûns de l'Est et du Sud.

Les officiers de l'ISI poussaient les tribus orientales à s'emparer d'une ville importante afin d'y installer un gouvernement « islamiste » provisoire, le plus près possible de la frontière : d'où l'attaque lancée par la mouvance de Yoûnos Khâlès en mars 1989, en présence d'officiers pakistanais et, déjà, de supplétifs arabes, contre la cité forteresse de Djalâlâbâd. Mais les défenseurs de la ville, formés à l'école militaire soviétique, repoussèrent sans trop de peine les assauts mal coordonnés de maquisards habiles à tendre des embuscades dans les défilés montagneux mais peu habitués à attaquer en rase campagne. L'aviation dépêchée de Kaboul écrasa leurs concentrations à loisir. Cette bévue stratégique fut vite aggravée par un stupéfiant aveuglement politique : dès les premiers jours du siège de Djalâlâbâd, des soldats gouvernementaux qui tentaient, on l'a vu, de se rendre avec armes et bagages furent sauvagement torturés et exécutés par des combattants islamistes.

Plus grave : dans les chefs-lieux – Orgoûn et Asadâbâd – des provinces orientales du Paktîkâ et du Kunar prudemment évacués par les troupes de Nadjîbollâh depuis l'été de 1989, les clans se révélèrent incapables de mettre sur pied ne serait-ce qu'un semblant d'administration civilisée. Les maquisards tribaux, frustes paysans confinés dans leurs montagnes depuis une décennie, mitraillèrent les bâtiments publics d'Orgoûn, capitale de la préfecture du Paktîkâ, pour piller et emporter dans leurs villages tout ce qui pouvait l'être – solives, encadrements de fenêtres, bureaux, tuyauteries –, tandis que leurs chefs « politiques » se partageaient et campaient dans les décombres des écoles, hôpitaux et autres bâtiments publics.

L'enlisement de l'insurrection afghane achevait de lasser l'opinion occidentale. Au cours de l'automne 1990, le Congrès américain, hostile au programme nucléaire pakistanais, suspendait son assistance économique à Islâmâbâd et, le 25 octobre, réduisait à 250 millions de dollars son aide à la guérilla afghane, en attendant de la supprimer. De son côté, le Haut Commissariat pour les Réfugiés des Nations unies se vit contraint de pratiquer des coupes drastiques dans le budget consacré aux camps d'accueil sur le sol pakistanais.

D'où la nécessité pour Islâmâbâd et son allié Riyâdh, une fois ce dernier libéré de la crise du Golfe, de frapper un grand coup sur le terrain, et de prouver au monde, aux Afghans, et sans doute surtout à eux-mêmes, que la résistance « islamique » demeurait vivace.

Aussi, loin de s'apaiser, les combats pour le contrôle de l'Est afghan redoublèrent-ils d'intensité avec la prise de la ville-garnison de Khôst par les maquisards de l'Est épaulés par des officiers pakistanais, le 31 mars 1991. En représailles, le 21 avril, les batteries de Nadjîbollâh envoyèrent des Scud s'écraser sur la bourgade d'Asadâbâd, tombée aux mains des insurgés depuis le printemps de 1989, tandis que l'homme fort de Kaboul dénonçait alors en vain « une agression ouverte de l'armée et des milices pakistanaises, appuyées par des extrémistes afghans. Les troupes d'Islâmâbâd, commandées par des généraux et des officiers pakistanais, sont entrées sur notre territoire avec des blindés et des armements lourds ; le rapport des forces était en notre défaveur. Voilà pourquoi Khôst est tombée. Je dois souligner que cette agression viole non seulement les principes universels du droit international, mais aussi les accords [de non-ingérence mutuelle] que nous avons signés avec le Pakistan, à Genève, en 1988... Nos hommes revenus de Khôst ont vu, de leurs propres yeux, les troupes pakistanaises à l'œuvre, et peuvent en témoigner. Des satellites ont pu observer les blindés et véhicules qui assuraient la logistique de l'opération, toutes ces informations vont dans le même sens [13] ».

Parce qu'elle craignait de subir le sort des soldats qui firent reddition à Djalâlâbâd en mars 1989, l'armée de Nadjîbollâh résolut de se défendre, encore ravitaillée par le Kremlin jusqu'au 1er janvier 1992.

Pour leur part, les plus intelligents des chefs de la Résistance, et notamment Massoud (Mas'oûd), dans le Nord-Est, méditaient l'évidence : mieux valait séduire cette armée pour la retourner contre le régime que de s'épuiser à la combattre. C'est pourquoi, en dehors de quelques coups d'éclat comme la capture islamiste de Khôst, en mars 1991, la guerre stagna tandis que le pays s'effritait entre diverses zones gouvernementales ou dissidentes tout au long de 1990-1991. Durant cet interrègne, chacun des trois protagonistes majeurs dans l'orient du pays – l'ancien communiste Nadjîbollâh à Kaboul, le résistant tâdjîk Massoud dans le Nord-Est, le chef fondamentaliste Hekmatyâr dans le Sud-Est – cherchait à conserver ou à briguer l'allégeance de l'Etat-major en jouant sur ses diverses appartenances ethniques. Nadjîbollâh parvint cependant à préserver trois ans durant l'essentiel de son assise militaire, en rassurant toutes les composantes claniques de son corps d'officiers.

En mars 1990, toutefois, Hekmatyâr sut gagner à sa cause, parmi ces mêmes officiers, le général pashtoûn ghilzaï Tanâ'ï, lequel tenta un coup d'Etat militaire – vite étouffé par ses camarades. Tanâ'ï rejoignit alors les maquis du chef islamiste.

Mais là où Hekmatyâr échoua, Massoud réussit. Ses négociations patientes tissèrent une sorte d'alliance ethnique entre ses propres Tâdjîks du Nord-Est et les Ouzbeks du Nord. Membre le plus éminent de cette dernière ethnie dans la hiérarchie militaire communiste, le général Dôstom gouvernait Mazâr-é Sharîf, cité-verrou du Nord. Les milices de Rashîd Dôstom comme supplétifs de l'Armée rouge avaient terrorisé les campagnes des alentours dans les années 1980, mais l'histoire basculait, et Massoud le savait.

L'arrêt de l'aide militaire russe, le 1er janvier 1992, paniqua un état-major bien conscient que ses jours étaient désormais comptés. Il appartenait à chaque officier supérieur, pour sauver son rang et sa vie, de faire sa paix avec le chef de *modjâhedîn* de son choix. Dôstom opta pour Massoud en mars 1992, et sa déclaration de dissidence contre le régime scella aussitôt le sort de Nadjîbollâh, ainsi physiquement coupé du Nord.

Pendant que l'envoyé spécial des Nations unies, Benon Sevan, espérait toujours négocier une paix générale entre les factions, le dernier président communiste, affolé par la volte-face de Dôstom, crut ne plus pouvoir se fier qu'aux gradés de sa propre ethnie pashtoûne, et commença à écarter les officiers issus des autres clans, devenus suspects. Nadjîbollâh rompait ainsi l'équilibre ethnique savamment dosé de sa garde proche. Les officiers menacés de limogeage contactèrent Dôstom, désormais décidés, pour survivre, à imiter le choix du général du Nord, et à rallier Massoud. Le chef de la Résistance du Nord-Est avait en effet depuis longtemps étendu son réseau de contacts secrets auprès de tous les militaires clefs. Les derniers officiers fidèles à Nadjîbollâh pesèrent donc leurs propres chances de survie. Dans la nuit du 16 au 17 avril 1992, l'état-major déclara le régime déchu. Nadjîbollâh s'enfuit vers l'aéroport dans la voiture de Benon Sevan, qui se porta garant de sa sécurité. Les gardes de l'aéoroport empêchèrent l'ancien dirigeant de monter dans l'avion de Delhi. Nadjîbollâh trouva asile dans la représentation des Nations unies à Kaboul, sous la protection du personnel onusien local. Pour sa part, Massoud, de 1992 à 1996, interdira tout atteinte contre ce bâtiment et son principal occupant, ainsi assigné en quelque sorte à résidence, mais la vie sauve.

Rassurés depuis des mois sur les intentions pareillement clémentes de Massoud à leur égard, les officiers non pashtoûns de Kaboul se rallièrent de plein gré au chef de la Résistance du Nord-Est, vite suivis par leurs collègues pashtoûns. Car, en ce printemps 1992, seul Massoûd semblait en mesure de garantir aux anciens militaires communistes non seulement leur maintien en fonction, mais même leur vie.

Les troupes de Massoud entrèrent sans un coup de feu, le 17 avril 1992, dans une capitale intacte, encore physiquement épargnée par la guerre. Le transfert du pouvoir eut donc lieu sans effusion de sang, au terme de quatorze ans de conflit : miracle arraché par la tenace patience du Lion du Pandjshêr. Massoud s'installait au ministère de la Défense, tandis qu'après une brève transition assurée par Modjaddedî, clerc modéré de lointaine origine sacerdotale arabe, le clerc tâdjîk Rabbânî était proclamé président d'une République islamique d'Afghanistan.

Le Pashtoûn Hekmatyâr, pris de vitesse, ne laissa pas entendre tout de suite sa vraie réponse. Mais il la fit connaître en août 1992, soutenu par le Pakistan. C'est alors seulement que le sang commença à couler, et à flots, dans Kaboul.

La destruction de Kaboul, 1992-1994

Le gouvernement de coalition installé dans l'ancien palais royal en avril 1992 se voulait l'aboutissement d'un long compromis, en partie élaboré par Massoud, pour perpétuer les structures héritées de État afghan, dans un esprit de réconciliation politique et ethnique – du moins entre sunnites. Les Hazâra chiites, en effet, s'en virent pratiquement exclus, sur l'insistance intransigeante des grands chefs pashtoûns sunnites fondamentalistes, tels Yoûnos Khâlès et Sayyâf. Les ministères se répartirent comme autant de fiefs, entre titulaires appartenant aux différentes factions issues de la Résistance sunnite. Après une brève présidence de transition assurée par Modjaddedî, la portion du lion échut toutefois au parti Djam'îyat, regroupant les Tâdjîks du Nord-Est, avec la présidence à Rabbânî, et le ministère de la Défense à Massoud : même si Hekmatyâr se voyait offrir – en tant que chef de guerre pashtoûn – le poste de Premier ministre.

1. *Massoud : du Pandjshêr à Kaboul*

Massoud, le véritable homme fort de Kaboul en 1992, souhaitait maintenir, derrière les ministres en titre dont beaucoup de clercs barbus et enturbannés, tous les anciens fonctionnaires civils et professionnels à leur poste, afin d'assurer la bonne marche de l'État dans un climat d'apaisement général : ce qui devait exclure, à ses yeux, toutes représailles quant au passé communiste plus ou moins chargé de certains. Des femmes en fichu et longues gabardines – mais le visage découvert – continuaient à travailler dans les ministères, faisaient tourner l'administration, formaient près de la moitié des fonctionnaires de la capitale et près de 70 % de son personnel hospitalier ou enseignant, car tant d'hommes éduqués étaient morts ou en exil. Malgré la protestation de certains mollâ, les jeunes femmes en foulard présentaient toujours le journal télévisé. Kaboul s'étirait comme autrefois, le long des quais de son fleuve boueux, en ce printemps de 1992, dans un climat irréel de paix anxieuse, suspendue.

« Nous le traiterons comme le Batcha-Saqâo, le fils du porteur d'eau ! » Cette imprécation raciste alors grommelée, à qui voulait l'entendre, par nombre de chefs pashtoûns de l'Est et du Sud, annonçait cependant l'orage. Car c'est en l'affublant de ce sobriquet méprisant que les guerriers pashtoûns du roi Nâder, en 1929, avaient pendu cet aventurier tâdjîk proclamé roi dans Kaboul pendant quelques mois sous le nom de Habîbollâh II. Or, en avril 1992, c'est encore ainsi que certains Pashtoûns, de part et d'autre de la frontière afghano-pakistanaise, voulaient conspuer Massoud, dans une rage de caste de voir un Tâdjîk – pourtant auréolé de gloire contre l'Armée Rouge – entrer ainsi en vainqueur dans la capitale de leurs anciens rois.

Regard toujours aux aguets, profil d'aigle, visage émacié au sourire lumineux mais barré de rides profondes et parfois parcouru de tics par manque de sommeil, coiffé de l'éternel béret de laine de ses maquisards, Ahmad Shâh

Mas'oûd, ou « Massoud », né en 1953 dans la vallée du Pandjshêr, fils d'officier, ancien élève du lycée français de Kaboul, et qui se destinait un premier temps à des études d'architecture, donna d'abord toute la mesure de son génie militaire dans la résistance aux Soviétiques. Sa vision politique achoppa, pourtant, sur les obstacles, sans doute insurmontables, du Kaboul postsoviétique.

Car la métamorphose intellectuelle de Massoud, l'ancien militant islamiste de 1975 qui participa au soulèvement raté contre Dâoûd puis gagna le Pakistan en 1976-1979, pour revenir dans sa vallée natale et s'y muer ensuite, non seulement en héros de la Résistance afghane en 1979-1989, mais en véritable icône de l'honneur de l'Islam mondial – donc d'une partie majeure de l'humanité – face à l'abjection morale du mouvement des tâlebân en 1994-2001, tient du miracle politique moderne. Sa figure de maquisard âpre au combat mais toujours miséricordieux envers ses prisonniers, adoré de ses troupes et amoureux des livres et de poésie, domine et anoblit l'image contemporaine de l'Afghanistan.

Inutile ici de tenter de sonder la profondeur d'une conscience. Tenons-nous-en aux seuls paramètres de ces incessantes pressions, guerrières et politiques, qui modelèrent son action, assauts extérieurs qu'il sut constamment déjouer – et qu'il déchiffrait avec une lucidité aiguë, de son regard de vrille, en joueur d'échecs passionné qu'il était.

Deux données géographiques aident à expliquer, sinon les ressorts de son génie militaire, du moins le rôle tout particulier de sa fertile vallée dans le jeu afghan.

Le Pandjshêr – la vallée des « cinq lions » – débouche sur la route stratégique entre Kaboul et le Nord. Ses maquisards pouvaient donc harceler, voire couper les communications vitales entre la frontière ouzbèke et l'armée soviétique d'occupation dans la capitale ; puis, en cas de contre-offensive, battre en retraite dans les profondeurs de leur vallée encaissée, si propice aux embûches ; enfin gagner les hauteurs inexpugnables. Les chars ennemis, dans leurs ravages punitifs, remontaient le long des berges toujours plus étroites du fleuve Pandjshêr, pour s'arrêter, impuissants, devant les falaises. Massoud sut toujours évacuer ses populations civiles vers les sommets, lors des contre-attaques soviétiques. Ces cols livraient en outre accès à des pistes en lacets permettant de gagner le

Badakhshân frontalier du Tadjikistan, au nord-est, ou le Pakistan, au sud-est – et de s'y ravitailler.

Par ailleurs, une émigration longue et continue des habitants de la vallée vers la capitale assurait un lien constant, en quelque sorte organique, entre la patrie montagnarde de Massoud et une fraction majeure de la population même de Kaboul. A l'époque soviétique, les Pandjshêrî dans Kaboul occupaient un vaste quartier ; employés partout, de la rue aux bureaux, ils informaient leurs congénères dans la montagne et étaient comme les yeux et les oreilles de Massoud chez l'ennemi. L'entrée militaire de maquisards du Pandjshêr dans la capitale, en avril 1992, était en quelque sorte une rentrée chez eux. Elle le sera de nouveau en novembre 2001.

Dès la fondation du royaume, Kaboul se présente comme paradoxe : capitale pashtoûne, mais ville en majorité tâdjîke. Le bâzâr comme la cour parlent persan. Le fonds humain est tâdjîk, l'immigration pandjshêrie ne cesse d'en gonfler le pourcentage ethnique. En revanche, l'aristocratie royale – de langue persane – est pashtoûne. Les Pashtoûns tribaux y viennent commercer librement. Abandonnant un Kandahâr trop excentré, Tîmoûr Shâh choisit en 1773 d'y transporter le siège de la monarchie, afin de surveiller tous les peuples de son domaine – Pashtoûns et Tâdjîks à la fois – au carrefour montagneux des deux grandes pistes commerciales vers l'Inde et le Turkestan.

A partir de la pacification du royaume sous 'Abd-or-Rahmân à la veille du XXe siècle, c'est à toutes les ethnies afghanes de se tailler un quartier distinct dans la capitale : reconnue, de fait, comme unique centre urbain à incarner l'unité du pays, non comme place forte d'une chefferie régionale. Kaboul, seul, détient la légitimité politique.

Les immigrés ruraux cherchent un travail dans la cité, sont accueillis dans leurs quartiers ethniques, conservent d'étroits liens de solidarité avec leurs villages d'origine. Ainsi, après les Pandjshêrî, les Ouzbeks, les Noûristânî. Dans le sud-ouest de la ville, une autre immigration majeure, concurrente pacifique de celle des Pandjshêrî, crée, dès avant 1900, un grand nouveau quartier : celui des Hazâra chiites. Fuyant l'oppression et la misère de leurs hautes terres ingrates, les Hazâra affluent surtout dans Kaboul sous la protection tolérante de la monarchie de Zâher Shâh, en 1933-1973. Mais, en 1992, les Pandjshêrî, forts de l'entrée en ville des troupes aguerries de Massoud, affirment, face aux autres groupes, leur rôle politique dominant.

Mais la pensée de Massoud ? Comment le militant islamiste de 1975 est-il devenu le lettré versé en poésie soûfie ; l'intellectuel attentif aux traductions (iraniennes modernes) d'écrits politiques et stratégiques de toutes nations (dont Mao et Hsün-Tzê) ; le résistant nationaliste multipliant les contacts avec l'Europe, puis même avec l'ancien adversaire russe, contre les débordements fanatiques des Hekmatyâr et des tâlebân ; le politicien avisé qui, en 1992, épargna les anciens communistes, et maintint dans la capitale tous les droits autrefois acquis par les femmes sous les régimes occidentalisés de Zâher Shâh et du prince Dâoûd ?

L'islamisme des années 1970 s'offrait, on l'a dit, comme l'une des deux voies révolutionnaires – l'autre étant le marxisme – aux jeunes intellectuels afghans comme Massoud, assoiffés de justice sociale dans l'ambiance de l'université de Kaboul sous le régime du prince Dâoûd.

Mais c'est très tôt, durant la résistance antisoviétique, que Massoud acquit la conviction que le Pakistan *instrumentalisait* la mouvance islamiste, pour asservir l'Afghanistan en cas de retrait de l'Armée rouge. Massoud comprit aussi que la stratégie pakistanaise de l'après-soviétisme prévoyait sa propre élimination. Islâmâbad choisissait, enfin, de jouer la carte ethnique pashtoûne contre les Tâdjîks : et la montée militaire des Pandjshêrî inquiétait visiblement le Pakistan. Hekmatyâr, armé par l'ISI, multipliait les embuscades contre les partisans de Massoud en pleine guerre contre l'URSS. L'état-major d'Islâmâbad s'efforça de couper tout ravitaillement à Massoud dès 1989, une fois le danger soviétique écarté. Comme le confierait à un grand quotidien français un ministre pakistanais des Affaires étrangères en 1995, Ahmad Âsef 'Alî : « Les Tâdjîks sont historiquement hostiles au Pakistan, car proches de l'Inde et de la Russie. Le plus grand obstacle à la paix est Ahmad Shâh Massoud [14]. »

Tel assaut oblige à réfléchir.

Tout au contraire des affirmations du ministre cité, ce n'est pas l'atavisme historique mais bien un pur déterminisme politique – l'acharnement stratégique pakistanais – qui contraignit Massoud dans Kaboul en 1992 à assumer l'héritage nationaliste afghan ; à défendre les institutions (dont le droit professionnel des femmes), et donc l'indépendance de l'État, contre Islamabad ; et à renouer dès lors, par la force des choses, avec les alliances traditionnelles de l'ancien État afghan : soit l'Inde et la Russie (désormais postsoviétique).

Or le nationalisme rompt un chaînon essentiel de la pensée « islamiste », dont le propos, comme on sait, est transnational. Massoud demeura toujours un musulman très pieux et de fort stricte observance. Mais l'inimitié continue du Pakistan et de ses divers relais « islamistes » locaux l'ont littéralement obligé à rompre avec l'« islamisme » – et ses billevesées intellectuelles – pour renouer dès lors forcément, si l'on ose dire, avec l'Islam profond, soit celui, millénaire, de son peuple : donc celui du soûfisme et de toute la tradition lettrée persane. Pour dire les choses brutalement : il devient strictement impossible de méditer dans l'original à longueur de soirée – comme Massoud avait fini par le faire – les textes mystiques d'al-Ghazâlî, 'Attâr, Roûmî – et demeurer mentalement entravé dans l'espèce de rigorisme rituel, doublé de crétinisme intolérant, qui tient lieu de pensée dans les écoles théologiques wahhâbites fréquentées par un mollâ 'Omar.

Quant aux liens entre Massoud et les Occidentaux, ceux-ci restaient dictés par l'effort constant du chef de guerre du Pandjshêr pour surmonter l'obstacle de la désinformation pakistanaise, afin de persuader directement des interlocuteurs à Washington, Londres ou Paris, d'une communauté d'intérêt contre l'URSS d'abord, le terrorisme « islamiste » ensuite. Notons que durant les années de résistance aux Soviétiques, le Foreign Office britannique, contrairement à un Département d'État américain inconditionnellement pro-pakistanais, insista toujours sur l'efficacité militaire des maquis du Pandjshêr : le lion du Pandjshêr sut gré à Londres de son soutien effectif.

L'attache française reste différente : officieuse, privée, humaine. Le Quai d'Orsay maintint ses distances jusqu'à refuser de laisser recevoir Massoud par le président de la

République et le Premier ministre – le laissant seulement rencontrer le ministre des Affaires étrangères – lors de la visite historique du lion du Pandjshêr à Paris et Strasbourg, à la fin du mois de mars 2001 : à la veille de sa mort. En revanche, en très grand nombre et jusqu'en 2001, des journalistes, des humanitaires, et aussi – mais à titre privé – des personnalités politiques, venus de France escalader les cols du Pandjshêr, essuyer les bombardements dans Kaboul ou franchir les confins tadjiko-afghans en hélicopètre de combat, ont rendu régulièrement visite à Massoud et préservé un courant de sympathie dans l'opinion française qui ne se démentit jamais. Massoud, par les amitiés qui se nouèrent ainsi, était francophile. Francophone ? Son français, faute de pratique et de vocabulaire, restait hésitant, mais d'un accent parfait (les Afghans, polyglottes dès leur enfance entre le persan, le pashtô, l'ourdou et l'arabe de leurs prières, sont des linguistes-nés). Avec ses interlocuteurs français, il préférait s'entretenir à travers un interprète, mais saisissait toujours les réponses – et interjectait parfois, en français, le mot juste.

Assidu joueur d'échecs, passe-temps inventé dans cette partie du monde (et que les tâlebân interdiront), Massoud en maîtrisait les combinaisons. Mais il en mesurait sans doute aussi les fatidiques limites, ces cases et règles qui dirigent les seuls déplacements possibles, permis, aux pièces. Ce sont les diverses solidarités ethniques, ces réseaux à la fois étendus et fermés sur eux-mêmes, qui font éclater l'Afghanistan, d'une frontière à l'autre, en échiquier rigide.

Malgré toute son ambition nationale, Massoud se retrouva circonscrit, comme tant de chefs de son pays et même de sa région, circonscrit dans les limites absurdes de son appartenance ethnique. Massoud, au cours des tractations politiques du printemps 1992, s'efforçait bien de sceller des alliances avec les chefs pashtoûns de l'Est et du Sud, la plupart le rejetaient comme tâdjîk et pandjshêrî, le contraignaient donc à s'arc-bouter sur les amis les plus fidèles de son clan (Fahîm, 'Abdollâh, Qânoûnî, Es'hâq, Mastân – ses héritiers d'aujourd'hui), et donc à justifier les critiques d'exclusivisme ethnique *a posteriori*.

Or, bien au contraire, pour briser le carcan ethnique, Massoud dans Kaboul alla parfois jusqu'à solliciter la collaboration de chefs pashtoûns parmi les plus glauques, comme le *wahhâbite* Sayyâf, voire à tenter, enfin, de signer une paix des braves avec Hekmatyâr lui-même, en reconnaissant celui-ci comme Premier ministre en 1992. Mais ces efforts de réconciliation avec des personnalités trop troubles, analogues à l'entente stratégique de Massoud avec un seigneur de la guerre comme Dôstom, n'ont fait que brouiller son image générale d'homme politique conséquent, modéré, d'envergure nationale et internationale. Bref, Massoud va se retrouver piégé sur un échiquier ethnique.

Les constitutions royales de 1923 et 1964 prévoyaient d'appeler tous les citoyens du royaume des Afghans, en dehors de toute considération ethnique. En s'effondrant sous trop lourde pression pakistanaise après dix ans d'épreuve soviétique, l'État afghan des années 1990 explose en ethnies. Toutefois, l'Afghanistan n'est pas la Yougoslavie, dans la mesure où aucune des forces rivales n'envisage une partition, puisque chacune veut régner sur le pays entier. Chaque Pashtoûn, Tâdjîk, Hazâra, Ouzbek ou Nouristânî né dans les frontières nationales continue à être considéré et appelé, même par ses plus acharnés adversaires, un *dâkhelî*, un « homme de l'intérieur ». Ce sont tous les autres, mêmes les alliés ethniques au-delà de la frontière, comme les Pashtoûns du Pakistan ou les Tâdjîks ex-soviétiques, qui demeurent des *khâredjî,* des « hommes de l'extérieur ».

Cependant, l'ethnographie afghane en 1992 avait manifestement changé.

2. *Les Pashtoûns sur l'échiquier ethnique*

Les sultanats de l'espace médiéval afghan furent tâdjîks et turcs. C'est l'expansion démographique pashtoûne, aux XVIIe et XVIIIe siècles, qui permit l'édification d'un royaume d'*Afghanistan* au sens premier de pays pashtoûn. En 1978, les Pashtoûns – pourtant divisés entre Kaboul et Islâmâbâd – formaient toujours, du moins à en croire les manuels officiels, l'ethnie majoritaire relative d'Afghanistan. Mais en 1992, après le départ de plus deux millions et demi de réfugiés, surtout méridionaux et orientaux, vers le Pakistan, les Pashtoûns se chiffraient-ils vraiment toujours à 38 % ou 40 % du pays ?

Car la soudaine prépondérance militaire et politique des Tâdjîks (et dans une moindre mesure des Ouzbeks et des Hazâra), dans le Kaboul postcommuniste de 1992, reflétait peut-être aussi un véritable basculement démographique – que les statistiques de l'avenir révéleront un jour, quand les circonstances permettront un véritable recensement.

Le partage de Kaboul en ministères, fiefs et quartiers ethniques se répétait en 1992 à l'échelle du pays entier. L'effondrement communiste laissa surgir dans les régions de véritables seigneuries de la guerre – comme dans la Chine des années 1930. Or un coup d'œil sur la carte de ces seigneuries dévoile une réelle prépondérance de chefferies non pashtoûns dans l'Ouest, le Nord, le Centre, par rapport aux fiefs pashtoûnes, beaucoup plus émiettés, du Sud et de l'Est.

Dans le Centre, les Hazâra chiites du « parti de l'unité », ou *Hezb-é Wahdat*, interdisaient désormais leur réduit montagneux aux anciens dominateurs pashtoûns. Dans l'Ouest, le chef de guerre tâdjîk Esmâ'îl Khân, ancien militaire entré en résistance, commandait le plus vaste et prospère de ces fiefs : celui de Hérât et son arrière-pays, depuis les frontières du Turkménistan et de l'Iran jusqu'au château d'eau de l'Hindoû-Koush à Tchagh-Tcharân et, vers le sud, jusqu'à l'oasis de Shîndand, qui fut l'une des deux plus grandes bases aériennes soviétiques dans le pays. Dans le Nord, l'Ouzbek Dôstom régnait en maître à partir de la grosse place forte de Mazâr-é Sharîf. Enfin, le complexe territorial où le tâdjîk Massoud exerçait une réelle suzeraineté s'étendait de la frontière du Tadjikistan jusqu'à Kaboul avec sa base aérienne de Bagrâm. Les deux plus grands chefs de guerre tâdjîks, Esmâ'îl Khân à Hérât et Massoud à Kaboul, s'accordaient pour reconnaître comme président de la République le clerc tâdjîk Borhânoddîn Rabbânî, dirigeant du parti *Djam'îyat*, et originaire du Badakhshân, dans le Nord-Est.

Parmi les chefs pashtoûns, l'idéologue Hekmatyâr, financé par l'ISI et par Riyâdh, se fortifiait avec ses troupes et ses mercenaires arabes au sud de Kaboul, à Tchâr-Âsiyâ, ravitaillé par l'armée pakistanaise à travers le col frontalier tout proche de Tîr-é Mangal : mais cette seigneurie du Lôgar n'était guère territoriale, plutôt un camp retranché arrosé d'or et d'armes.

Anciens partisans de Khâlès, Qârî Bâbâ près de Ghaznî, Djalâloddîn Haqqânî à Khôst, et Hâdjî Qadîr (frère du grand chef de guerre 'Abd-ol-Haqq) à Djalâlâbâd régnaient de manière plus traditionnelle sur de grands fiefs du Sud-Est. C'est le grand Sud, autour de Kandahâr, qui s'effritait en *Yâghestân*, un royaume d'insolence envers et contre tous, anarchique poussière de chefferies corrompues dans la contrebande frontalière pakistanaise. Mollâ Naqîbollâh, dans un fief réduit à une partie de Kandahâr et sa banlieue, reconnaissait – lui, Pashtoûn, mais pour se maintenir contre ses voisins – la suzeraineté du parti *Djam'îyat* à Kaboul, donc la présidence de Rabbânî. Mollâ Naqîbollâh devait toutefois défendre son quartier de la ville contre ses rivaux : Amîr Lâlaï, Mansoûr Âtchakzaï, Ostâd Halîm, et les partisans locaux d'Hekmatyâr.

Or aujourd'hui, près d'une décennie plus tard, soit après neuf ans d'attaques militaires pakistanaises continues sur le pays (à travers Hekmatyâr, puis les tâlebân) pour rétablir une domination pashtoûne, cette carte des seigneuries afghanes se redessine presque *à l'identique*, au lendemain de la reprise de Kaboul par les héritiers de Massoud le 13 novembre 2001. Les bombardements américains ont fait éclater la chape plombée du mollâ 'Omar. La réalité au sol s'est reconfigurée d'elle-même. Pourquoi ?

La perte manifeste de leur suprématie ethnique explique – en partie – l'inquiétude des Pashtoûns et leur naufrage dans la guerre civile post-soviétique. Les glissements démographiques et changements discrets d'équilibre entre groupes contribuèrent, pareillement, à déstabiliser le Liban.

Le conflit postsoviétique met brutalement en lumière certains aspects, très enfouis, de la civilisation et de la sociologie des Pashtoûns, de part et d'autre de la frontière afghano-pakistanaise. Malgré un millénaire d'islamisation, cette ethnie, située à la périphérie extrême du monde indien, mais bien reliée à lui, conserve de manière tenace son antique système de castes, simplifié mais profondément ancré, et d'autant plus viscéral qu'il relève du non-dit [15]. La caste noble pratique l'agriculture, le commerce, la guerre et la politique (qui poursuit la guerre). Mais il est interdit à un noble de s'adonner à l'artisanat (cordonnier, menuisier) ou à tout travail manuel analogue (chirurgien-barbier, palefrenier), tâches réservées à une caste inférieure. Dans les régions de langue entièrement pashtô, les artisans descendent d'anciennes ethnies conquises qui ont adopté l'idiome de leurs vainqueurs. Dans les zones mixtes, les seigneurs pashtoûns laissaient volontiers l'art du bois, du cuir, du verre, du métal, aux ethnies hazâra ou tâdjîkes – respectables, mais qu'elles restent à leur place.

C'est pourquoi l'indignation exprimée par tant de chefs pashtoûns en 1992 devant le retour en puissance des Tâdjîks – ces « fils du porteur d'eau ! » – allait bien au-delà d'une simple objection aux politiques plus ou moins réussies d'un Massoud dans l'écheveau kabouli. Le rugissement, surgi des tréfonds de l'inconscient, était raciste. « Nous le traiterons comme le Batcha-Saqâo ! » Qualifier ainsi Massoud aurait pu se traduire en un idiome occidental, disons dans le langage de certains sudistes américains épouvantés par l'entrée en fonction de maires et shérifs noirs après 1865, par : « Nous pendrons ce Nègre ! » L'expression, à courir dans tous les marchés le long des routes de l'Est, augurait mal de l'avenir.

Dans la capitale, même des fonctionnaires d'origine pashtoûne murmuraient, dès juillet 1992 : « Il ne fait pas assez appel à nous. Il confisque tout le pouvoir au profit des seuls gens de son clan, de son *qaoum*. Nous sommes déçus. » Le mollâ pashtoûn Sayyâf, pour sa part, partisan radical du *wahhâbisme* saoudien, était porté à des déclarations hallucinées du genre : « Kaboul a été corrompue par quatorze ans de communisme ; il faudra la raser jusqu'au sol pour la reconstruire selon de purs principes islamiques ! »

Ensablé dans les méfiances claniques, Massoud se vit rapidement acculé à l'erreur fatale : placer sa confiance seulement dans les siens, distribuer les postes militaires vitaux à ses compagnons d'armes les plus éprouvés (ceux du Pandjshêr), s'entourer d'un rempart humain tâdjîk – et, par là même, renforcer les accusations d'exclusivisme ethnique. Son plus solide soutien non tâdjîk dans Kaboul demeurait, à l'été 1992, l'inquiétant général Dôstom, cordialement détesté par la majorité de la capitale.

Le combustible d'une guerre ethnique était bien présent. Mais c'est le Pakistan qui l'enflamma.

3. *Hekmatyâr et l'entrée en guerre du Pakistan*

Le Pakistan, qui avait tant misé sur une victoire d'Hekmatyâr, fut consterné par la prise de pouvoir par Massoud. L'initiative pakistanaise de renouveler la guerre afghane à travers Hekmatyâr, pour rétablir l'ethnie pashtoûne au pouvoir à Kaboul, illustre l'enchaînement tragique des rancœurs historiques.

Le Pakistan n'a jamais pardonné à l'Afghanistan son refus de reconnaître la légitimité de la « ligne Durand » en 1947, ni l'irrédentisme de Kaboul, diplomatiquement appuyé par Moscou et New Delhi, pour détacher les territoires d'ethnie pashtoûne du nouvel État musulman né sur les rives de l'Indus. En riposte, on l'a vu, le Pakistan va, dans un premier temps, et dans un contexte de Guerre froide, s'appliquer à absorber ces mêmes territoires pashtoûns, et même associer ces Pashtoûns à l'élite dirigeante du pays ; dans un deuxième temps, à partir de 1973, et surtout de 1978, et dans un contexte cette fois de guerre anticommuniste ouverte, porter son offensive stratégique de l'autre côté de la « ligne Durand » pour tenter de rallier les Pashtoûns afghans à un « islamisme » dénationalisé, et donc propakistanais ; enfin, dans un tragique troisième temps, de 1992 à 2001, s'efforcer d'imposer un gouvernement à la fois pashtoûn et islamiste à Kaboul, et inféodé à Islâmâbâd.

Islamâbâd, pour sa part, mesure, et sait exploiter, ce que signifie et menace une pluralité de peuples. Le Pakistan réunit une mosaïque ethnique autrement plus complexe que celle de son voisin afghan. Les préjugés hindous de caste y demeurent virulents, même masqués sous un double et très épais vernis laissé par un siècle de présence britannique plaqué sur un millénaire d'Islam. L'admonestation musulmane soûfie médiévale « Tue l'Hindou qui est en toi » (c'est-à-dire « Extirpe de ton cœur l'idolâtrie qui y règne ») traduit plutôt aujourd'hui toute la complexité culturelle et psychologique qui tourmente les Pakistanais, face à cette Inde dont ils se savent issus et à laquelle ils voudraient tourner le dos pour s'affirmer des Moyen-Orientaux. L'islamisation laisse intact le pouvoir des descendants des *râdjpoût*, caste guerrière et latifundiaire du Pandjâb, convertie.

En raison de sa mentalité d'éternel assiégé, entre l'Inde à l'est et l'Afghanistan au nord-ouest, le Pakistan s'est doté d'une élite militaire hypertrophiée, campant sur le territoire national comme dans cet ancien royaume de Prusse dont un proverbe disait qu'il s'agissait d'une armée maîtresse d'un sol, non d'un pays pourvu d'une armée. Le Pakistan, où se succèdent presque sans interruption les dictatures militaires de 1958 à 2001, est une sorte de Prusse musulmane, une armée-État, fortifiée sur un territoire stratégique étiré le long de l'Indus depuis les confins chinois jusqu'à l'embouchure du Golfe. Même lors des passages formels de civils à la tête de l'exécutif, les secteurs clefs restent aux mains des militaires : les Affaires étrangères, sur un qui-vive sécuritaire constant face à l'Ouest afghan et l'Est indien, et bien sûr le renseignement. L'ISI, ou Inter-Services Intelligence, dirigée depuis le 8 octobre 2001 par le général Ehsân-ol-Haqq – après les très islamistes généraux Akhtar, Hamîd Gol, puis Mahmoûd Ahmad, flanqué de 'Azîz Khân –, noyaute et dirige le cœur même de l'État.

Les forces pakistanaises sont les héritières d'une armée des Indes sciemment formée par les Britanniques à partir de ce que l'officier Sir George MacMunn, dans un célèbre manuel militaire, appelait sans pudeur, au début du XXe siècle, « *the martial races of India* » : les Gurkhas du Népal ; les Râdjpoût hindous ; leurs cousins du Pandjâb tant sikhs que musulmans ; et les Pashtoûns de la frontière du Nord-Ouest – à l'exclusion délibérée des Indiens du Sud ou des Bengalis. La partition de 1947 livre aux officiers musulmans, pandjâbî et pashtoûns, les marches occidentales de l'ancien Empire. Garante de l'indépendance et de l'identité nationales face à l'Inde honnie, l'armée pakistanaise forme l'État dans l'État : une stratocratie. Un demi-siècle après la création du Pakistan, les deux hautes castes guerrières s'en partagent toujours, en égalité hiérarchique, le commandement suprême : les Râdjpoût du

Pandjâb, et les Pashtoûns (ou « Pathans ») de la North-West Frontier Province en deçà de la « ligne Durand » : soit les cousins immédiats des Pashtoûns afghans. En 1992, sur 125 millions d'habitants, les Pashtoûns pakistanais – désormais plus nombreux qu'en Afghanistan même – formaient 15 % de la population, mais 20 % de l'état-major.

Tout au long de la brève histoire du Pakistan, d'autres ethnies ont eu beau briguer leur part du pouvoir – les latifondiaires sindhî du Sud, notamment, à travers les passages à la magistrature suprême de la dynastie des Bhutto, père (1971-1977) et fille (1988-1990, 1993-1996) –, elles n'ont jamais mordu réellement sur le monopole militaire de l'espèce de condominium pandjâbî/pashtoûn. Les Bengalis de l'ancien Pakistan oriental formaient autrefois la majorité absolue de la population, quelque 60 %. La morgue raciste des officiers de l'Ouest ne supporta pas, en 1971, l'élection d'un Bengali au poste de Premier ministre. La répression militaire pandjâbie et pashtoûne alla jusqu'à provoquer la sécession, en 1971, du Bangladesh.

L'opposant pakistanais Târiq 'Alî a ainsi stigmatisé l'ethnicisme virulent de l'état-major d'Islâmâbâd dans les années 1947-1971 : « Ce concept quasi fasciste des "races martiales", composante essentielle de l'idéologie militaire britannique, avait survécu pour devenir la sagesse conventionnelle des officiers pakistanais à la tête d'une nouvelle armée. Les mythes raciaux auront continué à propager un pareil mélange de préjugés et de paternalisme : les Bengalis auraient été trapus et noirauds, mauvais combattants, lâches par nature à cause de leur conversion, trop récente, de l'hindouisme. Or les Britanniques avaient conçu ces grossières généralisations pour une raison bien spécifique : afin d'isoler le Bengale du reste du nord du sous-continent, et mettre ainsi l'avant-garde politique du pays en quarantaine ; il ne fallait pas que leur Armée, surtout, se trouvât contaminée par le virus nationaliste. La clef de voûte de l'appareil d'État pakistanais devint ainsi une élite à la fois bureaucratique et militaire, où les Bengalis – pourtant la majorité de la population – étaient à peine représentés. Pareille contradiction politique se muait en machine infernale à effet retardé, mais qui menaçait les fondements mêmes du Pakistan dès sa création [16]. »

Le racisme serein de l'élite militaire pakistanaise, si accoutumée – à la manière indienne antique – de penser tous les problèmes politiques en termes d'ethnie pour ne pas dire de caste, éclate parfois à la face du monde de la manière la plus effrontément naïve. Le général-président du Pakistan, Parwêz Mosharraf, siégeait dans l'enceinte des Nations unies à New York, le 13 novembre 2001, quand tomba la nouvelle de la chute des tâlebân à Kaboul. La première préoccupation de tous les diplomates présents, sur le moment, fut de s'enquérir de la sécurité de la population civile, celle de tous ou presque tous les citoyens ordinaires de la planète, de se réjouir à l'idée que les femmes y recouvreraient leur liberté, et les petites filles le chemin de l'école. Pas Mosharraf. Le visage blême, il demanda, à l'instant : « Quelle place pour les Pashtoûns au pouvoir ? »

La perte du Bengale contraignit le Pakistan de l'après-1971 à reformuler amèrement son propos national, pour se présenter à la fois comme une citadelle idéologique de l'Islam mondial et comme une entité territoriale distincte depuis les débuts de l'histoire, irriguée et définie par l'Indus. Or ces deux définitions exigeaient, plus que jamais, le rattachement au Pakistan du Cachemire, berceau géographique de l'Indus et terre d'Islam perdue que Delhi occupait injustement : d'où un état de perpétuelle confrontation avec l'Inde. La sécession du Bangladesh tourna aussi plus décidément les regards d'Islâmâbad vers le nord-ouest, où, pour contrer l'irrédentisme de Kaboul, les Pandjâbî, dès 1947, avaient multiplié les privilèges en faveur de leurs concitoyens pashtoûns pour associer et intégrer toujours plus étroitement ceux-ci à la direction musclée de l'État. Pour leur part, les officiers pashtoûns d'Islâmâbâd, maîtres de l'État en partenariat avec les Pandjâbî, aspirent au moins depuis les années 1970 au contrôle de l'Afghanistan voisin, à travers l'alliance et l'inféodation de leurs cousins, les Pashtoûns afghans.

Car, tout en sectionnant deux pays de culture fort proche à l'origine, la « ligne Durand » a bien encouragé la cristallisation, au XXe siècle, de deux entités nationales distinctes. Les indépendances successives des deux États en 1919 et en 1947, des expériences politiques radicalement différentes – et de toutes autres épreuves – ont forgé des points de vue tranchés. Et s'il est inexact de nier l'existence d'un « nationalisme » afghan (il est au contraire passionné), et si, de leur côté, les Pashtoûns de l'Est se sentent viscéralement impliqués par tout ce qui touche à l'Afghanistan (du moins selon leur vision très particulière de l'Afghanistan), ces derniers n'en adhèrent pas moins désormais à une réelle identité pakistanaise. « Pathan » de la North-West Frontier, le maréchal Ayoûb Khân fut président de la République de 1958 à 1969, et ordonna le transfert de la capitale depuis Karachi, trop méridionale, vers le nouveau site septentrional d'Islâmâbâd : à la jonction géographique des deux ethnies suzeraines, la pashtoûne et la pandjâbie, du Pakistan. Autre « Pathan », le général Nasîrollâh Bâbar lancera, en 1994, les tâlebân à la conquête de Kaboul.

C'est en revanche un brilliant ethnologue pandjâbî, Akbar Ahmed, formé à la London School of Oriental and African Studies, qui, en tant que *District Commissioner* dans les années 1960 et au début des années 1970, aura largement défini, poursuivi et mené à terme l'intégration pakistanaise, très réussie, des *Tribal Territories* ceinturant l'Afghanistan – avant les premières sérieuses confrontations d'Islâmâbâd avec Kaboul en 1975 [17].

En héritant de ces territoires des Britanniques, les Pakistanais, maîtres en politique tribale, choisirent en effet d'y perpétuer tous les privilèges autonomes des communautés pashtoûnes locales – pas d'impôt ni de service militaire obligatoire, de scolarité imposée, d'application du droit civil et criminel en cours ailleurs dans le pays, et ainsi de suite – mais en tenant aux *khâns* un tout autre discours que les officiers de la reine Victoria ou du roi George V.

Car les Pandjâbî, contrairement aux Anglais, pouvaient s'affirmer frères en Islam. Les routes militaires et fortins n'étaient plus là pour conquérir ou contrôler lesdits frères en Islam, mais pour permettre l'acheminement – et la sécurité – de *services* pour ces mêmes frères. Installés dans les petits marchés urbains considérés comme territoires neutres par toutes les tribus, ces services essentiels fournis gracieusement par l'État pakistanais, à côté du poste de gendarmerie rurale, ont commencé à former dès 1947 une sorte de tripode :

a) une clinique d'État ;

b) une école pour garçons (gratuite mais non obligatoire) ;

c) une banque agricole, garantissant aux villageois des environs des prêts « islamiques », c'est-à-dire sans intérêts (chacun des *bâzârs,* même le plus primitif, dans les territoires tribaux, affiche ainsi, calligraphiée sur une façade blanchie à la chaux, en anglais et en caractères arabes, son enseigne de la Habib's Bank Limited).

Le *District Commissioner* pakistanais affirmait aux tribus le caractère absolument volontaire, facultatif, de ces services. Ces mêmes services en devenaient d'autant plus irrésistiblement attractifs. En même temps, en tant que citoyens pakistanais à part entière, les tribaux se voyaient libres de travailler à leur guise dans tout le reste du pays (et comme porteurs de passeports pakistanais, jusque dans les Émirats ou l'Arabie saoudite), et de renvoyer sans entraves leurs gains dans leurs familles. L'armée – dont l'état-major accueillait déjà tant de leurs congénères – leur restait toujours largement ouverte, et même ethniquement prédisposée en leur faveur. Les petits garçons scolarisés dans les écoles des centres urbains pouvaient espérer devenir, en fonction de leurs résultats, des cadets aux frais de l'État, et gravir les échelons des grades et des honneurs juqu'aux sommets de la hiérarchie militaire et politique nationale. Enfin, le non-dit : les tribaux pouvaient faire culture, commerce, trafic et contrebande de tout et à volonté : des armes au pavot.

C'est ce système de contrôle indirect de leur propre Yâghestân pashtoûn, à travers une triple séduction religieuse, ethnique et commerciale, qui encouragea les généraux d'Islâmâbâd à imaginer pouvoir l'étendre à l'Afghanistan postsoviétique lui-même. But de l'Inter-Services Intelligence de 1992 à 2001 : démanteler, fanatiser et ainsi décerveler l'État-nation de l'Afghanistan, afin de réduire celui-ci à une sorte de vaste et primitif *Tribal Territory* étendu jusqu'à Hérât : autonome en apparence, mais en réalité emmailloté par Islâmâbâd dans des rets militaires et économiques serrés à ne plus jamais pouvoir de nouveau recouvrer sa réelle indépendance.

Vecteurs ethniques et religieux choisis pour parachever cette œuvre d'inféodation : le parti pashtoûn d'Hekmatyâr jusqu'en 1994, puis les tâlebân, tout aussi pashtoûns. Et, pour inscrire son ambition régionale dans un cadre d'alliances internationales, Islâmâbâd réussit, en outre, à convaincre Riyâdh et Washington que sa propre stratégie servait rigoureusement la leur :

a) pour isoler l'Iran sur son flanc droit, grâce à des vassaux sunnites afghans transformés en wahhâbites de stricte obédience religieuse saoudienne : Hekmatyâr puis les tâlebân ;

b) puis, pour ouvrir une route commerciale, sécurisée, vers l'ancienne Asie centrale soviétique, afin d'en acheminer le gaz et le pétrole, tout en évitant le territoire iranien à travers un corridor afghan dûment vassalisé, jusqu'au port pakistanais de Gwâdar, sur le Golfe (cette priorité devint surtout essentielle, toutefois, à partir de 1995).

L'Afghanistan des tâlebân sera bien un *Tribal Territory* : difficile d'accès aux étrangers ; tout florissant de trafics illicites ; et entièrement dépendant, pour son économie, des seuls débouchés routiers et bancaires pakistanais.

Même les missions des humanitaires occidentaux, tant celles de l'ONU que des diverses organisations non gouvernementales européennes, auront étourdiment et largement contribué, dans les années 1990, à transformer l'Afghanistan en *Tribal Territory*. Car, en continuant de passer par le Pakistan avec un aveuglement politique qui a proprement confiné à l'aberration, les institutions caritatives internationales, si sûres de leur bon droit moral, se seront vues splendidement manipulées par Islâmâbad pour offrir aux Afghans, ainsi *indirectement* vassalisés, au moins deux services essentiels consentis par les vrais *maîtres* (soit l'Inter-Services Intelligence et son allié saoudien) : un peu d'aide agricole et alimentaire ; un peu de secours médical. Mais pas trop. Et surtout pas d'éducation.

Restait cependant pour Islâmâbâd, en 1992-1994, un verrou à faire sauter, un dernier obstacle à détruire : Kaboul tenu par les forces de Massoud.

4. *Le siège de Kaboul*

En août 1992, les troupes pashtoûnes d'Hekmatyâr, lesquelles comprenaient déjà de nombreux volontaires islamistes non afghans (Frères musulmans égyptiens et soudanais, membres du FIS algérien), profitaient de la saillie de territoire pakistanais, à Tîr-é Mangal, pour gagner le Lôgar à deux jours de marche, et occupaient les crêtes qui dominent le sud-est de la ville.

En même temps, l'artillerie du chef du *Hezb-é Islâmî*, ses supplétifs islamistes internationaux, rivait un demi-cercle de fer autour du sud et de l'est de Kaboul pour barrer la route commerciale vers Djalâlâbâd – alors laissée libre sous son chef autonome Hâdjî Qadîr – et le Pakistan. Ni nourriture ni médicaments ne devaient plus entrer dans la capitale afghane.

Dès les premiers jours d'août, en gémissements stridents finissant en fracas, un déluge de roquettes fournies par le Pakistan s'abattaient, depuis la plaine du Sud et les montagnes du Sud-Est, sur les quartiers civils, les marchés, les écoles et hôpitaux de Kaboul.

Ces attaques d'Hekmatyâr – désormais surnommé *Râketyâr*, « mon amie la roquette », dans les *bâzârs* éventrés de Kaboul – avaient pour but précis de semer la mort au hasard dans la population. Le Premier ministre en titre avertissait les citoyens de la capitale que le gouvernement de Rabbânî et Massoud était désormais totalement impuissant à les protéger. Quand trois employés afghans de l'Ambassade de France, au début du mois d'août, moururent sous la pluie de fer, toute la communauté diplomatique, humanitaire et onusienne s'enfuit vers le Pakistan – les assiégeants laissaient comme par exprès toujours partir les fuyards –, bientôt suivis par des dizaines de milliers de Kaboulis terrorisés, depuis les plus pauvres hères jusqu'aux cadres et intellectuels.

Mais les citoyens de Kaboul ne pouvaient plus passer la frontière, restaient bloqués dans des camps à Djalâlâbâd. En septembre 1992, en effet, pour la première fois en quatorze ans, le Pakistan fermait sa frontière à tous les fugitifs. Manière de montrer sa puissance sur les Afghans ? Pas seulement.

Il s'agissait pour Islâmabâd d'attirer exprès les fugitifs vers les camps de personnes déplacées dans Djalâlâbâd, juste à l'intérieur de l'Afghanistan – où le Pakistan garantissait à dessein le libre accès des humanitaires occidentaux à partir du poste frontalier « officiel » de Torkham : afin de drainer Kaboul de ses forces vives, de dépeupler lentement la capitale afghane.

Auprès de l'ONU, Islâmâbâd pouvait protester qu'il n'était pour rien dans le blocus de Kaboul. Les humanitaires occidentaux n'étaient-ils pas libres, ô combien ! de franchir la frontière pakistanaise pour se précipiter avec tentes et médicaments au secours des fugitifs dans Djalâlâbâd ? Les lignes de siège ne commençaient-elles pas que bien à l'ouest de Djalâlâbâd, en zone purement afghane ?

Les fonctionnaires d'Islâmâbâd omettaient, toutefois, d'informer leurs interlocuteurs que c'est l'ISI qui renforçait le blocus par le chemin détourné de Tîr-é Mangal, sous le nez naïf des humanitaires. Et les services pakistanais d'expliquer longuement, en revanche, aux ambassadeurs européens, et dans un anglais parfait, que toutes ces tueries de Kaboul relevaient de l'irresponsabilité de ces factions afghanes, non civilisées. Les correspondants de la presse mondiale le répètent depuis une décennie, en perroquets.

Bref, Islâmâbâd ravitaillait Hekmatyâr ; renforçait son blocus de Kaboul ; et s'en défaussait sur les « fanatiques afghans » auprès de l'opinion occidentale.

La longue mise à mort pakistanaise de Kaboul par l'intermédiaire choisi d'Hekmatyâr dura jusqu'à l'automne de 1994.

Durant la dernière semaine d'août 1992, un cessez-le-feu de soixante-douze heures permit l'atterrissage à Kaboul d'un général pakistanais accompagné du prince saoudien Turkî al-Faysal (chef des services de sécurité du royaume et responsable tout au long des années 1989 et 1990 des liaisons afghanes), chargés de négocier une reddition de Massoud – en vain.

Puis la pluie de mort ne s'arrêta plus, pour réduire en gravats un quartier après l'autre de la capitale afghane.

Fin février 1993, c'est l'ancien chef des services secrets pakistanais en personne, le général Hamîd Gol, qui atterrissait à Kaboul pour offrir une trêve à Rabbânî, si celui-ci acceptait d'aller faire allégeance à Hekmatyâr dans Islâmâbâd. Kaboul ne céda pas. Massoud conservait, tenace, ses communications ouvertes avec le nord ; ses troupes pandjshêrî préféraient mourir plutôt que de laisser entrer Hekmatyâr ; les civils d'une ville toujours plus asphyxiée, et aux façades criblées de mitraille, en payaient toutefois le prix dans la famine et le dénuement. L'hiver de 1993-1994, les enfants arrachaient, pour la manger, l'écorce des arbres.

Pourquoi cet acharnement pakistanais sur Kaboul ? Le Pakistan n'avait-il pas, pourtant, obtenu gain de cause historique ? Pour la première fois depuis 1947, l'Afghanistan en 1992 n'était-il pas officiellement dirigé par une équipe sans liens avec la Russie, ni inclination quelconque envers l'Inde, ni surtout – de la part de Tâdjîks – de revendications territoriales affirmées par rapport au Pakistan ?

Nullement dupe de la propagande « islamiste » d'Hekmatyâr, la population outragée de Kaboul en 1994 mit à sac l'ambassade du Pakistan. L'opinion dans la capitale dévastée se retournait avec fureur contre le pays voisin, rendait Islâmâbâd coupable de tous ses malheurs, nourrissait envers l'État musulman de l'Indus une exécration qui dépassait en intensité concevable tout son ressentiment de naguère – pourtant énorme – contre l'Union soviétique. En cette même fin de février 1994, Massoud affirmait, devant le ministre pakistanais des Affaires étrangères accouru en hâte à Kaboul après l'émeute contre son ambassade : « Toute la reconnaissance que les Afghans pouvaient vouer aux Pakistanais s'est muée en haine ; quatorze années d'amitié, de vie commune, d'asile accordé, tout cela s'est gâché à cause de votre soutien obstiné à Hekmatyâr [18]. »

Coordinateur de Médecins du monde entre 1992 et 1994 avec pour mission d'établir des bases hospitalières à Kaboul et Hérât, puis de nouveau envoyé spécial de Bernard Kouchner pour acheminer des secours médicaux et alimentaires dans Kaboul assiégée en 1995, j'eus loisir de prendre des notes publiées à l'époque sous forme d'articles dans *Politique internationale*. Déchiffrer ces carnets aujourd'hui me rappelle les conditions d'incertitude politique extrême, sous sifflement continu des roquettes et explosions de gravats, qui nous brouillaient toute claire vision des combats dans les décombres de la capitale afghane.

Après de rudes matinées de distribution médicale dans les hôpitaux (avec l'horreur répétée du spectacle de parents en larmes portant dans leurs bras un fils ou fille déchiré d'éclats de roquettes), j'eus parfois le plaisir de parler sous les lambris troués de l'université de Kaboul – sans électricité – devant des rangées d'étudiants, dont soixante-dix pour cent de jeunes filles en sages fichus, sur des points d'histoire afghane des années 1920 et 1930. Les grondements d'impacts tout proches interrompaient parfois nos propos.

Dans les ministères délabrés, les fonctionnaires civils hérités de l'ancien régime communiste perpétuaient, hélas, leurs plus mauvaises habitudes bureaucratiques et paperassières, dans un crépitement incessant de vieilles machines à écrire et un froissement absurde de formulaires jaunis à remplir et à signer plus de six, dix, douze fois, quand la mort frappait du ciel tout autour. Ce qui survivait de l'appareil d'État afghan, sous la nouvelle suzeraineté des *modjâhedîn*, appliquait toujours, sans réfléchir, les plus lentes procédures soviétiques – seul modèle connu.

Certains soirs, éclairés à la lampe à pétrole, nous nous réunissions pour dîner avec Massoud, jamais loin de son walkie-talkie, et les discussions stratégiques sur cartes d'état-major déployées se terminaient parfois en analyses communes des textes persans classiques que nous aimions. Massoud, l'œil pétillant, récitait des vers anciens, et parfois modernes, et les glosait pour son entourage. Un soir, avec le docteur Guy Caussé, de Médecins du monde, et le journaliste Christophe de Ponfilly, nous organisâmes pour Massoud et les siens, au générateur, une projection de diapositives représentant les monuments et les plus belles miniatures médiévales de Hérât – ma cité afghane de prédilection, et que Massoud n'eut jamais le loisir de découvrir autrement que par ces images transparentes sur un mur blanc, encore intact, de Kaboul. Ce fut un moment savoureux d'art et de paix.

En retour, une invitation de Massoud à venir conférer avec lui, sur une procédure de distribution médicale, nous sauva, un jour, par miracle : soit toute notre petite équipe de Médecins du monde (Guy Caussé, Benoît Demets, Arnaud Serra et moi-même), alors logée dans les locaux de l'ambassade de France. Je reprends ici mes notes rédigées en mars 1994 :

« Tirée du haut de l'éminence rocailleuse – le Tépé Marandjân – tenue par les hommes de Dôstom depuis leur volte-face contre Massoud, une roquette vient de pulvériser l'un des porches en béton de l'ambassade de France, abandonnée depuis quatre mois par ses diplomates, et où nous déjeunions avec les gardiens afghans locaux. Le souffle a écrasé contre un mur du fond tout le mobilier éclaté : ce qui protégea, assez étrangement, nos sacs rangés le long de la plinthe. Des éclats métalliques sont restés fichés, tranchants, dans les parois. Quinze minutes plus tôt, ce projectile nous tuait. L'invitation de Massoud nous a sauvés, ce jour glacial du 7 mars 1994.

« Nous avons suivi ses émissaires jusqu'au groupe de combattants qui grelottaient dans leurs châles à franges, retranchés à flanc de colline près d'une ancienne villa perchée à plus de mille huit cents mètres d'altitude, comme une guérite, au-dessus de la cité ruinée. Le matin même, une fusée tirée depuis le camp d'Hekmatyâr, dans le Lôgar, au sud, venait de trouer un toit pour déchiqueter quatre enfants recroquevillés pour lutter contre le froid autour de leur foyer mort, dans une pièce nue du quartier de Khayr-Khâna, à l'extrême nord de Kaboul : là où se réfugie désormais la majorité des civils restés dans la capitale afghane.

« Les trois gardes afghans restés à l'ambassade nous avaient pourtant assurés que le muret du jardin nous protégerait ; pas une bombe, disaient-ils, n'avait encore atteint la mission diplomatique française, contrairement aux autres députations ou officines des Nations unies, toutes pareillement grêlées de trous de roquettes et désertées par leurs représentants internationaux – à l'exception du personnel de la légation d'Iran, toujours claquemurée sous la mitraille derrière son rempart gris crénelé de barbelés. Toutefois, entre les façades fusillées et les fenêtres sans vitres de l'ancien secteur diplomatique de Kaboul, les ouvertures béantes, striées de traînées noirâtres, de l'ambassade du Pakistan, trahissaient les jets de pierres, puis l'assaut et la mise à sac par les émeutiers du 23 février 1994. »

Gonflée par l'afflux de déplacés ruraux durant les quatorze années de régime communiste, la capitale afghane s'élevait à plus de 1 500 000 habitants à la veille de la nouvelle flambée de guerre civile, le 1er janvier 1994. A la fin du mois d'avril, un exode massif – plus de 300 000 personnes avaient fui vers les seuls camps de Djalalâbâd – avait déjà réduit cette statistique de moitié. Outre les combattants et ces fonctionnaires tatillons mais dévoués (et aussi des médecins héroïques, hommes et femmes, dans les derniers hôpitaux), la capitale, au printemps de 1994, ne comptait plus que 800 000 âmes : les plus pauvres, ceux qui n'avaient même plus assez de frusques à vendre pour s'offrir une place dans un véhicule de location afin de gagner l'asile de Djalâlâbâd ou quelque autre ville de province, chez des parents ou membres de leur tribu. Dans Kaboul, nous dénombrions plus de 632 000 déplacés internes, entassés dans les lycées abandonnés, sous les coupoles des mosquées, dans les deux derniers quartiers, Parwân et Khayr-Khâna, encore épargnés.

Hekmatyâr bloquait la centrale hydroélectrique de Sarôbî, à 50 kilomètres à l'est de la ville, et privait Kaboul de lumière. L'adduction en eau courante ne fonctionnait plus. Le fleuve, très pollué, restait de toute manière presque hors d'accès – car sous ligne de feu. Des puits trop rares, et la fonte des neiges jusqu'en mars, assuraient la consommation d'eau : d'où les crises de choléra chaque été depuis le changement de régime en 1992.

« Un jour dans le quartier de Parwân sous le siège : en dépit du danger, des passants hâves, emmaillotés de couvertures brunes ou grisâtres contre la bise, barbotent dans les dernières flaques de neige autour des étals à ciel ouvert. Les négociants enturbannés ont abandonné leurs échoppes du Grand Marché historique autour de la mosquée – aujourd'hui ruinée – du Pont-aux-Briques (*Pol-é Kheshtî*) : trop proche des parapets de la rivière, trop exposé aux tirs. Des paysans qui se sont faufilés, avec leurs charrettes à bras, dans la ville assiégée, arrivés par la route du Nord – la seule par où passer de la nourriture –, proposent, mais trop cher, des monticules de légumes verts. Plus loin, des familles entassées par terre liquident leurs biens soigneusement disposés sur des nattes – tapis, bijoux, meubles, postes de télévision, bibelots – afin de réunir le pécule nécessaire pour fuir la ville mourante.

« Partout des gravats de béton armé hérissés de squelettes de fer. Au-delà des ruines des ministères modernes et des cases de torchis écrasées, les longs blocs d'appartements d'austère construction soviétique du quartier dit Microrayon, intacts lors de la reddition en 1992, accusent les trous d'impact d'obus de part et d'autre de leurs déchirures béantes. Aux fenêtres cassées pendent les oripeaux à sécher des milliers de familles déplacées, dix ou douze individus par petite pièce, sur le dallage de ciment, sans eau, sans courant, sans chauffage. Lessive hasardeuse : le dégel, sur ce haut plateau, libère des lames de pluie froide finissant en rivières de boue à travers les venelles défoncées. Plus une tache de couleur dans la capitale afghane, autrefois si bigarrée : maçonneries grisâtres cassées, visages blêmes tirés par la peur et la faim, partout les costumes du camouflage et de la pauvreté, pyjamas bruns ou gris des hommes, châles noirs des femmes autorisées ici, cependant, à montrer leur visage.

« "Il n'y a plus rien à Kaboul, plus de lumière, plus d'argent, plus de travail, plus d'espoir, plus rien !", nous jettent à la figure deux jeunes citadines croisées dans la rue, employées municipales en fichu. "Un gouvernement de mollahs, qu'en attendiez-vous !", s'indigne un fonctionnaire afghan des Nations unies, abandonné dans son bureau par ses supérieurs étrangers. D'aucuns, au marché, conspuent toutes les forces en présence : "Des voleurs, des incultes descendus de leurs montagnes ; ils ne tournent tous qu'autour du pouvoir, ils ne cherchent qu'une *tchaoukî* (= un fauteuil officiel)." D'autres encore vitupèrent le seul régime de Rabbânî et Massoud : "Ces gens-là n'ont pas su élargir leur base, que cette ville soit détruite mais qu'eux s'en aillent !" Les partisans armés de Massoud enfin, béret roulé en tête, barbe courte, treillis de combat sanglé de cartouchières, serrent les mâchoires : plutôt mourir que de laisser leurs ennemis pénétrer dans la capitale. Pillages ? Parfois. Mais Massoud, l'homme qui aime les poèmes, veut aussi faire régner l'ordre d'une poigne de fer dans les quartiers qu'il contrôle ; deux jeunes maquisards surpris à piller des boutiques ont été pendus à un gibet de bois, hâtivement dressé, en public.

« Un camionneur pashtoûn, partisan déclaré d'Hekmatyâr, et rencontré sur la route de Djalâlâbâd, me confia, ivre de haine contre les troupes de Massoud : “Si Kaboul meurt, à qui la faute ? A ces gens-là ! Mais qu'ils partent ! Qu'ils retournent dans leurs montagnes ! Ou alors, que Kaboul soit détruite de fond en comble ! Qu'importe ! Nous la reconstruirons !”

« Avec toutes ses outrances, l'intégrisme islamique, du moins dans les texte, a cet avantage moral de condamner, sans ambiguïté, le racisme et l'ethnocentrisme, pour prôner la fraternité des croyants. Hekmatyâr, lui, l'utilise comme fer de lance d'un mouvement appelant ouvertement les Pashtoûns à la guerre contre un gouvernement d'Ouzbeks et de Tâdjîks en tant que tels.

« Les provinces se sont depuis longtemps dotées de chefferies autonomes, à Djalâlâbâd comme ailleurs. Les seigneurs de la guerre s'y rangent derrière l'une ou l'autre faction, ou se cantonnent dans une neutralité prudente : et de toute manière, se déterminent en pleine indépendance par rapport à une capitale qui, dans les faits politiques, n'existe plus.

« Kaboul agonise. Sa mise à mort par lente saignée est voulue. L'assiégeant prohibe l'entrée des victuailles, mais laisse à dessein librement s'écouler les convois de fuyards, avec tous leurs biens, vers la cité orientale de Djalâlâbâd : aux confins pakistanais, là où les chefs tribaux sous drapeau de neutralité traitent sur un pied d'égalité avec toutes les factions en conflit. Haut lieu frontalier afghan du trafic d'armes et de la culture du pavot, Djalâlâbâd est une seigneurie de la guerre qui s'enrichit maintenant, de surcroît, de l'afflux des réfugiés, lequel fait fructifier à son tour la surenchère humanitaire, le grouillement lucratif des organisations caritatives internationales. Riche bonne conscience ! Mais les indignations morales du temps du sans-frontiérisme sont bien terminées, Bruxelles et l'ONU observent un silence politique complet quant à la cause de l'exode des malheureux, pour dépenser au contraire à flots l'argent du contribuable mondial sur les marchés pakistanais. Le mouvement humanitaire planétaire se pervertit à Djalâlâbâd, car devenu un complice muet de l'assassinat de Kaboul – où il n'a plus garde de se rendre.

« En se camouflant derrière cette autorisation qu'il accorde aux humanitaires occidentaux de franchir sa proche frontière pour courir planter des tentes et creuser des latrines à Djalâlâbâd, là, juste de l'autre côté des confins, le Pakistan entend ne paraître en rien impliqué dans le blocus militaire. "Ce siège est le fait des seules forces de monsieur le Premier ministre afghan Hekmatyâr !", s'indigne tel fonctionnaire cravaté aux Affaires étrangères d'Islâmâbâd, en s'épongeant le front face à l'humanitaire occidental (insolite) dont les questions le harcèlent – enfin ! – d'un peu trop près. Et de tracer du doigt le pointillé de la route entre le Pakistan et Kaboul, sur la carte sous verre de son dessus-de-table : "Voyez ! Le barrage des soldats de monsieur le Premier ministre commence ici, à Sarôbî, à l'ouest de Djalâlâbâd : c'est à des dizaines de kilomètres à l'intérieur du territoire afghan ! Ce n'est pas moi qui vous empêche d'acheminer vos médicaments à Kaboul !" »

L'éclatement ethnique de 1994

En pesant ainsi, de tout son poids militaire, sur Kaboul, pour y favoriser, ouvertement, l'élément pashtoûn, le Pakistan prit le risque, délibéré, de provoquer l'éclatement ethnique de l'Afghanistan.

Pour survivre, en effet, les trois autres grandes ethnies se virent contraintes de regarder, à leur tour, au-delà des frontières, pour réclamer, soit la protection de l'Iran – pour les Hazâra ; de l'Ouzbékistan, pour les Ouzbeks ; et du Tadjikistan, pour les Tâdjîks. Derrière ces trois États, Iran, Ouzbékistan, Tadjikistan, se profilait un retour de la puissance russe en Asie centrale. Car, dès que Moscou cessait d'agresser directement l'Afghanistan, le Kremlin retrouvait toute son influence traditionnelle : les Tâdjîks de Massoud, sous bombardement pakistanais, tentèrent de rétablir spontanément – contre Islâmâbâd – les relations privilégiées de l'ancien régime royal avec les Russes.

Non complètement à tort, le porte-parole de la nouvelle droite nationaliste russe, Vladimir Jirinovski, pouvait ainsi offrir son commentaire sardonique dans une conférence de presse, le 28 août 1993, quant aux soubresauts sanglants au sud de l'ancien empire : « Nous quitterons l'Asie centrale et le Caucase, laissant tout cela aux chefs locaux et aux mollahs ; et dans quelque temps, ce sont eux qui viendront à nous, plus exactement qui ramperont vers nous, abattus, affamés, malades, les uns sur des béquilles, les autres sur des brancards. »

A terme, l'intervention pakistanaise internationalisa de nouveau la guerre afghane. Mais cette métamorphose momentanée du Grand Jeu, en 1992-1994, aboutit pourtant, en 1995, à un réalignement selon les mêmes vieux schémas, avec un Afghanistan, comme toujours, disputé entre forces du Nord et du Sud. Toutefois, la confusion politique sur l'échiquier de Kaboul semblait telle, avant 1995, que ni l'Iran ni la Russie ne savaient encore trop le long de quelles diagonales pousser respectivement leurs pièces ethniques afghanes – ces alliés rétifs si bien surnommés, par un auteur anglais, les « pions féroces », *the fierce pawns.*

On sait que la Résistance antisoviétique de 1979-1989, en isolant Kaboul de l'arrière-pays profond, ébranla la domination pashtoûne. Nombre d'officiers et de hauts fonctionnaires pashtoûns, par conviction idéologique, passion de modernité ou souci de conserver leur pouvoir, optèrent – on l'a dit – pour la collaboration soviétique. Dans les campagnes, leurs frères ethniques, restés très pieux, les rejetèrent comme traîtres et impies. Face à Kaboul, la lutte commune renforçait une orgueilleuse identité « afghane » par-dessus les clivages ethniques : mais les Tâdjîks et les Hazâra retrouvaient dans les maquis toute leur autonomie – et toute leur fierté.

Tandis que l'ethnie pashtoûne, au pouvoir ou dans l'opposition, se fragmentait en clans, en partis – et que les paysans pashtoûns de l'Est et du Sud payaient le plus lourd tribut en réfugiés vers le Pakistan immédiatement voisin, réduisant d'autant leur poids démographique dans le pays –, les Hazâra et les Tâdjîks se regroupaient en formations politiques structurées, où la cohésion et la solidarité ethniques pesaient en réalité beaucoup plus lourd que les professions de foi idéologiques toutes plus ou moins islamistes.

Les Hazâra chiites du Centre se retranchèrent ainsi en une véritable république enclavée pro-iranienne, indépendante et inexpugnable. L'aviation soviétique l'épargnait. Soulignons cette mansuétude, à la lumière de l'actuelle entente régionale russo-iranienne, longtemps soupçonnée, aujourd'hui évidente depuis le retrait de Kaboul de l'Armée rouge.

Ailleurs, deux Tâdjîks s'imposaient comme les plus prestigieux de tous les chefs issus de la Résistance afghane : Esmâ 'îl Khân autour de Hérât, Massoud aux portes de Kaboul.

Lorsque le pouvoir communiste se désintégra dans Kaboul en avril 1992, et que les maquisards *pandjshêrî* firent leur entrée dans la capitale juchés sur des chars et camions capturés en brandissant leurs mitraillettes au cri de « Dieu Très Grand ! Allâhou Akbar ! », l'ethnie pashtoûne découvrit qu'elle avait cessé d'être maîtresse de l'Afghanistan.

Dans l'Ouest afghan, à Hérât, l'armée fit pareillement reddition, non à un Pashtoûn, mais à un ancien officier tâdjîk sunnite devenu chef résistant : Esmâ'îl Khân, allié de Massoud, et désormais seigneur du plus vaste fief du pays : étendu des frontières turkmène et iranienne jusqu'à l'ancienne base soviétique de Shîndand au sud, et aussi vers les montagnes du Ghôr dans le Centre jusqu'au pays hazâra. Le domaine d'Esmâ'îl Khân embrassait en réalité presque exactement le territoire couvert, autrefois, par le glorieux sultanat médiéval de Hérât, car coïncidant avec tout le réseau de fleuves, pâturages, chemins et marchés qui constituent l'arrière-pays vital de la célèbre oasis. De 1992 à 1995, Esmâ'îl Khân administra un véritable havre de paix dans l'ouest afghan : désarmant les maquisards irréguliers, accueillant les agences de l'ONU pour déminer et reconstruire, encourageant les écoles pour filles, et présidant les *moshâ'era* ou joutes oratoires de poésie traditionnelle.

Avec sa taille trapue, ses yeux plissés comme en un rire rusé constant, et son petit nez camus, Esmâ'îl Khân, toujours enturbanné à l'arabe d'un chèche à carreaux, présentait un contraste physique aussi complet que possible avec son ami Massoud. Mais celui que toute l'oasis appelait désormais *Amîr-é Herât,* « l'émir de Hérât », ressemblait à son compagnon d'armes à Kaboul pour l'essentiel : le génie stratégique et le courage constant sur le champ de bataille ; la vive piété intériorisée ; l'ouverture intellectuelle sur le monde et l'hospitalité prodiguée aux humanitaires de tous pays, dont les organisations françaises à qui il aurait voulu confier l'éducation de son fils ; et surtout, le souci constant du bien-être de ceux dont il portait la responsabilité.

Plus heureux, toutefois, que Massoud à Kaboul, Esmâ'îl Khân sut sceller une réconciliation durable entre la majorité sunnite et la grosse minorité chiite de son oasis, et l'Iran voisin, qui lui ouvrait son commerce, lui en sut toujours gré. « Qu'adviendrait-il, se demandaient les fonctionnaires de l'ONU à Hérât, si Esmâ'îl Khân disparaissait ? » Épouvantés par le sort de Kaboul, certains marchands du bâzâr de Hérât en 1994 commençaient à murmurer qu'une indépendance de leur « émirat » pourrait être aussi viable, après tout, « que celle du Koweit ! » Pourquoi sombrer, après tout, avec l'Afghanistan ?

Hérât ne fut pas épargnée, pour sombrer l'année suivante bel et bien. Chassé de l'oasis par les tâlebân et leurs supplétifs islamistes en 1995, Esmâ'îl Khân résistera dans les maquis jusqu'à sa capture par les islamistes en 1997, s'échappera (grâce à des complicités locales) de sa geôle à Kandahâr en 2000, gagnera l'Iran, reviendra avec des armes, agonira ses nouveaux adversaires – comme du temps des Soviétiques – d'embûches et de coups de main, et, grâce aux frappes américaines de novembre 2001, reconquerra son fief.

Autour de la grande oasis de Mazâr-é Sharîf, limitrophe de l'ancien territoire soviétique, la troisième seigneurie avait échu au chef de guerre d'ethnie ouzbèke, officier bourru aux moustaches tombantes : le général Dôstom. « Écorcheur » au service de l'occupant soviétique à la tête de ses milices irrégulières recrutées dans son ethnie et qui se payaient sur l'habitant grâce au pillage, Dôstom flaira la mort du communisme, négocia avec Massoud, fit défection en février 1992 et provoqua la chute du régime. Dans sa seigneurie aussi, tenue d'une poigne cruelle quant à la discipline et la sécurité, mais plus libérale qu'ailleurs quant aux droits octroyés aux femmes, les filles allaient à l'école, et même à une université. Dôstom ne perdit Mazâr qu'en

1998. Trois ans plus tard, sa reconquête de l'oasis le 8 novembre 2001 déclencherait, pareillement, la désintégration des tâlebân. Entre-temps, Dôstom trahirait tout le monde.

Quand Massoud entra dans Kaboul en 1992, les miliciens ouzbeks de Dôstom se déployèrent dans tous les secteurs de la capitale que le nouveau ministre tâdjîk de la Défense leur désignait à surveiller comme autant de dépouilles – dont l'aéroport civil. Des dignitaires religieux et même nombre de citoyens ordinaires s'étranglèrent devant le spectacle de ces anciens auxiliaires communistes aux allures de pirates, fronts bandés de mouchoirs bariolés, moustaches de chats et festons de grenades accrochés à leurs tuniques de velours, qui rançonnaient les boutiques et fouillaient les voitures. Les mollâ tâdjîks se contentaient d'observer, gênés, que l'*Âmer Sâheb*, « le commandant seigneur », c'est-à-dire Massoud, devait savoir ce qu'il faisait. En effet, Massoud savait : Dôstom détenait le fléau de la balance militaire, nul ne pouvait se maintenir au pouvoir sans sa force d'appoint. Dôstom ne l'ignorait pas non plus.

Enfin les Hazâra chiites, si méfiants envers tous ces pouvoirs sunnites – pashtoûns, ouzbeks, tâdjîks – malgré les appels à collaborer que leur lançait Massoud, se retranchaient dans le quartier sud-ouest de la ville, pour se reconnaître dans une formation politique pro-iranienne, la *Wahdat* (« Unité ») dirigée par l'*âyatollâh* Mazârî.

Les prémices de l'orage ethnique grondèrent en juillet 1992 – un mois avant l'assaut ouvert par Hekmatyâr – avec des attaques au mortier lancées contre les quartiers chiites par les sunnites pashtoûns extrémistes du « professeur » Sayyâf.

Puis Hekmatyâr, le 1er août 1992, avait déclaré « impie » l'alliance entre Massoud et l'ancien communiste Dôstom : tant que les milices du général ouzbek stationneraient dans la capitale, il se refuserait à reconnaître comme musulman le gouvernement de Kaboul. Et du Lôgar débuta la pluie d'obus.

Le sophisme était patent. Si la présence des ex-communistes ouzbeks de Dôstom dans le camp de Massoud était prétexte à Guerre sainte, que signifiaient alors tous ces ex-communistes pashtoûns dans les rangs d'Hekmatyâr, à diriger les tirs sur Kaboul : les généraux Tanâï et Rafî', le colonel Watandjâr, l'ancien idéologue officiel Solaymân Lâeq, soit tous les responsables directs du coup d'État marxiste de 1978 et de l'alliance avec l'URSS ?

S'il jouissait de la supériorité morale – celle du moins d'être dans le camp des bombardés –, l'ambiguïté n'épargnait pas non plus le parti de Massoud. N'était-ce pas son intransigeance à demeurer ministre de la Défense qui prolongeait les souffrances ? Et son alliance avec l'ancien bourreau communiste Dôstom était-elle moralement plus avouable que celle d'Hekmatyâr avec un colonel Watandjâr ?

Homme des attaques fulgurantes mais aussi des négociations retorses (il ne fut pas le plus grand stratège afghan pour rien), Massoud, brassant large et sans regarder aux contradictions, cherchait à détacher les Saoudiens de leur alliance avec Hekmatyâr, et à se rallier le chef pashtoûn prosaoudien Sayyâf, tout en ménageant la minorité chiite de Kaboul afin de se gagner les faveurs de l'Iran – pour qui, justement, Sayyâf représentait la pire espèce de fanatisme sunnite. Ce qui n'empêchait pas Massoud, dès 1992-1993, d'en appeler (en vain) aux chancelleries occidentales : lui-même était musulman modéré ; une victoire d'Hekmatyâr à Kaboul transformerait la capitale afghane en repaire d'islamisme terroriste mondial ; la ville ne mourait-elle pas précisément de son refus de pareil intégrisme ? Raisonnement exact, l'avenir le démontrerait.

Le 2 mars 1993, pour ôter tout prétexte politique à Hekmatyâr, Massoud fit encore le geste – purement symbolique – de renoncer à son ministère de la Défense : sans bien sûr lâcher le commandement de ses propres troupes.

L'année 1994 porta la confusion politique et militaire à son comble.

Le 1er janvier 1994, Dôstom – tel ce comte de Warwick *the Kingmaker* des plus sombres chroniques shakespeariennes – retournait de nouveau sa vareuse pour prouver qui, à Kaboul, faisait vraiment les rois. Le tombeur du communisme en 1992 trahissait maintenant son allié Massoud pour se ranger aux côtés d'Hekmatyâr – lequel venait, depuis deux ans, de faire la guerre au peuple de Kaboul pour cause d'« impiété » de ce même Dôstom.

Bousculés dans la nuit du 31 décembre au 1er janvier par les chars de Dôstom autour du palais présidentiel, les guerriers de Massoud se ressaisirent et, en moins d'une semaine, de porte en porte, repoussèrent les forces conjointes de leurs assaillants jusqu'aux berges du fleuve. Et les Pandjshêrî en béret de supplier leur chef, au soir, dans sa villa sur la colline : « *Âmer Sâheb !* commandant seigneur ! Laisse-nous mourir ! Laisse-nous les prendre d'assaut sur les collines d'où ils tirent ! » Et Massoud, les rides toutes creusées d'ombre à se pencher sur la carte éclairée par la lampe à pétrole, de reprendre ses patientes explications. Il faut se contenter de tenir la majeure partie de la ville, là. Et là, user l'adversaire. Le couper lentement mais sûrement de ses bases et de ses arrières. L'isoler du reste du pays, en le prenant à revers, là, vers le nord et le sud. Lui bloquer la route du Pakistan. Le laisser tomber comme un fruit mûr, non, pourri – sans courir le risque d'un assaut frontal contre les falaises méridionales où tomberaient nos hommes les plus précieux.

C'est au cours de ses longues soirées privilégiées de 1994 passées dans la *hodjra*, la « salle d'hôte » de Massoud, à bavarder avec ses commandants emmitouflés dans leurs châles, que je pus commencer à percer cette sorte de brouillard sanglant qui me voilait les réalités de Kaboul. La haine crachée du Pakistan et par Hekmatyâr contre les Tâdjîks commençait à germer, chez eux aussi, comme une semence empoisonnée. « De l'Ouzbékistan au Pakistan, on nous persécute, nous gênons, nous les Tâdjîks, affirma un intellectuel proche de Massoud ; notre sort est lié à celui de nos frères de Dôshambeh ; nous sommes devenus les Kurdes de l'Asie centrale ! » Un guerrier pointa le canon de son arme dans la direction générale des falaises : « Ils ne reviendront plus jamais ici en maîtres ! S'ils rentrent dans Kaboul, nous nous retirerons dans nos montagnes, nous continuerons la guerre. » Tous d'opiner du chef ; un troisième interlocuteur prit la parole : « La civilisation ici, c'était nous. Avant les Pashtoûns et les Ouzbeks, les rois, c'était nous. Avant de s'appeler Afghanistan, ce royaume s'appelait Khorâsân. Et c'était nous. »

Cependant, la coalition d'Hekmatyâr, passé l'effet de surprise raté du 1er janvier, se lézardait déjà. Le chef sunnite islamiste avait déclenché la guerre en jouant du ressentiment pashtoûn, mais voulait maintenant trop bien faire. Il travaillait désormais les Hazâra chiites. En s'alliant à Dôstom et, surtout, en scellant secrètement une entente de neutralité avec les Hazâra, et donc avec Téhéran, Hekmatyâr avait certes failli renverser Massoud et capturer Kaboul en une nuit. Ses nouveaux alliés ouzbeks pilonnaient la capitale du sommet du Tépé-Marandjân. Ses nouveaux alliés chiites des quartiers sud-ouest, sans ouvrir formellement un second front guerrier, n'en participaient pas moins au blocus en interdisant à leur tour tout passage de nourriture aux quartiers tâdjîks.

Mais cette dernière volte-face d'Hekmatyâr dans ses alliances ethniques froissa soudain nombre de tribus pashtoûnes qui avaient d'abord appuyé le chef islamiste de bonne foi, si l'on ose dire, tant par haine des « communistes » de Dôstom que par fanatisme antichiite. Et ces deux haines perduraient malgré les nouvelles ententes du chef de guerre. Les miliciens de Dôstom blessés au combat étaient évacués vers le Pakistan en camions hermétiquement bâchés, pour leur éviter d'être lynchés en chemin par les villageois pashtoûns. Hekmatyâr se voyait contraint de redoubler l'intensité du siège pour remporter enfin cette victoire qui lui échappait, retenir les indécis qui se multipliaient dans son camp.

D'autant plus qu'Hekmatyâr eut la maladresse d'irriter les Saoudiens. Riyâdh s'était associé à Islâmâbâd pour imposer Hekmatyâr comme Premier ministre d'Afghanistan. Or, la nouvelle alliance d'Hekmatyâr avec les Hazâra, donc avec leurs patrons iraniens, lui coûta soudain celle de l'Arabie saoudite. Horrifiés par cette trahison de leur protégé local en faveur de Téhéran, l'éternel rival régional et sectaire de Riyâdh, les Saoudiens prenaient langue avec Massoud, lequel, tout en se proclamant un champion d'Islam modéré contre l'intégrisme, perçait dès lors habilement une faille dans le mur du siège. A la fin de l'hiver 1994, Massoud bénéficiait d'un spectaculaire revirement : le chef pashtoûn férocement prosaoudien Sayyâf, le pourfendeur des chiites, rejoignait son camp, contre celui de son frère ethnique et idéologique Hekmatyâr.

Tous ces retournements d'alliance dans Kaboul signifiaient, en réalité, une seule et même chose : la panique de ces diverses ethnies afghanes – la pashtoûne, la tâdjîke, l'ouzbèke, la hazâra – dans un pays assiégé par une puissance voisine raciste, afin de se garantir chacune son protecteur étranger. Or, en 1994, les cousins ethniques du Nord se voyaient désormais aspirés, à leur tour, dans la tourmente afghane. Le Pakistan multipliait les approches auprès de l'Ouzbékistan post-soviétique du président Islam Karimov, pour enserrer l'Afghanistan de Massoud dans de nouvelles tenailles. Les efforts de médiation cette année-là de l'envoyé spécial des Nations unies, le Tunisien Mahmoûd Mestîrî, n'allaient pas porter grand fruit, quand les arroseurs de guerre se trouvaient aussi à Islâmâbâd, Tashkent, Téhéran et Moscou.

Le jour glacial du 7 mars 1994, Ahmad Shâh Massoud tint conseil dans sa *hodjra*, et voulut bien partager avec notre équipe son point de vue sur la guerre.

Ahmad Shâh Massoud – Au nom de Dieu le Clément le Compatissant. Cette guerre n'est pas une guerre civile. Vous dites que l'on me reproche de chercher à accaparer le pouvoir pour moi et les miens. C'est faux. Au contraire, je multiplie les contacts avec tous : les Hazâra comme les Pashtoûns. Les chiites demandent la reconnaissance légale de leur foi ? Accordé ! Hekmatyâr veut des élections ? Accordé ! Mais qu'il entre dans Kaboul sans armes, qu'il l'ose ! Je garantis sa sécurité. Alors, nous organiserons des élections sous le contrôle des Nations unies. Qu'il gagne ces élections par des voies pacifiques et je me retire. Vous pouvez répéter mes paroles officiellement. Quant à Dôstom, il a trop trahi, trop tué. Vous avez vu les enfants morts aujourd'hui dans Khayr-Khâna. Il a le choix entre deux solutions : demander asile à l'Ouzbékistan, ou rester ici et mourir [19].

Car il s'agit bien de cela : le problème, ce sont les Pakistanais, les Iraniens et les Ouzbeks… Connaissez-vous le document que l'ISI a soumis à Mme Bhutto ? Non ? J'en possède une copie de source très sûre. J'ai mes amis à Islâmâbâd. Je ne vous cacherai pas ce que dit ce document. Il s'agit du plan du coup d'État qui devait réussir contre nous le 1er janvier dernier. Les services pakistanais l'ont mis au point. En collaboration avec Islam Karimov en Ouzbékistan. Et ils ont arraché sa signature à Bênazîr Bhutto. Comment ? En disant à Mme Bhutto qu'ils allaient régler une fois pour toutes le problème de l'Afghanistan. Selon ce plan, ils allaient réunir dans une même alliance trois ethnies (qaoum) sur quatre. Les Pashtoûns avec Hekmatyâr, les Ouzbeks avec Dôstom, et les Hazâra avec Mazârî. Hekmatyâr et Dôstom prendraient le pouvoir, les Hazâra resteraient neutres. C'est plus qu'il n'en fallait pour tenir tout le pays. Il leur suffisait d'écarter une seule ethnie : nous, les Tâdjîks.

L'avantage qu'y voyaient les Pakistanais, c'était de travailler avec l'Ouzbékistan. Islâmâbâd veut commercer directement avec Tashkent, vous le savez. Vous savez aussi que Karimov craint les mouvements politiques du Tadjikistan voisin. Les gens du Tadjikistan sont nos frères, nous sommes un même peuple, leur destin est le nôtre. Eh bien, selon ce plan, le Pakistan avec Hekmatyâr, et l'Ouzbékistan avec Dôstom, exerceraient chacun son influence sur l'Afghanistan, en divisant le pays entre eux : le long de la ligne de l'Hindoû-Koush, des montagnes. Et en se partageant le pouvoir à Kaboul, le lieu où ils se rejoindraient...

Pour que ce plan réussisse, il y fallait l'assentiment des Hazâra, des chiites. D'où ce rapprochement de Hekmatyâr avec Téhéran. Hekmatyâr a même prêté ses hommes pour aider au coup de force en faveur des Russes en Azerbaïdjan, l'été dernier. Vous l'ignoriez ? Les Iraniens ont convoyé les mercenaires de Hekmatyâr chez les Russes à travers leur propre territoire ! L'attitude des Iraniens envers nous est très, très hostile.

Michael Barry – Vous êtes décidément environné d'ennemis, *Âmer Sâheb*...

Massoud – Mais ils sont trop gourmands ! Et ils se trahissent mutuellement. Tenez, d'après le plan pakistanais, le coup d'État contre nous n'était prévu que pour le 7 janvier. Hekmatyâr, au sud, devait lancer son assaut seulement à ce moment-là. Mais Dôstom a voulu le doubler, prendre le pouvoir dès la nuit du 1er, rafler tous les meilleurs postes et les distribuer aux officiers communistes de son choix. En laissant une part minime dans le gouvernement à son allié Hekmatyâr et aux Pakistanais ! Heureusement, d'ailleurs : s'ils avaient agi de concert, cette nuit-là, je ne sais pas trop si nous aurions pu les repousser. Dôstom aime trop les anniversaires [20].

Un guerrier nous interrompit, porteur d'un message urgent. A sa lecture, le visage de Massoud se ferma comme un poing ; il eut une sorte de tic nerveux, comme d'avaler durement ; puis ses yeux vrillèrent l'espace devant lui, acérés :

Massoud – Karimov vient d'envoyer huit chasseurs-bombardiers d'Ouzbékistan soutenir les troupes de Dôstom contre Esmâ'îl Khân. Dans le Nord-Ouest. Ils ont bombardé les nôtres à Ghormatch.

Michael Barry – Êtes-vous sûr que c'étaient des avions ouzbeks, *Âmer Sâheb* ?

Massoud – Ils ont décollé de Termez, en Ouzbékistan. Dôstom n'a plus que six avions que je connais tous. Et quatre pilotes : les autres sont passés chez nous. Huit bombardiers ! Notre radio les a captés : ils ne parlaient entre eux qu'en ouzbek et en russe, pas un mot de persan. Ce n'est pas la première fois. Toi : ici !

Le guerrier – Âmer Sâheb ?

Massoud – Prends ce papier et fais-le lire au professeur (le président Rabbânî, maître en théologie). Fais-lui écrire un avertissement à Karimov. Qu'il lui dise que nous avons, nous, des pilotes prêts au sacrifice, au *qorbânî*, et que la prochaine fois que les avions d'Ouzbékistan violeront notre espace aérien, nous lui bombarderons Termez ! Va. Vite, vite, vite – *têz têz têz* !

Un autre guerrier parut, avec un second message ; les troupes de Dôstom venaient d'essuyer un échec devant Koundouz.

Massoud – A Dieu la louange !

Et Massoud de vouloir nous expliquer longuement, sur une carte, pourquoi il était sûr de voir la victoire un jour. J'eus un étrange pressentiment, j'osai le lui dire : « Que vous soyez un jour victorieux ou non, *Âmer Sâheb,* ce n'est pas pour ça que nous sommes ici, avec vous. » Ses yeux s'embuèrent, il ne sut plus quoi dire.

En mars 1994, les fidèles de Massoud dans le Nord-Est refoulèrent de Koundouz les troupes de Dôstom et confinèrent leur ancien allié dans son fief immédiat de Mazâr ; un an plus tard, le général ex-communiste avait perdu toutes ses positions dans Kaboul. C'est donc en mai 1995 que le gouvernement de Rabbânî, fortifié entre Massoud à Kaboul et Esmâ'îl Khân à Hérât, semblait sur le point de terrasser tous ses ennemis, y compris une toute nouvelle force pashtoûne récemment surgie du Sud à l'instigation des Pakistanais, les mystérieux tâlebân. Au nord-est s'ouvrait enfin pour le régime une fenêtre politique vitale, avec un véritable triomphe diplomatique pour Rabbânî et Massoud. Le propre président du Tadjikistan, Emomali Rakhmonov (= Imâm 'Alî Rahmân), se rendit *en personne* à Kaboul les 19 et 20 mai pour y négocier une trêve avec le chef de son opposition islamiste, Sayyed 'Abdollâh Noûrî, sous les auspices des autorités tâdjîkes afghanes.

Lors de la conférence de presse internationale donnée le 20 mai sous les lambris (épargnés par les roquettes) du ministère afghan des Affaires étrangères, face aux journalistes russes et français présents, un président Rabbânî rayonnant souriait dans sa barbe de sage. A sa gauche, l'islamiste tadjikistanais Noûrî, fin visage d'étudiant dostoïevskien sous sa calotte rituelle, savourait sa nouvelle reconnaissance diplomatique. A la droite de Rabbânî, le président Rakhmonov, seul menton glabre parmi tant de mâchoires chenues, et corps massif sanglé dans un complet veston, parcourut l'assistance d'un regard vif, comme pour jauger cette exotique arène musulmane traditionnelle dont il devrait désormais tenir compte, pendant de longues années à venir, en lutteur politique rompu à toutes les ruses de survie par ses anciens maîtres du KGB. Rakhmonov fit un geste énergique, en détachant ses mots dans un persan tadjikistanais identique à celui de Kaboul : « Nous ne céderons ni aux menaces ni à la force, mais nous voulons vivre en paix, tant avec nos frères de l'opposition qu'avec nos voisins et frères d'Afghanistan. »

Le Tadjikistan, de fait, allait offrir, de 1996 à 2001, au dernier réduit de Rabbanî et Massoud dans le Nord-Est afghan, une unique soupape d'air et de lumière, dans la nuit des tâlebân.

La nuit des tâlebân, 1994-2001

Hekmatyâr, malgré ses bombardements, et sa chaîne ininterrompue de soutiens militaires et logistiques pakistanais, n'avait pas encore réussi à casser le verrou de

Kaboul en automne 1994, en navrant toujours plus ses protecteurs de l'ISI. Nullement stratège comme Massoud, mais pur politicien, le chef islamiste embarrassé voulut forcer le destin, comme s'il jouissait lui-même d'une réelle marge de manœuvre. Son initiative personnelle de briguer, outre l'appui d'Islâmâbâd, celui de Téhéran et des chiites dans Kaboul, ne lui procura nul espace de liberté politique, car ses artilleurs ne purent briser le cadenas de la capitale. En revanche, Hekmatyâr s'aliénait ainsi un autre allié essentiel, l'Arabie saoudite. Enfin, le dirigeant du *Hezb-é Islâmî,* devenu partenaire des Iraniens, exaspérait Washington, à l'heure où le Département d'État songeait déjà au retour des Américains en Asie centrale. Hekmatyâr s'était fait trop d'ennemis, gênait trop de monde, pour continuer longtemps à plomber, au terme de deux décennies, la scène politique afghane.

Déjà, le 28 novembre 1993, avant même la nouvelle volteface du général ouzbek du 1er janvier 1994, Mme Robin Raphel, veuve de l'ambassadeur américain tué dans l'avion avec Ziâ-ol-Haqq en 1988 et elle-même promue responsable du Département d'État aux affaires sud-asiatiques, avait tenu à rencontrer sur le sol afghan, non Hekmatyâr ni Massoud, mais Dôstom dans son fief de Mazâr-é Sharîf, pour y encenser le général ex-communiste comme « facteur de stabilité. » Qu'allait faire cette personnalité diplomatique occidentale dans le Nord afghan, certes « stable » sous la poigne de Dôstom, tandis que les factions se déchiraient Kaboul ?

Les riches gisements de gaz naturel et de pétrole de la république indépendante du Turkménistan – et des poches nouvelles avaient encore été découvertes depuis la chute de l'URSS – réveillaient, dans les milieux financiers internationaux, de fraîches convoitises. Aux temps soviétiques, les hydrocarbures turkmènes partaient vers Moscou. Soucieux de réduire sa dépendance envers l'ancienne puissance impériale, le président Niazov songeait à un nouveau débouché, commode et naturel : vers l'Iran et ses ports jusqu'aux marchés européens. Mais Washington, au début de 1995, mit encore son veto pour bloquer les négociations engagées par l'ancien secrétaire d'État Alexander Haig, devenu consultant international indépendant, en vue d'un gazoduc et d'un oléoduc qui relieraient le Turkménistan à la Turquie *à travers le territoire iranien.* L'heure n'était pas encore à la réconciliation entre Téhéran et Washington. Le Département d'État planifiait plutôt un *contournement* de l'espace iranien.

Le seul cheminement alternatif possible ne pouvait mener qu'*à travers le territoire afghan* : de la frontière turkmène vers Hérât, et de Hérât au port pakistanais de Gwâdar sur le Golfe. Encore fallait-il constituer enfin, dans Kaboul, un gouvernement fort, à la fois propakistanais et anti-iranien, pour sécuriser le corridor afghan ; financer, poser, entretenir et surveiller les tuyaux ; et convaincre Ashkhâbâd des avantages de cette piste du Sud. Si le mérite d'avoir conçu cette piste dès 1994 revient incontestablement à Carlos Bulgheroni, de la firme argentine Bridas, les deux puissantes compagnies pétrolières Unocal, américaine, et Delta-Oil, saoudienne, s'allièrent vite pour chasser cet intrus des négociations avec le Turkménistan au début de 1995 [21]. Les intérêts d'Islâmâbâd, Riyâdh et Washington convergeaient – et excluaient Hekmatyâr. Pour remplacer Hekmatyâr, le général pakistanais Nasîrollâh Bâbar, rival politique des directeurs de l'ISI et lui-même un « *Pathan* », imagina donc de lancer le mouvement des tâlebân : un fondamentalisme musulman extrême, au service d'intérêts stratégiques et pétroliers.

A l'origine, le mot arabe *tâleb* – son pluriel persan est tâlebân – désigne un séminariste coranique ou étudiant en théologie. Le mot, en automne 1994, s'appliquait à des milliers d'enfants et jeunes gens afghans de souche pashtoûne, dont de nombreux orphelins, réfugiés dans les camps pakistanais et recueillis et éduqués dans des écoles coraniques dites *deobandies*, le long de la frontière. Ces écoles héritaient et perpétuaient, en effet, les tendances les plus fondamentalistes et anti-hindoues de l'Islam pakistanais, courants dits *deobandî*, du nom de l'ancien séminaire de Deoband, en territoire aujourd'hui indien, et qui fut à l'époque coloniale un centre d'agitation à la fois antibrahmane et antibritannique.

Avant même l'indépendance du Pakistan, l'école *deobandie*, du moins sur le plan du dogme, avait fusionné avec le wahhâbisme, mais en mettant plutôt son accent local sur la haine de l'hindouisme tout proche, à la place d'un rejet plus abstrait des juifs et des chrétiens. Après la Partition de 1947, les instituts *deobandi* quittèrent l'Inde en masse pour s'installer de préférence auprès des zones tribales les plus roidement conservatrices du Pakistan, autour de Peshâwar et Quetta. Au programme de leurs écoles : la mémorisation ânonnée du Livre saint et des « Dits » (*hadîth*) attribués au Prophète ; l'observance maniaque du rituel externe ; de longues heures consacrées au droit canonique ou *Sharî'at,* avec insistance sur les mesures les plus misogynes et les châtiments corporels, garants de pureté. La mystique soûfie est condamnée, le chiisme honni, la musique interdite, et tout courant culturel indien ou iranien sous-jacent se voit impitoyablement pourchassé : les tâlebân prohiberont ainsi à Kaboul tant la fête persane du Printemps que le jeu d'enfants, typiquement indien, du cerf-volant.

L'Islam *deobandî* ou *tâleb* ne se conçoit pas comme civilisation, mais comme carcan disciplinaire. Il s'est intellectuellement desséché plus encore, en passant du sous-continent d'expression ourdoue à la zone frontalière de langue pashtô. Les maîtres de ces écoles disséminés aux confins des *Tribal Territories,* financés par des mécènes saoudiens, mettent l'accent sur l'aspect le plus rigoureusement *arabe* de l'Islam (ou ce que l'on croit tel) ; les meilleurs élèves apprennent des rudiments de la seule grammaire arabe ; mais les professeurs n'accordent nulle attention au persan – mutilation culturelle proprement catastrophique en milieu pakistanais et afghan –, dont la littérature reste soupçonnée, en ces milieux *deobandî* ou *tâleb,* de charrier beaucoup trop de pensées étrangères au noyau strictement coranique de la Foi [22].

Frange extrême de la droite pakistanaise, la tendance *deobandie* s'organise en parti politique derrière le mollâ Fazl-or-Rahmân, sous le titre de « Rassemblement des clercs de l'Islam » ou *Djam'îyat-é 'Olamâ-yé Islâmî* (graphie anglaise : *Jam'îyat-i 'Ulamâ-yi Islamî,* d'où ces initiales JUI qui fleurissaient en automne 2001 sur les bannières des manifestants pakistanais pro-tâlebân). En 1994, ce parti se voit choyé par le général Nasîrollâh Bâbar, ministre de l'Intérieur de Mme Bhutto : car dans l'arène politique pakistanaise, le « Rassemblement des clercs » est aussi le rival de la *Djamâ'at-é Islâmî* ou « Société islamique » de Maoudoûdî et son successeur spirituel Qâzî Ahmad Hosayn (lui-même Pashtoûn), soutiens traditionnels de l'Inter-Services Intelligence. Or c'est aux « Clercs » de la

JUI que le général Bâbar confie la formation théologico-politique des tâlebân afghans.

But du nouveau parti afghan créé, financé et armé de toutes pièces par le général Bâbar : débarrasser le terrain d'un Hekmatyâr discrédité, par la même occasion libérer Mme Bhutto de la tutelle contraignante de l'ISI, et conquérir enfin Kaboul avec de réels gagneurs. Le propos de base reste toutefois identique : inféoder l'Afghanistan au Pakistan ; dégager une voie commerciale pacifiée vers l'Asie centrale ; niveler le nationalisme et le niveau culturel afghans en y exploitant un « Islam » réduit à son plus bas dénominateur intellectuel ; utiliser l'ethnie pashtoûne comme vecteur politique ; évacuer Massoud et les Tâdjîks.

L'approche du général Bâbar infléchit cependant de nouveau l'approche pakistanaise dans un sens résolument *sunnite.* Son appui aux tâlebân va combler les vœux des Saoudiens, en rompant avec la dérive d'Hekmatyâr – et donc de l'ISI derrière lui – du côté de l'Iran.

Aucun des interlocuteurs directement impliqués ne fut dupe.

Dès le 11 septembre 1995, la presse officielle de Téhéran ne cachait plus ses craintes en ce sens : « Le Pakistan et l'Arabie saoudite constituent l'épine dorsale de ce phénomène (= les tâlebân). Les pays qui épaulent ce mouvement doivent assumer la responsabilité de ses actions à venir. Téhéran ne saurait dissimuler son souci quant à la situation des chiites qui vivent à l'ouest de Kaboul, surtout si le groupe des tâlebân a l'intention d'attaquer ces chiites. Tel scénario serait inacceptable pour l'Iran. Il ressort de la responsabilité des fonctionnaires du Pakistan de manifester une compréhension réellement solide de la situation telle qu'elle se développe en Afghanistan, afin d'empêcher une effusion supplémentaire de sang chez les modjâhedîn [23]. »

De son côté, le rival pakistanais évincé par la nouvelle politique de Nasîrollâh Bâbar, le général Aslam Beg, ancien commandant suprême des forces armées et, à ce titre, protecteur d'Hekmatyâr, prononça ces paroles chargées d'amertume et rapportées par la grande presse de son pays le 22 février 1995 : « Il s'agit d'une grande conspiration des États-Unis. L'émergence phénoménale des tâlebân est spécifiquement dirigée contre l'Iran et son influence dans les États d'Asie centrale et en Afghanistan [24]. »

Massoud lui-même, à Kaboul, ne jugea pas la montée des tâlebân autrement. Au cours d'une conversation à bâtons rompus avec l'auteur de ces lignes dans son quartier général, très tard dans la soirée du 25 mars 1995, le chef de guerre confia : « Derrière les tâlebân, je ne vois pas seulement Nasîrollâh Bâbar, mais les Américains. Le peuple rend le Pakistan responsable de ses malheurs. Il pourrait en venir à accuser les Américains. C'est pourquoi nous nous tournons vers l'Europe et les Nations unies. Oui. Malgré tout. Les Nations unies. »

Dès le 20 octobre 1994, il est vrai que les nouvelles intentions d'Islâmâbâd devenaient claires. Se comportant comme en pays conquis, et sans même en informer le gouvernement de Rabbânî et Massoud à Kaboul, le général Nasîrollâh Bâbar emmenait une délégation de six ambassadeurs occidentaux, outre des fonctionnaires pakistanais des routes, chemins de fer, télécommunications et électricité, pour rencontrer plusieurs notables à Kandahâr, puis Esmâ'îl Khân lui-même, à Hérât – que le ministre de Mme Bhutto espérait détacher de ses alliés pour en gagner la collaboration essentielle. Le 28 octobre, Mme Bhutto voyait encore Dôstom et Esmâ 'îl Khân à Ashkhâbâd, capitale du Turkménistan [25].

C'est que le général Bâbar croyait déjà tenir son homme clé sur le terrain : le mollâ 'Omar.

Mollâ 'Omar, âgé de trente-cinq ans en 1994, Pashtoûn de la tribu des *Ghilzaï Hôtakî* mais lui-même issu d'un humble sous-clan originaire du village de Nôdeh près de Kandahâr, combattit dans les rangs – très pashtoûns – du « Parti islamique » ou *Hezb-é Islâmî* de Yoûnos Khâlès, contre le régime de Nadjîbollâh en 1989-1992. Blessé quatre fois, il perdit un œil dans un bombardement. Après avoir suivi – mais non complété – des cours de théologie coranique dans un séminaire *deobandî* pakistanais à la frontière, il s'établit comme mollâ dans un autre village de la région de Kandahâr, Sangsâr. Au printemps de 1994, des villageois se plaignirent à lui du rapt de deux jeunes filles par un commandant local. Mollâ 'Omar réunit trente disciples, ou tâlebân, armés en tout et pour tout de seize fusils d'assaut, captura le commandant, et le pendit au canon d'un char. Dès lors, 'Omar se sentit investi d'une mission divine, pour rétablir la paix et chasser la corruption dans sa région, et dans tout le pays. C'est au cours de l'été 1994 que des villageois toujours plus nombreux autour de Kandahâr se mirent à réclamer l'intervention du jeune mollâ guerrier, auréolé de sainteté, pour imposer une conduite juste et « islamique » aux seigneurs de la guerre qui se disputaient l'oasis.

Resté très accessible aux siens jusqu'à son triomphe politique en septembre 1996, le mollâ 'Omar se cloître ensuite dans sa résidence de Kandahâr, où seuls de rares fidèles, conseillers et amis le voient pour recevoir de lui des ordres écrits sur des morceaux de papier, ou des dollars puisés dans une malle de fer. De haute taille, un peu gras, borgne et barbu, il n'a jamais autorisé de photo ; c'est un caméraman de la BBC qui réussit, en octobre 1996, à filmer le mollâ 'Omar de très loin, pendant que le chef des tâlebân, proclamé « Émir des Croyants » ou *Amîr-ol-Mo'menîn* (un titre califal), déployait devant la foule, en signe de sa nouvelle légitimité politique, un tissu brun identifié par les fidèles du pays comme étant la *Kherqa-yé Sharîf*, la « Cape sainte » du Prophète, la plus insigne relique conservée dans la Grande Mosquée de Kandahâr.

De 1996 à 2001, 'Omar n'aura rendu visite à Kaboul que deux fois, et n'aura rencontré aucun dignitaire étranger non musulman, pour s'enfermer toujours plus étroitement dans les seuls paramètres de pensée d'un mollâ méridional de village – sauf pour écouter les conseils en stratégie cosmique proposés par celui qui va devenir, à partir de 1998 au plus tard, son plus proche confident, Osâma ben Lâden.

Pour appuyer ce mollâ 'Omar, le général Nasîrollâh Bâbar, au Pakistan, savait pouvoir compter encore sur un autre groupe de pression – ceux que le journaliste pakistanais Ahmed Rashîd appelle si joliment la « mafia » des camionneurs de Quetta, exaspérés par les pillages et exactions des multiples commandants le long de la route vers Kandahâr. Un groupe affilié à Hekmatyâr rançonnait les convois dès l'entrée en territoire afghan au village frontalier de Spîn-Boldak. Or le journaliste Ahmed Rashîd apprendrait d'officiers en poste à Quetta que la « mafia » pakistanaise locale consentait d'importants subsides à mollâ 'Omar et son petit groupe de tâlebân, à condition que ceux-ci s'emparent de Spîn-Boldak et en chassent le groupe d'Hekmatyâr.

Le 12 octobre 1994, recrutés dans les écoles théologiques des deux côtés de la frontière, deux cents tâlebân tombèrent sur les hommes d'Hekmatyâr et les dispersèrent : un mort pour eux, sept chez l'ennemi. Avec l'autorisation du général Bâbar, les tâlebân purent aussi faire main basse sur un dépôt d'armes pakistanaises hypocritement installé en territoire afghan – juste de l'autre côté de la frontière – en vertu des accords de Genève en 1990 (lesquels interdisaient désormais – en principe – aux pays voisins de détenir des stocks militaires à l'usage des belligérants)[26].

Le 29 octobre 1994, pour tâter la résistance des commandants des différents partis dans Kandahâr, le général Bâbar décida l'envoi d'un convoi de trente camions chargés de médicaments à destination du Turkménistan, en passant par Kandahâr et Hérât. Aux volants : quatre-vingts anciens chauffeurs de l'armée pakistanaise, commandés par le colonel Imâm de l'ISI et accompagnés de deux compagnons d'armes du mollâ 'Omar, le mollâ Torâbî et le mollâ Bordjân (ce dernier, ancien officier communiste pashtoûn, s'était enturbanné et laissé pousser la barbe). Le convoi fut arraisonné par Mansoûr Âtchakzaï et deux autres commandants locaux dans la banlieue de Kandahâr. Le général Bâbar avait trouvé son prétexte. Le 2 novembre, une force de plusieurs centaines de tâlebân, armés par le Pakistan, attaquèrent et mirent en fuite les hommes de Mansoûr Âtchakzaï, et pendirent celui-ci, encore une fois, au canon d'un char. Dans Kandahâr, le partisan du gouvernement de Rabbânî, le mollâ Naqîbollâh, à la tête de 2 500 guerriers, cédait le commandement de ceux-ci aux tâlebân et se retirait dans son village sans combattre (Ahmed Rashîd pense qu'il a été acheté). Les « séminaristes » se retrouvaient maîtres de la capitale du Sud afghan.

Pieux, enturbannés, barbus, les « séminaristes » haranguèrent dans les mosquées la population de Kandahâr, lassée par la guerre des chefs, pour expliquer que le mollâ 'Omar créait désormais un gouvernement fondé sur la seule Loi coranique, impitoyablement appliquée pour purifier le pays ; il apportait ainsi la paix. En attendant, il désarmerait les milices – si celles-ci ne préféraient pas rejoindre et ainsi gonfler les rangs des tâlebân.

Ces milices locales comprirent très vite qu'argent et munitions du Pakistan, et le commerce lucratif transfrontalier, ne passeraient plus, dorénavant, par Hekmatyâr, manifestement abandonné par Islâmâbâd – mais par ces « séminaristes » qu'il valait mieux rallier au plus vite. Dans la plus pure tradition du Royaume de l'Insolence, le Despote extérieur – en l'occurrence, le général Bâbar – manipulait les tribus en portant son dévolu indirect sur un nouveau chef de son choix. Représentant principal d'Hekmatyâr dans Kandahâr, le commandant Sar-Kâteb obtempéra et rejoignit les tâlebân.

Leur progression devint inévitable et foudroyante. Entre décembre 1994 et février 1995, les chefs des zones pashtoûnes de Ghaznî, du Wardak, du Lôgar se donnaient à leur tour, en attendant le Paktyâ et le Paktîkâ dans le Sud-Est, le Nîmrôz dans le Sud-Ouest ; le prestigieux chef de guerre Haqqânî se déclara pour eux et leur adjoignit sa commanderie stratégique de Khôst ; des dirigeants « modérés » du parti *Harakat*, autrefois en entente avec le gouvernement de Rabbânî, passèrent aussi aux « séminaristes ». Le pouvoir *tâleb* au début de 1995 recouvrait dès lors et se confondait donc avec le plus gros de la zone ethnique pashtoûne. Dans l'Est, parmi les chefs pashtoûns traditionnels, seul Hâdjî Qadîr, à Djalâlâbâd, maintiendrait jusqu'en automne 1996 – car cela arrangeait le Pakistan – l'indépendance de sa seigneurie, riche en champs de pavot, en camps de réfugiés et en agences humanitaires. Ailleurs, pas un combat : retournements et allégeances. La rapidité des ralliements aux tâlebân tout le long de la route entre Kandahâr et Kaboul rappelle, étrangement, un unique précédent historique : la percée vertigineuse de ces premières armées des califes, au premier siècle de l'Islam, à parcourir les anciennes voies romaines et à recueillir les soumissions tout autour de l'est et du sud de la Méditerranée.

La presse du Pakistan évoquait ouvertement un secret de Polichinelle : « Les diplomates occidentaux ne sont pas seuls à se le demander ; la plupart des Pakistanais aussi se posent la question de savoir comment 25 000 étudiants ont pu être nourris, vêtus et ravitaillés dans un Afghanistan écrasé par la faim ; et comment ils ont fait pour maintenir en état de marche leurs chars et leurs véhicules. Cela fait quelque temps que M. Bâbar caresse le projet d'une nouvelle configuration (*a new configuration has been a pet project of Mr Bâbar's for some time*) [27]. » Et sans la moindre précaution diplomatique, le correspondant du *Muslim* à Peshâwar constatait, le 20 février 1995, « le départ d'ici de 500 jeunes gens, désormais connus sous le nom populaire de tâlebân, vers Quetta, d'où ils gagneront Kandahâr en Afghanistan afin de rejoindre les militants de même type déjà engagés dans des opérations multidimensionnelles contre les ex-groupes de la Résistance [sic : *former resistance groups*], dont celui du président Rabbânî. Ce nouveau groupe-ci a étudié chez nous dans diverses écoles coraniques supérieures. Ils recevront deux semaines de formation à Kandahâr, avant de poursuivre vers Kaboul. Leur formation sera assurée par des Arabes qui ont participé à la guerre afghane et sont pleinement qualifiés et expérimentés, surtout en ce qui concerne la guérilla [28]. »

Le règne des « séminaristes » à Kandahâr, dans l'obsession de la *Sonnat*, fut à l'image brutale et bornée de ce qu'ils avaient toujours annoncé : « la *Sharî'at* et rien d'autre ! », sous les coups de trique d'une nouvelle police religieuse à arpenter les rues, et la férule d'un nouveau ministère au titre arabe traditionnel : « *al-amr bi-l-ma'roûf wa-n-nahy 'an al-monkar*, l'Ordre de ce qui est Reconnu, et l'Interdiction de ce qui est Refusé » (pittoresquement rendu dans les journaux occidentaux par « ministère de la Vertu et du Vice »).

Avec force publicité, les voleurs subissaient dans les stades l'amputation publique de la main droite et du pied gauche ; les femmes étaient strictement cloîtrées, interdites de travail, de maquillage ou vernis aux ongles, de porter chaussettes ou chaussures blanches (couleur du drapeau des tâlebân), et même de paraître dans la rue sans voile à grillage et sans être accompagnée d'un membre mâle de leur famille ; les écoles pour filles furent fermées ; la musique, le dessin, le cinéma, la photographie, les jeux de toutes sortes (des cerfs-volants aux échecs), prohibés ; l'assiduité à la mosquée de quartier rendue obligatoire, sous peine de dénonciation et d'arrestation ; le port d'un couvre-chef et d'une barbe longue de quatre doigts, de rigueur (les contrevenants surpris attendaient en cellule jusqu'à ce que croisse leur système pileux à la taille adéquate). Sous aucun sultanat médiéval la Règle ne fut jamais aussi implacablement imposée, et mollâ 'Omar effaçait un siècle entier de progrès sociaux afghans. Mais c'était l'ordre, la sécurité, la paix, et pour nombre de Pashtoûns ruraux du Sud, une confirmation sacralisée de leurs traditions, habitudes et préjugés. Les boutiquiers de Kandahâr se réjouirent. Les marchandises pakistanaises coulaient de nouveau à flots dans les bâzârs soumis aux tâlebân.

Dans Kaboul, ne restait au gouvernement de Rabbânî que ce chef d'un minuscule parti prosaoudien, Sayyâf, précieux gage d'amitié à négocier, si possible, avec Riyâdh. Le 10 février 1995, les tâlebân atteignaient la plaine au sud de Kaboul, à la limite de leur zone ethnique.

Blotti comme une pièce puissante derrière un rideau de pions, pour reprendre la métaphore des échecs, Massoud, à Kaboul, observa et attendit que les tâlebân le débarrassent de ses deux adversaires immédiats – Hekmatyâr et les chiites hazâra – avant de se démasquer.

Sous l'onde de choc des tâlebân, Hekmatyâr, dans son camp du Lôgar, plia le 14 février 1995. Ses hommes ne voulurent pas se battre contre des « séminaristes » de même ethnie qu'eux, plus fondamentalistes qu'eux, brandissant le Coran comme eux. Et les messages venus d'Islâmâbâd étaient formels : que le chef du « Parti islamique » refuse le combat, se replie et sauve sa propre vie (il pourrait être de nouveau utile un jour).

Hekmatyâr fit exécuter en hâte une trentaine de prisonniers politiques et de guerre détenus dans ses geôles, puis évacua sa grande base de Tchâr-Âsyâ, dans le Lôgar : occupée intacte, dès le lendemain 15 février, par les tâlebân. Le chef déchu se réfugia dans l'humiliation avec ce qui lui restait de guerriers à Sarôbî, à 75 kilomètres à l'est de la capitale. Dans un entretien accordé au quotidien pakistanais *The Frontier Post* le 22 février, Hekmatyâr identifia, dans sa rage, « 1 600 officiers communistes dans les rangs des tâlebân » (transfuges de ses propres forces), en rappelant toutefois – pour préserver l'avenir – que le Pakistan ne retrouverait plus jamais en Afghanistan meilleur allié que lui-même : « Nasîrollâh Bâbar se trompe tristement à croire que tout pouvoir afghan sera forcément pro-pakistanais… Non seulement tous les gouvernements du passé, à Kaboul, ont été antipakistanais, ils ont été proches et amis de l'Inde ! Mais même si le gouvernement du Pakistan se détourne de notre Parti islamique, nous ne pouvons nous-mêmes nous détourner du Pakistan : car nos liens sont d'ordre religieux. » (Mais le vieil ennemi de Massoud, plus guère bienvenu à Islâmâbâd, devra, à terme, se réfugier chez son dernier allié régional : à Téhéran.)

Ce 15 février 1995, le siège de Kaboul par Hekmatyâr était-il réellement brisé ? Les tâlebân conduits par mollâ Bordjân, maîtres à présent de l'ancien camp fortifié du chef du « Parti islamique » à Tchâr-Âsyâ, firent un geste puissant en faveur des habitants de la capitale. Les « séminaristes » laissèrent passer dans la ville, pour la première fois depuis quatorze mois, des camions de farine pakistanais, arrivés – comme par hasard – tout exprès. Les citoyens de Kaboul se prirent à espérer, eux aussi, en murmurant contre leurs propres dirigeants : cette nouvelle force au Sud, comme issue du néant, offrirait-elle, enfin, un retour à la paix ?

Non ; car les pourparlers aussitôt engagés entre les tâlebân et le président Rabbânî traînèrent en longueur. Non ; car Rabbânî, malgré la fin officielle de son mandat présidentiel le 28 décembre précédent, ne démissionnerait pas, il trouva des prétextes divers. Non ; car Massoud refusait de désarmer ses hommes pour évacuer Kaboul. Les deux forces sunnites, la tâdjike modérée au nord et dans la ville, la pashtoûne rigoriste au sud et aux portes de la ville, se figèrent dans une trêve froide. En outre, dans la ville même, dans les quartiers du Sud-Ouest, la guerre continuait.

Pendant que les tâlebân, tout en proclamant leur intention de rentrer dans Kaboul, hésitaient à heurter de front un adversaire aussi redoutable que Massoud, celui-ci résolut d'en finir avec les forces chiites de l'*âyatollâh* Mazârî : le chef du parti pro-iranien *Wahdat* et l'ancien allié d'Hekmatyâr dans la capitale.

Or l'*âyatollâh* des Hazâra, désormais isolé car privé de ses deux anciens associés militaires Dôstom et Hekmatyâr, se voyait maintenant sur le point d'être broyé sans pitié, comme une noix, entre deux puissants adversaires sunnites restés en présence dans l'arène de Kaboul. Mazârî pensa négocier. Mais avec lequel de ces deux ennemis ? Massoud ou ce nouveau mollâ Bordjân à la tête de ses tâlebân ? Lequel de ces deux rivaux était le plus redoutable ? Fallait-il donc rallier sans délai ? Le dignitaire chiite hésita.

Pas Massoud. Le Lion du Pandjshêr était prêt ; longtemps tapi, il montra toutes ses griffes pour se débarrasser, à jamais, de cette menace hazâra qui le talonnait sans cesse à revers, et qui pouvait s'allier, cette fois, aux tâlebân. La première semaine de mars 1995 balafre d'une trace sanglante la réputation de patiente tolérance de Massoud – pour souligner, au contraire, les traits durs du chef de guerre.

Le 1er mars 1995, Massoud rassembla tout son arsenal récupéré des dépôts communistes pour la mise à mort, et lança ses troupes contre les ultimes positions chiites dans Kaboul avec leurs lacis de tunnels et leurs redoutes couronnées de canons. Bombardiers, roquettes, chars : les nuits froides de mars s'illuminèrent de la vengeance des Tâdjîks du Pandjshêr contre leurs concitoyens hazâra écrasés sous la mitraille ; le Sud-Ouest de Kaboul s'effondra pulvérisé ; les cadavres n'en ont jamais été dénombrés. L'ambassade d'Iran fut impuissante à protéger les chiites de la capitale. Le 7 mars, Mazârî était dos au mur ; ses hommes s'enfuyaient vers les montagnes du Centre, citadelle de l'ethnie.

Les tâlebân invitèrent Mazârî, par émissaire, à se rendre à eux, en leur livrant toutes les rues de Kaboul qu'il contrôlait encore. Le chef hazâra, aux abois, se résolut à marchander sa reddition à ces ennemis de Massoud. Mais l'âyatollâh demandait que les chiites puissent participer au futur gouvernement de ces « séminaristes » sunnites, que la sécurité et la liberté religieuse des Hazâra soient respectées. C'était mal connaître les tâlebân. Mais mollâ Bordjân engagea sa parole.

En poussant ainsi Mazârî dans les bras des tâlebân, Massoud fit tomber son dernier adversaire chiite dans la trappe.

Le 8 mars, en toute ignorance du sort qui l'attendait, l'âyatollâh Mazârî ouvrit ses quartiers sud-est de Kaboul aux tâlebân. Les « séminaristes » pénétrèrent donc dans le repaire urbain chiite, pour l'occuper et le fortifier contre

Massoud. Car c'est à partir de ce secteur que mollâ Bordjân espérait passer à l'assaut et réduire enfin Massoud à la soumission, comme tous les seigneurs du Sud. Mais c'était au tour du commandant des tâlebân de mal connaître à quels fauves il aurait désormais affaire.

A peine entrés dans le Sud-Est de Kaboul ce même jour du 8 mars, les « séminaristes » se heurtèrent dans les rues ruinées aux forces tâdjîkes de Massoud. Les deux troupes ouvrirent le feu. Dans sa panique, mollâ Bordjân déclencha ses batteries mobiles de roquettes, au hasard. Les projectiles des « séminaristes » tombèrent sur les quartiers de l'extrême nord : erreur politique fatale, c'était l'unique secteur de la ville encore épargné par les bombardements d'Hekmatyâr. Les roquettes broyèrent, dans la poussière des gourbis fracassés, la fragile réputation de « paix » des tâlebân.

Approuvé enfin par l'opinion unanime de Kaboul, et libre de toute autre menace, Massoud décocha sa fureur entière contre les seuls « séminaristes ». Ses blindés, chargés de grappes de guerriers tâdjîks, se ruèrent contre les tâlebân, terrifiés face à leurs premiers adversaires déterminés à combattre.

D'ailleurs, le dernier masque « pacifique » des séminaristes tombait. Le 11 mars, l'*âyatollâh* Mazârî et neuf autres dignitaires chiites étaient retenus comme « hôtes », ou plutôt prisonniers, des tâlebân campant dans l'ancien quartier général d'Hekmatyâr à Tchâr-Âsyâ. Une photo publiée par la presse pakistanaise montre le dirigeant hazâra solidement maintenu par les épaules, entre deux grands gaillards pashtoûns enturbannés de noir, à l'épaisse barbe noire. Mazârî, à blanche barbiche mongole, lève des yeux écarquillés de peur. Le 13, les tâlebân le forcèrent à monter, avec les siens, dans un hélicoptère à destination de Kandahâr, pour y négocier la pleine reddition de son ethnie entière « en toute sécurité ».

L'engin atterrit à Ghaznî, à mi-chemin, la carlingue trouée d'impacts de balles. Mazârî et ses neuf compagnons étaient morts. Selon la version des tâlebân, Mazârî et les siens (paniqués par leur exécution prochaine ?) s'étaient débattus avec leurs gardiens, leur avaient arraché des armes, en avaient tué six ; les séminaristes durent les abattre tous.

Par prudence politique, les tâlebân remirent les dépouilles à la communauté hazâra de Ghaznî. En grand deuil et longue procession, les Hazâra chargèrent le cercueil de leur *âyatollâh* sur une voiture à cheval pour un voyage de deux semaines par-delà les montagnes, jusqu'au fief de Dôstom, afin de l'enterrer auprès du tombeau de l'imâm 'Alî : que tous les chiites (et aussi les sunnites) afghans affirment se trouver dans leur pays, sous la coupole bleue de Mazâr-é Sharîf.

'Abd-ol-Karîm Khalîlî hérita du manteau spirituel, politique et militaire de Mazârî pour devenir le chef incontesté des Hazâra. La communauté chiite afghane parut, dans un premier temps, accablée, résignée. Retour, face aux Pashtoûns, à leur statut d'opprimés ? Pas pour longtemps.

Entre-temps, les tâlebân à Kaboul moururent aussi. Les blindés de Massoud bousculèrent leurs lignes et entrèrent triomphants dans le camp de Tchâr-Âsyâ le 19 mars. Le 21, les guerriers du Lion du Pandjshêr poursuivaient les séminaristes en fuite à travers toute la province du Lôgar, du village de Mohammad-Âghâ jusqu'à celui de Maydân-Shahr. Un projectile atteignit la voiture de mollâ Bordjân et le tua. « Sa cervelle lui sortait par les oreilles », me dit un témoin. Massoud ordonna aux siens de ne pas rentrer de suite dans le bourg de Mohammad-Âghâ, mais de l'encercler. Les habitants, pashtoûns, avaient rallié les tâlebân. Message de Massoud : « Que les gens de Mohammad-Âghâ renient les tâlebân et m'invitent. » Les boutiquiers lynchèrent leur commandant *tâleb*, et livrèrent leur bourgade à Massoud.

A la fin du mois de mars, Massoud avait repoussé de Kaboul tous ses ennemis, au-delà de toute atteinte par roquettes. La capitale connut enfin un ciel silencieux. Mais Massoud s'en tiendrait-il là ? Le 25 mars, il me reçut parmi les commandants de son conseil restreint.

Ce soir-là, Massoud paraissait fatigué par la guerre, semblait avoir vieilli en un an, sa barbe rare commençait à grisonner. Mais le profil restait d'aigle et le regard acéré. Sans s'adresser à quiconque en particulier, il devisa de choses et d'autres. « Les femmes ont été plus courageuses que les hommes pendant le siège. Elles ont tout supporté. »

Puis l'œil se durcit encore, perçant :

« La défaite des tâlebân va causer des dissensions, à Islâmâbâd. Les officiers de l'ISI vont dire à Nasîrollâh Bâbar : vous avez critiqué notre Hekmatyâr ? Il a tenu quatorze mois devant Kaboul. Vos tâlebân, pas deux semaines ! Alors le général Bâbar va devoir se racheter, se justifier. Il va envoyer des troupes fraîches de tâlebân à Kandahâr, avec beaucoup d'armes et de munitions. Pas seulement des guerriers afghans. Des officiers pakistanais aussi. Il a déjà commencé.

– Pour revenir contre Kaboul, *Âmer Sâheb,* Commandant Seigneur ? demandai-je.

– Pas tout de suite. Il va d'abord chercher un point faible. La base aérienne de Shîndand, dans l'Ouest. Et de là, Hérât. Si les tâlebân prennent l'Ouest, alors ils reviendront sur Kaboul, renforcés. Et vous verrez à ce moment-là une réconciliation entre Nasîrollâh et l'ISI, donc entre les tâlebân et Hekmatyâr ! Celui-là resurgira, ils le gardent en réserve ! Mais, pour l'instant, les tâlebân n'ont pas encore pris Shîndand. »

Tout le reste de la guerre se déroula, de manière exacte et presque hallucinante, comme l'avait prédit Massoud.

Avisé, et avant la fin de mars, Massoud envoya deux mille de ses hommes, et des meilleurs, en avion, en renfort à Hérât, aider son allié Esmâ'îl Khân repousser l'assaut prévu contre Shîndand. Les tâlebân montés par la route de Kandahâr attaquèrent le 1er avril. Dans ces zones occidentales diaprées de poches ethniques alternées, villages tâdjîks et pashtoûns, les tâlebân ne purent percer au-delà des enclaves occupées par leurs frères de sang. Encore ceux-ci se montraient-ils rétifs depuis l'échec des séminaristes devant Kaboul. Une incursion donna cependant l'oasis de Farah aux séminaristes. La campagne désertique environnante, pourtant pashtoûne, demeura rebelle et armée. A la fin de la première semaine d'avril, l'assaut *tâleb* contre Shîndand se fracassa ; leur commandant le mollâ 'Abd-os-Salâm, dit *Râketî,* « la Roquette », trouva la mort ; les séminaristes refluaient vers Kandahâr ; la stratégie du général Bâbar tournait à la déroute ; en mai, Esmâ'îl Khân reprit Farah.

Dès la fin du terrible mois de mars 1995, la presse pakistanaise se pénétrait de sa catastrophe afghane face à Massoud. Tout ce qu'Islâmâbâd avait voulu éviter à Kaboul, les rivalités de ses propres généraux le provoquaient. Le Pakistan avait froissé Téhéran. Les Tâdjîks du gouvernement de Rabbânî, heurtés, raidis, renforcés, se rapprochaient de l'Inde. Mme Bhutto s'en plaignit dans le *Pakistan News* du 19 mars 1995 : « Les vols se multiplient entre Kaboul et Delhi, des techniciens indiens sont invités dans la capitale afghane pour y installer un radar. » Pour l'éditorialiste du même journal, « Kaboul vient de donner à l'Inde, pour la première fois, l'occasion de jouer un rôle en Afghanistan. Or, durant l'occupation soviétique puis la libération du pays par les *modjâhedîn*, l'Inde n'avait pas eu son mot à dire dans la région ».

Et l'éditorialiste du *News* de poursuivre le lendemain dans la même veine : « Le flux soudain des tâlebân depuis le Pakistan vers l'Afghanistan a fait peser des doutes sur notre neutralité, ce n'était en rien nécessaire ; cela a donné aux dirigeants afghans l'occasion de jeter leur opprobre sur notre pays. Les choses ont été encore aggravées par les activités des tâlebân. Loin d'atteindre leur but proclamé de sauver l'Afghanistan de son actuelle fâcheuse posture, ils n'ont fait qu'ajouter à ses misères. »

Quant à son collègue du *Frontier Post*, le même jour : « On peut s'attendre à ce que la guerre dure des années. Si le mouvement des tâlebân ne s'arrête pas où il en est maintenant, il ne pourra ramener la paix dans le pays dans un avenir prévisible. Mais s'il s'arrête, il ouvre la voie à la désintégration de l'Afghanistan. C'est l'aspect horrible du mouvement des tâlebân. »

Bref, en mai 1995, les conquêtes du mollâ 'Omar se réduisaient comme peau de chagrin pour sembler revenir à leur point de départ, son fief de Kandahâr ravitaillé par le Pakistan.

Dôstom, toujours prudent, renouait des pourparlers secrets avec Massoud et Rabbânî : pour un troisième retournement ? Pas encore.

La situation pivota au mois d'août, car Nasîrollâh ne renonçait pas.

Esmâ'îl Khân, de Hérât, prit étourdiment l'offensive à son tour pour traquer les tâlebân jusque dans Kandahâr, envoya ses blindés et ses camions chargés de soldats le long de la route, enleva Delârâm le 23 août, approchant dangereusement de la citadelle de mollâ 'Omar. Sage administrateur, Esmâ'îl avait désarmé la population de

Hérât, combattait avec des guerriers professionnels. Mais ceux-ci renâclaient, des arriérés de solde n'étaient toujours pas réglés.

Tout l'été, cependant, Nasîrollâh Bâbar et l'ISI, réconciliés face au danger, et appuyés par l'Arabie saoudite, renforçaient la défense de Kandahâr en armements et véhicules, et levaient des deux côtés de la frontière une véritable armée de 25 000 tâlebân juchés sur camionnettes Datsun. Ahmed Rashîd révèle, en outre, les négociations secrètes entre l'ISI et Dôstom : le maître de Mazâr envoya ses techniciens réparer des MIG et hélicoptères soviétiques à Kandahâr, et ses propres pilotes lâcher des bombes sur l'aéroport de Hérât [29].

Dans les derniers jours d'août 1995, les tâlebân et leurs supplétifs pakistanais massacrèrent en embuscade les troupes d'Esmâ'îl Khân à G'ereshk, les survivants se replièrent en désordre, abandonnèrent Shîndand le 3 septembre, puis évacuèrent le 5 septembre Hérât elle-même, où des officiers locaux, achetés, s'emparèrent de l'hôtel de ville et livrèrent leur oasis civilisée aux séminaristes fanatiques du mollâ 'Omar. Esmâ'îl Khân se réfugia en Iran – d'où il reviendrait avec ses derniers fidèles, armés par Téhéran, pour mener une guerre d'usure. Mais le mouvement lancé du Pakistan avait bien atteint, désormais, la frontière turkmène. Grâce à la prise de Hérât, Islâmâbâd pouvait maintenant sérieusement négocier avec Ashkhâbâd le commerce des hydrocarbures.

L'année 1996 – passé la pause obligatoire des combats en hiver – allait être maintenant consacrée par Islâmâbâd, Riyâdh et (en sourdine) Washington, à la liquidation du régime de Rabbânî et Massoud à Kaboul.

Consolidé par la capture de Hérât, le mouvement des tâlebân commandait au printemps 1996 l'ensemble du Sud afghan. S'il piétinait toujours devant Kaboul, l'alliance du seigneur toujours indépendant de Mazâr, Dôstom, lui paraissait acquis.

Mais, en août 1996, la situation pressait. Ashkhâbâd et Islâmâbâd étaient parvenus à un accord sur l'oléoduc et le gazoduc qui passeraient par Hérât et Shîndand, contrôlés par les tâlebân, pour aboutir au port pakistanais de Gwâdar. Les deux partenaires pétroliers, l'américain Unocal et le saoudien Delta-Oil, dégageaient le financement. Mais pour signer le contrat, manquait cependant, aux yeux de ces firmes, l'estampille ultime de la légitimité internationale : la capture de la capitale afghane.

D'autant que le gouvernement de Rabbânî, très au courant de l'enjeu des hydrocarbures turkmènes, multipliait les efforts, en juillet et en août 1996, pour briser l'isolement diplomatique de Kaboul. Il contacta notamment des membres influents du Congrès américain – dont le sénateur républicain du Colorado, Hank Brown, qui vint rencontrer Massoud le 15 août – afin de convaincre Washington de ses bonnes dispositions.

Il est vrai que le Département d'État exigeait de Kaboul, en retour, un prix politique exorbitant. Tous les observateurs s'accordent à penser que le gouvernement de Rabbânî et Massoud peinait à rompre alors le cercle de fer ethnique dans lequel l'enserrait la propagande raciste pakistanaise. Le régime de Kaboul se voyait acculé à faire preuve de son caractère réellement « afghan », et non pas « tâdjîk », en gagnant à sa cause des dirigeants pashtoûns d'envergure. « Il vous faut élargir votre base, *you must broaden your base* », ne cessait de marteler au président Rabbânî la responsable aux affaires sud-asiatiques du Département d'État, Mme Robin Raphel. Message reçu par Kaboul, qui nomma le diplomate libéral pashtoûn Ghafoûrzaï son représentant auprès de l'ONU, à New York.

Mais Washington voulait plus encore. Était-ce pour complaire au Pakistan ? Selon Mme Raphel, il fallait que le président Rabbânî nommât de nouveau Hekmatyâr au poste de Premier ministre, voire ministre de la Défense.

Cette nomination forcée, négociée le 24 mai 1996 et rendue effective le 25 juin, s'apparentait au baiser de la mort. Loin d'« élargir la base » du gouvernement Rabbânî, elle sapa probablement ce qui lui restait de crédibilité politique et, surtout, morale. Hekmatyâr, politiquement fini, ne disposait plus ni de troupes ni de fidèles. La population de la capitale le haïssait. A l'étranger, les derniers amis occidentaux de Massoud, effondrés, se voyaient désormais dans l'incapacité *éthique* de présenter son régime comme « modéré » ou « responsable ». Seule la crise de septembre débarrasserait Massoud de ce fardeau – au prix de la perte de Kaboul.

Le Pakistan frappa le 11 septembre, à la fois par l'Est et le Sud. L'oligarchie autonome de Hâdjî Qadîr, à Djalâlâbâd – étape routière clef vers la capitale afghane, fut priée par l'état-major pakistanais de cesser ses fonctions ; elle livra la place aux tâlebân. Des convois incessants d'armements lourds et de renforts composés de « séminaristes » non seulement afghans mais pakistanais roulèrent depuis les *Tribal Territories*, et même depuis le Pandjâb, pour investir Djalâlâbâd puis gronder vers Kaboul. Les troupes du mollâ 'Omar remontèrent depuis le Sud.

Cette puissance de feu était trop forte. Massoud évacua Kaboul dans la nuit du 26 au 27 septembre 1996. L'ancien vainqueur de l'Armée rouge épargna de la sorte un nouveau déluge de roquettes à la population civile de la capitale, qui dénombrait près de 50 000 tués depuis avril 1992. Mais Massoud sauvait aussi ses propres troupes de la mort, et conserva intact son potentiel guerrier.

Avant de s'avouer vaincu, l'ancien homme fort du régime gagna son réduit montagneux, inexpugnable, et contraignit ses ennemis à étirer dangereusement leurs lignes de communication, pour mieux les piéger sous ses falaises. Le dernier Royaume de l'Insolence restait le Pandjshêr. Aux premiers jours d'octobre, à l'entrée de la vallée, Massoud mitrailla ses adversaires du haut des crêtes, bloqua durablement leur avance vers le Nord. Les camions rebroussèrent chemin vers Kaboul, débordant de tâlebân blessés.

Épouvantés par la chute de Kaboul aux mains des intégristes, l'Ouzbékistan, le Tadjikistan et les Russes (le Turkménistan alléché par Unocal faisait bande à part) contactèrent aussitôt Dôstom, qui rompit sans états d'âme avec les tâlebân. Le rôle désormais imparti au maître de Mazâr, financé et armé par Moscou et Tashkent, devenait celui de gardien des marches, le défenseur frontalier des approches de l'ex-URSS. Téhéran, à son tour, s'alarma de l'avance des sunnites intransigeants de mollâ 'Omar. A la mi-octobre, oubliant leurs anciennes querelles, tous les seigneurs du Centre et du Nord afghans – Khalîlî le Hazâra, Dôstom l'Ouzbek, Rabbânî le Tâdjîk – scellaient leur nouvelle alliance, dite populairement « du Nord » ou plus officiellement « le Front Uni », contre les tâlebân. L'Alliance allait pouvoir au moins chichement compter, pendant les cinq ans à venir, sur l'appui diplomatique et parfois matériel des Iraniens, des Centrasiatiques, des Russes et des Indiens. Massoud, le plus brillant stratège de tous, incarnerait la résistance à l'ordre nouveau.

Le soir de son départ de Kaboul, le 26 septembre, Massoud offrit d'emmener avec lui l'ex-président communiste Nadjîbollâh, réfugié dans l'enceinte du bâtiment des Nations unies : « J'ai la responsabilité morale de votre sécurité. » Nadjîbollâh refusa : « Ils n'oseront jamais violer ce seuil. »

Le surlendemain, 28 septembre, les tâlebân entraient par effraction dans le bâtiment, passaient à tabac tant Nadjîbollâh que son frère (ancien responsable des forces de sécurité du régime communiste), les châtraient *de leur vivant*, les traînaient par des câbles derrière un véhicule jusqu'à la mort, et pendaient enfin leurs corps bouffis à un sémaphore, avec des cigarettes plantées dans leurs doigts et des liasses de dollars dépassant des poches de leurs vestes, pour signifier leur corruption sur la terre. L'ordre de la Promotion de la Vertu et de l'Interdiction du Vice était instauré. Le 14 octobre 1996, une première fillette de dix ans fut condamnée à l'amputation de ses doigts pour port de vernis à ongles.

Entre-temps, le 29 septembre, Glyn Davies, porte-parole du Département d'État, se félicitait de l'avènement d'un régime capable de « rétablir rapidement l'ordre et la sécurité et de former un gouvernement intérimaire représentatif, en mesure d'initier le processus de réconciliation à travers le pays. » Il ne voyait « rien de condamnable » dans les mesures sociales répressives prises par les tâlebân, même si l'exécution sans procès de l'ancien président était « regrettable [30] ».

Le général Bâbar, pour sa part, s'affichait à Kaboul, Kandahâr et même Mazâr pour y jouer un rôle de « médiateur », comme si le pays était ouvertement annexé. Toutefois le mouvement des tâlebân mordait sur le bloc de granit de la résistance tâdjîke et menaçait d'embraser la région en conflits ethniques. Le ridicule international le disputait à l'odieux : l'atrocité stupide du régime des séminaristes, avec son lot de flagellations, de potences et de lapidations, éclaboussait Washington, embarrassé de surcroît par les révélations relatives à la production du pavot. Loin de cesser dans les zones sous contrôle *tâleb*, elle avait augmenté, depuis 1994, de 28 % dans la province de Kandahâr, de 202 % dans celle d'Oroûzgân [31].

Le 4 novembre 1996, dans un entretien avec le *Washington Post*, Mme Raphel, avec une hypocrisie achevée, exonérait le Département d'État de toute responsabilité dans la situation afghane, pour s'en laver les mains dans une bassine de Pilate : « Washington n'y a que peu d'influence, n'y soutient aucune des factions en guerre, et n'a nul projet en chantier pour y mettre un terme au conflit. » Il restait néanmoins vrai, reconnaissait cependant Mme Raphel, que la perception régionale des États-Unis comme allié privilégié du Pakistan empêchait Washington « d'être considéré comme un médiateur impartial [32] ».

Le lendemain, jour de la réélection de Bill Clinton, Bênazîr Bhutto était destituée par l'État-major pakistanais, qui limogeait en outre le général Bâbar. Changement en vue ? Non, car l'ISI, sous Nawâz Sharîf (1996-1999) comme sous Parwêz Mosharraf (jusqu'au 8 octobre 2001), reprit à son compte le soutien massif à l'« émirat » des tâlebân dans Kaboul. A Washington, le sénateur Brown avait pourtant lancé à ses concitoyens une mise en garde dans les jours qui suivirent la prise de Kaboul par les tâlebân : « L'inquiétant, c'est que nous ne savons pas dans quel sens ils vont mener le pays [33]. »

L'Amérique l'apprendrait assez tôt – dans les tours du World Trade Center.

*

Un despotisme se révèle en s'effondrant d'une masse – et quand ses victimes fêtent et parlent. Les premières bombes anglo-américaines tombèrent sur le régime des tâlebân le 7 octobre 2001 ; il craqua le 8 novembre, quand le général Dôstom emporta les défenses de son vieux fief de Mazâr-é Sharîf ; dans la nuit du 12 au 13, devant le général pandjshêrî Fahîm et les vengeurs résolus de Massoud, les séminaristes ensanglantés s'enfuirent de Kaboul pour refluer sur leur fief premier, Kandâhar, en emmenant avec eux leurs dizaines de milliers de supplétifs pakistanais, arabes, tchétchènes, ouïghours : la légion « islamique » internationale d'*al-Qâ'ida*, « la base » d'Osâma ben Lâden et de ses lieutenants égyptiens Aymân az-Zawâherî et Mohammad Âtef – lesquels avaient régné par la terreur à travers les tâlebân comme en pays conquis, en pliant jusqu'au naïf mollâ 'Omar lui-même à leur inflexible volonté de mort.

Entre-temps, Massoud était mort assassiné le 9 septembre, et six millions d'Afghans dans les montagnes, en cette veille d'automne 2001, s'ils restaient privés de secours, menaçaient de trépasser purement et simplement de faim, tandis que des narcotrafiquants milliardaires, accourus de tous les horizons du monde musulman – au nom de quel Islam ? –, avaient consacré leurs ressources financières colossales à tenter de réduire l'ultime résistance afghane dans le Nord-Est, en attendant d'envoyer leurs pilotes candidats au suicide détourner des avions pour percuter les tours du World Trade Center, le jour fatidique du 11 septembre.

L'histoire détaillée des cinq années du régime halluciné des tâlebân reste à écrire – même si les excellents travaux d'Ahmed Rashîd, Gilles Képel, Olivier Roy, Barnett Rubin, Roland Jacquard, Jean-Charles Brisard ou Guillaume Dasquié soulèvent des coins, hélas encore trop partiels, du voile – parce que la libération de Kaboul révélera encore des centaines, voire des milliers de documents, trahira des trames financières aux ramifications internationales, ôtera le bâillon de dizaines de milliers de témoins. Le seul recensement des crimes contre l'humanité commis durant cette demi-décennie – ajoutés à tous ceux de l'époque soviétique – exigera des années d'auditions.

Le régime des tâlebân fut un totalitarisme particulier, le dernier en date du XXe siècle. Son propos fut bien, comme les autres régimes qualifiés ainsi, de lobotomiser une société entière, mais, curieusement, pas en renforçant une structure d'État. Au contraire, les séminaristes rivés sur l'Afghanistan démantelèrent – c'était leur but – toutes les institutions de l'État-nation mises en place à partir de 1919 et le règne du roi réformateur Amânollâh, en cassèrent l'administration, le système éducatif, le service médical, jusqu'aux témoignages archéologiques, pour réduire le pays à une sorte de *Tribal Territory* pakistanais : contrée sauvage, à la population inculte et d'apparence féroce, mais en réalité inoffensive pour son protecteur-dompteur.

Les administrateurs britanniques de la frontière nord-ouest des Indes qualifiaient déjà volontiers leurs *Tribal Territories* de réserves naturelles pour tigres, de *Tiger Parks* :

où les grands fauves seraient libres de tuer leurs proies à leur guise, à condition de sévir dans les limites de leur parc. L'Afghanistan des tâlebân, tel qu'il fut désiré par les généraux pakistanais (en successeurs autrement plus féroces que leurs modèles anglais), répondait cependant de fort près à cette définition d'un zoo humain. Malheureusement pour les stratèges d'Islâmâbâd et leurs partenaires de Riyâdh, l'une des espèces de fauves dont ce jardin animalier fut si soigneusement stocké eut trop tendance à s'échapper, pour aller tuer très, très loin de l'enclos.

L'histoire externe et strictement diplomatique et militaire du « gouvernement » *tâleb* de Kaboul se résume à cinq années de bruit et de fureur. Les « séminaristes » ne réussirent jamais à forcer le réduit de Massoud dans le Nord-Est, d'où le Lion du Pandjshêr – appuyé de manière limitée par le Tadjikistan, la Russie, et plus discrètement l'Inde – put lancer des attaques foudroyantes jusque dans la plaine fertile au « septentrion » immédiat (*shomâlî*) de Kaboul. Le gouvernement de Rabbânî, réfugié dans le Nord-Est, conserva le siège de l'Afghanistan à l'ONU, tandis que seuls le Pakistan, l'Arabie saoudite et les Émirats arabes unis reconnaissaient le régime des tâlebân.

Bref, l'intervention pakistanaise soulignait la contradiction fondamentale de sa politique, car son appui aux islamistes sunnites de mollâ 'Omar effaroucha tous ses voisins de l'Ouest et du Nord et lui ferma, dès lors, les pistes commerciales de l'ancien espace soviétique – pourtant le but économique de la manœuvre entière. L'Iran, l'Ouzbékistan, le Tadjikistan, la Russie et l'Inde, dans un rétablissement spectaculaire des alliances traditionnelles, appuyèrent discrètement, de 1996 à 2001, le dernier bastion de Massoud contre le Pakistan

Repoussés dans le Nord-Est par Massoud, et après avoir essuyé le 28 mai 1997 un premier échec à Mazâr-é Sharîf, où 300 des leurs furent abattus dans les rues, les tâlebân s'emparèrent enfin le 8 août 1998 de la grande oasis du Nord. Dôstom s'enfuit en Ouzbékistan puis en Turquie. Les séminaristes marquèrent leur conquête de Mazâr par un massacre général de chiites, dont onze diplomates du consulat d'Iran. Téhéran mobilisa ses troupes le long de sa frontière, tandis que les tâlebân fortifiaient puissamment Koundouz, cité du Nord où vit une grosse communauté pashtoûne, pour verrouiller toute approche de Massoud contre Mazâr.

En même temps, les talebân arrachaient le 18 septembre de la même année l'antique cité de Bâmiyân – aux précieux vestiges bouddhiques – aux Hazâra chiites du Centre. Bâmiyân changera plusieurs fois de mains. Pour sa part, Esmâ 'îl Khân, l'ancien chef de Hérât, fait prisonnier dans Mazâr en 1997 par les tâlebân et incarcéré à Kandahâr, réussit à s'enfuir grâce à des complices locaux trois ans plus tard, pour poursuivre une guérilla déterminée dans l'arrière-pays de Hérât avec l'appui de l'Iran.

Cependant, la poursuite de la guerre par les tâlebân du primitif mollâ 'Omar s'infléchit sous le commandement devenu véritablement suprême d'Osâma ben Lâden, déjà maître d'un réseau de camps, et aussi d'un labyrinthe de grottes creusées par ses soins du temps de la guerre antisoviétique en 1988 près de Khôst, puis installé à Kandahâr à partir de 1996. Osâma et ses lieutenants égyptiens dirigent plusieurs dizaines de milliers de supplétifs « arabes », ou plus exactement « islamistes internationaux » : militants algériens, égyptiens, soudanais, yéménites, saoudiens, jordaniens, tchétchènes, pakistanais, ouïghours, moros philippins, et même ouzbékistanais sous les ordres de l'opposant islamiste Djom'a Namangânî. Dans la déliquescence générale de l'État afghan, l'organisation d'Osâma, *al-Qâ'ida*, « la Base », se structure en modernité technique, guerrière, efficace au service d'une idéologie mortifère, reliée par la Toile à tous les réseaux bancaires mondiaux, campant dans ses villas secrètes ou ses galeries souterraines à Kandahâr, Kaboul et Khôst.

Sous couvert de solidarité islamique, la mouvance d'Osâma utilise à ses fins l'émirat afghan, cet immense *Tribal Territory* pakistanais converti en espace proprement unique au monde de non-droit et de sauvagerie politique, mais État formellement indépendant tout de même pour abriter une « Base » de guerre sainte mondiale que d'innombrables canaux relient aux centres bancaires des Émirats arabes unis et du reste de la planète.

Toutefois, le Pakistan, en ouvrant l'espace afghan aux militants d'*al-Qâ'ida* pour encadrer les tâlebân et diriger leur effort de guerre contre Massoud, commet l'erreur de perdre le contrôle – même indirect – de son protectorat, au profit des cadres de l'organisation terroriste.

En parasitant l'émirat des tâlebân, *al-Qâ'ida*, comme un cancer foudroyant, va détruire son hôte à force de métastases internationales. Sous bénédiction pakistanaise, l'Afghanistan sert de repaire et de camp d'entraînement pour les militants de la *Harakat-ol-Modjâhedîn* ou « Mouvement des Guerriers saints » en partance pour déstabiliser le Cachemire indien. Les attentats d'*al-Qâ'ida* du 7 août 1998, contre les ambassades américaines du Kenya et de la Tanzanie, provoquent une première colère des États-Unis ; l'administration Clinton met à prix la tête de Ben Lâden mais envoie comme des coups de semonce, et sans grand dommage, quelques missiles de croisière au-dessus des grottes de Khôst. Le sabotage du cuirassé américain Cole, au large du Yémen, le 12 octobre 2000, pique mais ne réveille pas encore pleinement Washington. Comme on sait, c'est l'écrasement des avions détournés contre les tours jumelles du World Trade Center de New York, et le Pentagone à côté de Washington, le 11 septembre 2001, qui déclenche enfin la fureur américaine. Washington force Islâmâbâd, Riyâdh et les Émirats arabes unis à rompre leurs liens avec l'émirat des tâlebân. Osâma ben Lâden et les siens espéraient provoquer non seulement des bombardements, mais un débarquement américain au sol, pour y piéger et saigner les forces occidentales comme l'Armée rouge avant elles, dans un climat mondial de manifestations et de soulèvements islamiques contre Washington.

Mais il fallait d'abord, pour *al-Qâ'ida* et le Pakistan, supprimer Massoud : correctement perçu comme le dernier symbole d'une résistance autonome afghane, donc d'une légitimité sur le terrain qui pourrait contester, aux yeux du monde, celle de l'émirat des tâlebân. Massoud vivant ébranlerait l'image d'*al-Qâ'ida* dans l'opinion musulmane ; ses lignes offriraient aux forces américaines un terrain d'appui au sol ; la visite du chef du Pandjshêr au Parlement européen de Strasbourg dans la première semaine de mars 2001 inquiéta fortement Islâmâbâd.

Deux faux journalistes maghrébins (semble-t-il marocains), pourvus de passeports belges volés, et durcis dans leur résolution au suicide par l'offre d'*al-Qâ'ida* de garantir l'avenir financier de leurs familles, passèrent de Bruxelles à Londres, où une fausse agence de presse arabe leur donna sa caution, et où l'ambassade du Pakistan leur délivra des visas à multiples entrées. De Londres, les deux hommes gagnèrent Islâmâbâd, puis Kaboul, puis, par-delà les lignes de front, le quartier général de Massoud à Khwâdja Bahâ-od-Dîn, près de la frontière tâdjîke. Les deux faux journalistes, traînant à Khwâdja Bahâ-od-Dîn avec leur caméra piégée, espérèrent même, un moment, une invitation à monter en hélicoptère avec Rabbânî et tout le gouvernement de l'Alliance du Nord, qu'ils auraient pu faire sauter d'un coup. Le 9 septembre, Massoud, exaspéré de la présence de ces importuns, donna l'ordre de les admettre dans son bureau pour « un entretien de cinq minutes, et qu'on en finisse ». On en finit, en effet. Les deux hommes posèrent une seule question : « Si vous redeveniez maître de l'Afghanistan, que feriez-vous d'Osâma Ben Laden ? », déclenchèrent leur bombe, moururent dans l'attentat, le premier sur le coup, le second abattu par les gardes alors qu'il enjambait une fenêtre.

Mais leur bombe tua l'interprète de Massoud ; blessa gravement l'ambassadeur de l'Alliance en Inde, Mas'oûd Khalîlî, qui se trouvait alors présent (il y perdit une jambe et un œil), et déchiqueta le côté gauche du Lion du Pandjshêr. Massoud, on le sait, hurla d'une douleur proprement indicible avant de perdre connaissance. L'Alliance cacha la nouvelle de sa mort – « il se remet de ses blessures » – pendant une semaine entière, le temps d'assurer une succession tripartite : le commandement militaire au général Fahîm ; les affaires étrangères au Dr 'Abdollâh ; le ministère de l'Intérieur à Yoûnos Qânoûnî. Toutefois, Massoud demeurerait irremplaçable ; les pleurs de milliers de modjâhedîn, aux funérailles du plus grand résistant de toute l'histoire du Royaume de l'Insolence, n'étaient pas feints.

L'attentat réussi contre Massoud, le 9 septembre, donna le signal de ceux du 11 septembre : les réseaux islamistes dormants aux États-Unis passèrent à l'action. Mais rien, dans la guerre américano-afghane d'octobre et novembre 2001, ne se déroula selon les vœux d'Osâma ben Lâden.

Sous pression américaine et l'offre de rééchelonner une dette de 38 milliards de dollars, le Pakistan trahit *al-Qâ'ida* et l'émirat du mollâ 'Omar. Mais, après tout, par ses excès, *al-Qâ'ida* n'avait-elle pas aussi trahi son protecteur pakistanais en plongeant ceui-ci dans un dilemme international insurmontable ? Le 17 août 2001, le général Hamîd Gol en personne, l'ancien chef de l'ISI, avait paru à Kaboul, pour les fêtes de l'Indépendance, à la tribune, aux côtés des chefs tâlebân, pour proclamer l'imminence d'un djihâd mondial. Le 8 octobre 2001, au lendemain des premières frappes américaines, le président Parwêz Mosharraf limogeait toute l'ancienne direction des Services secrets. Les doubles jeux n'étaient plus possibles.

Dans un premier temps, soit octobre 2001, Washington, pour ménager pourtant le Pakistan, dont l'alliance et l'espace aérien lui étaient indispensables, s'efforça de découvrir une « Alliance du Sud », composée de forces pashtoûnes qui pourraient renverser le régime des tâlebân à revers, en quelque sorte, tout en garantissant la perpétuation d'un nouveau pouvoir « modéré » mais « pathan » à Kaboul qui restât l'ami d'Islâmâbâd. Averties par leurs nombreux contacts dans l'ISI, toutefois, les forces des tâlebân surprirent en embuscade, dans le Lôgar, le plus prestigieux des anciens résistants pashtoûns, 'Abd-ol-Haqq, revenu soulever les tribus. Les tâlebân l'exécutèrent le 26 octobre, pour interdire toute alternative pashtoûne à leur pouvoir. Mais le frère de 'Abd-ol-Haqq, Hâdjî Qadîr, passé depuis longtemps dans le camp de Massoud, a recouvré aujourd'hui son gouvernorat de Djalâlâbâd en devenant un allié pashtoûn endurci de l'Alliance. Pour sa part, l'ancien vice-ministre des Affaires étrangères du gouvernement Rabbânî, le Pashtoûn libéral Hamîd Karzaï (de la petite tribu des Pôpalzaï), tentait à son tour en novembre 2001 de détacher autour de Kandahâr les derniers partisans du mollâ 'Omar. Le gouvernement légitime à venir sera pluriethnique, et donc en partie pashtoûn, grâce à des hommes comme feu 'Abd-ol-Haqq, Hâdjî Qadîr et Hamîd Karzaï.

En novembre 2001, Washington, qui s'était assuré de la coopération du Tadjikistan, de l'Ouzbékistan et de la Turquie, n'eut d'autre recours que de privilégier la stratégie du Nord et d'appuyer l'Alliance par des frappes ciblées sur les positions militaires des tâlebân et d'al-Qâ'ida. Le miracle des héritiers politiques et militaires de Massoud a déjoué, alors, tous les calculs d'Osâma ben Lâden et les siens.

Ce sont des combattants musulmans au sol qui entrèrent, en triomphateurs, dans Mazâr le 8 novembre, Kaboul le 13 novembre, Hérât le 14 novembre. Les tâlebân pashtoûns se retournèrent contre leurs « hôtes », les islamistes internationaux d'Osâma ben Lâden, pour désigner ceux-ci comme les vrais étrangers à isoler, punir, tuer. Et c'est paradoxalement l'état-major d'Islâmâbâd, non celui de Washington, qui fut clairement flétri, par les manifestants radieux dans Kaboul le 13 novembre, comme le réel Despote de la Plaine, à chasser à jamais de la libre terre afghane : les télespectateurs de Lahore et Karachi, enfin réveillés de leurs illusions, s'épouvantèrent d'entendre scander tant de cris de « Mort au Pakistan ! » – avant d'entendre, enfin, « *Zendah bâd Afghânestân*, que vive l'Afghanistan ! ».

Qu'il vive : musique, images et cerfs-volants réapparurent dans Kaboul. Président à titre intérimaire, Rabbânî, le vendredi 23 novembre 2001, dans la Grande Mosquée, prêcha aux fidèles le droit absolu, pour les femmes, d'étudier, de travailler, de se faire soigner.

S'il est trop tôt pour dresser un bilan exhaustif du régime des tâlebân, on peut faire état, de manière générale, de quelques-unes de ses perversions.

L'expérience du terrible siècle écoulé nous enseigne que l'existence même d'un régime totalitaire dans le monde, fût-il réduit au territoire d'un Cambodge ou d'un Afghanistan, finit par pervertir tous les réseaux mondiaux de la diplomatie, de la finance, de la culture et de l'humanitaire. Chaque perversion suivante mériterait un ample développement.

Perversion du Royaume de l'Insolence, le régime des tâlebân, vendu au contrôle indirect pakistanais, se soumit plus directement à une organisation étrangère islamiste, et ainsi se suicida.

Perversion du Pakistan et trahison de tous les meilleurs esprits de ce pays, l'aventure de Kaboul discrédita toute la classe dirigeante d'Islâmâbad ; les anciens dirigeants de ses services secrets mériteraient probablement de figurer, à côté des lieutenants d'Osâma ben Lâden, au tribunal international de La Haye. Pour faire allusion à une phrase chrétienne, que ces manipulateurs conscients d'une autre foi religieuse récuseraient sans doute, il nous reste difficile de pardonner leurs actes calculés à ces centurions qui savaient ce qu'ils faisaient.

Perversion de l'Islam, le fondamentalisme imbécile du mollâ 'Omar et l'obsession meurtrière d'Osâma ben Lâden ont en effet dévoyé le message, l'humanisme et la spiritualité d'une civilisation majeure. La communauté mondiale mesure encore mal le miracle de la résistance afghane, celle d'une communauté musulmane si dévote et conservatrice, mais qui a dit si clairement non à cette caricature grotesque de sa Foi. Les réseaux terroristes « islamistes » dans le monde subsisteront, mais l'effondrement du régime du mollâ 'Omar leur arrache un masque idéologique en dévoilant l'horreur réelle, au sol, d'une utopie. Comme la chute des Khmers rouges lézarda, en son temps, bien des certitudes meurtrières.

Perversion de toute science et culture, l'iconoclasme des tâlebân, largement encouragé par *al-Qâ'ida*, a mis à sac l'un des patrimoines archéologiques les plus importants de la planète – le dynamitage des Bouddhas de Bâmiyân le 8 mars 2001 n'en fut que l'exemple le plus spectaculaire. Toutes les statues antiques qui subsistaient dans le musée déjà si ravagé de Kaboul furent martelées, et les témoignages de la rencontre, sur sol afghan, des arts et spiritualités du Bouddhisme et de la Grèce, anéantis.

Perversion de la finance et de l'économie aussi, et, partant, d'un certain comportement de la démocratie américaine : l'engagement de l'Unocal dans l'aventure des tâlebân ne prit fin que sur insistance du Département d'État après les frappes du 20 août 1998, mais pas avant que la firme californienne n'ait été jusqu'à pervertir à coups de subsides une université, l'Institut d'études afghanes de l'université d'Omaha, dans le Nebraska, afin de former des techniciens pour son projet. Les pourparlers de l'Administration Bush avec les tâlebân se poursuivirent, au nom des intérêts pétroliers des États-Unis, durant tout l'été 2001, on le sait maintenant, pour tenter de convaincre le régime de mollâ 'Omar de livrer Ben Lâden, voire d'accepter un retour du vieux roi Zâher Shâh, pour se doter enfin d'un vernis international respectable [34].

Perversion de la diplomatie mondiale, ensuite : car les priorités américaines engluèrent même dans des tentatives de vains compromis tous les négociateurs de paix de l'ONU, l'Algérien Lakhdar Brahîmî, le Catalan Francesc Vendrell, le secrétaire général Kofi Annan lui-même entre 1996 et 2001. De crainte de froisser Islâmâbâd, le président de la République française et son Premier ministre refusèrent ainsi l'occasion proprement historique de voir Massoud à Paris en mars 2001 (il ne fut reçu que par le ministre des Affaires étrangères). C'est le tournant de 2001 qui a réconcilié – dans les faits – les Etats-Unis non seulement avec la Russie, mais même (fût-ce en sourdine) avec l'Iran, pour rétablir un ordre civilisé à Kaboul.

Perversion de l'humanitaire, enfin : car en privilégiant pour l'Afghanistan une voie d'approche pakistanaise, les agences spécialisées de l'ONU, et les différentes ONG, ont littéralement conforté (le plus souvent à leur insu) le protectorat d'Islâmâbâd comme pourvoyeur de services caritatifs pour populations afghanes dûment soumises au régime des tâlebân. De crainte de mettre leurs propres équipes en danger, et alors que le pouvoir de Kaboul cherchait visiblement à provoquer leur départ au terme de tracasseries multiples, les ONG occidentales ont évité – jusqu'en septembre 2001 – une remise en question radicale d'un régime en lui-même inhumain, dont le propos ultime n'était pas de construire, mais de détruire une société.

On pourrait multiplier les exemples de perversion : ainsi les opiacés, dont l'Afghanistan des tâlebân devint le plus grand producteur mondial et dont le mollâ 'Omar préconisait ouvertement la culture lucrative pour en pourrir les infidèles [35], avant de l'interdire (au mépris économique de ses paysans) en août 2000 ; si la mesure ne lui obtint pas la reconnaissance diplomatique internationale escomptée, elle fit monter en flèche le prix de tous ses stocks engrangés.

Autre perversion : la dégradation de la médecine – proprement nazie – à des fins de torture, ainsi la collaboration de chirurgiens aux amputations de condamnés dans le stade de Kaboul.

Mais contentons-nous ici de souligner la perversion fondamentale de ce régime, qui fut celle de la personne humaine. Pas seulement ses persécutions à caractère sectaire et raciste contre les Hazâra chiites ou les Tâdjîks, ou les discriminations religieuses, comme le port obligatoire d'une étiquette en tissu jaune pour la minorité hindoue de Kaboul, imposé au printemps de 2001. C'est l'esclavage systématique – au-delà des pires usages pashtoûns tribaux – auquel les tâlebân et *al-Qâ'ida* ont voulu réduire les femmes qui a sapé les fondements en boue sanglante de l'émirat du mollâ 'Omar. Et ce sont les protestations de la représentante de la Communauté européenne en visite à Kaboul, Mme Emma Bonnino, en 1997, et de tant de féministes américaines puis françaises (trop de noms à citer, mais rappelons Mavis Leno, Constance Borde, Elisabeth Badinter, Pascale Bastide, Marie-Françoise Colombani, du journal *Elle*, Nicole Fontaine, Patricia Lalonde, Chantal Verron et les actrices de la Comédie-Française) jusqu'à la libération de Kaboul en 2001, qui ont, en dernier lieu, interdit à la famille humaine mondiale de reconnaître ce régime – pour continuer à se reconnaître elle-même.

Les premiers sourires de femmes à surgir, sous le voile relevé, le lendemain du 13 novembre 2001 à Kaboul, furent les vraies lueurs de l'aube, à la fin de la nuit.

NOTES

INTRODUCTION

1. Alain Besançon, *Présent soviétique et passé russe,* Livre de poche, collection « Pluriel », Paris, 1980, p. 129.

2. Abdur-Rahman (ʿAbd-or-Rahmân), *The Life of Abdur-Rahman, Amir of Afghanistan,* edited by Sultan Mahomed Khan, Londres, 1900, T. II, p. 124.

3. Le *jus primae noctis* appartient à la légende du Moyen Age européen, pas à l'islam ; je soupçonne parfois M. Marchais d'avoir grossi la portée d'une accusation faite par des paysans contre un préfet provincial corrompu lors de la famine afghane de 1971-1972, citée dans mon livre *Afghanistan,* Seuil, 1974, p. 177 – mais il s'agissait là d'un outrage exceptionnel, ressenti comme tel par les victimes, non d'un usage. Autre énormité de ce genre : M. Pierre Zarka, responsable des Jeunesses communistes de France, proférant à la télévision au début de 1980 que l'Armée rouge était excusable d'avoir violé en Afghanistan la légalité internationale par enthousiasme révolutionnaire, puisque c'était « pour y fermer les marchés d'esclaves » ! Il fallait être un téléspectateur singulièrement averti de l'histoire de la jurisprudence en matière de travail forcé en Asie centrale pour se souvenir que l'esclavage a été aboli en Afghanistan en 1895 (!) ; le noyau de vérité au cœur du mensonge de M. Zarka paraît être une référence déformée à la fermeture du marché d'esclaves de l'oasis de Merv, dans l'actuel Turkménistan soviétique, par les armées du tsar en 1884 (!) – la Russie elle-même n'ayant aboli le servage qu'en 1862. Toutefois, le propos de M. Zarka n'était pas de fournir d'intéressantes précisions relativisant le problème de l'abolition de l'esclavage dans le monde au XIXᵉ siècle, mais seulement de faire surgir dans l'esprit des auditeurs une imagerie à la *Coke en stock* de perfides Orientaux maniant la chaîne et le fouet – l'intervention soviétique devenant dès lors celle de Tintin.

4. Lawrence Lifschultz, « L'Union soviétique peut-elle retirer ses troupes ? », pp. 13-14 ; et Konrad Ege, « Dans Kaboul aux prises avec ses rebelles », pp. 16-18. « Rebelles » contre qui ?

Comme ces Indiens américains brûlés au bûcher par les conquistadores pour crime de « rébellion » contre ce roi d'Espagne dont ils venaient seulement de découvrir l'existence ? Pourtant, dès le XVIe siècle, le père Las Casas protestait déjà qu'il ne pouvait y avoir de « rebelles » là où il n'y avait pas encore eu de sujets. (Cf. *Brevisima relación de la destrucción de las Indias* : « [...] llamabánles rebeldes y alzados contra el servicio de su Majestad [...] Ninguno es ni puede ser llamado rebelde si primero no es súbdito ! ») Serge July a vu l'étrange ressemblance entre Soviétiques en Afghanistan et conquistadores espagnols en Amérique au XVIe siècle dans *Libération,* éditorial du 7 février 1980.

5. Reproduit dans *Libération,* 1er août 1980, rubrique *Le fond de l'air :* « Bonne question », par Jill Tweed.

6. « Parda for the women shall be introduced », le voile (littéralement le « rideau ») pour les femmes sera rétabli, dans *Aims of Hezb-i-Islami,* Peshawar (sans date), ch. I, art. 7.

7. George Orwell, *Politics and the English Language,* Londres, 1946.

CHAPITRE II

1. Pierre Gentelle, dans *Temps modernes,* juillet-août, 1980.

2. C'est Shahr-é Gholghola, la « Cité des murmures », anéantie au XIIIe siècle en représailles de la mort du fils préféré de Tchenggîz-Khân durant le siège ; le nom poétique a inspiré le titre de l'ouvrage de M. J.-C. Victor (Paris, J.-C. Lattès, 1983).

3. Les Tâdjîks étaient d'autant plus nombreux qu'ils comprenaient un peuple semi-nomade des montagnes de l'Ouest, fort mal connu des ethnologues, appelé *Tchahâr-Aïmâq* ou simplement *Aïmaq.* Une bévue recopiée d'un auteur à l'autre fait de ce peuple mystérieux des « semi-Turcs » (?), parlant un « dialecte turco-persan », (?). En réalité, ces montagnards de l'arrière-pays de Hérât, quel que fût leur « mélange racial » (?), étaient de simples Tâdjîks, dans la mesure *où ils se considéraient comme tels quand on s'avisait de leur poser la question.* Ils étaient musulmans sunnites, et leur langue était le parler de Hérât, c'est-à-dire le persan grammaticalement le plus pur du monde. Les quelques mots turcs qu'on y trouve – *qishlâq,* « campement d'hiver », *yaylâq,* « campement d'été », etc. – sont communs à tous les dialectes persans. La bévue vient de leur nom, les « Quatre Tribus », où *Aïmâq* est un mot d'origine turque signifiant, précisément, « tribus » – exactement comme en Afrique du Nord, le mot arabe *Kabyle* (*qabâ'il,* « tribus ») désigne de purs Berbères ! La division tribale des Tâdjîks Aïmaq limite la portée de la distinction faite par certains observateurs entre Pashtoûns « tribaux » et Tâdjîks « détribalisés ».

Les *Tchahâr Aymâq,* ou « Quatre Tribus », sont : a. les Djamshêdî ; b. les Taymanî ; c. les Taymoûri ; d. les Hazâra de Qal'a-yé Nao (sans parenté avec les Hazâra mongols chiites plus connus).

Bien que musulmans sunnites très pieux, les Aymâq tolèrent

une liberté de parole et de mouvement aux femmes comparable, disons, à l'Espagne au début du siècle : mœurs strictement vertueuses, mais visages découverts et conversations enjouées avec les hommes. Les très, très rares voyageurs qui parcouraient leurs vallées à cheval étaient accueillis par des rangées de jeunes filles et de matrones aux yeux maquillés de peinture rouge, lançant des plaisanteries pas toujours respectueuses du haut des berges longeant les rivières. Cette joie de vivre et ces sourires de femmes sont, à ma connaissance, uniques en islam traditionnel. Pourquoi ? Au nom de quelle lecture tordue des Écritures les musulmans ont-ils voulu sacraliser et perpétuer ces voiles, harems et autres signes d'humiliation des femmes de l'ancien Empire perse sassanide ?

Si le nom turc d'*Aymâq* a inspiré aux ethnologues des généalogies fantaisistes, que dire du nom plus général de *Tâdjîk* pour tous les Iraniens sunnites d'Asie centrale ? L'étymologie en est en effet fort curieuse :

A l'origine, sous l'Empire perse sassanide, *Tâzîk* désignait un « Arabe » ! L'Empire perse possédait en colonie le Yémen, dont le chef-lieu était *Tâëz,* d'où le nom. Lors de la conquête islamique du VIIe siècle, les habitants d'Asie centrale appelèrent leurs conquérants arabes *tâzîk,* puis, par extension, tout nouveau converti. Vers la fin du VIIIe siècle, le terme s'employait déjà pour signifier les habitants musulmans sédentaires des oasis, essentiellement iraniens, par opposition avec les nomades restés païens de la steppe, surtout les Turcs. Aujourd'hui, le folklore tâdjîk fait dériver fièrement le nom de l'arabe *Tâdj,* la « Couronne » (du Prophète). Mais les Tâdjîks en général ne sont pas plus des « Arabes » que les Aymâq en particulier ne sont des « Turcs » !

4. Cf. l'article de Josette Alia, *Le Nouvel Observateur,* 8 février 1981.

5. D'après la traduction anglaise de Rahbar, dans *Sources of Indian Tradition,* Wm. de Bary ed., Columbia University, NY, 1958, p. 456.

6. Le *Târîkh al-Hind,* ou *Histoire de l'Inde,* d'Al-Bêroûnî a été traduit en anglais par E. Sachau en 1888 (Londres). Un exemple de culture grecque dans l'actuel folklore afghan relève de la médecine. Les Afghans du peuple distinguent en effet entre la médecine « franque », la nôtre, et la médecine *yoûnânî,* « ionienne », c'est-à-dire grecque ; en 1978, cette médecine traditionnelle dérivée des recettes de Galien et d'Hippocrate, morte chez nous sous les moqueries de Molière, se dispensait encore dans des flacons de poudre végétale chez les apothicaires conservateurs du grand bâzâr de Kaboul. Dans les dernières années du XIXe siècle, l'émir 'Abd-or-Rahmân avait institué à Kaboul un double département de médecine : « l'ancien appelé Yoûnânî, ou le système de soins grec, et l'autre pour les médecins pratiquant selon des méthodes européennes. » (*Mémoires* de l'émir 'Abd-or-Rahmân, Londres, 1900 t. II, p. 70.) Dans l'esprit de l'émir, ce qui était « grec » *(yoûnânî)* n'était nullement exotique ou étranger, mais au contraire le tissu même de la tradition afghane en ce qui concernait la pratique médicale.

Le texte persan de l'ouvrage de Nâser-é Khosrô a été publié avec une étude préliminaire en français par Henry Corbin et Mohammad Mo'în, *Bibliothèque iranienne,* Téhéran/Paris, 1953.

7. La meilleure étude de la pensée de Mahmoûd Tarzî est contenue dans l'ouvrage de Vartan Gregorian, *The Emergence of Modern Afghanistan,* Stanford, Californie, 1969, pp. 163-180 ; voir également Leon Poullada, *Reform and Rebellion in Afghanistan 1919-1929,* Cornell University, 1973.

8. Maoudoûdî, *Resâla-yé Dîniyat* (en ourdou), réédition de Lahore (Pakistan), 1973 version française, *Comprendre l'Islam,* réalisée par l'Assocation des étudiants islamiques de France, Paris, 1973 ; par. 294 ; version française, p. 164.

9. Maoudoûdî, *Islamic Law and Constitution,* Karachi (Pakistan), 1955, pp. 100-101 ; cité dans Callard, *op. cit.*, p. 211.

10. Maoudoûdî, *Le Chemin du Salut,* trad. française d'Abdur Razack Buxoo, *Islamic Circle,* Port-Louis (île Maurice), 1967. (L'île Maurice comprend une importante communauté musulmane francophone d'origine indienne, d'où les traductions françaises d'ouvrages de ce type.)

11. Maoudoûdî, *Comprendre l'Islam,* par. 246 et par. 247, trad. franç. pp. 137-138 ; j'ai toutefois francisé tous les termes arabes du texte (« soûfisme » pour *tasawwuf,* « dîme » pour *zakât,* etc.), sauf pour *Sharî'at,* familière au lecteur.

12. Maoudoûdî, *Comprendre l'islam,* par. 288, trad. fr. p. 160.

13. Olivier Roy, « La Révolution par le vide », *Esprit,* mai 1980, cité dans Victor, *op. cit.*, p. 87.

14. Roy, « Voyage à travers la résistance afghane » (II), *Le Monde* du 16 novembre 1983.

15. Roy mentionne ces idées dans une étude qui, par ailleurs, reste strictement cantonnée au domaine politique et stratégique, comme les autres rubriques de l'excellent numéro spécial de l'Afrane (Amitié franco-afrane), *Les Nouvelles d'Afghanistan,* « L'islam en Afghanistan », mars 1983. Cf. Roy, p. 25 : « Comme chez les protestants de la Renaissance, le thème du retour aux origines permet de contourner la tradition médiévale pour penser le modernisme. » Roy, suivant une tout autre démarche que la mienne, aboutit à la conclusion de l'identité profonde entre l'Occident et l'islam, cette fois s'agissant de l'islam intégriste moderne *(ibid.) :* « [l'idéologie islamiste] est une certaine manière de continuer le dialogue avec l'Occident, en utilisant un horizon et une problématique [l'État] qui y ont pris connaissance. C'est peut-être là le paradoxe : le refus de l'Occident de voir dans l'islamisme un de ses avatars. » Le problème, c'est que l'islamisme refuse de le voir aussi, braqué dans son attitude de rejet politique...

16. Cf. le classique de Mircea Éliade, *Le Mythe de l'éternel retour,* Paris, 1947.

17. Josette Alia, à propos d'un livre de Habîb Boularès, *L'Islam, la peur et l'espérance* (J.-C. Lattès, 1983), dans *Le Nouvel Observateur,* 11-17 novembre 1983.

18. Par son insistance sur le voile, l'intégrisme, contrairement aux espoirs de M. Olivier Roy, ne dépasse pas ici la tradition médiévale pour repenser les origines dans un esprit moderne ;

au contraire, il butte sur une impasse et se fige ici dans une attitude aussi réactionnaire que dépourvue de toute portée spirituelle : il pénalise, après tout, une moitié du genre humain. Cf. ce texte de Maoudoûdî (*Comprendre l'islam,* par. 288, trad. franç. p. 159) : « Il est demandé aux hommes et aux femmes de ne pas se mêler librement, et s'ils sont obligés d'avoir des contacts, elles doivent le faire avec le voile. Lorsque les femmes doivent sortir, elles devraient porter une toilette simple, et être convenablement voilées. Elles devraient aussi considérer comme normal de couvrir leur visage et leurs mains. Elles ne peuvent se dévoiler qu'en cas de réelle nécessité et, là aussi, elles devraient remettre leur voile lorsque cette nécessité a disparu. En même temps, il est recommandé aux hommes de garder les yeux baissés et de ne pas regarder les femmes, etc. » Maoudoûdî laisse clairement comprendre qu'il exige non un simple châle, mais un voile total, ce qui n'est même pas coranique. Une telle attitude est excusable chez des paysans traditionnels – et encore, c'est le châle et non le voile que portent les femmes rurales –, mais inadmissible chez un intellectuel parlant et écrivant plusieurs langues et ouvert sur le monde. Quant aux origines, que fait M. Maoudoûdî du rôle d'une Khadîdja, la première personne de l'histoire à se convertir à l'islam ? L'intégrisme est parfois bien sélectif des origines qu'il veut...

19. Maoudoûdî, *Nationalism and India,* rééd. de Pathankot, 1947, cité dans Callard, *op. cit.*, pp. 202 sq.

20. Je dois cette précieuse information à M. Rahîm, secrétaire aux relations politiques extérieures de la plus modérée et tolérante des formations islamistes afghanes, la *Djam'îat-é Islâmî* (conversation privée, avril 1983).

21. Roy, dans *L'Islam en Afghanistan,* pp. 26-27.

22. *A Brief Biography of Professor Burhanuddin Rabbani,* publication de la *Djam'îat-é Islâmî,* Peshâwar (Pakistan), sans date, p. 4. A noter que, dans les rangs des modérés, MM. Modjaddedî et Mohammadî sont également des théologiens avertis, à l'aise dans le maniement des classiques soûfis.

CHAPITRE III

1. *Russia in Central Asia*, Londres, 1889. La première utilisation de l'expression remonte à John Kaye (*History of the War in Afghanistan*, Londres 1851-1857).

2. Géographie persane anonyme, vers 982, « Les limites du monde » (*Hodoûd-al-'Âlam*) ; « Histoire de l'Inde » arabe (*Târîkh-al-Hind*) de Bêroûnî, vers l'an 1000 ; cf. Sir Olaf Caroe, *The Pathans*, Oxford, 1958, pp. 112-111.

3. *Bâbur-Nâma*, d'après la traduction d'Annette S. Beveridge, Londres, 1921, T. I, p. 207.

4. 'Abbâs Khân Sarwânî, « Chronique de Shêr Shâh » (*Târîkh-é Shêr Shâhî,* manuscrit indo-persan de 1587 ; texte persan

cité dans Iqtidar Hussain Siddiqi, *Afghan Despotism in India*, Alīgarh/Lahore, 1969, p. 10.)

5. « Chronique de Shêr Shâh », cité dans Hussain, p. 13.

6. Bârânî, chroniqueur indo-musulman du XIVe siècle, *Târîkh-é Fêrôz Shâhî* (« Chronique de Fêrôz Shâh ») ; texte persan cité dans Hussain, intr. p. XIV.

7. Abdur Rahman, II, 157.

8. Carleton Coon, *Caravan : The Story of the Middle East*, New York, 1951 ; chap. 16 : « The Land of Insolence ».

9. Le texte fondamental pour l'étude de l'ethnologie et de la sociologie des tribus pashtoûnes, avec l'institution de la *hodjra*, est celui du Norvégien Fredrik Barth, *Political Leadership among Swat Pathans*, université de Londres, 1959. Nombreux exemples de vendettas, etc. Sur les origines préislamiques de la *hodjra* et de ses festins, telles qu'on pouvait les observer au Nouristan avant 1895, cf. le témoignage unique de Sir George Robertson, *The Kafirs of the Hindu Kush*, Londres, 1896.

10. Cf. l'article de Bernard-Henry Lévy, *Le Nouvel Observateur*, 12 septembre 1981.

11. André Singer, *The Pathans of the North-West Frontier*, Time-Life Books, Londres/New York, 1982, p. 52. Exemples analogues dans Barth.

12. « Fondamentalistes » ou « intégristes » de la Ire Alliance :

– *Djam'îat-é Islâmî*, « Rassemblement islamique », dirigé par Borhânoddîn Rabbânî ; très puissant parmi les Tâdjîks du Nord-Est afghan et de Hérât. Rabbânî est surnommé « Ostâz », le Maître.

– *Hezb-é Islâmî*, « Parti islamique », dirigé par Goldoddîn Hekmatyâr ; répandu parmi les instituteurs et anciens officiers à travers l'Afghanistan, sans base régionale spécifique. Hekmatyâr est surnommé « Îndjînar », l'Ingénieur, en raison des études qu'il a commencées à Kaboul. Parti très critiqué pour son extrémisme religieux.

– *Hezb-é Islâmî* n° 2, dirigé par Yoûnos Khâlès ; implantation régionale dans le sud-est de Kaboul ; les hommes de Khâlès portent des coups de main hardis jusqu'en plein centre de la capitale.

« Modérés » ou « nationalistes » de la IIe Alliance :

– *Djabha-yé Âzâdî-é Afghânestân*, « Front pour la libération de l'Afghanistan », dirigé par Sebghatollâh Modjaddedî ; influence autour de Kaboul. Descendant du calife Omar et fils d'un éminent dirigeant religieux des années 1929-1930, il porte le titre de *Hazrat Sâheb*, « Présence éminente ».

– *Harakat-é Enqélâb-é Islâmî*, « Mouvement pour une révolution islamique », dirigé par Mohammad Nabî Mohammadî ; malgré son appellation, c'est le parti des clercs musulmans traditionnalistes et modérés, répandus à travers tout le pays. Mohammadî est un *Mawlawî Sâheb*, ou « Révérend ».

– *Mahâz-é Mellî*, « Front national », dirigé par Sayyed Ahmad Gaylânî ; le plus modéré et pro-occidental de tous les partis, de plus en plus un refuge pour l'intelligentsia de Kaboul ; très bien implanté en zone tribale pashtoûne. Descendant du saint

musulman mésopotamien 'Abd-ol-Qâder al-Djaylânî, son dirigeant porte le titre de *Pîr Sâheb*, « Maître-Saint ».
– Secrétaire de la Ire Alliance, Gholâm-Rasoûl Sayyâf est parfois reconnu, et se considère comme le chef d'un septième parti, de tendance fondamentaliste ; son influence est difficile à déterminer. Le Pakistan l'a autorisé à ouvrir un « bureau ».

Les Hazâra et les Noûristâni ont leurs organisations propres. Les Hazâra sont scindés entre la *Shoûrâ*, ou Conseil traditionnel (Mollâ Beheshtî), et les radicaux pro-iraniens du *Nasr* (la « Victoire »), sans compter quelques autres fractions. Au Nouristan, l'organisation indépendante d'Anwâr Khân, la première à se soulever en août-septembre 1978, a été gravement affaiblie par les attaques du Parti fondamentaliste de Golboddîn Hekmatyâr en 1982 : exemple type de la destruction d'un front de résistance modéré et qualifié d'« infidèle » par les extrémistes islamiques, sans nécessiter la moindre intervention des soldats soviétiques ; le Nouristan s'est désagrégé en factions d'un tribalisme aigu, où d'aucuns rejoignent désormais les modérés de Modjaddedî.

13. Caroe, pp. 233-234.

14. Mountstuart Elphinstone, *An Account of the Kingdom of Caubul*, Londres, 1815 ; p. 49 et p. 51.

15. Joseph Popowski, *Antagonismus der Englischen und Russischen Interessen in Asien*, Vienne, 1890. Traduction anglaise de Charles Black de l'India Office, *The Rival Powers in Central Asia*, Londres, 1893, p. 93.

16. Popowski, p. 29.

17. *Ibid.*

18. Hélène Carrère d'Encausse dans *Central Asia, A Century of Russian Rule*, publié sous la direction d'Edward Allworth, Columbia 1967, p. 150.

19. Document cité dans Fraser-Tytler, *Afghanistan*, Oxford, 1967, appendice n° II.

20. « Ces dernières années, les gens veulent bien nous prêter une mission civilisatrice parmi nos pays voisins sur le continent d'Asie.

« Or le progrès de la civilisation n'a pas d'alliés plus efficaces que les relations commerciales.

« Toutefois, le commerce exige, dans tout pays, ordre et stabilité, conditions essentielles de son développement.

« Mais en Asie, l'existence même du commerce exige une révolution dans les mœurs des peuples.

« Il faut d'abord que les Asiatiques comprennent qu'il y va de leur avantage de favoriser le commerce des caravanes au lieu de les piller.

« Ce principe élémentaire ne peut pénétrer dans la conscience du public que lorsqu'il existera un tel public – c'est-à-dire une véritable organisation sociale avec un vrai gouvernement pour la diriger et la représenter.

« Nous accomplissons la première partie de notre tâche en reculant nos frontières jusqu'à la limite où se rencontrent les conditions indispensables (au commerce).

« Nous remplissons la deuxième partie de notre tâche par

une politique de fermeté vis-à-vis des États voisins (Bokhârâ, etc.) en réprimant leurs méfaits. Mais nous usons de justice et de modération dans l'emploi de nos forces armées, et nous respectons leur indépendance. La Russie, en effet, n'est pas leur ennemie ; elle ne nourrit aucun désir de conquête ; et elle considère plus profitables les relations pacifiques et commerciales que le désordre, le pillage, les représailles, et la guerre intermittente.

« En se dévouant à sa tâche, le gouvernement russe prend à cœur les intérêts de l'Empire. Mais, croyons-nous, pareille tâche sert aussi les intérêts de la civilisation et de l'humanité tout entière. »

21. Popowski, pp. 132, 193.

22. *Ibid.*, p. 103.

23. *Ibid.*, p. 87, 201.

24. Vartan Gregorian, *The Emergence of Modern Afghanistan*, Stanford, 1969, p. 128.

25. J'ai tenté de le faire dans mon *Afghanistan* (Paris, Seuil, 1974), en utilisant Kaye, Burnes, Mohan Lal, Lady Sale et Brydon, les principales sources écrites à l'époque même.

26. Gregorian, p. 105.

27. Cité dans Gregorian, p. 113.

28. Cité dans Gregorian, p. 111.

29. Texte clé, cité dans Gregorian, p. 112, et dans Arnold Fletcher, *Afghanistan, Highway of Conquest*, New York, 1965, p. 128.

30. Selon Sir Bartle Frere en 1874, cité dans Gregorian, p. 111 : « Rien, je crois, ne pourra efficacement résister à la progression russe vers l'Inde, si ce n'est d'avoir des officiers britanniques postés du côté indien d'une frontière bien définie, contrôlant la politique des races semi-civilisées de notre côté d'une telle frontière, tout en entrant en franche communication diplomatique avec les officiers russes de l'autre côté. »

31. Fletcher, p. 131.

32. *Ibid.*, p. 133.

33. *Ibid.*, p. 136.

34. Hasan Kâkar, *Afghanistan, A Study in Internal Political Developments 1880-1896*, Kaboul, 1971, pp. 52-53.

35. *Ibid.*, p. 34.

36. « Nazar me dit qu'il avait réussi à devenir le messager du résident britannique, et qu'il venait de traverser l'Hindou-Koush, où le gel et le froid étaient intenses et où la neige dépassait les genoux d'un homme. J'ouvris la lettre et pris connaissance du contenu suivant :

" A MON TRÈS ÉMINENT AMI LE SARDÂR ʿABD-OR-RAHMÂN KHÂN.

" Avec les salutations de votre ami Griffin, et ses vœux pour votre santé. Je vous écris pour vous informer que le gouvernement britannique a eu le plaisir d'apprendre votre arrivée sain et sauf dans le Kataghân, et qu'il serait heureux d'apprendre de quelle manière vous avez quitté la Russie et quels sont vos projets et intentions. "

" Cette lettre, j'en fis lecture à mon armée, car il s'agissait du début de mes relations avec le gouvernement britannique, et j'estimai qu'il ne serait pas sage d'y répondre avant d'avoir consulté mon armée. Je craignai que des gens mal intentionnés ne disent que je complotais pour livrer leur pays aux Anglais : auquel cas, c'était ma ruine. Je pensai aussi que se présentait là l'occasion qui prouverait à mes yeux le degré d'autorité que les miens me consentiraient dans la poursuite de mes relations étrangères. Aussi, après avoir lu cette lettre tout haut, je dis aux chefs que je serais heureux s'ils pouvaient m'aider à composer une réponse, car je ne voulais rien faire sans d'abord consulter mes nouveaux amis, qui devaient tous m'aider pour la réponse. Ils me demandèrent deux jours de délai, et le troisième jour me rapportèrent une centaine de lettres, dont certaines disaient : " O nation anglaise, vous devez quitter notre pays. Nous vous chasserons, ou mourrons dans notre effort. " Une autre exigeait compensation de dommages et intérêts avant même de consentir à toute forme de communication. Un chef réclamait un milliard de roupies en compensation de la destruction de nos forts et canons, sans quoi ils ne permettraient pas à un seul Anglais de rentrer à Peshâwar vivant, comme ils l'avaient fait dans une autre occasion. Un autre avait écrit : " O traîtres d'infidèles ! C'est en traîtres que vous vous êtes emparés de l'Inde et c'est ainsi que vous voulez annexer l'Afghanistan. Nous vous résisterons aussi longtemps que nous le pourrons, et ensuite une autre puissance comme la Russie se joindra à nous pour vous combattre. " Bref, ils me présentèrent ce fatras de sottises. Je lus ces lettres tout haut et, après l'avoir fait, leur demandai la permission d'en composer une autre en leur présence, afin qu'ils ne pensent pas que j'avais pu consulter quelqu'un auparavant. Je pris papier et calame, et demandai à mon Dieu, qui est le Dieu de toute la création, de m'inspirer une lettre convenable. Puis j'écrivis, en présence de 7 000 Ouzbeks et Afghans, ce qui suit :

" A MON TRÈS ÉMINENT AMI GRIFFIN SÂHEB

" Représentant de Grande-Bretagne,

" Avec les salutations du sardâr [prince] 'Abd-or-Rahmân Khân. Je suis heureux de recevoir votre aimable lettre, par laquelle vous exprimez votre plaisir d'apprendre mon arrivée sain et sauf dans le Kataghân. En ce qui a trait à votre demande concernant la manière dont j'ai quitté la Russie, je l'ai quittée avec la permission du vice-roi, le général Kaufmann, et du gouvernement russe. Ma seule intention était de venir en aide à mon pays dans ses tourments actuels. Agréez, etc. "

" Ayant lu cette lettre à haute voix à mon armée, je demandai leur approbation. Ils me répondirent qu'ils étaient prêts à combattre pour leur foi et leur pays sous mes ordres, mais qu'ils ne savaient comment communiquer avec les rois. Par un serment au nom de Dieu et du prophète, ils me revêtirent d'une pleine autorité pour écrire tout ce que je penserais serait le plus approprié. Des cris s'élevèrent : " *O Tchahâr Yâr* ! Oh Quatre Califes ! Cette lettre que tu as écrite est la bonne réponse, nous sommes tous d'accord ! " » Abdur Rahman I, pp. 190-192.

37. Abdur Rahman I, pp. 173-175.

38. Kâkar, p. 41.

39. *Ibid.* p. 61.

40. Quelques extraits, d'un cynisme glacial :

L'Émir : « Je veux contenter le peuple. Les tribus sont complètement incontrôlées. Le règne de Shêr-ʿAlî a ruiné le pays. Il a laissé sortir le serpent de sa boîte et je ne peux plus le tuer. Mon seul recours est de flatter le peuple dans le sens du poil et de me le concilier. Si les tribus le long de votre chemin de retour sont d'accord pour vous laisser passer, tant mieux. Je vais considérer la question et vous donner mon avis. Je vais consulter mes anciens au plus vite. »

Griffin : « La décision relève du gouvernement des Indes et elle peut heurter le désir des tribus ; mais nous désirons sincèrement éviter un affrontement le long de notre chemin de retour avec une population avec qui nous n'avons aucune querelle. Cela pourrait vous affaiblir si nous étions contraints de nous battre avec elle et la défaire. Or notre but, c'est de vous renforcer. Et il se peut bien que le meilleur moyen pour cela soit de marcher sur Kandahâr et de disperser l'armée d'Ayoûb. »

L'Émir : « Fort bien ! »

Ou encore :

L'Émir : « D'abord, comment pensez-vous remédier aux lourdes pertes qu'a souffertes le gouvernement de Kaboul en canons, armes, munitions de guerre ? [...] Vous avez emporté beaucoup de nos canons ; pour ceux qui restent, il n'y a plus de munitions ; le contenu de l'arsenal a disparu.

Griffin : « Vous savez que le gouvernement britannique avait déjà donné beaucoup d'armes à Shêr-ʿAlî. Les armes de vos soldats ou celles saisies par les *ghâzî* sont toujours dans le pays. Nous ne les avons certainement pas prises, vous devriez pouvoir remettre la main dessus. Quant aux canons, beaucoup sont partis aux Indes, mais c'était avant que mon gouvernement ne vous invite à prendre le pouvoir. Le gouvernement vous donnera la lourde artillerie de montagne présentement dans le fort et tout ce qu'il y a de canons encore à Kaboul. Quant à l'argent, ce sera votre principale assistance, et mon gouvernement est prêt à se montrer très généreux à votre égard. »

[...]

L'Émir : « Combien d'argent ? Vous savez mieux que moi les dépenses auxquelles j'aurai à faire face. »

Griffin : « Armes et arsenaux ont été détruits, mais le pays est dans un état florissant. Vos revenus auront bientôt belle allure. »

L'Émir : « Les revenus du pays sont sans doute d'une importance primordiale, mais c'est une affaire tout à fait distincte de la somme que j'attends de votre gouvernement. Si mes besoins doivent être couverts par les revenus du pays, Dieu me protège ! »

Griffin : Mon gouvernement est prêt à vous donner de l'argent ; il lui sera facile d'en déterminer le montant à la lumière de vos besoins. »

L'Émir : « Bon. Je ne demande aucune somme qui dépasserait mes besoins. Les bons amis doivent être prêts à sacrifier l'un pour l'autre. »

On imagine, comme à l'échoppe, la poignée de main et la tasse de thé. Plus loin :
LÉmir : « Ayoûb à Hérât possède soixante canons. »
Griffin : « C'est parce que j'y pensais que je proposai d'envoyer nos troupes aux Indes en passant par Ghaznî et Kandahâr, afin de les lui prendre. »
L'Émir : « Je n'ai pas opposé d'objection. »

Griffin conclut que le gouvernement britannique renonce à remettre Hérât aux Iraniens, et « n'a aucune objection si vous soumettez Hérât à votre contrôle ». La conclusion de l'émir, quant à elle, est d'une brutalité caractéristique : « Je retiens de vos remarques que je ne suis évidemment qu'une bête de somme. Le pays a été réduit en poudre. Vous avez hâte de me transférer le fardeau que vous n'êtes plus en mesure de porter, afin que vous puissiez partir. »

Kâkar, Appendice n° VI.

41. *Ibid.*, p. 74.

42. *Ibid.*, p. 76.

43. *Ibid.*, p. 80.

44. *Ibid.*, p. 81.

45. Abdur Rahman I, 217.

46. Louis Dupree, *Afghanistan*, Princeton 1973, (réed. 1980), p. 417.

47. « La Russie est maîtresse de la situation en Asie ; elle poursuit son projet de manière systématique, sans se laisser hâter par le zèle excessif de ses agents ou par ces demandes de protectorat ou de rattachement que peuvent lui faire certaines tribus voisines de ses frontières et qui se trouvent en état d'indépendance ou d'insurrection. La Russie conserve soigneusement l'initiative, prépare systématiquement le terrain à l'avance, et ne se déplace qu'au moment et dans la direction qu'elle estime les plus favorables pour ses intérêts propres. Avec un tel adversaire, et sous de telles conditions, le succès final de la Russie ne peut être mis en doute, et la Grande-Bretagne, avec ses ressources militaires réduites et séparées des frontières méridionales de la Russie asiatique par des milliers de kilomètres, pourra toujours, comme elle a l'habitude de le faire, crier son fameux slogan : « Bas les pattes ! » Elle n'entravera pas l'avance de la Russie. Défendre des pays si étendus et si lointains de la Grande-Bretagne contre les empiètements de la Russie est une tâche impossible, quand bien même l'armée britannique aurait des effectifs aussi nombreux que les armées des puissances européennes continentales. » Popowski, pp. 211-212.

48. *Ibid.*, pp. 4-5.

49. « Tandis que la Russie poursuit en Europe comme en Asie une politique active, l'Autriche et l'Angleterre se contenteraient largement d'une réussite à maintenir le *statu quo*. Les Anglais iraient jusqu'à souscrire tranquillement à l'avance russe si celle-ci n'était aussi rapide, car dans ce cas ils pourraient laisser le probable combat pour la défense de l'Inde à une génération future. De cet état de choses, la Russie recueille le plus grand bénéfice. Elle garde l'initiative et peut modifier son

action selon les circonstances. S'il lui arrive de s'engager dans une initiative trop audacieuse, sous la pression de son opinion ou du fait du tempérament de certains de ses dirigeants, elle peut toujours, comme en 1878, acheter la paix en cédant quelques-unes de ses nouvelles acquisitions. Il est donc hors de doute que la Russie parvienne à ses fins dans l'avenir, à moins que les puissances concernées ne deviennent convaincues de l'urgence d'y résister. » *Ibid.*, pp. 3-4.

50. *Ibid.*, p. 5.

51. *Ibid.*, p. 222.

52. Leon Poullada, *Reform and Rebellion in Afghanistan 1919-1929*, Cornell/Londres 1973, « Geopolitics and Relations with Russia », pp. 216-217.

53. Discours de Lord Roberts à la Chambre des Lords, 7 mars 1898 ; donné *in extenso* dans R.I. Bruce, *The Forward Policy and its Results*, Londres, 1900, chapitre XV entier.

54. Quant aux intentions russes, 'Abd-or-Rahmân se dit bien placé pour les connaître. « Durant mes années de résidence en Russie, j'eus souvent l'occasion de discuter politique avec le général Kaufmann, alors gouverneur-général du Turkestan russe, ainsi qu'avec d'autres dirigeants russes. C'est alors que je devins profondément convaincu et informé de leur projet de destruction des puissances musulmanes. La Russie ne s'attendait pas à ce que je devienne un jour roi d'Afghanistan, et le plus ferme adversaire de leur politique ! » (II, 261-262). Cette politique russe vis-à-vis du Proche-Orient musulman, 'Abd-or-Rahmân la décrit ainsi en 1900 (II, 260-261) :

« La politique russe en Asie, c'est, par quelque moyen que ce soit, légal ou illégal, amical ou hostile, par la paix ou par la guerre, de balayer les royaumes islamiques de la face du continent asiatique. Ils seraient heureux que la Turquie, la Perse et l'Afghanistan cessent d'exister en tant que royaumes, pour ne plus être que des instruments au service de la Russie elle-même, auquel cas l'existence de ces royaumes serait une affaire indifférente pour la Russie, laquelle pourrait y mettre fin dès lors que ces États en tant que tels cesseraient de servir ses desseins.

Le vœu de la Russie est d'absorber et d'avaler la Perse, la Turquie et l'Afghanistan. Si ce projet échouait, elle tenterait alors de détacher les gouvernements islamiques de l'amitié de l'Angleterre, de les attirer à elle-même et de les pousser à prendre les armes contre l'Angleterre. Dans ce cas aussi, les gouvernements islamiques finiraient par être absorbés par la Russie. Au cas où la Russie estimerait avoir échoué dans l'une ou l'autre de ces politiques, sa troisième politique consisterait à soulever des malentendus entre l'Angleterre et les royaumes islamiques, de telle sorte que la Russie trouve l'occasion de négocier avec l'Angleterre un partage de ces mêmes royaumes islamiques, aboutissant au désarmement général des musulmans d'Asie centrale. Dernier projet politique important des Russes, et non des moindres : maintenir les différents gouvernements et communautés des musulmans d'Asie dans un état de perpétuelle discorde mutuelle, tout en les coupant de l'Angleterre. »

55. Fletcher, p. 257 et suiv.

56. Leon Poullada, « The Failure of American Policy in Afghanistan », in *World Affairs*, Washington DC, vol. 145, n° 3, hiver 1982-1983.

57. Cité par Gregorian, p. 226 ; l'attention y est attirée par Anthony Arnold, *Afghanistan, the Soviet Invasion in Perspective*, Stanford, 1981, p. 6.

58. Caroe, p. 437.

59. Fraser-Tytler, p. 315.

60. Ian Stephens, *Pakistan*, Londres, 1964, pp. 258, 266-268.

61. Pour ce qui suit, Poullada, article cité.

CHAPITRE IV

1. Littéralement vrai en 1919, car les Anglais occupaient la capitale turque et étaient prépondérants en Iran. Tout le reste du monde musulman était colonisé – y compris le Turkestan russe...

2. Sur l'échange de lettres entre Lénine et Amânollâh, cf. Gregorian, pp. 231-232.

3. Alexandre Bennigsen et Chantal Lemercier-Quelquejay, *Les Musulmans oubliés, l'islam en Union soviétique*, Maspero, 1981, p. 5.

4. Gregorian, pp. 270-271.

5. Poullada, *art. cit.*

6. *Ibid.*

7. Beverley Male, *Revolutionary Afghanistan*, Londres, 1982, p. 56.

8. La forme « *Wîsh* », qu'on rencontre aussi, reflète la prononciation méridionale du Pashtô.

9. Beverley Male, pp. 28-29.

10. *Ibid.* p. 44.

11. Tariq Ali, *Can Pakistan survive ?* Londres, 1983, p. 78.

12. Kuldip Nayar, *Report on Afghanistan*, New Delhi, 1981, pp. 16-17.

13. Male, p. 61.

14. *Ibid*, p. 65.

15. Duprée, *Red Flag over the Hindu Kush* – IIe partie, American Universities Field Staff Report, Asia 1979, n°. 45, septembre 1979, LD-3-79, p. 5 ; Arnold, p. 71.

16. Male, p. 63.

17. L'une des versions persanes (témoignage de 'Abdollâh 'Osmân) : *Serf yak mîlyoûn nafar kâfist ké dar Afghânestân zenda bâshad ; mâ yak mîlyoûn Khalqî kâr dârîm, wa dîgar az hîtch kas kâr nadârîm, az bayn mîbarîm.*

CHAPITRE VI

1. Cité dans William Shawcross, *The Shah's Last Ride,* New York, 1988, p. 166.

2. Voir ci-dessus chapitre II, p. 74-87 de l'édition de 1984.

3. Les frontières modernes de l'Irak furent découpées en 1920 dans les décombres de l'Empire ottoman par les Britanniques, soucieux de relier les champs pétrolifères de Mossoul au port de Basra sur le Golfe malgré l'opposition des Kurdes du Nord et des Arabes chiites du Sud ; Londres, puissance tutélaire jusqu'en 1958, s'assura donc le concours de la minorité sunnite de Baghdâd, au pouvoir depuis lors. Les études fondamentales sur la dérive fascisante « laïque » du parti unique irakien dit du *Ba'th* (« Renaissance ») restent les ouvrages de Kanân Makiya (sous le pseudonyme Samîr al-Khalîl), University of California Press 1989 : *Republic of Fear : the Politics of Modern Iraq* (trad. fr. *Irak, la machine infernale,* J.-C. Lattès, 1991) ; et *Cruelty and Silence : War, Tyranny, Uprising and the Arab World,* Jonathan Cape (Londres) 1993. Pour l'épisode des Kurdes Fâ'ilî, voir 'Alî Bâbâkhân, *Les Kurdes d'Irak,* Paris/Beyrouth 1994.

4. Source : IFRI.

5. Source : *United Nations Consolidated Inter-Agency Programme in Iraq,* janvier 1996.

6. Communication personnelle de l'ancien président américain lors d'une conférence de presse à Paris au printemps 2000.

7. Évolution pressentie par Farîbâ Âdelkhâh, Jean-François Bayart et Olivier Roy dont j'emprunte le beau titre, *Thermidor en Iran,* Complexe, Paris, 1993.

8. Cf. L'article de Jean-Pierre Tuquoi, « L'embargo contre l'Irak profite aux États-Unis », dans *Le Monde* du 19/20 mai 1996.

9. *Dawn* (Karachi), 10 octobre 2000 ; *The Sunday Telegraph* (Londres), 11 octobre 2001.

10. *Politique internationale* n° 52, été 1991.

11. *Ibid.*

12. *Ibid.*

13. *Ibid.*

14. Entretien avec Patrick de Saint-Exupéry, cité dans un remarquable article, « Afghanistan : la guerre secrète de la CIA », *Le Figaro,* 20 février 1995.

15. Au lendemain de l'indépendance de son pays, Jawaharlal Nehru a paradoxalement soutenu – mais avec intuition profonde – que la colonisation anglaise avait représenté la seule réelle domination étrangère de longue durée en Inde, puisque les conquérants afghans eux-mêmes étaient « proches parents des peuples de l'Inde » et que « leur langue, le pashtô, provient essentiellement du sanskrit » : ce qui est parfaitement exact, dans la mesure où le pashtô présente sans conteste une syntaxe, une morphologie et un vocabulaire de type nord-indien ; voir *The Discovery of India,* Oxford, 1954, chap. V, 3, « Mahmûd of Ghaznî and the Afghans ».

16. Târiq 'Alî, *Can Pakistan Survive ?*, Londres, 1983, p. 62-66.

17. J'ai pu consulter le *White Paper* d'Akbar Ahmed (1973), qui analyse en profondeur, pour son gouvernement, la politique tribale pakistanaise des années 1960 et 1970.

18. Communication personnelle de Massoud à l'auteur, cité dans mes articles dans *Politique internationale* n° 64, été 1994 et n° 68, été 1995.

19. Massoud et Dôstom se réconcilieraient en 1996 face aux *tâlebân*.

20. Allusion de Massoud à la fondation du Parti communiste afghan un 1er janvier (1965).

21. Les crocs-en-jambe que s'administrent entre 1994 et 1998 les divers barons internationaux du pétrole, pour s'assurer l'acheminement du gaz et du pétrole turkmènes à travers le territoire afghan, ont été magistralement analysés par le courageux journaliste pakistanais, Ahmed Rashîd, *Taliban : Islam, Oil and the New Great Game in Central Asia*, Londres, Tauris, 2000, chap. 12 et 13 ; trad. fr., Autrement, Paris, 2001.

22. Le chef du parti tâdjîk afghan *Djam'îyat*, l'ancien président Rabbânî nourri de textes classiques, soulignait toute la différence entre un lettré de tradition persane (fût-il « islamiste » comme lui-même), et ces clercs tribaux pashtoûns du Sud, comme le mollâ 'Omar et ses camarades, formés dans pareilles écoles : lorsqu'il stigmatisait à raison, chez ses adversaires, « leur ignorance de l'arabe et du persan (qui) les coupe des immenses richesses de l'érudition islamique ». Cf. son entretien avec « Bizhan Torâbî » (pseudonyme), *Politique internationale* n° 74, hiver 1996-1997.

23. *Iran News* (en anglais), Téhéran, 11 février 1995.

24. *The Muslim* et *The Nation*, Islâmâbâd, 22 février 1995.

25. Cf. Rashîd Ahmed, *op. cit.*, chap. I.

26. *Ibid.*

27. *The Nation*, Islâmâbâd, 25 février 1995.

28. *The Muslim*, Islâmâbâd, 21 février 1995. Je souligne une phrase clé, passée trop inaperçue à l'époque.

29. *Ibid.*, chap. 2.

30. Entretien avec le *Washington Post*, reproduit dans l'*International Herald Tribune* du 30 septembre 1996.

31. Cf. Frédéric Bobin dans *Le Monde* du 15 octobre 1996.

32. Reproduit dans le *Herald Tribune* du 5 novembre 1996.

33. Entretien avec le *Washington Post*, reproduit dans l'*International Herald Tribune* du 30 septembre 1996.

34. Voir ici J.-C. Brisard et G. Dasquié, *Ben Laden, la vérité interdite*, Paris (Denoël), 2001.

35. Cf. l'entretien de mollâ 'Omar avec « B. Torâbî » dans *Politique internationale*, n° 74, hiver 1996-1997.

ANNEXE 1

La défaite de l'armée moghole dans les défilés afghans en 1586

Traduction française inédite par Michael Barry de la chronique en langue persane du scribe impérial moghol Abo-l-Fazl 'Allâmî (1551-1602) : *Akbar-Nâma,* III, 483 (édition de la *Bibliotheca Indica,* Calcutta, 1881)

Le deuxième jour d'Esfandârmoz (12 février 1586), l'ost impérial (*ordoû*) se mit en branle de Tchakdara vers Karâkar, et le deuxième jour, au terme de cinq lieues de marche, fit halte au lieu-dit de Kândâk. Le jour suivant, comme la piste était pleine de défilés (*por-tang*), ils laissèrent leur aile droite en arrière-garde et campèrent à une demi-lieue du défilé. L'ost pensait le jour suivant lancer une brève attaque avec l'avant-garde, puis se retirer. Dès l'aube, quand le corps d'armée pénétra dans le défilé, le combat commença. D'un moment à l'autre, la victoire montrait son visage, car en peu de temps, des défilés furent franchis, abondance de butin fut saisie, des milliers de captifs tombèrent au piège des nôtres. Mais quand les troupes de réserve de cette avant-garde, composées pour la plupart de recrues de Kaboul, entendirent parler de butin, elles s'y précipitèrent, et de nombreuses troupes se bousculèrent aussitôt sur leurs talons. Zayn Khân le *Kôkaltâsh,* le frère de lait de l'Empereur, qui avait choisi d'ordonner une halte, fut malgré lui emporté par le flot. La mêlée devint confuse.

Les Afghans leur tombèrent dessus par-derrière et se mirent à piller. L'officier impérial Hasan Khân Pattanî leur opposa une vive résistance, mais fut blessé et contraint de battre en retraite. Les siens s'efforcèrent d'avancer à travers un défilé toujours plus étroit. Mis au courant, le *Kôkaltâsh* tourna bride pour tenir bon dans la lutte avec ardeur. Ce jour-là, et toute la nuit suivante, et pendant la plus grande partie de l'autre jour encore, l'affrontement fut chaud. Le *Kôkaltâsh* lui-même abattit quatre de leurs chefs du feu de son arquebuse, et les Afghans s'égaillèrent quelque peu. Mais si la fin du jour apporta quelque joie de victoire, tous les chargements de l'armée empaquetés sur les chameaux et les buffles furent pillés et perdus, seuls les éléphants et les mules parvinrent au camp avec leurs bâts.

Le jour suivant, les nôtres franchirent six lieues pour faire halte à Khânpoûr. Le *Kôkaltâsh* emmena l'avant-garde avec lui, et en combattant tout le long du chemin parvint enfin au lieu du camp. Il s'en fut alors à la tente du Râdjah[1] pour se réunir avec lui et les officiers et tenir conseil. En termes vifs, le frère de lait impérial répéta tout ce que les deux commandants s'étaient dit auparavant. Le *Kôkaltâsh* blâma la hâte de l'autre, défendit son propre point de vue. Mais quel recours maintenant ? A quoi se résoudre désormais ? Comme il restait moins de chemin devant eux à franchir, les autres ne voulurent pas tenir compte de tous ces pics et précipices qui demeuraient – et tous d'affirmer en guise de réponse : « Le mieux, c'est de franchir ces défilés, nous reposer quelques jours, puis derechef régler leur compte à ces ingrats. » Le *Kôkaltâsh* s'écria au contraire que les défilés devant eux s'avéreraient plus durs encore que ces lieux-ci : « S'engager dans ce chemin sera jeter au vent notre nom d'honneur, notre *âbroû* ! » Il valait mieux, dit le frère de lait impérial, s'arrêter à cette étape, y édifier un rempart, et défendre ce lieu sans bouger, et avec ardeur. Un sol un peu plus découvert s'y élargissait. Ils ne risquaient pas d'y être attaqués depuis les hauteurs. Il y avait abondance d'eau, de fourrage, de provende. Alors ils pourraient, comme il le fallait, écraser ces malveillants, si gonflés d'insolence, qui tenaient complètement les montagnes (*wa bad-gawharân-é nakhwat-afzâ-râ, keh hamag'î kôh farâ g'erefta dârand, mâleshî ba-sazâ dâda âyad*).

Ou alors (proposa le *Kôkaltâsh*), « comme nous retenons captifs leurs enfants et leur avons pris force biens, mandons-leur des missives conciliantes, afin qu'ils promettent d'obéir. Nous leur rendrons alors des prisonniers, tout en gardant des otages. Et si ce point de vue ne vous agrée, faisons encore halte ici, le

1. Le mahârâdjah hindou Bîrbal partageait alors le commandement de l'ost impérial avec le « frère de lait », ou *Kôkaltâsh*, de l'Empereur : un titre fièrement porté par le général indo-musulman Zayn Khân. Par souci d'équité, l'Empereur moghol Akbar tenait à associer des princes guerriers hindous à son régime, et à flanquer ses plus hauts officiers musulmans – même son propre « frère de lait » – de membres éminents de la noblesse *râdjpoûte* : ce qui n'empêchait pas, comme ici, de farouches disputes face à l'ennemi. Les « Afghans » représentent ici la tribu des Yoûsofzaï, lesquels vivent toujours aux actuels confins afghano-pakistanais.

temps de porter nouvelle à la Cour fortunée, et qu'une armée de preux puisse venir occuper la cime de ces falaises. »

Le destin du ciel en voulut autrement. Les officiers s'obstinèrent dans une opinion qui ne pouvait que leur nuire, et croyaient voir leur avantage dans ce qui était leur perte.

« Le sixième jour d'Esfandârmoz (16 février 1586), les nôtres se mirent en marche vers le col de Balandarî. Le *Kôkaltâsh*, avisé, prit sur lui le commandement de l'avant-garde, et dut soutenir un combat plus acharné encore que celui de la veille. Le gros de l'armée n'avait parcouru que peu de chemin avant que le jour ne baissât. Parvenu au sommet d'un repli de terrain, l'ost crut avoir déjà franchi la plus grande partie du col, et fit halte. Mais le *Kôkaltâsh*, parvenu parmi eux, apprit aux nôtres qu'il leur restait encore un tout autre défilé à traverser pour gagner le terme de toutes ces sinuosités.

Comme des hauteurs proches les dominaient, les nôtres résolurent de pousser de l'avant. Décision fut prise que l'avant-garde grimperait jusqu'aux cimes de ces falaises pour les occuper, afin que l'ost pût camper en dessous et, dès les premières lueurs de l'aube, se frayer un chemin à travers ce passage difficile.

Mais les Afghans se jetèrent sur eux dans le dos. Le *Kôkaltâsh* et quelques preux firent volte-face. Les autres, ainsi bousculés intempestivement, s'imaginèrent que l'avant-garde avait déjà franchi le défilé, et pressèrent l'allure. Tout ordre de marche disparut. Il devint même inutile de tenter de leur faire faire demi-tour, de leur faire entendre des commandements.

Les Afghans de tous côtés leur montrèrent le poing de leur impudence (*tchîra-dastî namoûdand*) et les accablèrent de flèches et de pierres. Abrutis, hébétés, les nôtres coururent des sommets vers la vallée, perdirent courage dans ce remous, éléphants, chevaux, humains s'emmêlèrent. Une foule en perdit là le trésor de la vie, même si nombreux furent ceux des nôtres animés par un souci d'honneur (*nâmoûs*) pour au moins tenir bon, pour vendre chèrement leur âme. D'aucuns, toutefois, qui connaissaient la piste, poursuivirent courageusement leur route, et à la fin du jour franchirent le plus dur des défilés pour redescendre vers les basses terres. Le *Kôkaltâsh* dans ce combat était même prêt à jeter sa vie si (le prince hindou) Gânesh Bahâdour ne l'avait saisi par la bride de son cheval et tiré de là, fût-ce malgré lui. Cependant le frère de lait impérial perdit plus loin complètement son chemin et dut poursuivre à pied, avant de rejoindre le camp au bout de cent difficultés. Des insensés se mirent à déblatérer : « *Afghânân az pay mî-âyand !* Les Afghans nous talonnent ! », et à courir hors d'eux, en tous sens, dans le désordre. Les hommes s'égarèrent dans l'obscurité, et moururent dans les défilés. Des Afghans s'arrêtèrent pour piller. Dès le lever du jour, ils furent nombreux à errer sur les pistes et s'y faire encore tuer. D'aucuns furent pris. Dans ce tumulte, jusqu'à cinq cents des nôtres furent exterminés[1].

1. Huit mille hommes moururent dans ces défilés afghans selon le chroniqueur indo-musulman Fereshta (début du XVIIe s.), et jusqu'à quarante, voire cinquante mille à en croire son contemporain, le chroniqueur Khâfi Khân ; cf. H. Beveridge, *The Akbar-Nâma of Abu-l-Fazl*, Londres, 1921, t. III, p. 731 note.

ANNEXE 2

La défaite de l'armée britannique dans les défilés afghans en 1842

D'après les chroniques de Lady Florentia Sale et du chirurgien militaire William Brydon, résumées et narrées par Michael Barry[1]

En 1839, une armée de 23 000 Britanniques et indigènes (appelés les « nègres ») s'assembla sur l'Indus. Cette armée était placée sous la responsabilité d'un envoyé politique extraordinaire en Afghanistan, Sir William McNaghten, éminent orientaliste à profil de taupe et lunettes d'or, lui-même secondé par Sir Alexander Burnes. Ces chefs seraient rejoints plus tard par le général Elphinstone, vétéran lippu et goutteux des guerres napoléoniennes. L'armée voyagea lourdement. Les officiers, convaincus que la campagne serait brève mais que l'on s'incrusterait à Kaboul, emportèrent leurs épouses, leur whisky et leurs pistolets de duel ; un chameau transportait des caisses de cigares. Une cohue loqueteuse d'indigènes, valets, colporteurs, vivandières, prostituées, suivait l'armée. On comptait trois valets indiens pour chaque soldat anglais. Shodjâ rassurait les officiers : l'ennemi, les Afghans, n'était qu'un « ramassis de chiens ». Des mercenaires musulmans indiens composaient la garde personnelle du protégé anglais.

La campagne se déroula comme prévu. On souffrit dans le désert. Kandahâr tomba sans combattre, on y laissa une garnison. On fit sauter la porte de la citadelle de Ghaznî, on exécuta les défenseurs ; il y eut des viols. Dôst-Mohammad s'enfuit dans les montagnes ; un détachement de cavalerie le rattrapa ; l'émir se livra à la clémence anglaise ; on l'envoya dans une for-

1. Michael Barry, *Afghanistan*, Seuil, 1974, p. 138-148 ; avec l'aimable autorisation des Editions du Seuil.

teresse en Inde. Shâh Shodjâ fit son entrée à Kaboul, ayant teint de noir sa barbe grisonnante pour faire oublier trente ans d'exil. L'accueil de la populace fut glacial. Des officiers inquiets en firent la remarque à Sir William McNaghten ; l'envoyé politique les traita de *croakers* (grincheux).

Pour montrer qu'il était roi et ne devait rien aux étrangers, Shodjâ s'enferma au château, inexpugnable. Les Anglais durent camper en rase plaine – près de l'actuel aéroport. Site désastreux, isolé de la ville, dominé par des hauteurs. Mais la guerre était finie. Les officiers jouèrent au cricket et, l'hiver de 1840, patinèrent devant les Afghans ébahis. Sir Alexander Burnes et son harem de musulmanes séjournaient en ville.

Ailleurs, la résistance des khâns s'organisait autour d'Akbar Khân. C'était le fils préféré de Dôst-Mohammad ; jeune guerrier un peu gras, au nez courbe sous la nasale du casque, les yeux petits, la bouche pouponne, les moustaches fines en accroche-cœur. Sous l'apparence frivole, la bonhomie affectée, Akbar dissimulait une fourberie profonde. Seul, il savait tirer parti de la hardiesse indisciplinée des montagnards pour anéantir l'armée anglaise.

Akbar comprenait que ses compatriotes étaient comme fascinés par la puissance anglaise. Akbar voulait énerver le géant à coups d'épingle sans lui permettre de réagir, le dégonfler aux yeux des tribus. En même temps, face aux Anglais, Akbar apparaîtrait comme chef de file des khâns « modérés », non responsables des excès de leurs compatriotes. Quand les Anglais seraient au bord du désastre, ils feraient confiance à Akbar pour les sauver, et cela lui servirait pour les détruire.

Premier coup d'épingle, des mollâ prêchèrent dans les villages que tout musulman surpris à vendre de la nourriture aux Anglais serait considéré comme apostat. Les Anglais sévirent, des villages furent détruits, bientôt le seul village de Bîmâroû, près du camp, ravitaillait les Britanniques. L'occupation commençait à coûter cher.

Or l'Empire anglo-indien manquait de crédits pour soutenir une occupation prolongée dans un pays aride et peu taxable. On avait simplement imaginé d'imposer un émir des Asiates dociles. Le gouverneur général des Indes écrivit à Kaboul pour exiger des explications. McNaghten, persuadé que la pacification était chose presque faite, économisa en réduisant de moitié les subsides que les émirs consentaient aux tribus des cols indo-afghans ; subsides que les Anglais continuaient à verser, pour empêcher lesdites tribus de piller les caravanes.

Deuxième coup d'épingle, ces tribus se soulevèrent et fermèrent les passes. Toute communication avec l'Inde était bloquée, sauf par un grand détour dans le désert. Sir William McNaghten envoya un corps expéditionnaire nettoyer les passes de leurs faméliques barbares. Belle économie : ce corps rentrait en Inde, ouvrait la route par la même occasion. Malheureusement, le détachement ne balaya rien mais laissa au contraire des morts dans les couloirs montagneux jusqu'au versant indien. Sir William ignora le sort du détachement et continua de se gausser des pessimistes de l'armée.

Troisième coup d'épingle : le 2 novembre 1841, une foule d'Afghans vociférant de haine força la demeure de Sir Alexander Burnes qu'on rendait responsable de l'invasion. L'adjoint de Sir William s'échappa dans les rues, déguisé en Afghan ; on le reconnut ; on le hacha en morceaux ; on égorgea son sérail. Les mercenaires de Shodjâ descendirent du château pour réprimer l'émeute. La populace les mit en fuite. Kaboul était aux mains d'Akbar ; Shodjâ, enfermé dans son château. Le camp anglais resta deux grands jours sans le savoir, sans réagir. Akbar était prêt.

Dernière piqûre, les Afghans se saisirent du commissariat aux vivres anglais, distant, par aberration, d'un kilomètre du camp. C'était la disette pour les Anglais. Des officiers réclamèrent une sortie immédiate, mais le général Elphinstone s'y refusa, disant que c'était trop risqué !

Ces stupidités ôtèrent aux Afghans toute hésitation. 2 000 cavaliers harcelèrent le camp. Chaque cavalier portait un guerrier en croupe. Il le déposait, le guerrier frais fichait son long mousquet sur une fourche et tirait en toute précision sur l'infanterie anglo-indienne courant essoufflée sur le champ de bataille. Le coup parti, le cavalier revenait au galop et hissait son compagnon en selle pour lui permettre de recharger son arme plus loin, hors de portée. A cette époque, grâce à sa fourche et son canon allongé, le mousquet afghan tirait plus juste et plus loin que le fusil à pierre anglais. Les Anglais ne maintenaient les Afghans à distance qu'avec l'artillerie lourde. Au-dessus du camp, on se disputa une crête. Les Anglais y traînèrent un canon, empêchèrent les Afghans d'approcher par quelques salves meurtrières. Mais le canon chauffa ; il fallut le laisser refroidir. Quand l'arme se tut, les Afghans se rapprochèrent, s'arrêtèrent hors de portée des fusils anglais, posèrent leurs mousquets sur les fourches et massacrèrent les Britanniques tout autour de la pièce. Bientôt, plusieurs canons pris aux Anglais crachaient dans le camp du haut des crêtes, toutes tenues par les Afghans. Le village de Bîmâroû fut investi ; les Anglais, privés de grain.

Au début, les Anglais réduisent de moitié les rations de leur valetaille « nègre ». Au bout d'un mois de siège, le camp mange ses bêtes de somme et la cavalerie tente de périlleuses sorties pour nourrir les chevaux indispensables. Le 26 novembre tombe la première neige. Les Indiens musulmans désertent et passent en masse à l'ennemi.

Elphinstone supplie McNaghten d'ouvrir des négociations. Akbar pose de dures conditions : livrer Shodjâ et le château, les femmes et les enfants anglais comme otages, toute l'artillerie, les armes à feu légères, les baïonnettes, les sabres – puis s'en remettre à sa générosité. Refus anglais ; intrépides sorties pour ramener de la nourriture. Le 23 décembre, le camp mourant de faim contraint McNaghten de négocier avec Akbar.

L'entrevue a lieu en vue du camp. Sir William, accompagné de dix officiers, descend de cheval au milieu d'une cinquantaine d'Afghans. Akbar l'invite sur un tapis, offre du thé, palabre. Sir William présente à Akbar une magnifique paire de pistolets. Politesses ; puis Akbar accuse McNaghten d'intriguer avec un de ses rivaux afghans. C'était vrai ; mais Sir William nie. Aussitôt, Akbar hurle : « Saisissez ! » Les Afghans s'emparent des officiers, Akbar prend McNaghten à bras-le-corps, puis lui décharge ses pistolets neufs en pleine face. Des cavaliers découpent le cadavre et vont prendre les morceaux aux crochets de boucherie du bâzâr.

Le massacre des défilés

L'armée démoralisée ne demande plus à Akbar que la permission de rentrer en Inde. Soit, dit Akbar, à condition d'abandonner vos armes. Les Anglais refusent ; Akbar explique qu'il s'agit de leur sécurité, pour éviter de provoquer les tribus dans les défilés. Enfin, Akbar, bon prince, autorise les armes légères, promet une escorte pour protéger l'armée ; mais à condition que les Anglais quittent immédiatement Kaboul. Puis, pour prouver son chagrin de la mort de McNaghten, « tué par quelque fanatique irresponsable », il pleure devant l'armée pendant deux heures.

L'armée attend l'escorte jusqu'au 5 janvier. Elle ne vient pas, parce que Akbar n'a aucune intention de la fournir. La neige tombant sans cesse ; les marchands vendant de rares provisions à des prix exorbitants ; les gamins rôdant autour du camp, lançant injures et pierres ; les soldats sortis de l'enceinte pour ramasser du bois, aussitôt déchirés par la foule – décident les Anglais à partir. Akbar hâte leur résolution en leur donnant un troupeau de mauvais chevaux et de chameaux galeux.

Le matin glacial du 6 janvier 1842, Shâh Shodjâ, des murs du château, regarde partir le soutien de son règne, l'armée anglaise ; 16 000 êtres humains angoissés serpentent sur la plaine, en bandes noires. Dès qu'ils sortent du camp, des nomades s'abattent sur les tentes, pillent et tuent les traînards.

Les épouses anglaises sont juchées sur les chameaux au milieu de l'avant-garde, composée de cavalerie et de l'état-major ; le goutteux Elphinstone gémit en selle avec ses grosses cuisses souffrant le martyre. Suit l'infanterie hindoue encadrée d'officiers anglais montés. Enfin se presse la tourbe effrayée des valets de l'armée, en haillons ; ils ont jeté leurs bagages ; leurs pieds nus, note un chirurgien, le docteur Brydon, laissent dans la neige des taches de sang.

L'armée s'est bousculée pour traverser la rivière sur un pont étroit ; elle campe à 16 heures, creusant des trous dans la neige ; elle n'a pas fait 10 kilomètres. Cette nuit-là, femmes et enfants de la valetaille meurent de froid ; quelques officiers aussi. Au matin, des soldats refusent de se lever avec des rires hystériques – leurs pieds, dit Brydon, ressemblaient à du bois mort.

La journée du 7, 12 kilomètres. Le gros de l'armée n'a rien à manger ; seuls des officiers transportent, à l'afghane, une besace de raisins secs accrochée au pommeau de la selle. Des montagnards surgissent sur les collines et tirent dans le tas. Les soldats indiens, pour mieux courir, jettent leurs fusils vides et des valets se couchent dans la neige pour attendre la mort. Soudain, une troupe brillante de cavaliers, frémissante de cottes de mailles, dévale un flanc de montagne. C'est Akbar. Il crie à l'armée d'arrêter, de camper avant d'entrer dans la gorge du Petit Kâboul : il doit la rendre sûre. « Vos désastres, dit Akbar, viennent de ce que vous n'avez pas attendu l'escorte ! » Se tournant vers les montagnes, il hurle : « Épargnez ! » en persan, langue que comprennent beaucoup d'officiers ; mais il ajoute aussitôt, en pashtô (c'est le major Pottinger qui comprend) : « Vous tuerez tous ces chiens ! » L'armée campe, pourtant. Des soldats indiens, fous de froid, arrachent leurs loques aux valets pour faire du feu ; des infortunés, nus, meurent gelés dans l'heure. L'aube dévoile un champ de cadavres glacés.

Le 8, l'armée pénètre dans la gorge sombre du Petit Kâboul, coincée entre des murailles de grès striées de neige ; elle doit continuellement traverser le ruisseau, brise la nappe de glace et barbote dans l'eau froide. Au bout d'un kilomètre de marche, les montagnards paraissent sur les falaises et commencent la fusillade. L'armée court sous la pluie de mort, trempée jusqu'aux genoux ; des rires s'élèvent sur les falaises quand les chameaux s'abattent et précipitent les Anglaises et leurs enfants dans le ruisseau ; des femmes portant leurs nourrissons se pressent à pied, toutes transies par la bise. Des Ghâzi, les Champions de l'Islam, assoiffés de martyre, tombent avec des cris stridents au milieu de l'armée, lardent les fuyards à coups de machette ; ils arrachent les fusils et par dérision les manteaux des soldats paralysés de froid ; Mrs Boyd voit son enfant emporté par un des fanatiques. Le jour se retire de la gorge, enfin ; l'armée ne campe pas, elle s'effondre. Elle a fait 7 kilomètres ; la journée a coûté 3 000 morts. On meurt encore de froid toute la nuit.

L'aube morne du 9, trêve. Sur l'instance d'Akbar, Elphinstone livre en ôtages les officiers mariés et leurs épouses – c'est leur seule chance de survie. Akbar les loge dans un fortin. Sans doute songe-t-il à son père, prisonnier en Inde ; c'est aussi l'élite de l'état-major qu'il détache de la sorte de l'armée. Ainsi sera sauvée, parmi d'autres, Lady Sale, qui écrira la chronique du désastre ; sa captivité durera neuf mois, sans autre tourment que la cuisine fétide de ses geôliers pashtoûns. Dans le camp, l'armée dévore ses bêtes de somme, crues.

La tuerie reprend le 10. Sous la mitraille, l'armée fuit, grand corps beuglant sans cerveau – les meilleurs officiers sont prisonniers, Elphinstone mourant galope avec des criailleries de désespoir au milieu des lambeaux de son avant-garde, la valetaille court désordonnée devant tout le monde, obsédée de rentrer en Inde, chez elle, vers la chaleur. La piste fait soudain un crochet brusque, se fourvoie dans un petit défilé atroce, la Gorge obscure. L'armée s'engage et s'étrangle en deux tronçons. L'avant-garde anglaise et ce qui reste de la valetaille émergent du couloir sous un feu meurtrier. Le contingent indien, bloqué en arrière, sans munitions, est anéanti.

Les survivants ont débouché au soleil sur un champ de neige vibrante. Valets et officiers se mettent à tourner au hasard, atteints de la cécité des neiges. Des cavaliers afghans les sabrent.

Et puis le terrain descend, abrupt. Sous le barrage des mousquets, les fugitifs plongent de 700 mètres, et quittent enfin les neiges pour tomber dans un désert de rocaille. C'est le versant indien. La troupe s'arrête pour souffler ; le jour baisse, tiède ; avec cette tiédeur, un immense espoir gonfle l'armée.

Alors paraît Akbar. Il exige une reddition totale. Depuis la matinée, l'armée a perdu 9 000 morts.

Les Anglais obtiennent un délai d'une nuit pour réfléchir ; ils en profitent pour fuir en tentant de fausser compagnie à la valetaille qui entrave leurs pas. Mais tout ce qui peut marcher parmi ces gueux les poursuit. A l'aube, l'armée a couru trente heures. Depuis qu'elle est sortie des neiges, elle souffre de la soif. S'imaginant en relative sûreté, elle campe pour manger ses chevaux morts dans les ruines d'une ferme fortifiée – mais les montagnards resurgissent sur les crêtes et tuent dans la cour du fortin et tout autour des murs. Jusqu'à la fin de cette journée du 11, encore 2 000 morts.

Au crépuscule, Akbar arrête le feu et demande à négocier avec Elphinstone et ses deux aides de camp pour faire cesser le massacre. Les montagnards escortent ces officiers chez le chef afghan. Akbar leur sert du riz et du mouton bouilli – les malheureux n'ont rien bu ou mangé depuis deux jours. Puis

Akbar, face à une assemblée de khâns, entame la mise en scène d'une négociation. Il parle en persan, pour que les officiers comprennent : « Mon père est prisonnier des Anglais. Ils se vengeront sur lui. Épargnez les survivants pour sauver l'émir ! » Un cousin d'Akbar ajoute : « Épargnez ! Et pour leur vie sauve je vous donnerai 60 000 roupies ! » Un khân se lève : « Akbar, te souviens-tu, quand ce Sikandar Burnes est venu en ambassadeur ? N'avons-nous pas demandé alors à l'émir la permission de le tuer ? N'avions-nous pas prédit : “Il reviendra de l'Hindoûstân avec une armée pour nous prendre notre pays ?” L'émir ne nous a pas écoutés. Regarde l'armée qui est venue ! Pour qu'il n'en revienne jamais d'autres, maintenant que nous les tenons, nous devons tuer tous ces chiens ! » Bien, dit Akbar, et sur son signe l'assemblée parle pashtô. Les officiers ne comprennent plus ; Akbar leur annonce froidement qu'ils sont prisonniers. Elphinstone pleure, supplie qu'on lui permette de mourir avec son armée. En vain ; il mourra de sa goutte en captivité.

La nuit du 11 au 12, un refroidissement entraîne une chute de neige sur le désert et des nouveaux morts dans l'armée. Les montagnards tirent dans le noir au hasard. L'armée fuit. Des détachements afghans se mêlent aux fugitifs et les sabrent. A l'aube, la troupe agonisante se heurte dans un défilé à un mur d'épines dressé par les paysans. Les cavaliers, quelques soldats franchissent le barrage ; d'autres s'accrochent aux épines, de rage tirent sur leurs compagnons à cheval, et meurent crucifiés sur la haie. Les survivants traînent tout le jour dans une plaine grise, guéent une rivière au milieu de la nuit, les Afghans les attendent sur la rive et les tuent dans l'eau.

L'aube du 13, 70 rescapés anglais, 4 soldats du contingent indien et 300 survivants de la valetaille montent sur la butte de Gandamak pour attendre l'assaut final. Un Afghan engage des pourparlers ; les Anglais refusent de livrer leurs armes – vingt mousquets. Les Afghans les achèvent au fusil et au sabre.

Sept prisonniers, dont l'un s'est entouré le corps de l'Union Jack.

Cinq cavaliers anglais s'étaient détachés et continuent à fuir. Ils tombent dans les champs d'un village, éperonnent leurs chevaux exténués en les piquant au sabre. Une grêle de pierres et de plombs de mousquets en abat quatre.

35 kilomètres plus loin, le chirurgien Brydon, seul, sur un cheval mourant, apporte au fort britannique de Djalâlâbâd la nouvelle de l'extermination d'une armée de 16 000 âmes en une semaine.

ANNEXE 3

La naissance de la Guerre froide autour de l'Afghanistan en 1921

Lettre officielle soumise au représentant russe L.B. Krassine par Sir Robert Horne, lors de la signature de l'accord commercial anglo-soviétique du 16 mars 1921 [1] (texte traduit de l'anglais par Michael Barry)

« Monsieur,

En remettant entre vos mains l'accord commercial conclu entre le gouvernement britannique et le gouvernement russe soviétique, signé sous la date d'aujourd'hui, je dois selon les instructions du gouvernement de Sa Majesté attirer l'attention du gouvernement soviétique sur des faits qui lui sont connus, des faits qui révèlent des activités dues à l'initiative du gouvernement soviétique dans les régions de l'Inde et de l'Afghanistan, lesquelles activités sont incompatibles avec les clauses de l'accord ; aussi ces activités doivent-elles immédiatement cesser afin que la bonne foi de cet accord puisse être respectée.

Le gouvernement soviétique n'a pas caché, dans ses déclarations publiques et dans la presse officielle, que l'objectif de sa politique récente a été le renversement de la souveraineté britannique en Inde ; et cela fait longtemps que le gouvernement de Sa Majesté est au courant des intrigues conduites par le gouvernement soviétique en vue de cet objectif, et ce par différents moyens et à partir de différentes localités, avec le concours de ses agents, subalternes, et associés.

1. Reproduite avec l'aimable autorisation de Richard Ullman, *Anglo-Soviet Relations 1917-1921*, Princeton, 1972, t. III, appendice.

Une des voies d'approche, vers laquelle l'attention s'est particulièrement tournée en conséquence des récentes négociations, passe par l'Afghanistan. Le gouvernement de Sa Majesté a les plus fortes raisons de croire qu'un des principaux objectifs du gouvernement soviétique, objectif présentement poursuivi dans les négociations en cours entre ce même gouvernement et le gouvernement de l'Afghanistan, consiste à obtenir des conditions facilitant une attaque à travers l'Afghanistan, contre la sécurité de l'Inde.

L'envoyé russe à Kaboul, Souritz, a mis l'accent, au cours de ses négociations avec le gouvernement afghan, sur l'assistance en mesure d'être apportée par le gouvernement soviétique aux tribus de la Frontière du nord-ouest de l'Inde. Tout au long de ces négociations, une de ses principales exigences a été la cession par les Afghans d'une garantie de transport sûr et sans délai à travers l'Afghanistan d'une grande quantité de fusils et de munitions à destination des tribus frontalières situées du côté britannique de la frontière. Cela, comme lui-même et son gouvernement ne peuvent l'ignorer, constitue un acte d'hostilité directe contre l'Inde ; la cession d'une telle garantie et l'octroi de conditions facilitant des opérations de ce type par le gouvernement afghan ne seront pas tolérés par le gouvernement britannique, ainsi que les Afghans le savent ; or, pousser le gouvernement afghan à offrir de telles facilités n'en constitue pas moins, en soi, un acte d'hostilité directe. En soi, comme le gouvernement soviétique le sait fort bien, l'arrivée d'armes et de munitions est presque suffisante pour inciter les tribus à la turbulence et à l'agression en territoire indien. Sans se contenter de cette probabilité, mais déterminé à s'assurer de ce résultat, le représentant soviétique a pris contact avec les chefs tribaux les plus anti-britanniques de façon permanente, et en même temps a pris soin d'impliquer des responsables afghans, notamment le général en chef Nâder Khân, avec qui Souritz a eu une entrevue confidentielle au moment même où Nâder recevait à Kaboul certains *malek* tribaux. En outre, Souritz n'a pas été le seul à se livrer à ces intrigues.

Le Turc Djémal Pasha s'est rendu en mission en Afghanistan avec l'approbation de Moscou, pour qui, sans aucun doute, sa présence s'accorderait mieux avec le sentiment national, mais aussi religieux des Afghans. Il a pris contact avec les chefs tribaux et, assuré du soutien financier nécessaire par le gouvernement soviétique, leur a fourni des munitions en quantités encore supérieures à celles fournies par Souritz. Mahendra Pratap, un renégat indien, agent des Allemands pendant la guerre, a accompagné Souritz à Kaboul ; lui aussi s'est livré à des activités auprès des tribus des deux côtés de la frontière britannique, mais plus au nord, le long de la frontière de Chitral, du Wakhân et des Pâmîrs.

Mahendra Pratap fait partie d'une bande de séditieux indiens notoires dont la plupart ont été des agents de l'Allemagne, et qui depuis des années ont utilisé tous les moyens pour attaquer le gouvernement britannique en Orient. Un certain nombre d'entre eux sont présentement employés par les Bolcheviks et touchent des fonds bolcheviks afin de disséminer la déloyauté en Inde et de susciter des sentiments anti-britanniques dans les pays voisins de l'Inde, et notamment en Afghanistan. Parmi eux, il suffit de nommer Barakatollâh, qui accompagna le premier envoyé bolchevik, Bravine, à Kaboul, avant de se joindre sur place à Djémal Pasha ; Acharigah et Abdur Rabb, qui accompagnèrent Souritz à Kaboul ; Mookerjee, qui est auprès du gouvernement central à Moscou, et Marabindra Natu Rey, présentement à Tashkent, au Turkestan.

Même si aucune information n'était disponible quant aux activités présentes de ces traîtres de leur propre aveu, le seul fait qu'ils se trouvent aujourd'hui employés par le gouvernement russe suffit à jeter les doutes les plus graves sur la bonne foi du gouvernement soviétique vis-à-vis de la Grande-Bretagne en Orient. Mais il est connu que celles d'entre les personnes nommées ci-dessus qui se sont rendues ou se trouvent actuellement à Kaboul l'ont fait pour prendre contact avec des éléments déloyaux en Inde. La présence de Rey à Tashkent répond à une initiative plus élaborée mais de même nature. A Tashkent a été établie une base avancée pour travailler contre l'Inde, pourvue d'un département politique et d'un centre de technique militaire ; c'est là qu'est donné un enseignement en tactique révolutionnaire pour tous les Indiens qui arrivent au Turkestan de quelque lieu que ce soit. Ce groupe a déjà fait parvenir des émissaires en Inde en passant par l'Afghanistan.

Si l'on nous oppose l'argument qu'une base révolutionnaire située aussi loin de la frontière indienne que Tashkent ne saurait représenter une menace sérieuse pour l'Inde, il nous suffit de citer en réponse l'opinion exprimée par Souritz, selon lequel Tashkent ne représente qu'un *pis-aller* (en français dans le texte) : il a également exprimé sa conviction selon laquelle la base devrait être transférée à Kaboul dès que les circonstances le permettraient ; sans proche contact d'une base avec l'Inde et avec les tribus à la frontière indienne, un bon travail ne pouvait être effectué par une base ; à Kaboul seulement cet objectif pouvait être atteint.

Les intentions du gouvernement soviétique dans cette affaire nous sont connues au-delà de toute possibilité de dissimulation, Djémal Pasha a reçu des instructions exactement semblables à celles que Souritz cherche à mettre en pratique.

De même, afin de faciliter la dissémination d'un enseignement révolutionnaire à travers l'Inde, Souritz cherche à obtenir des Afghans des conditions lui permettant d'installer des imprimeries à Kaboul, et il n'y a même plus besoin de discuter du fait que c'est à un travail de propagande permanente vers l'Inde que Souritz destine les consulats qu'il essaie de faire ouvrir à Kandahâr, Ghaznî et Djalâlâbâd. Même si ces projets ont été retardés à cause des objections afghanes, les intentions sont claires.

Bien que les représentants soviétiques ne cherchent pas à brusquer les Afghans sur ces points pour le moment, ils ont déclaré avoir déjà envoyé des émissaires en Inde afin d'examiner les possibilités d'un travail révolutionnaire, que ce soit au sein de l'Armée ou parmi la population rurale ou ouvrière, ou que ce soit en organisant les classes politiques extrémistes selon des directives favorables aux projets bolcheviks et révolutionnaires. Les représentants soviétiques ont également fait connaître leur réception d'un rapport d'un de leurs agents, rapport selon lequel il ne reste plus au gouvernement central de Moscou qu'à autoriser la poursuite énergique de nouvelles activités – pourtant incompatibles avec les fonctions d'un représentant diplomatique telles que celles-ci sont généralement acceptées.

Référence a été faite ci-dessus aux récentes négociations visant à aboutir à un traité entre le gouvernement soviétique et le gouvernement afghan ; allusion a également été faite à certaines des propositions avancées. Il serait souhaitable de résumer les griefs principaux que formule le gouvernement de Sa Majesté concernant ces procédures, en dehors des sujets de plainte mentionnés ci-dessus.

Le gouvernement britannique ne présente aucune objection à la conclusion de traités d'accord entre les gouvernements soviétique et afghan concernant de manière normale les relations de bon voisinage et les échanges commerciaux ; toutefois, le gouvernement britannique tient à faire remarquer que le gouvernement russe impérial lui-même avait reconnu que l'Afghanistan était en dehors de sa sphère d'influence. Mais les arrangements cherchés par le gouvernement soviétique au cours des négociations récentes visent entre autres à accorder sous forme de don au gouvernement afghan de l'argent, des munitions et des avions ; le gouvernement soviétique désire également ouvrir des consulats aux frontières orientales de l'Afghanistan.

Quel que soit le point de vue qu'aurait pu adopter le gouvernement de Sa Majesté concernant de telles clauses en d'autres circonstances, il n'en reste pas moins que le gouvernement de Sa Majesté, tenant compte de l'objectif avoué du gouvernement soviétique visant à renverser la souveraineté britannique en Inde, et tenant aussi compte du fait que la Russie n'a aucun intérêt de nature commerciale ou autre dans l'est de l'Afghanistan, il n'en reste pas moins, disons-nous, que le gouvernement de Sa Majesté se voit dans l'obligation de considérer ces clauses comme constituant purement et simplement de la part du gouvernement soviétique des mesures à caractère antibritannique.

Les indications sérieuses ne manquent pas concernant des activités récentes encore plus ouvertement hostiles de la part du gouvernement soviétique. Il nous est connu que des révolutionnaires indiens ont demandé avec la plus grande insistance la formation d'un centre militaire à la frontière des Pâmîrs et de Chitral. Un mot d'ordre à l'attention de leurs forces armées publié par les autorités soviétiques fait état d'un déploiement de la Bannière rouge sur le massif des Pâmîrs comme signal au peuple de l'Inde que sa libération est proche ; et il existe aussi de bonnes raisons de croire qu'un passage à l'action dans les régions nommées ci-dessus est présentement à l'étude.

Il en a été dit assez pour indiquer la nature générale des activités du gouvernement soviétique ; le gouvernement de Sa Majesté doit insister sur leur cessation comme corollaire indispensable à la conclusion de quelque accord que ce soit entre les deux gouvernements. »

ANNEXE 4

La répression communiste de 1978-1980 dans la prison de Pol-é Tcharkhî près de Kaboul

Témoignages recueillis et traduits du persan et de l'anglais par Michael Barry[1] : 1. Témoignage du Dr 'Abdollâh 'Osmân. 2. Témoignage de Mohammad Ashraf. 3. Témoignages des paysans de Deh-Sabz

1. *Témoignage de 'Abdollâh 'Osmân, trente-quatre ans.* (Ancien professeur à la faculté de médecine de Kaboul, branche psychiatrique ; arrêté en novembre 1978, emprisonné à Pol-é Tcharkhî, relâché le 5 janvier 1980 ; parti de Kaboul le 2 mars 1980, arrivé à Peshâwar le 6 mars.) Enregistré en persan le 7 mars à Peshâwar :

« Je fus arrêté le 6 du mois de Qaous (27 novembre 1978). Je travaillais à l'hôpital universitaire, à 11 heures du matin, lorsque deux policiers vinrent m'arrêter. » « Nous avons besoin de vous interroger au ministère de l'Intérieur », dirent-ils. Nous sortîmes, et deux automobiles attendaient. Deux policiers s'assirent avec moi et je fus conduit au ministère. Au ministère on me demanda : « Pourquoi n'adhérez-vous pas au parti *Khalq* ? » Je répondis que j'étais un homme apolitique, que je n'avais jamais adhéré à aucun mouvement. Ils me dirent que la majorité des étudiants avaient déjà adhéré au Parti, et partageaient des idées marxistes. Les deux policiers dirent alors que je n'avais pas adhéré au Parti parce que j'avais toujours été contre lui ; d'ailleurs ils m'avaient vu autrefois participer à des manifestations réactionnaires. Cependant ils me dirent qu'ils étaient dis-

1. Publiés dans *Libération*, avril 1980, puis dans *Les Temps modernes*, juillet-août 1980.

posés à me relâcher dans les trois heures, et que je devais attendre ; ils me ramèneraient chez moi.

Au bout de trois heures apparut un employé du ministère de l'Intérieur, qui se mit à remplir un papier. Puis il alla chercher un autre employé, qui vint me dire : « S'il vous plaît », en m'indiquant une porte. Je descendis un escalier, et je me vis entouré d'une double haie de soldats armés de mitraillettes. Il y avait là une automobile où ils me firent monter, et où je reconnus d'autres médecins de la faculté. Nous fûmes emmenés à la prison de Pol-é Tcharkhî, où nous arrivâmes à la nuit tombante. Au bureau, on remplit un papier selon lequel je devais être enfermé dans une cellule isolée, sans possibilité de contact avec personne. Ils me jetèrent dans une cellule et m'y verrouillèrent. C'était une cellule immonde. C'était déjà l'hiver, et il n'y avait aucun chauffage. Le plafond suintait. Par terre il n'y avait qu'un mince matelas et deux couvertures. Ils me dirent : « Tu vas rester là ! » Au bout de quelques minutes dans ma cellule, j'éprouvai un besoin naturel, et demandai à sortir. Ils me répondirent que c'était contre le règlement en dehors de périodes données, qu'il fallait me taire, sans quoi je serais battu. Or il advint que la cellule à côté de la mienne était occupée, et que nous pouvions communiquer en appelant à travers le mur. Nous fûmes surpris et battus. Pour avoir parlé à travers le mur, de nombreuses personnes étaient battues.

En outre, tout instrument d'écriture ou de lecture nous était interdit : livre, plume ou papier. Ainsi il ne nous était possible de communiquer avec personne, ni d'écrire quoi que ce soit, ni même de lire un livre. Tout cela était interdit.

Ils nous emmenaient dehors pour les toilettes. Enfin, ce n'était pas à proprement parler des toilettes, mais des fosses d'aisances, comme dans nos campagnes. Nous étions obligés de faire la queue, et nous n'avions pas le droit de nous attarder pour nos besoins plus de trois à cinq minutes. Celui qui s'attardait était insulté, tiré dehors avant même de s'être rhabillé, et battu. Ils nous disaient : « Rentrez en empruntant le même chemin que celui par lequel vous êtes venus. » J'ai vu des personnes qui avaient voulu refaire la queue, et alors se faire battre. Et puis nous étions de nouveau enfermés dans nos cellules, et vingt-quatre heures s'écoulaient, parfois même quarante-huit, avant que nous ne soyons de nouveau conduits aux toilettes.

Il y avait là un soldat, plus puissant que les autres, nommé Gol-Aghâ. Il battait souvent les prisonniers, leur soutirait de l'argent, leur disait : « Je suis un *Khalqî*. C'est ainsi que les choses doivent être dans un régime populaire *(rejîm-é Khalqî) !* Dans un régime populaire, personne n'a le droit de parler ! Un prisonnier politique n'a pas droit à un livre, à une plume ! Un prisonnier politique n'a pas à aller circuler librement, à penser ou comprendre ! Vous êtes tous des traîtres que nous avons rassemblés ici ! » Il n'y avait pas que les soldats pour parler ainsi. Les commandants tenaient le même discours, très souvent, quand ils passaient. « Vous, les prisonniers politiques, vous n'avez aucun droit. Tenez-vous tranquilles, vous n'avez pas le droit de parler ! Les conditions dans lesquelles nous vous tenons vous sont parfaitement appropriées ! D'ailleurs, dans d'autres pays, on ne donne pas autant de liberté que nous à des prisonniers politiques comme vous ! Ceci est un régime populaire, installé pour toujours ! C'est un régime communiste ! Grâce à nous notre pays va prospérer, s'élever ! Tous ceux qui s'opposent à nous, de quelque groupe que ce soit, nous les tuerons, nous les bombarderons ! » Leur commandant en chef était un certain Sayyed 'Adollâh. De mes propres oreilles je l'ai entendu dire : « Un million d'Afghans seulement doivent rester vivants ; nous avons besoin d'un million de communistes (lit. *"de khalqî's"*) ; les autres, nous n'en avons pas besoin, nous les supprimerons *(az bayn mîbarîm).* (Cette phrase historique, répercutée dans tout l'Afghanistan, mérite d'être citée dans son original persan : *Serf yak mîlîyoûn nafar kâfist ké dar Afghânestân zenda bâshad, mâ az yak mîlîyoûn Khalqî kâr dârîm, wa dîgar az hîtch kas kâr nadârîm, har kas ké bâshad, az bayn mîbarîm*). »

Il (Sayyed 'Abdollâh) dit encore : « Vous n'êtes pas venus ici pour vous instruire. Et ici ce n'est pas un hôtel pour que nous vous servions des mets raffinés, pour que vous preniez des douches, pour que vous lisiez des livres, pour que vous preniez du bon temps ! Vous êtes ici parce que vous êtes des ennemis du régime, vous êtes ici pour être interrogés, abaissés à l'état d'ordure *(ganda shawîd),* et supprimés. »

Pendant deux mois je ne reçus pas la permission de me laver. Puis ils me donnèrent un seau d'eau glacée pour aller me laver dehors, en plein hiver. C'est ainsi que de nombreux prisonniers furent atteints de pneumonie. Ceux qui étaient atteints de maladies graves, par exemple d'appendicite, étaient au bout de quelques jours emmenés à l'hôpital. Mais les conditions y étaient dures – on n'y pratiquait pas d'opérations, on n'y distribuait que des cachets d'aspirine ou des pilules de vitamines. Il est évident que dans la plupart des cas, les patients atteints gravement ne guérissaient pas, beaucoup mouraient. Il était excessivement rare qu'un patient soit transporté dans un hôpital à l'extérieur pour y être opéré. J'ai connu personnellement des malades qui sont morts dans cet « hôpital » : trois personnes qui souffraient d'hémorragies internes, qui ne furent transportées à l'« hôpital » que lorsqu'elles étaient mourantes. Quant aux autres, ils n'avaient pas le droit d'y aller. Qu'il vive s'il peut, ou bien qu'il meure, le sort du prisonnier malade leur était indifférent. Ils craignaient que les prisonniers prétendent être malades pour pouvoir y être transportés.

Le commandant, Sayyed 'Abdollâh, était un tyran inhumain. J'ai lu des choses sur les prisons fascistes, nazies, mais je crois que les prisons communistes sont peut-être encore pires. Des conditions inhumaines. Des conditions qu'un être humain normal – mais beaucoup des prisonniers étaient des vieillards, des malades ! – ne pourrait même pas supporter. Il y avait même là des détenus emprisonnés depuis le régime précédent, le régime de Dâoûd Khân. Dans ce temps-là, ils étaient emprisonnés à Deh-Mazang (prison à l'intérieur de Kaboul). Lorsque Tarakî, par l'entremise des Russes, prit le pouvoir par son coup d'État, ils furent transférés à Pol-é Tcharkhî. Ils étaient plus de cent vingt. Les fonctionnaires Khalqî disaient : « Ce sont des Frères musulmans. » Évidemment, dans cet endroit-là, toute personne qui faisait sa prière, ou appelait son Dieu, était pour eux un membre des Frères musulmans. Une nuit, ils furent tous rassemblés, tous ces anciens détenus de Deh-Mazang, devant le bureau du commandant. Là ils eurent les mains liées, on leur couvrit les yeux d'un bandeau noir, et on les fit monter dans un camion. On les emporta au champ de Pol-é Goûn[1], à côté du mont Tchâr, pour les exécuter. C'est là où ils creusaient des fossés, et où ils exécutaient à la mitraillette. Ceux qui étaient morts, ceux qui étaient mourants, ils les poussaient eux-mêmes dans les fossés et les recouvraient de terre. C'est ainsi qu'ils voulaient faire avec les cent vingt prisonniers ou plus. Avant de partir, deux des prisonniers, qui avaient les yeux bandés et les menottes aux mains, comprirent qu'on leur réservait ce sort. Alors, bientôt soutenus par ceux qui étaient déjà dans le camion, ils commencèrent à résister aux soldats et à se débattre. Ce soir-là, de 10 heures du soir à environ 4 heures du matin, il y eut une lutte dans la prison. Les prisonniers combattaient les mains nues contre des soldats armés de mitraillettes, qui tiraient sur eux. Les prisonniers qu'on allait emmener criaient : « Dieu est grand ! *Allâhou Akbar !* Joignez-vous à nous, aidez-nous ! C'est un régime communiste ! C'est un régime inhumain ! Ils vous tueront comme nous ! Groupe par groupe, ils vous tueront tous ! » Mais les prisonniers enfermés dans leurs cellules ne pouvaient pas les aider, partout se dressaient les soldats aux mitraillettes. Les soldats tiraient en l'air pour intimider les prisonniers enfermés. La lutte se poursuivit jusqu'à 4 heures du matin, la plupart des prisonniers qu'on allait emmener avaient été tués, avaient subi le martyre, les survivants furent emmenés au bureau du

1. « Pont-aux-couleurs ». Prononciation locale du *Polygone*, nom d'un fortin militaire bâti par les soviétiques.

commandant, où ils furent enfermés. Or dans la prison de Polé Tcharkhî était un officier préposé aux mises à mort, qui s'appelait Basîr, qui tenait toujours un pistolet au poing. C'est lui qui enferma les cinq ou six survivants qui restaient, tous blessés. Le commandant leur dit : « Vous n'êtes que des chiens, on ne dépense pas de cartouches pour des chiens ! » Et il ordonna qu'on les mette à mort à coups de bâton.

Après que cet incident eut lieu, il y avait un détenu... je ne me souviens pas de son nom, je crois qu'il était des provinces du Nord... son neveu fut un de ceux qui furent tués au cours de cet événement. Eh bien, pour cinq mille afghanis, il se procura un couteau d'un des soldats. C'était un couteau très long, qu'il conserva sur sa personne. Or chaque jour on lisait la liste des noms de ceux qui devaient être emmenés pour être tués. Tandis que les prisonniers partaient au fur et à mesure, le commandant lui-même, Sayyed 'Abdollâh, assis sous le portail de la prison, les regardait passer. Alors vint un jour où on appela le nom du prisonnier au couteau. Lorsqu'il passa sous le portail, ce prisonnier courut vers Sayyed 'Abdollâh et le larda de coups de couteau. On emporta Sayyed 'Abdollâh, sanglant, vers sa voiture. L'assassin de Sayyed 'Abdollâh fut abattu d'une rafale de mitraillette, une mitraillette russe. Il y eut un nouveau commandant. Mais le gouvernement de Tarakî avait peut-être compris que si on pousse des êtres humains à bout, on obtient le contraire de ce que l'on en désirait. Cependant, quarante-trois personnes furent exécutées en représailles de l'assassinat du commandant (...) En tout cas le système continuait. Chaque nuit des noms étaient lus, et les condamnés avaient les mains liées et les yeux bandés et partaient vers la mort. Seulement, ils leur cachaient la vérité maintenant, en leur disant, non pas « Vous allez mourir », mais au contraire « Nous allons vous libérer ». Et puis on les faisait monter dans les Jeep ou des camions. Seulement, pendant plus d'une semaine, des vêtements arrivaient de la part des familles de ces prisonniers, et ces vêtements n'étaient plus réclamés. Alors nous comprenions que ceux-là aussi avaient été exécutés. D'ailleurs les soldats nous le confirmaient, en nous disant qu'ils usaient de ce stratagème pour prévenir des émeutes (...)

Et puis eut lieu le coup d'État de Hafîzollâh Amîn (4 septembre 1979), qui renversa Tarakî. Dans la prison il n'y eut aucun changement, seulement un remplacement de commandant. Et puis ils amenèrent la famille de Tarakî, sa femme. Ils lui disaient : « Vous resterez ici quelque temps, Tarakî Sâheb ne se sent pas bien, dans quelque temps nous allons vous le rendre. » Cependant, quelque temps plus tard, nous apprîmes par la télévision (on nous faisait maintenant assister à des séances de télévision) que Tarakî avait été tué. Alors la femme de Tarakî et sa famille, qui étaient là, se mirent à pleurer. Ils appelaient les autres prisonniers pour qu'ils les aident, disant que nous étions sans honneur – j'ai vu tout cela de mes yeux – et que nous devrions avoir honte de rester assis comme cela, sans réagir. Alors un des prisonniers répondit : « C'est ce Tarakî-là qui nous a lui-même enfermés ici. Avant que vous ne veniez ici, jamais vous ne vous êtes demandé quelle injustice on nous faisait. Pour nous, Tarakî, Amîn, tout cela, c'est la même chose. » Sur ces entrefaites, les gardes se mirent à frapper Mme Tarakî et ses enfants à coups de ceinture, à la gifler à coups de ceinture en pleine figure.

Et puis le 6 du mois de Djaddî (27 décembre 1979) eut lieu le coup d'État de Babrak Kârmal, organisé par les Russes. Il prononça un discours comme quoi il allait libérer les prisonniers politiques. Lorsqu'on me libéra, on me dit que je pouvais retourner à mon enseignement médical à l'université. « On va vous rembourser votre arriéré de solde. Désormais, vous pouvez travailler. Nous vous faisons confiance. » Mais moi oh, pas seulement moi, tous les Afghans – je ne pouvais plus accepter de travailler sous un régime de Russes, sous un régime de communistes. L'Afghanistan est opposé aux communistes. Nous ne voulons plus de ce genre de chose. Je ne pouvais plus supporter de retourner à l'hôpital, d'enseigner, de parler, et d'utiliser des livres russes. A l'hôpital il n'y avait plus que des Russes, des médecins russes. Et moi je disais que la médecine russe était arriérée. Enfin, sans doute ont-ils de bons médecins, chez eux. Mais en Afghanistan ils n'envoyaient que des médecins militaires, des médecins sans expérience, qui faisaient leur apprentissage en tuant leurs malades. Ce sont là des choses que tous nos médecins ont vues de leurs yeux. Et puis il fallait que j'enseigne selon des méthodes russes, et il n'y a plus personne en Afghanistan qui supporte quoi que ce soit de russe. Et c'est pourquoi j'ai décidé de quitter l'Afghanistan. Eh j'ai bien vu les efforts des gens de Kaboul pour se dresser contre les Russes. Mais maintenant ce n'est plus là-bas que le système du KGB, le régime russe. J'ai bien l'espoir de voir l'Afghanistan libre un jour. Je suis parti pratiquer la médecine dans quelque autre pays. Mais j'espère qu'un jour l'Afghanistan sera libre.

Question. – Un mot seulement. Y avait-il des Russes dans la prison de Pol-é Tcharkhî ? Étaient-ils au courant de ce qui s'y passait ?

Réponse. – Sous Tarakî des officiers russes vinrent faire une tournée d'inspection. Mais durant la période de Tarakî et d'Amîn, c'étaient des officiers afghans qui faisaient ce travail, et peut-être étaient-ils encore pires, encore plus sauvages, que ne l'auraient été des Russes. Mais une fois que Babrak Kârmal vint au pouvoir, il n'y eut plus que des Russes. Des officiers russes donnaient tous les ordres. Il n'y avait plus d'Afghans. Nous attendîmes dix jours avant d'être libérés. Un des prisonniers demanda en russe à l'un deux : « Quand serons-nous libres ? » Lui répondit : « Jamais ! Vous resterez là ! Vous êtes des criminels ! On étudiera votre cas pour savoir lesquels peuvent être relâchés ! »

(...)

('Abdollâh 'Osmân fournit ensuite des témoignages indirects, des récits entendus. Tout ce qu'il a raconté jusqu'ici constitue seulement son témoignage visuel. Ajoutons qu'à trente-quatre ans, le docteur 'Abdollâh 'Osmân a les cheveux entièrement blancs.)

2. *Témoignage de « Mohammad Ashraf » (pseudonyme), environ quarante ans.* (Professeur à l'université de Kaboul ; anglophone ; arrêté pour des motifs politiques de son propre aveu ; sa peine fut d'autant plus sévère, et son témoignage en est d'autant plus grave ; emprisonné à Pol-é Tcharkhî pendant dix-huit mois ; amnistié le 8 janvier 1980 ; parti de Kaboul le 8 mars 1980 ; arrivé à Peshâwar le 11 mars.) Enregistré à ma requête en anglais le 16 mars :

« Je commencerai par Pol-é Tcharkhî. Nous fûmes emmenés dans les cellules de Pol-é Tcharkhî.

Question. – Quand ?

Réponse. – Oh, il y a un an et demi. Il y a dix-huit mois environ, à dater d'aujourd'hui.

Question. – Pourquoi fûtes-vous arrêté ?

Réponse. – J'étais accusé de sabotage politique contre le gouvernement.

Question. – Y avait-il une part de vérité dans ces accusations ?

Réponse. – Euh, ils n'avaient aucun document contre moi. Néanmoins, nous étions engagés dans une activité politique, c'est vrai. Nous préparions une sorte de petit coup d'État, en tout cas. Et nos amis furent pris. Ils furent torturés. Beaucoup d'entre eux résistèrent jusqu'à la mort, et périrent. Tout cela avant mon arrestation.

Question. – Comment avez-vous su que vos amis furent arrêtés, torturés et tués ?

Réponse. – Nous étions en communication avec eux.

Question. – Comment ?

Réponse. – Par des soldats. Des soldats musulmans fervents. Des Afghans. Ils nous servaient d'intermédiaires. Ils pénétraient dans les sombres demeures de la torture et en revenaient. Ils nous rapportaient des nouvelles. Et donc ils furent torturés, et l'un d'eux mentionna mon nom. D'abord il résista à différentes sortes de torture ; mais lorsque l'on amena son épouse et qu'on commença à la torturer devant lui, avec des chocs électriques, avec des coups de câble, il fut bien obligé d'avouer : « Un de nos amis est M. Untel », il me nomma. Le jour suivant, ils vinrent dans mon bureau et m'arrêtèrent ; je fus emmené au ministère de l'Intérieur.

Au ministère de l'Intérieur il y a un lieu spécialement désigné pour ces tortures, pour les « investigations », comme ils les appellent. Ce lieu s'appelle, attendez, euh, AKSA. C'était une prison souterraine, où nous fûmes d'abord enfermés.

Question. – Combien étiez-vous ?

Réponse. – Six ou sept. De beaucoup d'endroits différents. Lorsque vint la nuit, ils commencèrent à nous interroger. Ils ne trouvèrent rien au cours de cet interrogatoire, ils n'avaient aucun document, pas la moindre trace. Mais par la torture, ils faisaient avouer même ce que l'on n'avait pas fait.

Question. – Récapitulons. Vous fûtes arrêté à quelle heure pour être emmené au ministère de l'Intérieur, et à quelle heure commença cet interrogatoire ? Qui exactement vous interrogeait ?

Réponse. – C'étaient des Afghans. Mais derrière les Afghans il y avait des Russes aussi.

Question. – Vous avez vu ces Russes ?

Réponse. – J'en ai vu beaucoup. On les voyait dans les corridors, ils passaient ; ceux qui nous interrogeaient emportaient les papiers avec nos réponses dans les salles d'à côté pour discuter avec les conseillers russes. Nous les entendions. Nous les voyions. Certaines nuits ils entraient pour nous regarder.

Question. – Décrivez ces Russes. Comment les avez-vous reconnus pour être des Russes ?

Réponse. – Par les traits. Par la figure. J'ai souvent été en Russie. Je les reconnais, leur langue, leur culture.

Question. – Vous parlez russe vous-même ?

Réponse. – Non ; un peu seulement.

Question. – Revenez donc à votre description de votre première journée de captivité.

Réponse. – Ils commencèrent la torture, les investigations, à 10 heures du soir. Avant, ils ne faisaient rien, il y avait trop de va-et-vient dans la ville ; des gens venaient au ministère de l'Intérieur. La torture commençait à 10 heures du soir, et durait jusqu'à 4 heures du matin. C'était des chocs électriques, et aussi une sorte de chaise électrique. Ils faisaient passer de l'électricité dans la chaise, la chaise bougeait, tremblait, c'était... hé, hé... parfois insupportable. Et puis comme j'ai dit ils nous frappaient avec des câbles, et aussi avec des bâtons. Et puis aussi ils nous pendaient comme ça... Ils nous attachaient des sortes de cordes aux mains, et alors l'homme pendait au plafond, mais ses orteils touchaient le sol. L'orteil donc touchait le sol, mais il pendait à moitié. C'était une dure torture, parce que ça durait huit heures, ou dix heures. On se sentait fatigué, épuisé.

Question. – On vous a fait ça, à vous ?

Réponse. – A moi aussi. Ils m'ont pendu comme ça... A peu près pendant cinquante-deux heures. Pendu.

Question. – Donc des Afghans vous torturaient ainsi ? Des Russes étaient-ils présents ? Décrivez très exactement ce que vous vîtes de vos propres yeux lorsque vous étiez dans cette... position.

Réponse. – C'étaient des Afghans qui nous interrogeaient. Mais je savais, je sentais, je voyais que c'étaient des Russes derrière. Je les voyais là-bas passer dans le corridor. Ils lisaient les papiers avec les réponses. Ils ajoutaient de nouvelles questions, plus psychologiques, plus scientifiques. Et ainsi pendant vingt-cinq jours, de 10 heures du soir à 4 heures du matin, les tortures, les questions, les interrogatoires.

Et puis ils nous emmenèrent en prison. C'était la prison de Deh-Mazang, une prison des anciens gouvernements, mais l'administration en avait été rendue plus dure. Nous n'avions le droit qu'une fois toutes les vingt-quatre heures de nous rendre aux toilettes. Ils nous mettaient une espèce de rideau noir sur la tête, et ils nous emmenaient à travers le corridor très sombre. Je distinguais seulement deux petites ampoules qui brillaient au bout et au début. Donc on nous emmenait seulement une fois par jour aux toilettes, et puis nous rentrions dans notre tombeau. C'était très humide. Nous étions chacun tout seul dans sa cellule. Aux toilettes ils nous laissaient cinq, dix minutes, mais ils hurlaient tout le temps : « Dépêche-toi ! Sors de là ! »

Question. – Dans la prison de Deh-Mazang, vîtes-vous des fonctionnaires afghans, ou russes ?

Réponse. – Des fonctionnaires afghans. Et puis ils nous emmenèrent à la prison de Pol-é Tcharkhî, après quarante-cinq jours à peu près. Pol-é Tcharkhî était une prison plus organisée, plus sûre. A Pol-é Tcharkhî nous vîmes beaucoup de choses. Il y avait là-bas un homme, le commandant de Pol-é Tcharkhî, son nom était Sayyed 'Abdollâh. Pour autant que je sache, il était plus puissant que Jules César, ou Néron, ou Hannibal, ces gens-là. Parce qu'il avait un pouvoir absolu. Il pouvait décider de la mise à mort des gens, les faire fusiller aussitôt, les enterrer vivants dans... dans la terre.

Question. – Pouvez-vous répéter cette dernière phrase, s'il vous plaît ?

Réponse. – Sayyed 'Abdollâh était si puissant qu'il pouvait décider de la mort des gens, et qu'il pouvait les enterrer, vivants.

Question. – Qu'entendez-vous par... enterrer vivants ?

Réponse. – Creuser la terre, les mettre dans la terre, vivants, les recouvrir de terre.

Question. – Cela eut lieu où ?

Réponse. – A Pol-é Tcharkhî. Et pas qu'une fois, de nombreuses fois...

Question. – Où exactement ? Dans la prison ? Dehors ?

Réponse. – Pol-é Tcharkhî était divisé par blocs. Numéro un, numéro deux, numéro quatre et numéro trois. Numéro trois. Bloc numéro trois, cela se passait.

Question. – Les enterrements vivants avaient lieu au bloc numéro trois ?

Réponse. – Oui. Des enterrements vivants. Pas seulement dans la terre, mais aussi dans la saleté des toilettes. Le dernier jour, lorsqu'il y eut le pardon pour les prisonniers, beaucoup de gens venaient chercher les membres de leurs familles dans les saletés des toilettes. En fait, c'était avec des bâtons qu'ils fouillaient la... les saletés des toilettes.

(Ici nous nous tûmes quelques instants et interrompîmes la bande. Ce moment d'émotion passé, nous reprîmes) :

Question. – Reprenons, s'il vous plaît. Pouvez-vous me décrire très exactement ce qui vous est arrivé, à vous, ce que vous avez vu personnellement dans la prison de Pol-é Tcharkhî depuis le premier jour de votre arrivée ? Dites-moi ce que vous avez vu du commandant Sayyed 'Abdollâh...

Réponse. – De Sayyed 'Abdollâh je peux vous dire qu'il torturait non seulement les prisonniers, mais aussi les gens libres qui venaient de l'extérieur en visite, pour rendre visite aux « criminels », aux prisonniers. La loi permettait aux gens de venir de l'extérieur pour s'enquérir des prisonniers et leur apporter des choses. Il y avait là un homme, autrefois directeur de... je ne vous donnerai pas son nom, il ne faut pas que ce soit imprimé dans les journaux. C'était lui-même un Partchamî (communiste) et peut-être qu'il est lui-même maintenant au pouvoir. C'était alors le temps du pouvoir Khalq. Sa sœur vint le voir. Elle voulait prendre contact avec son frère. Le soldat lui dit : « Allez de ce côté-là ! » Sans doute s'était-elle trompée, elle prit un autre passage. Alors le soldat l'arrêta. La dame dit quelque chose contre eux, et Sayyed 'Abdollâh se dressait là. Il ordonna de fouetter la dame, et cinq soldats s'attaquèrent à une dame, à une dame innocente, sans défense. Alors il cria : « Déshabillez-la ! » Cela eut lieu devant un millier de prisonniers qui étaient debout là. Ils feront peut-être de bons témoins si vous les rencontrez. Ils la déshabillèrent. L'homme se jeta sur sa sœur pour la recouvrir. Alors Sayyed 'Abdollâh cria : « Déshabillez-le aussi ! » C'était une sorte de torture aussi de les déshabiller et de les laisser nus devant tous.

Question. – Permettez-moi de vous interrompre ici. Cela eut lieu à quelle date ? Et où très exactement vous trouviez-vous ?

Réponse. – J'étais dans ma cellule. Mais à ce moment-là deux soldats m'emmenaient aux toilettes, et c'est là que je vis cette... tragédie.

Question. – Cela avait donc lieu dans la cour ?

Réponse. – Oui, dans la cour, en bas, dans le... le... la cour, comme vous dites.

Question. – C'était du temps où Tarakî était au pouvoir ?

Réponse. – Oui, du temps où Tarakî était au pouvoir.

Question. – Vous êtes sûr ?

Réponse. – Oui, je suis sûr. Donc je continue. Un homme, un Mollâ, à partir de sa cellule, se mit à crier, à... injurier Sayyed 'Abdollâh. « C'est une dame ! Une dame doit être respectée en Islam ! Une dame doit être respectée par des Afghans ! » Ainsi cria-t-il. Alors Sayyed 'Abdollâh fit chercher le Mollâ par quatre soldats. On le déshabilla lui aussi. On lui mit une baïonnette derrière, là, oui, entre les fessiers, et on le poussa, et lui criait : « Dieu est Grand ! *Allâhou Akbar !* » Et puis après cela on l'emmena de l'autre côté du mur et on le tua. Dans la cour, eh bien, la dame était nue, et l'homme était nu, ils restèrent debout comme cela pendant dix, onze minutes, et puis comme le spectacle était terminé, cet événement se termina.

Question. – Revenons aux gens enterrés vivants. Comment saviez-vous que cela se passait ? Où étiez-vous ?

Réponse. – Nous étions dans un lieu d'où il était possible de voir des exécutions. J'étais au troisième étage. Et on nous emmenait dehors aux toilettes. A ce moment-là, à Pol-é Tcharkhî, on avait le droit d'aller aux toilettes trois fois par jour, ce qui était mieux par rapport à la prison de Deh-Mazang. C'est à ces moments que, par accident, nous pouvions voir des choses, sinon nous étions enterrés dans une petite chambre sombre. Moi, j'étais toujours seul dans ma cellule. Les toilettes ne se situaient pas à l'intérieur du bâtiment, il n'était pas fini. Donc les toilettes se situaient à l'extérieur, alors c'était un moment de prendre un peu le soleil, de marcher, faire un aller-retour, c'était le meilleur moment, nous l'attendions. Des heures nous attendions le privilège d'aller aux toilettes. Alors d'abord nous passions dans un corridor, percé de petites fenêtres d'où nous pouvions voir, dans la cour, le lieu d'exécution. Donc la nuit surtout, ils dressaient des gens contre le mur, et braquaient sur eux une sorte de lumière bleue. Alors ils étaient fusillés. Collectivement. Dix personnes. Vingt personnes. Parfois quarante-cinq. Une nuit cent vingt personnes furent tuées sous ce mur. L'un d'eux s'échappa, il fut repris après cinquante mètres environ par les soldats, par les officiers – c'est par les soldats que nous entendîmes parler de lui – et Sayyed 'Abdollâh l'obligea à présenter son dos : ils lui mirent soixante-douze balles dans le corps.

Question. – Mais, les enterrements vivants ? En vîtes-vous ?

Réponse. – Oui. Là où je vous ai dit. Dans le lieu d'exécution. Ils creusaient des endroits, comme des tombes. Parfois ils obligeaient les prisonniers à le faire. Ils creusaient, et se mettaient debout dedans, et puis on les recouvrait de terre.

Question. – Que faisaient donc les prisonniers ?

Réponse. – Ils criaient : « Dieu nous sauve ! Nous sommes Afghans ! Nous sommes musulmans ! » Ils faisaient comme font ceux qui vont mourir. Mais beaucoup d'entre eux supportaient. Ils restaient silencieux. Ils connaissaient leur destin. Ils se rendaient à la mort.

Question. – Vous avez vu cela de vos propres yeux, ou vous en avez entendu parler ?

Réponse. – J'en ai entendu parler. Mais de mes yeux j'ai vu cela trois fois.

Question. – Combien de personnes à chaque fois ?

Réponse. – Tel que je l'ai vu, seulement des personnes seules à chaque fois.

Question. – De la même façon ? Debout dans la tombe, et la terre jetée sur eux ?

Réponse. – Oh, tel que je l'ai vu, c'était... pour terroriser les prisonniers. Pour donner des leçons comme cela. La nuit c'était fait collectivement, à un kilomètre et demi de Pol-é Tcharkhî, dans un champ, dans un grand puits (sic : « puits », *well*). Ils les y jetaient, pieds et poings liés. D'autres « puits » ils les creusaient eux-mêmes (l'interlocuteur veut sans doute dire « *ditch* », fosse). C'étaient des tombeaux pour les prisonniers. Ils les y jetaient. Puis ils les recouvraient de terre avec des bulldozers.

Question. – Comment entendites-vous parler de ces... bulldozers ?

Réponse. – Il y avait un groupe d'officiers travaillant à Pol-é Tcharkhî. Ils n'étaient pas *Khalqî*. Une minorité était *khalqie*. Mais la majorité était afghane, musulmane. C'était eux qui nous disaient ces choses : « Ce soir, nous avons emmené de ce bloc-là tant de personnes et nous les avons mises à mort. Nous en sommes désolés. Que faire ? C'est notre métier. Nous ne pouvons pas nous révolter. Mais nous ne savons comment continuer ce travail. » Ils étaient très troublés. Pour eux, c'était la torture de la conscience.

Question. – Des Russes étaient-ils présents au cours de ces exécutions, pour autant que vous le sachiez ?

Réponse. – Des Russes ? Non. Je n'en ai pas vu.

Question. – Et dans la prison ?

Réponse. – Oui, j'en ai vu. C'était du temps de Hafîzollâh Amîn. Ils avaient pris l'administration en main. Ils vinrent une nuit. Il y en avait quatre. Ils passaient dans le corridor. Ils posèrent quelques questions aux prisonniers. Ils firent mettre quelques lumières supplémentaires dans les corridors. Entre-temps, ils administraient le bureau de ce bloc-là. Ils installèrent un téléphone et un sans-fil, un walkie-talkie, quelque chose de ce genre, c'était grand. Donc il en parut du temps de Hafîzollâh, et les officiers afghans leur obéissaient.

Question. – Mais alors, les tortures, les enterrements vivants, continuaient-ils du temps de Hafîzollâh Amîn, alors que des Russes se trouvaient selon vous dans la prison ?

Réponse. – Du temps de Hafîzollâh Amîn, c'était encore pire que du temps de Noûr Mohammad Tarakî ! Hafîzollâh Amîn était pressé de tuer beaucoup de gens, au début, pour en accuser ensuite Tarakî. Comme il a dit : « Après le 25 du mois de Sombola (14 septembre 1979), j'en prends la responsabilité ! Tout ce qui a été fait avant cette date a été fait par Noûr Mohammad Tarakî. » Donc la première semaine où il prit le pouvoir (à partir du 4 septembre 1979), il tua beaucoup de monde. C'était féroce. Bestial. Moi, dans ma cellule, du côté de mon bloc, nous les solitaires, on a été un peu oubliés. En ce temps-là il y eut beaucoup de remous dans la ville, alors ils amenèrent d'autres « saboteurs ». Moi, mon cas était un peu extraordinaire ; ils m'avaient oublié.

(Ici nous fîmes une pause. L'interlocuteur reprit) :

« Sayyed 'Abdollâh, je ne crois pas exagérer, n'était pas un homme normal. C'était une bête. La nuit, il buvait, et une fois qu'il était saoul, il venait montrer sa puissance aux gens. Si un prisonnier faisait la moindre erreur... ou même, il les prenait au hasard, des innocents, il les tuait comme ça ! Pas de procès. Pas de raison. Pas de logique. Il avait la puissance, et le gouvernement lui avait donné pleine autorité pour faire ce qu'il voulait. Il exerçait son pouvoir chaque nuit. Il faisait des discours. Les discours d'un ivrogne. Il remarquait par exemple que quelqu'un n'applaudissait pas : « Pourquoi n'applaudis-tu pas ? » Il le faisait battre à mort. Lui le battait, quinze autres soldats le battaient, il le battait de nouveau, il s'épuisait à le battre. Ce n'était pas un homme normal. Un barbare ignare.

Question. – Tout au long de votre séjour en prison, vous ne fûtes visité par aucun juge, avocat, ou médecin ?

Réponse. – Non. Ni juge, ni avocat, ni médecin.

Question. – Et par des fonctionnaires russes ?

Réponse. – Des fonctionnaires russes sont venus quelques rares fois. Ils ne posaient plus de questions. Ils passaient en silence en jetant un coup d'œil.

Question. – Mais étaient-ils présents dans la prison en permanence ? Du temps donc de Hafîzollâh Amîn ?

Réponse. – Ils étaient dans la prison, mais dans un lieu spécial, leur département. Ils venaient visiter parfois quelques blocs. Mais je répète, ils étaient dans la prison. Ils travaillaient dans la prison.

Question. – Vous êtes prêt à témoigner sur serment que des fonctionnaires russes étaient présents dans la prison de Pol-é Tcharkhî sous le régime de Hafîzollâh Amîn ?

Réponse. – Pourquoi pas ? Pourquoi pas ?

Question. – C'est... rendre des fonctionnaires russes responsables directement ou indirectement des atrocités commises dans la prison de Pol-é Tcharkhî pendant les trois mois de Hafîzollâh Amîn ?

Réponse. – C'est correct.

Question. – C'est donc votre déclaration ?

Réponse. – C'est ma déclaration.

Question. – Revenons-en donc à Sayyed 'Abdollâh.

Réponse. – Eh bien, Sayyed 'Abdollâh fut assassiné par un des détenus. Je ne l'ai pas vu moi-même, je n'étais pas dans ce bloc-là, j'en ai entendu parler par d'autres. Un certain nombre de gens furent emmenés vers l'exécution, vers 10 heures du matin. D'autres attendaient leur tour. Et puis un homme nommé Sayyed Akbar, dont le frère Sayyed 'Omar venait d'être exécuté la nuit précédente, se précipita sur Sayyed 'Abdollâh dans le corridor. Sayyed Akbar avait un couteau, qu'un soldat, un musulman, un Afghan, lui avait fait parvenir. Il frappa Sayyed 'Abdollâh de huit coups. Sayyed 'Abdollâh s'écroula. Les officiers l'emportèrent vers sa voiture. Pour un moment, l'exécution fut interrompue. Le groupe qu'on avait déjà emmené, par chance, fut épargné aussi. Au bout de deux heures seulement vint un nouveau commandant pour administrer la prison, nommé Gholâm Rasoûl. Quant aux témoins de cet événement, j'en connais beaucoup, je pourrais vous les nommer, mais je ne le ferai pas, ce pourrait être dangereux pour eux. Gholâm Rasoûl demanda l'assassin de Sayyed 'Abdollâh, qui se présenta de lui-même, criant : « C'est moi l'assassin de Sayyed 'Abdollâh ! » C'était dans le corridor. Il déchira sa chemise et découvrit sa poitrine, disant : « Dieu est grand ! Il n'y a d'autre dieu que Dieu ! *Allâho Akbar ! Là ilâha illâ-Llah !* » Gholâm Rasoûl vida le chargeur de son pistolet dans sa poitrine.

Question. – A quelle date fut assassiné Sayyed 'Abdollâh ?

Réponse. – Je ne me souviens plus exactement. A peu près il y a six mois. Du temps de Hafîzollâh Amîn.

Question. – Les exécutions continuèrent-elles sous le nouveau commandant, Gholâm Rasoûl ?

Réponse. – Les exécutions continuèrent. Mais superficiellement, il était un peu plus... démocrate. Il avait peur des prisonniers. Après l'assassinat, ils se rendirent compte que le prisonnier aussi a une certaine puissance. Alors certaines facilités furent octroyées – par exemple, les malades pouvaient aller quatre fois aux toilettes. Quelques minutes de plus au soleil. Mais les tueries, mais l'assassinat, tout cela continuait.

Question. – Est-ce que les enterrements vivants continuèrent après l'assassinat de Sayyed 'Abdollâh ?

Réponse. – Non. Ce fut arrêté.

Question. – Donc les enterrements vivants étaient dus à l'initiative personnelle de Sayyed 'Abdollâh ?

Réponse. – Non. Je ne pense pas que cela dépendait de son initiative personnelle. C'était commandé de plus haut, de Noûr Mohammad Tarakî. Sayyed 'Abdollâh trahissait souvent l'idéologie du gouvernement lorsqu'il parlait pendant la nuit. Il disait : « Nous n'avons pas besoin de beaucoup de gens en Afghanistan. Nous n'avons besoin que d'un petit groupe d'un million de gens. Avec eux nous construirons le socialisme. Nous n'avons pas besoin de musulmans, nous n'avons pas besoin de groupes islamiques, nous n'avons pas besoin de féodaux, nous n'avons pas besoin de marchands, nous n'avons pas besoin de capitalistes... » Enfin, tous ces termes bien connus du communisme. Donc il avait l'autorisation de tuer autant qu'il le pouvait. C'était un de ses discours. Ces discours-là, il les tenait tout le temps. Une fois toutes les deux nuits, pour le bénéfice des prisonniers.

Question. – Est-ce que le nouveau commandant, Gholâm Rasoûl, tenait de semblables discours ? Ou d'autres officiers encore ?

Réponse. – Oui. Sayyed 'Abdollâh était escorté de nombreux officiers. Toutes les deux nuits. Parfois son vice-administrateur tenait ces discours.

Question. – Que disait le vice-administrateur ?

Réponse. – Il voulait flatter Sayyed 'Abdollâh. Il disait : « C'est un génie. C'est un leader. C'est un socialiste. C'est un révolutionnaire. C'est un commandant. » Ce genre de choses. Puis il se mettait à attaquer l'Islam, le nationalisme afghan. A cette époque il attaquait Babrak. Il injuriait Anâhîta (Mme Anâhîta Râteb-zâda, ministre de l'Éducation plus tard de 1980 à 1986 et maîtresse de Babrak Kârmal). Par contre, Noûr Mohammad Tarakî était le plus grand leader du monde, jamais vu dans l'histoire de l'humanité. Des choses comme ça. (L'interlocuteur se mit à rire.)

Question. – Je vois. Mais est-ce que seul Sayyed 'Abdollâh faisait état d'un million d'Afghans à laisser vivants ?

Réponse. – Oui. Cependant il avait dû recevoir les directives de Hafîzollâh Amîn, qui a dit quelque chose qui fut enregistré par un journaliste européen, italien je crois, qui l'avait interrogé : « Vous avez dit qu'il vous suffisait d'un million, que vous n'aviez pas besoin de plus. » Hafîzollâh Amîn fut troublé, et jura : « Par Dieu, je n'ai jamais dit cela. » Cette façon de nier était une façon d'avouer. Il était si troublé pour répondre...

Question. – Mais Gholâm Rasoûl tint-il jamais de semblables discours ?

Réponse. – Non. Il ne faisait pas de discours.

Question. – Quelle était l'attitude des gardes ?

Réponse. – Inhumaine. Des cris. Des injures. Des coups. Des coups de poing. Surtout, au moment des toilettes, ils sortaient le détenu de force, demi-nu, en disant que son temps était fini. Je vis ainsi un général sorti de force par un simple soldat, qui lui disait : « Ça n'est plus toi, le général ! C'est moi ! » Le général n'arrivait pas à remonter son pantalon.

Question. – Bien que le sujet ne soit guère plaisant, pouvez-vous décrire les conditions sanitaires, et justifier ce que vous avez dit, comme quoi des prisonniers étaient enterrés dans... la fosse d'aisances.

Réponse. – La condition des toilettes était très mauvaise. Des gens n'avaient parfois pas le droit d'y aller pendant quarante-huit heures. J'ai entendu un homme hurler : « Pour Dieu, laissez-moi aller aux toilettes ! » J'entendais les soldats lui répondre : « Tu te plains de quarante-huit heures ? Certains n'y vont pas ici depuis trois jours ! » On allait aux toilettes à tour de rôle. D'abord les prisonniers d'un bloc. Puis ceux du suivant. Ça prenait très longtemps. Et certains prisonniers manquaient leur tour d'y aller.

Question. – A quelle distance de la prison, ces toilettes ?

Réponse. – A trois cents mètres environ. Il fallait faire la queue. Le temps accordé n'était que de trois minutes, puis il fallait ressortir. La queue était si longue que certains prisonniers n'arrivaient pas à leur tour : le temps de récréation était terminé, il fallait réintégrer les cellules. Et puis attendre encore vingt-quatre heures. Certains suppliaient pour avoir le droit d'y aller. Ils étaient malades de dysenterie. Les soldats leur répondaient d'aller faire ça dans leurs cellules. Dans leurs pantalons. Après vingt-quatre heures, un détenu ne pouvait plus se retenir. Mais là, il avait commis un crime. Il avait sali sa cellule. Alors les soldats et un officier le sortaient de sa cellule, l'exhibaient aux autres prisonniers en disant qu'il avait sali sa cellule. Puis à chaque pas du corridor, devant les prisonniers, ils le battaient, en disant aux autres : « Si vous commettez le même crime, si vous salissez vos cellules, vous serez battus ainsi ! »

C'était là la condition des toilettes. Il y avait une blague parmi les prisonniers : « Révoltons-nous tous ensemble ! Notre slogan sera : Toilettes ! Toilettes ! Toilettes ! » Parce qu'en France, à la Bastille, le peuple criait qu'il voulait du pain. Eh bien nous, ce sera pour ça.

Le pain aussi, c'était important, mais cela nous était assez égal. Une nourriture très sale. Ils nous l'amenaient dans des poubelles. Plein de microbes. Cela provoquait des maladies. Ceux qui avaient honte des suites naturelles de cette nourriture tentaient de manger le moins possible. C'était des morceaux de carottes dans un océan d'eau. Des carottes. De l'eau. Quelques gouttes d'huile de margarine. Certains prisonniers disaient :

« J'ai eu de la chance aujourd'hui. J'ai trouvé un morceau de carotte dans ma nourriture. » Un autre disait : « J'ai vu un morceau de carotte sur la cuiller du cuisinier qui me servait. Mais la carotte est tombée par terre. » Voilà les affaires importantes dont nous discutions. Quelqu'un rêva et raconta son rêve dans la queue des toilettes. « J'ai rêvé cette nuit que je chevauchais un cheval blanc. J'allais vers la prison de Deh-Mazang. » Pour nous, la prison de Deh-Mazang, bâtie par le roi Zâher Shâh et Dâoûd, c'était l'Intercontinental par rapport à Pol-é Tcharkhî.

C'était si cruel. L'hiver, pas de feu. Moins vingt, moins vingt-cinq degrés, sans feu. Une couverture par terre, c'est tout. Et Pol-é Tcharkhî est en dehors de la ville, c'est encore plus froid qu'à Kaboul. Le vent. Moins vingt-cinq ; les pauvres prisonniers, dans leurs cellules, sans feu, sans poêle, une couverture – la moitié en dessous, la moitié au-dessus. Humidité. Mouillées, les cellules. Complètement sombres. Un de nos amis était heureux d'un rayon de soleil qui pénétrait dans sa cellule. Une heure plus tard, l'officier vit le rayon, et boucha le mur avec de la glaise.

Question. – Vous me tracez ici un dessin du plan de la prison et de ses toilettes. Voici une rangée de cabanes avec un trou dans le sol.

Réponse. – Les cabanes étaient en bois.

Question. – Le dessin montre un tuyau emmenant les excréments dans une grande fosse au milieu de la cour. Donc, selon ce dessin, les prisonniers faisaient la queue de chaque côté de cette fosse. Selon vous, des exécutions eurent lieu dans cette fosse ?

Réponse. – Oui. Quelqu'un vit fouiller sa cellule, et ils trouvèrent un stylo-bille. C'était là-bas l'arme la plus dangereuse. Ce prisonnier fut amené devant la queue des détenus. Le commandant leur dit : « Il a fait quelque chose de très grave. Il a fait parvenir un stylo dans la prison. Nous allons vous donner une leçon. Si l'un de vous en fait autant, il sera puni de même. » Le prisonnier fut jeté dans la fosse de saleté. Il essaya d'en ressortir, mais c'était mou, il s'enfonça, les soldats tout autour le poussaient avec des gaffes, et le noyèrent. Il se noya. Il mourut. C'était à plus de trois mètres, trois mètres et demi de profondeur.

Question. – Cela eut lieu une ou plusieurs fois ?

Réponse. – De nombreuses fois. Cela eut lieu dans chaque bloc. Cette leçon fut donnée aux prisonniers de chaque bloc. De temps à autre. Mais ils tuaient surtout autrement. En enterrant vivant. Mais noyer dans la saleté, c'était le châtiment suprême. Ça leur servait de menace. Ils disaient : « Vous voulez qu'on vous noie dans la saleté ? »

Question. – En persan ?

Réponse. – Mî-khwâhî ké tô-râ dar... tchatalî goûr konom ?

(L'interlocuteur, extrêmement pudibond comme le sont en général les Afghans croyants, ne put se résigner à prononcer le mot exact.)

Question. – Vous avez assisté à l'ouverture de la prison, à l'amnistie ?

Réponse. – A l'ouverture de la prison ? Tant de femmes vinrent chercher leurs maris ! Les membres de leurs familles ! Elles ne les trouvaient pas dans les cellules. Alors des soldats leur disaient : « Beaucoup de gens sont enterrés... là. » Les dames entouraient la fosse d'aisances, elles cherchaient les cadavres avec des bâtons, les cadavres des gens de leurs familles. Elles pleuraient en même temps. Pleuraient. Criaient. (L'interlocuteur montra le geste d'une femme qui se voile d'une main en fouillant de l'autre avec un bâton.) Elles avaient leurs enfants avec elles. C'était leur dernier espoir de retrouver leurs disparus. »

(...)

(Le lendemain, l'interlocuteur ajouta quelques détails intéressants : la prison de Pol-é Tcharkhî comportait notamment un « bloc » séparé pour femmes, souvent accompagnées d'enfants.)

3. *Témoignage des paysans de Deh-Sabz.* (Ces paysans, venus de villages près de Kaboul – Bîmâroû, Deh-Sabz – furent témoins des exécutions du champ du Polygone (« Pol-é Goûn »), situé près de leurs demeures ; interrogés collectivement en persan et en pashtô dans un camp de réfugiés, dit de Kabâbîân, près de Peshâwar au Pakistan, le 17 mars 1980) :

(C'est d'abord le paysan Khwâdja Sa'îd Rahmat, soixante ans environ, qui parle) : « D'abord, quand Tarakî prit le pouvoir, vingt-quatre mille soldats en moururent ! On les apportait du Château (l'*Arg*, l'ancien château royal de Kaboul), dans un camion, jusqu'au champ de Pol-é Goûn. On les emmenait par camions, par tanks. On les jetait dans une fosse et on les recouvrait de terre.

Question. – Vous viviez alors à Kaboul ?

Réponse. – Aw ! Aw ! Juste à côté de Pol-é Goûn ! C'est à Pol-é Goûn qu'ils ont commencé à faire ça ! Moi, mon village, c'est justement près de Pol-é Tcharkhî, à côté du champ de Pol-é Goûn. Pol-é Goûn, avant, c'était un champ de tir, les soldats s'exerçaient. Les mitrailleuses, ils s'exerçaient avec ça là-bas. Autrefois. Puis Tarakî donna l'ordre, s'il y a un Mollâ quelque part, il faut l'arrêter. Nous avions un Môlawî (dignitaire religieux) au village de Deh-Sabz, qui disait que tout cela était illégal, contraire à notre foi, contraire au Coran ; on l'emporta, on l'arrêta huit mois. Quand il revint, quand on le relâcha, tout le village de Deh-Sabz se souleva derrière lui. On avait nos pelles, nos faucilles, nos houes, quelques-uns avaient des fusils de chasse. On se souleva, là tout près de l'aéroport. Alors on vint tuer. Tuer ! Des canons ! Des avions ! Les gens pris dans le village, on les mitrailla ! Une tuerie ! Et les bombardements ! Et le sang ! Là-dessous, deux mille, deux mille et demi furent perdus, les vivants et les morts ! Un massacre ! Perdus ! Perdus ! Et le pauvre Môlawî, qui survécut, s'enfuit au Pakistan...

Ils rassemblèrent tout le monde. Les bons officiers qui étaient musulmans, les Mollâ, tous, ils les rassemblèrent pour les jeter dans la prison de Pol-é Tcharkhî. Et puis la nuit, ils leur bandaient les yeux, à 11 heures du soir. Et chaque nuit, deux camions, trois camions en arrivaient tout pleins. Eh bien, qu'International (*sic : Bayn-ol-Melal ;* l'interlocuteur entend par là les Nations unies), eh bien, qu'International aille vérifier là-bas ! Ils verront les morts tous empilés les uns sur les autres. C'était du temps de Tarakî. Hafîzollâh Amîn donnait les ordres. Ils creusaient des fosses. Puis ils les jetaient dedans en leur tirant dessus à la mitrailleuse. Les gens tués, il en venait de chaque province ! Du Logar. Du Nord. De Shash-Gorôh. Tout homme qui était bon musulman...

Un jeune réfugié. – Tous ! Tous ! Les bons commandants ! Les instituteurs ! Les descendants du Prophète ! Toute personne qui ne voulait pas piétiner le Coran !

Khwâdja Sa'îd. – Des officiers, tout plein !

Le jeune réfugié. – Qui ne voulaient pas piétiner le Coran !

Khwâdja Sa'îd. – Justement ! Des officiers qui ne voulaient pas ! Qui n'acceptaient pas le Parti ! Dès 11 heures du soir, ils les abattaient, ils les mettaient dans la terre. Qu'International, s'ils sont justes, aillent voir ! Il en venait de la route de Tara-Khêl, il en venait de Bâlâ-Hesâr ; tout près du village de Deh-Sabz ; vous verrez, c'est plein, plein de morts. Avec les yeux de ma propre tête je les ai vus en enterrer vivants ! Pour Dieu !

Tous les réfugiés. – Aw ! Aw ! C'est sûr ! C'est sûr ! Nous sommes de là-bas ! On l'a vu ! Ils venaient par la route ! De nos propres yeux on l'a vu ! Ils les jetaient dans leurs tombes ! On n'a jamais vu pareille tyrannie ! On les jetait dans la fosse et on mettait de la terre dessus ! De mes yeux je l'ai vu ! De mes yeux je l'ai vu ! Des centaines de gens comme ça ! Les vivants et les morts !

Le jeune réfugié. – Par là il y a deux chemins, une route en bas pour les camions, une piste là-haut pour les piétons. On voyait de là-haut. De jour aussi.

Khwâdja Sa'îd. – On ne pouvait pas trop rester là-haut. Ils ne nous laissaient pas. Ils empilaient les morts dans la fosse. Ils recouvraient de terre, mais les pieds dépassaient. On voyait des jambes en *darîshî* (pantalon européen), des jambes en *kâlâ* (pantalon bouffant afghan), des bottes de soldats. Les bottes de ces musulmans, ils les arrachaient. Les camions arrivaient, pleins, comme ces camions qui transportent le bois à l'usine de Djangalak. C'est comme ça qu'ils transportaient leur marchandise. Comme du bois empilé.

Le jeune réfugié. – Ils n'étaient pas transportés un par un, mais empilés les uns sur les autres. Et puis ils les jetaient du camion dans la terre. Les vivants et les morts ensemble, ils les jetaient dans la fosse et les recouvraient de terre.

Un autre réfugié. – Moi-même je l'ai vu !

Le jeune réfugié. – Les vivants et les morts ! Je l'ai vu de mes yeux, j'allais couper du bois, à 11 heures du matin. Ils arrosaient les gens d'essence, vivants. Et il y en a un tout couvert d'essence qui commença à s'enfuir. Les autres étaient trop bien attachés, pieds et poings, et on les arrosait d'essence. Mais cet homme-là s'enfuit. On l'a abattu. Les autres, on y mit le feu ! (Allusion probable aux 150 membres de l'ethnie Hazâra brûlés vivants après avoir été arrosés d'essence en représailles contre l'attaque d'un poste de police de Kaboul – attaque où un membre de cette ethnie fut appréhendé. La police de Tarakî fit une descente dans le quartier Hazâra de Kaboul et prit 300 otages au hasard. Leur exécution fut attestée dans la presse internationale – *cf.* notamment *Le Monde* du 17 août 1979. Les 150 autres Hazâra furent enterrés vivants à coups de bulldozers, toujours selon la presse. M. Nabîl Malek Aghâ, chargé d'affaires de la République démocratique d'Afghanistan à Paris, ne nia pas cet incident dans sa correspondance adressée au *Monde* en septembre 1979.) Pendant vingt-quatre heures, tout un jour et une nuit, leur feu a donné une telle, une telle odeur de graisse cuite ! Au-dessus de notre village, une odeur de graisse cuite ! Pas à se tromper !

Tous les réfugiés. – Aw ! Aw ! (Cris généralisés : « Chez nous ! » etc.)

Le jeune réfugié. – L'odeur de la graisse leur coulait des ossements. L'odeur s'est portée vers nous pendant vingt-quatre heures. C'était à Pol-é Goûn. Un pauvre homme brûlait pendant une demi-heure. Le camion les amenait, ils jetaient de l'essence sur eux, eux brûlaient en une demi-heure, et l'odeur se dégageait pendant vingt-quatre heures.

Question. – De vos yeux vous avez vu ça ?

Tous les réfugiés. – De nos yeux ! De nos yeux !

Le jeune réfugié. – Moi-même j'ai vu, l'essence versée sur des gens vivants, ils faisaient craquer des allumettes et les jetaient sur eux, et eux se débattaient, essayaient de courir. Vivants !

Question. – Quelle époque, cela ?

Le jeune réfugié. – Du temps de Tarakî.

Un autre réfugié. – Et son vizir était Hafîzollâh Amîn.

Question. – Mais ces exécutions, qui les accomplissait ? Des communistes afghans ou russes ?

Tous les réfugiés. – Les Russes ! Les Russes ! Toujours les Russes !

Le jeune réfugié. – Ils ont tout fait ! Ils ont mis Tarakî au pouvoir et lui ont donné les ordres ! Ça n'est pas Tarakî. Ça n'est pas Hafîzollâh. Ça n'est pas Babrak Kârmal. C'est les Soviétiques !

Question. – Mais cependant, quand vous avez vu ces exécutions, c'étaient des soldats afghans qui faisaient ça, ou des conseillers soviétiques *(moshâwerîn-é shoûrawî) ?*

Tous les réfugiés. – Aw ! Aw ! Des Russes ! On les a vus ! De mes yeux !

Le jeune réfugié. – De mes yeux !

Tous les réfugiés. – Pas à se tromper ! Oui ! Oui ! Des Russes !

Question. – Eh bien dites-le, comment les reconnaissez-vous ?

Khwâdja Sa'îd Rahmat (dominant un brouhaha général d'approbation). – Par leurs yeux ! Par leur langue ! Par leur couleur !

Le jeune réfugié. – Comment ne les reconnaîtrait-on pas ? Quand des musulmans ont-ils jamais agi comme cela ? Dites-nous, Sâheb ?

Un vieux réfugié. – Ils ne comprennent pas l'afghan !

Tous les réfugiés. – Ils ne comprennent pas notre langue !

Question. – Donc, en fait, vous affirmez que des Russes étaient au courant de ces exécutions. Vous... faites serment qu'ils en ont vu ?

Khwâdja Sa'îd Rahmat. – Moi je fais serment que moi je l'ai vu ! Depuis que Tarakî est au pouvoir, depuis que *Hafî-zollah* Amîn est au pouvoir, les Russes donnent les ordres, et eux leur obéissent. Et puis quand les Soviétiques ont tué *Hafî-zollâh* Amîn, pendant trois jours, trois nuits, il y eut tellement d'avions que l'entendement ne le conçoit pas, et ils déchargeaient des chars. Vendredi, ils arrivèrent au mont Tchâr. Nos soldats là-bas étaient au courant, ils nous dirent de ne pas nous révolter. Il y avait avec eux un officier musulman, qui connaissait les versets de son Coran, qui prononçait : « Au Nom de Dieu Clément et Miséricordieux », *Bismillâh er-Rahmân er-Rahîm,* qui disait tout haut sa profession de foi – lui mena les soldats à la résistance. Et c'est sur nos soldats que tomba la pluie de bombes, la pluie de bombes soviétiques...

ANNEXE 5

La répression des tâlebân en 2001

1. Témoignage de Hâfez Sadîqollâh Hasanî. 2. Témoignage de Karîmollâh

1. Entretien de Hâfez Sadîqollâh Hasanî, ancien membre de la police secrète des tâlebân, avec Christina Lamb, correspondante à Quetta (Pakistan) pour *The Daily Telegraph*, Londres, 30 octobre 2001

« Il vous faudra devenir si notoire pour vos méfaits, quand vous entrerez dans une région donnée, que les gens en trembleront dans leurs sandales. N'importe qui peut battre ou affamer des gens. Mais je veux que votre unité trouve de nouvelles méthodes de torture si terribles que les hurlements puissent effrayer jusqu'aux corbeaux dans leurs nids, et que la personne qui en réchappera vivante n'en dorme plus jamais de la nuit. »

Telles étaient les instructions imparties aux nouvelles recrues par un commandant de la police secrète afghane. Or, pendant plus de trois ans, l'une de ces recrues, Hâfez Sadîqollâh Hasanî, exécuta bien de tels ordres, et sans pitié. Mais, dégoûté des atrocités qu'on l'a obligé à commettre ainsi, il vient de passer la semaine dernière au Pakistan, pour rejoindre un nombre croissant de fonctionnaires des tâlebân qui fuient de l'autre côté de la frontière.

Dans un entretien exclusif avec *The Telegraph*, M. Hasanî révèle pour la première fois toute l'horreur qui a cours, au nom de la religion, en Afghanistan. M. Hasanî a le visage pincé et les mains agitées d'un homme dont les heures nocturnes se trouvent désormais aussi hantées que celles de ses victimes. Âgé aujourd'hui de trente ans, il ne ressemble guère, toutefois, au stéréotype d'un militant islamiste à la manière de ces tâlebân que l'on se représente habituellement.

Marié à une seule femme, et père d'une fille âgée d'un an, il a obtenu un diplôme d'études commerciales au Pakistan, où il a grandi comme réfugié tandis que son père et ses frères aînés combattaient dans le *djehâd* contre les Russes. Sa famille était aisée, propriétaire de terres et d'immeubles à Kandahâr, où ils purent retourner après la guerre.

« Comme beaucoup, je ne suis pas devenu *tâleb* de mon plein gré. Au début de 1998, alors que je travaillais comme comptable ici à Quetta, j'appris que mon grand-père – alors âgé de quatre-vingt-cinq ans – avait été arrêté à Kandahâr par les tâlebân qui le battaient grièvement. Ils ne consentiraient à le relâcher, dirent-ils, qu'à condition de pouvoir recruter un membre de sa famille. Alors je dus y aller. »

M. Hasanî, au départ, était favorablement impressionné par les tâlebân : « La situation était devenue folle depuis le départ des Russes, le pays était partagé entre factions rivales en guerre. A Kandahâr, des seigneurs de la guerre vendaient de tout, ils kidnappaient fillettes et garçonnets, pillaient les gens. Les tâlebân semblaient des gens convenables qui allaient rétablir l'ordre et la loi. »

Aussi devint-il un « volontaire » pour les tâlebân, et assigné à la police secrète. Il y fut bientôt rejoint par nombre de ses amis. Les propriétaires terriens de Kandahâr étaient en effet avertis : faute de rallier les tâlebân, ils pouvaient se voir confisquer leurs biens immeubles. D'autres se laissaient corrompre par des cadeaux financiers, car les tâlebân avaient de vastes ressources grâce à la contrebande de stupéfiants et aux contributions des trafiquants ; l'Afghanistan s'était transformé en plus grand producteur mondial d'héroïne.

Au départ, les fonctions de M. Hasanî consistaient à patrouiller dans les rues avec sa police pour y chercher des voleurs ou y dénicher des signes de subversion. Toutefois, au fur et à mesure que la direction des tâlebân promulguait des édits toujours plus extrêmes, ses fonctions en vinrent à changer.

Au lieu de se contenter de chasser les criminels, les patrouilles nocturnes reçurent l'ordre de vérifier si les gens regardaient chez eux des cassettes vidéo, ou jouaient aux cartes, ou plus bizarrement encore, gardaient des oiseaux chanteurs en cage. Il leur fallait arrêter tout homme dont la barbe n'était pas assez longue, ou toute femme qui osait sortir seule de sa maison. La seule possession d'un cerf-volant [par un enfant] devenait une offense criminelle.

L'état de terreur inspiré par les tâlebân gagna tout le pays, à tel point qu'il semblait que tout un chacun espionnait son voisin.

« Quand nous circulions la nuit en voiture, avec nos armes, les gens locaux venaient nous dire qu'untel regardait une vidéo chez lui, ou que tels autres jouaient aux cartes, dans telle maison.

« Foncièrement, toute forme de plaisir était mise hors la loi. Ceux que nous surprenions à se livrer à de telles activités, nous les battions avec des lattes de bois trempées dans l'eau. Cela tranchait comme des couteaux rentrant dans du beurre. La pièce s'inondait de leur sang, ou alors, c'est leur épine dorsale qui se brisait. Alors nous les laissions dans cette pièce pleine d'insectes, sans rien à boire ou à manger, jusqu'à ce qu'ils y meurent.

« Nous cherchions tout le temps à varier les tourments. Nous forcions certains à dormir la tête en bas, nous les accrochions à l'envers, avec les jambes liées. D'autres encore, nous leur écartions les bras pour les clouer à des poteaux, comme une crucifixion.

« Parfois nous leur jetions du pain pour les faire ramper. Alors j'écrivais un rapport pour le commandant, pour qu'il admire nos innovations. »

Ici, dans la tranquillité de ce verger à Quetta, à siroter son thé au crépuscule, il est devenu difficile à M. Hasanî d'expliquer comment il a pu en venir à faire de telles choses. « Nous autres Afghans sommes devenus beaucoup trop habitués à la violence. Nous avons perdu un million cinq cent mille des nôtres. Nous avons tous des frères et des pères là-bas. »

Après Kandahâr, on lui confia le commandement des cellules de la police secrète à Ghaznî, puis celles actives à Hérât, cette belle cité de culture persane dans l'Ouest afghan qui a tant souffert sous l'occupation soviétique, et qui fut l'une des dernières places à tomber aux mains des tâlebân.

Hérât avait toujours été une ville relativement libérale, où les femmes pouvaient danser dans les mariages et où de nombreuses filles fréquentaient l'école. Les tâlebân étaient déterminés à abolir tout cela. M. Hasanî et ses hommes reçurent pour instructions de se montrer particulièrement cruels envers les gens de Hérât.

Mais c'est son expérience de pareille cruauté qui finit par convaincre M. Hasanî qu'il fallait faire connaître au monde ce qui se passait en Afghanistan. « Peut-être le pire que j'y ai vu, ce fut un homme tant battu qu'il en fut réduit à une pulpe de peau et de sang. Il était devenu impossible de distinguer s'il portait ou non des vêtements. Chaque fois qu'il perdait connaissance, nous lui frottions du sel dans les plaies pour le faire hurler.

« Il n'existe nulle part au monde autant de barbarie et de cruauté qu'en Afghanistan. C'est à ce moment que je me suis juré de me dévouer au peuple afghan, pour dire au monde ce qui s'y passait. »

Avant de pouvoir s'échapper, toutefois, il dut servir quelque temps comme garde du corps auprès du *mollâ* 'Omar. M. Hasanî se trouve être de même origine tribale que le chef spirituel reclus des tâlebân.

« Il est de taille moyenne, un peu gras, avec un œil de verre immobile, de couleur verte. Il reste assis sur son lit à donner des ordres et à distribuer aux gens des dollars qu'il puise dans une malle de fer. Il ne parle pas beaucoup, et c'est aussi bien, car il est très bête. Il sait seulement écrire son nom, 'Omar, et le signer.

« C'est la première fois dans l'histoire afghane que les basses classes gouvernent ainsi, et par la force. Il n'y a nul personnel éduqué dans cette administration. Ils sont complètement arriérés et illettrés.

« Ils n'ont aucune notion de l'histoire de leur pays, et ils ont beau se qualifier du titre de *mollâ,* ils n'ont aucune notion d'Islam. Nulle part il n'y est spécifié que les hommes doivent porter la barbe, ou que les femmes ne sauraient être éduquées. En fait, le Coran enjoint l'éducation. »

En réalité, ce n'était même pas vraiment les tâlebân qui étaient au pouvoir – du moins M. Hasanî en fut-il vite convaincu. « Nous avons bien ri quand nous avons entendu les Américains réclamer de *mollâ* 'Omar qu'il leur livre Osâma ben Lâden. Les Américains sont fous. C'est Osâma ben Lâden qui pourrait leur livrer le *mollâ* 'Omar – pas le contraire. »

Alors qu'il était encore en poste à Kandahâr, M. Hasanî eut souvent l'occasion d'apercevoir Ben Lâden partir en promenade dans son convoi de Toyota, véhicules tout-terrain festonnés d'antennes et toutes vitres teintées. « Ils vrombissaient à sept ou huit véhicules à travers la ville. Ses gardes étaient soit des Arabes de très haute taille, soit des Soudanais frisés. »

M. Hasanî se trouvait encore de garde un jour où Ben Lâden rejoignit le *mollâ* 'Omar pour s'amuser à tirer au pigeon sur les terres de ce dernier. « Ils semblaient bien s'entendre. Ils allaient aussi à la pêche ensemble – avec des grenades. »

Selon M. Hasanî, les Arabes avaient pris, de fait, tout pouvoir dans son propre pays. « Tous les endroits clés de Kandahâr sont maintenant sous contrôle arabe : l'aéroport, les cours de justice militaire, le haut commandement des blindés. »

Il lui arriva deux fois de visiter des camps d'entraînement des tâlebân. Dans les deux cas, ces camps étaient régis par des Arabes et des Pakistanais. « J'ai fréquenté le premier de ces camps durant dix jours. C'était dans le Désert jaune, dans la province du Helmand, un endroit où les princes saoudiens avaient l'habitude de chasser, alors il y avait là un aéroport privé.

Ce lieu était extraordinairement bien gardé. Il y avait en outre de nombreux Pakistanais, tant des étudiants venus des écoles religieuses que des instructeurs militaires. Les rangs des tâlebân sont pleins de Pakistanais. »

On lui dit là que s'il mourait au combat sous la bannière blanche des tâlebân, lui et sa famille iraient au paradis. En outre, des certificats de mariage, signés par un *mollâ* mais laissés en blanc, étaient distribués aux combattants pour les encourager à « prendre femme » durant les batailles : de fait, c'étaient autant de licences de viol.

C'est quand M. Hasanî se vit envoyé au front, il y a quelques mois, devant l'aéroport de Bagrâm, au nord de Kaboul, qu'il saisit l'occasion de s'échapper. « Nos lignes étaient attaquées par ceux de l'Alliance du Nord, et ils nous avaient presque battus. Nombre de mes amis avaient été tués et nous ne savions même plus qui combattait qui ; ce n'était que tuerie devant nous et derrière nous. Nos commandants s'enfuirent dans leurs voitures, en nous abandonnant derrière eux.

« Alors nous sommes partis, en courant toute la nuit. Mais nous butâmes alors sur une ligne d'Arabes. Ceux-ci nous arrêtèrent et nous ramenèrent au front. Enfin, une nuit du mois dernier, j'étais de veille, comme sentinelle. J'ai vu un camion rempli de moutons et de chèvres. J'ai sauté dedans et me suis enfui.

« Je suis revenu à Kandahâr, mais des espions des tâlebân m'y ont vu. Ils m'ont arrêté et interrogé. Heureusement que j'ai des parents parmi les sphères dirigeantes des tâlebân. Ce sont eux qui m'ont aidé à m'en sortir. Au bout d'un moment, j'ai pu gagner Quetta au Pakistan avec ma femme et ma fille.

« Je crois que beaucoup d'autres tâlebân voudraient fuir. Le pays meurt de faim. Se joindre à eux est l'unique moyen d'obtenir de quoi manger et de garder sa terre. Sinon, ce qu'il y a là-bas, c'est beaucoup de haine. Et cette haine, je hais ce qu'elle fait, et je hais ce qu'elle a fait de moi. »

2. Témoignage de Karîmollâh, ancien prisonnier de guerre des tâlebân, entretien avec Anthony Lloyd, correspondant à Golbahâr (bourgade au nord de Kaboul entre les mains de l'Alliance du Nord) pour *The Times* (Londres), 1er novembre 2001

Karîmollâh est un Afghan qui n'a pas très envie de raconter son histoire de guerre. Dans un pays où tout un chacun n'est que trop prompt à répéter ce qui lui est arrivé, pareil silence le rend singulier.

Il se tenait debout, tout seul, dans l'ombre rare de midi, dans la cour de la clinique, hier, quand je l'ai vu ; son regard étincelait de haine, dans un visage immobile et blême de désespoir. Il était parvenu en claudiquant, samedi dernier, dans ce centre orthopédique de la Croix-Rouge à Golbahâr.

Même parmi tous ces amputés, les blessures de Karîmollâh avaient quelque chose d'exceptionnel. Les mines vous arrachent les deux jambes et les deux bras, ou alors les membres d'un seul côté, ou bien, le plus souvent, rien qu'une jambe, ou rien qu'un pied. Les mutilations de Karîmollâh, par contre, provenaient de tout autre chose. De guerre lasse, il finit par me raconter comment il perdit à la fois son *pied gauche* et sa *main droite.* Et quand il eût terminé son histoire, je ne pus rien faire d'autre que de le laisser là, avec son regard fixe aussi tranchant qu'une lame.

Karîmollâh a vingt-six ans. C'est le fils de parents tâdjîks. Il avait fui Kaboul lors de l'arrivée des tâlebân en 1996. Avec sa femme et ses deux enfants, il put gagner un village proche tenu par l'Alliance du Nord et y trouver du travail dans un vignoble. Puis ce village fut à son tour occupé par les tâlebân lors d'une avance en 1998. Il y perdit donc sa nouvelle maison et son emploi. Alors il s'enrôla dans les troupes des *modjâhedîn* (= les résistants de l'opposition).

Mais un obus tomba sur son poste dans la plaine de Shamâlî en 1999. Quatre de ses camarades en moururent. Karîmollâh prit la fuite, passa par un village d'ethnie pashtoûne. Les villageois le livrèrent aux tâlebân. Traduit devant un « tribunal militaire » à Kaboul, il y fut torturé puis incarcéré à la prison de Pol-é Tcharkhî, pour avoir servi dans les rangs de l'Alliance.

« J'y étais depuis douze semaines quand trois tâlebân sont entrés dans ma cellule. Ils m'ont appelé par mon nom et m'ont dit que j'allais être relâché. » Étonné mais soulagé, Karîmollâh fut conduit vers une camionnette Datsun.

« Ils ont pris la direction du stade Ghâzî. Au début, je restais silencieux, mais comme nous en approchions, j'ai demandé : "Mais qu'est-ce que c'est que ça ? Vous n'allez pas me relâcher ? – Mais si, ils ont dit, attends, on va te relâcher." »

La Datsun roula jusqu'au milieu du stade. Karîmollâh se rappelle ces milliers de visages qui le considéraient en silence du haut des gradins. Une douzaine de *mollâ* siégeaient sur une rangée de chaises, au milieu du terrain. Karîmollâh fut tiré du camion et étendu sur l'herbe, les bras en croix.

« Les *mollâ* ne m'ont même pas demandé mon nom, ils n'ont pas parlé à la foule. Sept médecins se sont approchés de moi. Ils portaient des uniformes gris, des masques de chirurgiens et des gants. Je pouvais en voir un qui pleurait. Ils m'ont fait une piqûre. Au bout de cinq minutes, mon corps était tout engourdi, pourtant j'étais toujours conscient. Ils ont placé des crampons sur ma main et mon pied et ont commencé à me les couper avec des scies spéciales. Je ne ressentais aucune douleur, mais je pouvais voir ce qu'ils faisaient. »

Je lui ai demandé s'il regardait en l'air, vers le ciel. Il me répondit qu'il était resté comme obnubilé à la vue de son pied en train d'être enlevé. « Il y a eu un soupir et un murmure dans la foule quand ils ont fini. Ça a pris environ cinq minutes. Les gardes tâlebân m'ont jeté dans l'arrière de la camionnette. Il y en avait un qui pleurait aussi. Personne n'a rien dit. Je ne sais même toujours pas pourquoi on m'a choisi pour être amputé. »

Karîmollâh fut emmené à l'hôpital Wazîr Akbar Khân. Au bout d'une semaine, huit de ses anciens gardiens de prison sont venus lui rendre visite. Ils lui apportaient des pommes et 600 000 *afghânî* (environ 2 dollars). « Ils m'ont demandé pardon. Ils m'ont dit qu'ils ne savaient pas ce qui allait m'arriver. Je leur ai jeté leur argent et leurs pommes dans la figure. Je leur ai hurlé qu'ils m'avaient dit que j'allais être relâché, et qu'au lieu de ça on m'avait pris mon pied et ma main pour rien. Ils sont repartis. »

Karîmollâh fut renvoyé de l'hôpital au dixième jour. Un taxi le remmena chez ses parents. Ceux-ci n'avaient aucune idée de ce qui lui était arrivé. Le chauffeur frappa à la porte de chez lui.

Sa petite sœur, Râziya, huit ans, ouvrit. Elle éclata en sanglots en voyant son frère étalé sur la banquette arrière. Le pire suivit. « Ma mère était malade depuis quelque temps et très faible. Quand elle m'a vu, elle s'est effondrée. Elle a repris connaissance pendant quelques heures, puis elle a eu une crise cardiaque et elle est morte. Je croyais que le pire jour de ma vie aurait été ce qui s'était passé dans ce stade. Mais rentrer chez moi a été encore pire. Elle s'appelait Mâh-Shîrîn. Elle avait quarante-deux ans. »

Karîmollâh devint quelque temps un mendiant, avec les stigmates de ses mutilations qui le signalaient à tous, honteusement, comme s'il avait été un voleur châtié.

Alors, il y a quelques semaines, un de ses cousins, commandant chez les *modjâhedîn*, lui fit parvenir un message par-delà les lignes du front, en offrant de l'aider. Karîmollâh emprunta dans Kaboul la prothèse de rechange d'une victime qui avait marché sur une mine, et parvint à gagner le Nord en boitant pendant des jours, pour franchir enfin la ligne de front avec d'autres réfugiés. La Croix-Rouge aujourd'hui lui prépare une prothèse, mais il est des cicatrices que rien ne pourra guérir.

« Je suis fini. Je n'ai pas d'avenir. Les tâlebân m'ont tout pris. Avant qu'ils n'arrivent à Kaboul, j'étais élève en seconde. J'étais quelqu'un d'éduqué. J'avais des ouvertures d'avenir.

« On m'a dit depuis qu'un riche Pashtoûn avait commis quelque crime et avait corrompu les *mollâ* pour faire amputer à sa place un prisonnier de guerre. Je ne sais pas si c'est vrai. Mais je les hais.

« Mon seul rêve, c'est d'avoir de nouveau ma main, pour tenir un fusil et aller au front et les tuer et les tuer. Je les tuerais tous. Tous les tâlebân. Et tous les *mollâ*[1]. »

1. Au cours du même mois de novembre 2001, d'autres témoignages ont commencé à affluer auprès des agences de presse occidentales, quant à la perversion du système médical afghan sous les autorités tâlebân. A Dasht-é Qal'a, près de Mazâr-é Sharîf, le chirurgien militaire Mohammad 'Atîq témoignait auprès du correspondant du *National Post* (Londres, 3 novembre) de la pratique de ponctions de sang sur des prisonniers de guerre conservés comme banques de sang vivantes jusqu'à leur mort, au bout d'une semaine, dans les hôpitaux des tâlebân dirigés par un personnel médical arabe ou pakistanais.

REMERCIEMENTS ET BIBLIOGRAPHIE

Cette liste ne contient pas les ouvrages consacrés à l'Afghanistan antique, pré-islamique. Pour de bonnes introductions au lointain passé afghan, voire Jeannine Auboyer, *L'Afghanistan et son art* (Paris, 1968) ; W.W. Tarn, *The Greeks in Bactria and India* (Cambridge, 1938) ; René Grousset, *Sur les traces du Bouddha* (Paris, 1932).

Pour la période médiévale et moderne, l'appartenance de l'Afghanistan à l'aire géographique et culturelle de l'Inde explique que la plupart des ouvrages spécialisés aient été écrits en anglais. Ce n'est que depuis 1979 environ que la bibliographie en langue française a rattrapé son retard et même parfois dépassé, en profondeur et en qualité, les publications en langue anglaise. Paris est en effet devenu, après l'invasion soviétique, un centre mondial d'information et de soutien politique pour la résistance afghane.

Parmi les meilleurs connaisseurs français de la réalité afghane contemporaine, je tiens à remercier, pour les idées suscitées au cours de débats passionnés et souvent âprement contradictoires (les perceptions ont énormément évolué depuis les sombres premiers jours de 1980) : Hervé Barré (Parti socialiste), Alain Boinet (Guilde du Raid), Serge de Beaurecueil (prêtre et orientaliste), Jean-Charles et Jacqueline Blanc (orientalistes), Capucine de Bretagne (Aide médicale internationale ou AMI), Chantal Chattard (journaliste), Yves Claret (World Food Program), Antoine Crouan (Médecins sans frontières ou MSF), Emmanuel et Isabelle Delloye (diplomates), Bernard Delpech (journaliste), Bernard Dupaigne (ethnologue), Alain Faudeux (Agence France Presse), Philippe Flandrin (journaliste), Michel Foucher (géographe), Patrice Franceschi (journaliste), Etienne Gille (Amitié franco-afghane ou AFRANE), Alain Guiot (journaliste), Bernard Kouchner

(Médecins du monde ou MDM), Marie-Josée Lamothe (photographe), Laurence Laumonier (AMI), Claude Malhuret (MSF), Ned de Margerie (AFRANE), Pierre Metge (sociologue), Christophe de Pamphily (journaliste), Jean-José Puig (ingénieur), Didier Régnier (journaliste), Olivier Roy (orientaliste), Vincent Schneiter (AFRANE), Alain Thiollier (ancien diplomate à Kaboul), Philippe Truze (AMI), André Velter (écrivain), Michel Verron (UNESCO) et son équipe du Bureau International Afghanistan (BIA), Luc Veyri (orientaliste), Jean-Christophe Victor (ethnologue), princesse Elizabeth Ziâï.

Je voudrais aussi exprimer ma gratitude envers Börje Almqvist (journaliste, Suède), Lee Bigelour (diplomate, États-Unis), Bernard de Bruin (journaliste, Pays-Bas), Peers Carter (ancien ambassadeur de Grande-Bretagne à Kaboul), Micheline Centlivres (ethnologue, Suisse), Carlo Cristofori (Mondo Operaio, Italie), Louis et Nancy Dupree (ethnologues, États-Unis), Edward Girardet (journaliste, États-Unis), Rosanne Klass (Freedom House, États-Unis), Alain Lillot (Comité Afghanistan Belgique), Mme Nicoud (Comité Afghanistan Suisse), le révérend Arno Rudvin (Norvège, évêque luthérien du Pakistan), ainsi qu'envers les organisateurs des Auditions internationales sur l'Afghanistan tenues à Oslo en 1983 : cela permet de rappeler la primauté de l'école ethnologique norvégienne pour l'étude du monde pashtoûn (Morgenstierne, Enevoldsen, Barth).

Mes informateurs afghans sont trop nombreux pour être cités – et il y aurait injustice de n'en nommer que quelques-uns : amis d'enfance, compagnons des plus rudes expéditions, victimes de la barbarie actuelle... Toutefois, je dois mentionner la dette très spéciale que j'ai contractée envers mes trois collaborateurs du Centre afghan d'information en 1981-1982, M. Homâyoûn Assefy à Paris, et MM. Sayyed Fazl Akbar et Bahâ-od-Dîn Madjroûh à Peshâwar. Celui qui fut mon premier initiateur à la spiritualité soufie, le Grand Maître et *Mawlawî* 'Abd-or-Rashîd de Balkh, est mort exécuté en 1980. M. Hâmed Akram m'a donné de précieuses indications pour m'orienter dans la poésie pashtoûne, injustement méconnue même des « spécialistes » de l'Afghanistan. De manière tout officielle, de précieux informateurs sont MM. Homâyoûn Madjroûh, représentant à Paris de la Résistance « nationaliste » (tél. : 500 73 91) et Homâyoûn Tandar, représentant de la Résistance « islamiste » (tél. : 233 44 25 / 508 01 43) ; plus officieusement, M. Hâfez Hazrat maintient le contact avec la Résistance des Hazâra (tél. : c/o BIA, 307 15 67).

Il va sans dire que toute éventuelle erreur d'appréciation

comme toute conclusion personnelle relèvent de ma responsabilité propre.

Transcriptions : Rigoureuses, elles veulent guider la prononciation du lecteur français en écartant les formes abusivement anglaises (par exemple, Par*tch*am pour « Parcham »). Le circonflexe (^) indique une voyelle longue, très traînante et majestueuse. *R* se roule à l'espagnole ; c'est le *gh* qui correspond au *r* grasseyé parisien, tandis que le *kh* représente la *jota* espagnole. Le *Q* du persan et de l'arabe est une sorte de « k » prononcé au fond de la gorge ; mais comme beaucoup de Pashtoûns ruraux le confondent avec un simple « k », le lecteur français peut se permettre d'en faire autant. Les noms abstraits terminés en *at* sont en principe des féminins (comme les noms de partis, *la* Djam'îat, etc.).

A. Ouvrages en langues afghanes (pashtô, persan, turc oriental, arabe classique ; textes cités seulement) :

- Anonyme : *Spôgmaya, garang waha râ khîja* (« Sound the bells, o moon, arise and shine ! »). Proverbes et *landaï* en pashtô, rassemblés dans le texte original avec traductions anglaises en regard, par Jens Enevoldsen. University Book Agency, Peshâwar, 1968 (?).
- Anonyme : *Hodoûd-al-'Âlam* (« Les limites du monde »), ouvrage persan du Xe siècle ; édition V. Minorsky, avec traduction anglaise en regard ; Cambridge (Gibb), 1937.
- Ahmad Shâh Abdâlî : *Dîwân* (recueil poétique) ; texte pashtô édité par Qâzî Hédâyatollâh, intr. par Mawlânâ 'Abd-ol-Qâder ; Pashtô Academy, Peshâwar, 1963.
- Ansarî : *Manâzel as-Sâ'irîn,* « Étapes des itinérants vers Dieu » (XIe siècle) ; texte arabe éd. avec intr. et trad. par Serge Laugier de Beaurecueil, Le Caire, 1962. Le grand œuvre du Maître soûfî de Hérât.
- Bâbour : *Tozok-é Bâburî* ou *Bâbur-Nâma*, « Mémoires de Bâbour » ; traduction anglaise du texte turc par Annette S. Beveridge, Londres, 1921 ; traduction française par Jean-Louis Bacqué-Grammont, *Le Livre de Babur,* Presses orientalistes de France, Paris, 1980.
- Bêroûnî : *Târîkh al-Hind*, « Histoire de l'Inde » ; texte arabe édité par E. Sachau avec trad. anglaise, Londres, 1888.
- *Djâmî : Haft Awrang*, « Les Sept Trônes » ; texte persan des sept romans courtois en vers du poète de la Hérât du XVe siècle ; Téhéran, 1960.
- Ghobâr : *Afghânestân dar masîr-é târîkh*, « L'Afghanistan

au cours de l'histoire » ; marxisant ; Kaboul, 1968. En persan. Ghobâr est un des mentors du parti maoïste afghan.

- Khalîl Khalîlî : (*Ostâd* ou « Maître ») : *Mâtom-sarâ*, « Demeure du deuil » ; recueil de poèmes de résistance, en persan, par celui qui est considéré comme le plus grand maître vivant de la poésie persane d'Afghanistan ; The Society of Afghan Resistance Writers, Peshâwar, décembre 1982.
- Khosh-hâl Khân Khattak : *Dîwân* (recueil poétique) :
  – *The Poems of Khushhal Khan Khattak* ; texte pashtô (malheureusement expurgé), traductions anglaises en regard de Evelyn Howell et Sir Olaf Caroe ; Pashtô Academy, Peshâwar, 1963.
  – *Khosh-hâl Khân Khattak* ; texte complet des poèmes, avec étude et traductions en ourdou de Dôst-Mohammad Khân Kâmel ; Peshâwar, 1951.
- Nâser-é Khosrô : *Djâmé'-ol-Hekmatayn*, « Le Mariage des Deux Sagesses » ; texte philosophique ismaélien fondamental du XIe siècle ; texte persan édité avec une intr. par Henry Corbin, Téhéran, 1953.
- Rahmân Bâbâ : *Dîwân* (recueil poétique) ; Peshâwar, 1977.
- H.G. Raverty : *Selection From the Poetry of the Afghans*, Londres, 1880 ; Raverty avait accès à des manuscrits proprement introuvables.
- Roûmî : *Masnawî-é Ma'nawî*, « Couplets spirituels ; éd. monumentale de R.A. Nicholson, Cambridge (Gibb), 1925 et années suivantes.
- Tarakî : le dirigeant communiste afghan supprimé en 1979 a laissé des nouvelles paysannes « noires », publiées en pashtô à Kaboul en 1951 et 1959 ; je ne les ai trouvées qu'en traduction italienne, due à Lucia Serena Loi, « Nur Mohammad Taraki : Due racconti », dans *Tehran-Kabul, 'A Tale of Two Cities*, cahier édité par Gianroberto Scarcia avec Silvia Curzu et Lucia Serena Loi, (*Quaderni del Seminario di Iranistica, Uralo-Altaistica e Caucasologia dell' Università degli Studî di Venezia*), Venise, 1980.

Par ailleurs, je range sous le nom de Tarakî le document anglais officiel sur la Révolution du Taureau (Saour), publié par la Presse d'Etat de Kaboul, 22 mai 1978 : *On the Saur Revolution*.

Sans l'avoir cité dans le texte, je tiens à signaler cependant l'excellent *Afghânestân dar Qarn-é Nozdahom*, « L'Afghanistan au XIXe siècle », de l'historien Sayyed Qâsem Reshtyâ, Kaboul, 1950.

La *Constitution* de 1964 était disponible en pashtô, persan, français et anglais (Presses d'Etat, Kaboul, 1964).

B. Ouvrages en langues occidentales parus entre 1815 et 1980 :

- Ouvrages de référence : – *Afghanistan Journal* (Graz, Autriche).
- Mohammad Akram : *Bibliographie analytique de l'Afghanistan*, Paris, 1947.
- T.I. Koukhtina : *Bibliografia Afganistana Literatoura na rousskom yazike* (« Bibliographie de la littérature sur l'Afghanistan en langue russe »), Moscou, 1965.
- Donald N. Wilber : *An Annotated Bibliography of Afghanistan*, New Haven, 1968.
- Louis Dupree : *American Universities Field Service Reports on Afghanistan* (rapports annuels, 1959-1979).
- ʿAbd-or-Rahmân : *The Life of Abdur Rahman, Amir of Afghanistan* ; éd. par Mîr Monshî Soltân Mohammad Khân ; 2 vol., Londres, 1900.
- Ludwig Adamec : *Afghanistan 1900-1921 : A Diplomatic History* ; Berkeley (États-Unis), 1967.
- *Ibid. : Who's Who of Afghanistan*, Graz (Autriche), 1975.
- *Ibid. : Supplement to Who's Who of Afghanistan : The Democratic Republic of Afghanistan*, Graz, 1979.
- Akbar Ahmed : *Millenium and Charisma among Pathans* ; Londres, 1967.
- *Ibid. : Social and Economic Change in the Tribal Areas* ; Karachi, 1977.
- *Ibid. : Pukhtun Economy and Society* ; Londres, 1980.
- R. Akhramovitch, *An Outline History of Afghanistan after the Second World War*, Nauk, Moscou, 1966.
- Edward Allworth (éd.) : *Central Asia, A Century of Russian Rule*, Columbia, 1967, ouvrage collectif (importante contribution d'Hélène Carrère d'Encausse).
- Michael (Mike) Barry : art. ʿDaoud's coup : A Soviet triumph' in *International Herald Tribune*, 19 juillet 1973.
- *Ibid. : Afghanistan* (Seuil) ; Paris, 1974.
- Fredrik Barth : *Political Leadership among Swat Pathans* ; Londres, 1959. Ouvrage absolument essentiel pour toute réflexion approfondie sur le drame afghan et la politique tribale.
- Wilhelm Barthold : *Turkestan down to the Mongol Invasion* ; Cambridge (Gibb), 1928.
- William Theodore de Bary (éd.) : *Sources of Indian Tradition*, Columbia, 1958.
- H.W. Bellew, *Journal of a Political Mission to Afghanistan in 1857*, Londres, 1862.
- *Ibid. : Correspondence Respecting the Relations Between the*

British Government and that of Afghanistan since the Accession of the Ameer Shere Ali Khan, Londres, 1878.
– *Ibid. : The Races of Afghanistan*, Calcutta, 1908.
– *Ibid. : A Grammar of the Pukkhto or Pukshto Language*, Londres, 1867.
– *Ibid. : A Dictionary of the Pukkhto or Pukshto Language*, Lahore, 1901.
– Alexandre Bennigsen et Chantal Lemercier-Quelquejay : *L'Islam en Union soviétique*, Paris (Payot), 1968.
– Jean-Charles Blanc : *L'Afghanistan et ses populations*, Bruxelles (Editions Complexe), 1976.
– *Ibid. : Afghan Trucks*, Londres, 1976.
– C.E. Bosworth : *The Ghaznavids : Their Empire in Afghanistan and Eastern Iran*, 994-1040 ; Edimbourg, 1963.
– R.I. Bruce : *The Forward Policy* ; Londres, 1900.
– Brydon (voir *Sale*).
– Sir Alexander Burnes : *Travels into Bokhara*, Londres, 1834 ; rééd. Oxford/Karachi, 1973.
– *Ibid. : Cabool*, Londres, 1842.
– Keith Callard, *Pakistan : A Political Study* ; Londres, 1957.
– Sir Olaf Caroe, *The Pathans*, Londres, 1965.
– *Ibid. : Soviet Empire : The Turks of Central Asia and Stalinism* ; Londres, 1953. Deux facettes de la brillante culture régionale de celui qui fut le dernier gouverneur britannique de Peshâwar.
– Hélène Carrère d'Encausse : *L'Empire éclaté*, Paris (Flammarion), 1978 ; voir également ci-dessus sous *Allworth*.
– Joseph Castagné : *Les Basmatchis*, Paris, 1925.
– P. Centlivres : *Un bazar d'Asie centrale*, Wiesbaden, 1972.
– Carleton S. Coon : *Caravan : The Story of the Middle East*, New York, 1951 ; c'est aux théories de cet ethnologue sur les groupes rebelles du Proche-Orient montagneux que le livre présent doit son titre.
– Lord Curzon, vice-roi des Indes : *Russia in Central Asia*, Londres, 1889.
– Louis Dupree : *Afghanistan*, Princeton, 1973 ; rééd. 1980.
– Nancy Dupree : *An Historical Guide to Afghanistan*, Kaboul, 1971.
– Mountstuart Elphinstone : *An Account of the Kingdom of Caubul*, 2 vol., Londres, 1815 ; rééd. Oxford/Karachi, 1972. Ouvrage fondateur, souvent encore indépassable.
– Gilbert Etienne : *L'Afghanistan ou les aléas de la coopération*, Paris (PUF), 1972.
– Vincent Eyre : *Military Operations at Cabul*, Londres, 1843.
– J. Ferrier : *Caravan Journeys and Wanderings in Persia, Afghanistan, Turkistan, and Baloochistan*, Londres, 1856 ; ver-

sion française, *Voyages en Perse, Afghanistan, Turkestan et Béloutchistan*, Paris, 1858.
- *Ibid. : A History of the Afghans*, Londres, 1858.
- Arnold Fletcher : *Afghanistan, Highway of Conquest*, Cornell (États-Unis), 1965.
- Rosita Forbes : *Forbidden Road*, New York, 1937.
- Sir William Kerr Fraser-Tytler : *Afghanistan*, Oxford, 1950 ; rééd. 1953, 1967.
- Vartan Gregorian : *The Emergence of Modern Afghanistan* (1838-1946), Stanford (États-Unis), 1969 ; contient une des plus riches documentations, mais cette thèse universitaire est écrite uniquement du point de vue de l'Etat central, sans aucunement tenir compte des données ethnologiques sur le terrain (où l'auteur ne s'est jamais rendu).
- Ria Hackin et Ahmad ʿAlî Kohzâd : *Légendes et coutumes afghanes*, Paris, 1953.
- Henry Havelock : *Narrative of the War in Afghanistan, 1838-1839*, 2 vol., Londres, 1840.
- W. Hough : *Narrative of the March and Operations of the Army of the Indus, in the Expedition to Afghanistan in the Years 1838-1839*, Londres, 2 vol., 1841.
- Albert Hourani : *Arabic Thought in the Liberal Age*, Londres, 1962.
- Godfrey Jansen : *Militant Islam*, Londres, 1979.
- Hasan Kakar : *Afghanistan, A Study in Internal Political Developments 1880-1896*, Kaboul, 1971 ; une œuvre historique magistrale par le grand intellectuel afghan incarcéré depuis 1982.
- John Williams Kaye : *History of the War in Afghanistan*, 3 vol., Londres, 1851-1857. L'inventeur de l'expression, « The Great Game ».
- Nikki Keddie : "Afghânî in Afghanistan", art. dans *Middle Eastern Studies*, juillet 1965.
- Saïd Alim Khan : *La Voix de la Boukharie opprimée*, Paris, 1929.
- Rosanne Klass : *Land of the High Flags : Afghanistan*. New York, 1964.
- Max Klimburg : *Afghanistan : Das Land im Historischen Spannungsfeld Mittelasiens*, Vienne, 1966.
- *Ibid. : Afghanistan*, Thames and Hudson, Londres, 1959 (avec Karl Flinker, intr. de Joseph Kessel). Sans contestation aucune les plus belles photos de l'Afghanistan d'autrefois, vu par un œil à la fois averti et sensible.
- Munshi Mohan Lal : *Journal of a Tour Through the Panjab, Afghanistan, Turkistan, Khorassan and a Part of Persia*, Londres, 1834-1835.

– *Ibid.* : *Life of the Amir Dost Mohammed Khan of Kabul*, 2 vol., Londres, 1846 ; rééd. Oxford/Karachi, 1978.
– Stanley Lane-Poole : *Medieval India Under Muhammedan Rule*, Londres, 1903.
– Lawrence Lockhart : *The Fall of the Safavi Dynasty and the Afghan Occupation of Persia*, Cambridge, 1958.
– *Ibid.* : *Nadir Shah*, Londres, 1938.
– Jean-Yves Loude : *Kalash : Les Derniers « Infidèles » de l'Hindou-Koush*, Paris (Berger-Levrault), 1980.
– Halford Mackinder : *Nations of the Modern World*, Londres, 1911.
– Patrick Macrory : *Signal Catastrophe : The Story of the Disastrous Retreat from Kabul, 1842* ; Londres, 1966.
– A.T. Mahan : *The Problem of Asia : Its Effect upon International Policies*, Londres, 1910.
– Charles Marvin : *The Russian Advance Towards India : Conversations with Skobeleff, Ignatieff, and Other Distinguished Russian Generals and Statesmen on the Central Asian Question*, Londres, 1882.
– Charles Masson : *Narrative of Various Journeys in Baloochistan, Afghanistan, the Panjab and Kalat* ; 4 vol., Londres, 1842-1844.
– Abou-l-'Alâ Maoudoûdî : *Resâla-yé Dînîyat* (en ourdou), Lahore, 1932 ; rééd. 1973 ; trad. française, *Comprendre l'Islam*, Paris, 1973.
– *Ibid.* : *Nationalism and India*, Pathankot, 1947.
– *Ibid.* : *Le Chemin du salut*, trad. française, Port Louis, 1967.
– Roland et Sabrina Michaud : *Caravanes de Tartarie*, Paris (Chêne), 1977 ; *Mémoire de l'Afghanistan*, Paris (Chêne), 1980 ; un regard limpide qui se voudrait soûfi ... mais pourquoi, depuis, pas un seul coup d'œil, pas un, sur le peuple afghan dans son malheur ?
– G. Morgenstierne : articles 'Afghân' et 'Afghânistân' (ethnologie, linguistique, religion) de l'*Encyclopédie de l'Islam II*.
– *Ibid.* : *Report on a Linguistic Mission to Afghanistan*, Oslo, 1926.
– *Ibid.* : *An Etymological Dictionary of Pashto*, Oslo, 1927.
– *Ibid.* : *The Indo-Iranian Frontier Languages*, 4 vol., Oslo, 1929-1956. Le fondateur de l'école norvégienne d'études afghanes.
– Najib Ullah : *Islamic Literature, An Introductory History with Selections*, New York, 1963 ; par l'ambassadeur afghan aux Nations unies d'alors. Une excellente anthologie critique.

- Richard Newell : *The Politics of Afghanistan*, Cornell (États-Unis), 1972.
- J.A. Norris : *The First Afghan War, 1838-1842*, Cambridge, 1967.
- Robert Pehrson : *The Social Organization of the Marri Baluch* ; édité à titre posthume par Fredrik Barth ; Chicago, 1966.
- T.L. Pennell : *Among the Wild Tribes of the Afghan Frontier*, Londres, 1909.
- Maurice Pernot : *En Asie musulmane*, Paris, 1927.
- Josef Popowski : *Antagonismus der Englischen und Russischen Interessen in Asien*, Vienne, 1890 ; version anglaise, *The Rival Powers in Central Asia*, Londres, 1893. Prophétique et dérangeant.
- Leon Poullada : *Reform and Rebellion in Afghanistan 1919-1929*, Cornell, 1973. Un classique de la littérature régionale.
- Sir Henry Rawlinson : *England and Russia in the East*, Londres, 1875.
- Lieutenant Charles Robertson : *Kurum, Kabul and Kandahar : Three Campaigns under General Roberts* ; Londres, 1881.
- Sir George Robertson : *The Kafirs of the Hindu Kush*, Londres, 1896 ; rééd. Oxford/Karachi, 1974. L'unique témoignage du Nouristan avant son islamisation.
- Lady Sale : *Memoirs* ; avec le *Journal* de Brydon ; éd. Macrory, Londres, 1969.
- H.F. Schurmann : *The Mongols of Afghanistan*, La Haye, 1962.
- Eugene Schuyler : *Notes of a Journey in Russian Turkistan*, Londres, 2 vol., 1876.
- *The Second Afghan War, 1878-1880 : Official Account* ; Londres, 1908.
- Iqtidar Husain Siddiqi : *Afghan Despotism in India*, Aligarh (Inde), 1969.
- André Singer : *Guardians of the North-West Frontier*, Time-Life, 1982 ; (cette étude ethnologique ne mentionne pas les problèmes actuels).
- Wilfrid Cantwell Smith : *Islam in Modern History – The Arab World, Turkey, Iran, Pakistan, India*, Princeton (États-Unis), 1957.
- Général L.N. Sobélev : *The Anglo-Afghan Struggle* ; trad. anglaise, Calcutta, 1885.
- James W. Spain : *The Pathan Borderland*, La Haye, 1963.
- Percival Spear : *Pakistan and the West*, Londres, 1958.
- Ian Stephens : *Pakistan : Old Country/New Nation*, Londres, 1963-1964.

– Sir Percy Sykes : *A History of Persia*, 2 vol., Londres, 1915.
– *Ibid. : A History of Afghanistan*, 2 vol., Londres, 1940.
– Arnold Toynbee : *Between Oxus and Jumna*, Oxford, 1961.
– *The Islamic World since the Peace Settlement*, Londres, 1927.
– *The World and the West*, Oxford, 1953.
– *A Study of History*, Oxford, 1936 et suiv.
– Arminius Vambéry : *Travels in Central Asia in 1863*, Londres, 1864 ; version française, *Voyages d'un faux derviche en Asie centrale*, Paris, 1865.
– *Ibid. : The Coming Struggle for India*, Londres, 1885.
– André Velter : *Les Bâzârs de Kaboul* (photo de Marie-José Lamothe) ; Paris (Hier et Demain), 1979. Le dernier témoignage du temps de paix.
– Andrée Viollis : *Tourmente sur l'Afghanistan*, Paris, 1930. Seule journaliste présente, la correspondante du *Petit Parisien* dans le Kaboul anarchique de 1929.
– Donald Wilber (éd.) : *Afghanistan, Its People, Its Society, Its Culture* (ouvrage collectif) ; New Haven (États-Unis), 1956 ; rééd. 1962.
– Roland Wild : *Amanullah, ex-King of Afghanistan*, Londres, 1932.
– Karl Wittfogel : *Oriental Despotism : A Comparative Study of Total Power*, New Haven, 1957.
– Joseph Wolff : *Narrative of a Mission to Bokhara*, 2 vol., Londres, 1846.
– Capitaine George Younghusband : *The Relief of Chitral*, Londres, 1895.

C. Choix d'écrits parus entre 1978 et 1984 (non exhaustif) :

1. Tendant à favoriser l'Union soviétique ou le régime de Kaboul ;

– Simone Bailleau-Lajoinie : *Condition des femmes en Afghanistan*, Paris (éditions sociales), 1980.
– Konrad Ege : « Dans Kaboul aux prises avec ses rebelles », *Le Monde diplomatique*, septembre 1983.
– Fred Halliday : " Revolution in Afghanistan ", in *New Left Review*, Londres, nov./déc. 1978 ; " War and Revolution in Afghanistan ", *ibid.*, janv./fév. 1980.
– Selig Harrison : *In Afghanistan's Shadow : Baluch Nationalism*, New York, 1981. L'auteur, partant d'une défense du nationalisme baloutche, aboutit à défendre l'idée que la présence soviétique en Afghanistan est une réponse

à l'intransigeance diplomatique des Etats-Unis dans la région. A écrit de nombreux articles dans ce sens.
- Lawrence Lifschultz : « L'Union soviétique peut-elle retirer ses troupes ? », *Le Monde diplomatique*, septembre 1983. Même argumentation que celle de Harrison, dont Lifschultz est proche. La version anglaise de ce papier a reçu un écho favorable en Inde, dont la prise de position officielle est analogue.
- Berverly Male, *Revolutionary Afghanistan*, Londres, 1982. L'ouvrage le mieux documenté sur les origines et la prise du pouvoir du Parti communiste afghan ; proche des membres du *Khalq*, l'auteur puise aux sources de première main ; nie ou excuse les massacres du *Khalq*, mais condamne l'invasion soviétique.
- Gianroberto Scarcia : *Tehran-Kabul, A Tale of Two Cities* (en italien), Venise, 1980.
- *La Vérité sur l'Afghanistan*, Agence Novosti, Moscou, 1980.

2. Tendant à favoriser la résistance ou à défavoriser l'Union soviétique ou le régime de Kaboul :

- Bulletins spécialisés :

Afghan Information Centre (Peshawar, 55-B Jamaluddin Afghani Road, University Town ; PO Box 228 : S.B. Madjroûh ; tél. : 40943).

Réalités Afghanes/Afghan Realities (relais européen de l'Afghan Information Centre, Paris 1981-1982 : H. Assefy et M. Barry).

Les Nouvelles d'Afghanistan (édité par AFRANE, Amitié franco-afghane – BP 254, 75524 Paris Cedex 11).

Afghanistan Info (Comité suisse de soutien au peuple afghan ; M. Centlivres : 2, rue de la Serre, Neuchâtel).

La lettre du BIA (Bureau International Afghanistan ; M. Verron, 24, rue Chaligny, Paris 75012, tél. : 307 15 67).

- Amnesty International : *Rapport* 1980.
- *Ibid. : Rapport* 1983.
- Anthony Arnold : *Afghanistan, The Soviet Invasion in Perspective*, Stanford (États-Unis), 1981. Le point de vue des services secrets américains, après coup.
- Antonio Barletti : *Afghanistan, prima e dopo*, Florence, 1981.
- Michael Barry : Témoignages recueillis pour la Fédération internationale des droits de l'homme, février-mars 1980 ; version française : *Libération*, 16-20 avril 1980 ; *Temps Modernes*, juillet-août 1980 ; (versions anglaise, italienne et russe également diffusées).
- *Ibid.* : « Enquête sur un crime de guerre en Afghanistan

pour le Tribunal permanent des peuples », novembre-décembre 1982 ; (version française, *Le Nouvel Observateur*, 25 décembre 1982).

– Alexandre Bennigsen et Chantal Lemercier-Quelquejay : *Les Musulmans oubliés : l'Islam en Union soviétique,* Paris (Maspero), 1981.

– Yossef Bodansky : " The Bear on the Chessboard : Soviet Military Gains in Afghanistan ", in *World Affairs : Special Issue on Afghanistan* (voir ci-dessous), 1982-1983.

– Gérard Chaliand : *Rapport sur la résistance afghane,* Paris (Berger-Levrault), 1981.

– Isabelle Delloye : *Des femmes d'Afghanistan,* Paris (éditions des Femmes), 1980.

– Louis Dupree : *Red Flag Over the Hindu Kush,* séries d'articles pour l'American Universities Field Staff (AUFS), Asia 1979 - Asia 1980.

– Michel Foucher : « Pour un dialogue euro-afghan », *Le Monde,* 24 mars 1984 : remarquable analyse de l'exode pashtoûn provoqué par les Soviétiques.

– Patrice Franceschi, *Ils ont choisi la liberté : la guerre d'Afghanistan,* Paris (Arthaud), 1981.

– *Ibid.* : « Rapport sur le massacre de Rauza », Afghanistan Info, octobre 1983. Le regard d'un vrai correspondant de guerre.

– François Missen : *Le Syndrôme de Kaboul,* Paris-Aix-en-Provence (Edisud), 1980. Taxé de reportage superficiel ou « médiocre » par des auteurs qui n'ont pas toujours fait mieux sur le même sujet. Renseignements intéressants.

– Kuldip Nayar : *Report on Afghanistan,* New Delhi, 1981.

– R. et N. Newell : *Struggle for Afghanistan,* Cornell, 1981.

– Leon Poullada : " The Failure of American Diplomacy in Afghanistan ", in *World Affairs,* 1982-1983 (voir ci-dessous).

– Jean-José Puig : « Le KGB ; une nouvelle politique en Afghanistan », dans *Afghanistan Info,* janv.-fév. 1984. Remarquable analyse.

– Olivier Roy : « Voyage à travers la résistance afghane », *Le Monde,* 15-17 novembre 1983.

– *Ibid.* : « La question de l'" idéologie " islamique » dans *L'Islam en Afghanistan,* numéro spécial des *Nouvelles d'Afghanistan,* mars 1983.

– Jere Van Dyk : *In Afghanistan : An American Odyssey,* New York, 1983.

– Jean-Christophe Victor : *La Cité des murmures : l'enjeu afghan,* Paris, 1983.

– Ouvrages collectifs :
– *Colloque international sur le problème des réfugiés afghans*, Université de Genève, 4, 5, 6 novembre 1983, organisé par le BIA (Bureau International Afghanistan).
– *Les Nouvelles d'Afghanistan*, numéros spéciaux ;
Dossier : Les Intérêts économiques de l'URSS en Afghanistan, nov. 1981.
Dossier : L'Islam en Afghanistan, mars 1983.
– *Temps Modernes*, numéro spécial Afghanistan, juillet-août 1980 : (Articles : Barry, Blanc, Bertolino, Dor, Dupaigne, Gentelle, B. Madjroûh « Mahmat », Puig, Rigoulot, Schneiter, Victor, Zorz).
– *World Affairs*, Washington, winter 1982-1983, vol. 145, n° 3 : *Special issue on Afghanistan* (articles : Almqvist, Assifi, Barry, Bodansky, Klass, Poullada, Schwartzstein).
– *World Affairs Publication, Islâmâbâd* (ministère des Affaires étrangères du Pakistan) : *Afghanistan under Soviet Occupation*, 1980 (auteurs : Shabbir Hussain, Alvi, Rizvi).

D. Hors catégorie :

– Tariq Ali : *Can Pakistan Survive ?* Londres, 1983.

Parmi les romans, citons deux grands classiques : *Les Nouvelles asiatiques* de Gobineau et *Kim* de Rudyard Kipling ; on y apprend souvent plus long sur l'atmosphère de la conquête russe au Caucase, les dépradations des Turcomans aux frontières iraniennes au XIXe siècle, les vendettas à Kandahâr ou les intrigues du Grand Jeu anglo-indien que dans bien des traités savants. Parmi les ouvrages de fiction plus récents, est-il permis de préférer le *Flahman* de George Macdonald Fraser (trad. Paris, Calmann-Lévy, 1971), roman cynique et drôle sur la débâcle anglaise de 1842, à l'enflure verbale et l'inanité psychologique des *Cavaliers* de Joseph Kessel, Paris, Gallimard, 1967.

COMPLÉMENT BIBLIOGRAPHIQUE 1989-2001

Politique internationale, Paris : 1991-2001 : n°s 52, 60, 64, 68, 74, 76, 82, 93 : entretiens avec Bênazîr Bhutto, Ahmad Shâh Mas'oûd (« Massoud »), le président Nadjîbollâh, le *mollâ* 'Omar, le président Borhânoddîn Rabbânî, Nawâz Sharîf ; articles de Mariam Abou-Zahab, Michael Barry, Alain Chevalérias, Olivier Roy, Amîr Tâherî.

Généralités sur le pays et sa région :

– collectif : *UNESCO History of Civilizations in Central Asia* ; Paris 1992- ; 5 vol. parus.
– Mohammad Rezâ Djalîlî (avec Thierry Kellner) : *Géopolitique de la nouvelle Asie centrale*, Presses universitaires de France, Paris, 2001.
– Bernard Dupaigne (avec Gilles Rossignol) : *Le Guide de l'Afghanistan*, La Manufacture, Lyon, 1989.
– Peter Hopkirk, *The Great Game : On Secret Service in High Asia*, John Murray, Londres, 1990.
– Sayyed Akbar Moûsavî : *The Hazâras of Afghanistan, an Historical, Cultural, Economic and Political Study*, Curzon Press, Londres, 1998.
– Christine Noelle : *State and Tribe in Nineteenth-Century Afghanistan*, Curzon Press, Londres, 1997.
– Martha Olcott : *Central Asia's New States*, US Institute of Peace, 1996.
– Jean-Paul Roux, *L'Asie centrale, histoire et civilisations* ; Fayard, Paris, 1997.
– Olivier Roy, *La Nouvelle Asie centrale*, Seuil, Paris, 1997.

– *Ibid.*, *L'Asie centrale contemporaine*, Presses universitaires de France (« Que sais-je ? »), Paris 2001.

Rééditions ou traductions nouvelles d'ouvrages anciens :

– Jean-Paul Ferrier, *Voyages dans l'Afghanistan, le Béloutchistan et le Turkestan* (1854), Gérard Monfort, 2 vol., Paris, 2001.
– Mîr Gholâm Mohammad Ghobâr : *Afghanistan in the Course of History* ; tr. angl. du tome II (1919-1968) d'*Afghânestân dar masîr-é târîkh* (Kaboul, 1968), tr. par Sharîf Fâyez, All Prints, Herndon (Virginie, USA), 2001.

Les *modjâhedîn* (1989-1996) :

– Svetlana Alexievitch, TSINKOV'IE MAL'TCHIKI, Moscou, 1990 ; tr. fr. W. Berelowitch & E. Mouravieff : *Les Cercueils de zinc*, Christian Bourgois, Paris, 1991.
– Assem Akram : *La Guerre d'Afghanistan*, Balland, Paris, 1996.
– Serge de Beaurecueil : *Wedâ, cinq ans de cellule à Kaboul*, J.-C. Lattès, Paris, 1990.
– Tom Carew, *Jihad : The Secret War in Afghanistan*, Mainstream Publishing, Londres, 2000.
– Diego Cordovez & Selig Harrison, *Out of Afghanistan : The Inside Story of the Soviet Withdrawal*, Oxford, Oxford University Press, 1995.
– Courtois, Stéphane (dir.), *Le Livre noir du communisme* (partie afghane rédigée par Sylvain Boulouque), Robert Laffont, Paris, 1997.
– Centlivres, Pierre et Micheline, *Chroniques afghanes 1965-1993*, Archives contemporaines, Amsterdam, 1998.
– Ponfilly, Christophe de, *Poussières de guerre*, Laffont, Paris, 1990.
– *Ibid.*, *Massoud l'Afghan*, préf. d'O. Roy, postface de G. Chaliand ; Arte, Paris, 1998.
– *Ibid.*, *Vies clandestines : nos années afghanes*, Florent Massot, Paris, 2001.
– Rezâ : *Massoud : des Russes aux talibans* (photographies), textes de Jean-Pierre Perrin et Rachel Deghati, Quai de la Seine, Paris, 2001.
– Barnett Rubin : *The Fragmentation of Afghanistan, State Formation and Collapse in the International System*, Yale, 1995.
– *Ibid.*, *The Search for Peace in Afghanistan, from Buffer State to Failed State*, Yale, 1995.
– *Ibid.* (avec Jack Synder), *Post-Soviet Political Order, Conflict and State Building*, Routledge, Londres, 1998.

– Radek Sikorski, *Dust of the Saints,* Chatto and Windus, Londres, 1989 (le livre est consacré à Esmâ'îl Khân et aux *modjâhedîn* du front de l'Ouest autour de Hérât).
– Mohammad Yoûsof (avec Mark Adkin) : *The Bear Trap : Afghanistan's Untold Story,* éditions Jang, Lahore et Londres, 1992 (les auteurs sont un général de brigade de l'Inter-Services Intelligence du Pakistan et un major britannique).

L'« islamisme » sunnite international, les *tâlebân* et Osâma ben Lâden (1989-2001) :

– Antoine Basbous : *L'Islamisme, une révolution avortée,* Hachette Littératures, Paris, 2000.
– Peter L. Bergen, *Holy War Inc. Inside the Secret World of Osama Bin Laden,* Weidenfeld et Nicolson, Londres, 2001.
– Florent Blanc, *Ben Laden et l'Amérique,* Bayard, Paris, 2001.
– Yossef Bodansky, *Bin Laden, The Man Who Declared War on America,* Forum (Random House), New York, 1999, rééd. 2001.
– Jean-Charles Brisard et Guillaume Dasquié : *Ben Laden : la vérité interdite,* Denoël, Paris, 2001.
– Alain Chevalérias : *Hassan al-Tourabi* [Hasan at-Torâbî] : *Islam, avenir du monde,* J.-C. Lattès, Paris, 1997.
– *Ibid., La Guerre infernale : le montage Ben Laden et ses conséquences,* Le Rocher, Paris, 2001.
– Collectif : *La Femme afghane à travers l'histoire de l'Afghanistan,* CEREDAF (Centre d'études et de recherches documentaires sur l'Afghanistan), Actes du colloque de l'UNESCO, Paris, 11 décembre 1998.
– John K. Cooley, *Unholy Wars : Afghanistan, America and International Terrorism,* Pluto Press, Londres, 1999.
– Jason Elliott, *An Unexpected Light : Travels in Afghanistan,* Picador, Londres, 2000.
– Gilles Dorronsoro : *La Révolution afghane, des communistes aux talibans,* Karthala, Paris, 2000.
– M. J. Gohari, *Taliban : Ascent to Power,* Oxford (Logos Society), 1999.
– Larry P. Goodson, *Afghanistan's Endless War,* University of Washington Press, Seattle et Londres, 2001.
– Michael Griffin : *Reaping the Whirlwind : The Tâlibân Movement in Afghanistan,* Pluto Press, Londres, 2001.
– Roland Jacquard : *Au nom d'Oussama ben Laden,* Jean Picollec, Paris, 2001.
– Gilles Kepel (avec Yann Richard) : *Intellectuels et militants de l'Islam contemporain,* Seuil, Paris, 1990.
– Gilles Kepel : *Jihad : expansion et déclin de l'islamisme,* Gallimard, Paris, 2000. (Voir aussi, de cet auteur, *Le Prophète et Pharaon : les mouvements islamistes dans l'Égypte contemporaine,* La Découverte, Paris, 1984.)

– William Maley (collectif dirigé par) : *Fundamentalism Reborn ? Afghanistan and the Tâlibân*, Hurst, Londres, 1998.
– Peter Marsden : *The Tâlibân : War, Religion and the New Order in Afghanistan*, Zed Books and Oxford University Press, Londres, 1998.
– Mîr Afghân : *Afghanistan, l'aigle en cage*, Dâr al-Borâq, Beyrouth, 2000.
– Asta Olsen, *Islam and Politics in Afghanistan*, Curzon Press, Londres, 1995.
– Ahmed Rashîd : *Tâlibân : Islam, Oil and the New Great Game in Central Asia*, Tauris, Londres, 2000 ; tr. fr., *L'Ombre des Talibans*, préf. d'O. Roy, Autrement, Paris, 2001.
– Olivier Roy : *L'Échec de l'Islam politique*, Seuil, Paris, 1992. (Voir aussi, de cet auteur, *Afghanistan : Islam et modernité politique*, Seuil, Paris, 1985.)
– Olivier Weber : *Le Faucon afghan : voyage au pays des talibans*, Laffont, Paris, 2001.

Le trafic des opiacés :

– Alain Labrousse : *La Drogue, l'argent et les armes*, Fayard, Paris, 1991.
– *Ibid.*, *Géopolitique et géostratégie des drogues*, Economica, Paris, 1996.
– Alfred McCoy (avec Alan Block) : *War on Dugs : Studies in the Failure of US Narcotics Policy*, Westview Press (USA), 1992.

La destruction du patrimoine archéologique :

– Michael Barry (avec photographies de Roland et Sabrina Michaud) : *Faïences d'azur*, éditions de l'Imprimerie nationale, Paris, 1995 (le patrimoine médiéval islamique de Hérât et sa destruction pendant la guerre soviétique) ; version anglaise de l'auteur, *Colour and Symbolism in Islamic Architecture*, Thames & Hudson, Londres, 1996 ; version allemande (tr. Ulrich Steller et Margareta Pavaloi), *Farben des Himmels*, Belser Verlag, Zurich, 1996.
– Pierre Centlivres : *Les Bouddhas d'Afghanistan*, préface du Dalaï-Lama, avec survol des travaux archéologiques internationaux au XXe siècle, et bibliographie des articles dans la presse mondiale et spécialisée – dont les rapports de la Society for the Protection of the Afghan Cultural Heritage (S.P.A.C.H, Islâmâbâd, dir. par Nancy Dupree) – couvrant les destructions des *tâlebân* en mars 2001, Favre, Lausanne, 2001.

– Collectif : *Afghanistan, la mémoire assassinée*, minutes du colloque de l'UNESCO du 7 mars 2001 (interventions de Jean-Pierre Faye, G'îsoû Djahâng'îrî, Latîf Pedaram, Nahâl Tadjaddod, etc.), Mille et Une Nuits, Paris, 2001.
– Collectif : *Afganistan, una història millenària ; Afghanistan, une histoire millénaire :* catalogue de l'exposition du Centro Cultural de la Fundación « La Caixa », Barcelone 3 octobre-23 décembre 2001/Musée national des arts asiatiques – Guimet, Paris 28 février-27 mai 2002 ; textes de Michael Barry, Paul Bernard, Marthe Bernus-Taylor, Pierre Cambon, Bernard Dupaigne, Jean-François Jarrige, Boris Marshak, George Ortiz, Zemaryalaï Tarzî, Marianne Yaldiz, Pere Vilanova.
– Roland-Pierre Paringaux (avec Emmanuel de Roux) : *Razzia sur l'art : vols, pillages, recels à travers le monde*, Fayard, Paris, 1999.

Romans et poèmes :

– Assem Akram : *Ocre fatale*, Balland, Paris, 2001.
– Mas'oûd Mîrshâhî (dir.) : *Le Visage caché de la femme afghane : femmes poétesses d'Afghanistan*, édition bilingue ; poèmes de Homâ Âzar, Mastoûra Afghân, Sohaylâ Dôstyâr, Farzâna Fârânî, Jomaï, Hamîda Mîrzâda Hosaynî, Foroûgh Karîmî, Khâleda Lahîb Niyâzî, Sâdjeda Mîlâd, Mâhrokh Niyâz, Parwîn Pajwâk, Fawziya Rahgozar, Zohrâ Rasoûlî, Amdjad Rezâ'î, Laylâ Serâhat Rawshanî, Ziyâ-Gol Soltânî, Karîma Waydâ ; traductions de C. Charpentier, A. Hâshemî, N. Manalaï ; éditions Kharavan, Paris, 2000 ; un texte original persan plus complet est publié dans un second volume : *She'r-é zanân-é Afghânestân*, Kharavan, Paris, 2000.
– 'Atîq Rahîmî : *Terre et cendres*, traduit du persan par Sabrîna Noûrî, POL, Paris, 2000 ; le texte original persan, *Khâkestar-ô Khâk*, est publié aux éditions Karthala, Paris, 1999.
– Spôjmaï Zariâb : *La Plaine de Caïn*, nouvelles traduites du persan par Didier Leroy, éditions Souffres, Paris, 1988, nouvelle édition l'Aube Poche, Paris, 2001 ;
– *Ibid.*, *Ces murs qui nous écoutent/Dîwârhâ goûsh dârand*, édition bilingue français/persan, nouvelles traduites par Didier Leroy, postface de Michael Barry, éditions L'Inventaire, Paris, 2000.

TABLE

CET OUVRAGE
A ÉTÉ TRANSCODÉ
ET ACHEVÉ D'IMPRIMER
SUR ROTO-PAGE
PAR L'IMPRIMERIE FLOCH
À MAYENNE EN JANVIER 2002

N° d'éd. FU010203. N° d'impr. 53424.
D. L. : janvier 2002.
(Imprimé en France)